SCHRIFTEN
DER HOCHSCHULE
FÜR JÜDISCHE
STUDIEN
HEIDELBERG

Band 13

Herausgegeben
von der Hochschule
für Jüdische Studien
Heidelberg

REDAKTION
Johannes Heil
Frederek Musall
Annette Weber

Jüdische Studien als Disziplin – Die Disziplinen der Jüdischen Studien

Festschrift der Hochschule
für Jüdische Studien Heidelberg
1979–2009

Herausgegeben von
JOHANNES HEIL
DANIEL KROCHMALNIK

Universitätsverlag
WINTER
Heidelberg

Bibliografische Information der Deutschen Nationalbibliothek

Die Deutsche Nationalbibliothek verzeichnet diese Publikation
in der Deutschen Nationalbibliografie;
detaillierte bibliografische Daten sind im Internet
über *http://dnb.d-nb.de* abrufbar.

UMSCHLAGBILD

Aufragend: Westseite des Neubaus
der Hochschule für Jüdische Studien Heidelberg,
Architekt Hans-Jörg Maier, Heidelberg

ISBN 978-3-8253-5687-3

Dieses Werk einschließlich aller seiner Teile ist urheberrechtlich geschützt. Jede Verwertung außerhalb der engen Grenzen des Urheberrechtsgesetzes ist ohne Zustimmung des Verlages unzulässig und strafbar. Das gilt insbesondere für Vervielfältigungen, Übersetzungen, Mikroverfilmungen und die Einspeicherung und Verarbeitung in elektronischen Systemen.

© 2010 Universitätsverlag Winter GmbH Heidelberg
Imprimé en Allemagne · Printed in Germany
Druck: Memminger MedienCentrum, 87700 Memmingen

Gedruckt auf umweltfreundlichem, chlorfrei gebleichtem
und alterungsbeständigem Papier

Den Verlag erreichen Sie im Internet unter:
www.winter-verlag-hd.de

INHALT

Dankwort IX

Grußwort des Bundespräsidenten XI
Grußwort Günther H. Oettinger XIII
Grußwort Karl Lamers, Mitglied des Bundestages XV
Grußwort Lothar Binding, Mitglied des Bundestages XVII
Grußwort Fritz Kuhn, Mitglied des Bundestages XIX
Grußwort der Präsidentin des Zentralrats der Juden in Deutschland XXI
Grußwort des Vorsitzenden des Aktionskomitees XXIII
Grußwort des Vorsitzenden des Verbandes der Judaisten in Deutschland   XXV

JOHANNES HEIL
Jüdische Studien als Disziplin. Zur Einleitung 1

Bibel und jüdische Bibelauslegung

HANNA LISS
Judaistische Mediävistik: Neue Methoden an alten Texten 23

GIANFRANCO MILETTO
Die Bibel als Deuteschlüssel der Geschichte für Juden und Christen im
16. Jahrhundert 43

INGEBORG LEDERER
Die Verhandlung am Tor in Rut 4,1–12. Exegese mit besonderer Berücksichtigung des Kommentars im Manuskript Hamburg Cod. hebr. 32 53

Talmud, Codices und rabbinische Literatur

RONEN REICHMAN
Die Annullierung der Ehe als Ersatz für die Ehescheidung –
Die Geschichte einer talmudischen Innovation 71

ALEXANDER DUBRAU
Dient der Augenschein als Beweis? Zur Bedeutung des Augenscheins im
rabbinischen Diskurs 85

Geschichte des jüdischen Volkes

JOHANNES HEIL
Jüdische Weltgeschichte und globale Geschichte –
Alte Paradigmen und neue Fragen 103

BIRGIT E. KLEIN
Die „Geschichte des jüdischen Volkes" – Zu Geschichte und Inhalt
einer Fachdisziplin 127

KAREN B. NUBER
Begegnung mit Eretz Israel: ‚Ort der Erinnerung' – ‚Vision' – ‚Realität'
anhand der Wahrnehmungen von Bertha Pappenheim und Rahel Straus 161

SALOMON KORN
Das Dilemma der jüdischen Kultur in Deutschland 181

Jüdische Kunst

ANNETTE WEBER
Judendarstellungen und jüdische Portraits in den Papstkapellen des
Vatikans – Überlegungen zu ihrer Verortung im jüdisch-christlichen
Verhältnis der Renaissance 193

JIHAN RADJAI
Weiblichkeit und Militär – Die israelische Soldatin im Fokus der Kamera 221

Jüdische Philosophie und Geistesgeschichte

FREDEREK MUSALL
„Chiddush" und „Hitchadshut" als philosophische Imperative
des Judentums 237

DANIEL KROCHMALNIK / RAINER WENZEL
Die aufgeklärte Schöpfung. Zur Übersetzung des *Biur* von Moses
Mendelssohn 245

Hebräische und jüdische Literatur

ANAT FEINBERG
Das Alte (Testament) neu lesen: Anmerkungen zur modernen
hebräischen Literatur 277

CASPAR BATTEGAY
Die Palmen von Beth El und die Ros' im Ratskeller zu Bremen –
Zu einem Trinklied Heinrich Heines und zum Begriff der deutsch-
jüdischen Literatur 289

DANIELA MANTOVAN
Writing and Speech in Sholem Aleichem's Monologues 301

Hebräische Sprachwissenschaft

G. WILHELM NEBE
Eine neue Inschrift aus Zincirli auf der Stele des Kutamuwa und
die hebräische Sprachwissenschaft 311

KEVIN TROMPELT
Das Textgliederungssystem der biblischen Akzente 333

Jüdische Religionspädagogik

DANIEL KROCHMALNIK
Eine kurze Geschichte der jüdischen Religionslehrerausbildung
in Deutschland 355

Autorenverzeichnis 371

> „Der ist wie ein Baum, gepflanzt an den Wasserbächen, der seine Frucht bringt zu seiner Zeit, und seine Blätter verwelken nicht. Und was er macht, das gerät wohl."
>
> והיה כעץ שתול על־פלגי מים אשר פריו יתן בעתו ועלהו לא־יבול וכל אשר־יעשה יצליח
>
> (Psalm 1,3)

DANKSAGUNG

Dreißig Jahre Bestehen im akademischen Feld sind wenig, gerade in Heidelberg, wo sonst nur nach Jahrhunderten gerechnet wird. Dreißig Jahre sind aber viel in einem Fach, dessen Gegenstand wohl alt ist, das aber erst vor wenigen Dekaden akademische Akzeptanz erfuhr und seitdem, begleitet von zunehmendem öffentlichen Interesse, in stetem Wandel begriffen ist. So hat die Hochschule für Jüdische Studien Heidelberg in diesen drei Jahrzehnten schon mehr erlebt als manch ältere Institution.

In das Emblem der Hochschule wurde seinerzeit Joshua 1,8 eingeschrieben („... und sinne darüber Tag und Nacht"), ein Motiv, das in Psalm 1,2 wiederaufgegriffen wird. Heute geht es um Fortschreibung, hier abgebildet mit dem Motiv des fruchtbaren Baums in Psalm 1,3.

Nicht nur Größe und Standort, sondern auch Aufgaben und Fachverständnis haben sich in der kurzen Zeitspanne von drei Dekaden erheblich gewandelt. Mit der Eröffnung ihres Neubaus in Heidelberg, Landfriedstraße 12, hat die Hochschule ihren definitiven Ort gefunden. Wissenschaftsorientierung und Gemeindebezug, die Bibliothek Albert Einstein und der Beth Midrasch, stehen hier nicht einfach nebeneinander, sondern sind auf wechselseitigen Austausch angelegt. Die Reflexion über den Standort der Disziplin Jüdische Studien ist nach dieser Positionsbestimmung aber weiter im Gange. Die Summe ihrer komplementären wissenschaftlichen, religiösen und gesellschaftlichen Potentiale versetzt die Heidelberger Hochschule in die Lage, über das rein fachliche hinaus einen Beitrag für gemeindliches Leben und ebenso in den Prozessen der Selbstverständigung im deutschsprachigen und europäischen Raum zu leisten.

Es ist gerade in jüngster Zeit deutlich geworden, dass eine Institution wie die Hochschule für Jüdische Studien Heidelberg, wenn sie ihre Potentiale einbringt und vernetzt, durch ihre Erfahrung einer dreißigjährigen Formierung und Verknüpfung verschiedener Bedürfnisse und Interessen nachhaltig zur Bestimmung der Verhältnisse von Tradition, Religion und pluraler Gesellschaft, von Minderheit und Mehrheit und damit von europäischen Lebensformen im 21. Jahrhundert wirken kann.

Die Hochschule für Jüdische Studien Heidelberg stellt sich dieser Aufgabe. Diese Festschrift ist ein Beitrag dazu. Das Jubiläum gibt Anlass, mit Arbeitsproben aus den Teildisziplinen der Jüdischen Studien und systematischen Zugriffen den heutigen Stand und die künftigen Perspektiven auszumessen.

Dank gilt den Angehörigen der Hochschule für Jüdische Studien Heidelberg, die binnen Jahresfrist Beiträge eingeliefert haben, sowie Ursula Beitz für die Redaktion; damit ist trotz Baulärms und eingepackter Bibliotheksbestände diese Festschrift möglich geworden. Dank soll an dieser Stelle aber auch den Förderern und Partnern der Hochschule für Jüdische Studien Heidelberg gesagt werden, in Heidelberg, in Baden-Württemberg, in Deutschland, in Europa und darüber hinaus. Dank gilt vor allem auch dem Zentralrat der Juden in Deutschland, in dessen Trägerschaft sich die Hochschule in den vergangenen drei Dekaden entwickeln konnte. Besonderer Dank gilt schließlich dem Universitätsverlag Winter Heidelberg. Die *Schriften der Hochschule für Jüdische Studien Heidelberg*, die Zeitschrift *Trumah* und neuerdings die jährlichen *Eugen Täubler-Vorlesungen* prägen in Betreuung des Verlags das Gesicht der Hochschule nach außen. Als besonderes Zeichen langjähriger Verbundenheit hat der Verlag sich diese Festschrift zum eigenen Anliegen gemacht und kostenneutral auf den Weg gebracht.

Heidelberg, im Januar 2010, Schwat 5770 / שבט תש״ע

Für das Kollegium der Hochschule für Jüdische Studien Heidelberg

Johannes Heil, Erster Prorektor
Daniel Krochmalnik, Lehrstuhl Jüdische Religionspädagogik

Der Bundespräsident

Zum 30. Gründungsjubiläum der Hochschule für Jüdische Studien Heidelberg gratuliere ich ihren Lehrenden und den Lernenden sehr herzlich – und auch ihren Ehemaligen, Freunden und Förderern, ohne die sehr Vieles nicht möglich wäre.

Ein weiterer Grund zur Freude im Jubiläumsjahr ist die Eröffnung des Neubaus der Hochschule. Die verschiedenen Standorte können so zusammengeführt werden. Das wird die Arbeit beflügeln, weil es das Gespräch und den Gedankenaustausch erleichtert.

Die Kultur des Dialoges, von der wir oft sprechen, braucht nicht nur guten Willen: sie braucht auch die Selbstverständigung aller Beteiligten. Dazu ist das Schwarzbrot einer soliden, geduldigen wissenschaftlichen Arbeit, die sich auch den Details widmet, unabdingbar. Davon zeugt auch die kenntnisreiche akademische Festschrift, die die Hochschule anlässlich des Jubiläums herausgibt und die einen wertvollen Beitrag zur Standortbestimmung des Judentums in Deutschland darstellt.

Dass eine jüdische Wissenschaft in Deutschland wieder in Blüte steht, ist nach dem Zivilisationsbruch der Shoah alles andere als selbstverständlich. Heute, mehr als 60 Jahre danach, blicken wir dankbar und mit Demut auf die Zeichen einer neuen Normalität im Zusammenleben von jüdischen und nichtjüdischen Menschen in Deutschland.

Diese Festschrift zeigt auch, wie wertvoll der Beitrag der jüdischen Kultur für unsere Gesellschaft ist. Aus den Schätzen der jüdischen Tradition können wir bis heute lernen.

Jüdische Kultur und jüdisches Leben sind seit alters her durch Lernen und Studium, durch Wissenschaft und Forschergeist geprägt. In den Studien dieser Festschrift wird deutlich: Die „Wissenschaft des Judentums" verbindet die akademischen Disziplinen. Sie verbindet Denkrichtungen, sie verbindet Menschen und sie hilft uns, einander besser zu verstehen.

Ich wünsche allen Leserinnen und Lesern viel Entdeckerfreude bei der Lektüre dieser Festschrift. Allen, die das Jubiläum in Heidelberg feiern, und allen, die der Hochschule verbunden sind, wünsche ich von Herzen alles Gute – und der ganzen akademischen Gemeinschaft der Hochschule für Jüdische Studien weiterhin die Lust an der Wissenschaft und den Mut zum stets neuen geistigen Wagnis.

Berlin, im September 2009
Horst Köhler
Der Bundespräsident

Günther H. Oettinger

Zum 30-jährigen Bestehen der Hochschule für Jüdische Studien in Heidelberg gratuliere ich allen Verantwortlichen, Studierenden sowie Freunden und Förderern sehr herzlich.

In den letzten Jahren konnte ich bei verschiedenen Anlässen Gast der Hochschule für Jüdische Studien Heidelberg sein und habe dabei mit großem Interesse ihre Entwicklung verfolgt. Gerne erinnere ich mich an den 2. Juli 2008, als mich Lehrende sowie Studierende von Hochschule und Universität zur schon traditionellen „Heidelberger Hochschulrede" eingeladen hatten. Damals zeigte ich auf, warum Vielfalt nicht nur in Wirtschaft und Politik, sondern auch in Wissenschaft sowie Religion ein Gewinn für unser Land ist. Große Denker unterschiedlicher Disziplinen wie Walter Eucken, Friedrich August von Hayek und Dietrich Bonhoeffer erkannten gerade in der Auseinandersetzung mit den Tyranneien des 20. Jahrhunderts, dass es einen inneren Zusammenhang von Religionsfreiheit und Marktwirtschaft als Grundlagen von Menschenrecht und -würde, Demokratie und Freiheit gibt. Jeder Staat, der Lebensführung und Wertehaltungen der Menschen planen und normieren will, geht den Weg in eine intolerante, totalitäre Diktatur. Auch jedes Wirtschaftsgeschehen, das sich selbst verabsolutieren und die Traditionen und Gemeinschaften der Menschen zugunsten eines egoistischen Wirtschaftsdenkens auflösen will, schwächt die Grundlagen gesellschaftlichen Zusammenlebens.

Die menschenverachtenden Verbrechen des Nationalsozialismus haben das jüdische Leben in Baden-Württemberg beinahe zum Erliegen gebracht. Im kommenden Jahr werden wir des 70. Jahrestags der Deportationen badischer Juden nach Gurs gedenken, die von eilfertigen Schergen organisiert wurden, die mit ihrem Eifer dem Regime imponieren wollten. Dass es nach diesen Taten doch wieder zu einem Aufschwung jüdischen Lebens im Land kommen würde, dass sich Juden und Nichtjuden gemeinsam auch Versuchen der Verdrängung widersetzen und eine Zukunft der religiösen Vielfalt erringen, hätte noch vor wenigen Jahrzehnten kaum jemand für möglich gehalten. Dass nun Jahr für Jahr in immer mehr Städten unseres Landes zu Chanukka Rabbiner, Gemeindevorstände und demokratisch gewählte Politiker gemeinsam und öffentlich die Kerzen des Leuchters entzünden, ist für mich ein beeindruckendes Symbol für einen Sieg von Licht über Finsternis. Bewusst habe ich vor einigen Jahren diese Tradition in der Landeshauptstadt mit begründet.

Wir dürfen es aber nicht bei Symbolen belassen, sondern müssen die jungen Generationen bilden und gewinnen. Die Anerkennung des Studiengangs „Jüdische Studien" durch die baden-württembergische Landesregierung im Jahre 1981 – zwei Jahre nach Gründung der Hochschule durch den Zentralrat der Juden in Deutschland – bedeutete daher ein Bekenntnis zur Erinnerung, aber auch zur gemeinsamen Zukunft. Das Land hat sich seitdem an der Finanzierung des Betriebes wie auch des gerade eröffneten Neubaus maßgeblich beteiligt, hat Begehrlichkeiten anderer Bundesländer auf die Hochschule abgewiesen und die Zuerkennung des Promotionsrechtes 1994 wie auch die institutionelle Akkreditierung durch den Wissenschaftsrat im Jahr 2009 nachdrücklich begleitet. Die Einrichtung einer Gastprofessur für Israel- und Nahoststudien war mir, gerade auch nach einem bewegenden Besuch zum 60. Jahrestag der Staatsgründung Israels, ein persönliches Anliegen. Auch in Zukunft steht Baden-Württemberg stolz und dankbar zu seiner Hochschule für Jüdische Studien und zur Vielfalt ihrer Disziplinen, Lehr- und Forschungsvorhaben.

Mit der Zusammenführung der Hochschule im neu gebauten Studien- und Forschungszentrum ist die Zusammenfassung von Personal und Inhalten geglückt, ohne dass eine Abgrenzung zu anderen Bildungseinrichtungen eingetreten wäre. Im Gegenteil, die Kooperation etwa des Studienganges B. A. Gemeindearbeit mit der SRH Fachhochschule Heidelberg signalisiert den Willen zu einer viel versprechenden Öffnung und einer noch besseren Verknüpfung von Theorie und Praxis. Die Gründung des Zentrums für interkulturelle Kommunikation (ZikK) an der Hochschule durch den langjährigen Rektor Prof. Dr. Alfred Bodenheimer bringt schon jetzt Juden, Christen und Muslime aus Deutschland sowie den europäischen Nachbarländern in Begegnung und Gespräche.

Die Initiativen zeigen, dass die Verantwortlichen der Hochschule ihren richtigen und erfolgreichen Weg konsequent fortsetzen: Den Studierenden und der Gesellschaft insgesamt Zugang zur historischen und aktuellen Vielfalt jüdischen Lebens zu eröffnen. Dabei geht es gerade nicht um Assimilation – und damit ein Aufheben der Identitäten –, sondern um das Entdecken und Erlernen eines Miteinanders, das gewachsene, religiöse Traditionen schätzt und vor das Urteil das Verstehen und Reflektieren setzt. An Aufgaben wird es Lehrenden, Forschenden und auch Studierenden schon angesichts der demografisch zunehmenden Pluralität unserer Gesellschaft auch in Zukunft nicht mangeln. Im Gegenteil: Ihre Bedeutung für Gemeinden und Gesellschaft wird weiter wachsen.

So bin ich außerordentlich dankbar, nicht nur für die gesicherte Existenz, sondern auch für das personelle und inhaltliche Wachstum der Hochschule für Jüdische Studien. Ihr Wirken ist ein Gewinn für Wissenschaft und Religion, aber auch für Gesellschaft, Wirtschaft und Demokratie in unserem Land. Für die Feierlichkeiten zum 30-jährigen Jubiläum, aber auch für die Annahme und Lösung künftiger Herausforderungen, wünsche ich den Verantwortlichen, Lehrenden, den Studentinnen und Studenten der Hochschule für Jüdische Studien in Heidelberg viel Erfolg und alles Gute.

Günther H. Oettinger
EU-Kommissar und
früherer Ministerpräsident des Landes Baden-Württemberg

Karl A. Lamers MdB

Es ist mir eine große Freude und Ehre, für die Festschrift anlässlich des 30-jährigen Bestehens der Hochschule für Jüdische Studien Heidelberg ein Grußwort zu schreiben. Als erstes möchte ich Ihnen und allen, die in den vergangenen Jahrzehnten dazu beigetragen haben, dass diese Hochschule Heidelberg eröffnet werden konnte, nun schon über 30 Jahre mit großem Erfolg wirkt und die kulturelle und akademische Landschaft in Heidelberg maßgeblich mitprägt, von ganzem Herzen gratulieren.

„Mache dein Torastudium zur ständigen Beschäftigung. Versprich wenig und tue viel. Empfange jeden Menschen mit freundlichem Gesichte."

Dieses Zitat aus dem Babylonischen Talmud möchte ich an den Anfang meines Grußworts stellen. Denn dieses Zitat kann einerseits verstanden werden als eine Tausende Jahre alte Handlungsanweisung an diejenigen, die sich mit dem Talmud – oder, auf heutige Verhältnisse übertragen, mit jüdischen Wissenschaftsinhalten – beschäftigen. Andererseits kann der zweite Teil des Zitats aber auch für alle anderen Menschen gelten, und ich muss sagen, ich finde diesen Talmud-Spruch außerordentlich schön. Versprich wenig und tue viel, und dies mit freundlichem Gesichte – dies sollten wir uns alle zu Herzen nehmen und versuchen, danach zu handeln.

Die Hochschule für Jüdische Studien Heidelberg besteht nun seit 30 Jahren und ist aus dem öffentlichen und wissenschaftlichen Leben der Bundesrepublik Deutschland nicht mehr wegzudenken. Sie hat 1979 eine Lücke gefüllt, die die verbrecherische NS-Diktatur durch die Schließung der Hochschule für die Wissenschaft des Judentums in Berlin 1942 gerissen hatte. Diese traditionsreiche, seit 1872 bestehende wissenschaftliche Einrichtung wollte – neben der wissenschaftlichen Forschung – das Gesamtgebiet der Wissenschaft des Judentums den jüdischen und nichtjüdischen Studierenden näherbringen. Dies kann auch für das Heidelberger Institut gelten, und man kann es kaum besser formulieren, als es im Profil der Hochschule steht: Die „Vielschichtigkeit und Faszination des Judentums zu vermitteln und entsprechende wissenschaftliche Akzente zu setzen" ist das Ziel, nach dem Sie alle streben, Hochschullehrer und Studierende.

Das Verhältnis zwischen jüdischen und nichtjüdischen Mitbürgern in unserem Staat ist durch die nationalsozialistische Schreckensherrschaft und den Holocaust für alle Zeiten gekennzeichnet und belastet. Jeder Neuanfang musste nach dieser Katastrophe schwer werden.

Mit der Zeit, die verstreicht, darf aber nicht auch die Erinnerung verstreichen. Wir brauchen eine Kultur des Erinnerns und der Toleranz. Bundespräsident Horst Köhler umschrieb dies einmal so: „Die Verantwortung aus der Shoah ist Teil der deutschen Identität." In Artikel 1 des Grundgesetzes heißt es: „Die Würde des Menschen ist unantastbar. Sie zu achten und zu schützen ist Verpflichtung aller staatlichen Gewalt." Dies ist ein Bekenntnis zu Menschlichkeit und Freiheit.

So wurde nach dem staatlichen Neubeginn in den Jahren nach 1949 viel getan und erreicht, um zu den Prinzipien der Freiheit, der Selbstbestimmung, der Pluralität und der Demokratie zurückzukehren und diese im Leben der Menschen zu verankern.

Die Gründung der Hochschule für Jüdische Studien Heidelberg 1979 ist Teil dieses jahrzehntelangen Prozesses und schuf einen Ort der Begegnung und des Zusammenwirkens. Martin Buber hat uns den schönen Satz hinterlassen: „Alles wirkliche Leben ist Begegnung." Wir sollten Begegnung im Buberschen Sinne vollziehen, wo immer sich die Gelegenheit dazu bietet. Wir brauchen das Zuhören, das Verstehen und den Dialog. Die Hochschule für Jüdische Studien bietet gerade vor diesem Hintergrund eine hervorragende Plattform des akademischen Forschens und Lernens. An dieser Hochschule studieren jüdische und nichtjüdische Studentinnen und Studenten. Sie vermittelt Wissen, sie forscht und setzt Akzente. Die Hochschule für Jüdische Studien leistet einen unverzichtbaren Beitrag zur Verständigung zwischen den Religionen.

Was wäre eine bessere Gelegenheit zur Begegnung als ein Jubiläum, wie es die Heidelberger Hochschule für Jüdische Studien in diesem Jahr 2009 oder, nach dem jüdischen Kalender, im gerade begonnenen Jahr 5770 feiert. 30 Jahre wissenschaftliche Arbeit, die nicht nur dem eigentlichen Wissenschaftszweck dient, sondern auch dem „Leben als Begegnung". Wir müssen das gegenseitige Verstehen pflegen, fördern und weiterentwickeln. Das ist das Ziel, das wir uns alle setzen und dem wir alle uns verpflichtet fühlen.

Ich gratuliere der Hochschule für Jüdische Studien in Heidelberg, den Hochschullehrern, Mitarbeitern, Angestellten sowie den Studentinnen und Studenten zum 30. Jahrestag der Gründung und wünsche der Institution und vor allem den Menschen, die darin lehren, lernen und arbeiten, für die Zukunft alles Gute und viel Erfolg.

Mit Respekt und Hochachtung für Ihre herausragende Arbeit grüßt Sie

Dr. Karl A. Lamers
Mitglied des Deutschen Bundestages

Lothar Binding MdB

Die Gründung der Hochschule für Jüdische Studien, deren 30jähriges Bestehen wir in diesem Jahr feiern, steht am Beginn einer Epoche, die von der häufig unbequemen und schmerzhaften, teils sogar erbitterten Auseinandersetzung mit den dunklen Schatten der Vergangenheit geprägt ist: Ein breites Fernsehpublikum verfolgt 1979 die in den Dritten Programmen ausgestrahlte TV-Serie „Holocaust"; im akademischen Bereich reifen die Argumente und Überlegungen, die später den Kern des sog. „Historikerstreits" bilden und ein breites Echo weit über die Grenzen des wissenschaftlichen Diskurses hinaus finden; in vielen Kontroversen suchen wir nach einem persönlichen und gemeinschaftlichen Umgang mit Schuld und Verantwortung, die dem Selbstverständnis einer aufgeklärten, rechtsstaatlichen Demokratie angemessen ist.

Die Hochschule für Jüdische Studien hat – auch in diesen Debatten – ihr eigenes Profil in Forschung und Wissenschaft zur Geschichte und Gegenwart des Judentums geschärft. Sie nimmt unter den zahlreichen, international renommierten Hochschulinstituten und Forschungseinrichtungen in Heidelberg eine herausragende Stellung ein.

Die Festschrift „Jüdische Studien als Disziplin – Die Disziplinen der Jüdischen Studien" vermittelt uns ein facettenreiches Bild von der beeindruckenden Bandbreite des wissenschaftlichen Spektrums, der bemerkenswerten akademischen Qualität der Studien und der zentralen Rolle der Hochschule für Jüdische Studien (HfJS) im europäischen Verbund von Jüdischen Studien und Geisteswissenschaften.

Das Wirken der Hochschule – ihrer Dozenten, Absolventen und Förderer – weist zudem weit über die Grenzen von akademischer Forschung und Lehre hinaus und zeichnet ein lebhaftes Bild von der Vielschichtigkeit jüdischen Lebens und jüdischer Geschichte in Deutschland und Europa. Die wissenschaftlichen Arbeiten, die an der Hochschule entstehen und betreut werden, halten somit die Erinnerung an das jüdische Erbe in Kunst und Kultur, in Wissenschaft und Forschung, in Politik und Wirtschaft, im Alltag des Einzelnen und im kollektiven Gedächtnis unserer Gesellschaft wach.

Über ihre ausgezeichneten Dialogangebote und Projekte für Verständigung und Begegnung wirkt die Hochschule in die Gesellschaft hinein. Ihre Argumente und Anregungen schärfen unser Bewusstsein für die unverzichtbaren und wertvollen jüdischen Beiträge, die unsere Gesellschaft prägen und unser Verständnis kultureller und religiöser Vielfalt bereichern.

Die Hochschule für Jüdische Studien setzt damit auch belastbare Ankerpunkte für eine „Erinnerungskultur", die einen aufgeklärten und verantwortungsbewussten Umgang mit unserer schwierigen Vergangenheit und den wechselhaften Epochen des Judentums in Deutschland und Europa begründen kann.

Auch das politische Bemühen um Aussöhnung und friedliche Koexistenz von Israel und Palästina kann wertvolle Hintergründe in der wissenschaftlichen Erklärung kultureller Heterogenität, religiöser Vielfalt und gesellschaftlicher Integrationsprozesse finden.

Herzliche Grüße,
Ihr Lothar Binding

Fritz Kuhn MdB

Es ist mir eine Freude und eine Ehre, der Hochschule für Jüdische Studien in Heidelberg zum 30-jährigen Bestehen sowie zu ihrem am 30. September 2009 eröffneten Neubau herzlich zu gratulieren.

Weltoffenheit und Toleranz sind Werte, die in Heidelberg, einer Stadt der internationalen Wissenschaft, besonders intensiv gelebt werden. Die Hochschule für Jüdische Studien leistet seit ihrer Gründung im Jahre 1979 einen zentralen Beitrag, diese Werte mit Leben zu füllen. Sie leistet hervorragende Arbeit in der wissenschaftlichen Beschäftigung mit dem Judentum und vermittelt ihren jüdischen und nicht-jüdischen Studierenden in einer europaweit einmaligen Breite und Tiefe die Vielfalt und die Faszination des Judentums, von den Anfängen bis in die Gegenwart.

Ebenso wichtig ist der Hochschule für Jüdische Studien neben der wissenschaftlichen Arbeit die aktive Gestaltung der Gesellschaft. Mit dem Jugend-Dialogprojekt „Likrat" wird der Austausch zwischen den Religionen gefördert. Im direkten Gespräch können Schülerinnen und Schüler ihre Fragen zum Judentum stellen, welche von gleichaltrigen Jüdinnen und Juden beantwortet werden. Es findet Kommunikation auf Augenhöhe statt. Dadurch werden Verständnis und Toleranz geschaffen und Ressentiments abgebaut. Gegenseitiges Verständnis ist die conditio sine qua non, um Vorurteile und Antisemitismus wirksam zu bekämpfen.

Bei den regelmäßig stattfindenden Vorträgen im Zuge der Heidelberger Hochschulreden kommen regelmäßig Persönlichkeiten des öffentlichen Lebens zu Wort, um sich zu historischen und aktuellen Themen mit Bezug zum Judentum zu äußern.

Ich bin mit Salomon Korn einer Meinung, dass die Hochschule für Jüdische Studien Heidelberg – neben weiteren klassischen Lehr- und Lernorten des Judentums – ein Kristallisationskern einer möglichen zukünftigen jüdischen Kultur in Deutschland und Europa sein kann. Ich sehe darin eine Bereicherung für Deutschland und für ein modernes und aufgeklärtes Europa.

In dem neuen Gebäude, welches zum 30-jährigen Jubiläum eröffnet wurde, werden in Zukunft mehr Studierende als bisher Raum für die wissenschaftliche Beschäftigung mit dem Judentum finden. Die Hochschule entfaltet sich jetzt an einem Ort unter einem Dach und ist nicht wie bisher auf verschiedene Standorte in der Stadt verteilt. Die Seminarräume und Hörsäle, Bibliothek, Rektoratsverwaltung und die Mensa sind nun in einem Gebäude untergebracht. Der Neubau ist geprägt durch viel Glas und viel Licht – beste Voraussetzungen für eine lebendige und freundliche Arbeitsstätte der Wissenschaft und des Austauschs. Der Neubau ist an ein bereits 1902 gebautes Teilgebäude der Hochschule angebaut. Auch in der Architektur wird damit unterstrichen, dass das Neue nicht ohne das Alte sein kann und will, das Zukünftige nicht ohne das Vergangene. Im Bewusstsein der Verantwortung für die Brüche und Katastrophen unserer Geschichte, werden wir den Weg in die gemeinsame Zukunft beschreiten.

Für die weitere Arbeit und ihren Einsatz für den wissenschaftlichen, kulturellen und religiösen Dialog, für Toleranz und Menschlichkeit, wünsche ich von Herzen allen Angehörigen, allen Studierenden und Mitarbeiterinnen und Mitarbeitern für die kommende Zeit alles Gute für ihre wertvolle Arbeit.

Fritz Kuhn
Mitglied des Deutschen Bundestages

Die Präsidentin des Zentralrats der Juden in Deutschland

Vor 30 Jahren stand hinter der Gründung der Hochschule für Jüdische Studien Heidelberg die Idee, die Begeisterung für das Judentum beim jüdischen und nichtjüdischen akademischen Nachwuchs durch eine fundierte und breit angelegte Wissensvermittlung zu stärken. Ganz bewusst wurde die Einrichtung auch für nichtjüdische Studierende geöffnet, um durch die Weitergabe des jüdischen Erbes an eine breitere Öffentlichkeit das Verständnis und die gegenseitige Verständigung der Religionen und Kulturen zu fördern.

Der Zuwachs an Studierenden und der Ausbau der Fachgebiete legte seit geraumer Zeit eine Erweiterung nahe. Mit dem Neubau, der in diesem Jahr eröffnet wurde, erlangt die Einrichtung eine neue Dimension, die dem Andrang der Studierenden und dem erweiterten Lehrangebot, das von der jüdischen Theologie bis hin zur konkreten Arbeit in den Gemeinden reicht, gerecht wird.

Die Hochschule hat sich inzwischen in wissenschaftlichen Kreisen im In- und Ausland als europäisches Kompetenzzentrum etabliert, was die Zusammenarbeit in Forschung und Lehre mit anderen renommierten Einrichtungen verdeutlicht. Darüber hinaus genießt die Hochschule ein hohes gesellschaftliches Ansehen. Den herausragenden Stellenwert belegen unter anderem die Besuche hochrangiger Persönlichkeiten wie die von Bundespräsident Horst Köhler und Bundeskanzlerin Angela Merkel.

Mit den Heidelberger Hochschulreden gelang es der Institution, anerkannte Redner aus Religion, Kultur, Politik, Wirtschaft und Unterhaltung in den akademischen Alltag einzubinden. Durch dieses Konzept der wechselseitigen Transparenz werden die Lehre über die Traditionen und die Zukunftsvisionen des Judentums in Deutschland in die Gesellschaft hinausgetragen und gleichzeitig Impulse aus der Gesellschaft in die akademische Institution hineingetragen.

Mit der neuen Gastprofessur zum Themenfeld Israel- und Nahoststudien trägt die wissenschaftliche Einrichtung auch dazu bei, dass hierzulande die Komplexität und Vielschichtigkeit der politischen und gesellschaftlichen Wirklichkeit des Nahen Osten öffentlich stärker wahrgenommen und das Verantwortungsbewusstsein gegenüber Israel gefestigt werden.

Ich wünsche der Hochschule für Jüdische Studien Heidelberg, dass sie die anstehenden Herausforderungen im Dienste der akademischen Wissens- und Meinungsbildung rund um das Judentum weiterhin mit Bravour meistern und die bisherige Erfolgsgeschichte fortschreiben wird.

Dr. h. c. Charlotte Knobloch

Der Vorsitzende des Aktionskomitees

Die Hochschule für Jüdische Studien wurde vor dreißig Jahren in meiner Geburtsstadt Heidelberg gegründet. Aus einer kleinen Einrichtung mit speziellem Auftrag ist in der Zwischenzeit ein Haus mit großer Ausstrahlung geworden. Angehörige verschiedener Religionen lernen und unterrichten hier. Die Studenten kommen aus fünfzehn Ländern Europas und vielen anderen Erdteilen. Diese erfolgreiche Entwicklung begleite ich mit großer Freude seit vielen Jahren.

Der Titel der Festschrift zum dreißigjährigen Bestehen der Hochschule, „Jüdische Studien als Disziplin – die Disziplinen der Jüdischen Studien", zeigt die Vielfalt der fachlichen Ausrichtungen der Hochschule. Sehr gerne wirke ich daran mit, die Hochschule am Beginn des 21. Jahrhunderts für die Zukunft zu festigen.

Mit dem Aktionskomitee aus namhaften Persönlichkeiten des öffentlichen Lebens der Bundesrepublik Deutschland haben wir einen maßgeblichen Beitrag zur Errichtung des Neubaus der Hochschule leisten können. Die „Bauaktien" und die „Virtuelle Bibliothek" haben dieses Anliegen in der Gesellschaft platziert und eine breite Resonanz gefunden. Von dieser breiten Unterstützung wird die Hochschule auch in Zukunft profitieren können.

Vor allem wird sie neben ihren Angeboten für die wiederentstandenen jüdischen Gemeinden in Deutschland ihrem erweiterten Auftrag gerecht werden können: das Bewusstsein für die Bedeutung des jüdischen Erbes in der europäischen Kultur zu schärfen.

Im April 2007 hatte ich im Rahmen der Heidelberger Hochschulreden in der Alten Aula der Universität Heidelberg die Gelegenheit über die fundamentalen Veränderungen der Medienlandschaft und ihre Auswirkungen auf die Kommunikation in einer vernetzten Welt zu sprechen. Die Hochschule für Jüdische Studien Heidelberg ist selbst ein Medium, und das in mehrfacher Hinsicht: sie ist Gedächtnisort, Bedeutungsträgerin, Vermittlerin und auch ein Markenzeichen, das es zu fördern gilt.

Das betrachte ich als ein Geschenk für uns alle, und deshalb schenke ich der Hochschule sehr gerne meine Unterstützung. Ich wünsche ihr und damit uns allen für die Zukunft ertragreiches Arbeiten und wachsende Ausstrahlung.

Prof. Dr. Hubert Burda

Studium des Judentums

Zum Geleit

Ein nahezu revolutionärer Brief kam im Juli 1848 auf den Tisch von Adalbert von Ladenberg, wenige Tage nach seiner Ernennung zum preußischen Kultusminister.[1] Der Absender, der Gründer der Wissenschaft des Judentums, Leopold Zunz, begründete seinen Antrag auf einen Lehrstuhl für jüdische Geschichte und Literatur an der Preußischen Universität ohne weitere Floskeln mit der Bemerkung:

> Zu den auf Universitäten fremden Fächern gehört die Wissenschaft des Judentums. Über Geschichte und Literatur der Juden aus dem Zeitraum der letzten zweitausend Jahre wird da, wo die künftigen Beamten und Gesetzgeber ihre Vorbildung erhalten, keine Belehrung gegeben. [...] so sind die Fremdlinge auf diesem Gebiet gezwungen, sich an veraltete Bücher oder an lebende Bekanntschaften zu wenden, nicht geschützt vor dem Orakel der Unwissenheit oder des bösen Willens, deren Spuren alsdann Verfügungen und Gesetze tragen.[2]

Die Einbeziehung jüdischer Wissenschaft in das universitäre Curriculum war Zunz zur Aufgabe seines Lebens geworden. Zunz ging es nicht darum, die allgemeine Ausbildung möglicher Rabbinerkandidaten im universitären Unterricht zu verankern. Das war schon längst Praxis. Zunz ging es 1848 viel eher darum, die Wissenschaft des Judentums als Fach innerhalb der universitären Kanonfächer durchzusetzen, um der allgemeinen Unkenntnis der jüdischen Geschichte und Literatur einen praxisbezogenen akademischen und vorurteilsfreien Unterricht entgegenzusetzen. Die Zeit war weder reif, noch war die Politik bereit, um des Besonderen willen paradoxerweise das Allgemeine zu erweitern und zu vervollständigen und eine religiöse Minderheitenkultur in das Allgemeine einzubeziehen: Zu viele Paradoxe für eine preußische Regierung, wo *les idées claires et distinctes* à la Descartes herrschten. Diese Hoffnung trog, denn seinem oben genannten Antrag auf eine Professur für die Geschichte und Literatur der Juden vom 9. November 1848 wollte die Friedrich-Wilhelms-Universität nicht stattgeben. Man muss jedoch ehrlichkeitshalber sagen, dass die zuständige Kommission und die preußische Regierung das Gesuch nicht leichtfertig und unüberlegt ablehnten, und die Urteilsbegründung ziemlich ausführlich ausfiel; dennoch waren die Folgen für Zunz und die Wissenschaft des Judentums umso schwerwiegender.

Die zuständige Kommission, die aus dem Dekan, dem Philosophen Friedrich Adolf Trendelenburg, dem Altphilologen August Böckh, dem Historiker Leopold von Ranke und dem Orientalisten Heinrich Petermann bestand, würdig-

---

[1] Zu von Ladenberg s. Karl Wippermann, Ladenberg, Adalbert von, in: *Allgemeine Deutsche Biographie* 17 (1883): 499–502.

[2] Alle Dokumente, die sich auf das Gesuch von Leopold Zunz beziehen, wurden von Ludwig Geiger veröffentlicht: Zunz im Verkehr mit Behörden und Hochgestellten, in: *Monatsschrift für Geschichte und Wissenschaft des Judentums* 60 (1916): 245–262; 321–347, insb. 324 u. ff.

te zwar Zunz' wissenschaftliche Leistungen und sein Programm, „die Literatur und Geschichte der Juden in eine heilsame Wechselwirkung mit der allgemeinen Wissenschaft zu setzen", lehnte aber den Antrag mit der Begründung ab:

> Eine Professur, die mit dem Nebengedanken gestiftet würde, das jüdische Wesen in seiner Besonderheit [...] geistig zu stützen und zu bekräftigen, widerspräche dem Sinne der neuen, die starren Unterschiede ausgleichenden Freiheit. Sie wäre eine Bevorrechtigung der Juden, ein Mißbrauch der Universität, [...] die für ihre Lehrfächer zunächst kein anderes Maß kennt als den inneren Gehalt der Wissenschaft, und in der [...] keine äußere Zweckmäßigkeit das reinere wissenschaftliche Interesse verdrängen soll.

Die Kommission wies auf den Umstand hin, dass es nicht einmal eine Professur für deutsche oder preußische Geschichte gab: „Daher wird es nicht zweckmäßig sein, dass die jüdische Geschichte aus dem wissenschaftlichen Verbande mit der allgemeinen herausgerissen werde." Schließlich habe die Berliner Universität auch keinen katholischen Lehrstuhl für Theologie und Geschichte, hieß es. Man könne nicht den Juden konzedieren, was man den Katholiken verweigere.

Die preußischen Gelehrten erkannten nicht, dass nur eine eigenständige Beschäftigung mit der jüdischen Tradition dem Gegenstand in wissenschaftlicher Weise gerecht werden konnte, und so redeten sie im Namen einer vermeintlichen Gleichbehandlung faktisch der herrschenden Ignoranz das Wort. Als bloßes Kapitel der Universalgeschichte der Menschheit behandelt, verfiel das Judentum den Verdikten der traditionellen christlichen Heilslehre oder der säkularisierten Geschichtsphilosophie. Der politischen Emanzipation folgte mithin keine kulturelle Einbürgerung. Zunz drückte es noch prägnanter in seinem Brief an Ladenberg aus: „Das Ghetto ist gesprengt, aber die Verweisung noch nicht aufgehoben." Er glaubte, dass antisemitische und antijüdische Tendenzen gar nicht erst aufkommen könnten, wenn in der universitären Ausbildung jüdische Kultur gleichberechtigt berücksichtigt würde. Der damalige akademische Korpus konnte oder wollte nicht über den eigenen Schatten springen. Die Geschichte der Ernennung von Hermann Cohen im Marburg und der Widerstand gegen die Ernennung von Husserl in Göttingen sind nur einige Beispiele, wie deutsche Universitäten gegen jüdische Professoren Widerstand leisteten. Zunz hatte schon 1876 geahnt, dass nur ein Weltereignis die Geschichte beeinflussen konnte, denn die Akademie kann sich selbst nicht reformieren.

Die Geschichte hat Zunz leider recht gegeben. Bücherverbrennungen und die grausame Vernichtung des europäischen Judentums besiegelten auch den Zusammenbruch der *Respublica literarum*, die unfähig war, sich auf die Vielfalt kultureller Zugehörigkeiten einzulassen und sie zu verteidigen. Die immense Produktion und Kreativität der deutschsprachigen Wissenschaft des Judentums wurde gewaltsam beendet. Viele der begonnenen Werke, wie die deutsche *Encyklopaedia Judaica*, ein noch heute gültiges Meisterwerk der deutsch-jüdischen Kultur, sind in ihrer Unabgeschlossenheit ein bleibendes Mahnmal.

Auch nach 1945 gab es zunächst keine Versöhnung zwischen deutscher und jüdischer Wissenschaft. Erst in den 60er Jahren wurden in Westdeutschland einige Lehrstühle eingerichtet. Der erste Inhaber in Berlin war Jakob Taubes, eine entschieden schrille Figur, der seine Karriere zunächst bei Gershom Scholem in Jerusalem begann, wegen eines „Vertrauensbruches" mit ihm aber weiterzog und in

Berlin seine Heimatstadt zwischen Hermeneutik und Judaistik, Philosophie und Theologie fand. Bereits zu Beginn konnte sich die Judaistik keine eigene Identität schaffen und balancierte als Trapezkünstlerin zwischen den Disziplinen.

Erst vor 30 Jahren im 1979 wurde die Hochschule für Jüdische Studien in Verbindung mit der Universität Heidelberg gegründet, eine Institution, die der heutigen Satzung zufolge, „der Pflege und Entwicklung der jüdischen Geisteswissenschaften und der ihnen verwandten Disziplinen [dienen soll]." Auch hier ist das Streben nach Identität seit den Anfängen zu beobachten, aber auch die schwierige Aufgabe, Erbe jüdisch-theologischer Fakultäten zu sein und gleichzeitig, die implizite, externe Ghettoisierung von jüdischen Hochschulen verhindern zu wollen. Ein Zunz'sches Dilemma würde ich sagen, wenn man sein Streben nach einer „ordentlichen" Professur an der Berliner Universität als geistige Emanzipation zusammen mit der Hoffnung von seinem Lehrer Ehrenberg sieht, die innere Emanzipation des Judentums aus dem Ghetto einer pilpulistischen Talmudschule voranzutreiben. Nach der Shoa ist von der Emanzipation selbstverständlich nicht die Rede, sondern von einer Wiedereinbeziehung jüdischer Kultur und Geistesgeschichte in die allgemeine Bildung, von einer kulturellen Integration und Reintegration des Judentums und des Deutschtums in das allgemeine Europäische, von keiner von einigen „gehassten" jüdisch-deutschen Symbiose, sondern von einer kulturellen und sozialen gegenseitigen Wahrnehmung.

Nach der politischen Wende der deutschen Einheit haben sich die judaistischen universitären Einrichtungen vervielfältigt, die Hochschule für Jüdische Studien den Lehrkörper erweitert, eindeutig dank des politischen Willens, der Welt ein klares Signal über die politischen Absichten im vereinten Deutschland zu geben. Die Eingliederung der Geschichte und Literatur des Judentums in die Bildung war und ist keine *innere* universitäre Entwicklung: Und das ist die Hauptschwäche dieses Faches, die die sorgenvolle Frage provoziert: Wird die Judaistik abgeschafft werden, sobald sich das deutsche historische Gewissen beruhigt hat? Die Einführung von Master- und Bachelorstudiengängen im gesamten europäischen Raum macht die Frage wegen der „globalisierenden" Tendenz, breitere Abschlüsse zu ermöglichen, die zu einer praktischen Ausbildung führen sollen, noch aktueller. Eine Tantalus-Aufgabe, wie man weiß, die das Ende kleinerer, und nicht unbedingt gegenwartsbezogener Fächer bedeuten kann. Wiederholt sich die Geschichte des Zunz'schen Albtraums, das eigene nur vertreten zu können, wenn es in das Allgemeine mündet und – im Sinne Hegel'scher Terminologie – „aufgehoben" wird? Die Gefahr besteht, dass einer Einbeziehung eine Ausgrenzung folgt.

Ein eigenes Profil bekommt die Judaistik aber nur, wenn es ihr gelingt, ihre lokale, nationale und europäische Bedeutung an ihrem jeweiligen Standort herauszuarbeiten. Die Judaistischen Studien können sich nach meiner Auffassung auf zwei Schwerpunkte konzentrieren, die auch für das Selbstverständnis dieses Faches maßgeblich sind: Die Wahrnehmung der jüdischen Identität innerhalb der europäischen Geistesgeschichte und die Interdisziplinarität in Forschung und Lehre.

Die historische Wahrnehmung der jüdischen Identität kann nicht aus der Perspektive des Elfenbeinturms geschehen. Deshalb muss die interdisziplinäre Arbeit verstärkt werden und der Schwerpunkt auf dem Verständnis historischer und geistesgeschichtlicher Prozesse liegen. Die Zügel, die uns die universitäre Studienordnung anlegt, müssen so geführt werden, dass die Judaistik sich nicht im Gestrüpp hochspezialisierter Detailforschung verliert, sondern das breite Spektrum universitärer Studien vor Augen hat. Das Interesse für jüdische Kultur allein reicht nicht aus, um dieses Fach in der Geschichte und Gegenwart zu verstehen und zu vertreten. Die akademische Zusammenarbeit mit den geisteswissenschaftlichen Fächern ist ein kategorischer Imperativ, der nicht als bloße Floskel unzähliger Studienordnungen und Studienberatungen missbraucht werden darf, sondern effektiv in neue Studieneinheiten münden müsste. Hier sind Initiativen auf universitärer und interuniversitärer Ebene gefordert, um neue Fächer zu entwickeln, die sich adäquat mit dem europäischen Kulturwandel beschäftigen können.

Mit der einzigen Ausnahme der Hochschule für Jüdische Studien ist an den meisten europäischen Universitäten kein nichtkonfessionelles theologisches Studium möglich. Drei Jahrhunderte nach der Aufklärung ist dieser Mangel nicht mehr verständlich, als ob die alten und alternden Nischen weiterhin als *motor immobilis* nachwirken, ohne sich um die allgemeine Wissensvermittlung zu kümmern. Ich stelle mir Europa nicht auf den Stelzen des traditionellen Fächerkanons vor, sondern auf dem Boden lebendiger Strukturen, in denen kooperative Minderheiten und Mehrheiten einen gemeinsamen Weg zur Wissensverwaltung und -vermittlung finden werden.

Die schwierige Geburt der Judaistik im deutschen Sprachraum beweist, wie widerwillig die Eingliederung einer Kultureinheit, die nicht konfessionell, aber doch religionsgebunden, die geographisch und kulturell europäisch, jedoch „eigenartig" ist, Teil der europäischen Geistesentwicklung, doch immer noch ghettoisiert, in den meisten europäischen und deutschen Universitäten verläuft. Die Aufgabe judaistischer Institute wie der Hochschule für Jüdische Studien wird jetzt wie in Zukunft sein, die Eingliederung jüdischer Geschichte, Literatur und Kultur in die Welt der Universitätsausbildung voranzutreiben. Mein Wunsch ist, dass dies für die Hochschule und für die Judaistik so gelingt, wie es sich der Meister der Wissenschaft des Judentums vorgestellt hatte.

Giuseppe Veltri
Vorsitzender des Verbandes der Judaisten in Deutschland e. V.

JOHANNES HEIL

Jüdische Studien als Disziplin

Zur Einleitung*

Im Herbst 1819 kam in Berlin ein Zirkel jüngerer jüdischer Akademiker zusammen in der Absicht, die miteinander verknüpften Projekte Emanzipation und innere jüdische Reform auf dem Wege einer umfassenden geisteswissenschaftlicher Durchdringung des eigenen Erbes auf den Weg zu bringen. Der noch ganz dem aufklärerischen Emanzipationsdenken verpflichtete Name *Verein zur Verbesserung des Zustandes der Juden im deutschen Bundesstaate* wurde schon 1821 markant neu gefasst und lautete nun *Verein für Cultur und Wissenschaft des Judenthums*. Ein dritter Weg zwischen Assimilation/Konversion und Traditionalität hin zu einer neuen jüdischen Existenz und Identität sollte gefunden werden. Reden wurden gehalten, Programme formuliert, eine Zeitschrift konzipiert. Sie ist über ihren ersten Jahrgang 1823 nicht hinausgekommen. Alsbald löste sich der Verein wieder auf. Er war am Missverhältnis zwischen hochfliegenden Plänen, persönlichen Ambitionen und mangelnder Resonanz gescheitert. Aber sein Gegenstand wirkte fort, zumal durch die Tätigkeit einzelner Mitglieder wie Leopold Zunz (1794–1886), und vor allem aber, weil die einmal gestellten Fragen und Forderungen sich nicht erledigt hatten. Und sie beschäftigen noch heute, die Jüdische Gemeinschaft und nicht minder außerhalb davon.

1819 – 1979 – 2009: Dreißig Jahre *Hochschule für Jüdische Studien Heidelberg*, einhundertneunzig Jahre *Wissenschaft des Judentums*. Zwischen diesen Daten besteht ein Zusammenhang. Aber welcher? Die Verbindung scheint zunächst einfach, sie ist aber geschichtlich mannigfach gebrochen und überhaupt recht komplexer Natur. Nicht nur in Heidelberg und sonst im deutschsprachigen Raum, auch international standen und stehen Jüdische Studien und Judaistik in dieser Tradition. Davon zeugt die Resonanz, die die *Wissenschaft des Judentums* im 19. Jahrhundert vor allem in Italien und Frankreich erfuhr, bis hin zu ihrer Präsenz im gegenwärtigen Themenkanon der *Jewish Studies* (auch *Judaic Studies*) in Israel, den USA und andernorts.[1]

---

* Ich danke Kolleginnen und Kollegen der Hochschule für Jüdische Studien Heidelberg, insb. Hanna Liss, sowie einem auswärtigen Gutachter für Korrekturen und wertvolle Anregungen zum Schreiben dieser Einleitung.
[1] Cf. Michael Brenner, Jüdische Studien im internationalen Kontext, in: ders. et al. (Hgg.), *Wissenschaft vom Judentum. Annäherungen nach dem Holocaust*, Göttingen 2000, S. 43 f.; ferner Beiträge von Jószef Schweizer, Maurice R. Hayoun, Amos Luzatto in: Julius Carlebach (Hg.), *Chochmat Israel. Wissenschaft des Judentums – Anfänge der Judaistik in Europa*, Darmstadt 1992; Michael A. Meyer, in: ders. et al. (Hgg.), *Deutsch-Jüdische Geschichte der Neuzeit*, Bd. 2, München 1996, hier: S. 136–145, 343–348; Christian Wiese, *Wissenschaft*

Und bedenkt man, dass das so gerne als deutscher Beitrag zur europäischen Moderne bemühte Humboldtsche Ideal freier universitärer Lehre und selbstbestimmter akademischer Forschung sich bei näherem Hinsehen als Marginalie in ihrer Zeit entpuppt, die erst posthum zum Fixstern im Gedankenhimmel vor allem deutscher Kritiker von Universitätsreformen aller Art geriet,[2] dann zählt gemeinsam mit der *Frankfurter Schule* die vergleichsweise randständige und auch heute noch gelegentlich als *quantité négligeable* behandelte *Wissenschaft des Judentums*[3] wohl zu den bedeutendsten geisteswissenschaftlichen Exportartikeln, die von Deutschland ihren Ausgang genommen haben. Die Filiationen der Wissenschaft, die mit den Linien zwischen dem Breslauer *Jüdisch-Theologischen Seminar* und dem New Yorker *Jewish Theological Seminary* oder der Berliner *Hochschule für die Wissenschaft des Judentums* und dem *Hebrew Union College* in Cincinnati nur beispielhaft bezeichnet sind, waren so dicht, dass sie am Ende auch die Fortdauer der *Wissenschaft des Judentums* in den Jahren der nationalsozialistischen Herrschaft über Europa gesichert haben.[4] Dennoch ist heute allenthalben ein Zögern spürbar, sich direkt in diese Tradition zu stellen: zu sehr europäisches 19. Jahrhundert, irritierend von Hegelschem Weltgeist durchweht, zu stark religiös gebunden und den Themen der vergangenen Epoche verpflichtet, bei näherem Hinsehen schon in den Anfängen mit einem verwirrend vielstimmigen Chor widerstreitender Ziele zwi-

---

des Judentums und protestantische Theologie im wilhelminischen Deutschland – ein Schrei ins Leere?, Tübingen 1999, S. 59–85; Céline Trautmann-Waller, Selbstorganisation jüdischer Gelehrsamkeit und Universität seit der ‚Wissenschaft des Judentums‘, in: Wilfried Barner et al. (Hgg.), *Jüdische Intellektuelle und die Philologien in Deutschland 1871–1933*, Göttingen 2001, S. 77–86; Ulrich Wyrwa, Die europäischen Seiten der jüdischen Geschichtsschreibung, in: ders. (Hg.), *Judentum und Historismus. Zur Entstehung der jüdischen Geschichtswissenschaft in Europa*, Frankfurt am Main 2003, S. 9–36; zur Begrifflichkeit der Disziplinenbezeichnung Peter Schäfer, Judaistik – jüdische Wissenschaft in Deutschland heute. Historische Identität und Nationalität, in: *Saeculum* 42 (1991), S. 199–216, hier: S. 200; ferner Michael Brocke, ‚Judaistik‘ Between ‚Wissenschaft‘ and ‚Jüdische Studien‘ – Jewish Studies in Post WWII Germany, in: Albert van der Heide et al. (Hgg.), *Jewish Studies and the European Academic World* (Collection de la REJ; 37), Paris 2005, S. 51–74, skeptisch hinsichtlich der heutigen Bedeutung der WdJ: S. 78; *Trumah. Zeitschrift der Hochschule für Jüdische Studien Heidelberg* 17 (2008) = Jüdische Studien und Jüdische Identität.

[2] Vgl. Sylvia Paletschek, Die Erfindung der Humboldtschen Universität. Die Konstruktion der deutschen Universitätsidee in der ersten Hälfte des 20. Jahrhunderts, in: *Historische Anthropologie* 10 (2002), S. 183–205; Wilhelm Krull, Hat das Humboldtsche Bildungsideal noch eine Zukunft? Impulsreferat zum Symposium „Wissen und Geist. Universitätskulturen", Leipzig, 11.–13. Mai 2009 (http://www.volkswagenstiftung.de/fileadmin/downloads/Leipzig _2013_20Mai_202009.pdf, geöffnet 11.9.2009), aber vgl. auch den der Reformkritik kaum verdächtigen Julian Nida-Rümelin, Die Zukunft der Geisteswissenschaften – Eine humanistische Perspektive, in: Ulrich Arnswald (Hg.), *Die Zukunft der Geisteswissenschaften*, Heidelberg 2005, hier: S. 23.

[3] Es stimmt bedenklich, wenn in einem sonst soliden Überblick die Wissenschaft des Judentums samt Judaistik und Jüdische Studien nicht mit einem Wort erwähnt wird und ihre Träger nur indirekt im Kontext der NS-Hochschulpolitik genannt werden: Jan Eckel, *Geist der Zeit. Deutsche Geisteswissenschaften seit 1870*, Göttingen 2008, hier: S. 65f., 106ff.

[4] Vgl. Michael A. Meyer in: Deutsch-Jüdische Geschichte der Neuzeit, Bd. 2, (wie Anm. 1), S. 139f.

schen purer Wissenschaftlichkeit und festlegendem Gemeindebezug antretend, zugleich zu fern hinter dem Bruch, den die Shoa markiert, und begleitet von den bleibenden Irritationen, die dieser Bruch hinterlässt.

Worin also kann die Verbindung zwischen dem Früheren und dem Heutigen erkannt werden? Was trägt sie und wohin kann sie führen? Der vorliegende Band mit Beiträgen von Angehörigen der *Hochschule für Jüdische Studien Heidelberg* will sich diesem Fragenkomplex praktisch annähern und Arbeitsproben aus verschiedenen Disziplinen der Jüdischen Studien vorstellen. Er soll einen Eindruck von der breiten Anlage der Jüdischen Studien als Disziplin geben. Dabei werden die Beiträge immer wieder in ihren doppelten fachlichen Zusammenhang eingestellt, als Teilfach der Disziplin Jüdische Studien und als Beiträge ganz verschiedener Disziplinen zum Gegenstand der Jüdischen Studien. Die Einleitung beschränkt sich auf den Rückblick und den Versuch, von dort den Standort der Jüdischen Studien heute zu bestimmen und Aufgabenfelder für ihre Zukunft im Kontext der Humanwissenschaften zu skizzieren.

1819 und 1979: Wissenschaft des Judentums, Judentum und Jüdische Studien

Wo die Heidelberger Hochschule wie auch die Jüdischen Studien an ihren vielen Standorten weltweit etwas vom Erbe der *Wissenschaft des Judentums* in sich tragen, heißt das nicht, dass sie einfach deren Fortsetzung wären. Dabei wäre es ein Leichtes, zur Klärung einfach auf die denominationsgebundenen Strukturen der Breslauer und Berliner Vorläufer zu verweisen und ihnen die plurale, denominationenübergreifende Ausrichtung der *Hochschule für Jüdische Studien Heidelberg* gegenüberzustellen oder auf andere, universitär etablierte Programme in Jüdischen Studien oder Judaistik zu verweisen. Eine solche Scheidung greift aber zunächst nur für die praktische Ausrichtung, etwa der Heidelberger Hochschule, nicht aber notwendig für deren wissenschaftliche Orientierung. Jüdische Studien heute sind nicht einfach die Quersumme aus Berlin, Breslau, Cincinnati, Jerusalem und New York, und das Bild würde kaum vollständiger, nähme man noch zehn oder zwanzig andere Orte hinzu. Vielzahl und Verschiedenheit der Institutionen und Individuen, die sich heute den Jüdischen Studien einschließlich der Judaistik widmen, machen die Aufgabe einer Standortbestimmung anspruchsvoller. Unterschiedliche Erwartungen innen wie außen sind ebenso in Rechnung zu stellen.

Die Aufgabe selbst ist keineswegs neu. Seit Immanuel Wolf (1799–1847) in der *Zeitschrift für die Wissenschaft des Judentums* 1823 die Frage nach dem Auftrag an die Disziplin erstmals stellte,[5] ist sie immer wieder gestellt worden. Sie ist überhaupt fortwährend gestellt worden, und die Geschichte der Wissenschaft des Judentums ließe sich leicht als die Geschichte ihrer Selbstreflexion, Kritik und Revision schreiben. Das Aussehen der verschiedenen Spannungsfelder, innerhalb derer sich die ältere Wissenschaft des Judentums bewegte, kann dabei als Ausgangspunkt einer heutiger Standortbestimmung dienen, wird aber nur den

---

[5] Immanuel Wolf, Über den Begriff einer Wissenschaft des Judenthums, in: *Zeitschrift für die Wissenschaft des Judenthums* 1 (1823), S. 1–24.

Abstand zwischen damals und heute, zwischen Wissenschaft des Judentums und Jüdischen Studien, klären können.

Die *Wissenschaft des Judentums* erscheint ihrem Wesen nach wie ein roter Faden, der die jüdische Moderne seit 1800 durchzog, in der Sache aber als ein kaum zu entwirrendes Knäuel von Aufgaben, Zielen, Erwartungen, Anforderungen und Ergebnissen.[6] Im Rückblick erkennt man hier eine ungemein produktive Geschichte, die sich zugleich als Abfolge kontinuierlichen Scheiterns lesen lässt. Das reicht vom raschen Ende des *Vereins für Cultur und Wissenschaft des Judentums* im Jahr 1823/24 (das sich im krassen Abstand der Stimmungen in Eduard Gans' Vereinsreden der Jahre 1821 und 1823 abzeichnete) über die seit 1841 immer wieder erfolglos betriebenen Bemühungen Leopold Zunz' und seiner Nachfolger um Anerkennung und Integration der *Wissenschaft des Judentums* in die bestehenden universitären Strukturen und die zionistische bzw. kulturjüdische Generalkritik an akademischer Trockenheit bis hin zur Ghettoisierung und Liquidierung der *Wissenschaft des Judentums* und ihrer Träger in den Jahren ab 1933, mit der Schließung der zur „Lehranstalt" reduzierten Berliner Hochschule 1942 als äußerem Endpunkt. Stand also die *Wissenschaft des Judentums* von Anfang an in der Kritik, vor allem auch innerjüdisch, so hat sie sich gerade deshalb auch immer wieder neu definiert, wurde mit immer neuen Anforderungen ausgestattet, und konnte sie doch nie zu allseitiger Zufriedenheit erfüllen.

Und dennoch: Die besten Köpfe der *Wissenschaft des Judentums* waren oft gerade ihre entschiedenen inneren oder außenstehenden Kritiker. Denn auch dies ist unübersehbar: Den Brückenschlag zur jüdischen Orthodoxie, der natürlichen Gegnerin forscher Traditionsevaluation, haben die Vordenker der *Wissenschaft* nur punktuell erreicht, wohl auch nicht ernsthaft angestrebt. Und doch hat die *Wissenschaft* mit der allmählichen, wenigstens partiellen Öffnung der Neoorthodoxie für wissenschaftlich-kritische Zugänge zum Eigenen wenigstens indirekte Wirkung gezeitigt.[7] Noch deutlicher kommt dies in der ambivalenten Haltung der Zionisten und der sogenannten *Jerusalemer Schule* zum Ausdruck: Die Jerusalemer Gelehrten hinderte all ihre Kritik an der Perspektivenarmut der deutschen Wissenschaft keineswegs daran, eben deren Methoden für das Projekt nationaler Selbstrekonstruktion in Zion fruchtbar zu machen – um, wie Gershom Scholems beißende Kritik von 1944 deutlich machen wollte,[8] damit einmal mehr zu scheitern. Wäre freilich dem tatsächlich so gewesen, dann müsste ein solches

---

[6] Vgl. auch die kritischen Bemerkungen in Gershon Hundert, Re(de)fining Modernity in Jewish History, in: Jeremy Cohen et al. (Hgg.), *Rethinking European Jewish History*, Oxford 2009, S. 133–145.

[7] Mordechai Breuer, *Jüdische Orthodoxie im Deutschen Reiche 1871–1918. Die Sozialgeschichte einer religiösen Minderheit*, Frankfurt am Main 1986, S. 162, passim; Carlebach, Chochmat Israel (wie Anm. 1); Wiese, Wissenschaft (wie Anm. 1), S. 74–78; ferner Hanna Liss, „Das Erbe ihrer Väter": Die deutsch-jüdische Bibelwissenschaft im 19. und 20. Jh. und der Streit um die Hebräische Bibel, in: Daniel Krochmalnik et al. (Hgg.), מה טוב חלקנו. *Wie gut ist unser Anteil. Gedenkschrift für Yehuda T. Radday*, Heidelberg 2004, S. 21–36.

[8] Gershom Scholem, Überlegungen zur Wissenschaft des Judentums, in: *Judaica* 6, hg. Peter Schäfer, Frankfurt am Main 1997, S. 1–52; die hebr. Version von 1944 (vgl. קובץ – דברים בגו בשני כרכים של מאמריו ונאומיו בהזדמנויות שונות, hg. von Abraham Shapira, Bd. 2, Tel Aviv 1975, S. 385–403) war ungleich schärfer im Ton gehalten; vgl. David N. Myers, Was there a „Jeru-

Scheitern, blickt man nur auf die Standorte der Jüdischen Studien in Beer Sheva, Haifa, Jerusalem oder Tel Aviv und ihre bleibende Anziehungskraft selbst nach den letzten postmodernen und postzionistischen Anstürmen als ausgesprochen erfolgsträchtig bezeichnet werden.

Allerdings (wenn dieser große Sprung erlaubt ist), kommt man heute nach Jerusalem, dann betritt man an der Hebräischen Universität wie auch sonst im Land keineswegs glänzende Tempel hehrer jüdischer Wissenschaft, eher Mega-Hubs und Schnittstellen für Ideen, Methoden und Perspektiven. Nirgendwo sonst als beim Jerusalemer *15th World Congress of Jewish Studies* im August 2009 wurde das deutlicher. Natürlich bieten solche Großveranstaltungen immer den Eindruck von Beliebigkeit. Etablierten Wissenschaftlern und Wissenschaftlerinnen bereitet das kein Problem. Sie bedienen und besuchen die Veranstaltungen ihrer Themenzirkel und profitieren vom Gespräch mit alten und neuen Bekannten. Ihre Neugier stillen sie mit gelegentlichen Exkursionen in die Räume anderer Zirkel. Wäre freilich unter den Gästen jemand gewesen, der ohne Vorkenntnisse sich über das Profil des Faches Jüdische Studien hätte ein Bild verschaffen wollen, dann hätte der Befund banal ausfallen müssen: Jüdische Studien meint alles, was irgendwie mit Judentum zu tun hat. Eine solche Beschreibung mag analog für das jährliche Treffen von Mittelalterforschern im ganz unspektakulär-geschäftsmäßigen Kalamazoo, Michigan, oder in der postindustriellen Tristesse von Leeds vielleicht durchgehen. Für eine Disziplin, die sich vielerorts ihren akademischen Rang vor gar nicht so langer Zeit noch gegen Widerstände unterschiedlicher, aber immer wieder auch radikaler Qualität erkämpfen musste und die, manchmal sichtbarer, manchmal weniger augenfällig, sich im Schatten der Shoa bewegt, ist das wohl doch zu wenig.

1819–1933: Eine Disziplin, wechselnde Umstände

Die Jüdischen Studien sind auch in ihrem Ursprung keine sich selbst tragende, klar zu bezeichnende Disziplin gewesen. Dabei ist es müßig, ob ihre Formierung in den Jahren 1817–1819 unterblieben wäre, hätte der Göttinger Orientalist Johann David Michaelis (1717–1791) die Schrift zur „bürgerlichen Verbesserung der Juden" des Hofrats Christian Wilhelm Dohm (1751–1820) freudig begrüßt[9] oder hätte der Wiener Kongress sich darauf verstanden, nach der Niederlage Napoleons die bürgerliche Gleichstellung der Juden unangetastet zu lassen und so den Weg zu wirklicher Gleichberechtigung der europäischen Juden zu ebnen.[10]

---

salem school"? An Inquiry into the First Generation of Historical Researchers at the Hebrew University, in: *Studies in Contemporary Jewry* 10 (1994), S. 66–92.

[9] Christian W. Dohm, *Ueber die bürgerliche Verbesserung der Juden*, Berlin etc. 1781; Johann D. Michaelis, Beurteilung der ersten Dohmschen Schrift ‚Über die bürgerliche Verbesserung der Juden', gedruckt in: Dohm, *Über die bürgerliche Verbesserung der Juden*, Bd. 2, Berlin etc. 1783; vgl. Anna-Ruth Löwenbrück, *Judenfeindschaft im Zeitalter der Aufklärung: eine Studie zur Vorgeschichte des modernen Antisemitismus am Beispiel des Göttinger Theologen und Orientalisten Johann David Michaelis (1717–1791)*, Frankfurt am Main 1995.

[10] Vgl. Stefi Jersch-Wenzel, in: Meyer et al. (Hgg.), Deutsch-Jüdische Geschichte, Bd. 2 (wie Anm. 1), S. 32–38.

So wie die Dinge lagen, ist die *Wissenschaft des Judentums* aus der Apologie des Judentums und der defensiven Selbstreflexion individueller jüdischer Existenz hervorgegangen und andauernd mit ihr verbunden geblieben. Dabei war ihre apologetische Bindung von Anfang an eine doppelte.

Wissenschaft des Judentums war – wenn man zur Bezeichnung des an der Basis aufgegebenen Spannungsfelds innere Momente mit A und äußere Faktoren mit B bezeichnet – zunächst einmal ein radikaler innerjüdischer Perspektivenwechsel: vom historisch vielfach geprüften Vertrauen in die Ewigkeit der Thora und damit der eigenen Lebensgrundlage zu einem oft schmerzhaften Prozess der Selbstvergewisserung über die eigenen Wurzeln, ihre Tragfähigkeit, ihre Bedeutung im Prozess der Zivilisation (A) und ihre meist abwertende Beurteilung durch andere (B). Ihr Ziel war eine über die wissenschaftliche Schau gewonnene, reflektierte jüdische Existenz (A). Die Wissenschaft des Judentums war also keinesfalls eine nur immanent jüdische Angelegenheit (A), sondern die jüdische Antwort auf den Strom der Zeit und mit den Mitteln und Motiven dieser Zeit (A + B). Es ging Zunz und seinen Mitstreitern darum, der jüdischen Stimme (A) Gehör zu verschaffen (B) und Judentum als Teil der weiteren kulturellen und geschichtlichen Bewegungen zu etablieren (B).

Immanuel Wolf formulierte 1823, was heute so selbstverständlich klingt, auf damals unerhörte Weise: „So zeigt sich also das Judenthum in dem größten Theile der Weltgeschichte, als bedeutendes und einflussreiches Moment der Weltgeschichte, als bedeutendes und einflussreiches Moment der Entwicklung des menschlichen Geistes."[11] Zu leisten war, wie Michael A. Meyer am Beispiel des führenden Vereinsmitglieds Eduard Gans (1798–1839) gezeigt hat, nicht weniger als die „Wiedereingliederung" der Juden in die Geschichte.[12]

Es ist wohl beispiellos in der Geschichte und geht entschieden über den Charakter jeder Reform oder „Reformation" hinaus, dass sich eine über ihre Religion verbundene und sozial verfasste Traditionsgemeinschaft – Judentum – über die Selbstreflexion, zumal auf dem Wege einer kritischen Durchdringung ihrer Grundlagen, neu zu konstituieren suchte. Das bedeutete einen radikalen Wechsel der Perspektiven auf das eigene und eine vorbehaltlose Öffnung für Anfragen und Infragestellung aller Art. Im Ursprung, für die Jahre der Restauration nach dem Wiener Kongress, des Beginns der romantisch-nationalen Bewegung in Deutschland und wachsender Judenfeindschaft mit Höhepunkt in den *Hep-Hep*-Pogromen von 1819 lassen sich also zwei Konfliktfelder bezeichnen, in denen sich die *Wissenschaft des Judentums* bewegte: Einmal die unausweichliche innerjüdische Konfrontation über den Ort der Tradition und dann

---

[11] Wolf, Über den Begriff, (wie Anm. 5), S. 14; vgl. Nahum N. Glatzer, The Beginnings of Modern Jewish Studies, in: Alexander Altmann (Hg.), *Studies in Nineteenth-Century Jewish Intellectual History*, Cambridge (Mass.) 1964, S. 36; Trautmann-Waller, Selbstorganisation, (wie Anm. 1), S. 79, 82.

[12] Michael A. Meyer, *Von Moses Mendelssohn zu Leopold Zunz. Jüdische Identität in Deutschland 1749–1824*, München 1994, S. 193; vgl. auch Christian Wiese, Struggling for Normality. The Apologetics of Wissenschaft des Judentums in Wilhelmine Germany and an Anti-Colonial Intellectual Revolt Against the Protestant Construction of Judaism, in: Rainer Liedtke et al. (Hgg.), *Toward Normality? Acculturation and Modern German Jewry*, Tübingen 2003, S. 77–101.

die als unerhörter Einbruch verstandene und reflexartig abgewehrte Öffnung der jüdischen Wissenschaft in die nichtjüdische Umwelt hinein. Das bedeutete Gegnerschaft von zwei diametral entgegengesetzten Seiten mit jeweils verschiedenen Ausgangspositionen und konträren argumentativen Stoßrichtungen. Die einen befürchteten die Aushöhlung des religiösen Kerns des Judentums und eine Entwertung der Tradition. Die anderen witterten eine neuerliche, umfassendere Begründung der in rechtlich-sozialer Hinsicht gerade abgewehrten Ansprüche der Juden auf Gleichwertigkeit und erklärten sie zum unerhörten Skandal. Denn es traten diese Juden an mit der erklärten Absicht, sich der historisch-kritischen Instrumentarien zu bedienen, die ihre Umwelt bereitstellte. Nur waren das keinesfalls innerjüdisch approbierte Instrumentarien, und auch die Urheber dieser Instrumentarien hatten keinesfalls die Absicht, diese anderen als sich selbst zur Verfügung zu stellen, schon gar nicht den Juden, die daraus etwas ganz eigenes kreieren würden: nämlich einen historisch untermauerten, nur als konkurrierend zu verstehenden Anspruch auf Ebenbürtigkeit.[13]

Der jüdische „historical turn" der Jahre 1817–1819 fiel zeitlich nicht zufällig mit der Gründung der *Gesellschaft für ältere deutsche Geschichtskunde* in Frankfurt im Januar 1819 zusammen, aus der die langlebigen *Monumenta Germaniae Historica* hervorgehen sollten, deren erster Band 1826 erschien. Das war ja nicht irgendein Verein, sondern eine quasi-hoheitliche Unternehmung auf Initiative des demissionierten Reichsfreiherren Karl vom Stein mit – wenngleich privater – Beteiligung der Frankfurter Gesandten mehrer Bundesstaaten. Die Gründung der *Wissenschaft des Judentums* verlief also analog zur Selbstvergewisserung der umgebenden deutschen Gesellschaft, die ihren Blick historisch ausrichtete, um sich selbst zu definieren, dabei geleitet von einem in Metternichs Wien zu Unrecht kritisch beäugten, nämlich ganz altständisch-restaurativen, romantischen Ideal.[14] Die Gleichzeitigkeit von *Wissenschaft* und *Monumenta* scheint zunächst nicht weiter bedacht worden zu sein und ist erst 1913 mit Erscheinen der ersten Bände der *Monumenta Talmudica* angesprochen worden.[15]

Die *Wissenschaft des Judentums* war, wie Gershom Scholem 1944 in der Sache treffend, im anschließenden Urteil aber völlig überzogen bemerkt hat, ein Teil der romantischen Bewegung.[16] Damit war sie entgegen anderer Meinung kaum nur von „protestantisch inspirierten Kategorien bestimmt",[17] sondern an-

---

[13] Vgl. Ismar Schorsch, Das erste Jahrhundert der Wissenschaft des Judentums (1819–1919), in: Michael Brenner et al. (Hgg.), Wissenschaft vom Judentum, (wie Anm. 1), S. 11–24; zu gegenwärtigen Diskussionen vgl. auch Hanna Liss, Kopftuch und Kipa. Der deutsche Umgang mit anderen Religionen, in: *Frankfurter Allgemeine Zeitung*, 24. 9. 2003, Nr. 222, S. 33.

[14] Vgl. Hans-Ulrich Wehler, *Deutsche Gesellschaftsgeschichte, Erster Band: Vom Feudalismus des alten Reiches bis zur defensiven Modernisierung der Reformära, 1700–1815*, München 1987, S. 399; Horst Fuhrmann, „*Sind eben alles Menschen gewesen". Gelehrtenleben im 19. und 20. Jahrhundert, dargestellt am Beispiel der Monumenta Germaniae Historica und ihrer Mitarbeiter*, München 1996, S. 13–20.

[15] *Monumenta Talmudica*, hg. von Salomon Funk, Bd. 1: Bibel und Babel, Wien / Leipzig 1913; vgl. die Besprechung durch David Feuchtwang, in: *MGWJ* 59 (1915), hier: S. 107.

[16] Scholem, Überlegungen (wie Anm. 8), S. 13–24; vgl. Schäfer, Judaistik (wie Anm. 1), S. 205 f.

[17] Aaron W. Hughes, The „Golden Age" of Muslim Spain. Religious Identity and the Invention of a Tradition in Modern Jewish Studies, in: Steven Engler et al. (Hgg.), *Historicizing „Tradi-*

gesichts der katholischen Grundierung der Romantik auf prekäre Weise mit einer letztlich umfassend christlichen, wenngleich konfessionell zerklüfteten Unternehmung nationaler Selbstkonstruktion verwoben. Sie war deren zutiefst ambivalenter Teil, anteilnehmend in der Struktur des Denkens und mit gleichen Grundbegriffen operierend. Die romantische Idee von der Selbstentfaltung des göttlichen Geistes bereitete überhaupt den Weg für die Abschiednahme von der eigenen traditionalen Religiosität bei gleichzeitiger Wahrung des Religiösen und seiner ererbten Grundlagen.

Und zugleich war sie, was Scholem nicht zur Kenntnis nehmen wollte, in Gegenstand und Zielen der romantisch-nationalen, nämlich christlich-deutschen Selbstbesinnung diametral entgegengesetzt. Der Anspruch, auch die jüdischen Monumente in die historische Hinterlassenschaft der Germania einzubringen, wurde ignoriert oder abgewiesen.[18] Zum sichtbaren Ausdruck solcher Grenzziehung landeten die hebräischen Handschriften des deutschsprachigen Raums in den Orientabteilungen königlicher und anderer Bibliotheken. Im „Berliner Antisemitismusstreit" der Jahre 1879/80, der beim zweiten Hinsehen ein erster deutscher Historikerstreit zwischen Heinrich Treitschke und Heinrich Graetz war, kam die Unvereinbarkeit der widerstreitenden historischen Ansprüche offen zum Ausbruch. Insofern zeichnet sich, spät, mit Erscheinen des ersten Bandes der *MGH Hebräische Texte aus dem mittelalterlichen Deutschland* im Jahr 2005 dann auch die Schließung eines alten Grabens ab.[19]

Im Anfang, als die Dinge auseinander strebten, sahen sich die Patriarchen der *Wissenschaft des Judentums* mit dem Rücken zur Wand gestellt, und dies nicht nur in Auseinandersetzung mit ihrer Umgebung. Ihre Wissenschaft war existentiell auf das eigene Ich bezogen. Bezeichnend für diese Situation ist die Frage, die der Gastgeber Joel Abraham List bei der Gründung des Vereins am 7. November 1819 seinen Gästen stellte: „Wozu ein eigensinniges Verbleiben bei etwas, das ich nicht achte und worunter ich so sehr leide?"[20] Das war, wie die lebhaft vorgetragene Sorge um die rapide Selbstauflösung der Gemeinschaft nahe legt, mehr als nur rhetorisch formuliert (und die Beispiele Eduard Gans und Heinrich Heine zeigen, wie niedrig die existentielle Frustrationsschwelle selbst unter den Mitgliedern des Vereins lag). Es bezeichnete genau die Frage, die gegenüber anderen Juden zu beantworten die Mitglieder sich verpflichtet und herausgefordert fühlten: eine Quintessenz des Judentums ausfindig zu machen, mit der sie sich identifizieren konnten, und das Konzept einer modernen jüdischen Identität zu

---

tion" *in the Study of Religion*, Berlin u.a. 2005, S. 51–74; vgl. Auch Gerhard Lauer, Jüdischer Kulturprotestantismus. Jüdische Literatur und Literaturvereine im Kaiserreich, in: Barner, Jüdische Intellektuelle und die Philologien (wie Anm. 1), insb. S. 277f.

[18] Alfred Jospe, The Study of Judaism at German Universities before 1933, in: *Year Book of thr Leo Baeck-Institute* 27 (1982), S. 295–313; Wiese, Wissenschaft (wie Anm. 1), S. 363f.

[19] Karsten Krieger (Hg.), *Der „Berliner Antisemitismusstreit" 1879–1881*, 2 Bde., München 2003–2004, Bd. 1, S. 6–16; dazu insb. Paul Mendes-Flohr, *Jüdische Identität. Die zwei Seelen der deutschen Juden*, München 2004, S. 35–39. Vgl. ferner *Hebräische Quellen über die Judenverfolgungen während des Ersten Kreuzzugs* (MGH, Hebräische Texte aus dem mittelalterlichen Deutschland, 1), hg. von Eva Haverkamp, Hannover 2005.

[20] Nach Siegfried Ucko, Geistesgeschichtliche Grundlagen der Wissenschaft des Judentums, in: *Zeitschrift für die Geschichte der Juden in Deutschland* 5 (1933–1935), S. 9–11.

entwickeln, die es wert wäre, gegen die fortdauernde und gerade wieder erlebte Feindseligkeit von außen bewahrt zu werden, ja die eine Basis für umfassende Akzeptanz von Judentum als Teil der nichtjüdischen Umgebung und durch diese bereiten könnte.[21] An diesem Anspruch und seiner Unerfüllbarkeit ist der Verein zerbrochen.

Die innere Durchsetzung des Programms oder Teilen davon gelang dagegen vergleichsweise leichter: Wissenschaft und Kultusreform befruchteten und legitimierten sich gegenseitig.[22] In vielen Fällen waren auch die Träger identisch. Zacharias Frankel (1801–1875) sortierte die verschiedenen Aufgaben regelrecht, als er in der Zeit seines Wechsels nach Breslau neben der *Zeitschrift für die religiösen Interessen des Judentums* 1851 auch zur Gründung der *Monatsschrift für Geschichte und Wissenschaft des Judentums* (MGWJ) schritt, die bis 1939 bestehen sollte. Frankel hat die Wissenschaft des Judentums in seinem programmatischen Artikel in der Eröffnungsnummer der MGWJ von 1854 regelrecht sakralisiert und zum Gesellen von Offenbarung erhoben, als er schrieb:

> Geschichte und Wissenschaft des Judenthums, sie scheinen die wirksamen Hebel, um die abgespannten Gemüther wieder in Bewegung zu setzen und für das Höhere erneuete Theilnahme zu wecken. Das Judenthum, das gegen außen nur eine Geschichte der Passivität hat, nur von dem an ihm Geschehenen zu erzählen weiß, lässt in ihr wahrnehmen eine Manifestation des Göttlichen, eine Offenbarung der Religion. Geschichte in ihrer letzten Deutung ist die Vereinigung der auseinander liegenden wechselnden und vorübergehenden Erscheinungen in einem Brennpunkt, von dem aus der Strahl der Gottheit auf die Begebenheiten fällt und in ihnen der über Jahrhunderte hinaus waltende Plan offenbar wird […] Der göttliche Gedanke blieb in den Geschlechtern unwandelbar, er wurde mit derselben unveränderten Begeisterung von den jedesmaligen Trägern getragen. Doch die Träger sind schwächer geworden, jenes innere Leben hat an Intensität verloren; und so ist seit einem gewissen Zeitraume das Judenthum in das Stadium der Geschichte getreten, und die Forschung sucht nun eine Geschichte für jene frühere Zeit auf.[23]

Frankels ganz eigene Wissenschafts-Gläubigkeit mag heute befremden. Sie ging freilich nur unwesentlich über das hinaus, was ein anderer Patriarch, Leopold Ranke (1795–1886), in seiner Berliner Antrittsvorlesung von 1836 über „ewige Gesetze" und das Vordringen der Geschichtswissenschaft zu „den tiefsten und geheimsten Regungen des Lebens, welche das Menschengeschlecht führt", vorgetragen hatte. Und gerade in den Jahren der NS-Verfolgung bot, wie Klaus Bringmann jüngst am Beispiel Bickermanns aufgezeigt hat, das Schreiben von Geschichte im Lichte der akuten Theodizeefrage neue Orientierung.[24] Erst recht in seiner Zeit und seinem Binnenraum war dann ein solchermaßen religiös aufgela-

---

[21] Meyer, Von Mendelssohn zu Zunz (wie Anm. 12), S. 190–195.
[22] Vgl. Nils H. Römer, *Jewish Scholarship and Culture in Nineteenth-Century Germany. Between History and Faith*, Madison (Wi) 2005.
[23] Zacharias Frankel, Einleitendes, in: *Monatsschrift für Geschichte und Wissenschaft des Judenthums* 1 (1851/52), S. 3 f.; vgl. Andreas Brämer, *Rabbiner Zacharias Frankel: Wissenschaft des Judentums und konservative Reform im 19. Jahrhundert*, Hildesheim u. a. 2000.
[24] Leopold Ranke, Über die Verwandtschaft und den Unterschied der Historie und der Politik, hg. von Wolfgang Hardtwig, in: *Über das Studium der Geschichte*, München 1990, S. 51; vgl. Otto G. Oexle, Krise des Historismus – Krise der Wirklichkeit, in: ders. (Hg.), *Krise des Historismus – Krise der Wirklichkeit. Wissenschaft, Kunst und Literatur 1880–1932*, Göttingen

denes Verständnis von *Wissenschaft des Judentums* integrationsfähig; es konnte mit Wolf Landau (1811–1886) als „einziges Regenerationsmittel des Judentums" verstanden werden, mit dem die Emanzipationskrise in Gefolge der plötzlich gewonnenen individuellen Möglichkeiten und Freiheiten bewältigt und Judentum neu konzeptualisiert werden sollte: Wo vor nicht langer Zeit noch „das gemeinschaftlich erlittene Unrecht eine äußere Kette des Zusammenhaltens bildete" erschien nun die Wissenschaft „als die Seele des Judenthums und der Brennpunkt jüdischer Einheit", ja „als klare, reine Erkenntnis der Religion", gar als „einzige Berechtigung unseres Daseins als Volk" und als „die Wiege und Ernährerin des Judenthums und sein untrüglicher Schutz jetzt und immerdar"[25] – gerade einmal „Amen" steht an dieser Stelle nicht geschrieben.

Beseelt von der Idee, dass Wissenschaft den Schlüssel zum Wesen des Judentums oder wenigstens zu dessen zeitgemäßem Verständnis liefere, waren sie fast alle. Ihren Konzepten und Arbeiten wohnte, entgegen späterer innerjüdischer Kritik und noch heute davon geleiteter Auffassungen, stets ein ins Metaphysische strebendes Moment inne.[26] Den Ton hatte Wolf, ohne dass Gegenstimmen bekannt wären, mit seinem Wort von „der unbedingten Einheit im All" schon in der ersten Nummer der Vereinszeitschrift 1823 angeschlagen.[27] Heinrich Graetz (1817–1891) hat in seiner *Konstruktion der Jüdischen Geschichte* seine Teildisziplin selbstbewusst als Leitwissenschaft zum Verständnis von Judentum bezeichnet. Der geschichtliche Rückblick war ihm zugleich Gegenwartsbewältigung und Anlass für Zukunftshoffnung: Der Historiker entschlüsselte die Gesetzmäßigkeiten jüdischer Geschichtsexistenz und beschrieb den aufsteigenden Weg in der zukunftsoffenen Geschichte der Juden bis hin zur umfassenden Enthüllung der „Idee" von Judentum.[28] Ismar Elbogen (1874–1943), neben Eugen Täubler und Leo Baeck der führende Vertreter der *Wissenschaft des Judentums* in den Weimarer Jahren, hat noch oder gerade 1922 mit dem Konzept einer „Wissenschaft vom lebendigen, im Strom der Entwicklung stehenden Judentum als soziologischer und geschichtlicher Einheit" den unbedingten Zusammenhang zwischen Wissenschaft, religiösem Leben und Identität angesprochen.[29] Was Elbogen da

---

2007, S. 56; zu Bickermann vgl. Klaus Bringmann, Elias Bickermann und ‚Der Gott der Makkabäer', in: *Trumah* 17 (2008), S. 6f.

[25] Wolf Landau, Die Wissenschaft, das einzige Regenerationsmittel des Judenthums, in: *Monatsschrift für Geschichte und Wissenschaft des Judentums* 1 (1852) Nr. 13, S. 483–499, hier: S. 485, 499; ganz ähnlich auf die Aufgabe der Wissenschaft als Garant der Emanzipation bezogen bei Zunz, Einleitung, *Zur Geschichte und Literatur*, Berlin 1845, wieder in: ders., *Gesammelte Schriften*, Bd. 1, hier 38f.

[26] Vgl. Römer, *Jewish Scholarship* (wie Anm. 22), S. 28f.; ferner vgl. David N. Myers, Introduction, in: ders. / David B. Ruderman, *The Jewish Past Revisited. Reflections on Modern Jewish Historians*, New Haven etc. 1999, S. 2f.

[27] Wolf, Über den Begriff (wie Anm. 5), S. 3.

[28] Heinrich Graetz, *Die Konstruktion der jüdischen Geschichte*, hg. von Nils Römer, Düsseldorf 2000, S. 77, passim; vgl. Wyrwa, Die europäischen Seiten (wie Anm. 1), S. 23–28; Marcus Pyka, *Jüdische Identität bei Heinrich Graetz*, Göttingen 2008; siehe dazu auch den Beitrag von Johannes Heil in diesem Band.

[29] Ismar Elbogen, *Ein Jahrhundert Wissenschaft des Judentums*, Berlin 1922, S. 43; vgl. Wiese, Wissenschaft (wie Anm. 1), S. 73f.

formulierte, klingt allerdings merklich nach angespannter Kompromisssuche und Selbstaufmunterung; es lässt die Anfechtungen ahnen, denen sich die Vertreter der ‚klassischen', quasi-akademisch institutionalisierten *Wissenschaft des Judentums* damals ausgesetzt sahen: nach den deprimierenden Erfahrungen des Weltkriegs (zusätzlich der infamen „Judenzählung" von 1916), fortschreitender Rufe nach Dissimilation gerade unter den Jüngeren und nicht zuletzt der auch sonst waltenden „Krise des Historismus", die auf ganz eigene Weise auch die Wissenschaft des Judentums erfasste.[30]

Die zionistische Kritik an der *Wissenschaft des Judentums* war zwar heftig und gelegentlich nachgerade verleumderisch,[31] aber das teleologische Geschichtskonzept teilten die Kritiker mit den so Gescholtenen gerne, nur dass der Auftrag dieser Wissenschaft jetzt an Land und Volk gebunden war.[32] Bei Gershom Scholem (1897–1982) war das immerhin von multiplen Zweifeln am Erfolg eines solchen zionszentrierten Unternehmens begleitet und tendierte zugleich zu einem nachgerade theologischen Konzept der Aufgaben einer „neuen" Wissenschaft des Judentums.[33] Bei Jitzchak Fritz Baer (1888–1980) und Benzion Dinur (1884–1973) steht das ältere teleologische Konzept, das seine Erfüllung nun in Zion finden sollte, unbestritten im Mittelpunkt und ist deutlicher säkular-politisch verfasst.[34] Auf der Gegenseite hat Salo W. Baron (1895–1989) selbst noch nach der Shoa an der Sinnhaftigkeit jüdischer Geschichte in der Diaspora festgehalten und „weltgeschichtliche Dimensionen" – will sagen: nach altem aufklärerischem Muster allgemein-zivilisatorische Beiträge – jüdischer Geschichte und Kultur ausmachen wollen.[35]

---

[30] Oexle, Krise des Historismus (wie Anm. 24), hier S. 73–79; Hanna Liss, Der biblische Gottesname in der religionsgeschichtlichen Debatte. Jüdische Exegese zwischen den Fronten am Beispiel Benno Jacobs, in: *Trumah* 13 (2004), S. 69–102

[31] Vgl. Scholem, Überlegungen (wie Anm. 8), S. 22 f., 27 f.; vgl. Michael Brenner, *Propheten des Vergangenen. Jüdische Geschichtsschreibung im 19. und 20. Jahrhundert*, München 2006, S. 226 f.

[32] David N. Myers, *Re-Inventing the Jewish Past. European Jewish Intellectuals and the Zionist Return to History*, New York 1995, S. 107, passim; ferner Jacob Neusner, The Jerusalem School and Western Academic Scholarship on the History of Judaism. The Uneven Conflict of Competing Contemporary Paradigms of Learning and the Recent Results, in: ders., *Neusner on Judaism*, Bd. 1, Aldershot 2004, S. 311–362; Allen Arkush, Biblical Criticism and Cultural Zionism Prior to the First World War, in: *Jewish History* 21 (2007), S. 121–158; Michael Brenner, Nachwort, in: Haim H. Ben Sasson (Hg.), *Geschichte des jüdischen Volkes von den Anfängen bis zur Gegenwart*, 5., um ein Nachw. erw. Aufl., München 2007, S. 1349–1355.

[33] Scholem, Überlegungen (wie Anm. 8), S. 41–52; Schäfer, Judaistik (wie Anm. 1), S. 207 f.

[34] Michael Brenner, Propheten (wie Anm. 31), S. 229–239.

[35] Salo W. Baron, World Dimensions of Jewish History, in: Arthur Hertzberg et al. (Hgg.), *History and Jewish Historians. Essays and Adresses of Salo W. Baron*, New York 1964, S. 23–42; vgl. Isaac E. Barzilay / Yishaq (Fritz) Baer / Shalom (Salo Wittmayer) Baron, Two Contemporary Interpreters of Jewish History, in: *Proceedings – American Academy for Jewish Research* 60 (1994), S. 7–69; Robert Liberles, *Salo Wittmayer Baron, Architect of Jewish History*, New York 1995; Ismar Schorsch, „Lachrymose Conception", in: ders., *From Text to Context. The Turn to History in Modern Judaism*, Hanover 1994, S. 376–388; David Engel, Crisis and Lachrymosity – On Salo Baron, Neobaronianism, and the Study of Modern European Jewish history, in: *Jewish History* 20,3–4 (2006) S. 243–264; Arthur Hertzberg, Salo W.

Das Religiöse als Moment und praktisches Aufgabenfeld von Selbstvergewisserung ist in der Entwicklung der *Wissenschaft des Judentums* bis weit in das 20. Jahrhundert hinein jedenfalls bestimmender geblieben, als es eine Betrachtung erkennen lassen will, die nur auf Moritz Steinschneiders angebliches und seither lustvoll kolportiertes Wort vom „ehrenvollen Begräbnis", das die *Wissenschaft* „den Überresten des Judentums" zu bereiten „die Aufgabe" habe, blickt. Das mag Steinschneider (1816–1907) gesagt haben,[36] aber damit ist nicht einmal gesagt, was er damit gemeint haben mag. Auch fragt sich, ob Zunz in seinem Streben nach Emanzipation „von den Theologen",[37] wenn er denn am Ende nicht überhaupt christliche Theologen meinte, die sich ihr domestiziertes Judentum erhalten wollten, sogleich eine „antitheologische oder antireligiöse Zielrichtung" einschlagen wollte[38] oder doch eher nur das Verhältnis von Wissenschaft und Offenbarungsgewissheit neu bestimmen wollte.

Die teils gegebene, teils polemisch gefühlte religiöse Bindung der *Wissenschaft des Judentums* war ja genau der Punkt, an dem ihre Kritiker ansetzten. Diese Verpflichtung dürfte es gewesen sein, die schon Steinschneider zur Ablehnung von Rufen an die Berliner Hochschule und das Budapester Rabbinerseminar bestimmte.[39] Auf der anderen Seite des Spektrums hat Theodor Zlocisti (1874–1943), Mediziner und 1893 Mitbegründer des Berliner Vereins *Jung-Israel* sowie Teilnehmer des ersten Zionistenkongresses dann 1903 das Erbe der *Wissenschaft des Judentums* einer umfassenden Kritik unterzogen, die wiederum am Religiösen, gerade in seiner liberalen Erscheinung, ansetzte. Jenseits von Zunz wollte er wenig gelten lassen, der Heroe galt ihm als unverstandener „Prediger in der Wüste", der allein „nie die lebendigen Beziehungen der Wissenschaft zum Leben der Judenheit verloren hatte." Zlocistis Polemik, die vieles von Scholems späterer Kritik vorwegnahm, forderte unbedingte Zweckmäßigkeit einer jüdischen Wissenschaft ein („Judas schöpferische Geister waren immer zu demokratisch, um Werte und Werke zu produzieren, die nicht Allen – wenigsten ideal – zugänglich waren"). Die Veröffentlichungen der MGJW galten ihm als „getretener Quark, Anmerkungsweisheit [...] ausgeräumte Notizzettel, unverdaut wieder ausgeschieden." Was er da mit starken Worten als „Niedergang" beschrieb, war in seinen Augen

> notwendige Folge der **verhängnisvollen** Einschnürung des Judentums auf den Konfessionalismus. Die Lüge der ‚mosaischen Konfession' hat der Wissenschaft – da sie nicht Patristik und Kirchengeschichte ist – das Fundament geraubt, so wie sie uns zu

---

Baron and the Writing of Modern Jewish History. Speculations in Honour of His Centennial, in: Barbara Kirshenblatt Gimblett (Hg.), *Writing a Modern Jewish History. Essays in Honour of Salo W. Baron*, New York 2006, S. 10–24; Moshe Rosman, *How Jewish is Jewish History?*, Oxford 2009, S. 112ff.

[36] Gershom Scholem (*Judaica* 1, Frankfurt am Main 1963, S. 153) beruft sich auf Gotthold Weil, der in einem Nekrolog den verstorbenen Steinschneider mit diesen Worten zitierte; zu Steinschneider zuletzt Rachel Heuberger, Die Arche Noah der Erinnerung. Jüdische Studien und die Rolle der Bibliographen, in: *Trumah* 17 (2008), S. 21–28.

[37] Zunz, Einleitung, *Zur Geschichte und Literatur*, Berlin 1845, wieder in: ders., Gesammelte Schriften, Bd. 1, hier: S. 57; vgl. Trautmann-Waller, Selbstorganisation (wie Anm. 1), S. 79.

[38] Schäfer, Judaistik (wie Anm. 1), S. 203f., ferner 212.

[39] Schorsch, Das erste Jahrhundert (wie Anm. 13), S. 20f.

Halbnaturen gemacht hat. Mit unseren metaphysischen Bedürfnissen allein sollten wir im Judentum wurzeln. Aber wo mit den tausendfältigen Lebensbedingnissen? Die Assimilationsfaiseure wussten es. Wir aber wissen es jetzt, dass wir ebenso wie unsere Wissenschaft mit all unserem Sein wieder g a n z und n u r im Judentum wurzeln können – und müssen!

Als Remedur empfahl Zlocisti „die unermüdliche Arbeit der jüdischen Renaissance-Bewegung", die zur „A l l e i n h e r r s c h a f t des Judentums in uns" führen sollte.[40]

Solche Kritik, wie sie hier früh und auch später, teils unter zionistischen, teils unter kulturjüdischen und religiösen Vorzeichen, gelegentlich auch unter Verbindung beider, bis zu Franz Rosenzweig (1886–1929)[41], immer dezidierter vorgetragen wurde, war deutlich von veränderten Verständnissen von Judentum getragen. Aber auch so war nicht alles in Zlocistis Kritik nur pointiert. Harsche Worte wie jenes vom „getretenen Quark" erscheinen bei heutigem Blick in manch eine Publikation der Zeit durchaus verständlich. Vielleicht zu gut und zu ausführlich hatten sich die Beteiligten in der Parallelwelt der Jüdischen Studien eingerichtet, von ihrer Umwelt noch immer nicht ernst genommen, deswegen aber nicht minder deutsch in der Gründlichkeit vereinsgemäßer Selbsterfassung. Die irritierend große Zahl von Vereinen, Gesellschaften und Kommissionen muss ja nicht nur als Leistung, sondern kann auch als Anzeichen von Selbstblockade gelesen werden. Die Gründung der *Akademie für die Wissenschaft des Judentums* 1919, die Eugen Täubler (1879–1953) in den ersten Jahren prägte, ist in diesem Zusammenhang zu betrachten, nämlich als Versuch der Überwindung solcher Blockaden durch institutionelle Profilierung. Nicht nur rückte sie gegen Franz Rosenzweigs ganz der religiös-kulturellen Breitenbildung und zugleich der deutschen Volksbildungsbewegung verpflichtetes Konzept eine streng wissenschaftliche Ausrichtung; sie bündelte auch die Kräfte neu und schuf der *Wissenschaft* eine Plattform jenseits partikularer und oft unvereinbarer religiös-weltanschaulicher Ausrichtungen.[42]

1960–2009: Judaistik und Jüdische Studien

Die knappe Übersicht über die historischen Bedingungen der *Wissenschaft des Judentums* hat vor allem eines gezeigt: den Abstand zwischen gestern und heute. Natürlich sind auch heute ideologisch-gesellschaftliche fachliche Voraussetzungen der

---

[40] Theodor Zlocisti, Forderung und Forderung der Wissenschaft des Judentums, in: *Ost und West* 3.2 (1903), Sp. 73–80 (Sperrung im Original); zum Kontext: Steven M. Lowenstein, in: Meyer et al. (Hgg.), *Deutsch-Jüdische Geschichte* (wie Anm. 1), Bd. 3, , S. 278 f.; Wiese, Wissenschaft (wie Anm. 1), S. 54 f.; Michael Brenner, *Jüdische Kultur in der Weimarer Republik*, München 2000; Ulrich Sieg, *Jüdische Intellektuelle im Ersten Weltkrieg. Kriegserfahrungen, weltanschauliche Debatten und kulturelle Neuentwürfe*, Berlin 2001, S. 319–330.

[41] Franz Rosenzweig, *Zeit ist's. Gedanken über das jüdische Bildungsproblem des Augenblicks. An Hermann Cohen*, Berlin / München 1918; vgl. Wiese, Wissenschaft (wie Anm. 1), S. 355–360.

[42] Christhard Hoffmann, Wissenschaft des Judentum in der Weimarer Republik und im „Dritten Reich", in: Michael Brenner et al. (Hgg.) Wissenschaft vom Judentum (wie Anm. 1), hier: S. 29 ff.; vgl. ferner Paul Mendes-Flohr, in: Michael A. Meyer et al. (Hgg.), *Deutsch-Jüdische Geschichte der Neuzeit* (wie Anm. 1), Bd. 4, München 1997, S. 126–131.

Disziplin und ihrer Teilfächer augenfällig, die sich nach einzelnen Ländern – man denke nur an Israel, Deutschland oder die USA – ganz verschieden darbieten. Die Jüdischen Studien als Teil des neuen ethnischen Selbstbewusstseins in den USA[43] haben sich notwendigerweise von den vorsichtig tastenden Zugängen zu einem neuen, auf das Wesentliche beschränkten Zugang der Judaistik im Nachkriegsdeutschland auf der einen und von der (so nie eingelösten Erwartung einer) staatstragenden Rolle der *madaei ha-jehadut* in Israel unterschieden. Die existentiell personale Bedeutung der *Wissenschaft des Judentums* und ihre unbedingte Inanspruchnahme für religiöse und ideologische Bedürfnisse aber ist dahin, zumindest was die Selbstverständnisse vieler ihrer Akteure anbelangt. Stattdessen bewegt sich die Disziplin in einem amorphen Terrain unterschiedlicher Entfaltungsmöglichkeiten, Interessenten und Interessen, mit multiplen Anknüpfungsmöglichkeiten. Vor allem sah sie sich in den vergangenen Jahrzehnten einer raschen Abfolge von Wechseln in der Art solcher Voraussetzungen und Anfragen ausgesetzt.

Die spezifisch deutsche, streng philologisch ausgerichtete akademische Judaistik der Nachkriegszeit, die sich seit den frühen 1960er Jahren sukzessive etablierte,[44] war eine merkwürdig paradoxe Antwort auf die Zerstörung des deutschen Judentums in den Jahren 1933–1945: endlich akademisch etabliert, aber als strikt textorientierte Wissenschaft vom Judentum ohne ausdrücklichen Religions- und Gemeindebezug.[45] Sie war sich, wie Karl Erich Grözinger am Beispiel der Gründungsgeschichte des Frankfurter Judaistik-Lehrstuhls 1970 gezeigt hat, ihrer schmerzlichen Voraussetzungen in der Gründungsphase völlig bewusst,[46] und Peter Schäfer hat betont, dass diese Geschichtsverflochtenheit durchgängig hinter dem eigenen Tun steht und dieses bestimmt.[47] Wiewohl von christlicher Seite in ihren Anfängen als „Interventionswissenschaft" gedacht und zur Dienstleistung für die anstehenden mentalen Aufräumarbeiten der Nachkriegszeit willkommen geheißen[48] wurde die Judaistik mit ihrer strikten Konzentration auf das rein Fachliche in ihrem Auftreten auf ganz eigene Weise eine „Kompensationswissenschaft" im Sinne von Odo Marquard,[49] die die Ursache ihrer Entstehung

---

[43] Vgl. Frederick E. Greenspahn, Have we arrived? The Case of Jewish Studies in U.S. Universities, in: *Midstream* 52,5 (2006) 16–19.

[44] Brocke, Judaistik (wie Anm. 1), S. 51–74, zu den in die 50er Jahre zurückreichenden wechselvollen Anfängen in Frankfurt am Main und Berlin vgl. ebd., S. 82 mit Anm. 7–9; vgl. auch Monika Richarz, Zwischen Berlin und New York. Adolf Leschnitzer, der erste Professor für jüdische Geschichte in der Bundesrepublik, in: Jürgen Matthäus et al. (Hgg.), *Deutsche, Juden, Völkermord; der Holocaust als Geschichte und Gegenwart*, Darmstadt 2006, S. 73–96.

[45] Anklänge schon bei Ismar Elbogen, *Ein Jahrhundert Wissenschaft des Judentums*, Berlin 1922, S. 41.

[46] Karl E. Grözinger, „Jüdische Studien" oder „Judaistik" in Deutschland. Aufgaben und Strukturen eines „Faches", in: Brenner et al. (Hgg.), Wissenschaft vom Judentum (wie Anm. 1), S. 71f.

[47] Peter Schäfer, Judaistik – jüdische Wissenschaft in Deutschland heute. Historische Identität und Nationalität, in: *Saeculum* 42 (1991), hier S. 199, 211, 216.

[48] Vgl. die Positionen des Religionsphilosophen Klaus Heinrich zur Einrichtung des Judaistiklehrstuhl an der FU Berlin bei Brocke, Judaistik (wie Anm. 1), S. 95.

[49] Odo Marquard, Über die Unvermeidlichkeit der Geisteswissenschaften, in: ders., *Apologie des Zufälligen*, Stuttgart 1986, S. 98–116.

anderen Disziplinen, anfänglich der Soziologie und danach immer stärker den Geschichtswissenschaften, zu überlassen schien.[50] Michael Brenner und Stephan Rohrbacher haben diese Paradoxie mit Blick auf den Bruch, den die Jahre 1933 bis 1945 zwischen *Wissenschaft des Judentums*, Judaistik und Jüdischen Studien bedeuten, damit beschrieben, dass es „nach dem Holocaust wohl nur noch um Annährungen an diese Tradition [der *WdJ*] gehen kann."[51] Soll mehr wirklich nicht möglich und angemessen sein?

Die Heidelberger Hochschule sollte gemäß ihrem Gründungsauftrag im Unterschied zur universitären Judaistik vornehmlich breit geschultes Gemeindepersonal hervorbringen, vor allem auch Rabbiner für die Gemeindeleitung. In ihren Anfängen war sie in Hinblick der universitären Judaistik ähnlich randständig wie seinerzeit die Breslauer und Berliner Hochschulen im Verhältnis der etablierten Orientalistik. In vielen Gemeinden arbeiten heute Absolventen der Hochschule, als Lehrer und als sonstige Gemeindebedienstete. Die Hochschule hat aber von Anbeginn an und in den dreißig Jahren ihrer Existenz eine ganz eigene Anziehung und Dynamik entwickelt. Geholfen hat ihr neben der fortschreitenden gesellschaftlichen Sensibilisierung für die Anfragen der jüngsten Vergangenheit dabei auch die Neuausrichtung des Fachfeldes, mit der Entstehung der breiter angelegten Jewish Studies, die in den siebziger Jahren von den USA ihren Ausgang nahmen. Während sich andere mit diesem Paradigmenwechsel schwer taten und bis zuletzt um das Verhältnis von Judaistik und Jüdischen Studien sowie um die Berechtigung letzterer gestritten wurde, konnte die Heidelberger Hochschule diesen Impuls leichter aufnehmen und ausgestalten: sie fügte sich fachlich in das (tatsächlich gar nicht so) neue, jetzt international approbierte Konzept multipler fachlicher Ableitungen der Disziplin, und sie zog in großer Zahl auch nichtjüdische Studierende an, die ganz eigene Umsetzungen und Anwendungen der Jüdischen Studien vornahmen. Gerade sie haben die Wissenschaft des Judentums tatsächlich gesellschaftlich eingehegt, wenn sie heute in Museen, Archiven, im Kulturbereich von Kommunen oder Stiftungen und anderswo arbeiten. Der alte Traum ist trotz oder gerade in Konsequenz der Shoa auf grausam-paradoxe Weise erfüllt worden.

Danach fällt es heute aber keineswegs einfacher, das „Wesen der Jüdischen Studien" genauer zu bestimmen. Der weltweite Erfolg der Disziplin ist zugleich ihr Handicap: über die Vielzahl möglicher bzw. im vorhandenen sonstigen universitären Lehrprogramm gegebener crossover-Varianten bei der Konzeption interdisziplinärer Jewish Studies-Programme das eigene Profil zu verlieren. Zu recht lassen kenntnisreiche Beobachter dann auch Skepsis gegenüber der Tragfähigkeit der Masse von Lehrangeboten und Forschungsinteressen, die sich den Jüdischen Studien zurechnen wollen oder ihnen zuzurechnen sind, erkennen.[52]

---

[50] Werner Bergmann, Stark im Auftakt – schwach im Abgang. Antisemitismusforschung in den Sozialwissenschaften, in: ders. et al. (Hgg.), *Antisemitismusforschung in den Wissenschaften*, Berlin 2004, S. 219–239; Reinhard Rürup, Der moderne Antisemitismus und die Entwicklung der historischen Antisemitismusforschung, in: ebd., S. 117–135.

[51] Michael Brenner / Stefan Rohrbacher, Vorwort, in: Michael Brenner et al. (Hgg.) Wissenschaft vom Judentum (wie Anm. 1), S. 8 (Hervorhebung im Original).

[52] Martin Goodman, The Nature of Jewish Studies, in: ders. / Jeremy Cohen / David Sorkin (Hgg.), *The Oxford Handbook of Jewish Studies*, Oxford 2002, S. 1–13.

Eigentlich hätte man erwarten können, dass die Disziplin Jüdische Studien nach ihrer Entlassung in die kulturwissenschaftliche Freiheit (Unverbindlichkeit?), also nach dem Wegfall unmittelbarer religiös-ideologischer Bindungen, eher ein Schattendasein führen würde.[53] Der Zuspruch, den sie zumal unter nichtjüdischen Studierenden, nicht nur in Deutschland, erfährt, und die breite gesellschaftliche Aufmerksamkeit gerade hierzulande, zeigen aber auf eindrückliche Weise, dass diese Rechnung keinesfalls aufgeht. Hier werden Erwartungen an die Heidelberger Hochschule und an vergleichbare Einrichtungen herangetragen, die künftig noch stärker reflektiert, beantwortet und erfüllt werden müssen.

Freilich darf der Zustand, wo Jüdische Studien sich merklich von emanzipatorisch-apologetischen und auch jüdischen religiös-gesellschaftlichen Interessen, zumal von einer exklusiv jüdischen Trägergruppe, entfernt haben und zu einem einigermaßen selbstverständlichen Bestandteil universitärer Lehrprogramme mit ganz heterogenen Trägergruppen geworden sind, auch als gute Nachricht gelesen werden: Ebenso wenig wie die Orientalistik an den Orient gebunden ist oder jemand die Deutungshoheit über dieses Feld reklamieren könnte – weswegen allein Edward Saids 1978 erschienene und auch gegenwärtig wirkmächtige Polemik gegen den „westlichen" Orientalismus gerade einmal als gewendete Sackgasse erscheint[54] – sind im Unterschied zum Hinterzimmerdasein der *Wissenschaft des Judentums* im 19. Jahrhundert die Jüdischen Studien eine Disziplin mit einigermaßen klar verteilten Zuständigkeiten und Aufgaben. Sie sind vielerorts und weltweit in der akademischen Normalität angekommen und zeichnen sich infolgedessen durch natürliche Pluralität aus. In Europa sind die Jüdischen Studien (noch) stärker historisch-kulturwissenschaftlich ausgerichtet, in den USA dagegen operieren sie in stärkerer Nähe zu den Political Sciences und Near Eastern Studies.[55] Dass Jüdische Studien nur zu geringen Teilen von Juden betrieben werden, zumal im deutschsprachigen Raum, war gelegentlich Anlass zu heftigen Debatten, entspricht aber anderswo produktiver Normalität,[56] ohne dass der Gegenstand von Jüdischen Studien damit einfach „normal" und jeder beliebigen anderen Disziplin vergleichbar würde.[57]

---

[53] Vgl. Simon J. Bronner, The „chuzpah" of Jewish Cultural Studies, in: Simon J. Bronner (Hg.), *Jewishness. Expression, Identity, and Representation*, Oxford 2008, S. 1–26.

[54] Mit neuer Übersetzung und weiteren Texten des Autors von 2003 versehen ist gerade erschienen: Edward Said, „Orientalismus". Aus dem Englischen von Hans Günter Holl, Frankfurt am Main 2009; unter den zahlreichen Diskussionsbeiträgen vgl. etwa Daniel M. Varisco, Reading Orientalism. Said and the Unsaid, Seattle 2007, S. 300–304, passim; ferner Bharat B. Mohanty, *Orientalism. A Critique*, Jaipur 2005, S. 252ff.; Markus Schmitz, *Kulturkritik ohne Zentrum. Edward W. Said und die Kontrapunkte kritischer Dekolonisation*, Bielefeld 2008.

[55] Entsprechend unterschiedlich (und sich komplementär befruchtend) gestalten sich die overseas-programs des wichtigsten israelischen Partners der HfJS, der Ben Gurion University of the Negev, vgl. http://web2.bgu.ac.il/CISP/; vgl. auch Peter J. Haas, Beyond „Wissenschaft": Fitting Jewish Studies into the North American University, in: Klaus Hödl, *Jüdische Studien; Reflexionen zu Theorie und Praxis eines wissenschaftlichen Feldes*, Innsbruck 2003, S. 141–155.

[56] Marianne Awerbuch, Judaistik ohne Juden: Peter Schäfers Attacke gegen die „Jüdischen Studien", in: *Menora* 7 (1996), S. 15–24; Goodman, Nature (wie Anm. 52), S. 4f.; vgl. auch Birgit Klein, Warum studieren in Deutschland Nichtjüdinnen und Nichtjuden Judaistik?, in: *Judaica* 49 (1993), S. 31–44.

[57] Vgl. Joseph Dan, Jüdische Studien ohne Gewißheiten, in: Brenner et al. (Hgg.), Wissenschaft vom Judentum (wie Anm. 1), S. 65f.

Die Frage nach dem Wesen der Disziplin stellt sich damit aber nur neu, und da eine Antwort im Modus des Singular kaum mehr möglich scheint und vor dem Hintergrund offener kultureller Systeme auch nicht mehr angestrebt werden soll,[58] muss sie sich allein aus der Leistungsfähigkeit der Disziplin als Summe ihrer multiplen Fächer gewinnen lassen. Dies belegen auch die nicht wenigen Studien der vergangenen Jahre, die die künftige Ausrichtung der Disziplin Jüdische Studien reflektieren, wobei allein der geographisch-kulturelle Standort, etwa in der Differenz zwischen Nordamerika und Deutschland, ganz verschiedene Perspektiven aufdrängt.[59] Für die Heidelberger Hochschule ergibt sich daraus, dass neben der auf Ausbau eingestellten Komposition der Teilfächer gründlich bedachte wissenschaftsstrategische Entscheidungen über das künftige Profil der Jüdischen Studien bestimmen.

Die Jüdischen Studien müssen sich heute nicht mehr eigens Gehör verschaffen, im Gegenteil, sie erscheinen allenthalben höchst willkommen und sorgen für den nötigen interdisziplinären Flair. Die Frage nach ihrem spezifischen Profil wird damit aber nicht erleichtert, schon gar nicht beantwortet. Yoseph H. Yerushalmis provokante Frage „ob alles Jüdisch in der Jüdischen Geschichte sei"[60], gilt auf seine Weise für jedes Teilfach der Jüdischen Studien, und die Zahl der potentiellen Teilfächer ist dabei undefiniert groß. Tatsächlich ist es nicht einfach, die Jüdische Kunst innerhalb der weiteren Kunstwissenschaft zu bestimmen (was, wenn nicht vielleicht das Ironische ist jüdisch in Chagalls Reimser Fenstern, und wo ist der Betrachter, der just diesen Blick in das Chorhaupt der Kathedrale hineinträgt?); und erst recht wird kein Kafka nur deshalb jüdischer, weil er im Germanistischen Seminar als Jude gepriesen wird. Für einige Teilfächer scheint die Frage vergleichsweise leicht beantwortbar, allerdings auch nur, wenn man sie ganz von ihrem Gegenstand her bestimmt und sich der ‚ideologischen Stolpersteine' bewusst ist, die auf dem Weg liegen. Im Teilfach Bibel und Jüdische Bibelauslegung legt das entsprechende Textcorpus den Gegenstand recht genau fest, aber was wie geforscht und gelehrt wird, steht und fällt dann eben doch mit den Trägern und ihrem Potential, die an sie herangetragenen Erwartungen umzusetzen. Gleiches gilt vom Teilfach Talmud – oder wie es an der *Hochschule für Jüdische Studien Heidelberg* heißt „Talmud, Codices und Rabbinische Literatur"; anderswo begnügt man sich mit dem Terminus „Rabbinics" und meint letztlich dasselbe. Aber zwischen dem Studium eines talmudischen „Daf Yomi" und dem Zugang zu antiker Geschichte vermittels talmudischer Quellen liegen Welten, die sich in Heidelberg in der Lehre von Lehrstuhl und Hochschulrabbinat begegnen. Aber auch so ist mit dem Verweis auf den Gegenstand selbst hier die Angelegenheit nicht abschließend beantwortet.[61] Denn spätestens bei der Frage nach methodischen Zugängen und Perspektiven scheinen die zunächst so klaren Grenzen ins Schwimmen zu geraten. „Was jüdisch in einer historisch-kritischen Betrachtung

---

[58] Jeremy Cohen, Introduction, in: ders. et al., *Rethinking European Jewish History*, Oxford 2009, S. 4.
[59] Vgl. Shaye D. J. Cohen et al. (Hgg.), *The State of Jewish Studies*, Detroit 1990; Moshe Davis (Hg.), *Teaching Jewish Studies. A Global Approach to Higher Education*, New York 1995; Michael Brenner et al. (Hgg.), Wissenschaft vom Judentum (wie Anm. 1); ferner Goodman, Nature (wie Anm. 52), S. 1–13; vgl. auch *Trumah* 17 (2008) = Jüdische Studien und Jüdische Identität.
[60] Yoseph H. Yerushalmi, *Jewish History and Jewish Memory*, Seattle 1982, S. 96; vgl. auch Rosman, How Jewish is Jewish History? (wie Anm. 35).
[61] Vgl. dazu auch die Beiträge von Hanna Liss und Ronen Reichman in diesem Band.

der Bibel und ihrer Auslegung" ist, bleibt letztlich offen, denn die Antwort liegt eben nicht sogleich auf der Hand.

Bereits die Gründungsväter der *Wissenschaft des Judentums* haben sich Yerushalmis Frage schon gestellt, zumindest implizit. Das spürt man in den frühen Deutungsversuchen des Gegenstands, die das Ererbte umgreifend neu konturieren sollten. Leopold Zunz ist dabei radikal vorangegangen. „Etwas über die rabbinische Literatur", sozusagen die antizipierte Gründungsschrift der *Wissenschaft des Judentums* von 1818, war mit ihrem nur im Rückblick harmlos klingenden Titel ein Paradestück methodisch rekonstruierender Dekomposition des traditionellen Zugangs zur ererbten Tradition, und das durchaus im Interesse der Bewahrung letzterer.[62] „Etwas" leitete einen Bruch im Umgang mit der Tradition ein; es meinte nicht weniger als dass man (gegen die Maskilim) das Ganze erhalten, aber (gegen die Altgläubigen) auch in seinen einzelnen Teilen betrachten dürfe. „Über die rabbinische Literatur" war dann nur konsequent, aber noch radikaler im Ansatz: Hier ging es nicht mehr um die mündliche Thora in ihrer Gesamtheit, sondern um einen jenseits weiterhin legitimer traditional-gläubiger Zugänge zur bloßen Literatur geratenen Traditionstext, der beliebige Teilfragen und methodisch viele Zugriffe erlauben würde, vor allem künftige, die Zunz noch gar nicht im Blick hatte.

Hatte Immanuel Wolf (Wohlwill) in der ersten und einzigen Ausgabe der vereinseigenen Zeitschrift 1823 mit Philologie, Geschichte und Philosophie nur drei Teilfächer der Jüdischen Studien ausgewiesen,[63] so war dieser Kanon bei Zunz schon 1818 viel weiter, nämlich bis in die Naturwissenschaften hinein, konzipiert gewesen und ist in der Folge tatsächlich immer wieder erweitert worden, ja er hat sich durch neue Ansätze und Perspektiven im Umfeld der *Wissenschaft des Judentums* gewissermaßen selbst fortgeschrieben.[64] Und besieht man, dass Zunz bereits 1823 einen sozialwissenschaftlichen Zugang zu jüdischer Geschichte und Gegenwart vorzeichnete und Arthur Ruppin (1876–1943), der nachmalige Begründer der Soziologie an der *Hebräischen Universität Jerusalem*, bereits 1904 „Die Juden der Gegenwart" in einer „sozialwissenschaftlichen Studie" vorstellte, sich die Soziologie aber erst in der Frühzeit der Weimarer Republik akademisch etablieren konnte, dann hat sich hier ein Teilfach der *Wissenschaft des Judentums* als fachlich ausgesprochen innovativ erwiesen.[65] Ähnlich fällt der

---

[62] Vgl. dazu insb. Giuseppe Veltri, Altertumswissenschaft und Wissenschaft des Judentums: Leopold Zunz und seine Lehrer F. A. Wolf und A. Böckh, in: ders. et al. (Hgg.), *Friedrich August Wolf. Studien, Dokumente, Bibliographie*, Stuttgart 1999, S. 32–47.

[63] Wolf, Über den Begriff (wie Anm. 5), S. 16–20.

[64] Leopold Zunz, Etwas über die rabbinische Literatur, nebst Nachrichten über ein altes bis jetzt ungedrucktes hebräisches Werk, Berlin 1818; Ndr. in: ders., *Gesammelte Schriften*, Bd. 1, Berlin 1875, S. 1–31; vgl. Meyer, Von Mendelssohn zu Zunz (wie Anm. 12), S. 184f.; Schorsch, Das erste Jahrhundert (wie Anm. 13), S. 16–19; Roemer (wie Anm. 28), S. 24f.; ferner Leon Wieseltier, Etwas über die jüdische Historik. Leopold Zunz and the Inception of Modern Jewish Historiography, in: *History and Theory* 20 (1981), S. 135–149; Giuseppe Veltri, A Jewish Luther? The Academic Dreams of Leopold Zunz, in: *Jewish Studies Quarterly* 7 (2000), S. 338–351.

[65] Leopold Zunz, Grundlinien zu einer künftigen Statistik der Juden: *ZfWJ* 1 (1823), S. 523–532; Arthur Ruppin, *Die Juden der Gegenwart. Eine sozialwissenschaftliche Studie*, Berlin 1904; ders., *Die Soziologie der Juden*, 2 Bde., Berlin 1930/31; vgl. Kurt Wilhelm (Hg.), *Wissenschaft des Judentums im deutschen Sprachbereich. Ein Querschnitt*, Tübingen 1967, S. 361–366; Etan Bloom, What ‚The Father' had in Mind. Arthur Ruppin (1876–1943), Cul-

Befund für die Kunstwissenschaften und die Ethnologie („Volkskunde") samt Museologie aus.[66]

In dieser Hinsicht erscheinen die Jüdischen Studien heute weniger deutlich positioniert. Die Judaistik hat sich mit der Konzentration auf das fachliche Kerngeschäft in den ersten Jahrzehnten ihre Position in bewusst gewollter und angesichts des plötzlichen (mancherorts erfolgreichen) Umarmungsmühens christlich-theologischer Fakultäten unumgänglicher Distanz zum übrigen Wissenschaftsbetrieb eingerichtet,[67] und ist gegenwärtig dabei, sich innerhalb der sich wandelnden universitären Strukturen neu zu positionieren. Zwischenzeitlich sind aber originäre Begriffe der Jüdischen Studien wie Diaspora, Akkulturation, Minorität, Marginalität, Subkultur und anders mehr auch anderswo und ohne Angabe des Copyrights in Gebrauch gekommen. Das liegt neben der zuletzt manchmal irritierend hohen Attraktivität der Jüdischen Studien auch an ihrer breiten Vernetzung, an der vielfachen disziplinären Verortung ihrer Träger sowie wenig scharfen Disziplinengrenzen und ist nicht zuletzt die Konsequenz ihres eigenen Erfolgs: starke Präsenz, hohe Aufmerksamkeit und leichte Verfügbarkeit ihrer Ergebnisse. Damit teilen die Jüdischen Studien aber am Ende nur die Situation anderer ‚regionaler' Kulturwissenschaften – man denke an die Japanologie, Sinologie oder Orientalistik.

Martin Goodman hat vorgeschlagen, aus der Not eine Tugend zu machen und einfach die Vielfalt der Teilfächer innerhalb der Disziplin Jüdische Studien positiv aufzunehmen.[68] Dieser wenig ambitioniert klingende Ansatz lässt sich gewiss fortführen und vertiefen. Jüdische Studien zeichnen sich heute tatsächlich zunächst durch die Pluralität ihrer möglichen Teilfächer, also letztlich gerade durch die unbestimmbaren eigenen Disziplinengrenzen aus, eben so, wie es auch der Titel einer jüngeren Festschrift fasste: „Jüdische Studien zwischen den Disziplinen".[69] Das birgt die Gefahr der Indifferenz, aber damit befinden sich die Jüdischen Studien als per se hybride Disziplin nur in einer anderen geisteswissenschaftlichen Disziplinen vergleichbaren Situation, doch sie haben auf die Zukunft hin einen originär gewachsenen Erfahrungsvorsprung, der gegenüber Skepsis und selbstverliebter Polemik fruchtbar beispielhaft zur Geltung gebracht werden kann.[70] Jüdische Studien haben sich bereits in einer postmodernen Situation befunden, lange bevor der Terminus überhaupt kreiert war und zur Mode geriet.[71] Sie sind, wo klare Diszi-

---

tural Identity, Weltanschauung and Action, in: *The Journal for History of European Ideas*, 33 (2007), S. 330–349; ferner Eckel, Geist der Zeit (wie Anm. 3), S. 16.

[66] Kathrin Rauschenberger, *Jüdische Tradition im Kaiserreich und in der Weimarer Republik. Zur Geschichte des Jüdischen Museumswesens in Deutschland*, Hannover 2002.

[67] Brocke, Judaistik (wie Anm. 1), S. 82; Andreas Lehnardt, Judaistik und Theologie. Versuch einer Standortbestimmung, in: *Trumah* 17 (2008), S. 69–78.

[68] Goodman, Nature (wie Anm. 52), S. 11.

[69] Klaus Hermann et al. (Hgg.) *Jewish Studies Between the Disciplines / Judaistik zwischen den Disziplinen. Papers in Honor of Peter Schäfer on the Occasion of His 60th Birthday*, Leiden 2003.

[70] Vgl. Reinhard Brandt, Zustand und Zukunft der Geisteswissenschaften, in: Ulrich Arnswald (Hg.), *Die Zukunft der Geisteswissenschaften*, hier: S. 50–52.

[71] Jeremy Cohen, Introduction, in: ders. et al., *Rethinking European Jewish History*, Oxford 2009, S. 1f.

plinengrenzen fehlen und auch nicht einfach dekretiert werden können, schließlich am besten da etabliert, wo sich vertreten durch entsprechend definierte und ausgestattete Lehrstühle möglichst viele Teilfächer zusammenfinden, dabei um die disziplinären Kernfächer – Bibel, Jüdische Bibelauslegung und Talmud – versammelt sind und diese dann allesamt, ausgestattet mit „traditionsverbundener Innovationsbereitschaft", zugleich ein optimales Umfeld zur Fachgrenzen überschreitenden Einbringung ihres fachlich-dialogischen Potentials vorfinden.[72]

Schon Vergangenheit geworden ist die Frontstellung zwischen der deutschen Judaistik und den Jüdischen Studien. Der anfänglich heftige Streit um Kompetenzen und Deutungshoheiten[73] hat sich, begünstigt auch durch den zwischenzeitlich eingetretenen Generationswechsel, ganz pragmatisch erledigt: Die Jüdischen Studien sind personell wie fachlich auf eine profilierte, leistungsfähige Judaistik und auf entsprechende Ressourcen zur Vermittlung fachlicher Grundkompetenzen im eigenen Haus und an anderen Standorten angewiesen. Und die Judaistik hat, auch infolge hochschulpolitischer Vorgaben zu fachübergreifender Ausrichtung, ihren Themenkanon zwischenzeitlich selbst geweitet und kann von der pluralen Gestaltung des disziplinären Feldes profitieren. Spätestens auf europäischer Ebene, in der *European Association for Jewish Studies*, zählen die Unterschiede ohnehin nicht mehr.

2009: Überlegungen zu Profil und Perspektiven der Disziplin Jüdische Studien

Wie bei alledem aber muss es dem unbegleiteten Besucher beim Jerusalemer Kongress oder der Studieninteressierten beim Klick durch die Angebote der Bachelor- und Master-Programme europäischer Universitäten irgendwo zwischen Religionswissenschaften und anderen interessanten Feldern ergehen? Was müssen die Seiten vermitteln, auf die er oder sie unter www.hfjs.eu oder auf den Homepages anderer Programme der Jüdischen Studien trifft?

Hier lassen sich drei Felder für die künftige Entwicklung der Disziplin hervorheben. Mit ihren vielfältigen Anbindungsmöglichkeiten stellen die Jüdischen Studien die noch immer und auch immer neuen Anfechtungen ausgesetzte Integration des jüdischen Anteils beim Verständnis europäischer wie außereuropäischer Kulturgeschichte sicher. Sie garantieren deren Vollständigkeit als realistisches Kompositum zur Ersetzung eines monokulturellen Konzepts von Europa als „christlichem Abendland". Die voranschreitende perspektivische und methodische Begegnung zwischen den in der Vergangenheit eher getrennt operierenden aschkenasischen wie sephardischen, ostjüdischen wie westeuropäischen Arbeitsfeldern kann zu einem über die Jüdischen Studien hinauswirkenden Element des Verständnisses von Europa als Beziehungsraum werden, in dem Einheit und Verschiedenheit bei-

---

[72] Vgl. Dieter Langewiesche, Wozu braucht die Gesellschaft Geisteswissenschaften? Wieviel Geisteswissenschaft braucht die Universität, in: Florian Keisinger et al. (Hgg.), *Wozu Geisteswissenschaften? Kontroverse Argumente für eine überfällige Debatte*, Frankfurt am Main 2003, S. 29–42, insb. S. 38 ff.

[73] Dazu Brocke, Judaistik (wie Anm. 1), S. 90 f.

einander stehen.⁷⁴ Nur unter Beteiligung von Judaistik und Jüdischen Studien, aber ebenso auch der europabezogenen Islamwissenschaften, können die Geisteswissenschaften heute angemessen ihrem Auftrag gerecht werden, der in den Worten von Ernst-Wolfgang Böckenförde lautet: Geisteswissenschaften „bewahren, erweitern und vermitteln je von neuem das Wissen über die eigene Sprache, Geschichte, Literatur und Kunst, über die Bedingungen und Möglichkeiten des Zusammenlebens von Menschen in einer Gesellschaft [und] die Selbstvergewisserung und die Beantwortung der Sinn- und Identitätsfrage der Menschen."⁷⁵ Überhaupt ist, seitdem die Disziplin Jüdische Studien vom Rand zunehmend ins Zentrum universitärer Disziplinen rückt und sich fortschreitend interdisziplinär vernetzt, die Frage nach der künftigen Ausrichtung von Jüdischen Studien und Judaistik eng mit der grundsätzlichen Frage nach dem heutigen Standort der Geisteswissenschaften und ihrer Leistungsfähigkeit verbunden,⁷⁶ bei deren Beantwortung die üblichen reinen Nützlichkeitserwägungen nicht ausreichen.⁷⁷ Wissensgrundlagen für individuelle wie kollektive Selbstverortung und für Innovation bereit zu stellen – das klingt dagegen nach wenig und ist doch sehr viel, wenn es wirklich geleistet werden soll.

Aufgabe der Jüdischen Studien muss es dann sein, in der Zusammenführung von Teildisziplinen jeweils deren judentumsbezogene Momente zu klären, zu füllen und kenntlich zu machen, um mit einem entsprechenden Ertrag nachhaltig in die jeweiligen Disziplinen zurückzuwirken. Was als Essenz von Jüdischer Geschichte, Jüdischer Kunstgeschichte, Jüdischer Literaturwissenschaft oder Jüdischer Philosophie als Teildisziplin inhaltlich wie methodisch wahrgenommen werden kann, wird wesentlich das Ergebnis ihrer zweiseitigen Leistungsfähigkeit sein und muss in Lehre und Forschung immer wieder neu bestimmt werden. Das gilt erst recht von solchen Teilfächern, die innerhalb der Disziplin Jüdische Studien noch nicht klar positioniert sind oder – wie im Fall von Jüdischem Recht und Halacha auf der einen und Rechtswissenschaft und Rechtsgeschichte auf der anderen Seite – noch der Klärung und Erschließung bedürfen. Eine zentrale Aufgabe ist die Erschließung und methodische Begleitung neuer Teildisziplinen und Fragestellungen, etwa die Fortführung der Arbeiten zur Erschließung der Jüdischen Studien als Gender-Studien,⁷⁸ oder auch für Bereiche der Wissenschaftsgeschichte, insbesondere der Medizingeschichte. Die Institutionen der

---

⁷⁴ Brenner, Propheten (wie Anm. 31), S. 299; zu neuen Ausgrenzungen im Zeichen postmoderner Methoden vgl. Rosman, How Jewish (wie Anm. 35), S. 122 f.

⁷⁵ Ernst-Wolfgang Böckenförde, Die Bedeutung der Geisteswissenschaften im politischen Leben, in: Keisinger et al. (Hgg.), Wozu Geisteswissenschaften? (wie Anm. 70), hier: S. 48.

⁷⁶ Vgl. etwa Peter Frankenberg, Die Rolle der Geisteswissenschaften zwischen Spezialisierung und Interdisziplinarität, in: Ulrich Arnswald (Hg.), *Die Zukunft der Geisteswissenschaften* (ebd.), S. 77–92.

⁷⁷ Ulrich Arnswald, Die Geisteswissenschaften – Unterschätzte Transmissionsriemen des gesellschaftlichen Wandels und der Innovation, in: ders. (Hg.), Zukunft (ebd.), S. 128 ff.

⁷⁸ Beispielhaft sei genannt die beim Schechter Institute for Jewish Studies angesiedelte Zeitschrift *Nashim – A Journal of Jewish Women's Studies and Gender Issues*, 1997 ff.; ferner zuletzt etwa Matti Huss, Gender Studies and Medieval Hebrew Poetry, in: *Prooftexts* 24 (2004), S. 369–385; Hava Tirosh-Samuelson, *Women and Gender in Jewish Philosophy*, Bloomington 2004; Marjorie Lehman, Examining the Role of Gender Studies in the Teaching of Talmudic Literature, in: *Journal of Jewish Education* 72 (2006), S. 109–121; De-

Jüdischen Studien müssen sich darauf einstellen, auch als Laboratorien künftiger Forschungsbereiche und als Seismograph sich abzeichnender kultureller und fachlicher Veränderungen zu wirken. All das kann nur da gelingen, wo mit umfassender Lehre, ausreichenden Ressourcen zur Ausbildungs- und Forschungsförderung einschließlich leistungsfähiger Graduiertenprogramme sowie einer komplementären eigenen und umgebenden Forschungslandschaft mit vielfältigen drittmittelgeförderten Projekten optimale fachspezifische wie auch interdisziplinäre Arbeitsmöglichkeiten bestehen und transdisziplinäre Anbindungs- und Qualifikationsperspektiven für Nachwuchsforschende vorhanden sind.

Und es bieten unter diesen Voraussetzungen – aber auch nur dann – die Jüdischen Studien an Standorten wie Heidelberg schließlich den Rahmen für eine zeitgemäße gemeindebezogene Ausbildung, die Jüdisches nicht isoliert, sondern im gesellschaftlich-kulturellen Kontext wirklichkeitsnah vermittelt. *Wissenschaft des Judentums* ist ja bei näherem Hinsehen von Anbeginn an ein programmatisches Schlagwort gewesen, hinter dem sich ganz unterschiedliche Aneignungen verbargen. Da blieb ein Gründungswiderspruch bestehen, der im Abstand zwischen Frankel und Steinschneider besonders deutlich wird und nie geklärt wurde. Mit dem Nebeneinander von Gemeindebezug und Wissenschaftsorientierung ist der Heidelberger Hochschule hier die Klärung der alten Frage aufgegeben, und sie kann nur gelingen, wenn die Widersprüche nicht vernebelt, sondern in komplementärer Spannung geklärt und fruchtbar werden. Mit den gemeinde- und praxisbezogenen Studiengängen für Gemeindearbeit (B.A.), Rabbinat (M.A.) und Staatsexamen Lehramt bietet sie dann die Voraussetzungen, um über die Möglichkeit einer puren „Annäherung" an die Tradition der *Wissenschaft des Judentums* wieder hinauszugelangen.[79] Der Teildisziplin Jüdische Religionspädagogik und Religionslehre und der Lehre, die das Hochschulrabbinat korrespondierend mit den Teilfächern anbietet, kommen dabei als Brücke zwischen dem Akademischen und dem Praktischen besondere Bedeutung zu. Für die Ausbildung von Gemeindepersonal bieten das Kollegium Jüdische Studien Potsdam mit dem Abraham Geiger-Kolleg und die Fachhochschule Erfurt gemeinsam mit der Zentralwohlfahrtsstelle der Juden in Deutschland (ZWST) im Studiengang „Jüdische Sozialarbeit" punktuell vergleichbare, komplementäre Ansätze.[80] Diese werden in Zukunft auch verstärkt zwischen den verschiedenen Trägern und Institutionen ausgebaut werden: ZWST, FH Erfurt und HfJS Heidelberg planen gegenwärtig ein Fortbildungsprogramm für ehrenamtliche Mitarbeitende der großen und vielen kleinen Gemeinden, das praktische Momente mit einer vertieften Beschäftigung mit jüdischer Religion und Kultur verbinden wird.

Das mag bescheiden erscheinen, wenn man es mit Zunzens Prospekt und dem des Berliner Vereins von 1819 kontrastiert. Es ist aber gewiss eine große Aufgabe, wenn man die dazwischenliegende Erfahrungsgeschichte bedenkt.

---

borah Glanzberg-Krainin, Feminist Theory and Jewish Studies, in: *Religion Compass* 3,2 (2009), S. 241–252.

[79] Michael Brenner, Stefan Rohrbacher, Vorwort, in: Michael Brenner et al. (Hgg.) Wissenschaft vom Judentum (wie Anm. 1), S. 8.

[80] Vgl. http://www.abraham-geiger-kolleg.de/index.php – http://www.zwst.org/fh_erfurt/index.html.

HANNA LISS

Judaistische Mediävistik:
Neue Methoden an alten Texten

Einleitung

Für die Gründerväter der Jüdischen Studien, die Repräsentanten der sog. *Wissenschaft des Judentums*,[1] bedeutete die akademische Beschäftigung mit der jüdischen Traditionsliteratur[2] die erstmalige Entwicklung eines eigenen (akademischen) Wissenschaftsverständnisses, dessen Hauptziel in der wissenschaftlich objektiven Erforschung der jüdischen Geschichte, Religion und Literatur und der damit verbundenen grundsätzlichen Anwendung historischer Kritik auf alle Bereiche des Judentums lag. Die *Wissenschaft des Judentums* verbindet sich heute vornehmlich mit den Namen von Abraham Geiger (1810–1874), Leopold Zunz (1794–1886) und Heinrich Graetz (1817–1891). Bei allen war ihre wissenschaftliche Arbeit von dem für die *Wissenschaft des Judentums* charakteristischen doppelten Anspruch einer Reform des Judentums nach innen (Gottesdienst; Halacha) und seiner Emanzipation nach außen geprägt. Das Judentum sollte in der europäischen Kultur aufgehen. Der Anschluss an die nicht-jüdische wissenschaftliche Arbeit bedeutete daher für die Repräsentanten der *Wissenschaft des Judentums* vor allem das Abstreifen jeglicher ‚Theologie' und die Säkularisierung der wissenschaftlichen Materie und ihrer forschenden Subjekte. Programmatisch hatte Zunz schon i. J. 1818 auf die „rabbinische Finsternis" und die „gemeinen Talmudquäler"[3] verwiesen. Später forderte Geiger noch weitergehend in einer Rezension von Julius Wellhausens *Der Text der Bücher Samuelis* (1871[4]) eine

---

[1] Vgl. z. B. David J. Fine, Solomon Schechter and the ambivalence of Jewish „Wissenschaft", in: *Judaism* 46,1, 1997, S. 3–24; Paul Mendes-Flohr / Jehuda Reinhartz (Hgg.), *The Jew in the Modern World. A Documentary Sourcebook*, New York/Oxford ²1995, S. 211–248; Michael Meyer, *The Origins of the Modern Jew: Jewish identity and European Culture in Germany, 1749–1824*, Detroit, 1967, bes. S. 11–28, 115–143; ders., *Response to Modernity. A History of the Reform Movement of Judaism*, New York/Oxford 1988, S. 62–99; ders., Jewish Religious Reforms and Wissenschaft des Judentums. The Positions of Zunz, Geiger and Frankel, in: *LBY* 16, 1971, S. 19–41; Richard Scheffler, Die Wissenschaft des Judentums in ihrer Beziehung zur allgemeinen Geistesgeschichte im Deutschland des 19. Jahrhunderts, in: Julius Carlebach (Hg.), חכמת ישראל. *Wissenschaft des Judentums. Anfänge der Judaistik in Europa*, Darmstadt 1992, S. 113–131; Solomon Schechter, Higher Criticism – Higher Anti-Semitism, in: ders., *Seminary addresses and Other Papers*, Cincinnati 1915, S. 35–39.

[2] D. h. Bibel, Talmud und Midrash, liturgische Poesie, mittelalterliche Bibelauslegung sowie halachische Kommentar- und Responsenliteratur.

[3] Vgl. Leopold Zunz, Etwas über die rabbinische Literatur (1918), in: ders., *Gesammelte Schriften* I, Berlin 1875–1876, Ndr. in einem Band, Hildesheim/New York 1976, S. 1–31, 23.29.

[4] JZWL 10, 1872, S. 103 (zitiert in: Rudolf Smend, Wellhausen und das Judentum, in: *ZThK* 79, 1982, S. 249–282, 281).

inter- bzw. überkonfessionelle Erforschung der biblischen Literatur(en). In diesem von Geiger und anderen liberal-jüdischen Forschern (z. B. Kaufmann Kohler) für die Bibelwissenschaft formulierten Verständnis von einer religionsunabhängigen und historisch-philologisch arbeitenden Religions- und Textgeschichte zeigte sich ein vollkommener exegetischer Paradigmenwechsel.

Es ist ja bekannt, dass es Zunz nicht vergönnt war, einen akademischen Lehrstuhl für Jüdische Geschichte und Literatur an einer der Universitäten Deutschlands (Berlin) einzurichten; die Berliner Universität lehnte im Jahr 1848 den Antrag Zunz' auf die Errichtung einer Abteilung für die *Wissenschaft des Judentums* ab, was dazu führte, dass innerhalb von knapp zwanzig Jahren allein in Deutschland drei Rabbinerseminare eingerichtet wurden, das Jüdisch-Theologische Seminar in Breslau (1874), die Berliner *Hochschule für die Wissenschaft des Judentums* (1872)[5] sowie das Berliner *Rabbinerseminar für das Orthodoxe Judentum* (1873), die alle neben der rabbinischen Ausbildung auch eine wissenschaftliche, das hieß damals: historisch-philologische Beschäftigung mit den hebräischen Quellen voranzutreiben suchten. Alle drei Institutionen mussten ihre Tore während und durch die Naziherrschaft wieder schließen. So beginnt die Geschichte der konfessionsunabhängigen Judaistik als akademischer Disziplin an Deutschlands Universitäten tatsächlich und eigentlich erst nach dem Massenmord an den europäischen Juden.[6] Der erste Lehrstuhl, der in der Bundesrepublik eingerichtet wurde, war 1966 an der *Freien Universität Berlin*, und ihn bekleidete – in diesem Falle natürlich noch nicht konfessionsunabhängig – der österreichisch-amerikanische Religionsphilosoph Jacob Taubes (1923–1987). Ihm folgte 1979–1983 die aus Israel zurückgekehrte Historikerin Marianne Awerbuch, die i. J. 1983 von dem nichtjüdischen, wenngleich in Israel ausgebildeten Judaisten Peter Schäfer abgelöst wurde. Weitere Lehrstühle entstanden in Köln 1966 und Frankfurt 1970. 1979 wurde die *Hochschule für Jüdische Studien* auf Betreiben des damaligen badischen Landesrabbiners Nathan Peter Levinson durch das Direktorium des *Zentralrats der Juden in Deutschland* gegründet. Erster Gründungsrektor von 1979–1981 war der gebürtige Berliner und i. J. 1947 an der *Yeshiva University* zum Rabbiner ordinierte Leon A. Feldmann (1921–2008). Wollte noch Nathan Levinson in der Tradition der *Hochschule für die Wissenschaft des Judentums* aus der Hochschule eine Ausbildungsstätte für das kultische Personal, d.h. für Rabbiner, Kantoren und Religionslehrer machen, so setzte der Zentralrat mittels der Zusammenarbeit mit der Universität Heidelberg *Ruperto Carola* schlussendlich doch und vor allem auf die akademische Karte, die allerdings zum Bedauern von Rabbiner Levinson dazu führte, dass zu Beginn vorwiegend nicht-jüdische Studierende, allen voran Theologiestudierende, die Institution als akademisches Institut wahrnahmen. Dass die Hochschule

---

[5] Zwischen 1883 und 1920 führte das Haus den Namen *Lehranstalt für die Wissenschaft des Judentums*.

[6] Vgl. zum Ganzen Karl Erich Grözinger, „Jüdische Studien' oder „Judaistik' in Deutschland. Aufgaben und Strukturen eines ‚Faches', in: Michael Brenner / Stefan Rohrbacher (Hgg.), *Wissenschaft vom Judentum. Annäherungen nach dem Holocaust*, Göttingen 2000, S. 70–84; Andreas Gotzmann, Entwicklungen eines Faches – die universitäre Lehre in der Judaistik, in: Brenner / Rohrbacher, *Wissenschaft vom Judentum* S. 97–110.

nicht von Anfang an auch akademische Erfolge hervorbrachte, lag daher auch weniger an ihren ‚Gründungs- und Geburtswehen‘, als vielmehr daran, dass zunächst ständig wechselnde Gastdozenten aus Israel und den USA mit der Lehre betraut waren, ein Umstand, der erst nach mehr als zwanzig Jahren als Desiderat empfunden und durch die dauerhafte Besetzung der Lehrstühle beendet wurde.

Die universitäre Judaistik im deutschsprachigen Raum,[7] die inhaltlich und methodisch zunächst sehr stark von der Geschichtswissenschaft und der Theologie bestimmt war,[8] suchte dennoch vor allem in den 1980er und frühen 1990er Jahren nach dem methodisch und inhaltlich ‚Eigentlichen‘ und Besonderen dieser ‚alt-neuen‘ Disziplin. Insbesondere die jüngere, nichtjüdische Generation der Lehrstuhlinhaber suchte sich daher vom Fächer- und Methodenkanon sowohl der Geschichte als auch und vor allem der Theologie abzugrenzen: Bibelwissenschaft wurde durchgehend aus dem Curriculum verbannt, zumeist mit dem Hinweis, dies würde durch die alttestamentliche Wissenschaft hinreichend geleistet werden. Theologische, und hier vor allem: systematische Fragestellungen wurden zurückgewiesen. Dennoch sind gerade die ersten wissenschaftlichen Monographien der deutschen Judaisten thematisch ausgesprochen ‚theologisch‘ orientiert, wie sich exemplarisch an den Arbeiten von Peter Schäfer ablesen lässt, der übrigens auch in seinen neuesten Arbeiten deutlich eine theologische Profilierung erkennen lässt.[9] Einer der wichtigsten Schwerpunkte der deutschsprachigen Judaistik wurde die rabbinische Formgeschichte und die Hermeneutik rabbinischer Texte, bei der wiederum insbesondere die exegetischen Disziplinen der Theologie Pate standen. Die zum Teil mit harschen Worten geführten Auseinandersetzungen um das Fach, seine Lehrinhalte, aber auch die Beteiligten (Lehrende wie Lernende)[10] kreisten schlussendlich um das Selbstverständnis des Faches als philologischer, theologischer oder historischer Disziplin, das à la longue mit der Philologie am besten kompatibel schien. Nun sollte die Judaistik als eigenes Fach im Kanon der philologischen Disziplinen geführt und erarbeitet werden. Was dies jedoch für die fachinterne Methodologie bedeuten sollte, wurde nur in Ansätzen herausgestellt. In einem seinerseits fast schon dogmatisch zu nennenden Anspruch der akademischen Besonderung des Faches wurde zwar stets betont, was man *nicht* sei, d. h. zu welchen Fächern man sich nicht zähle und welche Me-

---

[7] Auch in Wien wurde 1966 ein Institut gegründet.

[8] Vgl. auch Stefan Rohrbacher, „Jüdische Geschichte," in: Brenner/Rohrbacher, *Wissenschaft vom Judentum* 164–176 (wie Anm. 6).

[9] Hier seien *inter alia* erwähnt Peter Schäfer, *Die Vorstellung vom Heiligen Geist in der rabbinischen Literatur* 1972; *Rivalität zwischen Engeln und Menschen* 1975; *Der verborgene und offenbare Gott* 1991; *Wege mystischer Gotteserfahrung* 2006; *Jesus im Talmud* 2007; *Weibliche Gottesbilder im Judentum und Christentum* 2008.

[10] Vgl. Niko Oswald, Judentum als Gegenstand von Wissenschaft. Eine Kritik des Faches Judaistik, in: *Babylon. Beiträge zur jüdischen Gegenwart* 8, 1991, S. 45–71; Marianne Awerbuch, Judaistik ohne Juden. Peter Schäfers Attacke gegen die „Jüdischen Studien", in: *Menora. Jahrbuch für deutsch-jüdische Geschichte* 7, 1996, Nr. 7, S. 15–24. Peter Schäfer, Judaistik und ihr Ort in der „universitas litterarum" heute: einige Überlegungen zum Fach Judaistik in Deutschland, in: *„The Words of a Wise Man's Mouth Are Gracious" (Qoh 10,12). Festschrift for Günter Stemberger on the Occasion of His 65th Birthday*, hg. von Mauro Perani, Berlin 2005, S. 475–491.

thoden man nicht anwenden wolle, aber eigentlich nur vereinzelt, vor allem durch Arnold Goldberg, in welcher Weise denn nun die akademische Beschäftigung mit dem Erbe der hebräischen und jiddischen Literatur(en) zu verfahren habe.

Die erbitterten Kämpfe um die Profilierung des Faches Judaistik /Jüdische Studien, die seinerzeit sogar noch eine harsch geführte Debatte um die Benennung des Faches eingeschlossen hatte,[11] sind heute weitgehend verebbt, das Fach ist mehr oder weniger gut ausgestattet an einer Reihe deutscher Universitäten etabliert, und eine ideologisch vorherrschende Kampfposition lässt sich heute kaum mehr erkennen. Geblieben ist jedoch das Desiderat einer Methodendiskussion und -adaptation, die heute sachlich zu führen wäre und unserer erweiterten Kenntnis und Erschließung, aber auch der differenzierteren Betrachtung der Quellen gerecht würde.

> Allein das nur an der Hochschule für Jüdische Studien als distinktes Teilfach ausgezeichnete Arbeitsgebiet *Bibel und Jüdische Bibelauslegung* kann hier die methodologische Problematik exemplarisch aufzeigen. Das Fach beschäftigt sich mit Text, Überlieferung, exegetischer Rezeption und moderner Deutung der Hebräischen Bibel von der Antike bis in die Neuzeit. Dabei umfasst allein das Forschungsgebiet für die biblische Geschichte und Literatur, d.h. für die Epoche zwischen ca. 1200 und 100 v.u.Z., einen historischen Rahmen von mehr als 1000 Jahren. Nimmt man (ohne die rabbinische Traditionsliteratur im engeren Sinn) noch die Quellen zur jüdischen Bibelauslegung in Mittelalter und Neuzeit hinzu, so umfasst dieses Fach idealtypisch mehr als 2500 Jahre, die in literaturspezifischen Detailfragen ebenso wie in zunehmend fächerübergreifenden Fragestellungen und Forschungsansätzen überblickt sein wollen.
>
> Die Arbeit im Fach *Bibel und Jüdische Bibelauslegung* vollzieht sich auf zwei deutlich zu unterscheidenden und dennoch ineinandergreifenden Ebenen: Auf der ersten Ebene steht die eigentliche Arbeit am biblischen Text selbst. Der Anspruch der modernen wissenschaftlichen Bibelforschung und Bibelkritik liegt dabei in der Erfassung und Deutung des ursprünglichen Sinnes eines Textes, seiner Entstehungssituation und -geschichte, der Erarbeitung seiner soziohistorischen Prägung und seiner spezifischen sprachlichen Gestaltung. In diesem Rahmen arbeitet die moderne jüdische Bibel-Exegese mit den Methoden der klassischen historisch-literarischen Kritik einschließlich der altorientalischen Religions- und Rechtsgeschichte, die sich in den akademischen Lehranstalten auf christlicher und jüdischer Seite weitgehend, wenngleich auch jeweils unterschiedlich akzentuiert, durchgesetzt hat.
>
> Auf einer zweiten Ebene steht die Beschäftigung mit der jüdischen Rezeption der hebräischen Bibel und damit einerseits mit der Geschichte der jüdischen Bibelauslegung und andererseits mit der hermeneutischen Frage der Relation zwischen (moderner) jüdischer Deutung eines Textes und historisch-kritischer Erforschung der hebräischen Bibel. Hier liegen die Schwerpunkte im Bereich der Erarbeitung der Quellen zur jüdischen Bibelauslegung auf dem für die jüdische Exegese entscheidenden Zeitraum von der ersten Hälfte des 10. bis zur 2. Hälfte des 13. Jahrhunderts sowie auf dem 19. und 20. Jahrhundert. Die für die eigentliche Bibelkommentarliteratur entscheidenden Persönlichkeiten sind R. Shelomo Yizchaqi (Rashi), R. Shemu'el ben Meir (Rashbam), R. Avraham Ibn Ezra, die Mitglieder der Familie Qimchi oder R. Moshe ben Nachman (Ramban = Nachmanides). Sie schrieben allerdings nicht nur Bibelkommentare, sondern gleichermaßen halachische

---

[11] Vgl. z.B. Michael Brocke, „Judaistik" between „Wissenschaft" and „Jüdische Studien": Jewish studies in post-WWII Germany, in: *Jewish Studies and the European Academic World; Plenary Lectures Read at the VIIth Congress of the European Association for Jewish Studies*, Amsterdam 2002, hgg. von Albert van der Heide and Irene E. Zwiep. Paris 2005, S. 77–96.

und/oder philosophische Traktate und Kommentare, die – dies wird wohl auf den ersten Blick einsichtig – mit der altorientalischen Welt der Bibel nicht mehr viel gemein haben, die aber einen genuinen Bestandteil dieses Faches bilden, das damit eigentlich eine distinkte epochale und gattungsmäßige Einschränkung auf bestimmte Quellen nicht ohne Weiteres zulässt.

Spezialisierung ist damit eigentlich das Gebot der Stunde. Für die mittelalterliche Kommentarliteratur, die an der *Hochschule für Jüdische Studien* schwerpunktmäßig im Fach *Bibel und Jüdische Bibelauslegung* bearbeitet wird, bedeutet dies beispielsweise, dass die Arbeitsweisen und Ergebnisse der philologischen Mediävistik weitaus stärker in die Forschung einbezogen werden müssen als dies bisher der Fall war. Dies betrifft die Glossenforschung ebenso wie die in den letzten fünfzehn Jahren insbesondere von der mediävistischen Anglistik und Romanistik erarbeitete mittelalterliche Literaturtheorie. Hier wurde erst in den letzten Jahren neues Terrain erschlossen und auf die mittelalterliche hebräische Kommentarliteratur angewandt. Insbesondere die in Deutschland beheimatete Judaistik hat hier bereits neue Weichen gestellt und erste Ergebnisse vorgelegt.[12]

Neben den philologischen Disziplinen und der philologischen Mediävistik ist es insbesondere die Religionswissenschaft, die ein theoretisches und methodisches Instrumentarium bereithält, das für die Jüdischen Studien zu ganz neuen Fragestellungen und Ergebnissen führen kann. Wie dies beispielhaft zu leisten wäre, soll nachfolgend anhand der in der Religionswissenschaft zentralen und in die Judaistik bislang nur marginal integrierten Ritualtheorie für das im Judentum zentrale Konzept der rituellen Reinheit erläutert werden. In den nächsten Jahren wird dieser Bereich am Lehrstuhl für *Bibel und Jüdische Bibelauslegung* der *Hochschule für Jüdische Studien Heidelberg* einen weiteren gewichtigen Schwerpunkt bilden, der in verschiedenen Forschungsprojekten und wissenschaftlichen Qualifikationsschriften bearbeitet wird.[13]

---

[12] Vgl. z. B. Elisabeth Hollender, *Piyyut Commentary in Medieval Ashkenaz*, Berlin 2008; dies., Narrative Kreativität in Ashkenaz: die Erzählung(en) über Amnon von Mainz, in: *Im Gespräch; Hefte der Martin Buber-Gesellschaft Potsdam* 11, 2005, S. 63–78; dies., Narrative exegesis in Ashkenas and Zarfat: the case of „piyyut"-commentary, in: *Jewish Studies at the Turn of the Twentieth Century; Proceedings of the 6th EAJS Congress, Toledo, July 1998*. Vol. I–II, hgg. von Judit Targarona Borrás und Angel Sáenz-Badillos, Leiden 1999, S. 429–435; Hanna Liss, Kommentieren als Erzählen: Narrativität und Literarizität im Tora-Kommentar des Raschbam, in: *FJB* 34/35 (2008), S. 91–122; dies., The Commentary on the Song of Songs Attributed to R. Samuel ben Meïr (Raschbam), in: *Medieval Jewish Studies online*, 1, 2007/08, 1–27 http://www.medieval-jewish-studies.com/; dies., „Peshat" – Auslegung und Erzähltheorie am Beispiel Raschbams, in: *Raschi und sein Erbe; internationale Tagung der Hochschule für Jüdische Studien mit der Stadt Worms*, hgg. von Daniel Krochmalnik, Hanna Liss u. Ronen Reichman, Heidelberg 2007, S. 101–124.

[13] So bearbeitet ein Projekt als Teilprojekt im Sonderforschungsbereich 619 *Ritualdynamik: Soziokulturelle Prozesse in historischer und kulturvergleichender Perspektive* das Thema *Theorie und Praxis der rituellen Reinheit im mittelalterlichen aschkenasischen Judentum/Ritual Purity in Medieval Ashkenaz* (http://www.ritualdynamik.de/ritualdynamik/organisation/projektbereichB/b_11.php?navanchor=1110065).

Diskurs und Performanz:
Ritualtheoretische Überlegungen am Beispiel des Konzeptes der rituellen Reinheit im mittelalterlichen aschkenasischen Judentum

Der wissenschaftliche Status Quo

Die für das spätere Judentum grundlegenden Texte zur rituellen Reinheit (*tohora*) sind in der Hebräischen Bibel und dort vor allem in bestimmten Abschnitten der Tora (Exodus; Leviticus und Numeri) niedergelegt. Zu dem Komplex der rituellen Reinheit zählen Reinigungs- und Initiationsriten des kultischen Personals, reine und unreine Tiere sowie Reinigungsriten nach Berührung von Unreinem, Diätvorschriften, Unreinheit nach Entbindung und Reinigungsriten für die Frau, Unreinheit bei Hautkrankheiten mit entsprechenden Reinigungsvorschriften, Unreinheit bei Ausflüssen aus den Geschlechtsorganen und ihre Reinigung, Reinigungsriten nach Verunreinigung an einer Leiche. Für die Hebräische Bibel, insbesondere für die Tora, stellen die Kategorien rein (*tahor*) und unrein (*tame*) zentrale Ordnungskategorien dar, die engstens mit dem Heiligtum/Tempel und den entsprechenden räumlichen und personalen Abgrenzungen nach innen wie nach außen verbunden sind und sich aus der priesterlichen Vorstellung der Heiligkeit (und Reinheit) des Heiligtums/Tempels ergeben: Alle Menschen und unbelebten Objekte, die mit dem Heiligtum in Berührung kommen, müssen dieser Reinheit entsprechen.[14] Auch die nachbiblische rabbinische Literatur, vor allem die religionsgesetzlich orientierten Schriften (Mischna; Talmud; halachische Midraschim), zeigt eine ausgeprägte theoretische Beschäftigung mit der kultischen Gesetzgebung zu Rein und Unrein. Sie ist schon in der Mischna (2. Jh.) angelegt, die eine ganze Ordnung (die sechste Ordnung: *Tohorot* ,Reinheiten'; in 12 Einzeltraktaten) diesem Thema widmet und dabei sowohl die kultischen Bestimmungen des (nicht mehr existierenden!) Tempelkultes wie auch die Reinheitsbestimmungen für den Einzelnen in teilweise schon bizarr anmutender Detailversessenheit diskutiert.[15] In den mittelalterlichen Texten werden die Gesetze zur rituellen Reinheit hauptsächlich in den Kommentaren zur Bibel und zum Talmud, in den religionsgesetzlichen (halachischen) Kompendien mittelalterlicher Rechtsgelehrter sowie in den spekulativen Traktaten (*torat ha-sod*) thematisiert.

Die biblische und rabbinische Ritualgesetzgebung ist in
– religions- und sozialgeschichtlicher,[16]

---

[14] Beate Ego, Art. Reinheit, Unreinheit, Reinigung, in: *WiBiLex* 2007, http://www.wibilex.de (Zugriffsdatum: August 2008).

[15] Jacob Neusner, The religious meaning of bodily excretions in rabbinic Judaism: the Halakhah on Leviticus chapter fifteen – Zabim and Niddah, in: *Approaches to Ancient Judaism*, New Series 15, 1999, S. 177–240.

[16] Vgl. z.B. Mary Douglas, Impurity of Land Animals, in: Marcel J. Poorthuis / Joshua Schwartz, *Purity and Holiness. The Heritage of Leviticus*, Leiden/Boston/Köln 2000, S. 33–45; Nobuyoshi Kiuchi, A Paradox of the Skin Disease, in: *ZAW* 113,4 (2001), S. 505–514; Robert A. Kugler, Holiness, purity, the body, and society: The evidence for theological conflict in Leviticus, in: *JSOT* 76 (1997), S. 3–27; Wilfried Paschen, *Rein und Unrein*, München 1970; Joachim Schaper, Priestly purity and social organisation in Persian period Judah, in: *BN* 118 (2003), S. 51–57; Baruch Schwartz, Israel's Holiness: The Torah Traditions, in: Poort-

- literaturwissenschaftlicher,[17]
- ethnologischer[18] und
- anthropologischer[19]

Hinsicht bereits gut erforscht, wenngleich auch die jeweiligen Forschungsergebnisse oftmals unverbunden nebeneinander stehen, da wissenschaftsgeschichtlich und -technisch die Hebräische Bibel (‚Altes Testament') zumeist von Theologen und die rabbinische Literatur von Judaisten bearbeitet werden, was auch methodisch zu einer bunten Mischung teilweise nicht mehr kompatibler Untersuchungen führt(e). Geht es hinsichtlich der biblischen Texte im Wesentlichen um die Frage, warum bestimmte Phänomene als „unrein" klassifiziert wurden,[20] und um die mögliche Eruierung von hinter dem Ritualskript liegenden ethischen und/oder symbolischen Systemen,[21] so konzentrieren sich die Forschungen an der rabbinischen Literatur entweder auf den religionsgeschichtlichen Vergleich mit dem frühen Christentum[22] oder weiteren Umweltkulturen wie Ägypten[23] und den Zoroastrismus.[24] Daneben werden die religionsgesetzlichen Bestimmungen bei ritu-

---

huis / Schwartz, *Purity and Holiness*, S. 47–59; F. Stolz, Dimensions and transformations of purification ideas, in: *Transformations of the Inner Self in Ancient Religions*, hgg. von Jan Assmann u. Gedaliahu Stroumsa, Leiden 1999, S. 211–229.

[17] Klaus Koch, *Die Priesterschrift. Von Exodus 25 bis Leviticus 16. Eine überlieferungsgeschichtliche und literarkritische Untersuchung*, Göttingen 1959; Hanna Liss, Ritual Purity and the Construction of Identity – the Literary Function of the Laws of Purity in the Book of Leviticus, in: *The Book of Leviticus. Colloquium Biblicum Lovaniense LV, Leuven/Louvain 2008*, hg. von Thomas Römer, S. 329–354.

[18] Walter Houston, *Purity and Monotheism. Clean and Unclean Animals in Biblical Law*, Journal for the study of the Old Testament. Supplement series 140, Sheffield 1993.

[19] Mary Douglas, *Purity and Danger*, London 1966.

[20] Houston, *Purity and Monotheism* (wie Anm. 18); Kiuchi, A Paradox of the Skin Disease (wie Anm. 16).

[21] Mary Douglas, The compassionate God of Leviticus and his animal creation, in: *Borders, Boundaries and the Bible,* hg. von Martin O'Kane, London, S. 61–73; dies., Impurity of Land Animals, in: Poorthuis / Schwartz, *Purity and Holiness*, S. 33–45; Hyam Maccoby, *Ritual and morality. The ritual purity system and its place in Judaism*, Cambridge u. a. 1999; Jacob Milgrom, The Dynamics of Purity in the Priestly System, in: Poorthuis / Schwartz, *Purity and Holiness*, S. 29–32; ders., The Biblical Diet Laws as an Ethical System, in: *Interpretation* 17 (1963), S. 288–301; Cana Werman, The Concept of Holiness and the Requirements of Purity in Second Temple and Tannaitic Literature, in: Poorthuis / Schwartz, *Purity and Holiness*, S. 163–179.

[22] Jonathan Klawans, Moral and ritual purity, in: *The Historical Jesus in Context*, hgg. von Amy-Jill Levine / Dale C. Allison, Princeton 2006, S. 266–284; Eric Ottenheijm, Impurity between Intention and Deed: Purity Disputes in First Century Judaism and in the New Testament, in: Poorthuis / Schwartz, *Purity and Holiness*, S. 129–147.

[23] Orly Gal, Uncleanliness and sin, cleanliness and purity, in: *Jerusalem studies in Egyptology*, ed. Shirun-Grumach, I., Wiesbaden 1998, S. 243–245.

[24] Yacov Elman, „He in his cloak and she in her cloak": conflicting images of sexuality in Sasanian Mesopotamia, in: *Discussing Cultural Influences; Text, Context, and Non-Text in Rabbinic Judaism*, hg. von R. Ulmer, Lanham 2007, S. 129–163; ders., MMT B 3–5 and its ritual context, in: *DSD* 6,2 (1999), S. 148–156; Alan V. Wiliams, Zoroastrian and Judaic Purity Laws. Reflections on the Viability of a Sociaological Interpretation, in: *Irano-Judaica* III, Jerusalem 1994, S. 72–89.

eller Unreinheit genitaler Ausflüsse im rabbinischen Diskurs[25] vor allem als Teilgebiet und im Kontext der *Gender Studies* aufgearbeitet.[26] Vereinzelt findet sich aber auch die Auffassung, es handele sich bei dem biblisch-rabbinischen Diskurs um den Versuch der ideologischen Rekonstruktion einer religiösen und sozialen Wirklichkeit im Schatten und als Nachspiel religiöser und/oder politischer Katastrophen.[27] Die Erforschung des rabbinischen Diskurses zum Themenkomplex der rituellen Reinheit verbleibt methodisch durchgehend bei dem Instrumentarium der historisch-philologischen Forschung. Religionswissenschaftliche und im engeren Sinne ritualtheoretische Ansätze finden sich praktisch nicht.

Trotz einer gegenüber dem biblischen und rabbinischen Schrifttum weitaus komplexeren und vielschichtigeren Quellenlage für das jüdische Mittelalter (10.–14. Jh.) hat die judaistische Mediävistik den Gesetzen zur rituellen Reinheit wie auch den damit verbundenen religionsgesetzlichen Diskursen und performativen Innovationen bislang nur wenig Aufmerksamkeit geschenkt. Dies mag zunächst damit zusammenhängen, dass man in der mediävistischen Judaistik noch oft genug an der quellentechnischen Erschließung der Texte scheiterte oder eben diese zunächst einmal zu gewährleisten suchte. Wo der genannte Themenkomplex doch bearbeitet wird, konzentriert sich die Forschung beinahe ausschließlich auf den halachischen Diskurs um die Vorschriften für eine Menstruierende (*nidda*) und auf Teile der rituellen Ausgestaltung des Verhältnisses zu den Nicht-Juden (Christen; Muslime). Das Thema der rituellen Unreinheit einer Frau wird auch hier entweder explizit im Kontext der *Gender Studies* bearbeitet[28] oder in einen weiteren sozial- und halachageschichtlichen Kontext eingebettet (z. B. lebenszyklische Rituale) und auf diesen hin befragt.[29] So präsentieren die halachischen Kompendien beispielsweise eine Verschärfung hinsichtlich der Regularien im

---

[25] Es gibt vier Kategorien von Unreinheit bei genitalen Ausflüssen: bei der Menstruierenden (*nidda*), bei einer Frau mit irregulären Blutungen (*zava*), bei einem Mann nach (regulärem) Samenerguss (*baal qeri*) und bei einem Mann, der an Gonorrhoe erkrankt ist (*zav*).

[26] Shaye J. D. Cohen, *Why Aren't Jewish Women Circumcised? Gender and Covenant in Judaism*, Berkeley 2005; Charlotte E. Fonrobert, *Menstrual Purity. Rabbinic and Christian Reconstructions of Biblical Gender*; Stanford 2000; Anne-Marie Korte, Reclaiming ritual: a gendered approach to (im)purity, in: Poorthuis / Schwartz, *Purity and Holiness*, S. 313–327; Tirza Meacham, An Abbreviated History of the Development of the Jewish Menstrual Laws; in: Rachel Wasserfall (Hg.), *Women and Water. Menstruation in Jewish Life and Law*, Hanover/London 1999, S. 23–39; dies., A suggested commentary of the doubling of days of impurity and purity for the woman who births a daughter, in: *Shnaton* 11 (1997), S. 153–166; Danielle Storper Perez / Florence Heymann, Rabbis, Physicians, and the Woman's/Female Body. An Appropriate Distance, in: Wasserfall (Hg.), *Women and Water* (wie Anm. 26), S. 122–140.

[27] Leslie A. Cook, Body Language: Women's Rituals of Purification in the Bible and Mishnah, in: Wasserfall (Hg.), *Women and Water*, (wie Anm. 26), S. 40–59.

[28] Judith R. Baskin, Male piety, female bodies: men, women, and ritual immersion in medieval Ashkenaz, in: *Jewish Law Association Studies* 17, 2007, S. 11–30; dies., Geschlechterverhältnisse und rituelles Tauchbad im mittelalterlichen Aschkenas, in: Christiane Müller / Andrea Schatz (Hgg.), *Der Differenz auf der Spur. Frauen und Gender in Aschkenas*, Berlin 2004, S. 51–67.

[29] Yedidya Dinari, Chillul ha-Qodesh al yede Nidda we-taqqanat Ezra, in: *Te'uda* 3 (1983), S. 17–37 (hebr.); B. Bitcha Har-Shefi, Al tevilat Nidda bime ha-benajim, in: *To be a Jewish Woman, Fourth International Congress*, Jerusalem 2007, S. 65–76 (hebr.); Israel Ta-Shma,

Verkehr mit dem Ehemann (im Status der Unreinheit war es ihr verboten, für ihn zu backen, zu kochen, sein Bett zu machen, sein Tongefäß zu berühren etc.) und hinsichtlich des Umgangs einer Menstruierenden mit den *sancta* (d.h. das Verbot, die Torarolle in der Synagoge oder überhaupt hebräische Bücher zu berühren, eine Synagoge zu betreten, zu beten oder gar auf einen Segensspruch mit „Amen" zu antworten, um den Gottesnamen nicht zu entweihen).[30] Diese Intensivierung in Halacha und Brauchtum wird dabei zumeist den rabbinischen Darstellungen gegenübergestellt,[31] oder es wird der Versuch unternommen, derartige Präskripte auf der Basis religionsgeschichtlicher Parallelen mit dem zeitgenössischen Christentum[32] oder religiös marginalen Gruppierungen wie den Karäern zu erklären.[33] Die übergreifende Frage nach der Ausgestaltung des Verhältnisses zu den Nicht-Juden wird zumeist vor dem historischen Hintergrund von Majorität-Minorität-Kulturtransfer ausgeleuchtet, und nur selten themenspezifisch vor dem Kontext ritueller Reinheit (z.B. gemeinsame Mahlzeiten mit Nichtjuden und/oder Essen im Status ritueller Reinheit;[34] Berührung von Wein durch Nicht-Juden).[35] Auch die von D. Biale veröffentlichte Studie *Blood and Belief* (2007) nimmt den Aspekt der rituellen Reinheit nur am Rand auf.

Weil die genannten Arbeiten weder inhaltlich beim Themenkomplex ritueller Reinheit noch methodisch in der Ritualforschung ansetzen, sondern aus dem

---

Harchaqot Nidda be-Ashkenas ha-qeduma. Ha-Chajjim we-ha-Sifrut, in: *Sidra* 9 (1993), S. 163–170 (hebr.).

[30] Shaye J.D. Cohen, Purity and piety; the Separation of Menstruants from the Sancta, in: *Daughters of the King. Women and the Synagogue*, hgg. von Susan Grossman u. Rivka Haut, Philadelphia 1992, S. 103–115; Jeremy R. Woolf, „Qehillah qedosha": sacred community in medieval Ashkenazic law and culture, in: *A Holy People; Jewish and Christian Perspectives on Religious Communal Identity*, hgg. von Marcel Poorthuis u. Joshua Schwartz, Leiden 2006, S. 217–235; dies., Medieval Models of Purity and Sanctity: Ashkenasic Women in the Synagogue, in: Poorthuis / Schwartz, *Purity and Holiness*, S. 263–280.

[31] Shaye J.D. Cohen, Purity, Piety, and Polemic; Medieval Rabbinic Denunciations of „incorrect" Purification Practices, in: Wasserfall (Hg.), *Women and Water* (wie Anm. 26), S. 82–100; Dinari, Chillul ha-Qodesh al yede Nidda we-taqqanat Ezra (wie Anm. 29); dies., Minhage tum'at ha-Nidda. Meqoram we-hishtalshelutam, in: *Tarbiz* XLIX (1980), S. 302–324 (hebr.); Evyatar Marienberg, Lorsque la femme d'Eléazar de Worms croise un âne; la „Baraïta de Niddah" et son influence sur les coutumes des juives ashkénazes, de l'époque médiévale à nos jours, in: *REJ* 164,1–2 (2005), S. 235–247; ders., Menstruation in sacred spaces: medieval and early-modern Jewish women in the synagogue, in: *Nordisk Judaistik*, 25,1 (2004), S. 7–16; ders., Le bain des Melunaises: les juifs médiévaux et l'eau froide des bains rituels., in: *Médiévales* 43 (2002), S. 91–101; Woolf, Medieval Models of Purity and Sanctity: Ashkenasic Women in the Synagogue (wie Anm. 30).

[32] Charles Caspers, Leviticus 12, Mary and wax: Purification and Churching in Late Medieval Christianity, in: Wasserfall (Hg.), *Women and Water* (wie Anm. 26), S. 295–308; Rob Meens, „A Relic of Superstition": Bodily Impurity and the Church from Gregor the Great to the Twelfth Century, in: Poorthuis / Schwartz, *Purity and Holiness*, S. 281–293.

[33] Dinari, Chillul ha-Qodesh al yede Nidda we-taqqanat Ezra (wie Anm. 29).

[34] Jakob Katz, Social and Religious Segregation, in: Jeremy Cohen (Hg), *Essential Papers on Judaism and Christianity in Conflict. From Late Antiquity to the Reformation*, New York 1991, S. 458–468; Rashi in *Machzor Vitry*, hg. von A. Horovitz, Jerusalem 1963, S. 373.

[35] Haim Soloveitchik, *Principles and Pressures: Jewish Trade in Gentile Wine in the Middle Ages*, Tel Aviv 2003.

sozialgeschichtlichen Diskurs kommen und in ihm verbleiben, sind eine ganze Reihe von Themen noch gar nicht bearbeitet, z. B. Diätvorschriften (Kaschrut; Schächten; Fasten), Vorschriften für die Entbindende, Unreinheit bei männlichen genitalen Ausflüssen, Tauchbad nach Unreinheiten, die nicht durch genitale Ausflüsse verursacht sind, Reinigungsvorschriften nach verbotenem Geschlechtsverkehr, (Un-)Reinheit und Bußpraxis; Umgang mit der Tora und rituelle Reinheit, Unreinheit und Krankheit, Unreinheit und Tod. Dazu passt auch, dass vom begrifflichen und hermeneutischen Instrumentarium der neueren Ritualforschung kaum Gebrauch gemacht wird. Erste Anfänge zeigen sich hier interessanterweise gerade nicht im Kontext der Gesetze zur rituellen Reinheit,[36] sondern im Kontext lebenszyklischer Rituale,[37] wobei der Komplex der rituellen Reinheit bisweilen explizit ausgeschlossen wird, d. h. es werden die mit der Beschneidung, dem Schulbeginn, der Bar Mizwa-Feier, der Hochzeit und der Beerdigung verbundenen Rituale vorgestellt, nicht aber beispielsweise die Reinigungsvorschriften für eine Frau nach ihrer Entbindung.

Entsprechendes lässt sich bei der Erforschung der Schriften der sog. „Frommen Deutschlands" (*Chaside Aschkenas*) und ihres Frömmigkeitsideals (*chasidut*) erkennen: Die einschlägigen Texte profilieren sich deutlich vor dem Hintergrund der Dichotomie rein/unrein, gottgefällig/sündig, wozu auch soziale Abgrenzungsrituale sowie übersteigerte Bußriten und Selbstkasteiungen gehören (Separierung „reiner" Orte auf dem an sich unreinen Friedhof; zweitägiges Fasten; tagelanges Sitzen im Ameisenhaufen; stundenlanges Sitzen im Eiswasser etc.), und dennoch werden sie lediglich ideengeschichtlich[38] oder sozial- und frömmigkeitsgeschichtlich (auch im Gegenüber zu zeitgenössischen christlichen Randgruppen wie den Katharern) aufgearbeitet,[39] und nicht in den Kontext der

---

[36] Jacob Neusner, Ritual as a religious statement in Judaism, in: *Approaches to Ancient Judaism* XIV (1998), S. 169–196.

[37] Ivan G. Marcus, *Rituals of childhood: Jewish acculturation in medieval Europe*, New Haven u. a. 1996.

[38] Joseph Dan, *The Esoteric Theology of Ashkenazi Hasidism*, Jerusalem 1968 (hebr.); ders., The Emergence of the Mystical Prayer, in: Joseph Dan / Frank Talmage (Hgg.), *Studies in Jewish Mysticism*, Cambridge 1982, S. 85–120; ders., Prayer as Text and Prayer as Mystical Experience, in: *Torah and Wisdom. Studies in Jewish Philosophy, Kabbalah and Halacha in Honor of A. Hyman*, hg. von Ruth Link-Salinger, New York 1992, S. 33–47; Ephraim Kanarfogel, *„Peering Through the Lattices". Mystical, Magical, and Pietistic Dimensions in the Tosafist Period*, Detroit 2000.

[39] Vgl. *inter alia* Marianne Awerbuch, Weltflucht und Lebensverneinung der „Frommen Deutschlands". Ein Beitrag zum Daseinsverständnis der Juden Deutschlands nach den Kreuzzügen, in: *Archiv für Kulturgeschichte* 60 (1978), S. 53–93; Jizchaq Baer, The Religious-Social Tendency of ‚Sepher Hassidim', in: *Zion* 3 (1938), S. 1–50 (hebr.); Joseph Dan, Ashkenazi Hasidim, 1941–1991: Was there Really a Hasidic Movement in Medieval Germany?, in: Peter Schäfer / Joseph Dan (Hgg.), *Gershom Scholem's Major Trends in Jewish Mysticism 50 years after. Proceedings of the Sixths International Conference on the History of Jewish Mysticism*, Tübingen 1993, S. 87–101; ders., Das Entstehen der jüdischen Mystik im mittelalterlichen Deutschland, in: Karl Erich Grözinger, *Judentum im deutschen Sprachraum*, Frankfurt am Main 1991, S. 127–172; Ivan G. Marcus, The Historical Meaning of *Hasidei Ashkenaz*: Fact, Ficton or Cultural Self-Image?, in: Schäfer / Dan (Hgg.), *Gershom Scholem's Major Trends in Jewish Mysticism 50 years after,* S. 103–114; ders., Die politischen

Gesetze zur rituellen Reinheit gestellt. Dies ist umso erstaunlicher, als die *Chaside Aschkenas* neben *Chasidim* (die ‚Frommen') und *Zaddiqim* (die ‚Gerechten') auch die Begriffe *Neqi'im* (die ‚Reinen'/‚Unschuldigen') und *Tehorim* (die ‚[rituell] Reinen') zur Selbstbezeichnung wählen, denen die *Teme'im* und *Pesulim* (die ‚[rituell] Unreinen/Untauglichen') gegenübergestellt werden.[40]

Ebenso zeigt sich hinsichtlich der Kreuzzugsberichte (vornehmlich jener drei Berichte, die nach dem 1. Kreuzzug 1096 verfasst wurden[41]) sowie einer Reihe thematisch ähnlich angelegter religiöser Poesien (*piyyutim*),[42] dass ein Konnex zwischen den Gesetzen zur rituellen Reinheit und den in epischer Breite geschilderten historiographischen Berichten bislang nur in Ansätzen oder gar nicht erstellt wurde. So hat zwar Alan Mintz im Kontext der Frage nach literarischen Antworten auf geschichtliche Katastrophen das in diesen Texten fiktional etablierte „Tempel"-Schema („Miqdash-Parameter") erkannt,[43] den hinter diesem Parameter liegenden Diskurs der dynamischen Strukturveränderung der Gesetze zur rituellen Reinheit *de facto* aber nicht wahrgenommen. Dies gilt ähnlich auch für die diesem Thema gewidmeten Arbeiten von Ivan Marcus[44] und Hans-Georg von Mutius.[45] Ähnliche Beobachtungen kann man übrigens auch in den einschlägigen Arbeiten zum muslimischen Märtyrertum machen.[46]

Entwicklungen im mittelalterlichen deutschen Judentum, ihre Ursachen und Wirkungen, in: Grözinger, *Judentum im deutschen Sprachraum*, S. 60–88; ders., From Politics to Martyrdom: Shifting Paradigms in the Hebrew Narratives of the 1096 Crusade Riots, in: *Prooftexts* 2,1 (1982), S. 40–52, wieder abgedruckt in: Cohen (Hg.), *Essential Papers on Judaism and Christianity in Conflict*, S. 469–483 (wie Anm. 34); ders., The Penitential Writings of the *Hasidim* of Ashkenaz, in: *Jerusalem Studies in Jewish Thought 3. Studies in Jewish Mysticism presented to Isaiah Tishby*, Jerusalem 1983/84, S. 369–384 (hebr.); Haim Soloveitchik, Halakhah, Hermeneutics, and Martyrdom in Medieval Ashkenaz, in: *JQR* 94 (2004), Part I: S. 77–108; Part II: S. 278–299; ders., Catastrophe and Halakhic Creativity: Ashkenaz-1096, 1242, 1306 and 1298, in: *Jewish History* 12 (1998), S. 72–78; Israel Yuval, Christliche Symbolik und jüdische Martyrologie zur Zeit der Kreuzzüge, in: *Juden und Christen zur Zeit der Kreuzzüge*, hg. von Alfred Haverkamp, Sigmaringen 1999, S. 87–106.

[40] Ivan G. Marcus, *Piety and Society. The Jewish Pietists of Medieval Germany*, Leiden 1981, S. 59.

[41] *Sefer Gezerot Aschkenaz we-Zarfat*, hg. von A. Haberman, Jerusalem 1945.

[42] Susan Einbinder, *Beautiful Death. Jewish Poetry and Martyrdom in Medieval France*, Princeton 2002; dies., Meir b. Elijah of Norwich: Persecution and poetry among medieval English Jews, in: *Journal of Mediéval History* 26,2 (2000), S. 145–162; dies., The Troyes Laments: Jewish martyrology in Hebrew and Old French, in: *Viator* 30 (1999), S. 201–230.

[43] Alan Mintz, *Hurban. Responses to Catastrophe in Hebrew Literature*, New York 1984.

[44] Ivan G. Marcus, History, Story and Collective Memory: Narrativity in Early Ashkenasic Culture, in: *Prooftexts* 10 (1990), S. 365–388; ders., From Politics to Martyrdom: Shifting Paradigms in the Hebrew Narratives of the 1096 Crusade Riots (wie Anm. 39).

[45] Vgl. Hans-Georg von Mutius, *Hymnen und Gebete von Ephraim von Bonn*. Ins Dt. übers. u. kommentiert von Hans-Georg von Mutius, Hildesheim 1989; ders., *Hymnen und Gebete von Ephraim von Regensburg*, hg., ins Dt. übers. u. erl. von Hans-Georg von Mutius, Hildesheim 1988.

[46] Friederike Pannewick, Passion and Rebellion. Shī'īte Visions of Redemptive Martyrdom, in: Friederike Pannewick (Hg.), *Martyrdom in Literature. Visions of Death and Meaningful Suffering in Europe and the Middle East from Antiquity to Modernity*, Wiesbaden 2004, S. 47–62.

Dass die judaistische Forschung die religionswissenschaftlichen und hier vor allem: ritualtheoretischen Zugänge vermissen lässt, mag zunächst darin begründet liegen, dass man einer Gleichsetzung von Religionsgesetz (Skript) und Ritual (Performanz) ablehnend gegenübersteht, und in der Tat lässt sich das jüdische Religionsgesetz, insbesondere auch hinsichtlich des Komplexes ritueller (Un-)Reinheiten, nicht ohne weiteres auf den Aspekt des Rituals beschränken, wenn denn nach einer sehr allgemeinen Definition ein Ritual als Handlungssequenz verstanden wird. Allzu oft lassen sich sowohl hinsichtlich der normativen als auch der situativen Aspekte in der Ritualpraxis performative Leerstellen, sozusagen „Unterlassungs-Rituale" als „Negativ-Performanzen" beobachten, die zu klassifizieren auch ritualtheoretisch bislang nicht wirklich gelungen ist. Ein Verbot ist eben kein Ritual, insofern es keine distinkte Aktion innerhalb einer rituellen Handlungssequenz darstellt. Möglicherweise, und darin strukturell mit dem Islam vergleichbar, ist hier mit dem Begriff der „rituellen Meidung" zu arbeiten. Ein weiterer, wenn auch nicht unumstrittener Ansatzpunkt wäre die von Durkheim ausgearbeitete Typologie des ‚negativen und positiven Kultes'.[47] Auf der anderen Seite lassen sich für das jüdische Religionsgesetz eine Reihe von Aspekten geltend machen, die bislang vor allem für die Definition „Ritual" in Anschlag gebracht wurden:[48] So strukturieren sie nicht nur das kulturelle Gedächtnis und geben damit dem Einzelnen in einem größeren Sozialverbund Sicherheit; sie manifestieren auch die Autorität des rabbinischen Judentums (einer rabbinischen Elite) bis ins Mittelalter hinein. Es ist somit festzuhalten, dass auch das Verhältnis von Halacha zu Ritual bislang nirgends reflektiert wurde.

Aber auch hinsichtlich der Quellengrundlagen (Skript) zeigt sich, dass eine ritualtheoretische Differenzierung in Texte, die mögliche Rituale begründen oder sogar konstituieren, und in solche, die Rituale beschreiben oder, im Falle der Ritualpolemiken, kommentieren, bislang noch nicht in den Blick gekommen ist. So lässt sich beispielsweise mit der von Dücker-Roeder[49] erstellten Klassifikation *ritueller Texthandlungsklassen* zum ersten Mal das Ritual des Aussprechens des göttlichen Namens am Wasser,[50] das zumeist als „magisches Ritual" (ohne weitere ritualtheoretische Determination) vorgestellt wird,[51] als *rituell-operativer*

---

[47] Émile Durkheim, *Die elementaren Formen des religiösen Lebens*, Frankfurt am Main 1912; 1994, S. 406.

[48] Axel Michaels, Dynamik von Ritualkomplexen, in: http://www.ub.uni-heidelberg.de/archiv/4583/ (online-Publikation).

[49] Burckhard Dücker/Hubert Roeder, Rituelle Texthandlungsklassen: interdisziplinäre Betrachtungen zum Verhältnis von Text und Ritual, in: http://www.ub.uni-heidelberg.de/archiv/4958/ (online-Publikation).

[50] Hanna Liss, Die Offenbarung Gottes in der mittelalterlichen Bibel- und Gebetsauslegung, in: *MARG* 13 (1998, 2001), S. 271–292.

[51] Moshe Idel, *Golem. Jewish Magical and Mystical Traditions on the Artificial Anthropoid*, New York 1990, bes. S. 54–80; ders., On the Metamorphosis of an Ancient Technique of Prophetic Vision in the Middle Ages, in: *Sinai* 86 (1979), S. 1–7 (hebr.); Elliot R. Wolfson, The Mystical Significance of Torah-Study in German Pietism, in: *JQR* 84 (1993), S. 43–78; ders., *Through a Speculum that shines. Vision and Imagination in Medieval Jewish Mysticism*, Princeton 1994, S. 188–269.

Schrifttext und damit dieses Ritual im Kontext der Re-Kontextualisierung priesterlicher Rituale als performativer Ritualakt qualifizieren, was gleichzeitig den oftmals unbefriedigenden Diskurs über „magische Rituale" aus seiner semantischen Unschärfe entlässt.

Neue Schwerpunkte und Ziele: der ritualtheoretische Zugang

Die Gesetze zur rituellen Reinheit sind ein wesentlicher Teil des jüdischen Religionsgesetzes (*Halacha*). Es gibt allerdings kein hebräisches Äquivalent für ‚Rituale'. Das Neuhebräische kennt zwar den Begriff *teqes* für „Zeremonie/Feier", aber die Gesetze zur rituellen Reinheit gehören zu den 613 vorgeschriebenen Geboten (*mizwot*), die in der einen oder anderen Weise eine Avoda, einen „(Gottes-)Dienst" darstellen und darin den islamischen Diensthandlungen (*ibadat*) vergleichbar sind. Man ginge allerdings fehl, wollte man das jüdische Religionsgesetz als ein starres System äußerlicher Regelungen des täglichen Lebens verstehen, wie dies häufig genug dem Judentum von Seiten der christlichen Dogmatik vorgeworfen wurde. Re-Interpretation und Innovation sind dem Religionsgesetz inhärente Momente, die bereits in den religionsgesetzlichen Literaturen der rabbinischen Zeit – Mischna (m) und der babylonische Talmud (b) – zu einer größtmöglichen Flexibilität und Dehnbarkeit geführt haben. Mit Blick auf die Gesetze zur rituellen Reinheit ist jedoch zu beobachten, dass die rabbinische Literatur zumeist bei den *materialen Aspekten* verbleibt: So werden verschiedene Klassen und Abstufungen zu meidender Substanzen sowie Vorschriften für bestimmte Speisen zu bestimmten Zeiten definiert, Schächtvorschriften formuliert und unbelebte Objekte nach ihrer Fähigkeit, Unreinheit auf sich zu übertragen, klassifiziert (mMakh 1,1). Die Rabbinen schrieben akribisch vor, dass sich eine Frau zwölf Stunden vor der erwarteten Periode von ihrem Mann abzusondern habe (mNid 5,1), sie definierten die Art und Weise, wie sich eine Frau vaginal zu untersuchen habe (mNid 1,7), sie klassifizierten fünf Arten (Farben) von ‚unreinem' (gegenüber dem ‚reinen') Blut in einer Frau (mNid 2,6), sie legten die Maßregeln für den Status retroaktiver Unreinheit (jNid 2,49d) und die Bedingungen für die Unreinheit des Mannes nach Samenerguss, bei Geschlechtskrankheiten etc. fest. Formale Bedingungen wie beispielsweise bestimmte seelische oder geistige Zustände als Voraussetzungen für eine vorschriftsmäßige Erfüllung finden sich nicht. Die Dichotomie „rein/unrein" beschränkt sich auf den physisch-technischen Aspekt, und obwohl im weitesten Sinn die Einhaltung der Gesetze zur rituellen Reinheit (Gottes-)Dienst darstellt, verbleibt die rabbinische Diskussion im profanen Raum des täglichen Lebens. Etwas zugespitzt lässt sich daher formulieren, dass noch in der rabbinischen Zeit den Gesetzen zur rituellen Reinheit keine autochtone *Bedeutung* über die Einhaltung einer bestimmten Vorschrift oder der Performanz eines Rituals hinaus inneliegt.

Dies ändert sich im jüdischen Mittelalter, und an diesem Punkt ist nun methodisch die Weiterarbeitung anzusetzen. Die bereits in den Quellen (Ritualskript) angelegte Elastizität, die bedingt ist durch die jüdische Auslegungstradition, führt nun zu einer Ausdifferenzierung in der *Performanz* wie auch in der *Reflexion über die Performanz*, im aschkenasischen Judentum zumeist intensivierend wie auch erschwerend, *inter alia* zwei- manchmal sogar dreitägiges Fasten, Einschränkungen des zeitlichen Rahmens, innerhalb dessen ein Geschlechtsverkehr vollzogen werden darf,[52] Schweigegebote als Folge des Status ritueller Unreinheit, ein Aspekt, den die biblisch-rabbinische Tradition beispielsweise gar nicht kennt. Mit dem vermehrten Eintritt in den deutschsprachigen Kulturraum (Migrationsbewegungen der Kalonymiden von Norditalien in die Gemeinden Speyer, Mainz, Worms und Regensburg[53]) weitet sich die Dichotomie von „rein/unrein" auch auf soziale Aspekte aus: Die neu entstehende aschkenasische Elite beschränkt sich nicht mehr nur auf eine möglichst penible Einhaltung der Gesetze zur rituellen Reinheit (Tauchbad; Verzehr koscherer Speisen u. a.), wie sie die rabbinischen Quellen vorgeben, sondern verbindet den Komplex der *tohora* unmittelbar mit einem Diskurs über geistige Zustände ebenso wie über soziale Organisationsstrukturen. Dazu gehört zunächst, dass der ‚Fromme' (*chasid*, auch: der ‚Gerechte' *zaddiq*, der ‚Reine' *naqi*; der ‚Heilige' *qadosh*) elaborierte Rituale der Separation vom Nicht-*chasid* vollzieht.[54] Der Weg vom Nicht-*chasid* zum *chasid* markiert damit einen wichtigen Übergang (*causa transitionis*), der darin mit dem berühmten „ritual death"[55] vergleichbar ist, was die Quellen teilweise sogar explizit bieten.[56] Einzig der *chasid* kennt den Willen Gottes (*rezon ha-bore*), und weil er Gott mehr als andere Glaubensgenossen nahesteht (oder nahestehen will), ergeben sich für ihn daraus weitaus elaboriertere Vorschriften für die Gesetze zur rituellen Reinheit wie für die Aspekte der Buße und Selbstkasteiung. Deshalb gehört auch erstmals das Phänomen gegenseitig attestierter und damit individuell empfundener „Sündigkeit" zur Dimension von Rein und Unrein notwendig dazu. Verbotener Geschlechtsverkehr, Essen (auch reiner Speisen) in diesem (erweiterten) Status der Unreinheit (dazu gehört nun auch das gemeinsame Essen mit Nicht-Juden) ließe den *chasid* in den (unreinen) Status des Nicht-*chasid* zurückfallen. Kommt es zu einer derartigen Übertretung, kann diese nur durch übersteigerte und darin innovative Bußriten (stundenlanges Sitzen im Eiswasser; Aufwischen des Synagogenbodens mit dem Bart; Querlegen auf der Schwelle zur Synagoge) wettgemacht werden. So werden verbotene soziale Kontakte in den Komplex ritueller Reinheit integriert und rituelle Buße („penitential innvotion" als „a set of dramatic, ritualized stages"[57]) zu einem Teil des Reinigungsrituals transformiert. Damit wird in gewisser Weise das ganze Leben des *chasid* zum ‚Ritual', eine Aussage, die vor dem Hintergrund gängiger Ritualtheorien natürlich mindestens unbefriedigend, wenn nicht unhaltbar ist. Deshalb ist die Frage nach dem Ritual wie auch nach dessen raumzeitlicher Dimensionen im Kontext der Applikation auf die Gesetze zur rituellen Reinheit im

---

[52] Marcus, Piety and Society (wie Anm. 40), S. 75–84.
[53] Dan, Das Entstehen der jüdischen Mystik im mittelalterlichen Deutschland (wie Anm. 39); Marcus, Die politischen Entwicklungen im mittelalterlichen deutschen Judentum, ihre Ursachen und Wirkungen (wie Anm. 39).
[54] Marcus, Piety and Society (wie Anm. 40), S. 78 unter Berufung auf Arnold van Gennep, *The Rites of Passage*, Chicago 1975 (franz. 1908), S. 11.
[55] Mircea Eliade, *Rites and Symbols of Initiation: The Mysteries of Birth and Rebirth*, New York 1958, repr. 1965, S. xii.
[56] Marcus, Piety and Society (wie Anm. 40), S. 77.
[57] Ebd., S. 37.

jüdischen Mittelalter neu zu überdenken und zu reflektieren, in welchem Umfang der Kanon der Gesetze zur rituellen Reinheit erweitert wird, und welcher Diskurs damit verbunden ist (strukturdynamische Perspektive). Diese Fragen lassen sich nicht beantworten, ohne dass Kriterien erstellt werden, worin sich bislang standardisierte Handlungen im Rahmen der rituellen Reinheit von „(innovativen) Ritualen"[58] unterscheiden (Bestimmung von Transferbewegungen zwischen rituell und nicht-rituellen Handlungen).

Neben einer veränderten Zeitdimension im Kontext der Dichotomie von Rein und Unrein findet man auch eine veränderte Raumvorstellung, und zwar sowohl hinsichtlich des Individuums als auch hinsichtlich kollektiver Größen. Wird nämlich, so unsere These, aus einer standardisierten Handlung ein „Ritual", so kann darin ein Übergang zwischen profanem und sakralen Handeln markiert werden. Vor dem Hintergrund der bereits biblisch fundierten Relationierung von ‚rein/unrein' mit dem ‚heiligen Raum' wird deutlich, dass eine Sakralhandlung unbedingt eines ‚heiligen Raumes' bedarf, um nicht zur Entweihung Gottes (oder des göttlichen Namens) zu werden. Daher werden auch bis dahin profane Orte nun sakralisiert: aus dem *Bet Midrasch*, dem Versammlungsort zum Lernen, wird die Synagoge als ‚kleiner Tempel', ein heiliger Ort.[59] So kommt es, dass die mittelalterlichen Halacha-Kompendien uns eine intensive Diskussion der Rechtsgelehrten untereinander überliefert haben, ob menstruierende Frauen die Synagoge betreten, beten, oder auf einen Segensspruch mit ‚Amen' antworten dürfen (natürlich nicht!), ob dies auch für einen Mann nach einem Samenerguss gelte (natürlich nicht!), und wie in anderen Fällen ritueller Unreinheit zu verfahren sei. Dass man auch hinsichtlich des Reinheitsideals im synagogalen Gottesdienst eigene Vorschriften formuliert (,Man[n]' kann sich nur im Status der Reinheit vor der Tora = der göttlichen Präsenz verbeugen[60]) versteht sich fast von selbst. Dieses Feld wurde von den Jüdischen Studien bisher kaum erarbeitet; auch eine systematische Übersicht, die uns Aufschluss darüber geben könnte, in welchem Umfang und mit welchen möglichen Graduierungen die Gesetze zur rituellen Reinheit im Kontext der Sakralisierung jüdischer Lebensräume (auch über die Synagoge hinaus) stehen, fehlt bisher ganz. In diesem Zusammenhang wäre weiterhin zu fragen, ob die rabbinische Elite des Mittelalters (mindestens aber die *Chaside Aschkenas* mit ihren wichtigsten Repräsentanten R. El'azar ben Jehuda; R. Jehuda he-Chasid; R. Shemuel Chasid) sich nicht überhaupt dadurch charakterisieren lässt, dass sie die bestehende Halacha allererst in Rituale zu transformieren suchte.

In geschichtsdynamischer Betrachtung stellt die Sakralisierung der Synagoge eine Re-Kontextualisierung der Gesetze zur rituellen Reinheit in den biblisch-priesterlichen Kontext dar. Es verwundert daher nicht, dass aus den Kreisen der

---

[58] Axel Michaels, Das Heulen der Schakale. Ein Tier- und „Menschen"-Opferritual in Nepal, in: Christoph Wulf / Jörg Zirfas (Hgg.), *Die Kultur des Rituals. Inszenierungen, Praktiken, Symbole*, München 2004, S. 217–236, 220.

[59] Israel Ta-Shma, Synagogal Sanctity – Symbolism and Reality, in: *Knesset Ezra. Literature and Life in the Synagogue. Studies Presented to Ezra Fleischer*, hgg. von Shulamit Elizur, Moshe D. Herr u. a., Jerusalem 1994, S. 351–364 (hebr.).

[60] Vgl. dazu auch Liss, Die Offenbarung Gottes in der mittelalterlichen Bibel- und Gebetsauslegung, bes. 283 f. (wie Anm. 50).

Chaside Aschkenas explizite Reinigungsrituale überliefert sind, die unmittelbar an die Durchführung biblischer Rituale anknüpfen oder diese sogar wiederzubeleben suchen. Als Beispiel sei hier das hohepriesterliche Ritual des Aussprechens des göttlichen Namens am Yom Kippur erwähnt,[61] das mit einer Vielzahl einzelner Ritualsequenzen elaboriert beschrieben ist, und dessen Besonderheit auch darin bestehen dürfte, dass in diesem Text nicht nur ein präskriptiv-normativer Text zur Durchführung eines bestimmten Rituals vorliegt, sondern ein operativ-performativer Text, der damit die Diskussion über die Relation von Text und Performanz erzwingt.[62]

Neben der Erarbeitung der bereits erwähnten veränderten Zeit- und Raumvorstellungen von Ritualen gehört in diesen Zusammenhang weiterhin die Frage nach der Wechselbeziehung zwischen Struktur und Ereignis, d. h. dem Verhältnis von normativen und situativen Aspekten in der Ritualpraxis. Es lässt sich nämlich zeigen, dass die aschkenasische Elite unverhohlen und in bis dahin unüberbotener Weise den Komplex von ‚Ritualen' (von denen die rituelle Reinheit nur ein Element darstellt) mit ihrer geschichtlichen Situation der Demütigungen und Verfolgungen verbunden hat:

> Die meisten Verfolgungen kommen über die Gemeinde, weil die Menschen anmaßend sind und keine angemessen große Strafe über jene verhängen, die den Bann (*herem*) verletzen. (Und so) sammelt sie der Heilige, er sei gepriesen, ob ihrer Sünden (...) und am Ende bringt er Verfolgung über sie und tötet sie.[63]

Hier wird ganz deutlich, wie das Religionsgesetz (einschließlich der Gesetze zur rituellen Reinheit) funktionalisiert wird, um die Relation vom Individuum zum Kollektiv zu konstituieren und, noch verstärkend, umgekehrt, vermittels der rituellen *Aktivität des Einzelnen* Einfluss auf die *Passivität* (auch: ‚Passion') *des Kollektivs* zu nehmen (sozialdynamische Fragestellung nach der Zuschreibung von individueller bzw. kollektiver Handlungsmacht: agency).

Eng damit verbunden ist ein weiterer Aspekt, der die Zusammenhänge zwischen Strukturdynamik und sprachlich-sozialen Bedeutungszuschreibungen am Beispiel der Kreuzzugsberichte (verfasst nach dem 1. Kreuzzug 1096) sowie einer Reihe thematisch ähnlich angelegter religiöser Poesien (*piyyutim*) von Ephraim aus Bonn thematisiert.[64] Der Bericht des Schlomo ben Schimschon beispielsweise beschreibt die kollektiven Massentötungen in der Mainzer Gemeinde 1096 durchgehend im Paradigma der Sakrifikologie: Die Mitglieder der Juden-Gemeinde in Mainz werden *Qodoshim* (biblisch: [im Opfer benötigte] ‚Weihegaben'), denen die Christen als Unreine gegenübergestellt sind: Nur die Mitglieder der ‚Heiligen Gemeinde' (*qehilla qedosha*) dürfen diese Weihegaben ‚berühren' und damit ‚opfern' (töten). Damit wird erreicht, dass jeder physische Kontakt

---

[61] Hanna Liss, Offenbarung und Weitergabe des göttlichen Namens und die Rezeption priesterlicher Traditionen im *Sefer ha-Shem* des R. El'asar ben Yehuda von Worms, in: *FJB* 26 (1999), S. 25–50

[62] Weitere Texte als Elemente ritueller Handlungsprozesse finden sich beispielsweise auch in SHP §§ 1590, 1591; vgl. auch Haim Soloveitchik, Three Themes in the Sefer Hasidim, in: *AJS Review* 1 (1976), S. 311–357, 331 f.

[63] SHP § 1386; vgl. auch Marcus, Piety and Society (wie Anm. 40), S. 57.

[64] Vgl. oben Anm. 45.

der ,Weihegaben' (Kinder, Frauen, Männer) mit dem ,Unreinen' vermieden werden kann. Diese Umdeutung lässt sich nur vor dem Hintergrund des veränderten Diskurses um die Gesetze zur rituellen Reinheit verstehen. Daher müssen diese Quellen zunächst unter der genannten Thematik qualifiziert und in dem Zusammenhang erarbeitet werden, in welcher Hinsicht dieser (narrative) Diskurs, der aus den ihre Kinder tötenden Müttern Priester/-innen und aus den Kindern ,Ganzopfer' (*qorban kalil*) werden lässt,[65] die Relation der rituellen *Aktivität des Einzelnen* und *des Kollektivs* bestimmt. Für den religionswissenschaftlichen Diskurs ist hier der Gedanke entscheidend, ob die Quellen eine Interpretation unterstützen, wonach eine tatsächliche oder gefühlte Ohnmacht gegenüber politischen oder natürlichen Mächten durch das Reinheits-Ritual besiegt werden soll. Es lässt sich daher fragen, ob die Intensivierung kultischer Reinheitspraktiken im Kontext oder im Nachhall kollektiver Bedrohung und Ohnmachtserfahrung ein Mittel darstellen, um aus der Opfer- in eine ,Täterrolle' zu gelangen, um damit die Situation, zumindest im Nachhinein, beherrschen zu können. Die Beherrschung des Körpers würde darin zum Paradigma für die Beherrschung der Situation, der Welt, der eigenen Geschichte. So wäre darüber hinaus auch zu untersuchen, ob die Transformation der Gesetze zur rituellen Reinheit in den jüdischen Gemeinden Mittel- und Westeuropas darin begründet liegt, dass nur die Gesetze zur rituellen Reinheit die Möglichkeit eröffnen, kollektives Erleben wie auch kollektive Ansprüche auf das Individuum zu übertragen.

Allein im Kontext der *religionswissenschaftlichen* Bearbeitung der hebräischen Quellen des europäischen Mittelalters ergeben sich damit für die künftige Forschung eine Reihe geschichts-, struktur- und sozialdynamischer Aufgabenstellungen. Dazu gehören zum einen die Erfassung der Gesetze zur rituellen Reinheit hinsichtlich der Relation von Skript und Performanz einschließlich der systematischen Erfassung und Bearbeitung autochtoner Ritualreflexionen in den Glossensammlungen zu Bibel und Talmud sowie in den halachischen Kompendien, zum anderen die Erarbeitung von ,erfundenen Ritualen' seit dem 11. Jahrhundert, d. h. nicht nur jene, die sich nicht unmittelbar aus der Halacha ableiten lassen, sondern auch rein narrative (fiktionale) Rituale (Reflexion und Narrativität). Der Themenkomplex zur rituellen Reinheit konzentriert sich damit auf die Relation spiritueller Reinheit zu physisch-technischer Reinheit und die Frage nach der Funktion des ,ritual body' (kognitives ,framing' und *intentio solemnis*). Ob sich das mittelalterliche Konzept ritueller Reinheit auch auf ethnische Kategorien ausweiten lässt (Umgang mit Nicht-Juden als Problem ritueller Reinheit) stellt gerade auch vor dem Hintergrund der ethnisch-religiösen Spannungen des 20. und 21. Jahrhunderts eine herausfordernde Frage dar.

---

[65] Vgl. die Selicha את הקול קול יעקב (hebr.; dt. in: Simon Hirschhorn, *Tora, wer wird dich nun erheben? Pijutim mimagenza; religiöse Dichtungen der Juden aus dem mittelalterlichen Mainz* / ausgew., kommentiert und eingeleitet von Simon Hirschhorn, Gerlingen 1995, S. 349–351; vgl. ebd., S. 181–195, bes. 193 auch die Opferterminologie in der Kerowa für den 2. Tag Rosch ha-Schana von Simon ben Isaak ben Abun); vgl. auch den Bericht über den Mainzer Kiddusch ha-Schem, in: *Hebräische Berichte über die Judenverfolgungen während des Ersten Kreuzzugs*, herausgegeben von Eva Haverkamp, Monumenta Germaniae Historica. Hebräische Texte aus dem Mittelalterlichen Deutschland, Hannover 2005, S. 323–351, bes. 330.

Ausblick: Jüdische Studien in der universitas litterarum

Es ist wohl mit dem hier dargestellten Forschungsansatz sowie mit dem eingangs skizzierten Anspruch der Applikation von Methoden und Ergebnissen aus der mediävistischen Philologie auf die hebräischen Literaturen des Mittelalters deutlich geworden, dass sich die Jüdischen Studien, oder besser: ihre Teilfächer vor allem im Konnex mit verwandten Disziplinen und deren Methoden entwickeln können und sollen. Dass die Jüdischen Studien heute als *eine* eigene Fachdisziplin gelten, ist zum einen natürlich der Tatsache geschuldet, dass an vielen Lehrstühlen im deutschsprachigen Raum ein oder zwei Lehrstuhlinhaber/-innen zwar historisch oder geographisch distinkte Forschungsgebiete vertreten, in der Lehre aber ein möglichst umfassendes Gebiet an jüdischer Literatur und (Religions- bzw. Kultur-)Geschichte anbieten müssen, deren Quellen in hebräischer, arabischer oder jiddischer Sprache verfasst sind. Zum anderen gibt es aber noch einen der Sache selbst inhärenten Grund, warum die Jüdischen Studien heute als eigenes Fach an den deutschen Universitäten etabliert sein müssen und auch bei der Deutschen Forschungsgemeinschaft einen eigenen Fachausschuss, analog zu Theologie und Geschichte, erhalten sollten:[66] Die Jüdischen Studien umfassen sowohl Philologie als auch Religionsgeschichte und Kulturwissenschaft; ihr Untersuchungsgegenstand umfasst Texte und ‚Kon-texte' aus ca. 3000 Jahren, die dabei nicht auf einen geographischen Raum beschränkt sind, sondern den Orient, Mittel- und Südeuropa sowie für das 19.–21. Jahrhundert auch Nord- und Südamerika sowie das Land Israel einschließen. Dabei geht es um die Erschließung wie auch um die Bewahrung historischer und zeitgenössischer Quellen und Dokumente. Entscheidend ist, dass die Jüdischen Studien ihren Untersuchungsgegenstand aus den Quellen selbst heraus, und die Erforschung der jüdischen Literaturen, der Kultur- bzw. Religionsgeschichte sowie der Geschichte der Juden in der Diaspora wie im Land Israel (d. h. zu biblischen Zeit wie auch nach 1948) aus der Binnenperspektive verfolgt, und zwar selbstverständlich nicht hinsichtlich der forschenden Subjekte, sondern hinsichtlich ihres Untersuchungsgegenstandes. Das bedeutet, dass die Jüdischen Studien nicht eine Unterabteilung der Germanistik, Geschichte, Kunstgeschichte, Philosophie oder Soziologie darstellen oder einfachhin von diesen bedient werden, sondern umgekehrt diesen Fächern als distinkte Anknüpfungsmöglichkeit bereitsteht, zu dem hin nun die je anderen Fachdisziplinen ihre Untersuchungen ausrichten und ggf. den Jüdischen Studien wiederum einen Input für ihre Arbeit bieten können.

Längst sind wir heute über eine *national* orientierte Judaistik hinausgekommen, wie sie i. J. 1970 der damalige Rektor der *Hebräischen Universität* – Jacob Katz – formuliert hatte, wonach die Judaistik in Deutschland vor allem das Ziel haben müsse, die „Jugend in Zukunft objektiv über das Judentum zu unterrichten und zu informieren."[67] Die Forscher und Forscherinnen sind international in

---

[66] Diese Forderung hat auch bereits Grözinger, ‚Jüdische Studien' oder ‚Judaistik' in Deutschland (wie Anm. 6), S. 74 zu Recht erhoben.

[67] Zitiert in Grözinger, ebd., S. 71. Im Kontext der polemischen Auseinandersetzungen um das Fach fiel seinerzeit sogar noch der Begriff des ‚Aufarbeitungslehrstuhls'; vgl. Grözinger, ebd., S. 72.

vielfältiger Weise miteinander vernetzt, und die in Deutschland beheimateten Jüdischen Studien nehmen international einen anerkannten Rang ein. Dass jeder und jede Forschende auch eine persönliche Haltung zum Untersuchungsgegenstand einnimmt, versteht sich von selbst und lässt die Jüdischen Studien darin den meisten anderen geisteswissenschaftlichen Fächern gleichgestellt sein. Ebenso werden die hier gezeitigten wissenschaftlichen Ergebnisse immer auch zur Diskussion allgemeiner religions-, und sozialwissenschaftlicher Theorien und Probleme beitragen können und stellen darin natürlich einen Beitrag zur kulturgeschichtlichen und kulturpolitischen Debatte insgesamt dar, ohne sich dabei jedoch in der einen oder anderen Weise in den Dienst von Politik und Gesellschaft stellen zu müssen.[68] Es ist diese akademische und kulturpolitische ‚Normalität' der Jüdischen Studien, die in Deutschland noch längst nicht umfänglich erreicht ist, deren Ziel wir aber heute, d.h. i.J. 2009, dreißig Jahre nach der Gründung der *Hochschule für Jüdische Studien Heidelberg*, ein ganzes Stück nähergekommen sind.

---

[68] Vgl. jedoch die bei Grözinger, ebd., bes. S. 71–74 skizzierten und in Israel und Deutschland sehr unterschiedlich bestimmten Entwürfe zur gesellschaftlichen Aufgabe des Faches.

GIANFRANCO MILETTO

Die Bibel als Deuteschlüssel der Geschichte für Juden und Christen im 16. Jahrhundert

Eine etablierte historiographische Tradition, die noch im 20. Jahrhundert durch Cecil Roth und Moses Shulvass vertreten wurde, hat eine idealisierte Vorstellung der Lebensbedingungen der Juden in der italienischen Renaissance verbreitet. In keinem anderen Land und zu keinem anderen Zeitpunkt hätten die Juden so friedlich und harmonisch mit den christlichen Nachbarn leben können wie in Italien während der Renaissance. Ausschreitungen des Pöbels gegen die Juden, die von fanatischen Mönchen ausgelöst wurden und durchaus auch blutig verlaufen konnten, solle man nach Cecil Roth nicht überbewerten, sie seien nur „moments of passion", denn man dürfe nicht vergessen, dass „Italian's temperament is no less volatile than versatile".[1] Auch Attilio Milano führt in dem Vorwort zu seiner *Storia degli ebrei in Italia* (Mailand 1963) jene alte volkstümliche Auslegung des Namens „Italia" an, der hebräisch gelesen ('i ṭal-jah) soviel bedeuten würde wie „Insel des Taus des HERRn". Diese friedlichen Verhältnisse zwischen Juden und Christen seien dann durch die Gegenreformation zerstört worden und die vielversprechenden kulturellen Wechselbeziehungen seien bis zur Emanzipation abgebrochen.[2]

Die jüngste Historiographie hat dieses beruhigende Bild einer Epoche, in der die humanistische Bildung jede Intoleranz und Trennung überwinden konnte und eine Art „Gelehrtenrepublik" schaffte, einer gründlichen kritischen Prüfung unterzogen. Bahnbrechende Studien von Roberto Bonfil, Kenneth Stow und David B. Ruderman haben zum Einen aufgezeigt, dass die jüdische Pflanze auf italienischem Boden nicht nur vom „göttlichen Tau" benetzt wurde, und zum Anderen, dass die Gegenreformation nicht unbedingt die völlige Trennung der jüdischen Kultur von der christlichen Umwelt auslöste. Die Einrichtung der Ghettos hat auf Dauer sicherlich zu einer materiellen und geistigen Verarmung ihrer Einwohner geführt, aber bis zur Mitte des 17. Jahrhunderts ist eine rege kulturelle Tätigkeit im italienischen Judentum der Gegenreformation zu beobachten. Die Mauern des Ghettos hatten nämlich eine zwiespältige und widersprüchliche Wirkung. Auf der einen Seite waren sie eine Einschränkung der Bewegungsfreiheit des Einzelnen und ein deutliches permanentes Zeichen der Bekehrungs- und Unterdrückungsversuche der christlichen Außenwelt, auf der anderen Seite dienten sie aber auch dem Schutz der jüdischen Tradition. Sie verschafften einen abgegrenzten Raum, wo die Juden trotz der prekären Lebensbedingungen und der Nachteile der Überbevölkerung ihre Bräuche und Religion

---
[1] Cecil Roth, *The History of the Jews of Italy*, Philadelphia 1946, S. 156.
[2] Cecil Roth, *The Jews in the Renaissance*, New York 1959, S. 188.

pflegen durften. Die Ghettos funktionierten in ihrer Widersprüchlichkeit etwa wie Klöster, wie Attilio Milano sie auch tatsächlich nennt,[3] und sie haben die Juden in ihrer Identität und ihrem Zusammenhalt gestärkt. Unter diesem Vorzeichen konnte die Aufnahme von Themen, Motiven und Formen der christlichen Kultur im Schutz der Mauern des Ghettos sogar leichter vor sich gehen als in einer völlig exponierten Position innerhalb der fremden Gesellschaft.[4]

Vergleichende Untersuchungen haben zu dem Ergebnis geführt, dass die Rabbiner das gleiche Anliegen wie die katholische Kirche hatten, nämlich ihre eigene Tradition den kulturellen, sozialen und politischen Veränderungen anzupassen. Gerne und oft haben sich die Rabbiner diesbezüglich die katholische Kirche als Vorbild genommen und einige Formen ihres Rituals und Inhalte ihrer Morallehre nach den passenden Umarbeitungen zu eigen gemacht, wie Bonfil in mehreren Studien gezeigt hat.[5]

Shulvass hat in seiner Geschichte der Juden in der Renaissance darauf hingewiesen, dass katholische Katechismen und christliche, erbauliche Literatur die jüdischen Handbücher für moralische und religiöse Unterweisung beeinflusst haben. So verfasste Abraham Jagel sein Moralbuch *Leqah tob* („Eine gute Lehre", Venedig 1595) nach der Vorlage des Katechismus von Peter Canisius; und der *Semah saddiq* („Sproß des Gerechten", Venedig 1600) des Leone da Modena ist praktisch eine hebräische Übersetzung des moralisch-erbaulichen Traktates *Fior di Virtù* von einem unbekannten christlichen Autor, wobei die christlichen Beispiele von Tugenden aus den Heiligenlegenden durch Beispiele aus der rabbinischen Literatur ersetzt wurden.[6]

Ruderman hat Parallelen zwischen den italienischen Rabbinern (z. B. Jehuda del Bene, Leone da Modena, Simone Luzzatto) und den Jesuiten in ihrer Einstellung gegenüber den profanen Wissenschaften bemerkt. Beide, die Rabbiner und die Jesuiten, zeigten ein großes Interesse an den Naturwissenschaften und waren auch ebenso darum bemüht, sie gemeinverständlich zu verbreiten. Beide neigten zu einem praktischen Eklektizismus und vermieden abstrakte und theoretische Erörterungen. Entsprechend dem Bestreben, das Profane in die religiöse Sphäre einzuverleiben, erfolgte die Darlegung wissenschaftlicher Themen zumeist innerhalb religiöser Werke (Bibelkommentare, Sammlungen von Predigten und Moralliteratur).[7]

Der Einfluss der Jesuiten auf die Gestaltung der jüdischen Kultur in Italien in der Zeit der Gegenreformation ist auch in der Bildung erkennbar. In Mantua wurden von David Provenzali und seinem Sohn Abraham Vorschläge zu einer

---

[3] Attilio Milano, *Storia degli ebrei in Italia*, Milano 1963, S. 538.
[4] Anna Foa, *Ebrei in Europa. Dalla peste nera all' Emancipazione: XIV–XVIII secolo*, Rom / Bari 1992, S. 188f., 202.
[5] Siehe z. B. *Gli ebrei in Italia nell' epoca del Rinascimento*, Firenze 1991, S. 123; Preaching as Meditation between Elite and Popular Cultures: the Case of Judah Del Bene, in: David B. Ruderman (Hg.), *Preachers of the Italian Ghetto*, Berkeley/Los Angeles/Oxford 1992, S. 67–88; *Rabbis and Jewish Communities in Renaissance Italy*, London/Washington 1993.
[6] Moses A. Shulvass, *The Jews in the World of the Renaissance*, Leiden 1973, S. 209, 232, 290.
[7] David B. Ruderman, *Jewish Thought and Scientific Discovery in Early Modern Europe*, New Haven/London 1995, S. 197f.

Reform der Erziehungsmethode nach dem Vorbild des Lehrsystems der jesuitischen Gymnasien ausgearbeitet.[8]

Die kulturellen Wechselbeziehungen zwischen Judentum und christlicher Umwelt lassen sich meiner Ansicht nach zum großen Teil durch die politisch–religiöse Krise der Zeit und durch den Umbruch der vertrauten theologischen Weltanschauung erklären, die von neuen Kenntnissen und geographischen Entdeckungen in Frage gestellt wurde. Christliche und jüdische Intellektuelle zeigen eine teilweise ähnliche Reaktion, die sich durch die Interpretation des biblischen Textes, seiner Originalsprachen (Hebräisch und Aramäisch) und einiger biblischer, symbolreicher Motive verfolgen lässt, wie es im Folgenden skizziert werden soll.

Die Humanisten hatten das erste Fundament gelegt. Einerseits förderte im 15.–16. Jahrhundert die philologische Erforschung des biblischen Textes das humanistische Interesse an der hebräischen Sprache, deren Kenntnis die ideale Bildung des „homo trilinguis"[9] darstellte; andererseits betrachtete die hermetisch-neuplatonische Vorstellung einer *Prisca theologia*, die von Ficino, Pico della Mirandola und anderen Mitgliedern der florentinischen „Accademia platonica"[10] vertreten wurde, die jüdische Kabbalah als eine geheimnisvolle Lehre, in der Hinweise auf die christliche Wahrheit zu finden seien. Das Interesse der Humanisten blieb auf die Sprache und auf die kabbalistische Tradition beschränkt. Dies bildete allerdings die Grundlage für die Erweiterung der Kenntnisse der christlichen Hebraisten auf

---

[8] Gianfranco Miletto, The teaching program of David ben Abraham and his son Abraham Provenzali in the historical-cultural context of the time, in: David B. Ruderman/Giuseppe Veltri (Hgg.), Cultural Intermediaries. Jewish Intellectuals in Early Modern Italy, Philadelphia 2004, S. 127–148.

[9] Als „trilinguis" hatte sich schon Hieronymus bezeichnet, um seine Kenntnisse in der lateinischen, griechischen und hebräischen Sprache hervorzuheben, so zum Beispiel in *Contra Rufinum* II, 22,25 „Ergo et apostoli, et apostolici viri, qui linguis loquebantur, in crimine sunt, et me trilinguem bilinguis ipse ridebis?" und weiter III, 6,25. „Ego philosophus, rhetor, grammaticus, dialecticus, hebraeus, graecus, latinus, trilinguis." Diese Bezeichnung wurde dann vom Humanismus übernommen. Erasmus zum Beispiel erwähnt einen Humanisten und Hebraisten wie Reuchlin mit folgenden lobenden Worten: „Egregius ille trilinguis eruditionis phoenix" (*Colloquia familiaria, XVII Apotheosis Capnionis*). Über die Bedeutung der hebräischen Sprache in der humanistischen Bildung siehe *L' hébreu au temps de la Renaissance*, hg. von Ilana Zinguer, Leiden/New York/Köln 1992.

[10] Der Begriff *Prisca theologia* stammt wahrscheinlich aus Gemistos Plethon. Nach der Vorstellung der *Prisca theologia* existierte eine außerbiblische uralte Tradition von Weisheit, die die christliche Wahrheit andeutet. Der Ägypter Hermes (oder Mercurius) Trismegistos und der Perser Zoroaster waren die ersten *prisci theologi*, die ersten Vertreter einer ununterbrochenen Traditionskette, die bis auf Pythagoras und Plato reicht. Ficino drückt in dem *Argumentum*, das er seiner lateinischen Übersetzung des *Poimandres* vorangesetzt hat (in: *Opera*, Basel 1576, S. 1836), seine Vorstellung dieser uralten Weisheit so aus: „Es gibt also eine Theologie der Antiken (*prisca theologia*) ... die in Merkur ihren Ursprung und in dem göttlichen Plato ihren Höhepunkt hat." In *Theologia platonica* 17,1 setzt Ficino Zoroaster an den Anfang dieser Traditionskette.
Dazu siehe Francis Yates, *Giordano Bruno and the Hermetic Tradition*, Chicago/London 1964, S. 14f.; Maria Muccillo, *Platonismo Ermetismo e „prisca theologia". Ricerche di storiografia filosofica rinascimentale*, Firenze 1996.

die rabbinische Literatur. Deren Kenntnis wurde sicher auch von den theologischen Disputationen gefördert, denn sie zwangen christliche Theologen und Apologeten dazu, sich mit der rabbinischen Tradition auseinanderzusetzen, wenn auch nur mit der negativen Absicht, diese zu bekämpfen. Dafür wurden aber meistens zum Christentum konvertierte Juden eingesetzt, was die mangelhaften Kenntnisse der christlichen Theologen hinsichtlich der rabbinischen Tradition bezeugt.

Doch im Laufe des 16. Jahrhunderts gab es unter den christlichen Gelehrten ein wachsendes Interesse für das Judentum, mit einbezogen die rabbinische Literatur, und dieses Interesse war nicht unbedingt polemisch motiviert. Beweis dafür sind die verlegerischen Unternehmungen des Christen Daniel Bomberg, der zwischen 1515 und 1517 die erste Ausgabe der rabbinischen Bibel (*Miqraot Gedolot*, nachgedruckt 1524–1525) druckte, versehen mit den wichtigsten rabbinischen Kommentaren, sowie die erste Ausgabe des Talmud (1520–1522) finanzierte. Solche Drucke waren nicht nur für ein jüdisches Publikum gedacht. Im 16. Jahrhundert beginnt man sich auch für das Aramäische oder Chaldäische, wie man damals die Sprache der Targumim und Talmudim normalerweise nannte, zu interessieren. Pierfrancesco Giambullari (1495–1555), ein angesehenes Mitglied der „Accademia degli Umidi" (später „Fiorentina"), vertrat die These, dass die „lingua toscana" ihren Ursprung in der etruskischen Sprache habe, und diese dem Aramäischen entstammte, die ihrerseits die gemeinsame Ursprache des Hebräischen und des klassischen Aramäischen bzw. Chaldäischen war. Schließlich gab es seit dem *Sefär Josippon* ja auch die Behauptung, dass Esaus Enkel Zepho über Nordafrika nach Rom gekommen und dort König geworden sei.

Es ist bekannt, dass das Hebräische neben anderen orientalischen Sprachen im Mittelpunkt der europäischen Theoriediskussion der Universalspracheproblematik stand, die Mitte des 17. Jahrhunderts aufkam. Ihre philosophische Grundlage, auf die sich die enzyklopädischen Träume des 16.–17. Jahrhunderts gründeten, wurde in der florentinischen „Accademia platonica" geschaffen. Pico della Mirandola, der sich auf eine hebräische Tradition bezog, wonach Gott die Welt durch die 10 Schöpfungsworte (*ma`amarim*) geschaffen hat, hielt das Hebräische für die Ursprache der Schöpfung, die als Form aller Elemente der Welt diene und mit der Struktur des Kosmos wie der Stempel mit seinem Abdruck übereinstimme.[11] Diese Auffassung von der Welt als Sprachprozess führte zur Formulierung einer Universalwissenschaft bzw. Pansophie, wonach die ganze Welt und das gesamte Wissen auf eine begrenzte Anzahl von sprachlich-ontologischen Elementen zurückgeführt werden kann. Die These Picos hatte die philosophischen Voraussetzungen für die enzyklopädischen Bestrebungen des 16.–17. Jahrhunderts geliefert, eine einheitliche und harmonische Darstellung des Universums zu erreichen.[12]

---

[11] Siehe M. A. Rigoni, Scrittura mosaica e conoscenza universale in Giovanni Pico della Mirandola, in: *Lettere Italiane* 32 (1980), S. 21–42, erwähnt von A. Serrai, *Bibliografia e Cabala: le Enciclopedie rinascimentali (I)*, Rom 1988, S. 142 und A. Ansani, Giovanni Pico Mirandola's Language of Magic, in: I. Zinguer (Hg.), *L' hébreu au temps de la Renaissance*, Leiden/New York/Köln 1992, S. 89–104.

[12] Ebd. Eine Verbindung zwischen Pico della Mirandola und der Enzyklopädie wurde schon Ende des XVI. Jahrhunderts erkannt. Der Jesuit Tarquinio Galluzzi hatte in zwei am „Collegio Romano" gehaltenen Vorträgen Pico als den hervorragenden Vertreter des enzyklo-

Giambullari, gefolgt von Guillaume Postel (1510–1581)[13] und später Isaak La Peyrère (1596–1676)[14], erweitert jedoch seine sprachwissenschaftlichen Überlegungen auf eine Deutung historischer Ereignisse. Aus der Ableitung der „lingua fiorentina" aus dem Aramäischen folgert Giambullari in Anlehnung an Annio da Viterbo (um 1430–1502)[15] die Herkunft des toskanischen Volkes von Noah über Herkules und Tuscus. Eine ähnliche noachische Herkunft wurde von Giambullari und nach ihm von Postel auch den Franzosen zugeschrieben. Die Gallier hätten ihren Namen, aus dem Hebräischen „gallim" („die Wellen des Meeres"), von Noah bekommen, der auch seinen Enkel Gomer, den ältesten Sohn des Japhet so benannt hatte, damit die Erinnerung an die Sintflut im Namen seiner Nachkommen erhalten bliebe.[16] Aufgrund der nachgesagten biblisch-noachischen Abstammung der zwei Herrscherhäuser von Frankreich und Florenz wurde die politische Ehe von Henri II. von Valois mit Katarina de' Medici (1533) als die Erfüllung eines göttlichen Plans interpretiert: ihre Ehe bedeute die Wiedervereinigung der noachischen Familie, um eine neue Weltordnung zu schaffen. In dieser Tradition stehen noch im 17. Jahrhundert die millenaristischen Spekulationen von Isaak La Peyrère. Ohne sich ausdrücklich auf Postel und auf die noachische Ableitung zu beziehen, bemühte sich La Peyrère, allein aufgrund biblischer Zitate betreffend der Lilie, des Symbols des französischen Königshauses, die führende messianische Rolle des französischen Königs zu beweisen. Auf der anderen Seite fand der rivalisierende König von Spanien in Tomaso Campanella (1568–1639) den Verfechter einer entgegengesetzten Theorie. Bevor auch er sich letztlich dem französischen König zuwandte, stellt Campanella in *De Monarchia Hispanica* (verfasst 1599/1600, Erstdruck 1620 in deutscher Übersetzung mit dem Titel *Von der Spanischen Monarchy*, 1640 Amsterdam auf Latein) sein Wunschvorhaben einer Universalmonarchie unter der gemeinsamen Führung des Papstes (für den geistlichen Bereich) und des spanischen Königs (für den weltlichen Bereich) dar. Und wie seine Gegner untermauerte Campanella seine Vorstellungen durch Beispiele und Vorbilder aus der biblischen Geschichte.

Am Hofe Philipps II. von Spanien berief man sich auf den König Salomo und auf den Jerusalemer Tempel (siehe Villalpando, Juan de Herrera und der Escorial), um die spanische Herrschaft als weltliche unterstützende Macht der gegen-

---

pädischen Ideals gepriesen. In der *Oratio* II, die in der Sammlung *Tarquini Gallutii Sabini e Societate Iesu Orationum Tomus I–II (Romae apud Bartholomaeum Zannettum* 1617) veröffentlicht wurde, beschreibt er Pico wie folgt: *qui propter unicum illud ingenium vulgo dictus est Phoenix. Quam enim ille scientiam non dico neglexit?* Siehe Storia della Bibliografia (wie Anm. 11), S. 142, Anm. 5.

[13] *De orbis terrae concordia*, 1544; *Candelabri Typici in Mosis Tabernaculo ... Interpretatio*, Venedig 1548; *Les Raisons de la Monarchie*, 1551; *La loy Salique*, 1552.

[14] *Du Rappel des Juifs*, 1643; *Prae-Adamitae, sive exercitatio super versibus 12°, 13° et 14° capitis V epistulae D. Pauli ad Romanos, quibus inducuntur primi homines ante Adamum conditi*, Amsterdam 1655. La Peyrère konnte weder Hebräisch noch Griechisch laut Richard Simon.

[15] Annio da Viterbo (= Giovanni Nanni da Viterbo), *Antiquitatum variarum volumina XVII*, Parrhisiis 1515 [Erstdruck Rom 1498]. Über ihn siehe Giovanni Baffioni/Paola Mattiangeli, *Annio da Viterbo, Documenti e ricerche*, Roma (Consiglio Naz. delle Ricerche) 1981.

[16] Siehe C.G. Dubois, Postérité des langues d'Aram: l'hypothèse sémitique dans l'origine imaginée de l'Etrusque au XVIe siècle, in: Zinguer (Hg.), L'hébreu au temps (wie Anm. 11), S. 129–153, insb. 135f., 145f.

reformatorischen Bestrebungen der Katholischen Kirche zu bekräftigen und zu feiern. Nicht nur der Staat der Römer und der Griechen gilt als klassisches Vorbild. Ab dem 16. Jahrhundert rückt allmählich der Staat der Israeliten in den Mittelpunkt der politischen Spekulationen. Die zahlreichen *De Republica Hebraeorum,* angefangen von Carlo Sigonio (1524–1584), sind zuerst aus dem festen Glauben entstanden, in der Bibel die Grundsätze einer vollkommenen Staatsverwaltung finden zu können. Erst im 18. Jahrhundert weisen solche Traktate nur mehr antiquarisches Interesse auf.[17]

In den religiösen Auseinandersetzungen seiner Zeit, die das soziale und politische Staatsgefüge zu zerstören drohten, war Bodin bemüht, einen überkonfessionellen Begriff der Religion zu erarbeiten, die die gesamte Wirklichkeit in ihren physischen und metaphysischen Aspekten erklären konnte. In seinem humanistischen Streben nach der Suche des Altersbeweises als zuverlässiges Kriterium der wahren Religion erschien ihm die jüdische unter allen denen, die historisch belegt sind, als diejenige, die der ursprünglichen, vollkommenen Religionsform Adams am nächsten steht. Der höchste Grad der Weisheit, mit der Gott Adam ausgestattet hat, war für Bodin in der Torah zu finden, und im weitesten Sinn im Alten Testament, das oft mit der Bezeichnung „lex divina" zitiert wird.[18] Das Alte Testament, nicht das Neue, ist Bodins höchste Autorität in allen theologischen, politischen und naturwissenschaftlichen Fragen.[19] Die einzigen, echten Träger und Bewahrer dieser Weisheit seien die Juden, deren einzigartige Geschichte als Zeichen ihrer Erwählung und Überlegenheit über alle anderen Völker, Griechen und Ägypter eingeschlossen, interpretiert wird.[20] Sie sind das Urvolk, aus dem alle anderen Völker stammen,[21] ihre Religion und ihr Gesetz betrachtet Bodin als Vorbild für alle anderen Religionen und Gesetze.[22] An zahlreichen Stellen vertritt Bodin die These, dass der Ursprung der Weisheit und Wissenschaft aller Völker bei den Hebräern zu suchen sei.[23] Er glaubte, dass das Hebräische die Natursprache sei, die jeder anderen zugrunde liege,[24] und folglich bemühte er sich darum, hebräische Wortstämme in Orts- und Personennamen anderer

---

[17] Sina Rauschenbach, De Republica Hebraeorum: Geschichtsschreibung zwischen „hebraica veritas" und Utopie, in: *Zeitschrift für neuere Rechtsgeschichte* 26/1–2 (2004), S. 9–35.

[18] Was Bodin unter „Gesetz Gottes und der Natur" („ius divinum" und „ius naturale") versteht, wird in dem *Colloquium heptaplomeres* dargelegt.

[19] Georg Roellenbleck, *Offenbarung, Natur und jüdische Überlieferung bei Jean Bodin. Eine Interpretation des Heptaplomeres,* Gütersloh 1964, S. 23.

[20] Ebd., S. 50.

[21] Jean Bodin, *Methodus ad facilem historiarum cognitionem,* Paris 1566, IX, S. 242v zitiert nach Roellenbleck, Offenbarung (wie Anm. 18), S. 50.

[22] Bodin, *Methodus,* IX, S. 253r zitiert nach Roellenbleck, Offenbarung (wie Anm. 18), S. 51.

[23] Bodin, *De Republica,* IV 2, (in der Pariser Ausgabe von 1586, S. 405): „At tametsi veteres Hebraeorum philosophi non modo rerum divinarum ac caelestium scientiam, sed etiam abditas naturae causas divino munere et concessu habuerint, et ab iis ad omnes mortales rerum pulcherrimarum cognitio profecta sit, ut Porphirius omnium suae aetatis philosophorum maximus confitetur etc.". Roellenbleck, Offenbarung (wie Anm. 18), S. 50f. verweist noch auf *Methodus,* IV 138B und *Colloquium,* II, 50.

[24] J. Bodin, *Universae naturae theatrum,* Paris 1591, II, S. 146, III, S. 422, zitiert nach Roellenbleck, Offenbarung (wie Anm. 18), S. 50.

Völker aufzuweisen.²⁵ Entsprechend seiner Auffassung, die Juden hätten bis in seine Zeit ihre Religion und das Gesetz Gottes unverändert bewahrt, betrachtete Bodin die rabbinischen Schriften als unverzichtbaren Teil dieser Tradition und führte diese neben dem Alten Testament in seinen Werken als Beleg seiner Argumentation an.²⁶

Bodins außergewöhnliche Kenntnis der jüdischen Literatur hat schon früh die Legende aufkommen lassen, er habe eine jüdische Mutter gehabt und sei von ihr heimlich ins Judentum eingeführt worden.²⁷

Arias Montano (1527–1598) musste sich wegen der Verwendung rabbinischer Schriften in seiner polyglotten Bibel vor der Inquisition gegen die Vorwürfe der Ketzerei und der Neigung zum Judentum verteidigen. Montano war vor allem um die Klärung des historischen Schriftsinns und um eine philologisch getreue Wiedergabe des hebräischen Textes der Bibel bemüht. Er war überzeugt, dass das Wort Gottes nicht in den alten Übersetzungen, sondern im hebräischen Text unverändert erhalten geblieben sei, und zwar dank der Masoreten und göttlicher Unterstützung. Er betrachtete die Juden als das von Gott dazu auserwählte Volk, sein Wort zu bewahren und weiter zu tradieren. Die rabbinischen Schriften waren für Montano ein Hilfsmittel für ein besseres grammatikalisches und historisches Verständnis des hebräischen Originaltextes. Deshalb nahm Montano in die Polyglotte die Targume auf und griff auf rabbinische Auslegungsmethoden zurück. Ein Beispiel bieten seine geographischen Interpretationen im achten Band der Polyglotte. Ausgangspunkt seiner geographischen Auslegungen ist die Überzeugung, dass „in den heiligen Schriften alle Schätze von jeder Wissenschaft und Kunst enthalten sind. Denn der Gründer und Erbauer der Welt, Gott, hat in diesen Büchern bezeugt, wie er diese Welt für die Menschen erschaffen hat."²⁸ Die Bibel legt auch „alle Schätze jeder Wissenschaft und Weisheit offen, die der Mensch begreifen kann, sowohl das, was die Naturwissenschaft anbelangt, als auch das, was die Untersuchung der Künste, die für die Menschheit notwendig sind, betrifft."²⁹ Alles, was die Philosophen und Gelehrten über die Wissenschaft

---

[25] Bodin, *Methodus*, IX, S. 242v.

[26] Für eine erste nicht vollständige Aufstellung der jüdischen nichtalttestamentlichen Quellen in den Werken von Bodin siehe Jacob Guttmann, Jean Bodin in seinen Beziehungen zum Judentum, in: *Monatsschrift für Geschichte und Wissenschaft des Judentums* 49 (1905), S. 477–489. Über die jüdischen Quellen Bodins in den *Les six livres de la République* siehe Roger Chauviré, *Jean Bodin auteur de la Republique*, Paris 1914, S. 171 ff.

[27] So z.B. Jean Chapelain in den Briefen an Wagenseil im Jahre 1673. Siehe dazu das Vorwort (S. XXX) von François Berriot in der französichen Ausgabe des *Heptaplomeres* (*Colloque entre sept scavans qui sont de differens sentimens des secrets cachez des choses relevees. Traduction anonyme du Colloquium heptaplomeres de Jean Bodin*, Genève 1984) und Roellenbleck, Offenbarung (wie Anm. 18), S. 9.

[28] *Communes et familiares hebraicae linguae idiotismi, omnibus Bibliorum interpretationibus, ac praecipue latinae Santis Pagnini versioni accomodati, atque ex variis doctorum virorum laboribus et observationibus selecti et explicati; Benedicti Ariae Montani Hispalensis Opera. Ad Sacrorum Bibliorum Apparatum. Antwerpiae excudebat Christopherus Plantinus Prototypographus Regius. Anno 1572*, *Praefatio* (ohne Seitenzahl) zum Traktat *Phaleg sive de gentium sedibus primis, orbisque terrae situ, liber*.

[29] Ebd.

und die verschiedenen Künste erörtert haben, sei in den heiligen Büchern noch ausführlicher und deutlicher überliefert, weil diese von Gott inspiriert seien. Montano ist überzeugt, in sieben bis acht Jahren anhand der biblischen Quellen allein die wissenschaftlichen Traktate der Griechen und der Römer abfassen zu können, denn die biblischen Schriften seien mindestens genauso wertvoll wie diese, wenn nicht sogar überlegen.[30] Auch über die Geographie beteuert Montano mehr von der Bibel gelernt zu haben als von jedem anderen klassischen Autor. Die geographischen Kenntnisse der alten Autoren hält Montano auf keinen Fall für vergleichbar mit den Kenntnissen, die man aus der Bibel gewinnen kann. Das gilt auch für die „angeblich" neuen geographischen Entdeckungen:

> (...) jenen weiten und breiten Teil der Erde, der an Gold, Silber, Edelsteinen und allem, was die Menschen für wertvoll halten und für den Lebenserhalt notwendig ist, im Überfluss hat, und der, wie man glaubt, neulich von spanischen Seeleuten entdeckt wurde und ‚Neue Welt' genannt wird, kann man durch die Beschreibung, die in den heiligen Büchern überliefert ist, deutlich kennen lernen. Der heiligen Schrift entnehmen wir, daß dieses Land den Israeliten sehr wohl bekannt war. Es steht fest, daß sie oft per Schiff dahin gereist sind.[31]

Montano bringt für seine Behauptung folgenden Beweis bei. Die Bibel erzählt, dass die Flotte König Salomos nach Osten fuhr und ihm jede Menge Gold von „Parwajim" brachte.

> Für diejenigen, die auch nur ein wenig Hebräisch lesen können, ist klar, daß dieses Wort auf zwei Länder hindeutet: das eine ist das Land, das noch heute mit dem gleichen Wort Peru[32] heißt, das andere ist das Land, das von den Seeleuten ‚Neuspanien' genannt wird. Es ist bekannt, daß das Gold dieses Landes absolut pur und hoch geschätzt war. (...) Denn der hebräische Text lautet: *we-ha-zahav zehav parwajim*, d.h.: ‚und jenes Gold, war Gold von Peru (et aurum illud, aurum Peru)', und Peru ist eben PRW in dessen Dualform.[33]

Die gleiche These wird von Azaria de' Rossi im *Meor Enayim* vertreten.

Bei seiner Schilderung der geographischen Kenntnisse der Rabbinen kommt Azaria auf die Entdeckung der „Neuen Welt" zu sprechen:

> Neu ist diese Welt nur für diejenigen, die sie davor nicht kannten. Das gilt z.B. für den Griechen Ptolomäus, der in seiner Weltkarte diese Welt nicht vermerkt hat. Denn in den vorigen Jahrhunderten war ihre Existenz aus dem menschlichem Gedächtnis verschwunden. Doch, wie der weiseste Mann sagt, ‚Gibt es überhaupt etwas, von dem es heißt: Sieh

---

[30] Ebd.
[31] Ebd.
[32] Montano vokalisiert das hebräische Wort PRW als „Peru".
[33] Ebd. Ein anderer Theologe und Hebraist, der Augustinermönch Luis de León, interpretiert in seinem Kommentar zu Job die Verse 28,4-7 als eine prophetische Andeutung der Entdeckung der Neuen Welt. Siehe dazu Marc Venard, La Bible et les Nouveaux Mondes, in: *Les temps des Réformes et la Bible*, hgg. von Guy Bedouelle und Bernard Roussel, Paris 1989, S. 489–515; Carlos Sánchez Rodríguez, *Perfil de un humanista Benito Arias Montano (1527–1598)*, Huelva 1996, S. 84–87; Natalio Fernández Marcos, El nuevo mundo en la exégesis española del siglo XVI, in: *Biblia y Humanismo. Textos, talantes y contoversias del siglo XVI español*, hgg. von Natalio Fernández Marcos und Emilia Fernández Tejero, Madrid 1997, S. 35–43.

dir das an, das ist etwas Neues?' (Koh 1,10). Es gilt also als sicher, daß zur Zeit des Königs Salomon dieser bewohnte Weltteil wohlbekannt war und Reisende zum Handeln und für andere Bedürfnisse regelmäßig hin und zurück fuhren. Aus dem Land von Ofir und Parwajim, wie es im Buch der Könige (I, 10,22) und der Chronik (II, 9,21) geschrieben steht, brachte eine Flotte alle drei Jahre Gold, Silber, Spezereien, Elfenbein und andere Dinge. Alle diese Waren wurden auch vom Schiff ‚Vittoria'[34] innerhalb einer solchen Zeit gebracht, wenn man die unvermeidlichen Verspätungen berücksichtigt. Es besteht also kein Zweifel, daß Ofir und Parwajim das Land Peru ist, das in der Neuen Welt entdeckt wurde.[35]

Diese Auslegungsmethode von christlichen und jüdischen Gelehrten dieser Zeit war von einer holistischen Auffassung der Bibel geleitet: Sie ist ein allumfassendes Buch, das alles, auch die profanen Wissenschaften, enthält. Das ist aber eine jüdische Denkweise in alter Tradition, und Jehuda Messer Leon hat dies in seinem *Nophet ha-ṣuphim* (Mantua 1474/76) auf treffende Weise so formuliert:

> Die gesamte Wissenschaft und jede rational erfaßbare Kenntnis aller wissenschaftlichen Traktate ist in unserer heiligen Torah und in den Schriften derjenigen vorhanden, welche durch den heiligen Geist gesprochen haben; aber nur für diejenigen ersichtlich, die die Inhalte richtig verstehen und deren Augen des Verstandes von Gott so vollkommen wie möglich erleuchtet worden sind (vgl. Ps 19,9). [...] In den Tagen der Prophetie, *in längst vergangenen Monden* (Job 29,2), als *vom Zion her, der Krone der Schönheit, Gott strahlend aufging* (Ps 50,2), lernten wir alle Wissenschaften und Entdeckungen des Menschen durch seine heilige Torah kennen, denn alles ist entweder offensichtlich oder verborgen in ihr enthalten. Was die fremden Völker davon wußten, war im Vergleich zu uns sehr wenig, so daß *die Völker von unserem Ruhm erfuhren* (Num 14,15) und sagten: *In der Tat, diese große Nation ist ein weises und gebildetes Volk* (Deut 4,6). Nur wurde uns später aufgrund unserer zahlreichen Sünde die Gegenwart Gottes entzogen: Die Prophetie hörte auf und es verschwand das Wissen unserer Weisen. Wegen unserer Mangelhaftigkeit konnten wir nicht mehr die Torah in ihrer ganzen Vollkommenheit begreifen. Und jetzt ist der Lernprozeß umgekehrt: nur nachdem wir alle Wissenschaften bzw. Teile von ihnen gelernt haben, öffnen sich unsere Augen und nehmen wir wahr, daß alles bereits in der Torah enthalten ist. Wir wundern uns dann. Wie konnte es sein, daß wir es nicht von vornherein wahrgenommen haben? Das ist schon oft passiert und das ist auch im Fall der Rhetorik geschehen![36]

Im 15. Jahrhundert suchte Messer Leon in der Bibel die Quelle der rhetorischen Regeln. Im 16./17. Jahrhundert suchte man in der Bibel die Quelle jeder geographischen und technischen Entdeckung. Abraham ben David Portaleone (1542–1612) bemühte sich in seinen *Shilte ha-gibborim* um den Nachweis, dass die alten Israeliten über alle wissenschaftlichen und technischen Kenntnisse, sogar Schusswaffen und Kanonen, verfügten. Azaria Figo und Abraham Jagel

---

[34] Azaria hat davor die Erdumschiffung von Sebastian del Cano erwähnt, der nach dem Tod von Magellan den Durchgang nach Osten um Südamerika herum fand. Er kehrte nach Sevilla zurück im September 1522.
[35] Azaria de' Rossi, *Meor Enayim*, Mantua 1573, *Imre Bina* Kap. 11 (Repr. Vilna 1864–1866, S. 161 f.). Siehe auch die englische Übersetzung von Joanna Weinberg, *The Light of the Eyes*, New Haven/London 2001, S. 211 f.
[36] Isaac Rabinowitz, *The Book of the Honeycomb's Flow. Sepher Nophet Suphim*, Ithaca 1983, S. 143–147. Siehe auch Roberto Bonfil, „Il libro di Judah Messer Leon: la dimensione retorica dell' Umanesimo ebraico in Italia nel XV secolo", in ders., *Tra due mondi. Cultura ebraica e cultura cristiana nel Medioevo*, Napoli 1996, S. 273–287, insb. S. 283.

beanspruchten die Entdeckung des Fernglases und des Teleskops als jüdische Entdeckung, die auf die Rabbinen zurückgeht.[37]

Schlussbemerkung

Im 16. und im 17. Jahrhundert vollzogen sich politische, wissenschaftliche und religiöse Veränderungen, in deren Folge die vertraute Weltanschauung grundlegend modifiziert wurde. Es war eine Zeit des Umbruchs und der Krise, die verschiedene Reaktionen auslöste. Einen Versuch, sie zu bewältigen, stellt die Berufung auf das Alte Testament als der höchsten Autorität auf allen Gebieten und zu allen Fragen dar. Dergleichen wurde sowohl von jüdischen als auch von einigen christlichen Intellektuellen unternommen.

Das Alte Testament wurde dabei als unbezweifelbare Quelle der Erkenntnis angeführt. Es diente als feststehender Ausgangspunkt in einer sich verändernden Umwelt, um von ihm aus das Neue in die alten Denkschemata so einzuordnen, wie es im Judentum üblich war.

Neu war auf christlicher Seite in diesem Zusammenhang einer Auffassung der Bibel als Prisma, mit dem die ganze Umwelt wahrgenommen und interpretiert werden kann, die positive Einstellung gegenüber dem Judentum.

Entsprechend der humanistischen Hochschätzung des Alters als zuverlässiges Kriterium der Wahrheit betrachtet man das jüdische Volk als das Urvolk, das die Sprache der Schöpfung bewahrt und die Offenbarung Gottes durch die Rabbinen in einer ununterbrochenen Traditionskette bis heute tradiert hat.

Der wahre Schriftsinn ist in seiner ursprünglichen Reinheit demnach nicht in den alten Übersetzungen wie selbst der Vulgata zu finden, sondern im originalen hebräischen Text enthalten. Um alle Nuancen des Hebräischen zu erkennen und begreifen, sind für Arias Montano und andere Hebraisten seiner Zeit, etwa Cipriano de la Huerga und Luis de León, die rabbinischen Schriften unverzichtbar.

Diese Sympathie und Zuneigung für das Judentum konnte, wie bei Bodin, heterodoxe Züge annehmen, oder wie bei Arias Montano, in den Grenzen der Orthodoxie bleiben. Beide Haltungen waren für die Zeitgenossen allerdings gleich verdächtig.

Beide hatten den gleichen Ursprung und trugen gleichermaßen zum späteren antiquarischen Interesse für die rabbinische Literatur bei.

---

[37] Siehe dazu David B. Ruderman, *Kabbalah, Magic and Science: The Cultural Universe of a Sixteenth-Century Jewish Physician*, Cambridge (Massachusetts)/London 1988, S. 98; ders., *Jewish Thought and Scientific Discovery in Early Modern Europe*, New Haven/London 1995, S. 204.

INGEBORG LEDERER

Die Verhandlung am Tor in Rut 4, 1–12

Exegese mit besonderer Berücksichtigung des Kommentars
im Manuskript Hamburg Cod. hebr. 32

Einleitung

In der Verhandlung am Tor (Rut 4,1–12) klingen die in der Torah beschriebenen Vorschriften zu Lösung und Leviratsehe an. Diese Anweisungen werden im Buch Rut mit dem Thema des Kaufs verbunden, wobei die Intention der Heirat und der Namenserhaltung eine wichtige Rolle spielen. Innerhalb des Buches sind diese Bezüge nicht klar definiert. Die Interpretation im Manuskript Hamburg Cod. hebr. 32 (H32) bietet hierfür einen Beitrag zur Klärung.

Der Kommentar H32 zum Buch Rut ist im Wesentlichen ein Kompilationskommentar.[1] Die Exegeten Rabbi Schlomo Jizchaqi (Raschi, 1040–1105), Rabbi Schmu'el Ben Meïr (Raschbam, 1080–1160) und Rabbi Joseph Ben Schim'on Qara (1050–1125) werden darin zitiert.[2] Durch die genannten Exegeten kann der Herkunftsort des Kommentars im Wirkungsumfeld der genannten Ausleger in Ashkenas verortet werden.[3] Die Entstehungszeit des Kommentars zu Rut lässt sich durch die genannten Exegeten ins 12. bzw. 13. Jahrhundert datieren.[4] Weder ein Schreiber noch ein Kompilator des Kommentars werden aufgeführt, z. B. in einer Einleitung oder ähnlichem.[5] Wie jeder andere Text erhält auch das Buch Rut einen erweiterten

---

[1] Zum Begriff *Compilatio* vgl. beispielsweise A.J. Minnis, Discussions of Authorial Role and Literary Form in late-Medieval Scriptual Exegesis, in: *Beiträge zur Geschichte der Deutschen Sprache und Literatur* 99 (1977), S. 37–65, insb. S. 44–49, sowie Richard H. Rouse/Mary A. Rouse, Ordinatio and Compilatio Revisited, in: Mark D. Jordan and Kent Emery (Hgg.), *Ad litteram. Authoritative Texts and Their Medieval Readers*. London 1992, S. 113–134.

[2] Die Zuordnung der Texterklärungen zu ihren Urhebern geschieht im Kommentar zum Buch Rut in H32 mit der Nennung ihrer abgekürzten Namen, die ab den ersten Erklärungen zu Rut 1,1 in H32, Fol. 83r, Col. 1 auftreten: Raschi wird ר שלמה (Zeile 34), Raschbam ר שמ (Zeile 25) und Qara ר יוס (Zeile 31) genannt. „Fol." steht für Folio, „Col." für Spalte (*Columne*), da der Kommentar zweispaltig angeordnet ist.

[3] Nordfrankreich liegt als Ursprungsumfeld nahe, eine genaue Lokalisierung von H32 selbst lässt sich aber nicht beweisen.

[4] Jellinek datiert ins 12. Jh., vgl. Adolph Jellinek, *Commentarien zu Esther, Ruth und den Klageliedern*, Leipzig 1856, S. VII. Der Katalog des *Institute of Microfilmed Hebrew Manuscripts der National- und Universitätsbibliothek*, Jerusalem/Israel datiert ins 13. Jh.

[5] Der Kompilator tritt zumindest nicht selbst mit eigenen Worten oder in irgendeiner anderen Weise in Erscheinung, was auch im Kommentar zum Hohelied in H32 der Fall ist. Vgl. Hanna Liss, The Commentary on the Song of Songs Attributed to R. Samuel Ben Meir (RASHBAM), in: *MJS-online* 1 (2007), S. 8.

Sinn durch seinen Kommentar. Im Kommentar wird nicht nur erklärt, was im biblischen Text steht, es kommt durch die Erklärung auch zu einem veränderten Textverständnis.[6] Dabei wird im Kommentar eine Auswahl der bisherigen Traditionsliteratur getroffen, und zwar auf mehreren Ebenen: Einerseits der Ebene des Textes, welcher erklärt wird, denn nicht alle Verse aus dem Buch Rut werden ausgelegt. Andererseits findet eine Auswahl der Textteile statt, die zur Erklärung herangezogen werden. Dabei kommt es zu einer Bündelung von bestimmten tradierten Texten und durch diese andersartige Zusammenstellung zu einer neuen Interpretation. Diese zusammengestellten Textteile werden nach der Niederschrift wiederum selbst weitergegeben. Bei der Weitergabe werden früher verwendete Mittel zur Texterklärung wieder aufgenommen und mit modernen Erklärungsarten zusammengeführt.[7]

Der eigentliche Sinn von Kommentaren ist ihr Studium, und dies geschieht durch die Weitergabe von bestimmten Inhalten, die religiöse Autorität besitzen. Diese Weitergabe findet gemeinhin im Unterricht statt. So zeugen die erhaltenen Texte von dem, was wahrscheinlich im Lehrbetrieb vermittelt und weitergeführt wurde. Exemplarisch soll der Inhalt solcher Erklärungen anhand der Interpretation des Kommentars in H32 zu Rut 4,1–12 dargestellt werden. Als Hinführung zum Kommentar wird zunächst der Inhalt des Buches Rut zusammengefasst. Die Bestimmungen der Torah zu Lösung und Levirat werden erläutert und auf das Buch Rut bezogen. Daraufhin werden die Ausführungen in H32 zu Rut 4,1–12 interpretiert, wodurch die (Er-)Klärung des gesamten Textabschnittes beabsichtigt ist.

Das Buch Rut – Biblischer Kontext

Rut, die Moabiterin, ist die Schwiegertochter von Noomi.[8] Diese ist mit ihrer Familie aus Beit Lechem in Juda vor einer Hungersnot nach Moab geflüchtet. Vater der Familie und Ehemann von Noomi ist Elimelech. Sie haben zwei Söhne, Machlon und Kiljon. Alle männlichen Familienmitglieder sterben in Moab. Noomi kehrt nach Beit Lechem zurück. Rut begleitet ihre Schwiegermutter nach Beit Lechem. Um für ihren Lebensunterhalt zu sorgen, geht Rut auf einem Feld Ähren nachlesen. Dieses Feld gehört Boas. Als Rut vom Sammeln auf dem Feld nach Hause zu Noomi zurückgekehrt ist, berichtet sie ihr, dass sie von Boas bevorzugt behandelt wurde. Noomi rät Rut, Boas bei einem nächtlichen Besuch auf seiner Tenne dazu zu bewegen, sie zu heiraten. Rut hat Erfolg. Boas entschließt sich, Rut zu heiraten, sofern die rechtlichen Voraussetzungen gegeben sind. Denn es gibt einen näheren Verwandten, der ein Anrecht auf eine Heirat mit Rut hat. Rut

---

[6] Diese „Sinn-Erweiterung" ergibt sich im Kommentar zu Rut in H32 v. a. durch Bezugnahme auf die rabbinische Literatur. In den Erklärungen zu Rut 1 werden z. B. Passagen aus RutR, mSan und bYeb angeführt.

[7] Z. B. werden neben midraschischen auch grammatische Erklärungen herangezogen, was eine im 12 Jh. relativ moderne Art der Texterklärung darstellt. Vgl. Jens Kotjatko, Geschichte der Hebräischen Grammatik vom 10. bis zum 16. Jahrhundert, in: Giuseppe Veltri/Gerold Necker (Hgg.), *Gottes Sprache in der philologischen Werkstatt*, Leiden 2004, S. 215–232.

[8] Im gesamten Buch Rut wird der Name Rut 12 mal genannt (Rut 1,4.14.16.22; 2,2.8.21–22; 3,9; 4,5.10.13). Ihre Herkunft wird dabei fünf mal zusätzlich zum Eigennamen hinzugefügt: רות המואביה *Rut, die Moabiterin* (Rut 1,22; 2,2.21; 4,5.10).

4,1–12 schildert die von Boas einberufene Verhandlung zwischen ihm selbst und seinem „Konkurrenten", dem anderen möglichen Löser (גואל).[9] Handelnde Personen sind Boas, der mögliche Löser „So-und-So" (פלוני אלמוני)[10] sowie zehn Männer (Älteste), die als Zeugen von Boas einberufen werden.[11] Die Verhandlung findet am Tor statt (Rut 4,2).[12] Boas eröffnet die Verhandlung und verkündet, dass ein Feldstück des verstorbenen Elimelech durch Noomi zum Verkauf steht (Rut 4,3). Boas selbst hätte Interesse daran, ist dazu aber aus rechtlichen Gründen nicht in der Lage. So-und-So ist ein nahestehender Verwandter Elimelechs und hat daher als Löser das Vorrecht, das Grundstück zu erwerben. Er kommt daher als erster Löser infrage. Das erklärt Boas deutlich und beruft sich auf die rechtliche Situation: Alles was im Folgenden beschlossen wird, gilt, da es vor der Öffentlichkeit geschieht (Rut 4,4). Zum Lösen des Besitzes von Elimelech ist So-und-So bereit, bedenkt jedoch nicht, dass Rut daran beteiligt ist. Hierauf weist Boas seinen Konkurrenten darauf hin, dass der Erwerb des Feldstücks mit Rut, der Frau des verstorbenen Machlon verbunden ist, *um den Namen des Verstorbenen auf seinem Grundstück zu erhalten* להקים שם המת על נחלתו (Rut 4,5). Als Boas dies klarstellt, tritt So-und-So zurück, da er sein Erbteil nicht gefährden will (Rut 4,6). Dies zeigt er symbolisch, indem er seinen Schuh auszieht nachdem er Boas aufgefordert hat, das Grundstück zu kaufen: *Erwerbe du dir!* קנה לך (Rut 4,8). Damit verzichtet So-und-So auf sein Anrecht gemäß dem Lösungsrecht. Daraufhin kauft Boas (in Rut 4,9) das Grundstück und erhält damit das Recht auf die Heirat mit Rut. Die anwesenden Zeugen bekräftigen den Ausgang der Verhandlung, ihre Bestätigung ist in Rut 4,11–12 als Segensspruch formuliert.

Im Buch Rut werden die Richtlinien der Lösung und Leviratsehe inhaltlich angedeutet, beides wird in der Forschungsliteratur diskutiert.[13] Im Folgenden werden die biblischen Anweisungen dazu kurz dargestellt.

---

[9] Es zeigt sich, dass Boas als einzelner „spontan" eine Gerichtsverhandlung herbeiführen kann, was darauf schließen lässt, dass Boas sehr einflussreich ist. Vgl. RutR 7,8 zu Rut 4,2, wo Boas גדול „bedeutend" genannt wird. Siehe auch RutR 5,10.15 zu Rut 2,20 bzw. Rut 3,7: בעז גדול הדור היה „Boas war ein Bedeutender der Generation".

[10] Der zweiteilige Ausdruck פלוני אלמוני ist die Bezeichnung für den alternativen Löser, ohne dass dessen Name genannt wird. „Peloni-Almoni פלני אלמני: ‚Namenlos', ‚xy', ‚So-und-So'." Siehe Irmtraud Fischer, Rut, Freiburg/Wien 2001, S. 35. Im Folgenden wird „So-und-So" als Eigenname verwendet.

[11] Auf das Amt der Ältesten als Zeugen beruft sich Boas in Rut 4,9 explizit, indem er sagt: עדים אתם היום *Zeugen seid ihr heute*.

[12] Zum Ort des Tors als Verhandlungsort vgl. beispielsweise Fischer (wie Anm. 10).

[13] Vgl. beispielsweise D.R.G. Beattie, Response to Sasson, in: *Journal for the Study of the Old Testament* 5 (1978), S. 65–68; Joshua Berman, Ancient Hermeneutics and the Legal Structure of the Book of Ruth, in: *Zeitschrift für die alttestamentliche Wissenschaft* 119 (2007), S. 22–38; Eryl W. Davis, Inheritance Rights and the Hebrew Levirate Marriage: Part 1, in: *Vetus Testamentum* 31,2 (1981), S. 138–144; ders., Inheritance Rights and the Hebrew Levirate Marriage: Part 2, in: *Vetus Testamentum* 31,3 (1981), S. 257–268; Abraham Geiger, Die Levirats-Ehe, ihre Entstehung und Entwicklung, in: *Jüdische Zeitschrift für Wissenschaft und Leben* 1 (1862), S. 19–39; Ernest R. Lacheman, Note on Ruth 4:7–8, in: *Journal of Biblical Literature* 56,1 (1937), S. 53–56; Speiser, Of Shoes and Shekels, in: *Bulletin of the American Schools of Oriental Research* 77 (1940), S. 15–20; James Alfred Loader, Of Barley, Bulls, Land and Levirate, in: *Studies in Deuteronomy*, Leiden 1994, S. 123–138; S.L. Stassen, Wie se Grond koop

Lösen/Lösung – גאולה

„Lösen" (גאל) bedeutet „auslösen", „zurückkaufen".[14] Dieser Begriff ist auf Grundlage von Lev 25,25 zu verstehen.[15] Hier wird der Rückkauf von Grundeigentum vorgeschrieben, das wegen Armut verkauft wurde und von einem nahen (bzw. dem nächsten) Verwandten des Verkäufers (גאלו הקרוב) zurückerworben werden soll. Es kann von einer Lösungspflicht ausgegangen werden, bei der mit dem Grundstück auch Frau und Güter mit übernommen werden. In Lev 25 wird zwar eine Rangfolge unter den nahen Verwandten ausgedrückt,[16] aber nicht unbedingt impliziert, dass das Lösungsrecht bzw. die Lösungspflicht weitergegeben werden muss. Wenn also der nächststehende Löser sein Recht aufgibt, heißt das nicht ausdrücklich, dass der, der „nach ihm an der Reihe" ist, dieses Recht bzw. diese Pflicht übernehmen muss. Demnach könnte interpetiert werden, dass der „übernächste" Löser nur dann lösen muss, wenn der nächststehende Löser stirbt und dadurch wegfällt, nicht wenn dieser seinem Recht bzw. seiner Pflicht nicht nachkommt.

Leviratsehe – יבום

Eine Alternative zur Interpretation der *Lösung* als Verhandlungsvoraussetzung für Rut 4,1–12 ist die Zuordnung zur Bestimmung der *Leviratsehe*.[17] Die Leviratsehe

---

Boas (Rut 4,9)?, in: *Acta Theologica* 2 (2005), S. 104–117; Hans-Friedemann Richter, Zum Levirat im Buch Ruth, in: *Zeitschrift für die alttestamentliche Wissenschaft* 95 (1983), S. 123–126; Jack M. Sasson, The Issue of Ge'ullah in Ruth, in: *Journal for the Study of the Old Testament* 5 (1978), S. 52–64; Thomas Thompson and Dorothy Thompson, Some Legal Problems in the Book of Ruth, in: *Vetus Testamentum* 18,1 (1968), S. 79–99; Dvora E. Weisberg, The Widow of Our Discontent: Levirate Marriage in the Bible and Ancient Israel, in: *Journal for the Study of the Old Testament* 28,4 (2004), S. 403–429; dies., Levirate Marriage and *Halitzah* in the Mishnah, in: *Review of Rabbinic Judaism* 1,1 (1998), S. 37–67; dies., The Babylonian Talmud's Treatment of Levirate Marriage, in: *Review of Rabbinic Judaism* 3,1 (2000), S. 35–66.

[14] √גאל tritt in Rut 4,1–12 insgesamt 12 mal auf, davon acht mal in wörtlicher Rede, daneben vier mal als Bezeichnung für den alternativen Löser So-und-So. Ab Rut 4,8 wird keine Wortform von √גאל mehr verwendet.

[15] Lev 25,25: כי ימוך אחיך ומכר מאחזתו ובא גאלו הקרב אליו וגאל את ממכר אחיו *Wenn dein Bruder verarmt und sein Grundstück veräußert, so soll sein nahverwandter Löser zu ihm kommen und lösen, was sein Bruder veräußert hat.* Lev 25,25 steht im Kontext der Bestimmungen des Joveljahres.

[16] Was genau die nächste Verbindung ist, ob Geburtenfolge oder Altersdifferenz, ist hier nicht zu erörtern. Zur Reihenfolge der möglichen Erben eines Verstorbenen ohne Söhne folgende Bemerkung: Num 27,8–11 schreibt die Weitergabe von Erbbesitz an Töchter vor. Hier wird die Abfolge der alternativen Empfänger vorgeschrieben: 1. Brüder (des Verstorbenen), 2. Brüder seines Vaters, 3. nächste Verwandte in der eigenen Sippe. Auf den Sachverhalt im Buch Rut könnte in diesem Zusammenhang Num 27,10 bezogen werden, wobei Boas und So-und-So die Stelle *Brüder seines Vaters* einnehmen. Wichtig ist hierbei, dass die möglichen Erben aus dem selben Stamm stammen. Richtlinie ist hierbei, dass der Grundstücksbesitz des eigenen Stammes nicht verringert wird (vgl. Num 36,4), was wiederum im Bezug auf das Joveljahr (Lev 25) von Bedeutung ist und somit auch bzgl. der Rechtslage im Buch Rut für die Rangfolge der möglichen Löser mitbedacht werden könnte.

[17] Der Ausdruck „Levirat" basiert auf dem altlateinischen Wort *levir* „des Mannes Bruder, Schwager" (siehe Alois Walde, *Lateinisches Etymologisches Wörterbuch*, Heidelberg ³1938,

ist die Heirat zwischen einer Witwe, deren Ehemann ohne Nachkommen gestorben ist, und dem Bruder des Verstorbenen, wie es in Dtn 25,5ff. vorgeschrieben ist. Ziel der Leviratsehe ist die Erhaltung des Namens des verstorbenen Bruders. Wenn der Schwager die Witwe seines verstorbenen Bruders nicht heiraten will, wird die Zeremonie der *Chaliza* durchgeführt, wodurch die Frau von der Leviratsehe entbunden wird und einen anderen Mann heiraten kann. Dtn 25,7–10, wo die Handlungsweise bei einer *Chaliza* festgelegt ist, schreibt vor, dass die Witwe zuerst aktiv wird und bei den Ältesten im Tor ihr Recht einklagt. Erst danach wird ihr Schwager – der Bruder des Verstorbenen – gerufen. Sagt er einer Ehe mit seiner verwitweten Schwägerin ab, zieht diese ihm den Schuh aus und spuckt vor ihm aus. Der Schwager erhält einen (negativ konnotierten) Namenzusatz. Die Witwe ist nicht mehr an die Leviratsehe gebunden und frei, einen anderen Mann zu heiraten.[18]

Leviratsehe im Buch Rut?

Durch die Schuhübergabe von So-und-So (Rut 4,8), das durch Boas verfolgte Ziel der Namenserhaltung (Rut 4,5.10), sowie die im Segensspruch der Zeugen im Tor genannte Tamar (Rut 4,12), liegt die Interpretation der Verhandlung am Tor bzgl. der Vorschriften zur Leviratsehe nahe. Jedoch tritt weder das Wort יבם *Schwager* auf,[19] noch ist die geschilderte Schuhübergabe in Rut 4,7.8 eine *Chaliza*. Das Ausziehen des Schuhs ist im Buch Rut vielmehr der symbolische Akt für den Verkauf des So-und-So zustehenden Grundstücks.

Bei der Darstellung der Ereignisse in Rut 4,1–12 sind Boas, der Löser So-und-So und die zehn Ältesten die agierenden Personen. Rut wird nicht als Anwesende genannt.[20] Boas ist nicht der Schwager von Rut, sondern äußerstenfalls ihr angeheirateter Onkel. Die geschwisterliche Verbindung zwischen Elimelech (Vater des verstorbenen Ehemanns von Rut) und Boas (Ehemann in spe von Rut) ist in Rut 4,3 durch לאחינו לאלימלך *unserem Bruder Elimelech* formuliert.[21] Daher

---

S. 787) und bedeutet Schwagerschaft. „Leviratsehe" ist also mit „Schwagerehe" zu übersetzen. Die hebräische Bezeichnung für Schwager ist יבם.

[18] Die durch die Leviratsbestimmung möglicherweise eintretende Mehrfachehe (Polygamie) ist im Frankreich des 12. Jh. aufgehoben, auch wenn dies erst durch die Reform von Rabbi Gerschom Ben Jehuda von Mainz (960–1028) endgültig entschieden wurde. „Since in early times the Levirate marriage had fallen in disuse in France, the problem existed only for the Jews of Germany." Louis Finkelstein, *Jewish Self-Government in the Middle Ages*, New York 1924, S. 27. Zum Thema vgl. beispielsweise ebd., S. 23ff. und 139ff. sowie Menachem Elon (Hg.), *The Principles of Jewish Law*, Jerusalem 1975, Sp. 407.

[19] Eine Wortform von √יבם tritt in der hebräischen Bibel außer in Dtn 25,5.7 nur noch in Gen 38,8 in der Geschichte von Tamar und Juda auf. Das Wort „Schwägerin" tritt nur in Rut 1,15 bei der Nennung Orpas auf. Für mögliche Bezüge der Leviratsehe zum Stamm Juda vgl. die Ausführungen bei Geiger (wie Anm. 13), S. 21.

[20] Josephus nennt in Ant. 5,335 Rut als handelnde Person. Dies kann als Verwechslung gewertet werden, vgl. Derek R.G. Beattie, *Jewish Exegesis of the Book of Ruth*. Journal for the Study of the Old Testament Supplement Series, 2, Sheffield 1977, S. 184.

[21] Diese Formulierung könnte auch als „Angehöriger unseres Volkes" verstanden werden, was aber in diesem Fall nicht weiter in Betracht gezogen werden muss. Vgl. David Volgger, Dtn 25,5–10 – Per Gesetz zur Ehe gezwungen?, in: *Biblische Notizen* 114/115 (2002), S. 185f. Geiger spricht in diesem Zusammenhang von einer „Goel-Ehe", die eine wortwörtliche Um-

müsste nicht Rut (die Schwiegertochter des verstorbenen Elimelech), sondern Noomi (die Witwe von Elimelech) den alternativen Löser bzw. Boas heiraten, da die Leviratsehe nur bzgl. der direkten Familie des verstorbenen Mannes gilt. Elimelech hatte mit Noomi schon Söhne (wenn diese nun auch nicht mehr am Leben sind) und wohnte nach seinem Umzug nach Moab nicht (mehr) mit seinen Brüdern zusammen.[22] Damit ist die wortwörtliche Zurückführung auf Dtn 25,5 nicht gegeben.[23]

Wenn die öffentliche Handlung in Rut 4,7 als eine Art der *Chaliza* verstanden werden will, wäre keine (indirekte) familiäre Verbindung zwischen Boas und Rut notwendig, da die verwitwete Schwägerin durch die *Chaliza* jeden anderen Mann (aus dem Volk Israel) unabhängig von dessen familiärer Herkunft heiraten darf. Der Hinweis auf die nahe Verwandtschaft mit Boas ist somit ebenso wenig auf eine Leviratsehe hin zu interpretieren.

Das Manuskript Hamburg Cod. hebr. 32 zu Rut 4,1–12

Den folgenden Ausführungen liegt der Kommentar zum Buch Rut in H32 zugrunde.[24] Die Erklärungen zu Rut 4,1–12 können Qara zugeordnet werden, da der Kommentar ihn selbst nennt.[25] Die Auslegungen in H32 folgen der Verschronologie, sind streng textimmanent und beziehen sich allesamt auf die erzählte Zeit der Verhandlung am Tor.

פלוני אלמוני – *Ein Verfahren wird neu aufgerollt*

In der Erklärung von H32 zu Rut 4,1 wird der Begriff פלוני אלמוני ausgeführt. Es ist eigentlich der Name des alternativen Lösers „So-und-So",[26] jedoch wird dieser Ausdruck in der Erklärung auf das Anliegen Boas' an seinen Konkurrenten bezogen: הדבר טמון ומכוסה „diese [folgende] Angelegenheit ist verborgen und zugedeckt". Weiter wird dieser Begriff mit zwei unterschiedlichen Bibelversen und deren Übersetzungen ins Aramäische erklärt: Zum einen mit 2. Kön 6,8 und des-

---

setzung der Vorschrift aus Dtn 25 abgelöst habe. Dazu konstatiert Geiger „אח [...] bedeutet hier nicht Bruder, sondern naher Verwandter, der es aber nicht in dem Grade ist, daß ihm die Ehe mit der Witwe verboten sei", siehe Geiger (wie Anm. 13), S. 36.

[22] „Sollten hingegen beide Brüder z. B. nicht zusammen wohnen, ist der Rechtssatz Dtn 25,5–10 schon nicht mehr anwendbar. Dasselbe gilt für den Fall, daß der Verstorbene bereits einen Sohn bzw. ein Kind rechtsgültig hinterlassen hat." Siehe Volgger (wie Anm. 21), S. 176.

[23] Vgl. auch schon Davis, Inheritance Rights: Part 2 (wie Anm. 13), S. 265.

[24] Der betreffende Abschnitt des Kommentars ist am Ende dieses Beitrags abgedruckt.

[25] Für die Erklärungen zu Rut 4,1–12 gilt die Zuordnung zu Qara durch ר' יוסי, siehe H32 zu Rut 4,18, Fol. 69v, Col. 1, Zeile 38. Auch wenn seine Autorenschaft anzunehmen ist, soll der Kommentar aus dem Manuskript in den folgenden Erörterungen nicht „Qaras" Kommentar, sondern einfach Kommentar „H32" genannt werden.

[26] „Die Wendung selbst wird in der Bibel nur noch im Hinblick auf unbekannte Orte verwendet, nicht jedoch im Hinblick auf unbekannte Menschen." Siehe Yair Zakovitch, *Das Buch Rut*, Stuttgart 1999, S. 153.

sen Übersetzung im Targum Jonathan,[27] zum anderen mit Dtn 17,8 und dessen Übersetzung im Targum.[28] Durch den Bezug von פלוני auf die Wortwurzel פלא√ in Dtn 17,8 kann eine gewollte Assoziation mit einer Gerichtssituation im Buch Rut beobachtet werden. Somit bekommt die Verhandlung am Tor den Charakter eines juristischen Verfahrens. Die Bezeichnung der Angelegenheit als „verborgen" zu Beginn und am Ende der Erklärung von Rut 4,1 wird auf den Namen von So-und-So bezogen:[29]

אלמוני לש' אלמ' שנשתתק הדבר ולא נתגלה עד היום'[30]

[So-und-]So – Ein Ausdruck [der abgeleitet ist von] אלם *stumm*, [d. h.] dass die Sache zum Verstummen und bis heute noch nicht wieder ans Licht gebracht wurde.

Ein bisher nicht erörtertes Verfahren wird wieder ans Licht gebracht und dem Löser durch Boas offenbart. Durch die Gegenüberstellung zwischen אלמ√ *stumm* (als Name für So-und-So in Rut 4,1) und גלה√ *ans Licht bringen, offenbaren* (Rut 4,4 in Boas' Aussage) wird der Bezug zwischen der Auslegung von Rut 4,1 und Rut 4,4 hergestellt.

Lösung bedeutet Kauf

Die Verhandlung am Tor in Rut 4,1–12 versteht H32 nicht als ein Verfahren in Bezug auf eine Leviratsehe bzw. *Chaliza*, sondern als Erörterung im Vorfeld einer Transaktion. Nirgends wird eine Form von יבמ√ verwendet, stattdessen wird mit Ableitungen der Wortwurzel גאל√ argumentiert, was auch im Dialog des Textabschnitts selbst der Fall ist.

In Form einer Wiedergabe von Boas' Worten wird in der Erklärung zu Rut 4,4 mitgeteilt, dass er ein *(naher) Verwandter* (קרוב) der Familie des Elimelech

---

[27] 2. Kön 6,8 im Targum Jonathan siehe Alexander Sperber (Hg.), *The Bible in Aramaic. The Former Prophets according to Targum Jonathan*, Leiden 1959, S. 284.

[28] Dtn 17,8 im Targum Onkelos siehe Alexander Sperber (Hg.), *The Bible in Aramaic. The Pentateuch according to Targum Onkelos*, Leiden 1959, S. 320, mit Anm. im textkritischen Apparat. Dtn 17,8 im Targum Neophyti siehe A. D. Macho (Hg.), *Neophyti* 1, Madrid 1978, S. 153. Mit dem Targum zu Dtn 17,8 erklärt Qara auch 2. Kön 6,8, siehe Simon Eppenstein, *Erklärungen des Rabbi Josef Qara zu den Vorderen Propheten*, Jerusalem 1972, S. 151. Zu 1. Sam 21,3 gibt er Targum Jonatan als Quelle seiner Erklärung an, siehe ebd., S. 70.

[29] Implizit schwingt hier eine ähnliche Interpretation aus Rut Rabba mit, die So-und-So unterstellt, dass ihm die geltenden Bestimmungen nicht präsent sind. Nach RutR 7,7 zu Rut 4,1 ist der Löser So-und-So stumm und unerfahren in der Gesetzeskunde: ולא היה יודע שכבר נתחדשה הלכה עמוני ולא עמונית מואבי ולא מואבית. „Und er wußte nicht, dass die Halacha bereits erneuert worden war (sich die Weisung aus Dtn 23,4 nämlich) auf einen (männlichen) Ammoniter (beziehl) und nicht (auf) eine Ammoniterin, auf einen (männlichen) Moabiter und nicht auf eine Moabiterin." Schon in RutR 2,9 ist dieser Bezug hergestellt. So-und-So will Rut demnach nicht heiraten, weil er nicht weiß, dass die Halacha bereits erneuert worden ist, also auch Moabiterinnen geheiratet werden dürfen. Die Vorschrift in Dtn 23,4 לא יבא עמוני ומואבי בקהל ה' *Kein Ammoniter oder Moabiter soll in die Gemeinde des Ewigen kommen* bezieht sich demnach allein auf Männer, nicht auf Frauen.

[30] H32 zu Rut 4,1. Fol 69, Col. 1, Zeile 2f.

– und damit der angeheirateten Rut – ist, was in Rut 4,4 so nicht gesagt wird. קרוב *Verwandter* ist hier das Schlüsselwort im Kommentar, es wird dort dreimal genannt.[31] זולתך [*keinen*] *außer dir* wird auf das Schlüsselwort קרוב *Verwandter* bezogen, ebenso אחריך *nach dir*. Somit wird klargestellt, dass sich der Verwandtschaftsgrad zwischen Boas und So-und-So auf Elimelech bezieht, und nicht etwa auf Noomi oder Machlon. Boas verweist darauf, dass er es ist, der nach dem möglichen Löser So-und-So an der Reihe ist. Damit wird eine Rangfolge unter den möglichen Lösern für Rut vorausgesetzt und gleichzeitig auf Lev 25,25 bezogen. Grundgedanke ist damit das Thema der *Lösung*.

In der Erklärung zu Rut 4,5 (Ausführung Boas' bzgl. der „Realien" in Bezug auf das Feld, das Noomi verkauft), wird nun (wie dies aus dem Bibeltext herauszulesen ist) *lösen* und *verkaufen* gleichgesetzt und weiter über *Kauf* bzw. *Erwerb* diskutiert: Das Feldstück kann nicht einfach *gelöst* werden, es muss zuerst *gekauft* werden. Anders als in Rut 4,4 wird in Rut 4,5 vor allem von √קנה *kaufen* gesprochen.[32]

Das Ziel des Kaufs in Rut 4,5 ist die Namenserhaltung des Verstorbenen, was in H32 besonders betont wird. Die Konsequenzen des Landerwerbs durch einen neuen Ehemann der Witwen von Machlon und Kiljon werden konstatiert. In der Erklärung wird die praktische Umsetzung der Lösung des Besitzes konkretisiert, die sowohl materielle Güter (das Feld) als auch soziale Verantwortung (für die Witwen) umfasst. Es wird festgestellt, dass dieser Erwerb neben dem Positiven (Güter) ebenso Negatives (z. B. Schaden durch evtl. Schulden) mit sich bringt. Vorausgesetzt wird im Kommentar die Existenz eines Heiratsvertrages, der explizit für Rut gilt.[33] Rut ist nach H32 die Besitzerin des Grundstücks, über das Boas am Tor verhandelt.[34] Durch den Status Ruts als Besitzerin ist klar, dass sie geheiratet werden muss, um den Besitz zu übernehmen. Damit ist Boas' Be-

---

[31] Innerhalb des Buchs findet sich קרוב sonst nur noch in Rut 2,20 (in den Worten Noomis nach Ruts Rückkehr vom Feld) und in Rut 3,12 (in Boas' Antwort an Rut auf der Tenne).

[32] In Rut 4,4, tritt √גאל *lösen* das fünf mal auf, in Rut 4,5 jedoch nicht. In Rut 4,4 tritt √קנה *kaufen* ein mal, in Rut 4,5 zwei mal auf.

[33] Zur Tradition des Heiratsvertrages *Ketubah* siehe beispielsweise Louis M. Epstein, *The Jewish Marriage Contract. A Study in the Status of the Woman in Jewish Law*, New York 1927, S. 11. Die Form eines schriftlichen Vertrags kann demnach als schon jeher bekannt angenommen werden. Durch die Prämisse eines Heiratsvertrages in der Erklärung zu Rut 4 wird eine rechtmäßige (jüdische) Heirat zwischen Machlon und Rut vorausgesetzt. Ein Heiratsvertrag, der Rut als rechtmäßige Erbin einsetzt, intendiert die Abfolge der möglichen Erben Elimelech-Machlon-(Chiljon)-Rut, nicht wie alternativ angenommen werden könnte, Elimelech-Machlon-(Chiljon)-Noomi-(Rut). „[…] the piece of land in this story must have been Ruth's and not Naomi's", siehe D. R. G. Beattie (wie Anm. 13), S. 67 zur Diskussion, ob sich die Lösung auf Noomi bezieht. Orpa wird im biblischen Kontext nicht genannt, weil sie durch ihre Rückkehr nach Moab „nicht mehr zur Familie gehört", siehe Zakovitch (wie Anm. 26), S. 152 und damit auch für eine Erbschaft nicht mehr in Frage kommt.

[34] Die Frage, weshalb sie in diesem Fall nicht selbst ihr Feld bebauen, könnte sich damit beantworten lassen, dass es bei neuer Bewirtschaftung zur Zeit der Gerstenernte (Rut 1,22) keinen sofortigen Ertrag bringen würde. Das Feldstück liegt wohl eher brach, als dass es nach Sasson schon während der Abwesenheit von Elimelech bzw. Noomi bewirtschaftet wird, siehe dazu Sasson (wie Anm. 13), S. 61 f. Der Gedankengang liegt zwar nahe, dass Boas jenes Feld anbietet, das er selbst für Elimelech bewirtschaftet hat, jedoch wäre dieses Feldstück dann wohl ertragreich, und Rut hätte keine Veranlassung, auf irgendeinem Feld sammeln zu

hauptung in Rut 4,5 logisch und die inhaltliche Gleichsetzung von √גאל *lösen* und √קנה *kaufen* durch die Erklärung in H32 verständlich. Weil Rut als rechtmäßige Besitzerin des Grundstücks gilt, bedeutet dies, dass es zunächst gekauft werden muss. D. h. wer das Eigentum erwirbt, muss auch Rut heiraten und für sie sowie die gemeinsamen Kinder in spe sorgen.[35]

So-und-So betont in H32 zu Rut 4,6, dass sein eigenes Erbe Priorität für ihn hat:

פן אשחית את נחלתי׳ {כדי לגאול} איני יכול לגאול נחלה זו אם לא אמכור את נחלתי׳ ואיני רוצה להשחית את נחלתי׳ כדי לגאול נחלת אחרים[36]

Dass ich bloß meinem [eigenen] Erbteil keinen Schaden zufüge – {um zu lösen}. Ich kann dieses Erbteil nicht lösen, wenn ich nicht mein [eigenes] Erbteil veräußere. Und ich will meinem [eigenen] Erbteil keinen Schaden zufügen, um das Erbteil anderer zu lösen.

Gemäß H32 lehnt So-und-So es ab, Rut zu lösen, weil er sein eigenes Erbteil nicht veräußern will. Die heftige Bezeichnung der Aufgabe des Besitzes mit להשחית את נחלתי׳ *meinem Erbteil Schaden zufügen* unterstreicht dies.[37] Eine mögliche Schädigung des (eigenen) Erbteils durch die Lösung könnte sich vor allem auf den Namen desjenigen beziehen, dem der Besitz des Verstorbenen dann zugeschrieben wird. Das kann zum einen bedeuten, dass der Löser als voller Ersatzmann Elimelechs bzw. seiner Söhne gilt und nach der Geburt des ersten Sohnes kein Anrecht auf sein bisheriges Erbe hat.[38] Damit lässt sich interpretieren, dass der erste Sohn der Witwe nicht nur als Erbe des Verstorbenen gilt, sondern das gesamte Erbe des Lösers gefährden kann. Zum anderen wird vermutet, dass der Löser So-und-So sein eigenes Hab und Gut verkaufen muss, um für den Kauf des von Noomi angebotenen Grundstücks genug Liquidität zu besitzen. Somit kann *kaufen* √קנה, *lösen* √גאל *Schaden zufügen* √שחת und *verkaufen* √מכר im Blick auf das Eigentum von So-und-So gleichgesetzt werden.

Nur ein alter Schuh?

Lösen bedeutet in H32 also *kaufen*. In diesem Verständnis wird das Ausziehen des Schuhs im Sinne des Bibeltextes als *Zeichen der Bestätigung* interpretiert und steht in H32 für eine Kaufhandlung, was damit dasselbe wie eine Lösung ist. Rut 4,7:

---

gehen bzw. Nachlese zu halten (Rut 2,2ff.). Zudem würde sich dann die Frage stellen, weshalb nicht So-und-So das Feld bewirtschaftet hat.

[35] In H32 wird zu Rut 4,5 ferner ein Beispiel zur Umsetzung der Namenserhaltung auf dem Feldstück gegeben. Wegen der thematischen Nähe wird diese im Kapitel „Die Namenserhaltung im Tor ist gewährleistet", S. 62 ausgeführt.

[36] H32 zu Rut 4,6. Fol. 69r, Col. 2, Zeile 20–23.

[37] √שחת *Schaden (zufügen)* tritt v. a. im Zusammenhang von Verderben und Zerstörung auf. Vgl. Wilhelm Gesenius, *Hebräisches und Aramäisches Handwörterbuch über das Alte Testament*, Berlin/Heidelberg [17]1962, S. 820f.

[38] √מכר bedeutet dann gemäß der Erklärung in H32 zu Rut 4,6 nicht „verkaufen" (im Sinne von „im materiellen Sinn mit Geld zu bezahlen"), sondern „ab- bzw. aufgeben", eben „veräußern". Vgl. Wilhelm Rudolph, *Das Buch Ruth. Das Hohe Lied. Die Klagelieder*, Gütersloh 1962, S. 64.

וזאת לפנים בישראל על הגאולה ועל התמורה לקים כל דבר שלף איש נעלו ונתן לרעהו וזאת התעודה בישראל

Und dies [galt] vorzeiten für die Lösung und für den Austausch um eine jede Angelegenheit für gültig zu erklären, [dass] ein Mann seinen Schuh auszog und [ihn] seinem Nächsten gab. Und das ist ein [Zeichen] der Bestätigung in Israel.

Die Ausführung in Rut 4,7 nennt nur, dass der Schuh dessen, der etwas ratifizieren möchte, einem Nächsten gegeben wird. Dabei wird der nächststehende Löser oder der, der alternativ lösen will, nicht genannt. Die symbolische Übergabe wird zwar auf die Lösung bezogen, bedeutet aber nicht, dass ein anderer dieses Recht bzw. diese Pflicht übernimmt. Implizit wird damit veranschaulicht, dass jemand von seiner Lösungspflicht zurücktritt. In Rut 4,8 steht nicht, dass Boas den Schuh annimmt. Falls er ihn aber annimmt, nimmt er damit nicht unbedingt das Recht bzw. die Pflicht der Lösung an, sondern das Recht, das Besitztum zu kaufen, und zwar als „freier" Mann, ohne (Lösungs- oder sonstige) Verpflichtungen gegenüber der Witwe Rut. Der Besitz ist damit ungebunden, jeder andere darf ihn nun kaufen. Boas kauft sofort und bezeugt dies vor Zeugen, die ihn bestätigen (vgl. Rut 4,9).

In der Erklärung von H32 zu Rut 4,7 wird deutlich, dass es sich um die Übertragung von Eigentum bzw. einen Kauf handelt, was in der Öffentlichkeit kenntlich gemacht werden soll. Die Erklärung zu Rut 4,7 in H32 lässt darauf schließen, dass neben der Unterschrift auf dem Vertrag zur Kaufbestätigung noch eine symbolische Handlung stattfindet. Diese symbolische Handlung findet trotz und nicht anstelle eines schriftlichen Vertrags statt.[39] Der Kaufvorgang an sich kann als *Kinyan Kesef* oder *Kinyan Sudar* verstanden werden.[40] Es handelt sich im Sinne der Erklärung von H32 also beim Ausziehen des Schuhs um die physische Darstellung einer rechtlichen Handlung bei der Übereignung von Besitz, die z. Zt. der Entstehung von H32 noch gilt. So wird aus dem „alten Schuh" gleichsam ein „neuer Schuh". In H32 wird der Abschluss der Transaktion in Rut 4,8 (*Und der Löser sagte zu Boas: „Kauf [du es] dir!" Und er zog seinen Schuh aus*) nicht erörtert.

Die Namenserhaltung im Tor ist gewährleistet

Die Verse Rut 4,9–10 werden als Interpretation der rechtlichen Umstände wiedergegeben. Hier wird der nahe Verwandtschaftsgrad zwischen Ruts neuem Ehemann und Elimelech thematisiert und (indirekt) Kauf mit Heirat gleichgesetzt

---

[39] Die Aussage Mittelmanns „Diese neue Form der Ge'ulla ist die schriftliche Urkunde [...]" (Jacob Marcus Mittelmann, *Der altisraelitische Levirat. Eine rechtshistorische Studie*, Leipzig 1934, S. 23) kann um den Punkt erweitert werden, dass neben einer schriftlichen *auch eine* symbolische Aktion erfolgt. Mittelmann schreibt die Erklärung in Rut 4,7 als Glosse einem im babylonischen Exil lebenden Sofer zu, der die symbolische Handlung gegen Dtn 25,9f. erklären wollte. „Um nun Missverständnisse bei den Lesern des Buches Ruth zu verhüten, hat der Glossator eingegriffen und die für den Rechtshistoriker sehr interessante Erklärung 4,7 gegeben." Ebd., S. 24. Eine Datierung lässt sich durch die beschriebene Handlung dennoch nicht direkt ableiten.

[40] Die Begriffe *Kinyan Kesef* und *Kinyan Sudar* sollen an anderer Stelle ausführlicher behandelt werden. Für eine Definition der Begriffe siehe beispielsweise Shalom Albeck, Acquisition, in: Elon (wie Anm. 18), Sp. 208.

bzw. parallelisiert. Rut wird damit erworben, so im Wortlaut von Rut 4,10 קניתי לי *ich erwarb mir*, in den weiteren Ausführungen ist nur noch von √נשא *heiraten* die Rede. Beides wird auf die Namenserhaltung hin interpretiert, welche Boas' vorrangiges Ziel der Verhandlung war (siehe Rut 4,5), und die er in Rut 4,10 nochmals explizit nennt.

Die Realisierung der Namenserhaltung des Verstorbenen wird schon in H32 zu Rut 4,5 durch einen erzählerischen Einschub beispielhaft ausgeführt. Darin wird ein fiktiver Dialog dargestellt, der dem Verständnis der praktischen Namenserhaltung dienen soll. Das Gedächtnis des Verstorbenen findet jedoch nur indirekt statt: Jemand geht an dem Feld vorüber und fragt „War dies denn nicht [das Grundstück] von Machlon?" Damit ergibt sich folgende Problematik: Wenn dieser Passant nicht laut nachfragen würde, würde ihm ggf. nicht die Information mitgeteilt, dass dies immer noch als Grundstück von Machlon gilt und damit dessen Namen gedacht wird. Zudem kann es sein, dass in Zukunft der Name des Verstorbenen im Tor durch den Sohn erhoben werden wird, indem die Geschichte seiner Eltern präsent bleibt und er als Kind ihrer Ehe bekannt wird. Unabhängig von der wirklichen Umsetzung des fiktiven Dialogs in der Erklärung von H32 lässt sich festhalten, dass das Grundstück dem Verstorbenen durch seine Witwe zugeschrieben und er als ursprünglicher Besitzer im Gedächtnis der Gesellschaft bekannt bleiben soll.

In H32 zu Rut 4,10 wird die Regelung der Weitergabe von Grundbesitz unter Israeliten angesprochen. Diese Priorität wird durch die Formulierung „jeder Mensch *aus Israel*" hervorgehoben: Das Land wäre in jedem Fall an einen Israeliten übertragen worden, sofern er Rut geheiratet hätte,[41] und der Name des Verstorbenen wäre auf seinem Besitz erhalten worden. Dies ergibt sich aus der angenommenen Existenz der Heiratsverträge, von denen berichtet wird, dass darin Grund und Boden auf die Ehefrauen übertragen wurde.[42] Damit wird hier für Rut 4,10 festgestellt, was in Rut 4,5 in umgekehrter Reihenfolge deutlich wurde: Wer Rut heiraten möchte, muss dafür den (Erb-)Besitz übernehmen, der im Heiratsvertrag festgeschrieben wurde. Neben der Weitergabe des Landes an einen bestimmten Personenkreis stellt H32 zwei weitere Arten der Namenserhaltung dar: Einerseits die indirekte Bezugnahme auf die Verstorbenen durch deren Witwen, die das Grundstück mit in die neue Ehe bringen. Andererseits die direkte Namenserhaltung des Verstorbenen in der Gesellschaft: Durch die familiäre Verbindung zwischen dem verstorbenen Machlon (gleichermaßen seinem Vater Elimelech) einerseits und dem neuen Ehemann der Witwe andererseits bleibt der Name „in der Familie" und damit erhalten. Dabei übernimmt der neue Ehemann Verantwortung für den Unterhalt seiner neuen Frau, um sie keinem fremden Mann zu überlassen. Der Name des Verstorbenen (Machlon) bleibt im Tor bestehen, weil der Sohn aus der zweiten Ehe der Witwe als sein Kind gelten kann. Durch den Sohn wird der Name des Verstorbenen weitergetragen, nicht durch den neuen Ehemann der Witwe.

---

[41] Vgl. Lev 25,23 ff.
[42] Vgl. H32 zu Rut 4,10. Fol. 69r, Col. 2, Zeile 35 f.

Ein Segensspruch mit Aussicht – Abschluss und Zusammenfassung der Verhandlung

Die Erklärung des Verses Rut 4,11 legt den abschließenden Segen der Ältesten am Tor aus. Im ersten Teil wird der Dialog zwischen Boas und dem Löser in Rut 4,4f. zusammengefasst und interpretiert. Der Umschwung in der Entscheidung des möglichen Lösers So-und-So wird auf eine vermeintlich entstehende „Schande" zurückgeführt, die neben dem erläuterten materiellen Schaden entsteht: שגנאי היה לו לקחתה[43] „dass es ihm [nämlich] eine Schande war, sie zu nehmen." Der Kommentar in H32 bezieht die Absage von So-und-So auf Ruts moabitische Herkunft, die hier nochmals explizit genannt wird und für So-und-So in diesem Zusammenhang eine *Schande* גנאי bedeutet. Die Herkunft Ruts als Schande zu verstehen wird aber im weiteren Verlauf der Erklärung abgewiesen.

Der Kommentar weist dazu auf eine Parallele zwischen Rut und den Frauen des Erzvaters Jaaqovs – Lea und Rachel – hin. Dies geschieht durch folgende Sachverhalte: Zum einen wird diesen Frauen nachgesagt, ehemals Götzendienst betrieben zu haben. Lea und Rachel seien aber durch Jaaqov zum Judentum übergetreten. Dieser Übertritt wird als Voraussetzung für ihre Heirat verstanden, wodurch sie zu Stammmüttern des Volkes Israel werden. Die Parallelen sind folgende: Rut stammt aus Moab (das einen anderen Gott als Israel hat[44]), tritt aber zum Judentum über.[45] Hierdurch gibt es keinen Grund mehr, weshalb eine Heirat mit Rut schändlich bzw. in irgendeiner anderen Weise negativ belegt sein könnte. Zudem hatten auch die Vorfahren der Erzvätergeschichte bedeutende Nachkommen. Aus der Heirat von Rut und Boas geht ebenfalls ein Nachkomme mit einer besonderen Rolle in die Geschichte des Volkes Israel ein, nämlich König David als Urenkel Ruts.

In den weiteren Ausführungen des Segensspruches der Ältesten im Tor wird der Bezug zu Tamar festgehalten, die als Mutter von Perez (dem Sohn Judas) zu einer Stammmutter in Israel wurde. Durch diesen Bezug wird deutlich, dass Boas nicht getadelt werden kann, da die Sippe ähnliche „partnerschaftliche"

---

[43] H32 zu Rut 4,11. Fol. 69v, Col. 1, Zeile 4f.

[44] Zur Religion Moabs: „An der Spitze des kleinen moabitischen Pantheons stand Kemosch (Num 21,29; Ri 11,24; 1.Kön 11,7.33; 2.Kön 23,13; Jer 48,7.13.46), ein Gott vom Typus des Wettergottes, dem eine weibliche Paredra (= Begleiterin) beigesellt war (vgl. die Mescha-Stele und die aramäische Inschrift des 3. Jh v.Chr., aus Kerak, TUAT II, 581). Ortsnamen wie Baal-Meon (Num 32,38) zeugen von einer Verehrung des Gottes Baal." Siehe Ulrich Hübner/Klaus Koenen, Art. Moab/Moabiter, in: WiBiLex 2009, www.wibilex.de/stichwort/Moabiter (Zugriffsdatum: 6.8.2009).

[45] Die soziale Herkunft Ruts aus Moab ist auch in der rabbinischen Diskussion ein Sachverhalt, der einem ehelichen Verhältnis mit Rut entgegenstehen könnte. So wird beispielsweise in bKet 7b kommentiert, dass Boas gesetzlich zulässig eine Moabiterin heiraten konnte. Dort wird die Bestimmung aus Dtn 23,3 angesprochen, nach der Moabiter nicht in die Gemeinde aufgenommen werden dürfen. Diese Vorschrift wird (wie in bYeb 76b bzgl. mYeb 8,3 bzgl. der Konversion) jedoch nur auf Männer, nicht auf Frauen bezogen. So kann Rut legitim in die Gemeinschaft aufgenommen und zur Stammmutter Davids werden (vgl. Rut 4,22). Vgl. auch die Diskussion zu Rut 1,16–18, was in der rabbinischen Diskussion als Ruts Übertritt zum Judentum interpretiert wird.

Verbindungen kennt, bzw. auf einer derartigen gründet.⁴⁶ Die Nennung Tamars im Segensspruch der Ältesten in Rut 4,12 drückt eine Vergleichbarkeit zwischen ihr und Rut aus, ihr Bezug zueinander ist zweifach gegeben. Die Vorschrift der Leviratsehe klingt im Buch Rut an, wird aber nicht nach den diesbezüglichen Bestimmungen in Dtn 25,5ff. durchgeführt. Auch die Verbindung zwischen Tamar und Juda war keine direkte Umsetzung der Leviratsbestimmungen (mehr), dennoch wurde Tamar zu einer Sippenmutter in Israel und Rut kann zu einer Mutter des Königtums⁴⁷ werden. Somit ist ein Zukunftsbezug bzgl. der Nachkommenschaft Ruts durch einen Vergleich mit Tamar im Segensspruch angelegt. Der Inhalt dieses Zukunftsbezuges wird in der weiteren Erklärung deutlich: Das Königtum wird aus Rut hervorgehen. Die Erklärung ergibt sich durch das Auftreten des Wortes חיל in Rut 4,11 und 1.Sam 14,48.⁴⁸ Damit ist neben dem thematischen auch der wörtliche Bezug zum Königtum vorhanden. Durch die Aufnahme von Parallelen in der Bibel werden Vergangenheit (Erzelterngeschichte), Gegenwart (kurz bevorstehende Heirat von Rut und Boas) sowie Zukunft (Königtum) verbunden und im Segensspruch zusammengefasst.

Auch die Namenserhaltung wird in H32 zu Rut 4,11 thematisiert, Namenserhaltung bedeutet hier Erinnerung. In Rut 4,11 wird der verstorbene (Machlon) nicht explizit genannt, wie etwa in H32 zu Rut 4,5 und 4,10. Der Kommentar bezieht die Ausrufung des Namens auf den Sohn von Boas, nicht etwa auf den für Machlon gezeugten Sohn, um den Namen des Verstorbenen auf seinem Erbteil zu erhalten.

Des Weiteren wird konstatiert, dass ein Name durch den Sohn weitergetragen wird. Als Beispiel wird Jes 14,22 zitiert. Dort wird aufgezählt, welche Nachkommen aus Babel ausgelöscht werden sollen, an diese soll also nicht erinnert werden. Dabei wird שם *Name* an erster Stelle der Aufzählung genannt und hat die Bedeutung von *Andenken*.⁴⁹ Damit lässt sich erschließen, was H32 mit dem Zitat aus Jes 14,22 inhaltlich aussagt: Die Nachkommen bzw. Söhne tragen die Erinnerung an ihre Vorfahren weiter – auch wenn sie als Enkel den Namen ihrer Großväter nicht direkt erwähnen. Gibt es diese Nachkommen nicht (wie dies Jes 14,22 ankündigt), kann die Erinnerung nicht weiter getragen werden. So kann auch die folgende Erklärung erläutert werden: Alle 24 Bücher (das ist die hebräische Bibel) enthalten das Wort שם. Damit ist der Bezug zwischen Jes 14,22 und Gen 48,16 verständlich. In Gen 48,16 segnet Jaaqov Ephraim⁵⁰ und Manashe. Durch die Nachkommen Jaaqovs bleibt das Gedenken an

---

⁴⁶ Vgl. die Ausführungen zur Leviratsehe für den Stamm Juda bei Geiger (wie Anm. 13), S. 21f. Lev 18,15 verbietet die geschlechtliche Verbindung zwischen Schwiegervater und Schwiegertochter.

⁴⁷ Angesichts der Bezüge Ruts mit anderen biblischen Figuren wird Rut von Hausmann als „neue Erzmutter" bezeichnet, siehe Jutta Hausmann, *Rut. Miteinander auf dem Weg*, Leipzig 2005, S. 57.

⁴⁸ Während √חיל in 1.Sam 14,48 für eine Beschreibung der Taten Scha'uls verwendet wird, wird die Bezeichnung גבור חיל in 1.Sam 16,18 für David verwendet.

⁴⁹ Aus Jes 14,22: שם ושאר נין ונכד *Andenken, Übriggebliebene, Nachwuchs und Nachkommenschaft*.

⁵⁰ Die Bezeichnung von Beit Lechem mit Ephrat findet sich in Gen 35,19, dazu auch H32 zu Rut 1,2.

den Stammvater Israels erhalten, zumal Israel zum Volksnamen wird. Durch Israel wird gleichsam auf Gott hingedeutet, als Gott Abrahams, Jizchaqs und Jaaqovs.[51]

Resümee

In der Verhandlung am Tor (Rut 4,1–12) klingen die Themen Lösung und Leviratsehe an. Es handelt sich jedoch weder um eine direkte Umsetzung einer Lösung, wie sie in Lev 25,25f. vorgeschrieben wird, noch um eine Leviratsehe im Sinn von Dtn 25,5ff. Vielmehr wird die Erörterung im Vorfeld einer Transaktion dargestellt, deren Intention eine Heirat und mit der Heirat die Namenserhaltung eines Verstorbenen auf seinem Grundbesitz ist.

Die Erklärungen in H32 sind sehr textimmanent, d.h. sie bewegen sich auf der Ebene des biblischen Kontextes, obwohl sie im Mittelalter verfasst sind. Sie stammen aus einer anderen Lebenswelt, die sie punktuell in die Interpretation des Bibeltextes aufnehmen.[52] Neben der expliziten Aufnahme von Erklärungen aus dem Targum schwingt das Verständnis der Traditionsliteratur implizit mit.[53] Rut wird durch die angenommene Existenz eines Heiratsvertrages als rechtmäßige Besitzerin des angebotenen Feldstücks dargestellt. Dies bedeutet, dass zunächst das zu erwerbende Grundstück gekauft werden muss. So-und-So möchte seinem Erbteil keinen Schaden zufügen, es damit nicht *kaufen* √קנה, *lösen* √גאל oder *verkaufen* √מכר, was für ihn die selbe Bedeutung hat.[54] Er gibt sein Lösungsrecht mit einer symbolischen Schuhübergabe auf, was als Transaktion interpretiert wird.[55] Der Kommentar legt großen Wert auf die nahen familiären Verbindungen Boas' zu Ruts verstorbenem Ehemann Machlon bzw. Schwiegervater Elimelech, deren Namen durch die Heirat von Boas mit Rut im Tor erhalten bleiben. Der Segensspruch der Ältesten schließt die Verhandlung ab, der Kommentar hierzu stellt die Verbindung zwischen Vergangenheit, Gegenwart und Zukunft her. Durch den Sohn wird der Name seines Vaters weitergetragen. So tragen die Nachkommen Abrahams, Jizchaqs und Jaaqovs ihren Namen weiter als die Söhne und Töchter Israels.

Ein Text wie der Kommentar zum Buch Rut im Manuskript Hamburg Cod. hebr. 32 ist nicht nur ein antiquarisches Dokument mit ausschließlicher Bedeutung für die Auslegungsgeschichte in seiner eigenen Zeit. Er vermittelt auch Einsicht in die Formierung von Deutungstraditionen, die heute noch nachwirken und damit neue Anfragen an moderne Sichtweisen zulassen.

---

[51] Die Gottessohnschaft Israels muss an einer anderen Stelle weiter ausgeführt werden.
[52] Verweise wie עד היום „bis heute" (H32 zu Rut 4,1) oder עכשיו „jetzt" (H32 zu Rut 4,10) beziehen sich auf die erzählte Zeit. H32 zu Rut 4,7 verweist mit עכשיו aber auch auf die Lebenswelt der mittelalterlichen Exegeten.
[53] Vgl. z.B. die Erörterung bzgl. H32 zu Rut 4,1 mit Anmerkungen.
[54] Vgl. die oberen Ausführungen.
[55] Vgl. die Ausführungen zu Rut 4,7.

Anhang:
Abschrift und Übersetzung des Manuskripts
Hamburg Cod. hebr. 32 zu Rut 4,1–12

H32 zu Rut 4,1. Fol. 69r, Col. 1, Zeile 43 – Col. 2, Zeile 3

ויאמר סור' שבה פה פלו' אלמוני' פת' יש לי לגלות לך הדבר טמון ומכוסה ודומה לו אל מקום פלוני אלמוני תחנותי ותרגומו לאתר כסי וטמור' אתר בית משרנא פלוני' כמ' כי יפלא ממך דבר' ותרגו' ארי יתכסי' אלמוני לש' אלם' שנשתתק הדבר ולא נתגלה עד היום'

Und [Boas] sprach: Komm herüber! Setze dich hier her, So-und-So. – [Dessen] Erklärung ist: Ich muss dir diese [folgende] Angelegenheit unterbreiten, sie ist verborgen und zugedeckt. Und diesem [Wortlaut] ist ähnlich *Zu irgendeinem Ort, [dort] soll mein Lager sein* (2. Kön 6,8). Und dessen Übersetzung ist: Zu einem verborgenen und geheimen Ort, einem Ruheplatz (2. Kön 6,8 im Targum Jonatan). **So[-und-So]** – Wie *Wenn dir diese Sache zu schwierig sein wird* (Dtn 17,8). Und dessen Übersetzung ist: Wenn [sich der Rechtsfall deinem Verständnis] entzieht (Dtn 17,8 im Targum Onkelos). [**So-und-]So** – Ein Ausdruck [der abgeleitet ist von] אלם *stumm*, [d.h.] dass die Sache zum Verstummen und bis heute noch nicht wieder ans Licht gebracht wurde.

H32 zu Rut 4,4. Fol. 69r, Col. 2, Zeile 4–7.

ואני אמרתי אגלה אזנך לאמר ואדעה כי אין זולתך לגאול ואנכי אחריך פת' ואדעה שאין קרוב אחר לגאול כי אם אני' אני קרוב אחריך יותר מכל קרובי אבימלך[56]

Und ich sagte [mir]: Ich will dir [die Sache] offenbaren: (…) Ich will es [nämlich] wissen, denn es gibt keinen außer dir, [sie] zu lösen. Und ich bin nach Dir [an der Reihe]. – [Dessen] Erklärung [ist]: *Und ich will es wissen*, weil es *außer dir keinen* anderen Verwandten gibt *um zu lösen*, außer mir. Ich bin *nach dir* der nächste Verwandte, mehr als alle anderen Verwandten Abimelechs.[57]

H32 zu Rut 4,5. Fol. 69r, Col. 2, Zeile 7–20.

ביום קנותך השדה מיד נעמי ומאת רות המואביה אשת המת קניתי' פת'[58] את ראשי לגאול את השדה מיד אותו אם לא תקנהו בתחילה מיד נעמ' ומאת רות המואביה אשת המת שכל אשר לאלימלך לכל אשר לכליון ומחלון משועבדים לנשותיהם בכתובתם ואין קרקעות שלהן ניקנין אלא למי שיקנה את רות המואביה לו לאשה כדי להקים שם המת על נחלתו שכל מי שיעבור על השדה וישאל למי השדה זו ישיבוהו של איש פלוני הוא ויאמר והלא של מחלון היה ישיבוהו הוא נשא את אלמנתו' נמצא שם המת נזכר על נחלתו

An dem Tag an dem du dir das Feld von Noomi und von Rut, der Moabiterin, der Frau des Verstorbenen, erwirbst, erwirbst du (…) – [Dessen] Erklärung [ist]: Du bist [nicht[59]] berechtigt, das Feld von ihm zu lösen, wenn du es nicht zu Beginn durch die Hand Noomis und von Rut der Moabiterin, der Frau des Toten erworben hast. Denn alles, was

---

[56] Hier ist ein Schreibfehler in H32 auszumachen, denn dort steht אבימלך statt אלימלך. In Ed. Jellinek ist ähnliches zu finden: לאבימלך, siehe Jellinek, Commentarien (wie Anm. 4), S. 33 zu Fol. 69r, Col. 2, Zeile 12.

[57] Nicht *Eli*melech, vgl. ebd.

[58] Jacob Gellis, *Sefer Tosafot HaShalem*, Jerusalem 2000, S. 65 [3] und *Miqra'ot Gedolot Ha-Keter* (electronic Version), Tel Aviv 2007, [Qara] fügen hier אין ein.

[59] Ebd.

Elimelech gehört, wird an diejenigen übereignet, die es von Kiljon und Machlon in ihren Heiratsverträgen zugeschrieben bekamen, [nämlich] an ihre Angetrauten [Orpa und Rut]. Und [das heißt auch,] dass ihre Grundstücke nicht veräußert werden [sollen], außer an den, der sich Rut, die Moabiterin zur Frau erwerben würde, *um den Namen des Verstorbenen auf seinem Erbteil zu erhalten.* [Die Realisierung von genannter Richtlinie ist,] dass man jedem, der an dem Feld vorbeikomme und frage: „Wem gehört dieses Feld?" antworte: „Es ist [das Grundstück] von dem und dem." Und [wenn] er dann frage: „War dies denn nicht [das Grundstück] von Machlon?", [dann] antworte man ihm: „Er heiratete seine Witwe." So zeigt sich, [dass] des Namens des Toten auf seinem Erbteil gedacht wird.

H32 zu Rut 4,6. Fol. 69r, Col. 2, Zeile 20–23.

פן אשחית את נחלתי' {כדי לגאול} איני יכול לגאול נחלה זו אם לא אמכור את נחלתי' ואיני רוצה להשחית את נחלתי' כדי לגאול נחלת אחרים

Dass ich bloß meinem [eigenen] Erbteil keinen Schaden zufüge – {um zu lösen}. Ich kann dieses Erbteil nicht lösen, wenn ich nicht mein [eigenes] Erbteil veräußere. Und ich will meinem [eigenen] Erbteil keinen Schaden zufügen, um das Erbteil anderer zu lösen.

H32 zu Rut 4,7. Fol. 69r, Col. 2, Zeile 23–30.

ושלף איש נעלו ונתן לרעהו' מה שדורות הללו עכשיו קונין בקנין בכנף בגדיהם' היו דורות הראשונים קונין על ידי שׁשלף איש נעלו ונתן לרעהו וזאת התעודה בישר' הקיניין הוא העדות בישר' של אחד שמעידין עדים שהקנה לו בקיניין אין לאחר קניין כלום תרעומת

Und der Mann zog seinen Schuh aus und gab ihn seinem Nächsten. – Was diese Generationen jetzt beim Kauf durch ihren Kleidungszipfel erwerben, das erwarben die Generationen der Vorderen dadurch, dass ein Mann seinen Schuh auszog und seinem Nächsten gab. **Und das ist ein [Zeichen der] Bestätigung in Israel** – Der Erwerb [symbolisiert durch die Schuhübergabe] ist das Zeugnis in Israel. [Und zwar] für denjenigen, dem Zeugen bezeugen, dass er sich [etwas bestimmtes] durch Kauf erworben hat, [damit es] nach einem Kauf[akt] keinerlei Beschwerde [gibt].

H32 zu Rut 4,9–10. Fol. 69r, Col. 2, Zeile 30–40.

להקים שם המת על נחלתו' ולא יכרת שם המת וג'' כל אדם מישר'' אפי'' רחוק שלא היה מקרובי אלימלך והיה קונה את רות המואביה לו לאשה וגם היה קונה את השדה מיד נעמי' אפי'' כן היה מקיים שם המת על נחלתו לפי שהקרקעות משועבדים לכתובתם' אבל מעם אחיו ומשער מקומו היה נכרת שם המת' אבל עכשיו שנשא את רות המואביה אשת מחלון וזה מקרובי אלימלך לא יכרח זח החח' מעם אחיו ומשער מקומו'

Um den Namen des Verstorbenen auf seinem Besitz zu erhalten und den Namen des Verstorbenen nicht auslöschen zu lassen usw. – Jeder Mensch aus Israel, auch wenn er [so] fern wäre, dass er nicht von Elimelechs Verwandten wäre und sich [trotzdem] *Rut, die Moabiterin* zur Frau erworben und sich auch das Feld *von Noomi* erworben hätte; Sogar dann hätte er *den Namen des Toten auf seinem Besitz* erhalten, nachdem die Grundstücke in ihren Heiratsverträgen [an sie] übertragen werden. Aber *von [der Gemeinschaft] seiner Brüder und dem Tor seines Ortes*, wäre der Name des Verstorbenen ausgelöscht worden. Aber jetzt, da der Verwandte Elimelechs *Rut, die Moabiterin, die Frau Machlons* heiratete, *wird der Name des Verstorbenen nicht ausgelöscht werden von [der Gemeinschaft] seiner Brüder und dem Tor seines Ortes.*

H32 zu Rut 4,11. Fol. 69r, Col. 2, Zeile 40 – Fol. 69v, Col. 1, Zeile 22.

כרחל וכלאה אשר בנו שתיהן וג׳ מה ראו הזקנים להזכיר אשר בנו שתיהן את בית ישר׳ בכאן׳ אלא ראו כשאמ׳ לו
בועז לגאול לגאול את השדה היה מאמן לגאול׳ ויאמר אנכי אגאל כשׁחׄזׄר בׄועז ואמ׳ לו ביום קנותך השדה מיד נעמי
ומאת רות המואביה אשת המת קניתי להקים שם המת על נחלתו׳ השיבו הגואל לא אוכל לגאול {לגא} לי פן אשחית את
נחלתי׳ הבינו הזקנים שאינו מסרבלגאול[60] אלא מפני רות המואבי׳ שגנאי היה לו לקחתה לפיכך אמרו לו הזקנים יתן
יי׳ את האשה הבאה אל ביתך כרחל וכלאה אשר בנו שתיהן את בית ישר׳ רחל ולאה עובדי ע״ז׳ היו ה׳ יעקב וגייר
אותם ונשאו ובנו שתיהן את בית ישר׳ ולא עוד אלא זקנינו פרץ יצא מתמר וכל משפחתינו יצאה מתמר׳ אף אתה
אם אתה נושא את רות המואביה אין אתה מתגנה בה׳ יהי רצון שיתן יי׳ את האשה הבאה אל ביתך כרחל וכלאה׳
ועשה חיל באפרתה׳ פת״[61] שיצא המלכות מן הזרע אשר יתן יי׳ לך מן הנערה הזאת שאין חיל האומר כאן אלא
מלכות׳ כעניין שנ׳ בשאול ויעש חיל׳
וקרא שם בבית לחם׳ יהי רצון שתוליד בן ויקראו בו שמך׳ שם האמור כאן׳ הוא בן׳ כמ׳ והכרתי לבבל שם ושאר נין
ונכד׳ ששם האמור בכל כ״ד׳ ספרים הוא בן׳ ויקרא בהם שמי׳

Wie Rachel und wie Lea, die beide [das Haus Israel] gebaut haben usw. – Was sahen die Ältesten, um hier an *die beiden, die [das Haus Israel] gebaut haben* zu erinnern? Sie sahen nämlich, als Boas dem Löser sagte, er [könne] das Feld lösen, da stimmte dieser zu, zu lösen. *Und er sagte: Ich will lösen* (Rut 4,4). Als Boas ihm [dann aber] entgegnete und ihm sagte: *An dem Tag an dem du dir das Feld von Noomi und von Rut, der Moabiterin, der Frau des Verstorbenen, erwirbst, erwirbst du [es], um den Namen des Toten auf seinem Erbteil zu erhalten* (Rut 4,5). [Da erst] antwortete ihm der Löser: *Ich werde es mir nicht lösen können.*[62] *Dass ich bloß nicht meinem [eigenen] Erbteil Schaden zufüge* (Rut 4,6). Die Alten verstanden, dass er sich [wegen] nichts [sonst] zu lösen weigerte, außer wegen Rut der Moabiterin. Dass es ihm [nämlich] eine Schande war, sie zu nehmen. Daher sagten die Alten diesem [Boas]: *Der Ewige gebe dir diese Frau, die zu deinem Haus kam wie Rachel und Lea, die beide das Haus Israel gebaut haben*. Rachel und Lea waren Götzendienerinnen gewesen, als Jaaqov kam und sie [zum Judentum] übertreten ließ. Und er heiratete sie – *die beiden haben* [später] *das Haus Israel gebaut*. Und nicht nur [das], sondern auch unser Vorvater Perez stammte von Tamar ab und alle unsere Familien stammen von Tamar ab. Auch wenn du Rut, die Moabiterin heiratest, wirst du wegen ihr nicht getadelt. Es möge [Gottes] Wille sein, dass *der Ewige dir diese Frau gebe, die zu deinem Haus kam wie Rachel und Lea*.

Und tue in Ephrata Großes[63] – [Dessen] Erklärung [ist]: [Es sei [Gottes] Wille[64],] dass das Königtum *von dem Samen hervorgehe, den der Ewige dir von dieser jungen Frau geben wird* (Rut 4,12) und von nichts Größerem ist hier die Rede, außer vom Königtum. Wie der Sachverhalt, der über Scha'ul gesagt wird: *Und er tat Großartiges* (1.Sam 14,48).

---

[60] Schreibfehler in H32. Jellinek, Commentarien (wie Anm. 4), S. 34, Gellis, Sefer Tosafot HaShalem (wie Anm. 58), S. 87 [8] und Miqra'ot Gedolot HaKeter (wie Anm. 58) [Qara] schreiben מסרב לגאול.

[61] Miqra'ot Gedolot HaKeter (wie Anm. 58) [Qara] fügt יהי רצון ein.

[62] Im Sinne von „Ich will es nicht lösen".

[63] Bzw. „Kraftvolles". Die Übersetzungsmöglichkeit von Gesenius, Wörterbuch (wie Anm. 37) zur Übersetzung von עשה חיל in Rut 4,11 „Tüchtigkeit beweisen" wird damit nicht verwendet. Eine Parallele durch die Bezeichnung אשת חיל für Rut in Rut 3,11 muss an anderer Stelle diskutiert werden. Durch die Annahme, in Rut 4,11 sei „ein י durch ו vertauscht worden. Das m.E. ursprüngliche Niphal יעשה חיל bzw. יקרא שם wurde dadurch verkannt" (siehe Hans-Friedemann Richter, Zum Levirat im Buch Ruth, in: *ZAW* 95 [1983], S. 123), schlägt Richter folgende Übersetzung vor: „Möge eine Verstärkung geschaffen werden in Ephrata!" (ebd., S. 124). Dazu merkt er an, „חיל ist nur unvollkommen übersetzbar. Im Hebräischen kommt es sowohl dem Individuum zu wie auch dem Kollektivverband" (ebd., Anm. 4).

[64] Miqra'ot Gedolot HaKeter (wie Anm. 58) [Qara] fügt יהי רצון ein, vgl. Anm. 62.

Und rufe seinen Namen aus in Beit Lechem – Es sei [Gottes] Wille, dass sie dir einen Sohn gebäre, und durch ihn dein Name ausgerufen werde. Der Name, von dem hier gesprochen wird, [wird durch den] Sohn [erhalten]. Wie: *Von Babel will [ich] Andenken, Übriggebliebene, Nachwuchs und Nachkommenschaft ausrotten* (Jes 14,22) [denn] das Andenken, von dem in allen 24 Büchern gesprochen wird, [wird durch den] Sohn [erhalten]. *Und durch sie wird mein Name ausgerufen werden* (Gen 48,16).

RONEN REICHMAN

Die Annullierung der Ehe als Ersatz für die Ehescheidung

Die Geschichte einer talmudischen Innovation

Die vorliegende rechtsgeschichtliche Fallstudie ist im Zusammenhang eines Seminars entstanden, das im Sommersemester 2009 zu Aspekten der Rechtsstellung der Frau in der Halacha stattgefunden hat. Der Beitrag soll einen Eindruck von der Arbeitsweise des Fachs ‚Talmud, Codices und Rabbinische Literatur' an der Heidelberger Hochschule vermitteln. Ausgehend von der aktuellen scheidungsrechtlichen Rechtslage in Israel werden danach die relevanten talmudischen Überlieferungen in ihrem traditionsgeschichtlichen Zusammenhang erschlossen. Aus dem Vorwort dieser Festschrift ist deutlich geworden, wie facettenreich und komplex es ist, der Frage der Standortbestimmung deutscher Judaistik nachzugehen. Der wissenschaftsgeschichtliche Werdegang dieser Disziplin führt im 21. Jahrhundert zunächst zu einem – scheinbar – zufriedenstellenden Ergebnis, insofern – dies wird zu Recht vom Herausgeber in der Einleitung unterstrichen – Jüdische Studien „vielerorts und weltweit in der akademischen Normalität angekommen [sind] und sich infolgedessen durch natürliche Pluralität aus[zeichnen]."

Diese Verortung entlastet jedoch die Teildisziplinen nicht von der Aufgabe einer zeitgemäßen Profilierung. Dabei wird jede Teildisziplin vor spezifische, den Gegenstand des Faches und seine wissenschaftsgeschichtliche Formierung betreffende Fragen gestellt. Haben sich beispielsweise die Fächer ‚Jüdische Kunst', ‚Jüdische Literatur' in besonderer Art und Weise mit der Frage: „What is Jewish in Jewish Art" bzw. „What is Jewish in Jewish Literature?" auseinanderzusetzen, hat ‚die Geschichte des Jüdischen Volkes' als Teildisziplin Jüdischer Studien die Frage nach einer angemessenen Relation der Innenperspektive zur Außenperspektive immer neu zu beantworten, so befasst sich das Fach ‚Talmud, Codices und Rabbinische Literatur' mit einer Anzahl hermeneutischer Fragen, die um das richtige Textverstehen kreisen. Ein wichtiger methodologischer Aspekt in diesem Fragenkomplex ist stets aufs Neue die die konkrete Forschungsarbeit herausfordernde Überzeugung, dass der in der erforschten ‚Literatur' artikulierte Anspruch auf normative Richtigkeit ernst genommen werden soll. Anders als bei dem anfänglichen Formierungsprozess der Erforschung rabbinischer Texte kann sich das Fach heute nicht damit begnügen, seine ‚Identitätsmerkmale' gegenüber dem traditionell-religiösen Zugang einzig mit dem Hinweis auf philologisch-historische Methoden, die per se seine Wissenschaftlichkeit konstituieren, zu rechtfertigen. So unverzichtbar diese Instrumentarien sind – über die wissenschaftliche Orientierung des Faches sagen sie substanziell nichts aus. Zudem fordert die immer stärkere Ausdifferenzierung der Judaistik zum Nachdenken darüber, welchen Platz klassische historische Fragestellungen, wie etwa nach der sozialgeschichtlichen Formierung der rabbinischen Elite im Palästina der Nachtempelzeit, im Kanon der vom Fach zu thematisierenden Fragen einnehmen sollen.

Es gehört zur Tradition der Heidelberger Hochschule, dass sich das Fach besonders mit Aspekten der rabbinischen Rechtskultur (= Halacha) befasst. Dabei orientiert sich die wissenschaftliche Auseinandersetzung mit der vergangenen halachischen Tradition implizit oder explizit an aktuellen Zeitfragen. Die rechtshistorische Erschließung rabbinischer Rechtskultur erhält in gesellschaftlich-kultureller Hinsicht ihre Relevanz, wenn es beispielsweise – wie im folgenden Beitrag – darum geht, auf das Innovationspotenzial hinzuweisen, welches dem rabbinisch halachischen Diskurs innewohnt, und wenn es gelingt, auf diese Weise dem unzutreffenden, historisch geprägten und von den gegenwärtigen Erscheinungen eines exzessiv religiösen Fundamentalismus genährten Vorurteil von der Starrheit und Unflexibilität der Halacha entgegenzuwirken. Man kann aufzeigen, dass die religiöse Gebundenheit der Halacha die Reformierung der Halacha sowohl hemmen als auch in dieser Weise fördern kann. Eine solche emanzipatorische Aufgabenstellung weist auf das allgemeine Interesse, wertbezogene Fragen an die Tradition zu richten und an einem, den engen Rahmen einer positivistischen Ausrichtung der judaistischen Disziplin verlassenden wirkungsgeschichtlichen Geschehen teilzuhaben, das ein immer größer werdender Kreis aufgeklärter Rabbiner und Wissenschaftler aus den Gebieten der jüdischen Philosophie, der mittelalterlichen jüdischen Geschichte und des jüdischen Rechts miteinander in einem grenzüberschreitenden Diskurs verbindet.

Eines der schwierigsten familienrechtlichen Probleme, das aus der Gesetzeslage in Israel resultiert, wo bekanntlich die rabbinischen Gerichte ein Jurisdiktionsmonopol über Eherecht unter jüdischen Bürgern und Bürgerinnen haben, besteht darin, dass Frauen – in viel stärkerem Maß als Männer – Scheidungsgründe nicht in einer befriedigenden Art und Weise geltend machen können, um die Auflösung der Ehe herbeizuführen. Hinderlich sind dabei die Grundvoraussetzungen, die die Ehescheidung nach der halachischen Tradition mit sich bringt. Gemäß der Halacha kann die Auflösung der Ehe zu Lebzeiten der Ehepartner grundsätzlich nur durch die Ehescheidung vollzogen werden. Die Scheidung setzt den Willen des Mannes voraus, eine Willenserklärung, die der schriftlichen Form bedarf. Dies erfolgt durch die Aushändigung eines Scheidebriefes (גט פיטורין). Die Ehescheidung ist grundsätzlich eine private Angelegenheit. Nach der grundlegenden biblischen Ansicht geht es dabei um eine einseitige, freie Kündigung des Ehebandes durch den Mann. Die Einseitigkeit (bei der Scheidung) wurde zwar in Aschkenas mit dem so genannten Cherem de-Rabeno Gershom Me'or haGola etwa im 11. und 12. Jahrhundert zugunsten der Einführung der Scheidung im gegenseitigen Einvernehmen behoben;[1] die Voraussetzung der freien Willenserklärung blieb aber als ein unumstößliches Fundament weiterhin erhalten. Dennoch gibt es Fälle, die das Gericht veranlassen, ein Urteil über die Verpflichtung des Mannes zur Aushändigung des Scheidebriefes zu fällen. Hat

---

[1] Zum Cherem deRabenu Gershom Meor haGola vgl. u.a. E. Westreich, תמורות במעמד האשה במשפט העברי – מסע בין מסורות (*Transitions in the Legal Status of the Wife in Jewish Law. A Journey Among Traditions* [Hebr.], Jerusalem 2002, S. 62ff.

die Frau aufgrund bestimmter Scheidungsgründe einen berechtigten Scheidungsanspruch – die Mishna listet im Traktat Ketubot solche Gründe auf,[2] die im Lauf ihrer talmudischen Rezeption erweitert wurden[3] – so ist es halachisch zulässig, die Scheidung zu erzwingen.[4] Unterschiedliche Strafmaßnahmen stehen den Gerichten zur Verfügung, um den Mann zu veranlassen, die Urkunde zu unterschreiben. Weigert sich jedoch der Mann, der Scheidung stattzugeben, ist es dem Gericht untersagt, die Ehe eigenständig für geschieden zu erklären. Die so genannte „Erzwingung" der Ehescheidung (גט מעושה), das einzig zulässige Mittel, muss sich weiterhin im zulässigen Rahmen des biblischen Rechts bewegen, welches – wie erwähnt – nach rabbinischer Perspektive vom Willen des Mannes ausgeht. Die erzwungene Scheidung erfolgte in der Talmudzeit unter anderem durch Geißelung und heute beispielsweise mit der Gefängnisstrafe[5] und hat zum Ziel, dass der Mann der Ehescheidung schließlich zustimmt. Somit hat sich folgende Regel etabliert: כופין אותו עד שיאמר רוצה אני („*Man zwingt ihn, bis er sagt: ‚Ich will es'*"),[6] damit die unumstößliche Bedingung erfüllt wird: והאיש אינו מוציא אלא לרצונו (… „*und der Mann verstoße nur nach seinem Willen*", mJevamot 14,1). Mit gleicher Schärfe tritt das Problem zutage, wenn der Ehemann verschollen ist: Bei fehlendem Beweis über den Tod des Mannes – und dies trotz mehrerer prozessrechtlicher Erleichterungen, die die halachische Tradition für die Lösung dieser tragischen Situation vorgesehen hat – gilt die Frau weiterhin als Ehefrau. Für beide Problemfelder verwendet man heute den Begriff „*Gebundene*" bzw. „*Verlassene*" (עגונה)[7], um den schwierigen Status der Frau in solchen Situationen zu bezeichnen.[8]

---

[2] Die Gründe teilen sich in zwei Klassen (mKet 7,1–5 und 7,10). Bei der ersten Gruppe liegt der berechtigte Grund darin, dass der Mann bestimmte Rechte der Frau (sich zu schmücken, usw.) unzulässig einschränkt. An der Stelle wird die Rechtsfolge wie folgt formuliert: יוציא ויתן כתובה. Daraus geht nicht eindeutig hervor, inwieweit eine Weigerung des Mannes, die Scheidung zu geben, sanktioniert werden kann. Die zweite Stelle (mKet 7,10) listet einige Krankheiten und Berufe des Mannes auf, welche für die Frau unzumutbar sind. Hier wird die Rechtsfolge eindeutiger ausgedrückt: ואלו שכופין אותן להוציא.

[3] So gilt auch die Kinderlosigkeit beispielsweise als berechtigter Grund. Vgl. bJev 65b. Zum Überblick über die nach der Halacha für berechtigt erklärten Scheidungsgründe vgl. Z. Wahrhaftig, כפיית גט להלכה ולמעשה, in: *Shenaton Ha-Mishpat Ha-Ivri*, III–IV (1976/77), S. 175–198.

[4] Im Fall der Erzwingung spricht man von גט מעושה. Vgl. mGitt 9,8: גט מעושה – בישראל כשר ובגוים פסול. ובגוים חובטין אותו ואומרים לו: עשה מה שישראל אומרין לך, וכשר. Über die Erzwingung der Scheidung vgl. Z. Wahrhaftig (wie Anm. 3), S. 153–216.

[5] Über die Maßnahmen, die die Gesetzeslage in Israel zulässt, vgl. Wahrhaftig (wie Anm. 3), S. 161–175; R. Lavmor, הסכמי קדם-נישואין למניעת סרבנות גט בישראל, in: *Shenaton Ha-Mishpat Ha-Ivri*, XXIII (2005), S. 128, Anm. 6 und E. Bezri, גט מעושה, in: *Shenaton Ha-Mishpat Ha-Ivri*, XVI–XVII (2000/01), S. 536ff.

[6] mAr 5,6.

[7] Zum Begriff ‚*Aguna*' vgl. Ruth 1,13 und bGitt 26b, ferner bei Kohut, *Aruch Completum*, Bd. 6, Jerusalem 1969, S. 167–168. Zur modernen Begriffsverwendung vgl. Lavmor (wie Anm. 5), S. 128, Anm. 5. Im Fall der Weigerung seitens des Mannes werden spezifisch auch die Begriffe גט מסורבת bzw. גט מעוכבת verwendet.

[8] Über die Aguna vgl. Yitzchak Zeev Kahana, ספר העגונות, Jerusalem 1954 und S.H. Feldblum, בעיית עגונות וממזרים – הצעת פתרון מקיפה וכוללת, in: *Dine Israel*, 19 (1997/98), S. 203–216.

Intensiv werden unterschiedliche Lösungsmodelle diskutiert, um dem Problem des Weigerungsrechts des Mannes zu begegnen.[9] Eine der wirkungsmächtigsten Alternativen ist es, den berechtigten Anspruch der Frau auf die Scheidung durchzusetzen, indem die Richter die Ehe rückwirkend *(ex tunc)* für nichtig erklären, so als wären die beiden Ehepartner nie miteinander verheiratet gewesen.[10] Die Idee, begrifflich bekannt unter dem Titel הפקעת קידושין, die Ehe durch eine Nichtigerklärung, Annullierung, aufzulösen, weist gleichwohl eine bemerkenswerte Kühnheit auf. Unter den Kritikern[11] steht sie im Verdacht, die Institution der Ehescheidung und damit auch deren biblische Grundlage zu unterminieren, auch wenn ihre Anwendung nur für bestimmte Ausnahmefälle gedacht ist.

Die Idee wird erstmalig in der späten talmudischen Zeit rezipiert und im babylonischen Talmud an sechs Stellen explizit erwähnt.[12] Die Art und Weise, wie das Konzept der Ehe-Annullierung im Talmud behandelt wird, hat unmittelbare Konsequenzen auf die Frage nach der Anwendbarkeit für die aktuell beschriebene Problemlage. Da vier dieser Stellen eine eigene Gruppe bilden, in der das Konzept der Eheannullierung in gleicher diskursiver Art und Weise abgehandelt wird, genügt es, im Folgenden lediglich auf drei dieser Stellen einzugehen.

Die in der Forschung oft erwähnten literarkritischen und rechtsgeschichtlichen Überlegungen[13] lassen die Vermutung zu, dass die Geburtsstunde der Institution

---

[9] Außer der Inanspruchnahme der Möglichkeit der Ehe-Annullierung sind vor allem zwei weitere Alternativen in Diskussion: 1. Bindung der Antrauung an eine Bedingung (vgl. dazu vor allem E. Berkovitz, תנאי בנשואין ובגט, Jerusalem 1967) und 2. Festsetzung einer finanziellen Vereinbarung bei der Eheschließung, dass sich der Mann zur Zahlung einer bestimmten Geldsumme verpflichtet, wenn er sich weigert, die Scheidung zu geben. Vgl. Lavmor (wie Anm. 5), S. 127–192.

[10] Befürworter der Inanspruchnahme dieser Option sind: Zeev Falk, קיים כוחא דהיתרא in: ישראל הלכה ומעשה במדינת, Jerusalem 1967, S. 48–49; Moshe Silberg, ביטול החוק למען קיומו, in: *In Inner Harmony. Essays and Articles* (Hebr.: באין כאחד), Jerusalem 1981, S. 249–261; D. Novak, *Halakha in a Theological Dimension*, Choco, California 1985, S. 29–44; Pinhas Shifman, ספק קידושין במשפט הישראלי, Jerusalem 1975, S. 75; ders., מי מפחד מנישואין אזרחיים?, Jerusalem 2000, S. 73; Rabbiner Shlomo Riskin, הפקעת קידושין – פתרון לעגינות, in: *Techumin* 22 (2003), S. 191–209; ders., כוח ההפקעה מונע עיגון (תגובה לתגובה), in: *Techumin* 23 (2003), S. 161–164; M. Zemer, הלכה שפויה, Tel Aviv 1994, S. 34–35; Berachyahu Lifshitz, אפקעינהו רבנן לקידושין מינייהו, in: מפירות הכרם. קובץ דברי תורה מאת בוגרי ישיבת כרם ורבניה שנכתבו ושנאספו לרגל מלאת יובל לישיבה, Yavne 2004, S. 217–224; ders., על מסורת, על סמכות ועל דרך ההנמקה, in: *Techumin* 28 (2008), S. 82–91.

[11] Zu diesen zählen: E. Shochetman, הפקעת קידושין – דרך אפשרית לפתרון בעיית מעוכבות הגט?, in: *Shenaton Ha-Mishpat Ha-Ivri* XX (1995–1997), S. 349–397; Rabbiner David Lao, הפקעת קידושין למפרע בימינו, in: *Techumin* 17 (1997), S. 1–20; Rabbiner Zalman Nehemya Goldborg (im Rahmen seiner Auseinandersetzung mit Rabbiner Shelomo Riskin, הפקעת קידושין אינה פתרון לעגינות (תגובה), in: *Techumin* 23 (2003), S. 158–160 und אין הפקעת קידושין ללא גט (תגובה), in: *Techumin* 23 (2003), S. 165–168; Rabbiner Uriel Levi, האם ניתן להפקיע קידושין של סרבן גט?, in: *Techumin* 27 (2007), S. 304–310.

[12] Siehe bJev 110a, bKet 3a, bGitt 33a (= bJev 90b), bGitt 73a und bBB 48 a/b. Die Dokumentation des Quellenmaterials für die nachtalmudische Geschichte dieser Institution hat Haim Freiman vorgelegt: סדר קידושין ונישואין אחרי חתימת התלמוד-דוגמתי היסטורי במחקר בדיני ישראל, Jerusalem 1964.

[13] Vgl. so schon bei H. Freiman (wie Anm. 12), ebd., S. 13–14; D. Weiss Halivni, *Sources and Traditions on Seder Nashim*, Tel Aviv, 1968, S. 530, Anm. 2; Sh. Atlas, כל דמקדש אדעתא דרבנן מקדש, in: *Sinai* 75 (1974), S. 119–143 und ferner in seiner Auseinandersetzung mit I. Franzus,

der Eheannullierung im Zusammenhang mit einem Präzedenzfall zu sehen ist, der sich in der babylonischen Stadt Naresh[14] etwa – nach den darin mitwirkenden Personen zu urteilen – im späten 3. Jahrhundert ereignete und den der Talmud in einer der rabbinischen Literatur typischen lapidaren Form in bJev 110a dokumentiert:[15]

ההיא עובדא דהוה בנרש,
ואיקדישה כשהיא קטנה, וגדלה ואותביה אבי כורסייא,
ואתא אחרינא וחטפה מיניה,
ורב ברונא ורב חננאל תלמידי דרב הוו התם, ולא הצריכוה גיטא מבתרא!
אמר רב פפא: בנרש מינסב נסיבי והדר מותבי אבי כורסייא.
רב אשי אמר: הוא עשה שלא כהוגן, לפיכך עשו בו שלא כהוגן, ואפקעינהו רבנן לקידושי מיניה.
אמר ליה רבינא לרב אשי: תינח דקדיש בכספא, קדיש בביאה מאי?
שוויוה רבנן לבעילתו בעילת זנות.

[...] Jener Fall, der sich in Naresh ereignete: [D]er [Vater] hat sie [zu einem Zeitpunkt] angetraut, als sie [noch] minderjährig war; als sie groß wurde, hat ihr Vater sie auf eine Sänfte gesetzt[16] und [dann] kam ein Anderer und hat sie von ihm entführt.[17]

Und [siehe!] Rav Bruna und Rav Chanan'el, die Schüler von Rav, waren dort und benötigten keinen Scheidebrief vom Letzten!

Es sagte Rav Papa: [Es ist so zu verstehen:] In Naresh pflegte man erst zu heiraten und [erst] daraufhin hat (geht auch: ‚hätte') ihr Vater sie auf eine Sänfte gesetzt.

Rav Ashi sagte: [Es ist so zu verstehen:] Er (nämlich der Entführer) handelte ungebührlich, dafür verfuhr man mit ihm ungebührlich und annullierte seine Antrauung.

Es sagte Ravina zu Rav Ashi: Annehmbar (wäre die Annullierung), wenn die Antrauung durch Geld erfolgt ist, wie ist es aber, wenn sie durch Beiwohnung erfolgt ist!?

Die Rabbanan haben seine Beiwohnung zu einer außerehelichen gemacht.

Es sei zunächst angemerkt, dass der gerichtlichen Praxis in der halachischen Tradition eine genuin rechtsfortbildende Funktion zukommt. Nebst einer auf Interpretation der Bibel und dem Korpus der tradierten Normen angelegten Erneuerung der Halacha und zusätzlich zu den legislativen Kompetenzen, die den Rabbinen zur Verfügung stehen, in die Rechtslage einzugreifen, tragen die Rechtsfälle ein großes Änderungspotenzial in sich, vor allem dann, wenn die richterliche Entscheidung keine Entsprechung im Korpus der verbindlichen Lehren findet (*praeter legem*-Entscheidungen) oder wenn sie in Konflikt mit diesen

---

תוספת ל" כל דמקדש אדעתא דרבנן מקדש"), עוד ל" כל דמקדש אדעתא דרבנן, in: *Sinai* 77 [1975], S. 91–93); ders., "כל דמקדש אדעתא דרבנן מקדש", in: *Sinai* 79 (1976), S. 102–104. Maßgeblich ist die rechtsgeschichtliche Argumentation bei H. Ben-Menahem, "הוא עשה שלא כהוגן", in: *Sinai* 81 (1977), S. 156–158 und ders. *Judicial Deviation in Talmudic Law*, Chur u. a. 1991, S. 49–50, der einsichtig argumentiert, dass sich eine Formulierung einer Norm mit den Worten „*Sie verführen mit ihm ungebührlich*" nur im Kontext einer Fallentscheidung und nicht als eine allgemeine Norm entstehen könnte. Vgl. auch E. Shochetman, קידושין מחמת אונס, in *Sinai* 105 (1990), S. 118 und ders., הפקעת קידושין – דרך אפשרית לפתרון בעיית מעוכבות הגט?, in: *Shenaton Ha-Mishpat Ha-Ivri* XX (1995–1997), S. 354–355.

[14] Über den Ort Naresh (נרש) vgl. A. Oppenheimer, *Babylonia Judaica in the Talmudic Period*, Wiesbaden 1983, S. 258–266.
[15] bJev 110a.
[16] Und damit die Hochzeitszeremonie eingeleitet.
[17] Bevor die Zeremonie vervollständigt wurde.

(*contra legem*-Entscheidungen) steht. Für die richtungsweisende Kraft von Präjudizien in der halachischen Tradition ist der Rechtsfall von Naresh exemplarisch.

Der berichtete Fall erzählt von einem Brautraub. Jemand hat sich eine Minderjährige angetraut, und *„als sie groß wurde, hat ihr Vater sie auf eine Sänfte gesetzt und [dann] kam ein Anderer und hat sie von ihm entführt.* ‚Antrauung' bzw. ‚Anheiligung' – dies sind die Optionen, den Begriff „*Qidushin*" bzw. „*Erusin*" ins Deutsche zu übertragen – stellt die (rechtlich) verbindliche Vorstufe im Vorgang der Eheschließung (נישואין) dar. Normalerweise vollzieht sich die Antrauung durch die Übergabe eines Geldwerts (eines Rings) und die Äußerung einer Antrauungsformel in Gegenwart von zwei Zeugen. Eine Auflösung der *Antrauung* bedarf der Ehescheidung. Zu dem Zeitpunkt, zu dem die junge Frau dem ersten Mann angetraut wurde, war sie noch minderjährig. Nach der gelehrten Auffassung des bedeutenden Amoräers Rav erlangt die Antrauung der Minderjährigen ihre Vollgültigkeit erst mit der Heimführung, dem Beischlaf, der zum Zeitpunkt der Eheschließung geschieht. Diese Auffassung bildet den diskursiven Zusammenhang, in den der Fallbericht eingebettet ist, wo die Schüler von Rav, von denen man erwartet, dass sie die Auffassung ihres Lehrers vertreten, den Fall entscheiden. Das zeremonielle Tragen auf einer Sänfte leitet die Eheschließung ein, doch gerade zu diesem Zeitpunkt – also bevor die Antrauung nach Rav vollständig gültig geworden ist, wurde die Frau von einem zweiten Mann entführt, dem sie wahrscheinlich freiwillig angetraut worden war.[18] Der Fall setzt die Situation voraus, dass die Frau – auf welche Weise auch immer – von der Entführung befreit und zum ersten Mann zurückgekehrt ist, wobei sich dann die Frage stellte, ob die Eheschließung trotz des Zwischenfalls fortgesetzt werden konnte.

---

[18] Aus dem Bericht geht nicht hervor, ob der Entführer die Frau gegen ihre Einwilligung angetraut hat. Ein Akt der Eheannullierung wäre jedoch überflüssig, wenn die Antrauung unter Zwang zustande gekommen wäre und wenn zu diesem Zeitpunkt schon galt, dass die Antrauung unter Zwang nichtig ist. So argumentiert meines Erachtens zu Recht H. Ben-Menahem, *Judicial Deviation in Talmudic Law* (wie Anm. 13), S. 43, Anm. 7. (vgl. ähnlich bei Freiman, ebd. [wie Anm. 13] S. 13). Dagegen behauptet Shochetman (ebd., [1995–1997]) S. 367) in Anlehnung an Rashba, dass sich die Entscheidung der Gelehrten, die Ehe zu annullieren, wegen der Entführung und dem damit impliziten Zwang rechtfertigte. Dabei soll man sich den Überlieferungskontext solcher „Entführungen" vor Augen führen: Die Entführung im Fall von Naresh steht in Bezug zu dem ähnlichen alexandrinischen „Brauch" des Brautraubs, der in tKet 4,9; yKet 4,8 29a und BM 104a überliefert ist. Bei dieser „*Entführung*" ist es klar, dass sie nicht gegen den Willen der Frau geschehen ist. Die entführte Frau ging mit dem Entführer eine Ehe ein und brachte von ihm Kinder zur Welt, Hillels Initiative bestand darin, eben diese Ehe durch Deutung der Antrauungsurkunde mit dem ersten Mann zuzulassen. In tKet 4,9 wird die Entführung wie folgt beschrieben: ואחר בא וחוטפה מן השוק, im Yerusalmi (Ket 4,8 29a): וחבירו חוטפה מן השוק, im baby. Talmud (BM 104a): ובשעת כניסתן לחופה באים אחרים וחוטפים אותן מהן. Es ist die babylonische Version, die eine interessante Ähnlichkeit mit dem Fall von Naresh aufweist, demnach die Braut zu dem Zeitpunkt entführt wurde, als sie im Begriffe war, ins Brautgemach einzuziehen. Die Entführung zum Zeitpunkt der Heimführung scheint also das babylonische Verständnis über die Art und Weise widerzuspiegeln, wie Entführungen „*in der Regel*" geschehen sind. Auch im Fall von Naresh handelte es sich – so kann man schließen – um eine „normale" Entführung, wie solche in der Zeit von Hillel vorgekommen sind – also „Entführungen", die nicht gegen den Willen der Frau gerichtet waren.

Voraussetzt wird im Fallbericht, dass die Antrauung mit dem Entführer gültig war. Als die Frau entführt wurde, war sie schon volljährig und eine *Antrauung* hätte jedenfalls zustande kommen können, weil die erste Antrauung eben noch nicht ganz verbindlich war. Möglicherweise ist der Entführer verschwunden, so dass das Zustandekommen einer Ehescheidung unmöglich war. Hier erfahren wir weiter, dass „*R. Bruna und R. Chananel, die Schüler Ravs, die da anwesend waren, <u>keinen</u> Scheidebrief von dem anderen benötigt haben.*"

Die beiden Schüler haben die Ehescheidung vom Entführer nicht für erforderlich erachtet. Ihre Entscheidung würde man *prima facie* so verstehen, als gingen beide Rabbinen davon aus, dass die Antrauung mit dem Entführer deshalb nicht berücksichtigt werden sollte, weil sie die Antrauung mit dem ersten Mann trotz der Minderjährigkeit der Angetrauten für verbindlich erachteten. Teilten also die Schüler die Ansicht ihres Lehrers nicht? An dieser Stelle tritt nun R. Ashi auf, der bedeutende talmudische Gelehrte aus dem späten 4. und frühen 5. Jahrhundert, dem die Tradition das Ende der Epoche der Amoräer (סוף הוראה) zuschreibt, und meint, dass der Rechtsfall von Grund auf neu zu verstehen ist. Es sei nicht so, dass die Rechtsgelehrten eine Ehescheidung vom Entführer für nicht erforderlich gehalten haben, weil sie an der Gültigkeit von dessen Antrauung gezweifelt haben. Im Gegenteil: Die Antrauung war gültig. Als die Frau entführt wurde, war sie schon volljährig, und eine Antrauung hätte zustande kommen können, weil die erste Antrauung eben noch nicht ganz verbindlich war. Dies war auch den Schülern von Rav bewusst, doch so die Erklärung des R. Ashi: „*Er (nämlich der Entführer) handelte ungebührlich, dafür verfuhr man mit ihm ungebührlich und annullierte seine Antrauung*" (הוא עשה שלא כהוגן, לפיכך עשו בו שלא כהוגן, ואפקעינהו רבנן לקידושי מיניה).

Das ungerechte Verhalten des Entführers rechtfertige die Entscheidung der Gelehrten, Gleiches mit Gleichem zu vergelten. Die Gelehrten erklärten bewusst die Antrauung mit dem Entführer für nichtig und haben dabei – moralisch gesehen – richtig gehandelt. Es wird dabei allerdings eingeräumt, dass die Entscheidung unrechtmäßig war. Die Begründung „*Er (nämlich der Entführer) handelte ungebührlich, dafür verfuhr man mit ihm ungebührlich*" deutet darauf hin, dass die Annullierung der Ehe in diesem Stadium ihrer Entwicklung als eine außerordentliche Maßnahme angesehen wurde.

Ein Anhaltspunkt für die Möglichkeit, dem Konzept der Annullierung der Ehe einen rechtlichen Sinn zu geben, bietet der Vorgang der Annullierung selbst. Das Verbum ואפקעינהו, welches den Vorgang der Annullierung beschreibt, bedeutet wörtlich *hinweg nehmen, in beschlag nehmen, konfiszieren, enteignen*. Eigentum zu konfiszieren, steht den Rabbinen in Ausnahmefällen zu. Von dieser Kompetenz, die auf dem Prinzip הפקר בית דין הפקר („*Die Enteignung des Gerichts ist eine rechtsmäßige Enteignung*") fußt, macht R. Ashi Gebrauch. Die Annullierung vollzieht sich also im Sinne der rückwirkenden, fiktiven Beschlagnahme des bei der Antrauung verwendeten Geldwerts, den der Bräutigam der Frau überreicht und sie dadurch *de Jure* erwirbt. So wird mit dieser fiktiven Konfiszierung dem Vorgang der Antrauung ein konstitutives Element entzogen, womit dann die Antrauung nichtig gemacht wird. In diesem Sinne fragt im Text Ravina R. Ashi: „*Annehmbar (wäre die Annullierung), wenn die Antrauung durch Geld erfolgt ist, wie ist es aber, wenn sie durch Beiwohnung erfolgt ist!?* [Die Antrauung durch Beischlaf, obwohl sie als verpönt gilt, ist grundsätzlich auch möglich.] *Darauf antwortet R. Ashi: Die Rabbanan haben seine Beiwohnung zu einer außerehelichen gemacht."*

Trotz dieser im Dialog artikulierten Mühe um die Legitimierung der getroffenen Maßnahme ist festzuhalten, dass der Eingriff der Rabbinen in diesem Fall – nach der Erklärung von R. Ashi – nicht oder wenigstens noch nicht ganz rechtskonform war. Eine solche Erklärung für die Entscheidung – sie sei richtig, obwohl sie im Grunde eine *contra-legem*-Entscheidung war – ist konzeptionell nicht überraschend. Sich so zu verhalten, ist in der Halacha in Ausnahmesituationen zulässig. Die Äußerung הוא עשה שלא כהוגן („*Er handelte ungebührlich*") bezeichnet – wie man heute zu sagen pflegt – ein meta-halachisches Prinzip; sie ist einer der vielen in der halachischen Literatur kursierenden Leitsätze, die das Billigkeitsprinzip zur Geltung bringen, die die Relevanz von Werterwägungen für den Rechtsfortbildungsprozess auf einer Meta-Ebene legitimieren.[19] Die Erklärung von R. Ashi gliedert sich in den Kontext der in der alten Halacha schon vertretenen Rechtsauffassung ein, die dem Richter eine Entscheidungskompetenz zuerkennt, jenseits der Gesetzeslinie Urteile zu fällen.[20] Mit Rekurs auf diese Tradition untermauert R. Ashi die Richtigkeit der tradierten Einzelfallentscheidung durch Inanspruchnahme des Aspekts der Fallgerechtigkeit. Damit zeigt sich die Kühnheit seiner Interpretation, mit dem Maßstab der Gerechtigkeit der Antrauung ihre Gültigkeit zu entziehen.

Im Traktat Baba Batra 48b führt R. Ashi (oder dessen Sohn) eine Kontroverse über die Gültigkeit einer Antrauung, zu der die Frau gezwungen wurde.

ואמר אמימר: תליוה וקדיש - קדושיו קדושין.
מר בר רב אשי אמר: באשה ודאי קדושין לא הוו,

---

[19] Ähnlich zur Verwendung der Begriffe ‚*Fairness*' und ‚*Equity*' im angloamerikanischen Recht.

[20] In einer Baraita (= tannaitische Quelle) (vgl. bSan 46a und bJev 90b) wird von R. Elieser b. Ya'akov berichtet: שמעתי שבית דין מכין ועונשין שלא מן התורה („*Ich habe gehört, dass der Gerichtshof nicht gemäß der Tora schlägt und straft*"). In dem Zusammenhang haben die Rabbinen ihre eigene Kompetenzregel formuliert: בית דין מתנין לעקור דבר מן התורה („*Das Gericht darf eine Anordnung treffen und dabei eine biblische Vorschrift aufheben*"). Die Anwendung dieser Regel wird im Talmud (bJev 90b) wie folgt differenzierend eingeschränkt: Eine Aufhebung einer biblischen Vorschrift durch das Gericht ist grundsätzlich möglich, wenn sie passiv geschieht, nämlich im Fall, dass die rabbinische Verordnung zur Unterlassung der Einhaltung einer biblischen Vorschrift führt, so beispielsweise im Fall der rabbinischen Verordnung, das Schofarblasen an einem Neujahrsfest, das auf Shabbat fällt, zu unterlassen. Im aktiven Sinn dürfen die Rabbinen eine Verordnung, welche direkt gegen biblisches Recht verstößt, nur dann erlassen, wenn ihre Anwendung zeitlich begrenzt ist. Vorbildlich ist hier die Darbringung von Opfern, die der Prophet Elija auf dem Berg Karmel im Kampf gegen den Götzendienst vollzogen hat, zu einem Zeitpunkt, als die Opferung auf Bühnen verboten war. Die Diskussion an der genannten Stelle führt auch zu einer weiteren Differenzierung und erklärt solche Eingriffe des Gerichts als zulässig für den privatrechtlichen juristischen Teil der Halacha. Die Frage, inwieweit es den Rabbinen erlaubt ist, auch dem göttlichen Gesetz zuwiderlaufende Entscheidungen in das System der Halacha einzuführen, blieb jedoch im rabbinischen Diskurs offen – von einer nicht weiter hinterfragbaren Akzeptabilität einer solchen weitgehenden von den Rabbinen beanspruchten Kompetenz kann nicht ausgegangen werden. Vgl. dazu I.D. Gilat, בית דין מתנין לעקור דבר מן התורה, in: *Bar Ilan* 7–8 (1970), S. 117–132 und E. Berkovitz, ההלכה כוחה ותפקידה, Jerusalem 1981, darin das Kapitel: לעקור דבר מן התורה כוח חכמים, S. 199–214.

Die Annullierung der Ehe als Ersatz für die Ehescheidung 79

הוא עשה שלא כהוגן, לפיכך עשו עמו שלא כהוגן ואפקעינהו רבנן לקידושיה מיניה.
אמר ליה רבינא לרב אשי: תינח דקדיש בכספא, קדיש בביאה מאי איכא למימר?
אמר ליה: שויוה רבנן לבעילתו בעילת זנות.

> Und es sagte Amemar: Hat er sie gehangen [= gezwungen] und die Antrauung vollzogen, so ist die Antrauung gültig.
> Mar bar R. Ashi sagte: Bei einer Frau[, deren Antrauung ihr aufgezwungen worden ist] ist die Antrauung sicherlich ungültig.
> Er handelte ungebührlich, dafür verfuhr man mit ihm ungebührlich und annullierte seine Antrauung.
> Es sagte Ravina zu Rav Ashi: Annehmbar (wäre die Annullierung), wenn die Antrauung durch Geld erfolgt ist, wie ist es aber, wenn sie durch Beiwohnung erfolgt ist!?
> Die Rabbanan haben seine Beiwohnung zu einer außerehelichen gemacht.

Die Kontroverse ist in den Zusammenhang einer Diskussion eingefügt, in der die Antrauung mit dem Rechtsgeschäft des Verkaufs in einen Vergleich gebracht wird:

אמר רבא, הלכתא: תליוהו וזבין – זביניה זביני.
[...] והלכתא: בכולהו דהוו זביניה זביני, ואפי' בשדה זו, דהא אשה כשדה זו דמיא, ואמר אמימר: תליוה וקדיש – קדושיו קדושין [...].

> Es sagte Rava: [Als] Halacha gilt [Folgendes:] Hat man ihn (= den Verkäufer) gehangen [= gezwungen] und hat er (gegen seinen Willen) verkauft, so ist sein Verkauf ein gültiger Verkauf. [...]
> [Letzlich gilt als verbindliche] Halacha [Folgendes:] In allen diesen Fällen, wo er [gegen seinen Willen] verkauft hat, gilt sein Verkauf als eine gültiger Verkauf, selbst [wenn es sich um den Verkauf] ein[es] bestimmten Feldes handelt, denn ‚Frau' ähnelt einem ‚bestimmten Feld' und [bezüglich der Frau] sagte Amemar: Hat er sie gehangen [= gezwungen] und die Antrauung vollzogen, so ist die Antrauung gültig.

Der Verkäufer muss zwar in den Verkauf einwilligen, damit das Rechtsgeschäft gültig wird; sein Einverständnis wird aber auch dann als gegeben vorausgesetzt, wenn er dies unter Zwang tut, eine paradoxe Logik, wie im anfangs erwähnten Fall des Mannes, den man zur Scheidung zwingt, bis er sagt, ich will es. Analoges gilt nun nach Meinung eines Zeitgenossen von R. Ashi, Amemar, für die Antrauung, die die Frau unter Zwang angenommen hatte. Mit guten Gründen, die aber nicht weiter ausgeführt werden, bestreitet Mar bar R. Ashi – nach anderen Textzeugen[21] und plausibler, R. Ashi selbst – die Legitimität einer solchen Analogie. Damit nimmt er implizit Bezug auf eine etablierte Tradition im Talmud, die vom Willen der Frau als Voraussetzung der Antrauung ausgeht.

Ob aber eine unter solchen Umständen zustande gekommene Ehe rechtswirksam ist, wird nur an dieser Stelle im Talmud explizit behandelt.[22] Der Fall einer

---

[21] So in Ms Hamburg 165, ein besonderer zuverlässiger Textzeuge. Zu weiteren Belegen vgl. I. Franzus (wie Anm. 13), S. 91–92.

[22] In mQiddushin 2,1 heißt es: האשה מתקדשת בה ובשלוחה und im Nachsatz wird bezüglich der Minderjährigen Folgendes geregelt: האיש מקדש את בתו כשהיא נערה, בו ובשלוחו. Der Unterschied impliziert, dass die Einwilligung der volljährigen Frau bei der Antrauung erforderlich ist. Entsprechend wird im Namen von Rav überliefert, dass es verboten sei, eine Minderjährige zu verheiraten und man warten müsse, bis sie groß ist und ihren Willen kund tun kann (bQidd 41a). Solche Stellen dokumentieren eine allgemeine Tendenz zur Zustimmung der

Antrauung unter Zwang birgt in sich eine grundsätzliche Spannung zwischen dem Geltungsanspruch von Normen von unterschiedlichem Status. Auch wenn der Talmud ausdrücklich den Willen der Frau zur Antrauung vorsieht, bedeutet das nicht *eo ipso,* dass eine Antrauung unter Zwang nicht gültig ist. Wenn nach biblischer Rechtslage der Wille der Frau keinen Hinderungsgrund für das Zustandekommen der Ehe darstellt, wird der Fall einer Antrauung unter Zwang problematisch. Die rabbinische Norm tritt in diesem Fall in Kollision mit einer biblischen Norm und ist zu schwach, um wirksam zu werden.

Dies scheint der Grund zu sein, der die Redaktoren des Talmud veranlasst hat, die Idee des Rechtsbehelfs der Eheannullierung samt allen seinen diskursiven Bestandteilen wortwörtlich aus der Diskussion über den Fall in Naresh an dieser Stelle der tradierten Auffassung von R. Ashi anzuhängen. Dadurch wird die rabbinische Norm untermauert, den Willen der Frau zur Voraussetzung der Gültigkeit der Antrauung zu erheben. Fehlt diese Voraussetzung, so wird sie fiktiv einem Verfahren der Eheannullierung unterzogen und die Antrauung unter Zwang wird nichtig.

Vor dem Hintergrund dieses Grundproblems wird die Bedeutsamkeit des Konzepts der Eheannullierung ersichtlich. Eheannullierung ist ein klug erdachter Ausweg aus dem Dilemma des Widerstreits zwischen göttlichen und menschlichen Geltungsinstanzen. Das Spannungsfeld zwischen biblischer und rabbinischer Geltungssphäre liegt prinzipiell jedem halachischen Erneuerungsprozess zu Grunde. Am Beispiel der Ehe-Annullierung kann man dies besonders deutlich verfolgen. In den späteren Reflexionen über dieses Konzept, auf die ich kurz eingehen möchte, wird diese Spannung thematisiert.

Die vier weiteren Stellen, in denen die Diskussion um das Konzept der Eheannullierung weitergeführt wird, bilden eine eigene Gruppe,[23] in der es jeweils grundsätzlich darum geht, dem nach biblischem Recht ungültig gewordenen Scheidebrief Geltung zu verschaffen, indem man dessen angestrebte Folge, die Auflösung der Ehe im Wege ihrer Nichtigerklärung herbeiführt. Eine dieser Stellen sei hier zur Veranschaulichung dessen, was sich im Stadium dieser reflexiven Rezeption abspielt, referiert.

Die Mishna behandelt den Fall, dass der Mann den Scheidebrief einem Boten zur Weitergabe an die Frau aushändigt. In mGittin 4,1–2 werden die Bedingungen genannt, unter denen ein Widerruf der durch die Aushändigung des Scheidebriefs abgegebenen Willenserklärung möglich ist:

השולח גט לאשתו והגיע בשליח או ששלח אחריו שליח ואמר לו גט שנתתי לך בטל הוא הרי זה בטל

קדם אצל אשתו או ששלח אצלה שליח ואמר לה גט שישלחתי ליך בטל הוא הרי זה רטל

Frau als Bedingung für eine gültige Antrauung. Aus ihnen geht jedoch nicht eindeutig hervor, ob eine gegen die „Regel" verstoßende Antrauung unter Zwang im Nachhinein für ungültig zu erklären ist. Genau diese Frage bildet die Grundlage der Kontroverse zwischen Amemar und Rav Ashi.

[23] Die an diesen Stellen diskutierten drei Fälle sind folgende: Die nachträgliche Aufhebung der schon einem Boten übergebenen Scheidungsurkunde, eine an eine zeitliche Bedingung geknüpfte Scheidungsurkunde und die Scheidungserklärung eines Strebenskranken, der aus seiner Krankheit genesen ist.

Die Annullierung der Ehe als Ersatz für die Ehescheidung 81

אם משהגיע גט לידה שוב אינו יכול לבטלו
בראשונה היה עושה בית דין במקום אחר ומבטלו
התקין רבן גמליאל הזקן שלא יהו עושין כן מפני תקון העולם

    Überbringt [jemand] einen Scheidebrief (durch einen Boten) an seine Frau und erreichte den Boten oder er schickte ihm einen (anderen) Boten nach und sagte[24] zu ihm:[25] „Der Scheidebrief, den ich Dir ausgehändigt habe, ist nichtig", so ist er nichtig.

    Ist er zuvor zu seiner Frau gekommen[26] oder hat er zu ihr einen Boten gesandt[27] und sagte[28] zu ihr: Der Scheidebrief, den ich zu Dir geschickt habe, ist nichtig, so ist er nichtig. Wenn der Scheidebrief in ihre Händen gelangt ist, so kann er ihn nicht mehr für nichtig erklären.

    Anfangs konnte er ein Gerichtskollegium an einem anderen Ort zusammensetzten und den Scheidebrief für nichtig erklären.

    (Da) ordnete Rabban Gamliel, der Ältere, an, dass man so nicht verfahren soll, wegen dem Wohl der Welt.

Der Widerruf, die Rückgängigmachung des Scheidungsvorhabens, ist möglich, wenn der Mann seinen Wunsch widerruft, bevor seine Frau den Scheidebrief erhalten hat. Wichtig ist, dass der Wunsch des Mannes, sich zu trennen, auch für den Zeitpunkt gilt, zu dem seine Frau die Urkunde erhält. Grundsätzlich (d.h. nach biblischem Recht) kann er deshalb den Scheidebrief auch in Abwesenheit des Boten für ungültig erklären, indem er ein Gericht (ein privates Gericht) einberuft, das die Scheidung für nichtig erklärt. Wird der Mann jedoch auf diese Weise verfahren, kann es dazu führen, dass die Frau in Unkenntnis der Nichtigerklärung der Scheidung eine neue Ehe eingeht, die nicht gilt, und Kinder zur Welt bringt, mit der schwerwiegenden Folge, dass diese als Mamserim gelten, denen das Eingehen einer Ehe mit anderen Juden verwehrt wird. Die Mishna (mGittin 4,1) dokumentiert die Verordnung von Rabban Gamliel, dem Älteren, der mit Rücksicht auf den Schutz der Frau und deren Kinder dem womöglichen Missstand einen Riegel vorschiebt und dem Mann verbietet, den Scheidungsvorgang nach Übergabe der Urkunde an den Boten abzubrechen, ohne die Frau direkt bzw. durch den Boten darüber in Kenntnis zu setzen. Die Frage ist, welche Rechtskraft diese rabbinische Verordnung besitzt? Was gilt, wenn der Mann gegen die Verordnung verstoßen würde? Wie würde sich ein solcher Verstoß auf die Gültigkeit des Scheidebriefes auswirken?

Darüber debattieren im Talmud die Nachkommen von Rabban Gamliel:

ת"ר: בטלו - מבוטל, דברי רבי;
רשב"ג אומר: אינו יכול לא לבטלו ולא להוסיף על תנאו,
שא"כ, מה כח ב"ד יפה.
ומי איכא מידי מדאורייתא בטל גיטא, ומשום מה כח ב"ד יפה שרינן אשת איש לעלמא?
אין, כל דמקדש אדעתא דרבנן מקדש, ואפקעינהו רבנן לקידושין מיניה.
אמר ליה רבינא לרב אשי: תינח דקדיש בכספא, קדיש בביאה מאי איכא למימר? שוויה רבנן לבעילתו בעילת זנות.

---

[24] Bzw. ließ ihm durch den anderen Boten sagen.
[25] Zum ersten Boten.
[26] Bevor sie den Scheidebrief erhalten hat.
[27] Der ebenso zu der Frau gekommen ist, bevor sie den Scheidebrief erhalten hat.
[28] Bzw. ließ sie durch den Boten sagen.

Die Rabbanan lehrten:
Hat er ihn (= den Scheidebrief) (vor einem Gerichtskollegium) für nichtig erklärt,[29] so ist [d]er [Scheidebrief] nichtig. [Das sind] die Worte Rabbis. Rabban Shime'on b. Gamliel sagte: Er kann ihn weder für nichtig erklären noch ihm (dem Scheidebrief) eine Klausel hinzufügen; denn, wenn dem so wäre, worin bestünde sonst die Macht des Gerichts?

Ist es denn möglich, dass der Scheidebrief nach der Tora nichtig ist, und wir wegen der Macht des Gerichts einer Ehefrau die Ehe mit Anderen [wörtlich: mit der ganzen Welt] erlauben?

Ja, wer sich eine Frau antraut, tut dies gestützt auf die Zustimmung der Rabbinen, und die Rabbinen haben die Antrauung annulliert.

Es sagte Ravina zu Rav Ashi: Annehmbar (wäre die Annullierung), wenn die Antrauung durch Geld erfolgt ist, wie ist es aber, wenn sie durch Beiwohnung erfolgt ist!?

Die Rabbanan haben seine Beiwohnung zu einer außerehelichen gemacht.

Rabban Shimon b. Gamliel (Urenkel des in der Mishna erwähnten R. Gamliel) untermauert die Position, dass der Mann die Scheidung in Abwesenheit des Boten nicht rückgängig machen kann, mit dem plausiblen Hinweis: שא"כ, מה כח ב"ד יפה. („*Wenn dem so wäre, [dass nämlich die Aufhebung der Scheidung trotz der Anordnung von Rabban Gamliel weiterhin rechtswirksam wäre], worin bestände dann die Macht des Gerichts?*") Da aber die Macht des Gerichts, die legislativen Kompetenzen der Rabbinen relativ ist und auf jeden Fall mit der Macht des göttlichen Rechts, wie es in der Tora manifestiert ist, nicht konkurrieren kann, wird auf der Ebene einer amoräischen Rezeption der Kontroverse der anonyme Einwand gemeldet: ומי איכא מידי דמדאורייתא בטל גיטא, ומשום מה כח ב"ד יפה שרינן אשת איש לעלמא? („*Ist es denn möglich, dass der Scheidebrief nach der Tora nichtig ist, [wenn also der Mann sie in der folgenschweren Art und Weise aufgehoben hat] und wir wegen der Macht des Gerichts einer Ehefrau die Ehe mit Anderen [wörtlich: mit der ganzen Welt] erlauben?*"). Rhetorisch wird die positive Antwort vorbereitet: Ja, das ist möglich, woraufhin sich die überraschende Explikation der positiven Antwort anschließt: כל דמקדש אדעתא דרבנן מקדש, ואפקעינהו רבנן לקידושין מיניה („*Wer sich eine Frau antraut, tut dies gestützt auf die Zustimmung der Rabbinen, und die Rabbinen haben die Antrauung annulliert.*").

Diese neue Äußerung „*Wer sich eine Frau antraut, tut dies gestützt auf die Zustimmung der Rabbinen, und die Rabbinen haben die Antrauung annulliert*" stellt die fortgeschrittene Formulierung der rabbinischen Theorie der Eheannullierung dar. Der wichtigste Punkt dabei ist der Hinweis auf die unterstellte Zustimmung der Rabbinen zum Vollzug der Antrauung. Die Antrauung unterliege deren Obhut. Ihre eventuelle Zustimmung zur Antrauung fungiert wie eine Klausel, von deren Erfüllung die Gültigkeit der Antrauung abhängt. Die vermeintliche Zustimmung der Rabbinen zur Antrauung ist analog zur Zustimmung des Vaters zu setzen, die man zur Bedingung für die Rechtsmäßigkeit der Antrauung stellen kann. Traut sich jemand eine Frau unter der expliziten Bedingung an, dass dies der Zustimmung seines Vaters bedarf, ist die Antrauung nichtig, wenn der Vater seine Zustimmung nicht erteilt hat. Ein indirekter Bezug auf die Zustimmung der Rabbinen ist in der Antrauungsformel selbst angelegt, wo der Hinweis auf „*das Gesetz Israel*" bei der Äußerung: „*Hiermit bist du mir geheiligt nach dem Gesetz Mose und Israel*", das über Moses' Gesetz hinausgehende rabbinische Recht

---
[29] Und damit der Verordnung des Rabban Gamliel keine Beachtung geschenkt.

meint. Auch generell scheint die Feststellung: *„Jeder, der sich eine Frau antraut, tut dies gestützt auf die Zustimmung der Rabbinen"*, nichts anders zu besagen, als dass der Akt der Antrauung nicht gänzlich privater Art ist, dass also jeder, der sich eine Frau anheiligt, dies tut, indem er sich in das kollektive Leben der jüdischen Gemeinschaft eingliedert mit der Folge, dass das rabbinische Gericht, stellvertretend für die Interessen der Gemeinde, eigenständig eingreifen darf, um eine bestehende Ehe unter Umständen für nichtig zu erklären.

Im besprochenen Fall wird der Scheidebrief aufgrund eines Widerrufes des Mannes ungültig. Dieser Vorgang hat eine rechtliche Legitimation ersten Grades. Er ist – in rabbinischer Perspektive – biblisch legitim. Aus sachlichen Gründen ist es ein Anliegen der Rabbinen, der Scheidung Geltung zu verschaffen. Das Problem wird nicht dadurch gelöst, dass die Rabbinen ihre eigene Autorität, ‚die Macht des Gerichts', über die der Tora setzen. Ihr Anliegen bringen sie zur Geltung, indem sie die Frage nach der zweifelhaften Gültigkeit des Scheidebriefes auf die Ebene der Eheschließung überführen und diese für nichtig erklären. Durch diesen Umweg wird eine frontale Konfrontation mit der göttlichen Geltungssphäre vermieden.

Bei diesem Stadium der Reflexion über das Konzept der Eheannullierung hat sich dieses rechtswissenschaftlich weiter entwickelt. Galt es in seinem ursprünglichen Stadium als Verfahren zur Durchsetzung einer über die Gesetzeslinie hinausreichenden richterlichen Macht, so entfaltet es sich hierbei zu einem eigenständigen legitimen Rechtsinstitut. An Stelle des Satzes vom moralischen Vergeltungsprinzip (*„er hat ungebührlich verfahren; deshalb wird mit ihm ungebührlich verfahren"*) wird die Nichtigerklärung der Ehe durch die neue Formulierung *„jeder, der sich eine Frau antraut, tut dies gestützt auf die Zustimmung der Rabbinen"* normiert. Die Ehe-Annullierung versteht sich auf dieser Rezeptionsebene als ein rechtmäßiges Verfahren ohne jeden Vorbehalt. Die Formulierung *„jeder, der sich eine Frau antraut, tut dies gestützt auf die Zustimmung der Rabbinen"* drückt die konzeptionelle Grundlage eines ins Leben gerufenen Rechtsinstituts aus.

Bei der aktuellen Kontroverse um die Wiedereinsetzung der Option der Eheannullierung zur Lösung des Problems der „gebundenen" Frauen kommt der konkreten Anwendung dieser Maßnahme im Talmud ein zentraler Stellenwert zu. Es ist eine grundsätzlich halachisch-methodologische Frage, ob die spezifischen Fälle, in denen das Modell der Eheannullierung im Talmud zur Anwendung kommt, eine extensive Deutung zulassen. Es ist die Frage, ob sich die Geltung der spezifischen Entscheidungen im Talmud analog auf das spezifische beschriebene Problem der „Gebundenheit" der Frau übertragen lässt.

Ohne weiter auf die Rezeption dieses talmudischen Rechtsinstituts durch das Mittelalter hindurch und darüber hinaus bis zur Neuzeit einzugehen, zeugt der diskursive Kontext, in den die wenigen Erwähnungen der Konzeption der Eheannullierung im Talmud eingebettet sind, für sich, wie die Thematisierung des Modells der Eheannullierung gleichzeitig die Thematisierung der Frage nach Sinn und Geltung rabbinischer Autorität und damit verbunden die Frage nach der Erneuerbarkeit der Halacha mit sich bringt. Die Entwicklung des Konzepts der Eheannullierung im Talmud scheint mir auch für die aktuelle Debatte von Relevanz. Die Geschichte der Eheannullierung bezeugt deren klare Teleologie:

Die Annullierung der Ehe ist ein allgemeiner Rechtsbehelf, der den Rabbinen ermöglicht, einen nachteiligen eherechtlichen Zustand aufzuheben. Es verhält sich aber nicht so, dass im Talmud ein derartiges Instrument einfach vorgegeben war, welches in bestimmten Fällen zum Einsatz gekommen ist, sondern umgekehrt: Anhand spezifischer Fälle wurde das besagte Instrument ins Leben gerufen. Aus einer ursprünglich angedachten Konzeption als Rechtfertigung für eine außerordentlich und unrechtmäßig verstandene richterliche Entscheidung wird in den folgenden Diskussionen eine Institution, welche mit dem Stempel rechtlicher Legitimität versehen ist. Es ist nicht – um es mit dem Modus der in der rabbinischen Tradition zirkulierenden exegetischen Regel zu sagen – ein Fall vom Allgemeinen, welches durch das nachfolgende Besondere determiniert ist, sondern ein Fall vom Besonderen, dem das Allgemeine folgt, bei dem gilt: Das Allgemeine fügt dem Besonderen etwas hinzu.

ALEXANDER DUBRAU

Dient der Augenschein als Beweis?

Zur Bedeutung des Augenscheins im rabbinischen Diskurs

Die rabbinische Literatur berichtet wiederholt von Ereignissen, in denen sich eine rabbinische Autorität auf den ‚Augenschein' beruft, um einer bestimmten Aussage Gültigkeit zu verleihen. Die meisten dieser Quellen teilen einen durch einen Weisen in der ersten Person vorgetragenen ‚Erlebnisbericht' mit, nur wenige Texte erörtern die Thematik des Beweisverfahrens durch Augenschein explizit. Der vorliegende Beitrag möchte zwei Texte beleuchten, in denen die Rabbinen die Gültigkeit des Augenscheinbeweises erörtern.

Der Augenschein gilt im modernen Zivilrecht gleichbedeutend neben Sachverständigen, Parteivernehmung, Urkunden und Zeugen als Beweismittel, welches durch ein Gericht, einen Richter oder einen Sachverständigen anerkannt werden muss. Er umfasst die Gesamtheit der sinnlichen Wahrnehmung beweiskräftiger Tatsachen seitens der Richter, welche neben dem Sehen auch das Hören, Fühlen, Schmecken oder Riechen umfasst. Der Gegenstand des Augenscheins gilt dabei als Beweis.[1] Im Folgenden soll das Hören oder eine andere Weise der sinnlichen Wahrnehmung nicht zur Diskussion stehen. Besonders für das ‚Hörensagen', eine eigene Institution im rabbinischen Rechtsbildungsprozess, wären separate Untersuchungen notwendig.[2] Der Terminus ‚Augenschein' bezieht sich im Folgenden demnach primär nur auf die sinnliche Wahrnehmung des ‚Sehens'.

Im halachischen Diskurs ist der Bezug auf den Augenschein wie im deutschen Zivilgericht nur *ein* Argument im Prozess der Rechtsfindung. Er beruft sich in seinem argumentativen Gehalt auf die ‚historische Relevanz' des Erlebten, welche unmittelbar mit der Autorität des Vortragenden verbunden ist. Ein in die Lehrhausdiskussion argumentativ eingebrachter historischer Augenzeugenbericht wirft weiterführende Fragen auf. Schöpft die rabbinische Autorität, welche beispielsweise behauptet, ein bestimmtes Opferritual zur Zeit des zweiten Tempels gesehen zu haben und deshalb eine Frage zu dieser Opferhandlung beantworten zu können, das argumentative Potential allein aus der ‚Faktizität des Erlebten', begründet sie das Erlebte mit Rekurs auf der eigenen Zugehörigkeit am Kultpersonal oder basiert die Glaubwürdigkeit des Berichts vielmehr auf der Autorität des Rezipienten, unabhängig von jeder ‚historischen Relevanz'? Gibt

---

[1] Für das deutsche Zivilgerichtsverfahren vgl. §§ 144, 371f. ZPO und 15 Absatz 1 FGG.
[2] Eine klare Trennung zwischen dem Hörensagen und dem Sehen ist oft gar nicht möglich, vgl. dazu Anm. 31. Vgl. dazu auch den häufig belegten Terminus לא שמענו in der Mishna sowie die Ausführungen von W. Bacher, *Tradition und Tradenten in den Schulen Palästinas und Babyloniens*, Leipzig 1914, v. a. S. 9–12.

es Rechtsbereiche, in denen der Augenschein zulässig bzw. unzulässig ist? Kurz, welche Rolle wird dem Augenzeugnis als Beweismittel im Prozess der halachischen Entscheidungsfindung beigemessen?

Die Akzeptanz des Augenzeugenberichts als legitimes Beweismittel im halachischen Prozess lässt sich zunächst aus der biblischen Vorlage deuten. Bei der an die Propheten gerichteten göttlichen Frage „Was siehst du?" (מה אתה ראה)[3] kommt beispielsweise die Bedeutungsvielfalt der Wurzel *ra'* (hebr. רא״ה; dt. *sehen, erfahren* und *erleben*) zum Vorschein, wie dies ebenso in der tannaitischen Literatur gegenwärtig ist.[4] Eine charakteristische exegetische Terminologie für den tannaitischen Midrash Sifra ist beispielsweise die daraus abgeleitete Formel „warum willst du [etwas bestimmtes tun]" (מה ראית?), was die Bestätigung einer expliziten exegetischen Auslegung bekräftigt.[5]

*

Bevor Textbeispiele zum Augenscheinbeweis zur Sprache kommen, soll die literarische Form dieser Aussagen und die Gültigkeit einer durch Augenschein belegten Zeugenaussage thematisiert werden. Die Ereigniserzählung wird meist in einer geschlossenen Form tradiert, welche als *Ma'ase* (Pl. *Ma'asim*, Ereignis, Tatfall, Präjudiz) beschrieben werden kann und zuweilen mit entsprechender Einleitungsform (מעשה bzw. פעם אחד) versehen wird bzw. ohne Einleitung belegt ist.[6] Ereignisberichte in der ersten Person sind seltener,[7] in den meisten Fällen wird anonym über ein vergangenes Ereignis berichtet. Dabei fällt auf, dass die Tosefta im Verhältnis zu ihrem Umfang eine ungleich höhere Anzahl an Berichten bezeugt als die Mishna, ein Befund, welcher um so deutlicher ausfällt, wenn

---

[3] Jer 1,11.13; 24,3; Amos 7,8; 8,2 und Zech 4,2; 5,2.

[4] Vgl. dazu die Ausführungen von W. Bacher zur Formel מה ראה?, welche auf einen halachischen oder aggadischen Zusammenhang weist (*Die exegetische Terminologie der jüdischen Traditionsliteratur*, Teil I, Leipzig 1899, S. 177–178; ders., Teil II, Leipzig 1905, S. 198–200).

[5] Vgl. D. Hoffmann, *Zur Einleitung in die halachischen Midraschim*, Berlin, 1986–87, S. 31 und W. Bacher, *Terminologie*, Teil I, S. 178f. sowie ders., *Terminologie*, Teil II, S. 200 (wie Anm. 4). Häufig wird bereits in der tannaitischen Literatur zudem die Terminologie בוא וראה oder einfach nur ראה verwendet.

[6] Zu *Ma'ase* vgl. E.Z. Melamed, המעשה במשנה כמקור להלכה, in: *Sinai* 46, 1959/60, S. 152–166; ders., קובצי מעשים של תנאים, Proceedings of the Seventh World Congress of Jewish studies 1977, Bd. III, Jerusalem 1981, S. 93–107; A. Goldberg, Form und Funktion des Ma'ase in der Mischna, in: *FJB*, 1974, S. 1–38 (Ndr. in: A. Goldberg, *Rabbinische Texte als Gegenstand der Auslegung. Gesammelte Studien* II, hrsg. v. M. Schlüter und P. Schäfer, Tübingen 1999, S. 22–49); R. Reichman, Die Stellung des Ma'ase (Präjudizes) im Talmud, in: *forum historiae iuris. Erste Internet-Zeitung für Rechtsgeschichte*, 2000 (http://s6.rewi.hu-berlin.de/online/fhi/articles/pdf-files/0011reichmann.pdf); C. Hezser, *Form, Function, and historical Significance of the Rabbinic Story in Yerushalmi Neziqin*, Tübingen 1993 sowie auch L. Moscovitz, *Talmudic Reasoning. From Casuistics to Conceptualization*, Tübingen 2002.

[7] Beispiele für einen Bericht in der ersten Person in der Tosefta sind tSanh 2,1 (R. Yose sagte: Einst ging ich und mein Sohn Eleazar ...) und tPes 3,11 (R. Eliezer b. R. Zadoq sagte: Einmal saßen wir vor Rbn. Gamaliel im Lehrhaus in Lod ...).

die Berichte gezählt werden, in denen sich das Subjekt auf Augenschein beruft.[8] Die Form *Ma'ase* spiegelt bei Weitem jedoch nicht die Fülle der rabbinischen Ereignisberichte wider.[9] Für eine Interpretation dieser Stellen stellt sich immer wieder die Frage, ob die in der Erzählung behauptete Aussage mit den halachischen Entscheidungen der Rabbinen zu eben dieser spezifischen Fragestellung außerhalb dieser Erzählung übereinstimmt oder nicht.[10]

Die Weisen debattieren an mehreren Stellen über die Gültigkeit von Zeugenaussagen, welche sich auf den Augenschein berufen. Dabei wird das richterliche Ermessen im Umgang mit diesen Zeugenregelungen für bestimmte Fälle reglementiert. Zeugenaussagen nehmen im Beweisrecht (Prozessrecht), aber auch im gesamten kultischen Bereich (Interkalation des Jahres, rituelle Praktiken) eine bedeutende Stellung ein. Im Folgenden seien exemplarisch zwei Beispiele angeführt:

In den Bestimmungen über den *Naziräer* (vgl. Num 6,1–21) ist die Frage nach der Verunreinigung zentral. Der *Naziräer* darf in der Zeit, in welcher er den Eid des *Nazirats* abgelegt hat, sein Haar nicht scheren, wenn er sich jedoch an einer Leiche verunreinigt, ist dies geboten. In mNaz 8,1 heißt es über zwei *Naziräer*, von denen sich einer verunreinigt hat:

> Wenn jemand zu zwei *Naziräern* sagt: ‚Ich sah, dass einer von euch verunreinigt worden ist, ich weiß aber nicht, wer von euch', so scheren sie sich, bringen ein Opfer wegen Verunreinigung und ein Reinheitsopfer dar [...].[11]
>
> שני נזירים שאמר להן אחד ראיתי אחד שנטמא ואיני יודע איזה מכם מגלחין קרבן טומאה וקרבן טהרה [...].

Im Falle eines etwaigen Zweifels an der rituellen Reinheit des *Naziräers* versucht die Mishna detailliert, den komplexen Bestimmungen der Weihung und der Ausweihung des *Nazirats*, der Darbringung der Opfer und des Haarscherens gerecht zu werden. Grundlage dafür ist die Aussage eines einzelnen Zeugen, welcher sich auf den Augenschein beruft.

Das zweite Beispiel bezieht sich auf die in mSota Kap. 9 berichtete Sühnung des von unbekannter Hand verübten Mordes.[12] Nach Dtn 21,1–9 wird, wenn sich

---

[8] So z. Bsp. tShebi 5,2 (Rbn. Simeon b. Gamaliel sagte: Ich habe Simeon b. Kahana gesehen ...) oder tBik 7,2 (R. Simeon sagte: Ich sah ein Zicklein ...).

[9] Als weiteres Beispiel für eine geschlossene Form eines Erlebnisberichtes in der tannaitischen Literatur ist auf die in vielen Textstellen belegte Sentenz „als ich zu R. X kam und vor ihm (...) auslegte ..." (... וכשבאתי והרציתי / והרצאתי [...] לפני ר' פלוני) zu verweisen, vgl. z. Bsp. mJeb 16,7; mNaz 7,4; tChal 1,6; tJoma 2,7; tPea 3,2 und tNid 6,6. Diese Form ist wie auch die *Ma'ase* in dem jeweiligen Kontext zu interpretieren und meist Teil einer umfassenderen rabbinischen Debatte.

[10] Unmittelbar damit verbunden ist die Frage nach der Stellung des Erlebnisberichtes im halachischen Rechtsfindungsprozess. Nach Meinung der meisten Forscher sind beispielsweise die *Ma'asim* Quelle der Rechtsfindung, unabhängig davor, ob dieses vor oder nach einer rabbinischen Entscheidung zum entsprechenden Thema belegt ist (so bereits B. DeVries, תולדות ההלכה התלמודית, Jerusalem 1966, S. 169 und die Verweise dort).

[11] Zum Opfer der Verunreinigung siehe Num 6,10f., zum Reinheitsopfer vgl. Num 6,14. Zur Tradition vgl. auch tNaz 5,3.

[12] Vgl. dazu auch tSota 9, wobei die in mSota 9,8 ausgeführte Zeugenregelung keine Parallele in der Tosefta hat.

der Mörder eines begangenen Mordes auf freiem Feld nicht findet, einem Kalb das Genick gebrochen. Wenn der Mörder jedoch gefasst wird, wird das Ritual ausgesetzt und der Mörder mit dem Tod bestraft. Für den Fall, dass ein Zeuge den Mörder gesehen hat, heißt es in mSota 9,8:

> (1a) Sagt ein Zeuge: ‚Ich habe den Totschläger gesehen', und ein anderer ‚Du hast ihn nicht gesehen' [...] brach man dem Kalb das Genick. (2a) Sagt ein Zeuge: ‚Ich habe ihn gesehen,' und zwei sagen: ‚Du hast ihn nicht gesehen', dann bricht man dem Kalb nicht das Genick. (2b) Zwei sagen: ‚Wir haben ihn gesehen' und ein Zeuge sagt zu ihnen: ‚Ihr habt ihn nicht gesehen', dann brach man dem Kalb nicht das Genick.[13]

> (1a) עד אחד אומר ראיתי את ההורג ועד אחד אומר לא ראית [...] היו עורפין (2a) עד אחד אומר ראיתי ושנים אומרים לא ראית היו עורפין (2b) שנים אומרים ראינו ואחד אומר להן לא ראיתם לא היו עורפין.

Im ersten Fall (1a) stehen sich zwei Zeugenaussagen gegenüber, welche sich gegenseitig widersprechen, wobei sich nur der erste Zeuge (Behauptung des Sehens des Mörders) eindeutig auf sein Augenzeugnis stützt. Wenn der Mörder nicht eindeutig feststeht, ist das Sühneritual der Tötung des Kalbes auszuführen. In den anderen beiden Fällen (2a und b) entscheidet dagegen das Mehrheitsprinzip (Anzahl der Zeugenaussagen) über das Töten des Kalbes.

Bei Zeugenaussagen stellt der Augenschein grundsätzlich ein legitimes Element der Beweisführung dar, strenge Reglementierungen werden dagegen bezüglich der Tauglichkeit der Zeugen (Taubstumme, Blinde, Minderjährige und in den meisten Fällen auch Frauen sind nicht zugelassen), der Unbefangenheit und anderer moralisch-ethischer Grundsätze vorgenommen. Eine prinzipielle Annahme des Augenzeugnisses als Beweismittel, wie es bei den Regelungen für die Zeugen der Fall ist, ist in anderen Rechtsgebieten nicht grundsätzlich gegeben. Im Folgenden werden exemplarisch zwei Texte besprochen, in denen die Rabbinen die Relevanz des Augenscheinbeweises explizit thematisieren. Dabei beschränkt sich die Textauswahl auf Quellen, in welchen die Debatte um den Beweis des Augenzeugnisses in mehreren Diskussionseinheiten ausgetragen wird.[14]

*

---

[13] Vgl. dazu auch mNid 8,3, tNed 2,1, tSan 8,3 und tNid 5,15.

[14] Auch andere Texte sind im Rahmen dieser Fragestellungen relevant, wenngleich diese meist nur eine Entgegnung des Augenscheinbeweises tradieren. So wird beispielsweise in bSan 71a über den widerspenstigen Sohn [בן סורר ומורה] und die abtrünnige Stadt berichtet, dass es so etwas nie gegeben hat. R. Johanan sagt daraufhin: „Ich sah einen solchen/eine solche." Ein andere Beispiel ist die Diskussion über die Frage der Zugehörigkeit der Felle von Opfertieren in mZev 12,4 (= mEdu 2,2). Dabei wird diskutiert, ob das Fell von Opfertieren, an welchem vor dem Abhäuten etwas Untaugliches festgestellt wurde und damit das Opfertier untauglich ist, in den Besitz der Priester oder des Besitzers übergeht bzw. vernichtet werden muss. Im Kontext dieser Frage beruft sich R. Chananja, der Vorsteher der Priester, auf ein Augenzeugnis („Es sagte R. Chananja, Vorsteher der Priester: Mein Lebtag habe ich nicht gesehen, dass die Haut zur Brandstätte hinausgeführt wurde." – אמר רבי חנינא סגן הכהנים מימי לא ראיתי עור יוצא לבית השרפה). Darauf erwidern die Weisen: „‚Wir haben nicht gesehen' ist kein Beweis" (לא ראינו אינו ראיה) und fordern die Vernichtung der Haut.

1. Welcher Priester darf die Trompete blasen
(Sifre Numeri § 75 und yJom 1,1 38d)

In der folgenden Tradition sind R. Aqiba und R. Tarfon uneins über die Frage, inwieweit makellose und mit Körperfehlern behaftete Priester zu dem in Num 10,8 geforderte Blasen der Trompete verpflichtet sind. In Sifre Numeri § 75 zu Num 10,8 (Hor 70/1–8) ist folgende Version der Erzählung zu lesen:

a	Die Priester (Num 10,8) – sowohl makellose als auch mit Makeln versehene, Worte von R. Tarfon.	[15]הכהנים – בין תמימין ובין בעלי מומין דברי ר' טרפון
b	R. Aqiba sagt: Makellose, aber nicht mit Makeln versehene – es heißt hier ‚Priester' und es heißt dort *Priester*.[16] Wie ‚Priester', was dort gesagt wird, makellos aber nicht mit Makeln versehen bedeutet, so bedeutet auch ‚Priester', was hier gesagt ist, makellos und nicht mit Makeln versehen.	ר' עקיבה אומ' תמימים ולא בעלי מומין נאמר כאן כהנים ונאמר להלן כהנים מה כהנים האמורים להלן תמימים ולא בעלי מומין אף כהנים האמורים כאן תמימים ולא בעלי מומין
c	[17]Da sagte R. Tarfon zu ihm: Wie lange willst du, Aqiba, (diese Erklärungen) wie Stoppeln auflesen und (uns)[18] aufdrängen![19] Ich kann es nicht ertragen! Ich will meine Kinder schlagen,[20] wenn ich nicht Simeon, den Bruder meines Vaters,[21] der auf einem Fuß lahmte, gesehen habe, wie er stand und die Trompeten blies.	[22]אמר לו ר' טרפון עד מתי אתה מגביב ומביא עקיבה איני יכול לסבול אקפח את בני אם לא ראיתי שמעון אחי אבא שהיה חיגר ברגלו אחת שהיה עומד ומריע בחצוצרות

---

[15] Nach Manuskript Vatican 32 (Abkürzungen werden ausgeschrieben).

[16] Vgl. Lev 1,5: Er soll dann den Stier vor dem Herrn schlachten und die Söhne Aharons, die Pricster, sollen das Blut darbringen. Sie sollen es ringsum an den Altar sprengen, der am Eingang des Offenbarungszeltes steht (vgl. auch H.S. Horovitz, *Siphre d'be Rab* [Textausgabe], Leipzig 1917, Anm. z. St.).

[17] In tZeb 1,8 (vgl. auch bZeb 13a; Jalqut Shimo'ni Lev § 440) wird ein ähnlicher Dialog zwischen R. Aqiba und R. Tarfon tradiert. Dabei beruft sich R. Tarfon auf das Hörensagen: [...] אמר לו רבי טרפון עקיבא עד מתי אתה מגביב ומביא עלינו אקפח את בני אם לא שמעתי. Die Erwiederung von R. Tarfon auf eine Auslegung von R. Aqiba ist ebenso in Sifra Parasha 1,5 (Ed. Weiss 6b) zu finden, wobei sich R. Tarfon auf etwa Gehörtes bezieht (= Jalqut Shimo'ni Num § 725).

[18] So im Manuscript British Museum add. 16006 und ed. princ., nicht jedoch im wichtigen Textzeugen Vatican 32.

[19] Zur Formulierung עד מתי מגביב ומביא עלינו vgl. Bacher, *Terminologie*, Teil I, S. 11 (wie Anm. 4). Mit kleineren Variationen ebenso in bJom 76a, dort sagt R. Tarfon zu R. Eleazar aus Modiin: עד מתי אתה מגבב [דברים] ומביא עלינו (vgl. auch Sechel Tob zu Ex 16,31 und Jalqut Shimo'ni Ex § 260). Ähnlich in Mechilta deR. Jishmael 16,14 (Hor/Rab 166/7), vgl. auch Eicha Rabba 1,1.

[20] Die Formulierung אקפח את בני wird auch in mOhal 16,1 R. Tarfon zugeschrieben.

[21] ‚Vater' ist in Vatican 32 über der Zeile nachgetragen, im Manuskript London und ed. princ. dagegen אימא (‚Mutter').

[22] In Manuskript British Museum add.16006 und ed. princ. עד מתי אתה מגבב ומביא עלינו.

d	(Aqiba) sagte ihm: Gewiss, Rabbi! Vielleicht bei der Versammlung der Gemeinde; denn bei der Versammlung der Gemeinde, am Versöhnungstag und im Halljahr[23] sind mit Makeln versehene Priester tauglich.	אמר לו הין רבי שמא בהקהל שבעלי מומין כשרין בהקהל וביום הכיפורים וביובל
e	(Tarfon) sagte ihm: Beim Tempeldienst, du hast das nicht erdacht! Gepriesen seiest du Abraham, unser Vater, denn aus deinen Lenden ging Aqiba hervor.	א׳ לו העבודה שלא בידיתה אשריך אברהם אבינו שיצא מחלציך עקיבה
f	Tarfon sah und vergaß, Aqiba dagegen legt es aus (der Sache) selbst aus und stimmt dann mit der Halacha überein.	טרפון ראה ושכח עקיבא דורש מעצמו ומסכים להלכה
g	[24]Daher: Jeder, der sich von dir trennt, gleicht dem, der sich von seinem Leben trennt.	הא כל הפורש ממך כפורש מחייו

Zwischen R. Aqiba und R. Tarfon sind viele Kontroversen belegt,[25] wobei – wie auch im vorliegender Fall – die meisten dieser Berichte den Tempel bzw. Reinheitsgebote thematisieren und damit in die zweite Tempelzeit weisen. Der Priester R. Tarfon gilt zudem als Schüler Aqibas und ist einer der wenigen Priester, welcher in den (pharisäischen) Diskursen der Rabbinen eine bedeutende Stellung einnimmt.[26]

Der Text weist einen literarisch-dramatischen Aufbau auf, die Kontrahenten der Diskussion kommen abwechselnd zu Wort, ebenso wird das Geschehen kommentiert. Die Perikope berichtet dabei vom Widerstand Tarfons gegen seinen Lehrer [c], der darauf folgenden Belehrung [d] und der Einsicht Tarfons und Lobpreisung Aqibas [e und g]. Sowohl einzelne Elemente der Aussagen Tarfons[27] wie auch der Erzählstrang von Widerstand, Belehrung und Einsicht Tarfons haben weitere Parallelstellen,[28] wenngleich nur in yJom 1,1 38d und den internen Parallelen im Yerushalmi[29] der Diskurs beider Rabbinen für diesen halachischen

---

[23] Nach Aqiba wird das Blasen der Trompeten, welches nicht im Zusammenhang mit dem Opferdienst gesehen wird, auch von Priestern mit Körperfehlern vorgenommen, das Blasen, welches in Zusammenhang mit den Opfern erfolgt (Num 10,10) dagegen nur von makellosen Priestern. Der Yerushalmi z.St. spricht nur von der „Versammlung der Gemeinde" (vgl. auch die Ausführungen von Horovitz in der Textausgabe, Anm. z.St.).

[24] In yJom 1,1 38d (Parallele), tMiq 1,19 und yTer 8,1 45b wird diese Sentenz direkt R. Tarfon zugesprochen.

[25] Vgl. dazu die Ausführungen von J. Gereboff, *R. Tarfon: The Tradition, the Man, and Early rabbinic Judaism*, Montana 1979 und Bacher, *Terminologie*, Teil I, S. 342ff. (wie Anm. 4).

[26] Die Gruppe der Rabbinen, welche gleichzeitig Priester waren, war nicht sehr groß (vgl. dazu detailliert S. Schwartz, *Josephus and Judaean Politics* [CSCT 18], Leiden u.a. 1990, S. 58–109). Eine Kontroverse über die Stellung der Priester zwischen R. Aqiba und R. Tarfon ist auch in mTer 9,2 zu finden.

[27] Vgl. dazu Anm. 19, 20 und 24.

[28] Vgl. dazu Anm. 17.

[29] yMeg 1,12 72b; yHor 3,3–5 47d und ein Genizahfragment (siehe: L. Ginzberg, *Yerushalmi Fragments from the Genizah*, Bd. 1, New York 1990, S. 106).

Fall belegt ist. In der Version im Yerushalmi wird die *Baraitha* mit der rhetorischen Frage eingeleitet, ob R. Tarfon nicht das Blasen der Trompete während der Versammlung mit dem Blasen beim Opfer verwechselt hat. Der Analogieschluss Aqibas [*Gezera Shawa* in b] entfällt im Yerushalmi, ein Umstand, welcher für die Ursprünglichkeit der Version in Sifre Numeri sprechen könnte. Des Weiteren wird die Lehre der Erzählung Tarfon zugesprochen, so heißt es im Yerushalmi [entsprechend für Sifre Numeri e–f]:

e   R. Tarfon sagte zu ihm: Ich will meine Kinder schlagen, denn du bist weder nach rechts noch nach links abgewichen![30]   אמר לו רבי טרפון אקפח את בני שלא היטיתה ימין ושמאל

f   Ich bin es, der das Ereignis gesehen [gehört] hat[31] und (die Tradition) vergaß und (demnach) nichts auslegen konnte. Du aber legst aus und stimmst mit der überlieferten Regel überein.   אני הוא שראיתי {ששמעתי}[23] את המעשה ושכחתי ולא היה לי לפרש ואתה דורש ומסכים לשמועה

Der Befund der Parallelstellen deutet auf eine dem Rezipienten bekannte Vorlage, wobei es möglich ist, dass diese zunächst unabhängig von spezifischen halachischen Sachfragen als narrativer Rahmen vorlag und erst sekundär mit diesem verbunden wurde.

Auffällig ist der vehemente Einspruch Tarfons gegen die Ausführung R. Aqibas, welche an eine impulsive Äußerung im Kontext einer Lehrhausdiskussion erinnert. Neben dem sachlichen Argument, welches sich auf den Augenschein stützt – sein lahmer Onkel hätte im Tempel die Trompete geblasen – wird das hermeneutische Verfahren Aqibas kritisiert. Das Argument des Augenscheins wird durch Tarfon mit Verweis auf das Wohlergehen seiner Kinder autorisiert. Die Entgegnung Aqibas in [d] fällt damit verglichen verhalten aus: Aqiba geht von der Möglichkeit des Irrtums bei R. Tarfon aus. Die Anrede mit dem Titel ‚Rabbi', ursprünglich eine Ehrerweisung, ist im vorliegenden Kontext der Erzählung vielmehr als Polemik zu deuten.

Der Plot der Erzählung liegt mit der Einsicht Tarfons in [e] vor: Er drückt seine Bewunderung darüber aus, dass R. Aqiba die Exegese nicht ausgedacht hat (שלא בידיתה), da diese vielmehr auf ‚historischer Wahrheit' beruhe. Auch [g] dient wie [e] der Verherrlichung R. Aqibas. Der emphatische Ausruf ‚beim Tempeldienst' paraphrasiert die plötzliche Einsicht Tarfons. In [f] meldet sich hingegen der Rezipient der Perikope zu Wort, indem er das Ereignis auf einer theoreti-

---

[30] Die Metaphorik der Wendung שלא היטיתה ימין ושמאל basiert auf Dtn 5,28 (לא תסרו ימין ושמאל) und 17,11 (לא תסור מן הדבר אשר יגידו לך ימין ושמאל).

[31] Im Manuskript Leiden sind die Worte „der das Ereignis gesehen hat" am Rand vermerkt (diese Variante ist auch in yMeg vermerkt), im Text wird der Wortlaut „gehört" dagegen durchgestrichen, welcher jedoch auch in der Parallele in yHor und dem Genizahfragment bestätigt wird, vgl. *Synopse zum Talmud Yerushalmi* (Ed. P. Schäfer u.a.; TSAJ 31, 33, 35, 47, 83, 82 und 67), Tübingen 1991–1995 sowie F. Avemarie, *Yoma – Versöhnungstag* (Übersetzung Talmud Yerushalmi III/4), Tübingen 1995, S. 21, Anm. 159; G.A. Wewers, *Horayot – Entscheidungen* (Übersetzung Talmud Yerushalmi IV/8), Tübingen 1984, S. 92.

[32] Siehe Anm. 31.

schen Ebene deutet: Das ‚Sehen' des historischen Ereignisses führt zum Vergessen der Tradition, das ‚Auslegen' (דרש) des Schriftwortes dagegen stimmt mit der (normativen) *Halacha* überein. Das ‚Erforschen' der Halacha führt zum Erfolg, das bloße Berichten von Geschehenem obliegt dem Vergessen. Mit anderen Worten, nicht der Augenschein offenbart die Wahrheit der Schrift, sondern die Exegese aus dem Schriftwort.

Diese Diskussion verdeutlicht wie viele andere Traditionen in der rabbinischen Literatur die Diskrepanz zwischen einer rabbinisch-pharisäischen Auslegung, welche sich auf hermeneutische Prinzipien stützt und durch die Figur Aqibas symbolisiert wird, und einem durch R. Tarfon vertretenen konservativ-priesterlichen Traditionsverständnis. Im Gegensatz zu anderen Texten mit dieser Problematik kommt in der vorliegenden Tradition der hermeneutische Ansatz kompromisslos zum Vorschein.[33] R. Aqibas Überlegenheit besteht gerade darin, dass er ohne Bezug zur Tempelpraxis das von Tarfon berichtete historische Ereignis *richtig* deutet. Selbst wenn die Priester sich so verhalten hätten wie (irrtümlich) von Tarfon angenommen, hätten sie es im Sinne Aqibas wider die richtige Deutung der Schrift getan. Das Augenzeugnis ist demnach trügerisch und obliegt im Gegensatz zur Schriftexegese der Gefahr des Vergessens. Das Wissen über die Tempelpraxis dient nicht mehr der Traditionsfindung. In diesem Sinne entscheidet der Rabbiner Aqiba und nicht der priesterliche Rabbiner Tarfon die halachische Frage. Auch wenn beide Rabbinen als Zeitgenossen (R. Aqiba ist älter als Tarfon) über die Tempelpraxis der Spättempelzeit berichten könnten, muss Tarfon als Priester den Tempeldienst bewusster erlebt haben als sein Lehrer.[34]

2. Die Kleidervorschriften der Priester bei der Verbrennung der Kuh
(tPara 4,7; Sifre Numeri § 123 Num 19,2; Sifre Zuta Num 19,3)

Die Kompetenzen der Aufsicht und Begutachtung der Verbrennung und Zubereitung der roten Kuh zur Herstellung der Reinigungsasche (dazu Num 19) sind in frührabbinischer Auslegung umstritten. Eine in drei Versionen belegte Erzählung widmet sich der Frage der Kleidungsordnung des Priesters bei der Verbrennung der roten Kuh.[35] Dabei ist biblisch zwischen verschiedenen Kleidern der

---

[33] Ein bekanntes Beispiel für eine kritische Auseinandersetzung des hermeneutischen Ansatzes der Schriftauslegung sowie des Patriarchats ist die Erzählung von Hillel und den *Bnei Batyra* über die Frage der Darbringung des Pessachopfers am Shabbat (yPes 6,1 33a, bPes 66a, tPes 4,13, vgl. dazu auch Anm. 63). Ein kritischer Umgang mit der von Hillel behaupteten Tradition ist ebenso zentrales Thema im anschließend besprochenen Textbeispiel (Sifre Zuta Num 19,3) wenngleich dort Hillel gerade keine hermeneutische Auslegung einbringt (dazu detailliert unten).

[34] Auf eine historische Wertung der Erzählung wurde verzichtet. Es sei lediglich darauf verwiesen, dass zunächst in der Erzählung die strenge Auslegung Aqibas der leichteren Tarfons gegenübersteht. Die von Tarfon anfänglich behauptete Verfahrensweise könnte die erleichterten Regelungen während der Tempelreformen nach 63 n.Zw. bzw. die generelle Praxis widerspiegeln, welche in der letzten Phase der Tempelzeit maßgebend war.

[35] Der zu analysierenden Debatte liegen biblische und außerbiblische Traditionen zur Priesterkleidung zu Grunde. Einen umfassenden Überblick zur Priesterkleidung bieten P. P. Jenson,

Priester zu unterschieden: [a] die vier Unterkleider der Priester,[36] [b] das Ornat (vier Oberkleider), welches darüber hinaus vom gesalbten Priester (Hohepriester) während des Tempeldienstes am Morgen und am Abend anzulegen ist[37] und [c] die Kleidung des Hohepriesters am Versöhnungstag, welche als weiße Kleider (בגדי לבן) bezeichnet wird und von den vom Hohepriester gemeinhin zu tragenden goldenen Gewändern unterschieden wird. Bei bestimmten Anlässen werden die weißen Kleider auch von den Laienpriestern getragen.[38] In Sifre Zuta ist der Bericht Teil des Kommentars zum Lemma in Num 19,3: *Und sie sollen sie [die rote Kuh] dem Priester Eleazar geben* (ונתתם אותה אל אלעזר הכהן), in Sifre Numeri dagegen zu Num 19,2: *Dies ist die Satzung der Tora* (זאת חקת התורה) in der Tosefta Teil der Ausführung zu den Regeln, welche für die Tauglichkeit der Kuh zu beachten sind:

tPara 4,7 (Zuck 633/22–28)[39]	Sifre Numeri § 123 Num 19,2 (Hor 151/8–13)[40]	Sifre Zuta Num 19,3 (Hor 302/5–11, nach Jalqut Shimo'ni Num § 760)[41]
a1 שאלו תלמידיו את רבן יוחנן בן זכיי	a1 שאלו תלמידיו את רבן יוחנן בן זכיי	a1 אמרו פעם אחת שאלו את הילל
2 פרה במה נעשית	2 באילו כלים פרה נעשת	2 באיזו לבוש הפרה נשרפת
3 אמר להם בבגדי זהב	3 אמר להם בבגדי זהב	3 א״ל[42] בגדול
4 אמרו לו למדתנו בבגדי {לבן}[43]	4 אמרו לו והלא לימדתנו רבינו בבגדי לבן	4 אמרו לו אינה נשרפת אלא בלבן
		5 א״ל אני ראיתי את יהושע בן פרחיה ששרפה בגדול
		6 א״ל אנו ראינו ששרפה בלבן

Graded Holiness, a key to the priestly conception of the world (JSOTS 106), Sheffield 1992, 124 ff.; M. Haran, Priestly Vestments, in: *EJ*, Bd. XVI (2. Ausg.), Detroit 2007, S. 511–513; A. Büchler, *Die Priester und der Cultus im letzten Jahrzehnt des Jerusalemer Tempels* (Jahresbericht der Israelitisch-Theologischen Lehranstalt in Wien 1894/95), Wien 1895, 136 ff. und E. P. Sanders, *Judaism. Practice and Belief, 63 BCE-66 CE*, London 1992, S. 92–102.

[36] Vgl. Ex 28,4.39.42; Jes 22,21. Die vier Unterkleider setzen sich aus Mantel oder Leibrock (כותונת), Haartracht (מצנפת), Gürtel (אבנט) und Beinkleider (מכנסי בד) zusammen.

[37] Vgl. Ex 28,2ff. Es setzt sich aus Brustschild (אפוד), Oberkleid zum Efod, Diadem sowie gefärbter Wolle und feinen Leinen zusammen. Die besondere Mischung des Stoffes heiligt das Gewand und garantiert die Ausschließlichkeit der Nutzung durch die Priester, weshalb der Stoff auch für profane Kleidung den Priestern verboten ist (Lev 19,19; Dtn 22,9–11).

[38] Nach Lev 16,4 beinhalten diese Kleider: [a] Mantel, [b] Beinkleider, [c] Kopfschmuck (מצנפת) und [d] Gürtel. Gemäß Lev 6,3 können diese Gewänder durch gewöhnliche Priester bei der Verrichtung von verschiedeneren Tempelarbeiten getragen werden. Vgl. dazu auch mJoma 3,6.

[39] Nach Manuskript Wien hebr. 20 (Abkürzungen werden ausgeschrieben). Eine parallele Überlieferung mit abweichendem Inhalt ist auch in tOhal 16,8 tradiert.

[40] Nach Manuskript Vatican 32 (Abkürzungen werden ausgeschrieben).

[41] Jalqut nach Manuskript Oxford 2637. Das wichtigste Manuskript vom Jalqut ist der beste Textzeuge für diese Erzählung, welche nicht im Midrash haGadol tradiert ist.

[42] Horovitz, Textausgabe z. St. אמר להם.

[43] So in ed. princ.; in Manuskript Wien wurde לבן wohl irrtümlich weggelassen.

| tPara 4,7 | Sifre Numeri § 123 Num 19,2 | Sifre Zuta Num 19,3 |
| (Zuck 633/22–28) | (Hor 151/8–13) | (Hor 302/5–11, nach Jalqut Shimo'ni Num § 760) |

		7 א״ל[44] אתה אומ׳ {אתם או׳}[45] משמו ואני או׳ משמו מי מוכיח[46]
		8 א״ל[47] לך לתורה מי שרף פרה ראשונה
		9 א״ל[48] אלעזר
		10 א״ל וכי לובש אלעזר בגדי גדול בימי אביו
5 אמר להם יפה אמרתם ומעשה שעשו ידי וראו עיני ושכחתי וכששמעו אזניי על אחת כמה וכמה	5 אמר להן אם משראו עיניי ומה ששרתו ידי שכחתי קל וחומר למה שלימדתי	11 א״ל אל תבוזו שכיחה לאדם שאם מה שראו עיני שכחתי מה ששמעו אזני לא אשכח
b לא ש{לא}[49] היה יודע אלא שהיה מבקש לזרז את התלמידים	b וכל כך למה לחזק[50] את התלמידים	b מה ת״ל הכהן שהוא מכהן בבגדים
c ויש אומרים הלל הזקן שאלו לא שלא היה יודע אלא שהיה מבקש לזרז את התלמידים	c ויש אומרים הלל הזקן היה אלא שלא היה יכול לומר מה ששרתו ידיי	
d שהיה ר׳ יהשע אומר השונה ואינו עמל כאיש זורע ולא קוצר		
e הלמד תורה ושכח דומה לאשה שיולדת וקוברת		
f ר׳ עקיבא או׳ זמר בי תדירה זמר		

| **Sifre Zuta**[51] | **Sifre Numeri** | **Tosefta** |
| a1 Sie sagten: Einmal fragten sie Hillel: | a1 Die Schüler Rbn. Jochanan ben Zakkais fragten ihn: | a1 Die Schüler Rbn. Johanan ben Zakkais fragten ihn: |

---

[44] Horovitz, Textausgabe z. St. אמר ליה, S. Safrai, בימי הבית ובימי המשנה, Jerusalem 1994, S. 205, Anm. 7 verbessert zu אמר להן.

[45] Die Textüberlieferung ist hier nicht stringent. Nach Safrai, בימי הבית (wie Anm. 44), S. 205, Anm. 8 ist richtig אתם אומרים zu lesen.

[46] Horovitz, Textausgabe z. St. מי יוכיח.

[47] Horovitz, Textausgabe z. St. אמר ליה. Safrai, בימי הבית (wie Anm. 44), S. 205, Anm. 9 verbessert sinnvoll zu אמרו לו.

[48] Horovitz, Textausgabe z. St. אמר ליה; in diesem Sinne auch Safrai, בימי הבית (wie Anm. 44), S. 205, Anm. 10.

[49] So in ed. princ. sowie in der formalen Parallele in tOhal 16,8; in Manuskript Wien wohl irrtümlich weggelassen.

[50] In Manuskript British Museum add. 16006 und ed. princ. כדי לחזק את התלמידים (die Lesart von Manuskript Vatican 32 ist auch im wichtigen Manuskript Berlin Orient. Quart. 1594 belegt)

[51] Jalqut Shimo'ni Manuskript Oxford 2637 und andere Textzeugen gehen von einem Disput zwischen einer nicht näher definierten Gruppe und Hillel aus (vgl. a1 und auch die Paralleltraditionen). Allerdings müsste es dabei in a7 ‚Ihr sagt' statt ‚Du sagst' heißen. Über die restlichen Anreden kann nicht geurteilt werden, da sie im Manuskript als Abbreviaturen erscheinen, welche Horovitz in seiner Textausgabe teilweise auflöst (vgl. obrige kritische Anm. zum hebr. Text). Die vorliegende Übersetzung und die folgende Diskussion übernimmt diese Lesart.

Dient der Augenschein als Beweis?

Sifre Zuta	Sifre Numeri	Tosefta
2 Wie wird die (rote) Kuh zubereitet?	2 In welchen Kleidern wurde die Kuh zubereitet?	2 Wie bereitet man die (rote) Kuh zu?
3 Er sagte ihnen: Im (vollen) Ornat.	3 Er sagte ihnen: In goldenen Kleidern.	3 Er sagte ihnen: In goldenen Kleidern.
4 Sie sagten ihm. Sie (die Kuh) wurde in weißen Kleidern verbrannt	4 Sie sagten ihm: Hast du uns, Rabbi, nicht gelehrt, dass dies in weißen Kleidern (geschieht).	4 Sie sagten ihm: Du hast uns gelehrt in weißen [Kleidern].[52]
5 Er sagte ihnen: Ich habe Jehoshua b. Perachja[53] gesehen, welcher im großen Ornat die Kuh verbrannte.		
6 Sie sagten ihm: Wir haben gesehen, dass er (die Kuh) in weißen Kleidern verbrannte.		
7 Er sagte ihnen: Du sagst {Ihr sagt}[54] es so und ich sage es so, wer kann es beweisen?		
8 [Sie sagten zu ihm]: Gehe zur Tora, Wer hat die erste Kuh verbrannt?		
9 [Er sagte ihnen]: Eleazar.		
10 Sie sagten ihm: Und hat Eleazar etwa das Ornat in den Tagen seines Vaters getragen.		

---

[52] So in ed. princ., in Manuskript Wien hebr. 20 jedoch wohl irrtümlich weggelassen.

[53] Die Überlieferung des Namens wurde in der Forschung immer wieder angezweifelt, da Jehoshua b. Perachja (vgl. dazu die wichtige Tradition in mChag 2,2) nicht der Generation von Hillel zuzurechnen ist. Gegen eine Erwähnung von Jehoshua b. Perachja lassen sich folgende Zweifel anführen: [a] Es ist fraglich, ob er Hohepriester oder selbst Priester war; [b] er fehlt in der Liste der in mPara 3,5 angegebenen Hohenpriester, welche die rote Kuh verbrennen sowie [c] er lebte einige Generationen vor Hillel. Deshalb stellt N. Brüll (N. Brüll, המחלוקת בין הפרושים והצדוקים על מעשה פרה אדומה, in: *Beth Talmud* I, 1881 (Teil 1), S. 240–245, hier S. 142) die These auf, das ein Abschreiber eine etwaige Abkürzung י"ב falsch aufgelöst hat und statt Jehuda b. Perachja vielmehr ישמעאל בן פיאבי (Ishmael b. Piabi) zu lesen sei, welcher in den Tagen Hillels lebte. Dieser Vorschlag wurde von vielen nachfolgenden Forschern übernommen. Zur Forschungsgeschichte siehe detailliert Bar-Ilan, מעשה פרה אדומה בימיו של הלל, in: *Sinai* 100 (1987) 143–165, bes. S. 154–158.

[54] Vgl. Anm. 51.

Sifre Zuta	Sifre Numeri	Tosefta
11 [Er sagte ihnen]: Nehmt einem Menschen nicht das Vergessen übel. Wenn ich auch das, was ich gesehen habe, vergessen habe, was ich gehört habe, habe ich nicht vergessen.	5 Er sagte ihnen: Wenn ich (bereits) das, was meine Augen gesehen und das, was meine Hände getan vergessen habe, um so mehr, was ich gehört habe.	5 [55]Er sagte ihnen: Richtig habt ihr dies gesprochen. Und wenn ich (bereits) ein Geschehnis, was meine Hände gemacht und meine Augen gesehen haben und vergaß, um wie viel mehr, wenn ich es (nur) gehört habe.
b Warum sagt die Schrift: *Der Priester* (Num 19,3) – er diene in seinen (weißen) Kleidern.	b Und warum ist das so? (Um) die Schüler zu stärken.	b Nicht, dass er es [nicht][56] wusste, sondern er wollte seine Schüler anspornen.
	c [57]Und manche sagen: Hillel der Alte war es – aber er hätte nicht sagen können ‚das was meine Hände getan haben.'	c [58]Und manche sagen: Hillel den Alten fragten sie. Nicht, dass er es nicht gewusst hätte, aber er wollte die Schüler anspornen.
		d R. Jehoshua sagte ebenso: Derjenige, welcher (die Tradition) wiederholt und nicht arbeitet gleicht einem, der sät und nicht erntet.
		e Wer Tora lernt und vergisst gleicht einer Frau, die gebiert und (das Kind wieder) beerdigt.
		f R. Aqiba sagt: Rezitieren vor mir, rezitiere immer!

In der an Mose und Aaron gerichteten Rede Gottes wird in der Schrift der Priester Eleazar angeführt, welcher aber erst nach dem Tod Aarons durch die Übergabe des Priesterornats die Hohepriesterwürde zugesprochen bekommt. Dabei wird die Verbindung zwischen der Kleidung des Ornats und der beanspruchten Macht deutlich. Das in Num 19 beschriebene *Ur-Narrativ* der Verbrennung der Kuh wirft damit zwei entscheidende Fragen auf: [a] Darf nur der Hohepriester oder auch ein (Laien)Priester die rote Kuh verbrennen? und: [b] Welche Kleidung

---

[55] Diese Überlieferung wurde (wie auch Sifre Numeri a5) zum Anlass genommen, eine Priesterzugehörigkeit von Rbn. Johanan b. Zakkai zu vermuten (siehe dazu auch Anm. 62).

[56] So in ed. princ., in Tosefta [c] und in der formalen Parallele in tOhal 16,8, in Manuskript Wien irrtümlich weggelassen (siehe auch Anm. 49).

[57] Im Gegensatz zur Tosefta [c] schließt Sifre Numeri die kultisch-priesterliche Handlung bei Hillel aus, da dieser kein Priester war.

[58] Die Tosefta lässt damit im Gegensatz zu Sifre Numeri [c] offen, ob Hillel oder Rbn. Jochanan b. Zakkai die Tradition zugesprochen wird. Bei beiden wird in der Tosefta das Vergessen als Täuschung interpretiert, welcher als pädagogischer Anreiz für die Schüler dient.

soll dabei getragen werden? Der biblischen Erzählung zufolge ist es der Priester Eleazar, welcher – wenn dies auch biblisch nicht explizit erwähnt wird – die rote Kuh in weißen Kleidern verbrennt. Diese Sicht ist auch in den rabbinischen Quellen belegt und wird in Sifre Numeri und Sifre Zuta vor den zitierten Abschnitten ausgesprochen.[59] Dabei ist zu erinnern, dass am Ende der zweiten Tempelzeit das Tragen des Ornats (und in diesem Sinne auch der kostbaren weißen Kleider) aufgrund der politischen Verhältnisse keinesfalls selbstverständlich war.[60]

Der Motivkomplex fand in der Forschung aus verschiedener Perspektive Beachtung. Vor allem die ältere Forschung hat sich bemüht, die Elemente der Erzählung im historischen Rahmen der zweiten Tempelzeit zu interpretieren, bei der vor allem die Amtsfolge der Hohepriester (Jehoshua b. Perachja und Ishmael b. Piabi) erörtert wurde.[61] Dabei wird ebenso die Frage einer priesterlichen Herkunft von Rbn. Jochanan b. Zakkai diskutiert, eine These, welche im Wesentlichen durch die vorliegende Überlieferungen gestützt wird und auch in der modernen Forschung kontrovers diskutiert wird.[62] Bar-Ilan hat in einem Beitrag erstmals einen literarkritischen Ansatz der Erschließung der drei Paralleltraditionen präsentiert, welche sich von einer verengten historischen Perspektive befreit.[63] Dabei spricht er sich für die ursprüngliche Tradition in Sifre Zuta aus, interpretiert die Überarbeitungen in den Paralleltraditionen weitgehend aus der inhärenten Textproblematik der Ursprungserzählung und verortet die Kontroverse in Sifre Zuta im Kontext einer Auseinandersetzung zwischen halachischem

---

[59] Die in Sifre Zuta [b] belegte Sentenz מה ת״ל הכהן? המכהן בבגדים wird im Midrash zudem auch vor der zitierten Erzählung tradiert.
[60] In Ant. 15,11(4) und 20,1(1–3) führt Josephus aus, dass das Ornat zeitweise in der Burg Antonia unter römischer Verwaltung gehalten wurde. Die Juden mussten sich das Ornat vor den Festen oder Zeremonien erbitten und dann wieder zurückbringen. Bereits diese Maßnahme belegt die große politische Funktion des Priesterornats zur Zeit des zweiten Tempels. Aus dem Bericht von Josephus wird deutlich, dass das Ornat (wie wohl auch die weißen Kleider) nicht zu jedem kultischen Anlass bereitstanden.
[61] Vgl. A.H. Weiss, דור דור ודורשיו, Teil 2, Berlin 1876, S. 238; S. 20–21; N. Brüll, המחלוקת (wie Anm. 53), S. 242; D.Z. Hoffman, *Die erste Mishna und die Controversen der Tannaim*, (Jahresbericht des Rabbinerseminars zu Berlin 1881–1882), Berlin 1882, S. 22, Anm 1; I.Z. Joskowitz, ספרי זוטא לספר במדבר (Textausgabe nach Horowitz mit Kommentar von Joskowitz), Lodz 1929 (Ndr. Bnei-Brak 1967), Einleitung S. 10–12; S. Fisch, מדרש הגדול ספר במדבר, (Einleitung zur Textausgabe), Teil 1, London 1957, S. 22; ders. מדרש הגדול ספר דברים (Einleitung Textausgabe), Jerusalem 1975, S. 15f.
[62] Eine Priesterzugehörigkeit von R. Jochanan b. Zakkai wird sowohl in traditionellen Kommentaren als auch in der Forschung kontrovers diskutiert. Rashi und die Tosafot bilden in dieser Frage die Referenz für die gegensätzlichen Positionen späterer Autoren: Während Rashi zu bShab 34a Jochanan b. Zakkai als Hohepriester bezeichnet, widersprechen die Tosafot zu bMen 21b dieser Auffassung unter Verweis auf mShek 1,4. Auch in der modernen Forschung werden die einschlägigen Stellen für die jeweilige Argumentation unterschiedlich bewertet.
[63] Bar Ilan, מעשה פרה אדומה (wie Anm. 53). Eine formanalytische Analyse gibt in aller Kürze zudem J. Neusner, *The Rabbinic Traditions about the Pharisees before 70*, Leiden 1971, Bd. I, S. 216f., 243; J.L. Moss erwähnt die vorliegende Erzählung in seiner Sammlung von *Ma'asim*, ohne sie jedoch eingehend zu deuten (*Midrash and Legend. Historical Anecdotes in the tannaitic Midrashim*, Piscataway 2004, S. 423–425).

Pragmatismus (Hillel) und dem sich auf die Gegenwart berufenden halachischen Dogmatismus (Gesprächspartner Hillels). Die Argumentation der textkritischen Herausarbeitung des ursprünglichen Kerns der Tradition basieren dabei vor allem auf den Motiven der Überarbeitung der Ur-Version. Der textanalytischen Analyse Bar-Ilans ist grundsätzlich zuzustimmen, wenngleich die nach Bar-Ilan primär durch halachisch-historisierende Fragen motivierte Überarbeitung der Ur-Erzählung nach meinem Verständnis eher auf eine Abkehr der polemisch-politischen Intention zurückzuführen ist.

Die Erschließung des redaktionellen Verhältnisses der verschiedenen Versionen ist nicht die zentrale Fragestellung der vorliegenden Ausführungen, wenngleich sie für die Interpretation des Dialogs in Sifre Zuta von Bedeutung ist. Deshalb sei zunächst darauf verwiesen, dass die im Vergleich zu den beiden Paralleltraditionen in Sifre Zuta erwähnte polemische Tendenz (welche in den Parallelen wegfällt), die Länge des Dialogs (in den Parallelen gekürzt), die erwähnten Autoritäten (Hillel und die anonymen Gesprächspartner werden in den Parallelen zu Rbn. Johanan b. Zakkai und seinem Schülern), die Hinzufügung des Kommentarteils in Sifre Numeri [b-c] und Tosefta [c-f] sowie weitere sprachliche Hinweise die Version in Sifre Zuta als ursprünglich ausweisen. Eine scharfe Trennung zwischen der Redaktion von Sifre Numeri und Tosefta ist nicht möglich, beide Traditionen könnten sich theoretisch auch auf eine gemeinsame Vorlage berufen, welche von Sifre Zuta unabhängig tradiert wurde.[64]

Im fünfteiligen Dialog in Sifre Zuta wird die Zulässigkeit des Augenscheinbeweises diskutiert. Die Erzählung wird mit der Formel „Sie sagten: Einmal fragten sie Hillel ..." (... אמרו פעם אחת שאלו את הילל) eingeleitet und aus dieser anonymen Erzählperspektive vorgetragen. Die Formel fehlt in den Paralleltraditionen und weist auf eine uns nicht mehr überlieferte Vorlage. Hillel spricht sich daraufhin – entgegen aller anderen Verweise und der Exegese in Sifre Zuta [c] – für das Ornat des Hohepriesters (die goldenen Prachtkleider) aus. Bereits die Frage der Gesprächspartner verweist auf den polemischen Charakter des Dialogs. Die ‚falsche' Antwort Hillels wird sofort durch die Gesprächspartner korrigiert. Die Frage wurde der Autorität Hillel allem Anschein nach nicht etwa zum Zweck der Eruierung eines halachischen Problems gestellt, sondern dient vielmehr einer Prüfung. Darüber hinaus weist der weitere Verlauf des Dialogs darauf, dass die Frage erst durch die Kenntnis von Hillels Unwissen bezüglich dieses Sachverhalts motiviert wurde. Die halachische, hermeneutische und rhetorische Überlegenheit der Gesprächspartner Hillels gestaltet sich als das zentrale Moment

---

[64] Die Erweiterung der Ursprungstradition, die Terminologie und inhaltliche Aussagen sprechen meines Erachtens dafür, Sifre Numeri als eine zweite Bearbeitungsstufe und die Tosefta als dritte Stufe anzusehen (in diesem Sinne auch D.R. Schwartz (האם היה רבן יוחנן בן זכאי כהן?, in: *Sinai* 88 [1980/1981], S. 32–39, hier S. 36). Anders dagegen Bar-Ilan, welcher sich für eine unabhängige und spätere Bearbeitung von Sifre Numeri ausspricht (מעשה פרה אדונה, wie Anm. 53, S. 149). Ein anderes Erklärungsmodell entwickelt wiederum Neusner, der die polemische Form der Tradition mit einer Reaktion eine alte pharisäische Erzählung gegen die sadduzäische Ideologie erklärt und nicht näher zwischen den vorliegenden Traditionen differenziert (*Development of a Legend. Studies on the Traditions concerning Yoḥanan ben Zakkai* [SPB 16], Leiden 1970, S. 19–21).

der Überlieferung. Die negative Konnotation der Figur Hillels wird erst in den Parallelen in einer sekundären Redaktion in eine positive umgewandelt.

Die Gesprächspartner korrigieren in [a4] Hillels Aussage zunächst ohne Begründung. Daraufhin stützt Hillel seine Behauptung durch Verweis auf den Augenschein: Er habe Jehoshua b. Perachja gesehen, der im vollen Ornat des Hohepriesters amtierte. Damit wechselt der halachische Diskurs in eine Auseinandersetzung über das historische Geschehen. Die Gesprächspartner behaupten anschließend [a6], sie hätten Jehoshua b. Perachja in den vier schlichten weißen Kleidern bei der Verbrennung der Kuh gesehen. Dem halachischen Diskurs liegen damit kontroverse Aussagen über ein real-historisches Ereignis zu Grunde. Hillel artikuliert des Weiteren das Dilemma des widersprüchlichen Augenscheinbeweises (אתה אומר משמו ואני אומר משמו מי מוכיח) und verweist auf die Auswegslosigkeit einer Entscheidungsfindung. Anders als in der vielzitierten Erzählung von Hillels Aufstieg zum Patriarch (hebr. *Nasi*) in der Auseinandersetzung mit den *Bnei Batyra* über die Frage, ob das Pessachlamm am Sabbat dargebracht werden soll oder nicht, kommt in der vorliegenden Tradition keine der Hillel zugeschriebenen sieben oder eine andere exegetische Regel zur Klärung der halachischen Frage zur Anwendung.[65]

Die Gesprächspartner berufen sich in [a8] auf das biblische Narrativ, um die von Hillel ungelöste Frage in ihrem Sinn zu entscheiden. Mittels der belehrenden Formel (לך לתורה)[66] stellen sie Hillel deshalb zwei weitere Fragen auf der Ebene der einfachen Schriftauslegung (*Peshat*). Die Antworten darauf stellen Hillels zunächst gegebene ‚falsche' Antwort zur Kleiderordnung der Kuh bloß und seine Unkenntnis der Schrift zur Schau. Nach biblischer Vorlage verbrannte Eleazar die erste Kuh (erste Antwort auf die Frage, wer als erstes die Kuh verbrannte) und konnte demnach nur die weißen Kleider tragen (die Gesprächspartner stellen die rhetorische Frage, ob Eleazar etwa zu Lebzeiten seines Vaters das Ornat trug). Letztere Frage wird von Hillel nicht mehr beantwortet, er bezichtigt sich des Irrtums und bittet um Verständnis für seinen Fehler.[67]

Hillels emphatische Rechtfertigung ist gleichzeitig ein moralischer Appell und basiert auf der Differenzierung zwischen dem ‚Gehörten' und dem Augenschein: *„[Er sagte ihnen]: Nehmt einem Menschen nicht das Vergessen übel. Wenn ich auch das, was ich gesehen habe, vergessen habe, was ich gehört habe, habe ich nicht vergessen."* ([a11]). Hillel bezichtigt sich des Vergessens, da er den Prinzipien eines fehlbaren und vergesslichen Menschen unterliegt, weshalb ihm letztlich auch die zunächst falsch getroffene halachische Aussage verziehen werden soll. Während

---

[65] Vgl. Anm. 33. Zur Kritik der Zuschreibung des Amts des Patriarchen an Hillel siehe M. Jacobs, *Die Institution des jüdischen Patriarchen*, Tübingen 1991, S. 102–105, 114 und die dort zitierte Forschungsliteratur.

[66] Die Formel ist in tannaitischen Schriften nur hier belegt.

[67] Die Anwendung des Schriftbeweises als Argumentation der halachischen Debatte spricht – neben den Tradenten und der Thematik – für eine Verortung der Kontroverse in der zweiten Tempelzeit. Auch der Inhalt, die Terminologie und die Namen der Rabbinen im in Sifre Zuta vorangestellten (hier nicht zitierten) Abschnitt weisen auf eine alte Tradition (so bereits M. Weiss, שרידי שקאליא וטריא מן התקופה שקדמה לבית שמאי והית הלל, in: *Sidra* 8, 1992, 39–51, hier S. 45; siehe auch Bar-Ilan, מעשה פרה אדומה [wie Anm. 53], S. 165).

Hillel einräumt, sich in seiner subjektiven Erinnerung des historischen Ereignisses (das ‚Gesehene') geirrt zu haben, ist dies beim ‚Gehörten' nicht der Fall.

Das Textverständnis der Paralleltraditionen – in der die Antwort im Sinne eines Arguments *a minori* ad *majus* (hebr. Kal wa-Chomer) aufgefasst wird (‚auch wenn Jochanan b. Zakkai schon manches, was seine Augen gesehen haben, vergaß, um wie viel mehr dies, was er gehört hat') – entspricht nicht dem Verständnis von Sifre Zuta, wo das ‚Hören' eine größere Bedeutung als das ‚Sehen' einzunehmen scheint und nicht vergessen werden kann. Die Differenzierung zwischen dem Sehen und dem Hörensagen in Sifre Zuta ist jedoch schwierig zu bewerten. Bezieht sich das von Hillel ‚Gehörte' auf die Exegese in [b] (*„Warum sagt die Schrift ‚der Priester'? Er diene in seinen weißen Kleidern"*) oder im weiten Sinne auf die von seinen Gesprächspartnern getroffene Behauptung, der Priester trage weiße Kleider? Diese Frage lässt sich nicht eindeutig beantworten. Sicher ist jedenfalls, dass Hillel ein spezifisches historisches Ereignis (die Verbrennung der roten Kuh durch Jehuda b. Perachja im vollen Ornat) verkannt und nicht richtig gedeutet hat, das durch die Gesprächspartner geoffenbarte ‚Gehörte' jedoch erinnert ihn an die richtige halachische Tradition und revidiert damit seine auf Augenschein beruhende Erstaussage.[68]

*

Im Beitrag wurde anhand von zwei rabbinischen Erzählungen der Stellenwert des Augenscheinbeweises im rabbinischen Denken hinterfragt. Beide Textbeispiele differenzieren von den häufig in der rabbinischen Literatur belegten Augenzeugenberichten, da sie die Rolle des Augenscheins im Rechtsfindungsprozess explizit diskutieren. Die Zulässigkeit des Augenzeugnisses wird in beiden Texten bestritten und als Irrtum zurückgewiesen. Dabei wird lediglich der hermeneutischen Dimension der Tora ein Wahrheitsanspruch zugemessen. Die Annullierung des Geltungsanspruchs des Augenscheinbeweises ist das Ergebnis einer inhärenten Diskussion über diese Frage in beiden Texten, wenngleich damit noch keine Rückschlüsse auf die Rolle des Augenzeugnisses in anderen

---

[68] Bar-Ilan geht in seiner Deutung dieser Erzählung detailliert auf die Bedeutung der ‚Geschichte' ein. Diese wird in der vorliegenden Tradition nicht zum Selbstzweck erhoben und hat per se keinen Stellenwert, sondern kommt wie auch in anderen Texten immer nur dann zum Tragen, wenn Ereignisse in der Gegenwart autorisiert werden. Die Wirklichkeit entscheidet über die Vergangenheit, nicht letztere über die Halacha. Das widerstrebt dem modernen Bewusstsein. Während in der ersten Aussage von Hillel nach Bar-Ilan die wahre historische Begebenheit zum Vorschein kommt, nehmen die Gesprächspartner, bei Bar-Ilan die Schüler Hillels, davon keine Notiz. Um die neue Halacha durchzusetzen, sind sie bereit und in der Lage, die Vergangenheit zu ändern und das ‚wirkliche Sehen' (Hillel) gegen das ‚dialektische Sehen' (die Gesprächspartner) einzutauschen (מעשה פרה אדומה, wie Anm. 53, S. 162ff.). Ähnlich äußert sich auch N. Goldstein zur Erzählung im Rahmen seiner Dissertation zur Dokumentation der Tempelarbeit in rabbinischen Quellen. Nach Goldstein beschreibt die erste Aussage Hillels, was er gesehen hat und die zweite Aussage, wie die Opferung zu seiner Zeit gemacht werden soll (מחקרים בהגותם של חז״ל על האבודה בבית המקדש והשפעתם על עיצובה, Diss. Hebräische Universität Jerusalem 1977, S. 90).

Quellen der rabbinischen Literatur gefolgert werden können. Eine Auseinandersetzung über den Wahrheitsgehalt des ‚Gesehenen' tritt in beiden Texten ebenso wie die konkrete halachische Fragestellung in den Hintergrund. Dennoch unterscheiden sich beide Texte in der Art der Ablehnung des Augenscheinbeweises. In Sifre Zuta Num 19,3 wird das von Hillel behauptete Augenzeugnis durch eine *Peshat*-Auslegung seiner Gesprächspartner und nicht etwa durch einen Analogieschluss (*Gezera Shawa*) wie in Sifre Numeri § 75 zurückgewiesen. Dabei kann die ausbleibende exegetische Rechtfertigung für die Position Hillels als Kritik an seiner Figur gedeutet werden, welche in anderen rabbinischen Texten vielmehr mit der Erneuerung der Schriftauslegung und der Einführung bestimmter hermeneutischer Auslegungsmethoden verbunden wird. In Sifre Numeri § 75 und den parallelen Texten lässt sich dagegen eine Kritik am priesterlichen Traditionsverständnis vermuten.

JOHANNES HEIL

Jüdische Weltgeschichte und globale Geschichte – Alte Paradigmen und neue Fragen

Antrittsvorlesung am *Ignatz-Bubis-Lehrstuhl für Geschichte, Religion und Kultur des europäischen Judentums* der Hochschule für Jüdische Studien Heidelberg[1]

Der Ignatz-Bubis-Lehrstuhl für Geschichte, Religion und Kultur des europäischen Judentums hat eine thematisch wie inhaltlich weite Aufgabenstellung. Stifter, Kuratorium und Hochschule signalisieren damit, dass er die jüdische Geschichte Europas möglichst in ihrer ganzen Erstreckung, Vielfalt und auch Verschiedenheit begreifen soll. Das wäre gewiss auch im Sinne des Widmungsträgers, Ignatz Bubis sel. A. (1927–1999) gewesen.[2] Er hat, so kann man neben vielem anderen sagen, in den Jahren seiner Tätigkeit als Vorsitzender der Jüdischen Gemeinde Frankfurt und besonders als Vorsitzender des Zentralrats der Juden in Deutschland (1992–1999) die Gegenwart der jüdischen Gemeinschaft in Deutschland maßgeblich gestaltet und auch ins europäische Bewusstsein gerückt.

Diesen Lehrstuhl auszufüllen, bedeutet vor allem dankbar angenommene Ehre und zugleich eine nicht ganz einfache Aufgabe. Zunächst einmal muss das heißen, sich selbst und den Anderen Rechenschaft darüber abzulegen, was mit der Titulatur aufgegeben sei. Es soll hier also kein Prospekt künftiger Seminare oder Forschungsvorhaben geboten werden, eher Überlegungen zum Gegenstand, der im Titel des Lehrstuhls benannt ist. Hier schon stellen sich Fragen ein: Hieße das da „... für europäisch-jüdische Geschichte, Religion und Kultur", dann wäre die Aufgabe einfach zu lösen, sie könnte freilich auch wenig verbindlich ausfallen. Es steht da aber „des europäischen Judentums", ein womöglich absichtsvoll gewählter Singular, um den herum die folgenden Ausführungen kreisen werden. Der in Israel gängige hebräische, aus der Bibel bezogene Begriff *Toldot Am Israel* erscheint da zunächst unkomplizierter: er steht gleich im Plural, meint „Erzählungen" (wörtlich „Erzählungen zum Volk Israel"), also gleich derer mehrere. Diese Mehrzahl steht im gängigen Verständnis freilich nicht für synchrone Vielheit im Sinne von Verschiedenheit im Moment, sondern um diachrone Vielheit, als chronologische Reihe aufeinander folgender Erzählungen. Man kann auch

---

[1] Die Vortragsfassung der Antrittsvorlesung, gehalten in der Aula der Alten Universität am 24. Mai 2006 wurde bei Einarbeitung zwischenzeitlich erschienener Literatur leicht überarbeitet.
[2] Der Ignatz Bubis Lehrstuhl wurde bis zum Jahr 2009 über sechs Jahre durch die Alfried Krupp von Bohlen und Halbach-Stiftung finanziert und ist danach in die Trägerschaft des Zentralrats der Juden in Deutschland übergegangen: <http://www.hfjs.eu/hochschule/ignatz-bubis/index.html>.

sagen, dass in einem solchen Verständnis das Potential des Begriffs gar nicht ausgeschöpft wird.

Ein europäisches Judentum? Es waren, wird man einwenden, derer doch mehrere zwischen dem Norden und dem Süden, zwischen *Aschkenas* und *Sepharad*, und am Ende werden es immer mehr „Judentümer", je mehr man sich aus der Vogelperspektive auf den Boden der europäischen Landschaften hinunter begibt. Blättert man in alten Gebetbüchern, etwa im Rödelheimer Siddur des Verlegers Wolf Heidenheim (1757–1832), dann heißt es da immer wieder „In Frankfurt aber sagt man ...", auch: „... sagt man nicht." Also selbst im kleinen war Verschiedenheit offensichtlich und gewollt, nicht nur im Alltagsleben, sondern auch bei so wichtigen Angelegenheiten wie Ritus und täglichem Gebet. Die Minderheit zelebrierte keineswegs unbedingte Einheitlichkeit allerorten, sondern leistete sich zur Dynamisierung ein so feinsinniges Instrumentarium wie den *minhag ha-makom* (autorisierter „Brauch des Ortes"). Aus Frankfurter Perspektive begann die Verschiedenheit von Judentum schon jenseits der Stadtgrenze, also in Hanau oder im solmsschen und dann hessen-darmstädtischen Rödelheim. In Fürth war das ganz ähnlich, und in Metropolen wie Amsterdam, Hamburg oder Venedig war diese Verschiedenheit in unterschiedlichen Gemeinden mit eigenen Schulen, Einrichtungen und sozialen Normen sogar institutionalisiert.

Und wie soll man mit dem Europabegriff im Titel des Lehrstuhls umgehen? Meint es einfach Kontinentaleuropa? Aber was ist dann mit den nordafrikanischen Landschaften, mit denen die Juden Spaniens in regem Austausch standen? Und was mit den Gemeinden der europäischen Diaspora in den Amerikas und der Karibik, in Südafrika, in Australien und sonst wo. Gehören sie nicht ebenso dazu und haben in ihrer Geschichte doch einen Weg zu ganz eigener Erscheinung genommen, manche von alters her, andere im Gefolge der Shoa und in fernen Zufluchtsländern?

Einheit in der Verschiedenheit – das ist natürlich ein ganz altes Thema. Dahinter steht die alte Frage nach der Einheit der jüdischen Geschichte, nicht nur als Ereignisgeschichte, sondern auch als Kategorie spirituell-metaphysischer und/oder nationaler Dimension. Wohnt der Frage eine entschieden religiöse Dimension inne, dann lässt sie sich auch mit Klarheit und einfach beantworten. Sieht aber Geschichtswissenschaft sich auf den weiten Raum davor verwiesen, dann will das eben noch fest in der Hand gehaltene Bild wie ein Puzzle in seine vielen Einzelteile zerfallen. Dann muss ein Rahmen her, der die Teile zusammenhält. In der Tat kann man die jüdische Geschichtsschreibung des 19. und frühen 20. Jahrhunderts als den Versuch verstehen, diese Puzzle-Teile aufzulesen und in einem neuen Rahmen zu fassen. Denn es fällt auf, dass die Autoren jüdischer Geschichtsschreibung im 19. Jahrhundert sich bei ihrem neuartigen Tun gar nicht erst auf lokale Spurensuchen begaben, sondern sogleich das Ganze in Angriff nahmen und jüdische Universalgeschichten vorlegten. Das fängt, um nur die wichtigsten zu nennen, mit Jost an und reicht über Graetz und Dubnow bis zu Baron.[3] Es hat sich, so muss man dann aber schließen, bei alledem kein spannungsfreies Bild er-

---

[3] Zu den einzelnen Autoren siehe im weiteren Verlauf des Beitrags sowie auch in der Einleitung zu diesem Band, ferner Michael Brenner, *Propheten des Vergangenen. Jüdische Geschichtsschreibung im 19. und 20. Jahrhundert*, München 2006.

geben, und auch hat sich dieser Rahmen schließlich als brüchig erwiesen. Heute erscheint die Zeit der großen Erzählung vorüber und kommen Übersichtsdarstellungen kaum über die pure Reihung chronologischer Fakten oder lesenswerte Arbeitsproben aus einzelnen Teilfächern mit Mut zur Lücke hinaus. Fraglich ist, ob dann notwendigerweise nur noch die kleine Erzählung atomisierter Einzelmomente jüdischer Geschichte bleibt, oder ob nicht überhaupt auch ein anderes Erzählen möglich ist. Das kann hier nicht umfassend beantwortet, aber immerhin bedacht werden. Dazu sollen zunächst die wichtigsten Stationen des Versuchs einer großen, zumal verbindlichen Erzählung skizziert werden, gerade die Frage, wo und weshalb sie an Grenzen gestoßen sind.

I. Geschichte der Juden als jüdische Weltgeschichte

Im Jahr 1846 machte sich der gerade promovierte Heinrich Graetz (1817–1891) an die Arbeit zu einer Ingenieurleistung ganz eigener Art, der „Konstruktion der jüdischen Geschichte."[4] Der Titel macht noch immer Staunen, denn für gewöhnlich wird Geschichte entdeckt, gelesen, geschrieben. Sie ist also schon da und wird nicht erst errichtet. Dem jungen Mann ging es bei seiner Konstruktion allerdings auch nicht um Neuschöpfung, sondern eher um konstruktive Enthüllung, nämlich um Konturierung, Gliederung, Ordnung und letztlich um Sinn im Vorgefundenen. Man kann diese kurze Schrift, vom Autor selbst im Untertitel als „Skizze" gekennzeichnet, in vielerlei Hinsicht deuten.

Es war der Versuch, mit den noch jungen Methoden einer kritischen Wissenschaft die Ziel- und Sinnhaftigkeit jüdischer Existenz in der Geschichte neu zu begründen. Es war auch ein Gegen-Entwurf gegen althergebrachte Verständnisse, die der Geschichte allerlei Sinn und Ziel zuschrieben, die Juden aber höchstens im Museum der Menschheitsgeschichte auftreten ließen. Sie wurzelten in christlichen Vergangenheitskonzepten, die Judentum als Überwundenes betrachteten und im aufklärerischen Fortschrittsdenken ungebrochen fortgeschrieben wurden. Graetzens große Geschichte der Juden (erschienen in den Jahren 1853–1876) präsentierte die Vergangenheit in innerer Geschlossenheit als Geschichte von Heroen und Geistesleistungen, ferner als fortwährende Bedrängung durch die Umwelt. Er hat dabei die gängigen teleologischen Konzepte seiner Umwelt jüdisch umgeschrieben und eine Deutung gewonnen, die den Bruch mit der eigenen Tradition vermeiden und zugleich in seiner Zeit als modern gelten konnte: „Das hebräische Volk hatte aber eine Lebensaufgabe, und diese hat es geeint und im grausigsten Unglück gestärkt und erhalten."[5] Es war dies für Graetz eine

---

[4] Heinrich Graetz, *Die Konstruktion der jüdischen Geschichte. Eine Skizze* [1846], Berlin 1936 (= Bücherei des Schocken Verlags; 59); zur Bedeutung zuletzt Shulamit Volkov, Jewish History. The Nationalism of Transnationalism, in: Gunilla Budde et al. (Hgg.), *Transnationale Geschichte. Themen, Tendenzen und Theorien*, Göttingen 2006, S. 197.

[5] Heinrich Graetz, *Geschichte der Juden von den ältesten Zeiten bis auf die Gegenwart, aus den Quellen neu bearbeitet*, Bd. 1: Geschichte der Israeliten von ihren Uranfängen (um 1500) bis zum Tode des Königs Salomo (um 977 vorchristl. Zeit), Leipzig, 1874, Einl. = Michael Brenner et al. (Hgg.), *Jüdische Geschichte lesen. Texte der jüdischen Geschichtsschreibung im 19. und 20. Jahrhundert*, München 2003, S. 37.

zivilisierende Aufgabe, nämlich die Überwindung der „Selbstsucht und [der] thierische[n] Gier", auch ein „Beruf", sozusagen eine umfassend kulturell-geistige Abwandlung des Konzepts vom jüdischen Volk als „Erleuchter der Diaspora".

Graetz war nicht der erste, der im 19. Jahrhundert versuchte, jüdische Geschichte umfassend darzustellen. Isaak Markus Jost (1793–1860) hat schon in den 20er Jahren des 19. Jahrhundert ein solches Unternehmen geleistet und dabei eine postnationale Existenz der Juden ab dem Zeitpunkt des babylonischen Exils betont. Damit hat er den restaurativen Regierungen der nach-napoleonischen Zeit die Juden als verlässliche Staatsbürger empfohlen, deren Herkunft nichts berge, was sie an der Ausübung staatsbürgerlicher Pflichten hindere.[6] Jost hat damit jene apologetische Trennung zwischen jüdischer Geschichte (als Staatsgeschichte) und Geschichte von Judentum (als Geistes- und Kulturgeschichte) eingeführt, die das gerade entstehende Dilemma zwischen „nationaler" jüdischer und „deutscher" Existenz aufheben sollte. Bei Moritz Lazarus erscheint das später im Anschluss auf Leopold Zunz radikal auf den Punkt gebracht, wenn er behauptete:

> Jüdische Geschichte ist etwas anderes als Geschichte der Juden... Es gibt keine jüdische Geschichte mehr. Es gibt schon lange keine jüdische Geschichte mehr [...] Diese Aktion des jüdischen Stammes, die historische Aktion, hat aufgehört mit seiner Selbständigkeit. ... [Aber] die Geschichte des Judenthums lebt [... und nimmt] Entwicklung ohne Unterlass.[7]

Hundert Jahre nach Jost hat Simon Dubnow (1860–1941) in seiner vielbändigen „Weltgeschichte des jüdischen Volks", die in atemberaubend rascher Folge in Berlin 1925–1929 erschien,[8] im Gegensatz zu Jost die ungebrochene Einheit der Juden als überörtliche, kulturell konstituierte Nation herausarbeiten wollen und dabei wie Graetz an der Vorstellung von Sinnhaftigkeit und Plangemäßheit dieser Geschichte festgehalten. Jüdische Geschichte galt ihm als „Mikrokosmos", und so dürfe „man mit gutem Recht [...] von einer Weltgeschichte des jüdischen Volks reden"[9], dem eine sozialwissenschaftlich fassbare, kulturell begründete „nationale Individualität" eigne.[10] Salo Wittmayer Baron (1895–1989) hat sich in New York gleich zweimal – 1937 in Auseinandersetzung mit Graetz und Dubnow und dann zwischen dem Erschrecken über die Shoa (und dem Verlust der nächsten Familienangehörigen) unter dem für ihn freudig-ambivalenten Eindruck der Gründung des Staats Israels nochmals ab 1952 – angeschickt, jüdische Geschichte in ihrer Gesamtheit darzustellen. Graetz, Dubnow und anderen Vorgängern warf er dabei nicht nur das vor, was man heute einen „eurozentristischen" Blick nennen würde, sondern auch eine „isolationistische" Sicht auf diese Geschichte. Baron betonte die Verwobenheit der jüdischen Geschichte mit ihrem Umfeld.

---

[6] Brenner, Jüdische Geschichte lesen (wie Anm. 5), S. 28; vgl. auch Patricia Skinner, Confronting the ‚Medieval' in Medieval History, in: *Past and Present* 181 (2003), S. 219–247, hier: S. 231.

[7] Moritz Lazarus, *Was heisst und zu welchem Ende studirt man jüdische Geschichte und Litteratur?*, Leipzig 1900, S. 8–10, hier: S. 14 (meine Hervorhebung)

[8] Simon Dubnow, *Weltgeschichte des jüdischen Volkes von seinen Uranfängen bis zur Gegenwart*, 10 Bde., Berlin 1925–1929; vgl. Volkov, Jewish History (wie Anm. 4), S. 197f.

[9] Dubnow, Einl. (1930) = Brenner, Jüdische Geschichte lesen (wie Anm. 5), S. 56.

[10] Ebd., S. 60.

Das sei auch schon im Anfang, mit Abraham und seiner Herkunft, so gewesen.[11] Barons Werk lässt sich als Apologie der Diaspora lesen, aber es ist wohl mehr: Es ist die aktive historische Begründung einer, wie er es sah, notwendigen und durch seine Leistungen („Pioniernation") legitimierten Existenzform.

Es hat nach Baron noch verschiedene Anläufe zu einer umfassenden Darstellung jüdischer Geschichte gegeben, aber Baron war, wie Ismar Schorsch in seinem Nachruf auf den Lehrer 1993 schrieb, „der letzte jüdische Generalist".[12] Es war, wie Yosef Haim Yerushalmi betonte, der „letzte ernsthafte Versuch eines einzelnen, das Gesamte der jüdischen Geschichte zu erfassen".[13] Zwischenzeitlich ist die Skepsis gegenüber weit gefassten Unternehmungen zur jüdischen Geschichte vorangeschritten. Man ahnt, dass Baron nicht nur der Tod in hohem Alter von der Vollendung seines Monumentalwerks abgehalten hat. Man nimmt auch das 1979 eingetretene Scheitern der seit 1964 von Benzion Netanhayu herausgegebenen *World History of the Jewish People* zur Kenntnis, die nur die biblische Geschichte abdeckte und über einen Teilband zur nachbiblischen Geschichte nicht hinauskam. Gleiches gilt von den offenkundigen Unzulänglichkeiten der kleineren, israelischen Version großer Erzählung, die in der Regie von Ben Sasson hebräisch 1969 erschien und in verschiedenen Übersetzungen noch heute vielfach als Standardwerk genannt wird.[14] Da standen nicht nur Israel und Diaspora in Widerstreit miteinander, sondern auch grundverschiedene fachliche Ansätze und Verbindlichkeiten, die schließlich in der Erfahrung mündeten, dass die jüdische Geschichte keine Deutungshoheiten zulässt, auch nicht und vielleicht erst recht nicht nach der Shoa. So muss David Sorkins Befund, dass die vor einiger Zeit abgeschlossene „Deutsch-Jüdische Geschichte der Neuzeit" es nicht vermocht habe, selbst für ihren vergleichsweise kleinen Betrachtungsraum eine „zusammenhängende Vision" zu bieten,[15] nicht einmal nur als kritischer Einwand verstanden werden. Denn hätte sie es geschafft, wäre die Kritik vielleicht noch schärfer und der Nachweis des Gegenteils nur leichter gefallen.

Auffällig ist auch, dass bei all diesen Diskussionen schon lange keine klare Trennlinie mehr zu erkennen ist, nach der die „große Erzählung" sich in Israel behaupten könnte, während die Liebhaber kultureller Vielfalt allesamt in der Diaspora zu suchen wären, aber unter Legitimitätsdruck für ihr Unternehmen stünden. Es ist ja nicht einmal so, dass in Israel selbst jeder Historiker ein Anhänger großer Erzählung gewesen wäre. Gerschom Scholem hat die entschiedene Universalistin Hannah Arendt des Mangels an „Ahavat Israel" bezichtigt, aber er ist in seinen politischen wie wissenschaftlichen Äußerungen selbst auch keineswegs ein unbedingter Partisan des historiographischen Dogmatismus ge-

---

[11] Salo W. Baron, World Dimensions of Jewish History, in: Arthur Hertzberg et al. (Hgg.), *History and Jewish Historians. Essays and Adresses of Salo W. Baron*, New York 1964, S. 23–42, hier: S. 24ff.

[12] Ismar Schorsch, The Last Jewish Generalist, in: *American Jewish Studies Review* 18 (1993), S. 39–50.

[13] Yosef H. Yeruhalmi, *Zakhor. Jewish History and Jewish Memory*, Seattle 1982, S. 95.

[14] *The World History of the Jewish People*, hg. von Benzion Netanyahu, erschienen Bde. 1.1–18 sowie 2.2, London etc. 1964–1979; vgl. Brenner, Propheten (wie Anm. 3), S. 246f., 250.

[15] David Sorkin, The Émigré-Synthesis: German Jewish History in Modern Times, in: *Central European History* 34.4 (2001), S. 531–559.

wesen.¹⁶ Auch hat schon Jahre bevor der sog. „israelische Historikerstreit" um Methoden und Perspektiven geführt wurde, Efraim Shmueli das Konzept einer historisch-kulturellen Diversität jüdischer Kulturen vorgestellt: In seinen noch in den siebziger Jahren in Israel geschriebenen „Sieben Jüdischen Kulturen" stellte er die Möglichkeit einer alle jüdischen kulturellen Systeme erfassenden Theologie in Abrede, es sei denn, sie begnüge sich mit allgemeinen und oberflächlichen Bestimmungen. Selbst die allgemeinsten Inhalte jüdischer Geschichte – Gott, Thora, Israels Erwählung – haben nach Shmueli noch in jeder jüdischen Kultur unterschiedliche Funktionen und Bedeutungen gehabt. Es gebe folglich kein Prinzip der Einheit, das als wirkliche Essenz von Judentum zu fassen sei, und erst recht gebe es keine einheitliche jüdische Kultur, sondern eine Abfolge von sieben – man besehe aber den Symbolgehalt der Siebenzahl, zumal dieser Zugang als Absage an Hegels Idee des sich voran schreitend entwickelnden Weltgeistes verstanden werden wollte.¹⁷

II. Geschichte der Juden und die Diversität jüdischer Kulturen

In der Zwischenzeit sind die Debatten deutlich über Einsprüche nach Art Shmuelis hinausgegangen. Ein einbändiges, mehr als tausend Seiten starkes Überblickswerk aus jüngerer Zeit ist *Cultures of the Jews*, das unter der Direktion von David Biale israelische und amerikanische Autoren zum gemeinsamen Schreiben versammelte. Um das Konzept differenter jüdischer Kulturen und wiederholter Akkulturation zu beschreiben, bezieht Biale sich in der Einleitung auf einen Midrasch.

> R. Huna sagte im Namen von Bar Qappara: wegen vier Dingen wurden die Israeliten aus Ägypten erlöst: – weil sie ihre Namen behielten / – weil sie ihre Sprachen bewahrten / – weil sie sich nicht auf unerlaubte Beziehungen einließen / – weil sie keine böse Rede führten [d.i.: niemanden bei den Machthabern denunzierten].¹⁸

Dieser Midrasch schreibt Israel eine ideale Einheit zu, freilich mit retrospektivem Blick und Kritik an der so anders geprägten eigenen Gegenwart. Die Wirklichkeit war demnach genau das Gegenteil dessen, was da so ideal gezeichnet war. Und – so Biale – diesen Widerspruch sollen wir als Kontinuum jüdischer Geschichte verstehen. Ob denn „alles an der jüdischen Geschichte [auch] jüdisch" gewesen sei, fragte auf seine subtile Art zuvor schon Yosef H. Yerushalmi.¹⁹ Und: Wenn jüdische Identität sich entlang der verschiedenen historischen Rahmen-

---

¹⁶ Vgl. Steven E. Aschheim, *Scholem, Arendt, Klemperer: Intimate Chronicles in Turbulent Times*, Bloomington 2001.

¹⁷ Die Kulturen sind: biblisch, talmudisch, poetisch-philosophisch, chassidisch, rabbinisch, emanzipatorisch, national-israelisch; vgl. Efraim Shmueli, *Seven Jewish Cultures. A Reinterpretation of Jewish History and Thought*, Cambridge 1990, S. 3, 12.

¹⁸ *Mekhilta* BO par. 5, ähnlich *Leviticus Rabba* 32:5; *Numeri Rabba* 13:19, 20:22; *Hoheslied Rabba* 24:25; vgl. Davis Biale, *Cultures of the Jews. A New History*, New York 2002, S. vxiii; ferner Shaye J.D. Cohen, „Those who say they are Jews and are not" – How do you know a Jew in Antiquity when you see one?, in: ders. et al. (Hgg.), *Diasporas in Antiquity*, Atlanta 1993, S. 9.

¹⁹ Yosef Yerushalmi, Zakhor (wie Anm. 13), S. 96.

bedingungen stetig veränderte, können wir dann überhaupt von einer einzigen jüdischen Geschichte sprechen ... von einem einzigen Volk mit einer einzelnen Geschichte ... von der einen jüdischen Religion", lautet dann Biales Frage. Die Idee der Einheit wird damit nicht absolut bestritten, sie bleibt als „kollektive Bibliothek" zwischen den verschiedenen jüdischen Kulturen eingehängt bestehen und verbindet sie.[20] Was die Wirklichkeit jüdischer Existenz in Vergangenheit und Gegenwart angeht, sollen wir nach Biale stattdessen aber von „jüdischen Kulturen" nur im Plural sprechen.[21]

Die künftige Möglichkeit der „großen Erzählung" ist der postmodernen Skepsis, auch dem Ideologieverdacht, anheim gefallen. Es herrscht Übereinkunft, dass es keine verbindlichen Großnarrative mehr geben kann.[22] Und auch hier folgt kein Plädoyer für die Rückkehr zu Verbindlichkeiten und Zielvorgaben im historischen Erzählen. Stattdessen soll auf einen anderen Punkt hingewiesen werden: Auch das Konzept einer über seine diversen kulturellen Ausprägungen geschiedenen Pluralität jüdischer Geschichte ist nicht ganz neu und allein deswegen auch schon kein typisch postmodernes Produkt. Man kann es gar aus Modellen des 19. Jahrhunderts herleiten, zumindest solange die Betrachtung der Geschichte sich mit der simplen Einsicht in den Zerfall ihres Gegenstands zufrieden gibt. Da hieß es schon 1822 bei Isaak Marcus Jost: „So wie wir die hebräischen heiligen Schriften aus der Hand legen, nimmt die Geschichte der Israeliten einen ganz verschiedenen Charakter an."[23] Ebenso lässt sich kritisch anfügen, dass die neueren Darstellungen nur eine um das Moment des wiederkehrenden Bruchs und der strukturellen Diskontinuität bereicherte Variante von Dubnows Konzept sich einander ablösender jüdischen Hegemonialkulturen sind.

An dieser Stelle lohnt es auch, über die ohnehin durchlässigen Grenzen des Fachs Jüdische Geschichte hinwegzuschauen. Denn mit der Skepsis gegenüber der großen Erzählung steht die Historiographie zur jüdischen Geschichte ja nicht alleine. Sie ist überhaupt erst mit gewisser Verzögerung von dieser Skepsis eingeholt worden. 1969, als Ben Sasson seine *Toldot am yisrael* abschloss, lag Foucaults französisches Original der *Ordnung der Dinge* bereits drei Jahre zurück[24] und sollten nur noch vier Jahre bis zum Abschluss von Hayden Whites *Metahistory*, die Foucaults Ansatz für die Geschichtswissenschaften erschloss, vergehen.[25] In jenem Jahr 1973 erschien von Barons *Social and Religious History* der fünfzehnte von schließlich achtzehn Bänden. Überhaupt hat, wer im Feld

---

[20] Biale, Vorwort (wie Anm. 18), S. xxiv.
[21] Ebd., S. xxiii–xxiv, xxxi.
[22] Amos Funkenstein, *Jüdische Geschichte und ihre Deutungen*, Frankfurt am Main 1995; Skinner, Confronting the ‚Medieval' (wie Anm. 6), S. 244f.; Brenner, Propheten (wie Anm. 3), S. 297f.
[23] Isaak M. Jost, *Allgemeine Geschichte des Israelitischen Volkes* (1832) = Brenner, Jüdische Geschichte lesen (wie Anm. 5), S. 28; ferner Skinner (wie Anm. 6), S. 231; Volkov, Jewish History (wie Anm. 4), S. 197.
[24] Michel Foucault, *Les mots et les choses – Une archéologie des sciences humaines*, Paris 1966; vgl. Axel Honneth et al. (Hgg.), *Michel Foucault. Zwischenbilanz einer Rezeption: Frankfurter Foucault-Konferenz 2001,* Frankfurt am Main 2003.
[25] Hayden White, *Metahistory. The Historical Imagination in Nineteenth Century Europe*, Baltimore etc. 1973, dt.: *Metahistory. Die historische Einbildungskraft im 19. Jahrhundert*

der jüdischen Geschichte arbeitet, einen Nachteil in Hinblick auf die Gewinnung einer – nennen wir sie: vernetzten, transnationalen, globalen oder sonst wie zu fassenden – Perspektive zu vergegenwärtigen: Es haben sich die methodischen Diskussionen und allerlei ernste und weniger ernste *turns* der vergangenen Jahrzehnte kaum innerhalb der Jüdischen Studien ereignet, und sie sind dort oft nur verhalten rezipiert, manchmal auch ignoriert worden.

Vielleicht ist das so, weil wir bei unseren Arbeiten ohnehin oft genug auf schmalem Grate zwischen den Disziplinen wandeln und manchmal auch auf dem Glatteis. Da müssen wir uns nicht noch die Brocken zusätzlicher Methodendiskussionen an den Hals hängen. Gewiss ist es auch die naive Genialität eines Graetz und eines Dubnow, die vor neuen großen Bögen abhält. Es mag aber auch sein, dass sich selbst in der international vernetzten Welt der Jüdischen Studien noch immer die „splendid isolation" widerspiegelt, in der sich die Wissenschaft des Judentums des 19. Jahrhunderts als akademische, aber akademisch nicht etablierte Disziplin befunden hatte. Wer sich mit jüdischer Geschichte befasst, hat immerhin auch einen Vorteil: Er oder sie begibt sich in ein thematisch und personell vernetztes Feld von globaler Erstreckung. Das Fach Jüdische Geschichte wird im internationalen Zusammenhang und Austausch betrieben, es gibt auch keine klar konturierten israelischen und nordamerikanischen Schulen mehr, es finden sich für alles und jeden Anregung und Widerspruch hier und dort.

III. Jüdische Geschichte als Referenzgröße globaler Geschichte

Weltgeschichte, Universalgeschichte – das aber klingt heute irgendwie bleiern. Das will an Schiller, Herder, Hegel oder Ranke gemahnen, und das ist nicht unbedingt ein Vorteil. Fast automatisch setzen da Abwehrreflexe ein. Der Begriff Weltgeschichte ist zumal in Deutschland politisch-propagandistisch verbraucht, und vielleicht liegt es daran, dass der Begriff in deutschen Universitätscurricula kaum einmal auftaucht. *Weltgeschichte* verhält sich auch nicht freundlich zu didaktischer Erschließung, anwendungsorientierten Fallstudien, Gruppenarbeit und dem Verfassen von Handouts. Es hat auch *Weltgeschichte* an Gewicht als Korrektiv verloren, seitdem die übrige Geschichtsschreibung sich allmählich aus der Enge staats- und nationenbezogener Sichtweisen verabschiedet hat. Manch einer wie Alfred Heuß, der sich dem Thema dennoch stellte, ist, trotz kritischen Zugangs, vielfach auf Unverständnis und Desinteresse gestoßen.[26]

Die Globalisierung der Debatten kümmert sich allerdings wenig um deutsche Befindlichkeiten. Anderswo ist *World History*, zumal wo sie sich als *post-coloni-*

---

in Europa, Frankfurt am Main 1991; vgl. Hans-Jürgen Goertz, *Unsichere Geschichte. Zur Theorie historischer Referentialität*, Stuttgart 2001.

[26] Vgl. Alfred Heuß, *Zur Theorie der Weltgeschichte*, Berlin 1968; bezeichnend ist die distanzierte Würdigung bei Dieter Rimpe, Kaiserzeit und Weltgeschichte bei Alfred Heuß, in: Hans-Joachim Gehrke, *Alfred Heuß – Ansichten seines Lebenswerks. Beiträge des Symposions „Alte Geschichte und Universalgeschichte. Wissenschaftsgeschichtliche Aspekte und historisch-kritische Anmerkungen zum Lebenswerk von Alfred Heuß"*, Stuttgart 1998, insb. S. 100; vgl. auch Stefan Rebenich / Alfred Heuß: Ansichten seines Lebenswerkes. Mit einem Anhang: Alfred Heuß im Dritten Reich, in: *Historische Zeitschrift* 271 (2000), S. 661–673.

al studies ihrer eurozentristischen Paradigmen entledigt hat, mittlerweile längst nicht mehr nur die Sache freundlich belächelter Dilettanten, sondern stehen selbstverständlich Lehrstühle und Programme dafür bereit, angesehene und gut frequentierte obendrein. Das Fach *World History* gehört in den USA zu den am stärksten wachsenden historischen Disziplinen der vergangenen zwanzig Jahre.[27] Die noch wenigen Erfahrungen im erst beginnenden 21. Jahrhundert, das aber mit dem 11. September 2001 dramatisch eingeleitet wurde, gefolgt von den Sorgen um den drohenden Klimawandel und – als Wiedergänger des 20. Jahrhunderts – die Weltwirtschaftskrise mit ihren noch gar nicht absehbaren sozialen, politischen und kulturellen Folgen, drängen globale Perspektiven regelrecht auf. Vorbei ist die naive Auffassung, das „Ende der Geschichte" stehe an, allein weil die totalitären Großideologien des 20. Jahrhunderts gescheitert seien und gerade einmal eine Blockkonstellation von a-historisch kurzer historischer Halbwertzeit aufgehoben sei.[28] Der Bedarf an Orientierung, auch und gerade durch eine fundierte und verantwortungsvolle, sich auf globale Perspektiven einlassende Geschichtswissenschaft, ist seitdem gestiegen. Der bedenkliche Langzeiterfolg von Huntingtons Pamphlet *The Clash of Civilisations* (1998)[29] zeigt dann nur das Ausmaß der Irritation an, die der 11. September 2001 im Bewusstsein des Westens hinterlassen hat.

Vor diesem Hintergrund ist zu fragen, was eine transnationale, global orientierte Geschichtswissenschaft heute leisten muss und was sie leisten kann. Besieht man es genau, dann verhelfen gegenwärtig neue Paradigmen alten Themen zu neuem Profil. Jenseits der einseitigen Analysen „orientalistischer" und post-kolonialer Entlarvungen gelingt es, um nur ein Beispiel zu nennen, der britischen Geschichtsschreibung, aus der Sackgasse einer anglozentrischen und stets glorreich klingen wollenden *Imperial History* herauszufinden und die weltweiten, strukturellen Prozesse im Funktionieren des Empire neu zu bestimmen.[30] Auch in Deutschland begegnen in jüngerer Zeit neue Ansätze zu weiter gefassten historischen Perspektiven, die auch in den Dienst von Gegenwartsbewältigung gestellt werden können, etwa bei Gangolf Hübinger. Er verbindet die Absage an ausgediente weltumspannende Evolutions- und Fortschrittsmodelle mit der Kritik am „unbekümmerten Relativismus eines postmodernen Geschichtsdenkens"[31], und bei Ernst Schulin finden wir das Plädoyer für den Erhalt von „Geschichte als Se-

---

[27] Es ist bezeichnend, dass konzeptionell-methodische Überlegungen nicht nur in der Hauszeitschrift „World History", sondern auch an anderer eminenter Stelle erschienen sind: Michael Geyer / Charles Bright, World History in a Global Age, in: *American Historical Review* 100 (1995), S. 1034–1060.

[28] Francis Fukuyama, *Das Ende der Geschichte*, München 1992.

[29] Samuel P. Huntington, *Kampf der Kulturen. Die Neugestaltung der Weltpolitik im 21. Jahrhundert*, Hamburg 2006; vgl. Amartya Sen, *Die Identitätsfalle. Warum es keinen Krieg der Kulturen gibt*, München 2006.

[30] Antony G. Hopkins, Back to the Future: From National History to Imperial History, in: *Past and Present* 164 (1999), S. 198–243, 241 f.; vgl. Jürgen Osterhammel, Imperien, in: Budde, Transnationale Geschichte (wie Anm. 4), Göttingen, S. 61.

[31] Gangolf Hübinger et al. (Hgg.), *Universalgeschichte und Nationalgeschichten*, Freiburg i. Br. 1994, S. 9.

quenz von Problemfeldern."[32] Da wird nicht nur geklagt, sondern macht sich optimistische Behauptung breit: Jörn Rüsen etwa glaubt nicht, „dass es [künftig] keine Meistererzählungen mehr geben wird, und zwar einfach deshalb, weil es keine kulturelle Identität ohne Meistererzählung gibt."[33] Das ist einfach gesagt und interessant zugleich. Nur: Was Rüsen nicht mitliefert, sind die Konturen solcher Meistererzählungen, und er würde wohl auch nicht behaupten, solche vorgeben zu können oder wollen. Heinrich August Winkler hat nicht behauptet, eine solche vorzulegen, aber gerade den ersten Band eines Projekts abgeschlossen, das gar nicht anders verstanden werden kann. Ansonsten würde seine *Geschichte des Westens* sich unter Wert verkaufen wollen.[34] Von den Fährnissen, die stets mit einem solchen Unternehmen verbunden sind, zeugt ein *Spiegel*-Interview mit dem Autor. Was „den Westen" ausmache, wollten die Interviewer wissen, und Winkler benannte Freiheitsliebe, Menschenrechte und Schuldzentrierung (in Hinblick der Verletzung der eigenen Prinzipien) als wesentliche Kriterien. Ob dann die islamische Welt davon ausgeschlossen sei, folgte als Gegenfrage. Winkler widersprach energisch, ohne aber über ein Dementi hinauszukommen. Tatsächlich hatte der Autor ja Kriterien genannt, die die Gegenfrage nahe legten.[35]

Es werden diese neuerlichen Perspektivenwechsel an der Geschichtsschreibung zur jüdischen Geschichte nicht vorbeigehen und das nicht einfach, weil man eben keine Mode auslassen soll, sondern weil die jüdische Historiographie gleichermaßen davon ergriffen ist und sie zugleich auch gehalten ist, die gebotenen Möglichkeiten zu ergreifen. Ergriffen ist sie davon, weil jüdische Geschichte weltweit allenthalben in den Debatten präsent ist, sie als Ganzes und in ihren Abschnitten ein historiographisches Paradigma *par excellence* abgibt, und sie *nolens volens* auch als Einheit begriffen wird, ganz ungeachtet der Frage, was Juden in Budapest, Ra'anana und der Karibik von dieser aufgedrängten Verbundenheit selbst halten. Dazu muss man sich nicht einmal auf die Ebene der Judenfeinde begeben, die in dieser Geschichte allenthalben Belege für ihre Behauptung eines ubiquitär einheitlich handelnden jüdischen Kollektivs suchen und, mit ihren Methoden, auch finden.

Tatsächlich ist die Sache diffiziler und geht es hier nicht einfach nur um Apologie gegenüber übelmeinenden Zeitgenossen und ihren trüben Traditionen. Auch sonst und mit ganz verschiedenen perspektivischen Anbindungen werden Anleihen beim reichen Fundus jüdischer Geschichte und Geschichtserfahrung gemacht. Das liegt bei einigen Themen auf der Hand: diese Geschichte ist allein durch ihren Verlauf exponiert und bietet Archetypen gleich in Fülle. Natürlich liegt der Rekurs auf die jüdische Geschichte nahe, wenn es um Migration, Minderheitenexistenz, Bestimmung des Wesens von Diaspora und Fremdherrschaft sowie deren Relation zu Herrschaft, Identität und Gewalt geht. Die irische Erfahrung mit der britischen Herrschaft ist vergleichsweise jung, die jüdische Geschichte einschließlich des is-

---

[32] Zit. aus Ernst Schulin, in: Hübinger, Universalgeschichte, S. 9f.
[33] Jörn Rüsen, *Geschichte im Kulturprozeß*, Köln etc. 2002, S. 218; ähnlich Georg Iggers, Ohne jüdische Identität keine jüdische Geschichte, in: Michael Brenner et al. (Hgg.), *Jüdische Geschichtsschreibung heute. Themen, Positionen, Kontroversen*, München 2002, S. 47.
[34] Heinrich August Winkler, *Die Geschichte des Westens. Von den Anfängen in der Antike bis zum 20. Jahrhundert*, Bd. 1, München 2009.
[35] Vgl. http://www.spiegel.de/spiegel/print/d-66970433.html (geöffnet 10.10.2009).

raelisch-palästinensischen Konflikts und der darum gruppierten Geschichtskonstruktionen scheint sich da als natürliche Referenz anzubieten,[36] auch wenn dann die Art und Weise solcher Inanspruchnahme zuweilen verwundert.[37] Das stört die Akteure selbst aber überhaupt nicht: Maßnahmen am Beispiel der anderen kennen offenbar keine Grenzen und keine Entfernungen, und die Politik der Identifikationsbildung geht, wie das Aufkommen palästinensischer und israelischer Flaggen in nordirischen Wohnvierteln eindrücklich demonstriert, dabei aktiv der wissenschaftlichen Theoriebildung voraus.[38] Man muss sich allerdings auch die Ambivalenzen vergegenwärtigen, die der Rekurs auf jüdische Geschichte als leicht verfügbare Referenzgröße oder gar auf ihr Gesamtes als Spiegelgeschichte seiner Umwelt mit sich bringt. Gewiss: Die Bereitschaft in den Spiegel hineinzuschauen, garantiert, dass der jüdische Anteil an geschichtlichen Prozessen nicht übersehen wird. Solches Vorgehen stattet aber diese Geschichte mit einer Funktion im Hinblick auf etwas anderes aus und macht sie in gewisser Weise dienstbar.

Damit wächst die Gefahr, nur die reflektierbaren Momente der Geschichte wahrzunehmen und das Gesamte der jüdischen Geschichte samt ihrer Eigenständigkeit zu übergehen. Dann schreibt dieser Zugang nur das alte Motiv vom „Beitrag der Juden" zu einer jeweils anderen Geschichte fort. Er führt implizit verzerrende Hierarchien ein und erweckt auch, wie Steven Lowenstein so treffend formuliert hat, den Anschein, als habe es sich bei alledem um „ein kollektives Unternehmen der jüdischen Gemeinschaft" gehandelt „mit dem Ziel, die [deutsche] Mehrheit zu beschenken." Auch das Konzept der „Anteilnahme", wie es die Autoren der „Deutsch-Jüdischen Geschichte der Neuzeit" verschiedentlich vertreten, muss im Hinblick auf das Gesamte der Geschichte, hier der jüdisch-deutschen, unvollständig bleiben. Sein Vorteil ist allerdings, unvollständig bleiben und sich jenseits aller Wertungen auf Teile des Ganzen, nämlich Schnittmengen und Transferbereiche, beschränken zu können.[39]

Anders als es bei Biale anklingen will, wird Jüdische Geschichte auch nicht allein deswegen schon als „globale" akzeptiert, weil sie eine weltweite Erstreckung aufweist oder in historischer Perspektive als Archetyp anderer Diasporaformationen gelten kann.[40] Denn diesen Anspruch haben Theoretiker der *Global His-*

---

[36] Zum Funktionieren der historischen Narrative in Politik und Öffentlichkeit Steven Howe, The Politics of ‚Revisionism': Comparing Ireland and Israel/Palestine, in: *Past and Present* 168 (2000), S. 167–253, mit weiterer Lit. S. 229 A 2.

[37] Das gilt etwa für die in umgekehrter Vergleichsperspektive gefassten Äußerungen zum irischen Fall von Edward Said, *Yeats and Decolonization*, Derry 1988; ferner ders., *Culture and Imperialism*, London 1993.

[38] Vgl. Andrew Hill / Andrew White, The Flying of Israeli Flags in Northern Ireland, in: *Identities. Global Studies in Culture and Power* 15.1 (2008), S. 31–50 (online: http://www.redi-bw. de/db/ebsco.php/search.ebscohost.com/login.aspx?direct=true&db=aph&jid=IDT&site=ehost-live).

[39] Etwa Steven M. Lowenstein, Der jüdische Anteil an der deutschen Kultur, in: Michael A. Meyer (Hg.), *Deutsch-Jüdische Geschichte der Neuzeit*, Bd. 3, München 1997, S. 302–304; vgl. Sorkin, The Émigré-Synthesis (wie Anm. 15), S. 531–559.

[40] Biale (wie Anm. 18), Intr.; vgl. Volkov, Jewish History (wie Anm. 4), S. 190–201; ferner Michele Reis, Theorizing Diaspora: Perspectives on „Classical" and „Contemporary" Diaspora, in: *International Migration* 42 (2004), S. 41–56.

tory (wie Neva Goodwin) sogleich zurückgewiesen. Wohl sei die geographische Erstreckung jüdischer Geschichte offensichtlich, es könne aber die Geschichte einer einzelnen religiösen oder ethnischen Gruppe nicht Gegenstand solcher Geschichte sein, zumal sie auch keine sei, mit der jeder sich identifizieren müsse.[41] Unüberhörbar klingen hier restriktive Untertöne durch. Da wird Deutungshoheit reklamiert. Man mag vielleicht noch darüber streiten, ob Judentum ein Copyright auf den heute allenthalben genutzten Diasporabegriff haben soll; unzweifelhaft werden von Ideologie geblendet mit solchen Verdikten aber Chancen vertan, nämlich all jene, mit denen in der Binnenperspektive oder durch äußere Betrachtung der reiche historische Erfahrungsschatz der Juden samt ihrer stets wechselnden Diasporasituationen und Akkulturationsbedingungen fruchtbar gemacht werden können, sei es zum Erfassen jüdischer Geschichte selbst oder als Referenz im Blick auf die Geschichte anderer Gruppen in immer neuen und verschiedenen Minderheiten-Mehrheiten-Relationen. Jüdische Geschichte bietet durch ihre vielfache kulturelle und soziale Beziehungshaftigkeit bei wiederholt gleichen, aber hinsichtlich der Ergebnisse im Einzelfall immer wieder unterschiedlichen Problemstellungen – im Grunde notgedrungen – reiche Anschauung für eine global ansetzende Geschichtswissenschaft, nämlich als Wissenschaft von der Erfahrung der Verschiedenheit (jüdische Kulturen, jüdische Identitäten) in der Einheit (Judentum)[42] samt damit verbundener Aufgaben (Mobilität, Adaptabilität, Identitätswahrung unter wechselnden Bedingungen).[43] Das bringt in der Summe dann die besten Voraussetzungen mit, den Blick hemmende monolithische Verständnisse von Deutschland, Europa und dem Westen gleichermaßen mit dem Modus gewachsener Pluralität zu überschreiben.

Dennoch: Jüdische Geschichte samt der ihr geltenden Historiographie befindet sich damit in einem kaum lösbaren Dilemma: Jüdische Geschichte drängt sich geradezu auf, wenn es um aussagekräftige Beispiele zur Illustration von Grundsatzfragen, transnationalen Themenstellungen wie auch Methodenfragen geht. Sie ist in der globalen Geschichtsdiskussion ständig präsent. Dabei zeigen sich rasch auch Ertrag und Grenzen solcher Rekurse, fallweise auch der Unsinn derartigen Tuns. Ganz gleich aber wie diese Inanspruchnahmen im Einzelnen zu bewerten sind, hat eine Geschichtsschreibung zur jüdischen Geschichte gar keine andere Wahl, als die globale Erstreckung und Präsenz ihres Gegenstandes zur Kenntnis zu nehmen. Alles andere hieße, das Feld jenen zu überlassen, die diese Geschichte nutzen, ohne immer zu ihrem Verständnis beizutragen.

Ein gutes Beispiel für die Verwobenheit von Themen jüdischer Geschichte und Gegenwart in aktuellen Debatten bietet die Kontroverse zwischen A. Dirk Moses und dem Altmeister postmoderner Historiographie, Hayden White. Es

---

[41] Neva R. Goodwin, The Rounding of Earth, in: Bruce Mazlish et al. (Hgg.), *Conceptualizing Global History*, Boulder etc. 1993, S. 29; vgl. dazu auch Moshe Rosman, How Jewish is Jewish History?, Oxford 2009, S. 122f.

[42] Vgl. auch die Gegenposition Jonathan Sacks, Global Covenant: A Jewish Perspective, in: John H. Dunning (Hg.), *Making Globalization Good. The Moral Challenges of Global Capitalism*, Oxford 2003, hier S. 212f.

[43] Vgl. dazu auch Hazel Easthope, Fixed Identities in a Mobile World? The Relationship Between Mobility, Place, and Identity, in: *Identities. Global Studies in Culture and Power* 16.1 (2009), S. 61–82 (online-Ressource wie Anm. 38).

ging mit allerlei Anleihen zwischen Habermas, Nietzsche, Max Weber um die
„öffentliche Rolle der Geschichtswissenschaft", ein allgemeines, grundsätzliches, vor allem methodenorientiertes Thema, also letztlich um die Frage, was
es für das Verhältnis zwischen Ethik und Geschichtsschreibung bedeute, wenn
– Whites Position hier stark komprimierend referiert – die historische Quelle nur
ein literarisches Konstrukt sei und letztlich einzig der Text als Ereignis gelten
könne. Das alleinig breiter durchmessene Feld, auf dem diese grundsätzlichen
Fragen verhandelt werden, war, nicht einmal zur Überraschung des Lesers, nach
nur wenigen Absätzen erreicht: jüdische Geschichtserfahrung, israelische Politik und israelische Historiographie der Gegenwart. Erst dann folgen bei Moses
Überlegungen zur Wirkung und Rezeption von White.[44]

Moses wirft White (in ironischer Anlehnung an andere Debatten) die Absicht
zur „Wieder-Verzauberung der Welt" und einen „säkularen Kreationismus" vor.
Sein kritischer Ansatz gegenüber Whites ethischem Relativismus – wenn der Ereignisbericht fiktional ist, sind darauf gegründete moralische Aussagen unhaltbar – kommt nicht von ungefähr, er liegt nahe bei Moses' Herkommen aus der
deutschen Zeitgeschichtsforschung und seinen jetzigen australischen Arbeitsfeldern: der faktischen und historiographischen Marginalisierung der indigenen Bevölkerung des fünften Kontinents sowie der vergleichenden Genozidforschung.[45]

Moses' Präferenzen kommen in der Auseinandersetzung mit White deutlich
zum Ausdruck: er strebt nach einer zur Utopie offenen, ethisch verantwortlichen
und verantworteten Geschichtsschreibung. Um es konkret zu fassen: im Anschluss
an Edward Said und Ilan Pappé bietet Moses ein Plädoyer für „Brückennarrative", die beide Seiten – hier Israelis und Palästinenser – zur Aufgabe ideologisch

---

[44] A. Dirk Moses, Hayden White, Traumatic Nationalism, and the Public Role of History, in: *History and Theory* 44 (2005), S. 311–332; Hayden White, The Public Relevance of Historical Studies: A Reply to Dirk Moses, in: ebd., S. 333–338; A. Dirk Moses, The Public Relevance of Historical Studies: A Rejoinder to Hayden White, in: ebd., S. 339–347; vgl. *Metahistory: Six Critiques* (History and Theory, Beih. 19.4), Middletown 1980; Arnoldo Momigliano, the Rhetoric of History and the History of Rhetoric. On Hayden White's Tropes, in: *Comparative Criticism. A Year Book* 3 (1981), S. 259–268; ferner Jörn Stückrath et al. (Hgg.), *Metageschichte. Hayden White und Paul Ricoeur. Dargestellte Wirklichkeit in der europäischen Kultur im Kontext von Husserl, Weber, Auerbach, Gombrich*, Baden-Baden 1997; Richard T. Vann, The Reception of Hayden White, in: *History and Theory*, 37 (1998), S. 143–161; „Hayden White", in: Hans Bertens et al. (Hgg.) *Postmodernism: Key Figures*, Cambridge, Mass. 2001, S. 321–326; Kuisma Korhonen (Hg.), *Tropes for the Past. Hayden White and the History/Literature Debate*, Amsterdam / New York 2006; Gabrielle M. Spiegel, History, Theory, Text: Historians and the Linguistic Turn, in: *History and Theory* 45 (2006), S. 244–251.

[45] A. Dirk Moses (Hg.), *Genocide and Settler Society: Frontier Violence and Stolen Indigenous Children in Australian History*, Oxford 2005; ferner ders., Race and Indigeneity in Contemporary Australia in: Manfred Berg (Hg.), *Global Dimensions of Racism in the Modern World*, New York 2009; ders., Daniel J. Goldhagen and his Critics, in: *History and Theory* 37 (1998), S. 194–219; ders., *German Intellectuals and the Nazi Past*, Cambridge etc. 2007; ders. / Eliott Neaman, West German Generations and the Gewaltfrage: The Conflict of the Sixty-Eighters and the Forty-Fivers, in: Warren Breckman et al. (Hgg.), *The Modernist Imagination: Intellectual History and Critical Theory. Essays in Honor of Martin Jay*, New York 2009.

durchformter Vorannahmen von Geschichte, eigener wie anderer, anleiten sollen.[46] Das sei hier alles nur beobachtet und nicht bewertet. Moses hat seine Sache gut vorgebracht; Whites Replik auf die Herausforderung durch den jungen Mann fiel generös und nachdenklich, aber erwartungsgemäß unnachgiebig in der Sache aus. Er hat sie auffallend exklusiv um Fragen der Geschichtsschreibung zur Shoa gruppiert, nachdem Moses ihn hier mit Bedacht in einem besonders sensitiven Punkt angegriffen hatte. Die Verteidigung seiner Position hat White sogleich zur Generalkritik geweitet: Das Problem sei der Anspruch der Wissenschaftlichkeit, mit der die Forschung antrete: „Die Revisionisten spielen dasselbe wissenschaftliche Spiel, das die professionellen Historiker zu spielen vorgeben." Für White ist „der Holocaust" stattdessen „ein synthetisches Konzept oder die Figur eines Ereignisses, dessen Ereignis kaum bestritten werden kann, dessen Bedeutung aber für europäische, amerikanische, jüdische und nahöstliche Geschichte eine offene Frage bleibt." Wohl auch um keine Zweifel aufkommen zu lassen (und dann doch nur um den Preis, Fragen nach der Stringenz seiner Argumentation zu generieren) betont White sogleich, die Shoa sei „das signifikanteste Ereignis der westlichen Welt in unserer Zeit", das auf möglichst vielen Bedeutungsebenen und literarischen Formen erfasst werden sollte.[47] Anlage und Verlauf der Debatte zwischen Moses und White erscheinen symptomatisch: Sie handelt vom Allgemeinen und kommt vom Speziellen doch nicht weg. Jüdische Geschichte erweist sich – gewollt oder ungewollt – als universeller Prüfstein für Geschichte und ihre Methoden. Das gilt in besonderem Maße von der Stellung der Shoa, die in der Geschichtswissenschaft nicht nur Forschungsgegenstand ist, sondern auch zum allseits verfügbaren Demonstrationsfeld zu geraten scheint. Über jüdische Geschichte wird verfügt, und sie wird, nach Bedarf, angeeignet. Ich meine damit nicht einmal die Holocaust-Travestie des Bruno Doessekker alias Benjamin Wilkomirski oder den Skandal um den enterbten Jakob Littner alias Pseudo-Wolfgang Koeppen,[48] sondern auch manch gut gemeinte Abhandlung.

Auch hierfür nur ein Beispiel von vielen: Der Beitrag eines Dozenten der East Tennessee State University zu einem neueren Sammelband zur *Holocaust-Education* fragte, weshalb und wie man „Auschwitz in den südlichen Appalachen lehren" solle, also in einem eher abgeschiedenen Winkel der USA. Die Gründe dafür scheinen auf der Hand zu liegen:

> Teaching Holocaust in Appalachia bietet einen einzigartigen Zugang zu zentralen historischen Themen in praktisch-ethischer Hinsicht („in applied ethics") einschließlich solcher im Hinblick auf Rassen und Rassismus, Gebrauch und Missbrauch von Macht, die Gefahr des Missbrauchs der Religion, moralische Aspekte von Entwicklung und Nutzen neuer Technologien, und die Rolle und Verantwortlichkeit des Individuums im Brennpunkt der

---

[46] A. Dirk Moses, Hayden White, Traumatic Nationalism, and the Public Role of History, in: *History and Theory* 44 (2005), S. 329.

[47] White, Public Relevance (wie Anm. 44), S. 337f.

[48] Stefan Mächler, *Der Fall Wilkomirski. Über die Wahrheit einer Biographie*, Zürich 2000; David Oels, „A real-life Grimm's fairy tale". Korrekturen, Nachträge, Ergänzungen zum Fall Wilkomirski, in: *Zeitschrift für Germanistik*, N.F. 14 (2004), S. 373–390; vgl. auch Ruth Klüger, Der Dichter als Dieb?, in: dies., *Gelesene Wirklichkeit. Fakten und Fiktionen in der Literatur*, Göttingen 2006, S. 135–142.

[*nota bene*: amerikanischen] gesellschaftlichen Moralkrise. Den Holocaust zu unterrichten besitzt insofern das Potential, einen moralischen und pädagogischen Spiegel bereitzustellen, vermittels dessen der Student fähig wird, den Charakter des 20. Jahrhunderts zu bedenken, insbesondere die Geschichte und Kultur der Appalachen und vielleicht auch seinen/ihren eigenen persönlichen Referenzrahmen.[49]

In diesem gut gemeinten Unternehmen ist die Geschichte der Shoa gerade einmal noch Gegenstand sozial orientierter Heimatkunde mit moralischem Appell.[50]

Solche Fehlgriffe einmal beiseite gelassen, ist es als einfache Tatsache hinzunehmen, dass das Bewusstsein für den millionenfachen Mord an den europäischen Juden nicht nur am Anfang des wachsenden Interesses an jüdischer Geschichte steht, sondern in Erscheinung der historisch-vergleichenden Genozidforschung auch eine ganze Teildisziplin der Geistes- und Sozialwissenschaften mit globaler Erstreckung hervorgebracht hat, die angesichts auch gegenwärtig immer neuer Schreckensnachrichten – man muss es befürchten – so rasch nichts von ihrer Aktualität einbüßen wird. Die Zentralität der Shoa in dieser Disziplin ist eine unumkehrbare, schmerzliche Tatsache.[51] Dann aber ist es auch Aufgabe und Chance einer perspektivisch ebenso weit ansetzenden jüdischen Geschichtsschreibung, das Bewusstsein für die Zentralität und Einzigartigkeit der Shoa aktiv-kritisch zu begleiten und die Stimmen der Opfer und ihrer Nachkommen hörbar zu machen,[52] zumal gegen komparativ ansetzende Abwertungsdiskurse, ungewollte wie intendierte, sowie gegen andere Versuche und Verläufe von Relativierung.[53]

Ein anderes Beispiel für die beliebige Verfügbarkeit jüdischer Geschichte ist die Anleihe bei mittelalterlicher Geschichte zur Bestimmung von Ordnungskriterien und Paradigmen allgemeiner mittelalterlicher Geschichte, bezeichnenderweise oft mit direktem Übertrag auf die Geschichte anderer „Randgruppen" der

---

[49] Michael Pinner, „Auschwitz in Appalachia": Pedagogy, The Holocaust, and the Southern Highlands, in: Michael Pinner (Hg.), *Teaching the Shoah in the Twenty-First-Century. Topics and Topography*, Lewiston NY 2004, S. 159–176, 161 [meine Übersetzung].

[50] Die weitere Problematik der Aneignung von „Auschwitz", „Holocaust" und „Shoah" zuletzt mit kritischer Note hinsichtlich der „amerikanischen" Aneignung der Shoa bei Moshe Zimmermann, Die transnationale Holocausterinnerung, in: Budde (wie Anm. 4), S. 201–213.

[51] Zum Forschungsstand vgl. Peter Fritzsche, Genocide and Global Discourse. Review Article, in: *German History*, 23 (2005), S. 96–111; ferner Jaques Sémelin, *Säubern und Vernichten: Die politische Dimension von Massakern und Völkermorden*, Hamburg 2007; Ben Kiernan, *Erde und Blut. Völkermord und Vernichtung von der Antike bis heute*, München 2009; sowie: Ryfka Heyman, Sociologische verklaringsmodellen voor genocide. Twee casestudies: de Holocaust en Rwanda, in: *Témoigner* 101 (2008), S. 147–170.

[52] Vgl. etwa Ian Buruma, *Erbschaft der Schuld. Vergangenheitsbewältigung in Deutschland und Japan*, München 1994; Dirk A. Moses, Coming to Terms with the Past in Comparative Perspective: Germany and Australia, in: *Aboriginal History* 25 (2001), S. 91–115; zuletzt Maja Catic, A tale of Two Reconciliations: Germans and Jews after World War II and Bosnia after Dayton, in: *Genocide Studies and Prevention* 3 (2008), S. 213–242.

[53] Vgl. dazu etwa Thomas Haury, „Das ist Völkermord!": Das „antifaschistische Deutschland" im Kampf gegen den „imperialistischen Brückenkopf Israel" und gegen die deutsche Vergangenheit, in: Matthias Brosch et al. (Hgg.), *Exklusive Solidarität. Linker Antisemitismus in Deutschland vom Idealismus zur Antiglobalisierungsbewegung*, Berlin 2007, S. 285–300.

Vormoderne[54] oder Problemstellungen der Moderne. Hier ist die Ambivalenz des Konzepts von jüdischer Geschichte als Spiegelgeschichte in seinem ganzen Ausmaß erkennbar. Wenn Amnon Raz-Krakotzkin sich den Themen und Verschwiegenheiten der älteren israelischen Geschichtsschreibung widmet und dann sogleich in kühnem Bogen die jüdischen Opfer der Kreuzzugspogrome im Rheinland 1096 in Analogie zu den palästinensischen Flüchtlingen des Jahres 1948 rückt, indem beide ungeschieden zu „Herumirrenden" im Gefolge des ihnen jeweils widerfahrenen Gewaltschicksals werden, dann ist das beim ersten Ansehen vielleicht originell, bietet aber am Ende wenig Ertrag, weder für die eine, noch für die andere Geschichte.[55] Jüdische Geschichte, so zeigt auch dieses Beispiel, hat auf eine Art und Weise ihren festen Platz im kollektiven Bewusstsein der Moderne und unter den Bedingungen einer pluralen Welt erhalten, die die Begründer der Wissenschaft des Judentums im 19. Jahrhundert nicht ahnen konnten und die sie in ihrer Beliebigkeit vermutlich auch so nicht gewollt hätten.

Diese Beispiele müssen bei der hier gebotenen Kürze als Vorgang für einige konzeptionelle Linien zum Umgang mit der skizzierten ambivalenten Stellung jüdischer Geschichte und Geschichtserfahrung im globalen Kontext reichen. Man kann natürlich die Omnipräsenz und beliebige Verfügbarkeit jüdischer Geschichte beklagen. Dazu besteht letztlich aber kein Anlass. Der Befund verdeutlicht lediglich die Notwendigkeit steten korrigierenden Eingreifens; die gegebene Situation erlaubt es aber auch, Methodendebatten und ihre Umsetzung mitzubestimmen, vor allem: sie am eigenen Forschungsfeld zu überprüfen. Das ermöglicht nach innen wie nach außen eine Überprüfung alter und neuer Bilder in der Darstellung jüdischer Geschichte, was wiederum weiter zu präzisieren ist.

IV. Jüdische Geschichte: Wandel als Paradigma

Was sich da heute als *Global History* darbietet, sind nicht einfach modebewusste Mitnahmeeffekte in einem ansonsten in den Bereichen Wirtschaft, Medien und Gesellschaften verlaufenden und einzig von ihnen dominierten Prozess, der letztlich jenseits des Feldes von Geschichtsschreibung läge. In der Perspektive von *Global History* tritt ein ganz eigenes Bewusstsein für die Eigenheiten historisch gewachsener Verständnisse und Verhältnisse zu Tage, insbesondere für die Verbundenheit und wechselseitige Abhängigkeit des darin jeweils gefassten Eigenen. Sie bietet Möglichkeiten zur Distanzierung und Neubestimmung des eigenen Standorts, am Ende vielleicht zu mehr Gelassenheit und Freiheit gegen-

---

[54] Vgl. James Davidson, Dover, Foucault and Greek Homosexuality: Penetration and the Truth of Sex, in: *Past and Present* 170 (2001), S. 3–51; Skinner, Confronting the ‚Medieval' (wie Anm. 6), S. 219–247, hier: S. 221, 240; zur Thematik vgl. Gerd Mentgen, „Die Juden waren stets eine Randgruppe." Über eine fragwürdige Prämisse der aktuellen Judenforschung, in: Friedhelm Burgard et al. (Hgg.) *Liber amicorum necnon et amicarum. Festschrift für Alfred Heit*, Trier 1996, S. 393–411.

[55] Amnon Raz-Krakotzkin, Historisches Bewusstsein und historische Verantwortung, in: Barbara Schäfer (Hg.), *Historikerstreit in Israel. Die „neuen" Historiker zwischen Wissenschaft und Öffentlichkeit*, Frankfurt am Main 2000, S. 151–207, 197; vgl. auch ders., Jewish Memory between Exile and History, in: *Jewish Quarterly Review* 97 (2007), S. 530–543.

über dem Eigenen. Wenn die vor sich gehenden Prozesse des Wandels und der weltweiten Vernetzungen, selbst im Moment der Krise[56], als umfassende Kulturprozesse verstanden werden, dann bietet Geschichte hier eine zentrale Achse der Orientierung, analog zur Gegenwartsorientierung in Zeit und Raum. Die Kriterien, die für eine transnationale, global ausgerichtete Geschichte zu gelten haben, sind dann auch in Hinsicht ihrer Kompatibilität mit einer global eingebetteten Historiographie zur jüdischen Geschichte zu betrachten. Im Anschluss an Jürgen Osterhammel sind das zunächst vor allem folgende:
- die Geschichte der Weltwirtschaft;
- Entwicklung und Wandlung von Kommunikation und logistischen Systemen;
- die Geschichte von Migration, Akkulturation und Diaspora;
- die Geschichte der kontinuierlichen Transformation von sozialen Systemen und Begriffen;
- die Geschichte der internationalen Beziehungen mit den Polen Krieg und internationale Ordnungsinstanzen sowie
- eine integrierte Sicht auf Imperialismus und Kolonialismus samt Expansion industrieller Formen von Produktion und Zerstörung.[57]

In all diesen Bereichen wird deutlich, dass regionale historische Ereignisse und Verläufe oft erst in ihrer globalen Erstreckung gänzlich einsehbar werden, mit Ursachen und Effekten an beiden Enden der Ereignisachsen,[58] ferner dass zu Ende gedachte und verantwortete Globalisierung tatsächlich das Ende westlicher Hegemonie bedeuten muss, denn sie zeigt sich als Prozess gleichzeitiger, asymmetrischer und unausgeglichener Aneignung von Positionen und Sphären durch eine Vielzahl von „Marktteilnehmern", darunter auch, aber eben nicht ausschließlich, der zuvor dominierenden Kulturen.[59] China mit seiner wechselvollen Geschichte zwischen hegemonialer Machtstellung und kolonialer Beherrschung kann, gerade vor dem Hintergrund seiner neu gewonnenen wirtschaftlich-politischen Position, als Paradebeispiel nicht nur für veränderte Kräfteverhältnisse, sondern auch für eine neue Stimme in der Darstellung der Geschichte der Moderne in globaler Perspektive gelten.[60] Andere, nicht minder wertvolle Stimmen sind dagegen bis heute in einem Stand verblieben, der ihnen kaum eine Möglich-

---

[56] Die Paranthese stand nicht im Originalmanuskript des Jahres 2006.
[57] Jürgen Osterhammel / Nils P. Petersson, *Geschichte der Globalisierung*, München 2003, S. 16 ff.; ferner Geyer / Bright, World History (wie Anm. 27), S. 1053–1057; Ben Marsden et al. (Hgg.), *Engineering Empires. A Cultural History of Technology in Nineteenth Century Britain*, Basinstoke 2005, chaps. 4–5; Joel Kotking, *The City. A Global History*, New York 2005, S. xix–xxii, 148 f., 157–160.
[58] Vgl. etwa die Studie zur Verflechtung der Prozesse von britischer ‚Modernisierung' und indischer ‚Traditionalisierung' im 18./19. Jahrhundert: David Washbrook, From Comparative Sociology to Global History, in: *Journal of the Economic and Social History for the Orient* 40 (1997), S. 410–443.
[59] Geyer / Bright, World History in a Global Age (wie Anm. 27), S. 1049.
[60] Aus der kaum überschaubaren Fülle der Literatur vgl. zuletzt Wen-hsin Yeh (Hg.), *Becoming Chinese. Passages to Modernity and Beyond*, Berkeley 2000; jetzt Harold Tanner, *China. A History*, Indianapolis 2009.

keit zur Artikulation öffnet.[61] Die Konfliktlinien dieses Prozesses verlaufen also nicht einfach entlang der Frage nach Macht und Einfluss, sondern im Konflikt über die Bedingungen/Spielregeln globaler Integration: nicht ob diese Welt zusammenwachsen soll, sondern über die Frage, wer darüber bestimmen kann und wie dies geschieht.[62] Geschichtswissenschaft kann hier mehr leisten als nur eine Summe von Einzelgeschichten zu einer Weltgeschichte beizusteuern. Sie kann die Vergangenheit dieser Welt im Hinblick auf gegenwärtig akute Fragen und Problemfelder neu erzählen. Es geht auch darum, die spannungsvolle Verschiedenheit und Vielfalt von Vergangenheiten, gerade deren subjektive, widerstreitende Fassung, bewusst zu machen. Ihre Summe ergibt also nicht „eine Geschichte homogener globaler Zivilisation"[63], sondern ein Abbild spannungsreicher Vielfalt.

Es liegt auf der Hand, dass vieles aus diesem Panorama in der jüdischen Geschichte und in der davon ausgehenden Geschichtserfahrung geborgen ist. Dabei kann eine Historiographie zur jüdischen Geschichte mehr sein, als eine globale Neuauflage des überkommenen „Beitrags"-Paradigmas, wie es Moshe Rosman jüngst bei ausdrücklicher Betonung der Verwobenheit von jüdischen mit nichtjüdischen Kulturen hinter postmodernen Ansätzen zur jüdischen Geschichte aufscheinen sah.[64] Die universelle Bedeutung jüdischer Geschichte geht auch nicht einzig von Auschwitz aus; es ist keine Frage, dass diese extreme Erfahrung identitätsbestimmend wirkt, aber eine umfassend ansetzende analytische Geschichtsschreibung, die sich darauf beschränken will, handelt grob fahrlässig, zumal gerade die extreme Erfahrung sich kaum angemessen mitteilen kann.[65] Dagegen bietet das Studium jüdischer Geschichte in ihrer gesamten Erstreckung und mit all ihren Ausfaltungen ein Beispiel *par ecellence* für das, was Johannes Fried für das Gesamte historischer Forschung als „Erfahrungswissenschaft" beschrieben hat. Sie bietet einen Erfahrungsschatz, der Vergleiche und Anknüpfungen ermöglicht, ohne jüdische Geschichte deshalb ihrer Autonomie zu berauben und in der Suche nach „Beitragen" sie anderen Geschichten unterzuordnen. Sie kann stattdessen Problemstellungen der Gegenwart womöglich besser erfassen, als es „gegenwartsnahe" Gesellschaftswissenschaften vermögen.[66] Oder um an Amos Funkenstein anzuschließen: die „Konfrontationskulturen" der Vergangenheit mit ihren oft schmerzlichen Erfahrungen[67] können die Parameter zur Bewältigung vergleichbarer moderner Problemstellungen liefern. Ein Blick in die Theoriebildung und Selbstgewahrwerdung heutiger Diasporakulturen zeigt, wie viel

---

[61] Vgl. Frank Salomon (Hg.), South America, in: *The Cambridge history of the native peoples of the Americas.* Bd. 3.1–2, Cambridge 1999; Hartmut-Emanuel Kayser, *Die Rechte der indigenen Völker Brasiliens – historische Entwicklung und gegenwärtiger Stand*, Aachen 2005.

[62] Geyer / Bright, World History in a Global Age (wie Anm. 27).

[63] Ebd., S. 1042.

[64] Rosman, *How Jewish* (wie Anm. 41), S. 121–130, 182f.

[65] Diana Pinto. The New Jewish Europe. Challenges and Responsabilities, in: *European Judaism* 31 (1998), S. 1–15; Yuri Slezkine, *The Jewish Century*, Princeton 2004, S. 370.

[66] Johannes Fried, *Die Aktualität des Mittelalters. Gegen die Überheblichkeit unserer Wissensgesellschaft*, Stuttgart 2002, S. 25f.; vgl. auch ders. / Johannes Süßmann, Revolutionen des Wissens – eine Einführung, in: dies. (Hgg.), *Revolutionen des Wissens. Von der Steinzeit bis zur Moderne*, München 2001, S. 7–20.

[67] Amos Funkenstein, *Jüdische Geschichte und ihre Deutungen*, Frankfurt am Main 1995.

der jüdische „kollektive Erfahrungsspeicher" (Fried) hier einbringen kann: ‚Eure Themen waren schon immer unsere Themen', geht es einem beim Lesen manch programmatischer Abhandlung zur *Global History* und ihren Einzelthemen immer wieder durch den Kopf, sie müssen nur entsprechend begriffen werden.[68]

Die historisch gewachsene Erfahrung der jüdischen Minderheiten im Umgang mit den Anforderungen sich wandelnder Umwelten kann dann ganz praktisch für die Bewältigung von Gegenwartsfragen fruchtbar gemacht werden. Ein Beispiel unter vielen bildet die Praxis des *Eruw*: Damit wird ein festgelegter Bezirk im öffentlichen Raum durch Markierungen quasi zum weiteren Wohnraum erklärt und die sonst zur Heiligung des Schabbat gültigen Restriktionen aufgehoben, also insbesondere das Tragen samt Benutzung von Kinderwagen und Rollstühlen ermöglicht. Diese althergebrachte, zuletzt aber kaum noch geübte Tradition ist in den vergangenen Jahren in die Säkularität der Metropolen der westlichen Welt zurückgekehrt, besonders in die USA, aber auch nach London oder Wien. Man mag hier einzig eine religiöse Antwort auf Säkularisierung und globale Nivellierung erkennen. Widerstände gegen *Eruwim* gibt es ja auch von nicht-orthodox jüdischer Seite, sei es aus Sorge, das Auftreten von Judentum im plural-öffentlichen Raum könne zu Missverständnissen führen, sei es als Ausdruck innerjüdischer Auseinandersetzung um divergierende Selbstverständnisse von Judentum, oder sei es allein wegen des damit verbundenen Aufwands an innergemeindlicher Abstimmung und kommunalen Genehmigungsverfahren. Es heißt ja ausdrücklich, dass der *Eruw* mit seinen unspektakulären, aber sichtbaren Markierungen im Raum nur mit Zustimmung aller Bewohner des jeweiligen Bezirks, also auch der nichtjüdischen Mehrheit, eingerichtet werden darf, was dann im Falle Antwerpens oder Wiens das innere Stadtgebiet meint und in Washington die Georgetown University, das Weiße Haus, das Kapitol und den Obersten Gerichtshof einschließt. Der sich dabei äußernde Selbstbehauptungswillen observanter Juden gegen die pluralen Herausforderungen durch ihre Umwelt kann, wie Vincent und Warft es vorschlagen, auch positiv gelesen werden, als Modell für eine „pluralistische Nutzung der Stadt, die andere Lesarten desselben Raumes nicht ausschließen" – man könnte auch sagen „Aneignungen", die nicht hegemonial und exklusiv ansetzen, sondern divergierende, sich überlappende kollektive Raumdefinitionen zulassen.[69] Das ist letztlich nichts anderes als die historisch gewachsene und performativ ganz verschieden genutzte *Piazza* (oder

---

[68] Vgl. Daniel Boyarin / Jonathan Boyarin, Diaspora. Generation and the Ground of Jewish identity, in: *Critical Inquiry* 13 (1993), S. 693–725; Joel Kotkin, *Tribes. How Race, Religion and Identity Determine Success in the New Global Economy*, London 1993; Jonathan Sacks, Global Covenant: A Jewish Perspective on globalization, in: John H. Dunning (Hg.), *Making Globalization Good. The Moral Challenges of Global Capitalism*, Oxford 2003, S. 210–232; Dieter Haller, Place and Ethnicity in Two Merchant Diasporas: A Comparison of Sindhis and Jews in Gibraltar, in: *Global Networks* 3 (2003), S. 75–96.

[69] Peter Vincent / Barney Warft, Eruvim: Talmudic Places in a Postmordern World, in: *Transactions of the Institute of British Geographers* 27 (2002), S. 30–51; ferner Charlotte E. Fonrobert, The Political Symbolism of the Eruv, in: *Jewish Social Studies* 11 (2005), S. 9–35; Jennifer Cousineau, Rabbinic Urbanism in London: Rituals and the Material Culture of the Sabbath, in: ebd., S. 36–57; Charlotte E. Fonrobert, Neighborhood as Ritual Space. The Case of the Rabbinic „eruv", in: *Archiv für Religionsgeschichte* 10 (2008), S. 239–258.

Graben, Schirn, Markt, Platz, Plan, Plein u. a. m.), nun aber erst recht als jedem unbeschränkt offenstehende Räume zur Einübung und Praxis des Ausgleichs partikularer Identitäten, der Anteilnahme am Anderen und Gesamten sowie der selbstbestimmten Grenzübergänge in einem ansonsten strikt neutral-säkularen urbanen Gefüge.

Was bedeutet all dies dann für die Frage nach Einheit jüdischer Geschichte? Es wird die Konfrontation der jüdischen Geschichte mit den anderen Geschichten den Blick für das schärfen, was als Spezifisches, Eigenes und womöglich Einendes in der jüdischen Geschichte begriffen werden kann. Das wird im Ergebnis nicht eine jüdische Weltgeschichte nach altem Muster ergeben, aber eine jüdische Geschichte im Zusammenhang, im Kontrast und im Dialog von und mit Welt. Da wird man vielleicht auch einige lieb gewonnene Sichtweisen aufgeben müssen. Andere, problematische zumal, wie das zumindest in der Formulierung missverständliche Weber'sche Konzept von Judentum als paradigmatischem „Paria-Volk" der Weltgeschichte, wird man mit stärkeren Argumenten korrigieren können.[70] Wieder andere wird man mit neuen Inhalten und Perspektiven füllen können: Shmuel Eisenstadts Insistieren auf der „zivilisierenden Dimension" der jüdischen Geschichte[71] klingt beim ersten Ansehen altbacken und erinnert an Heinrich Graetz, Samson Raphael Hirsch und den unerschütterlich hoffnungsgewissen Leo Baeck. Aber vielleicht hilft Eisenstadts scheinbare Antiquiertheit auch, die humanistische Spiritualität dieser Patriarchen jüdisch-deutscher Lebenswelt neu zu erfassen und der Gegenwart zu erschließen. Neue Argumente können in die Diskussion über die verschiedenen partikularen Einheiten jüdischer Gesellschaften eingeführt werden, und es kann Dan Diners Konzept der jüdischen Geschichte als „Paradigma einer europäischen Geschichtsschreibung"[72] also noch weiter, nämlich global gefasst werden: Es kann die Widersprüchlichkeit zwischen der Behauptung einzelner autonomer Kultureinheiten neu bedacht werden, etwa zwischen der Auffassung von der umfassenden Einheitlichkeit der Geschichte von *Aschkenas*,[73] die in Widerstreit gleichermaßen mit dem Verständnis der englisch-jüdischen Geschichte als separater Einheit[74] und der Zugehörigkeit der englischen Juden zu einer eigenen transmaritimen Kultur („port Jews") steht.[75] Dabei ist noch zu klären, ob solche Verständnisse

---

[70] Max Weber, Wirtschaft und Gesellschaft (1917–1919), in: *Max Weber Gesamtausgabe*, hgg. von Horst Baier et al., Abt. I: Reden und Schriften, Bd. 22, Tübingen 2001, S. 262f.; vgl. Shmuel N. Eisenstadt, The Format of Jewish History. Some Reflections on Weber's Ancient Judaism, and the Jewish Historical Experience in the Framework of Comparative Universal History, in: ders., *Explorations in Jewish Historical Experience. The Civilizational Dimension*, Leiden 2004, S. 3–44, 45–84; Volkov, Jewish History (wie Anm. 4), S. 191.

[71] Eisenstadt (wie Anm. 66); vgl. auch in seinen Heidelberger Max Weber-Vorlesungen 1997: ders., *Die Vielfalt der Moderne*, Weilerswist 2000, S. 187f.

[72] Dan Diner, *Gedächtniszeiten. Über jüdische und andere Geschichten*, München 2003, S. 246–262.

[73] Jacob Katz, *Tradition und Krise. Der Weg der jüdischen Gesellschaft in die Moderne*, München 2002.

[74] Todd M. Endelman, *The Jews of Britain 1656–2000*, Berkeley 2002.

[75] David Cesarini, Port Jews – Concepts, Cases and questions, in: *Jewish Culture and History* 4 (2001), S. 1–11; David Sorkin, Port Jews and the Three Regions of Emancipation, in: ebd.,

sich gegenseitig ausschließen oder eher als sich auf getrennten Ebenen überlappende und erst im Blickwinkel moderner Betrachter in Widerspruch zueinander zu geraten scheinen.

Jenseits der Frage nach der Erstreckung und Form separater jüdischer Kulturen und sozialer Bezugssysteme steht das in den Israels-Begriff verlegte Moment des Transnationalen. Es ist mit dem Transzendenten im Judentum verbunden, ganz gleich wie und aus welcher Perspektive man es begreift: Die Thora, das Gesamte der Offenbarungsschriften oder das nach Jerusalem ausgerichtete Gebet der Gemeinde und des Individuums.[76] Die Bibel – daran hat Ruth Klüger in ihren Tübinger Poetikvorlesungen des Jahres 2005 erinnert – enthält im Buch Jesaja mit dem Bild vom Wolf und dem Lamm, die friedvoll beieinander liegen, das Urbild aller menschlicher Utopien, von denen wir heute noch genauso weit entfernt sind wie es die Übermittler dieses archetypisches Traums waren.[77] Die Bibel weist mit solchen Texten, die gemeinmenschliche Träume und Erfahrungen abbilden, zugleich über das Judentum hinaus. Thora ist ohne Frage der Ursprung von jüdischer Verbundenheit, nicht aber unbedingt ihr Gegenstand. Interessant erscheinen Ansätze, über ein neues Verständnis des Bundesbegriffs etwas Verbindendes von Judentum auch nach dem Eindringen des Säkularen in jüdische Identitätsformen zu definieren.[78] Sie vermindern auch deshalb Aufmerksamkeit, weil es hier nicht nur um eine jüdische Antwort auf die Krisensymptome des religiösen Lebens in der Moderne geht, sondern mit dem spannungsmildernden Ausgleich zwischen religiösen, kulturellen und nationalen (israelischen) Verständnissen von Judentum neue Zugänge zu einer geschichtlich bis zu den Anfängen der Moderne zurückreichenden Frage geboten werden. Wer wollte, könnte diese Ansätze zur Überbrückung des Abstands zwischen den aschkenasischen und sephardisch-judeoarabischen Kulturen fruchtbar machen oder gleiches in Hinblick der Differenz zwischen griechischem und Jerusalemer Judentum der Antike unternehmen. Mit der historischen ist aber auch nur die innere Achse dieses Ansatzes ausgewiesen. Die mit einem „offenen" Bundesverständnis zu gewinnende multiple Selbstverständigung kann im Blick nach vorne zugleich Modelle für geschichtlich begründete hybride Existenzmodelle bieten.

Judentum hat in Hinblick auf Verschiedenheit in der Einheit im globalen Kontext einen uneinholbaren historischen Erfahrungsvorsprung. Dabei gibt es in der Geschichte wohl auch keine andere Diaspora, die sich erst über Ethnie und dann über Religion hinaus, also jenseits ihrer zeitlich verschiedenen Ausgangssituation, auf Dauer allein über einen Text konstituiert hätte. Wenn die Ausfaltung jüdischer Geschichte immer wieder in Verschiedenheit davongleitet, sie

---

S. 31–46; Lois Carol Dubin, Researching Port Jews and Port Jewries: Trieste and Beyond, in: ebd., S. 47–58; sowie weitere Beiträge der Zeitschrift 4 (2001) und 7 (2004); ferner Wim Klooster, Communities of port Jews and their contacts in the Dutch Atlantic World, in: *Jewish History* 20 (2006), S. 129–145; Arthur Kiron, An Atlantic Jewish Republic of Letters?, in: ebd., S. 171–211.

[76] Volkov, Jewish History (wie Anm. 4), S. 190f., 196, 200 Anm. 26.
[77] Ruth Klüger, Wie wirklich ist das Mögliche? Das Spiel mit Weltgeschichte in der Literatur, in: dies., *Gelesene Wirklichkeit* (wie Anm. 46), S. 200.
[78] David Hartmann, *A Heart of Many Rooms. Celebrating the Many Voices Within Judaism*, Woodstock 1999.

aber zugleich als Entität fassbar bleibt – weil: gedacht wird – sind es am Ende, anders als Isaak Jost zu Beginn des 19. Jahrhunderts meinte, doch das Wort und der Text, die sie so merklich zusammenhalten. Jacques Derridas Dictum „es gibt kein Außerhalb des Textes"[79] muss ja nicht eigentlich dekonstruktivistisch gelesen werden, es kann ebenso integrativ gelten; es kann als Wort des jüdischen Philosophen aus den Wurzeln seiner ererbten und bedachten Tradition gelesen werden. Womöglich bietet sich von hier dann eine weitere Perspektive, Judentum in gerechtfertigter Entsprechung auch historisch als Einheit zu fassen.

Auch wenn, selbst wenn er wollte, wohl niemand zur alten „großen Erzählung" einer jüdischen Weltgeschichte im Sinne einer einzelnen Verbindlichkeit zurückkommen wird, muss jüdische Geschichte künftig konsequent als facetten- und widerspruchsreiche Geschichte in der Welt, also in stets transnational angelegter Perspektive, erzählt werden, in neuer Erfüllung des alten, aber deswegen nicht notwendig antiquierten Begriffes der ,Welthaftigkeit' von Geschichte, wie ihn Alfred Heuß gesetzt hat.[80]

Leo Baeck hat zwischen Januar und Juli 1956 im Montagsseminar des Londoner Instituts, Vorlesungen zu „Epochen der jüdischen Geschichte" gegeben. Diese Seminare waren eine Tradition der untergegangenen Berliner Hochschule gewesen, und es war dies zugleich die letzte große Vortragsreihe, die Baeck vor seinem Tod im November 1956 gehalten hat. Im Titel an Ernst Bloch anknüpfend, sagte Baeck im Abschnitt über den „Geist der Utopie":

> Wenn eine Sprache nicht mehr neu geschaffen wird, dann hat ihre Geschichte eigentlich aufgehört. Jede Epoche im Judentum hat ihre eigene Sprache geschaffen, und nur solange das Judentum dessen fähig bleiben wird, im neuen Ausdruck dem alten Problem sein Wort zu verleihen, nur so lange wird es eine lebendige Kraft sein. Die Sprache der Propheten ist dadurch eine andere als die der Evangelien oder der Apokalypsen gar, eine andere als die, welche die verschiedenen Richtungen innerhalb des Judentums in der so genannten Neuzeit schufen.[81]

Hier, ganz am Ende, nach allem, unterstrich Baeck, dass Verschiedenheit und Wandlungsfähigkeit die Bedingung für Bewahrung sei und der Wandel zum „Wesen des Judentums" gehöre. Was Baeck mit der Sprache ansprach, gilt auch für das Ganze: Er bedurfte der Verschiedenheit, des Wandels und der Fortschreibung – es bedarf, im Interesse der Sache selbst, eben auch hier des Prinzips von *Halacha*: des Ausmessens der Möglichkeiten, der kontradiktorischen Beschreibungen und der Synthese, die doch gar nicht schon Schlusswort sein will. Vielfalt und Verschiedenheit als Garanten der Einheit können demnach als Konstanten jüdischer Geschichte und geschichtlicher Beständigkeit festgemacht werden. Ge-

---

[79] Jacques Derrida, *Die difference. Ausgewählte Texte*, Stuttgart 2004, S. 290f.; vgl. Elisabeth Weber, Gedächtnisspuren: Jacques Derrida und die jüdische Tradition, in: Werner Stegmeier (Hg.), *Die philosophische Aktualität der jüdischen Tradition*, Frankfurt am Main 2000, S. 461–487; Dana Hollander, Is Deconstruction a Jewish Science? Reflections on „Jewish Philosophy" in Light of Jacques Derrida's „judéïtés", in: *Philosophy Today* 50 (2006), S. 128–138.

[80] Alfred Heuß, *Zur Theorie der Weltgeschichte*, Berlin 1968, S. 16, passim.

[81] Leo Back, Epochen der jüdischen Geschichte, in: ders., *Leo Baeck Werke*, hg. von Alfred H. Friedländer, Bd. 5: Nach der Shoa – Warum sind Juden in der Welt? Schriften aus der Nachkriegszeit, Gütersloh 2002, S. 346f.

rade hier wird der aus der puren Dauer gewonnene Erfahrungsvorsprung fassbar, der jüdische Geschichte zum natürlichen Referenzpunkt unterschiedlicher und global ansetzender Geschichtsdeutungen macht.

Leo Baeck hat hier, wenngleich nach den Erfahrungen der zurückliegenden Jahren und in seinen letzten Lebenswochen gewiss an ganz anderes denkend, ein zentrales Paradigma globaler Bedeutung jüdischer Geschichte beschrieben. Es ist das kollektive Paradigma. Daraus folgend ergibt sich das partikulare Paradigma, das allen dafür erfahrenen Zurücksetzungen und auch Verfolgungen zum Trotz immer wieder erfolgreich Eigenheit mit Umwelt in Ausgleich gebracht hat. Diaspora und die lange historische jüdische Erfahrung mit ihren ganz unterschiedlichen Bedingungen von „Zerstreuung" kann Orientierung geben, wo kollektive, partikulare oder individuelle Grenzen ineinander fließen und sich Begriffe wie Heimat oder Nation in Auflösung oder Veränderung befinden. Ein drittes Paradigma, das individuelle, hat Malachi Hacohen jüngst am Beispiel des Philosophen Isaiah Berlin nachgezeichnet, dessen russisch-jüdische Wurzeln sich in Oxford, dem Zentrum britischer Identität, zu einem nicht nur nachvollziehbaren, sondern auch notwendigen Wertepluralismus zusammenfügten.[82] So betrachtet, ist jüdische Geschichte ihrem Wesen nach keinesfalls antiquarisch, sondern bietet geschichtlich begründete Zugänge zu Fragen, die sich innerjüdisch immer gestellt haben, jenseits von Judentum gegenwärtig aber akut, um nicht zu sagen modern, erscheinen.

---

[82] Zum Vortrag von Malachi Hacohen, *Cosmopolitanism, the European Nation State and Jewish Life: Berlin and Popper* vgl. Susanne Klingenstein, Die Logik führt einen nur im Kreis herum, in: *Frankfurter Allgemeine Zeitung* 232, 7. Okt. 2009, S. N4; vgl. Isaiah Berlin, Two Concepts of Liberty, in: ders., *Four Essays on Liberty*, Oxford 1968, S. 118–172; ders., *Personal Impressions*, hg. von Henry Hardy, Princeton 2001, S. 258, 285; dazu Connie Aarsbergen, *Isaiah Berlin. A Value Pluralist and Humanist View of Human Nature and the Meaning of Lifes*, Amsterdam 2006, S. 79–102.

BIRGIT E. KLEIN

Die „Geschichte des jüdischen Volkes"

Zu Geschichte und Inhalt einer Fachdisziplin

Die Fachdisziplin „Geschichte des jüdischen Volkes" bildet eine der vielen Besonderheiten der Hochschule für Jüdische Studien Heidelberg – Grund genug, im Folgenden ihrer Geschichte nicht nur in Heidelberg, sondern auch andernorts nachzugehen. Während nämlich an deutschen Universitäten zum ersten Mal 1996/97 ein Lehrstuhl für „Jüdische Geschichte und Kultur" am Institut für Neuere Geschichte der Ludwig-Maximilians-Universität München eingerichtet oder eine „Universitätsprofessur (C 3 BBesG) für Jüdische Studien [...] im Bereich der jüdischen Geschichte unter Berücksichtigung geschichtswissenschaftlicher wie judaistischer Gesichtspunkte" in Duisburg ausgeschrieben wurden,[1] hatte man sich an der Hochschule für Jüdische Studien Heidelberg bereits 1980 für die „Geschichte des jüdischen Volkes" als eigenes Teilfach entschieden,[2] eine Übersetzung des hebräischen *historija shel 'am-jisrael* (wörtlich „Geschichte des Volkes Israel"), so die Bezeichnung des Faches an der Hebräischen Universität Jerusalem, an der es sich in den 1930er Jahren erstmalig als universitäre Fachdisziplin etabliert hatte.

Folglich haben in Jerusalem wie in Heidelberg sowohl die Benennung der Fachdisziplin als auch ihre Etablierung in den „Jüdischen Studien" ihre Vorgeschichte, die im Folgenden zunächst dargestellt werden soll, um hieran die inhaltliche Konzeption des Faches „Geschichte des jüdischen Volkes" an der Hochschule für Jüdische Studien Heidelberg und ihre praktische Umsetzung am Beispiel jüdischer Heiratsverträge aufzuzeigen.

1. Die Konzeption eines jüdischen Volkes im Angesicht seiner Feinde

Dass ein jüdisches Volk mit einer eigenen Geschichte existiert, ist keineswegs unumstritten, wie die 2008 in Israel entfachte Diskussion, just zum sechzigjährigen Staatsjubiläum, um die Revision des zionistischen und proto-zionistischen Geschichtsbildes zeigt, aufgehängt an der Frage, „wie und wann wurde das jü-

---

[1] Stefan Rohrbacher, Jüdische Geschichte, in: Michael Brenner/Stefan Rohrbacher (Hgg.), *Wissenschaft vom Judentum. Annäherungen nach dem Holocaust*, Göttingen 2000, S. 164–176, hier S. 171f.; Ausschreibungstext der Duisburger Professur in: *Die Zeit* Nr. 5 vom 24. Januar 1997.

[2] Zentralarchiv zur Erforschung der Geschichte der Juden in Deutschland, B 1/1, Zugang 04/10, Nr. 17, Protokoll der Sitzung vom 6.5.1980, Studien- und Prüfungsordnung, S. 6.

dische Volk erfunden?"[3] Diese Frage hatte Shlomo Sand, Professor für Zeitgeschichte an der Universität Tel Aviv, gestellt und beantwortet: Im 19. Jahrhundert im Zuge der entstehenden jüdischen Nationalbewegung, des Zionismus, wurde das jüdische Volk erfunden; ein kontinuierlich seit der Antike existierendes jüdisches Volk mit einem „Rückkehrrecht" in eine angestammte Heimat im Land Israel/Palästina habe erst konstruiert werden müssen, denn zwischen den Juden im 19. Jahrhundert und den antiken Juden gebe es keine Verbindung. Da nach der Zerstörung des Zweiten Tempels die Juden des Landes Israel mehrheitlich nicht in die Verbannung geführt worden, sondern im Land Israel geblieben seien, stammten die Juden in den anderen Teilen der Welt nicht von einst Exilierten, sondern in erster Linie von Konvertiten zum Judentum ab, so die osteuropäischen Juden vom Volk der Chasaren im Kaukasus oder die Juden Nordafrikas von den Berbern. Die Vorstellung eines jüdischen Volkes als ethnisch-biologischer Abstammungsgemeinschaft hingegen sei ein Produkt des 19. Jahrhunderts. Allein die Religion habe zuvor die Juden in ihren religiösen Gemeinden auf der ganzen Welt verbunden.[4] Nach der „Erfindung der Nation"[5] nun also die „Erfindung des Volkes" – und das nicht ohne politische Agenda, lassen sich doch Juden mit einer entsprechend neuen nationalen Identität erheblich leichter in den Nahen Osten integrieren.[6]

Als Schlüsselfigur einer „ethnisch-nationalen" Geschichtsschreibung macht Sand den aus Posen stammenden Historiker Heinrich Graetz (1817–1891) aus,[7] der zwischen 1853 und 1876 seine elfbändige *Geschichte der Juden* veröffentlicht hatte, die zum Klassiker der jüdischen Historiographie im 19. Jahrhundert avancierte. Nach Sand habe eine romantische Wahrnehmung auf ethnisch-religiösem Unterbau Graetz bereits in seinen Frühwerken geleitet, wenn auch mit weniger Intensität. Zudem habe die relativ sehr viel stärkere Art und Weise, wie deutsche Nationalität – vor allem in den trübseligen Jahren nach dem national-demokratischen Scheitern im Völkerfrühling 1848 – auf der Grundlage von Herkunft und Rasse definiert worden sei, einer kleinen Gruppe Intellektueller mit jüdischem Hintergrund neue Sensibilitäten eingeflößt; unter ihnen Graetz, der jedoch mit inneren Konflikten und einer gewissen Unschlüssigkeit reagiert habe. Dagegen erkennt Sand in Moses Heß (1812–1875) denjenigen, der sich „mit besonderen Gefühlen" ausgezeichnet habe, ein Linker mit intellektuellem Wagemut und früherer Weggefährte von Karl Marx, der bereits 1862 *Rom und Jerusalem* veröffentlicht habe, ein nationales Manifest par excellence, vielleicht das erste säkulare seiner Art. Die Haltung von Heß habe die weitere Formierung der jüdischen Geschichte von Graetz hinlänglich geprägt, was Sand Anlass gibt, um nun darzustellen, wie sich die Beziehung zwischen den beiden Männern entwickelt

---

[3] *When and How the Jewish People was Invented?* (engl. Parallelsachtitel des hebr. „Mataj ve-ekh humza ha-'am ha-jehudi?"), Tel Aviv 2008.

[4] Von den zahlreichen kritischen Rezensionen sei besonders die ausführliche von Anita Shapira erwähnt: The Jewish-people deniers, in: *Journal of Israeli History* 28,1 (2009), S. 63–72.

[5] Anderson, Benedict, *Die Erfindung der Nation. Zur Karriere eines erfolgreichen Konzepts.* Mit einem Nachwort von Thomas Mergel, Frankfurt am Main/New York ²2005.

[6] Shapira, The Jewish-people deniers (wie Anm. 4), S. 71.

[7] Sand, When and How the Jewish People was Invented? (wie Anm. 3), S. 83, 135f., 245f.

habe.⁸ Heß habe bereits in seiner Einleitung den fünften Band von Graetzens „Geschichte" begeistert zitiert: „‚Die Geschichte des nachtalmudischen Zeitraums', sagt der hervorragendste moderne jüdische Historiker, ‚hat also noch immer einen *nationalen* Charakter; sie ist keineswegs bloße Religions- oder Kirchengeschichte.'"

Diese wichtige revolutionäre Entdeckung, so Sand, bilde eine Reaktion auf die schweren inneren Konflikte des müden Revolutionärs, den der alltägliche politische und philosophische Antisemitismus in Deutschland dazu gebracht habe, das „nationale Wesen" zu enthüllen. Sein ganzes Werk hindurch verberge er nicht seine Abscheu vor den Deutschen, behandele sie unentwegt von Zorn erregt und ziehe ihnen die Franzosen vor, am meisten aber die „authentischen" Juden. Während seines Exils in Frankreich habe sich Heß zeitweise von der Politik zurückgezogen und sich auf die Naturwissenschaften fokussiert. Im Rahmen einer intensiven pseudo-wissenschaftlichen Lektüre habe er das Reservoir rassistischer Theorien entdeckt, die, beginnend mit den 1850er Jahren, „reichlich Blasen bildeten" – als Verfasser derartiger Werke zählt Sand hier Robert Knox, James W. Redfield, Carl Gustav Carus und Joseph-Arthur de Gobineau auf. Infolge dieser Werke seien weitere ‚wissenschaftliche' Werke aufgetaucht, und selbst Geistesgrößen hätten in der zweiten Hälfte des 19. Jahrhunderts begonnen, im tiefen Morast rassistischer und orientalistischer Konventionen zu wühlen, so Sand plastisch. Diese Mode habe sich ausgebreitet und Wohlgefallen gescheffelt unter der politischen Linken und herausragenden Wissenschaftlern. Von Karl Marx bis Ernst Renan seien Vorurteile gegen Juden, Afrikaner und asiatische Völker zu Papier gebracht worden, so dass man sich bis heute wundere, wie diese Vorurteile in so kurzer Zeit normativ geworden seien.⁹

So zutreffend Sands Darstellung hinsichtlich des Einflusses des aufblühenden Rassismus seit der Mitte des 19. Jahrhunderts im Grunde ist, so ist seine Verwunderung allenfalls dem verständlich, der wie Sand in einer Fußnote vermutet, dass Johannes Nordmann, Verfasser von „Die Juden und der Deutsche Staat", 1861 „vielleicht der erste war, der einen ausgeprägten Antijudaismus auf rassistischer Basis verströmt hat."¹⁰

Betrachtet man indes den weiteren historischen Hintergrund, der zur Ausprägung des Rassismus der 1850er Jahre führte, erscheint es fast verwunderlich, dass der rassistische Antijudaismus erst in der 1850er Jahren und nicht schon vorher so vehemente Züge angenommen hatte. Es ist daher unerlässlich, den langen Entwicklungsprozess des rassistischen Antijudaismus mit seinen Auswirkungen auf die Stellung der Juden in Deutschland zu bedenken, will man die Konzeptionen eines jüdischen Volkes und seiner Geschichte von Heß und Graetz angemessen verstehen.

---

[8] Den grundlegenden, allerdings auf Deutsch verfassten Beitrag zu ihrer Beziehung erwähnt Sand an dieser Stelle nicht: Reuwen Michael, Graetz and Hess, in: *Leo Baeck Institute Year Book* 9 (1964), S. 91–121.

[9] Sand, When and How the Jewish People was Invented? (wie Anm. 3), S. 83–85, das Zitat aus Heß; hier zitiert nach der Ausgabe Moses Heß, *Rom und Jerusalem. Die letzte Nationalitätenfrage. Briefe von Moses Hess*, Jerusalem 1935, S. 8f.; Hervorhebung in der Vorlage.

[10] Sand, When and How the Jewish People was Invented? (wie Anm. 3), S. 308f., Anm. 94 (Übersetzung BK).

Der Begriff der jüdischen „Race" als Bezeichnung für eine ethnisch-biologisch bestimmte „Varietät" oder „Art"[11] erscheint bereits in der zweiten Hälfte des 18. Jahrhunderts durchaus symptomatisch in der Diskussion um die Frage, wieweit den Juden rechtliche Gleichstellung zu gewähren sei.[12] Sie fokussierte sich in den 1780er Jahren in der Frage, ob Juden ‚verbesserungsfähig' seien, wie Dohm in seinem Buch *Über die bürgerliche Verbesserung der Juden* 1781 energisch behauptete. Den Anstoß hierzu hatte ein 1779 erschienenes antijüdisches Traktat gegen die Juden im Elsass gegeben; daraufhin hatte sich der Fürsprecher der Juden im Elsass, Herz Cerfberr, an den Berliner Philosophen und jüdischen Aufklärer Moses Mendelssohn (1729–1786) mit der Bitte gewandt, ein Mémoire als Verteidigungsschrift zu verfassen. Für Unterstützung bei dieser Aufgabe konnte Mendelssohn einen Christen gewinnen, den preußischen Kriegsrat Christian Wilhelm Dohm (1751–1820, der sich bereits als Aufklärer hervorgetan hatte.[13]

Dohm beteiligte sich nicht nur bei der Abfassung des „Mémoire sur l'Etat des Juifs en Alsace", sondern entsprach auch einer weiteren Bitte Mendelssohns, indem er 1781 seine Abhandlung „Über die bürgerliche Verbesserung der Juden" veröffentlichte und hierin als erster Nichtjude im deutschsprachigen Raum Bürgerrechte für Juden forderte.[14] Auf theologische Argumentationsmuster verzichtend argumentierte Dohm taktisch geschickt, ausgerichtet am Interesse und Nutzen der Monarchie: Mit der Verbesserung der Lebensverhältnisse der Juden würden diese nützlichere Glieder der bürgerlichen Gesellschaft, denn die schlechte Situation der Juden sei durch ihren rechtlosen Zustand hervorgerufen, da nämlich die „größere Verdorbenheit der Juden eine nothwendige und natürliche Folge der drückenden Verfassung ist, in der sie sich seit so vielen Jahrhunderten befinden" (S. 34). Dohms Fazit kann daher nur lauten: „Wir sind der Vergehungen schuldig, deren wir ihn [den Juden] anklagen; und die sittliche Verderbtheit, in welche diese unglückliche Nation itzt durch eine fehlerhafte Politick versunken ist, kann kein Grund seyn, die fernere Fordauer [!] der letztern zu rechtfertigen." (S. 39) Ausgehend von dem Grundsatz „Der Jude ist noch mehr Mensch als Jude" (S. 28) ist der „moralische Charakter der Juden […], wie der aller Menschen, der vollkommensten Ausbildung und der unglücklichsten Verwilderung fähig." Angehörige einer „Nation" waren Juden im Sinne der ursprünglichen Bedeutung dieses Wortes nur insofern, als sie „aus Asien abstammen" (S. 16), ohne dass Juden deshalb typische Eigenschaften inhärent waren; denn

---

[11] Zu „Race" als ursprünglicher Bezeichnung für „Art" oder „Varietät" im Allgemeinen und seiner Entwicklung siehe Werner Conze, Rasse, in: Otto Brunner/Werner Conze/Reinhart Koselleck (Hgg.), *Geschichtliche Grundbegriffe. Historisches Lexikon zur politisch-sozialen Sprache in Deutschland*, 8 Bde., Stuttgart 1972–1997, hier Bd. 5, 1984, S. 135–178.

[12] Zum Prozess der rechtlichen Gleichstellung siehe Birgit E. Klein, „Emanzipation, 2. Judentum", in: *Enzyklopädie der Neuzeit*, Bd. 3, Stuttgart 2006, Sp. 241–246.

[13] Zu ihm mit einer ausführlichen Darstellung der Vorgänge siehe Alexander Altmann, *Moses Mendelssohn. A Biographical Study*, London 1973, S. 449–454.

[14] Christian Konrad Wilhelm von Dohm, *Über die bürgerliche Verbesserung der Juden*. 2 Teile in einem Band. Im Anhang: Franz Reuß, *Christian Wilhelm Dohms Schrift „Über die bürgerliche Verbesserung der Juden" und deren Einwirkung auf die gebildeten Stände Deutschlands. Eine kultur- und literaturgeschichtliche Studie*, (Berlin/Stettin 1781–1783 u. Kaiserslautern 1891) ND Hildesheim 1973. Das „Mémoire" ist abgedruckt in Bd. 1, S. 155–200.

maßgeblich war der Einfluss der jeweiligen natürlichen, sozialen und politischen Umstände auf den „Charakter" der Nationen, so dass „übereinstimmende Eigenheiten der Denkart, der Gesinnungen und Leidenschaften" keineswegs „nicht unterscheidende und unabänderliche Eigenschaften einer ihnen eignen Modification der menschlichen Natur" waren (S. 35f.) Dohms Herkunftsnation war weniger ein ethnisches denn ein soziales Konstrukt, maßgeblich bestimmt in ihrem „Nationalgeist" vom Einfluss der jeweiligen Umgebung.

Diese Vorstellung war keineswegs originär,[15] ebenso wenig der Verweis auf die potentielle „Nützlichkeit" der Juden,[16] so dass der heftige Widerspruch erstaunt, mit dem Dohms Zeitgenossen auf seine Schrift reagierten, allen voran der Göttinger Orientalist und Theologe Johann David Michaelis (1717–1791), den Dohm 1783 in seinem zweiten Teil der „bürgerlichen Verbesserung" mit weiteren Reaktionen und seiner eigenen „Hauptschrift. Prüfung der Gründe, welche der Gleichmachung der Juden mit andern Bürgern des Staats überhaupt entgegengesetzt sind" abdruckte.[17] Michaelis stützte sich zunächst auf empirische Befunde, um zu belegen, dass „die Juden lasterhafter sind als, wenigstens wir Deutschen", da in den „Diebes-Inquisitions-Acten" die Hälfte der Mitglieder von Diebesbanden Juden seien, obgleich sie nur ein Fünfundzwanzigstel der Bevölkerung ausmachten (S. 34). Zum angeblichen „Nationalcharacter" der Juden zählt er auch ihr zu hohes Maß an „Nationalstolz" (S. 36) sowie ihre Hoffnung, „nach Palästina zurück[zu]kehren", so dass die Juden den Staat, in dem sie lebten, immer nur als „Zeitwohnung" ansähen. „Ein Volk, das solche Hoffnungen hat, wird nie völlig einheimisch, hat wenigstens nicht die patriotische Liebe zum väterlichen Acker" (S. 42f.) und werde folglich keine Soldaten stellen, zumal nur sehr wenige Juden „das Soldatenmaaß haben, und zu Kriegesdiensten angenommen werden können"; dies sei vielleicht Folge ihrer in sehr jungen Jahren geschlossenen Ehen, „vielleicht der ungemischten Race eines südlichern Volks" (S. 51). Indem Michaelis mit einem biologischen Volksbegriff die Juden als ein derart ‚fremdes' und „sehr abgesondertes Volk" (S. 61) definiert, ist die „gänzliche Zusammenschmelzung" (S. 42) mit ihnen, das zwingend notwendige Ergebnis einer Gleichstellung, nicht zu erhoffen. Somit postuliert Michaelis nicht einen religiösen, sondern einen fortwährenden nationalen Gegensatz zwischen „den Juden" und „wir Deutschen", worauf bereits Moses Mendelssohn in seiner Erwiderung verwiesen hat: „Anstatt Christen und

---

[15] Michael Titzmann, „Volk" und „Nation" in der deutschen Literatur des 19. Jahrhunderts. Sozio-semiotische Strategien der Identitätsbildung und Ausgrenzung, in: *Jahrbuch für Antisemitismusforschung* 2 (1993), S. 38–61, hier S. 38, der als Beispiel auf Karl von Moser, *Von dem deutschen National-Geist*, Frankfurt am Main 1765, verweist.

[16] Simone Luzzatto (1583–1663) hatte in seinem „Discorso circa il stato degli Hebrei et in particolar dimoranti nell'inclita Città di Venetia" (Venedig 1638) auf die wirtschaftliche Nützlichkeit der Juden verwiesen (Consideratione VIII, S. 27–32).

[17] „1. Hr. Ritter Michaelis Beurtheilung. Ueber die bürgerliche Verbesserung der Juden von Christian Wilhelm Dohm", abgedruckt in Christian Wilhelm Dohm, *Über die bürgerliche Verbesserung der Juden*. Zweyter Theil, Berlin/Stettin 1983, S. 31–71. Zu Michaelis' Antijudaismus ausführlich Anna-Ruth Löwenbrück, *Judenfeindschaft im Zeitalter der Aufklärung. Eine Studie zur Vorgeschichte des modernen Antisemitismus am Beispiel des Göttinger Theologen und Orientalisten Johann David Michaelis (1717–1791)*, Frankfurt am Main u. a. 1995.

Juden" bediene sich Michaelis „beständig des Ausdrucks Deutsche und Juden. Er entsiehet sich wohl, den Unterschied blos in Religionsmeynungen zu setzen, und will uns lieber als Fremde betrachtet wissen ...".[18] In seiner gleichfalls 1783 erschienenen Schrift „Jerusalem oder über religiöse Macht und Judenthum" trennte Mendelssohn zwischen Staat und Kirche; aufgrund der geistlich-sittlichen Autonomie der Individuen könne die Gewissens- und Denkfreiheit weder von Staat noch Kirche reglementiert werden, sodass Mendelssohn forderte, sowohl auf alle „Religions- und Synagogenzucht" zu verzichten als auch Glaubensüberzeugungen nicht mit bürgerlichen Vor- oder Nachteilen zu verbinden.

Auch Dohm prüfte die Gegenargumente von Michaelis und anderen in seiner im selben Band 1783 abgedruckten „Hauptschrift"[19] und gestand ein, es habe allerdings „seine Richtigkeit, daß die Juden, so wie sie jetzt sind, mit ihrem trennenden Gesetz, absondernden Gebräuchen und mancherley Vorurtheilen nicht vollkommen gute Bürger seyn können."[20] Aufgabe der rituellen Gebote, des Talmuds und der mündlichen Überlieferungen, um dann wie die Karäer die schriftliche Tora in Form des Tanach als einzige verbindliche Schrift zu betrachten, Rückkehr zur „ursprünglichen Reinigkeit des mosaischen Gesetzes" (S. 359), um dann letztlich zu erkennen, dass dieses unter den gegenüber seiner Entstehung veränderten politischen und klimatischen Bedingungen seinen „relativen Werth und seine Gültigkeit längst verlohren habe" (S. 360) – Auch für Dohm war es schlechterdings unvorstellbar, Bürgerrechte an Juden zu verleihen, die an ihrer Religionspraxis festhielten; explizit erwartete Dohm die Aufgabe der jüdischen Religionspraxis, unausgesprochen den Übertritt zum Christentum – und damit das Ende der jüdischen Nation. Zugleich auch ein deutlicher Rückschritt hinter den Entwurf von 1781, vielleicht eine Folge des „Hasses der Theologen", den Dohm nach eigener Aussage auf sich gezogen hatte.[21] Ein Rückschritt auch gegenüber den Ende 1781 und Anfang 1782 von Kaiser Joseph II. verkündeten Toleranzpatenten für die Juden in Böhmen sowie für die Juden Wiens und Niederösterreichs, die zwar einerseits die Restriktionen gegen die Juden (die Wiener

---

[18] „2. Anmerkungen über diese Beurtheilung von Hrn. Moses Mendelssohn", abgedruckt in Christian Wilhelm Dohm, Über die bürgerliche Verbesserung der Juden, (wie Anm. 13), S. 72–77, hier S. 75. Zugleich beharrte Mendelssohn auf der jüdischen Orthopraxie, doch sollten Juden aus innerer Überzeugung und Gesinnung sich auf den lebendigen Kern des jüdischen Religionsgesetzes rückbesinnen (Moses Mendelssohn, *Jerusalem oder über die religiöse Macht und Judentum*. Nach den Erstausgaben neu ediert von David Martyn, Bielefeld 2001). Vgl. auch Mendelssohns „Vorrede" zu „Menasseh ben Israel: Rettung der Juden", abgedruckt in Martina Thom (Hg.), *Moses Mendelsssohn. Schriften über Religion und Aufklärung*, Darmstadt 1989, S. 325–349.

[19] „Hauptschrift. Prüfung der Gründe, welche der Gleichmachung der Juden mit andern Bürgern des Staats überhaupt entgegengesetzt sind", abgedruckt in Christian Wilhelm Dohm, Über die bürgerliche Verbesserung der Juden (wie Anm. 13), S. 151–348, sowie seine „Nacherinnerungen zu der Einleitung", ebd., S. 349–362.

[20] Ebd., S. 173.

[21] Stadtarchiv Regensburg, Findbuch zu Dohm, darin: Briefwechsel Dohm mit Johann Wilhelm Ludwig Gleim 1770–1786; Nr. 58 vom 25.10.1783: Dohm erbittet Gleims Urteil über den zweiten Teil seiner „Juden"; Nr. 59 (Brief Nr. 58a) Berlin, 2.3.1785: Mit der Veröffentlichung seines Buchs „Über die bürgerliche Verbesserung der Juden" habe er den Hass der Theologen auf sich gezogen.

ausgenommen), so zu Niederlassung und Eheschließung, wiederholten, andererseits Bildung und Erziehung im Zuge einer „Germanisierung" vorschrieben und somit eine ‚Verbesserung' auch ohne die völlige Aufgabe der jüdischen Religion für möglich hielten, so dass Juden die Patente positiv als Aufforderung aufnahmen, ihren Beitrag zur Veränderung der Gesellschaft zu leisten, so der Aufklärer Naftali Herz (Hartwig) Wessely (1725–1805) in seinen *Divre schalom ve-emet*, den „Worten des Friedens und der Wahrheit" (Berlin 1782).

Wenig später attestierte 1787 ein maßgeblicher Vertreter der Weimarer Klassik, Johann Gottfried Herder (1744–1803), in seinen „Ideen zur Philosophie der Geschichte der Menschheit" den „Hebräern", „mehr als irgend eine Asiatische Nation auf andre Völker gewirket" zu haben, da sie für Christentum und Islam „eine Unterlage des größten Theils der Weltaufklärung" geworden seien. Ihre Erzählungen, aufgezeichnet, als „die meisten jetzt aufgeklärten Nationen noch nicht schreiben konnten", bekommen

> ein merkwürdiges Gewicht noch dadurch, daß sie als ein göttlicher Stammesvorzug dieser Nation beinah mit abergläubischer Gewissenhaftigkeit Jahrtausende lang erhalten und durch das Christenthum Nationen in die Hände geliefert sind, die sie mit einem freiern als Judengeist untersucht und bestritten, erläutert und genutzt haben.

Nicht nur der Vorzug der Jahrtausende alten Überlieferung zunichte durch den ‚unfreien Judengeist', nicht nur die zeitgenössischen Juden „eine so verbreitete Republik kluger Wucherer", sondern schließlich ist auch

> das Volk Gottes, dem einst der Himmel selbst sein Vaterland schenkte, [...] Jahrtausende her, ja fast seit seiner Entstehung eine parasitische Pflanze auf den Stämmen andrer Nationen; ein Geschlecht schlauer Unterhändler beinah auf der ganzen Erde, das Trotz aller Unterdrückung nirgend sich nach eigner Ehre und Wohnung, nirgend nach einem Vaterlande sehnet.[22]

Die zeitgenössischen Juden, weder Volk Gottes noch Nation, lediglich „eine parasitische Pflanze auf den Stämmen andrer Nationen", ohne das Bestreben, ihre Lage zu ändern – ein düsteres Bild, gezeichnet mit antijüdischen Stereotypen. Nach der von Herder entwickelten Definition des Volks- und Nationsbegriffs ließen sich Juden nicht in die Nationen integrieren, da Volkszugehörigkeit quasinatürlich mit der gemeinsamen Muttersprache erworben wurde, die die moderne politische ‚Religion' des Volkes bildete, indem sie als ‚Band' gemäß der etymologischen Bedeutung von ‚Religion' den einzelnen an die Nation knüpfte.[23]

Eine ausschließlich vergangene Größe war das jüdische Volk auch für den Dichter, Philosophen und Historiker Friedrich Schiller (1759–1805), ein weiterer maßgeblicher Vertreter der Weimarer Klassik: Die „Nation der Hebräer" wohlgemerkt, nicht der Juden, sei zwar ein „wichtiges universalhistorisches Volk",[24]

---

[22] Johann Gottfried Herder, *Ideen zur Philosophie der Geschichte der Menschheit*. 4 Tle. (1784–1791), hier 3. Teil, 12. Buch, „3. Hebräer", wieder abgedruckt in: Johann Gottfried Herder, Sämtliche Werke, hg. von Bernhard Suphan, Bd. 14, (Berlin 1909) Hildesheim 1967, S. 58–67, Zitate S. 58f., 65 und 67; im Internet zugänglich unter http://www.textlog.de/5640.html (16.10.2009).

[23] Christian Jansen/Henning Borggräfe, *Nation, Nationalität, Nationalismus*, Frankfurt am Main/New York 2007, S. 38–40 mit Zitaten Herders.

[24] „Aus diesem Standpunkt betrachtet, muß uns die Nation der Hebräer als ein wichtiges universalhistorisches Volk erscheinen, und alles Böse, welches man diesem Volke nachzusagen

aber eben von Bedeutung lediglich in seinen biblischen Anfängen als Grundlage, „als ein unreines und gemeines Gefäß, worinn aber etwas sehr kostbares aufbewahret worden" für zwei Weltreligionen, Christentum und Islam, von denen es aber längst als Religion überholt worden sei, so ist in Schillers Darstellung von der „Sendung Mosis" 1790 lesen.[25] Und die zeitgenössischen Juden? Sie stehen allenfalls für „die höchste Unreinlichkeit und ansteckende Seuchen", ein aus Ägypten herrührendes Übel, „welches dieser Nation bis auf die heutigen Zeiten eigen geblieben ist" und so „eine erbliche Stammesconstitution" wurde. Somit werden Juden als zeitgenössische Nation physiologisch durch ihre ‚Erbkrankheit' definiert. Schiller stellt explizit nicht die Frage der Bürgerrechte von Juden, doch könnte seine Darstellung von den einstigen bedrückenden Verhältnissen in Ägypten, die antijüdische Schlagworte des aktuellen politischen Diskurses, wie das der „Absonderung" oder das wenig später bekannt gewordene vom „Staat im Staate" enthält, implizit als Beschreibung auch der gegenwärtigen Lage der Juden gelesen werden, die allerdings wenig Hoffnung machte, dass ihre ‚Verbesserung' angesichts der großen, gegen sie empfundenen Abscheu möglich sei.[26]

---

gewohnt ist, alle Bemühungen witziger Köpfe, es zu verkleinern, werden uns nicht hindern, gerecht gegen dasselbe zu seyn. Die Unwürdigkeit und Verworfenheit der Nation kann das erhabene Verdienst ihres Gesetzgebers nicht vertilgen, und eben so wenig den großen Einfluß vernichten, den diese Nation mit Recht in der Weltgeschichte behauptet." Friedrich Schiller, Die Sendung Mosis, in: *Schillers Werke, Nationalausgabe*, Bd. 17: Historische Schriften. Erster Teil, hg. von Karl-Heinz Hahn, Weimar 1970, S. 377–397, hier S. 377f., im Internet auch unter http://www.wissen-im-netz.info/literatur/schiller/prosa/13.htm (22.10.2009).

[25] Ebd.

[26] „Die Ebräer kamen, wie bekannt ist, als eine einzige Nomaden Familie, die nicht über 70 Seelen begriff, nach Egypten, und wurden erst in Egypten zum Volk. Während eines Zeitraums von ohngefähr 400 Jahren, die sie in diesem Land zubrachten, vermehrten sie sich beynahe bis zu 2 Millionen, unter welchen 600000 streitbare Männer gezählt wurden, als sie aus diesem Königreich zogen. Während dieses langen Aufenthalts lebten sie abgesondert von den Egyptern, abgesondert sowohl durch den eigenen Wohnplatz, den sie einnahmen, als auch durch ihren nomadischen Stand, der sie allen Eingebohrnen des Landes zum Abscheu machte und von allem Antheil an den bürgerlichen Rechten der Egypter ausschloß. Sie regierten sich nach nomadischer Art fort, der Hausvater die Familie, der Stammfürst die Stämme, und machten auf diese Art einen Staat im Staat aus, der endlich durch seine ungeheure Vermehrung die Besorgniß der Könige erweckte. Eine solche abgesonderte Menschenmenge im Herzen des [ägyptischen] Reichs, durch ihre nomadische Lebensart müssig, die unter sich sehr genau zusammenhielt, mit dem Staat aber gar kein Interesse gemein hatte, konnte bey einem feindlichen Einfall gefährlich werden, und leicht in Versuchung gerathen, die Schwäche des Staats, deren müssige Zuschauerin sie war, zu benutzen. Die Staatsklugheit rieth also, sie scharf zu bewachen, zu beschäfftigen, und auf Verminderung ihrer Anzahl zu denken. Man drückte sie also mit schwerer Arbeit, und wie man auf diesem Wege gelernt hatte, sie dem Staat sogar nützlich zu machen, so vereinigte sich nun auch der Eigennutz mit der Politik, um ihre Lasten zu vermehren. Unmenschlich zwang man sie zu öffentlichem Frohndienst, und stellte besondre Vögte an, sie anzutreiben, und zu mißhandeln. Diese barbarische Behandlung hinderte aber nicht, daß sie sich nicht immer stärker ausbreiteten. Eine gesunde Politik würde also natürlich darauf geführt haben, sie unter den übrigen Einwohnern zu vertheilen und ihnen gleiche Rechte mit diesen zu geben; aber dieses erlaubte der allgemeine Abscheu nicht, den die Egypter gegen sie hegten." Ebd., S. 378f. Zu Schillers Verhältnis zu Juden vgl. Norbert Oellers, Goethe und Schiller in ihrem Verhältnis zum Judentum, in: Hans Otto Horch/Horst Denkler (Hgg.),

Wenn schon herausragende Denker wie Schiller und Herder kein gutes Wort für die rechtliche Gleichstellung der Juden fanden, erstaunt es wenig, dass Juden gleiche Bürgerrechte noch Jahrzehnte nicht in Deutschland, sondern vielmehr 1791 in Frankreich infolge der Revolution zugesprochen wurden, ein Aufsehen erregender Vorgang weit über die Grenzen Frankreichs hinaus. Unter seinem Eindruck warnte Johann Gottlieb Fichte (1762–1814) 1793 in seinem „Beitrag zur Berichtigung der Urteile des Publikums über die französische Revolution" eindrücklich vor dem „Judentum", das sich „durch fast alle Länder von Europa" als „ein mächtiger, feindlich gesinnter Staat" verbreite, „der mit allen übrigen im beständigen Kriege steht, und der in manchen fürchterlich schwer auf die Bürger drückt" und auf Absonderung und auf dem „Haß des ganzen menschlichen Geschlechts aufgebaut ist", letzteres ein traditionelles antijüdisches Motiv, das auf die Invektive des Paulus zurückgeht, die Juden seien „allen Menschen feindselig."[27] Als ein Volk, das sich in höchstem Maße mit (biblischem) Stammvater und Ahnen verbunden wisse und damit auf eine viel weiter zurückreichende Geschichte „als wir andern alle unsere Geschichte" verfüge, seien die Juden bereits „ohne euch Bürger eines Staates [...], der fester und gewaltiger ist, – als die eurigen alle"; daher werden sie „eure übrigen Bürger völlig unter die Füße treten", sofern man „ihnen auch noch das Bürgerrecht" in den jeweiligen Staaten verleihe. Anstelle dessen solle man „in einer Nacht ihnen allen die Köpfe ab[ ]schneiden, und andere auf[ ]setzen, in denen nicht eine jüdische Idee sei. Um uns vor ihnen zu schützen, dazu sehe ich wieder kein anderes Mittel, als ihnen ihr gelobtes Land zu erobern, und sie alle dahin zu schicken."[28] Mit dem später immer wieder verwendeten antijüdischen Schlagwort vom „Staat im Staate"[29] definiert Fichte die Frage der rechtlichen Gleichstellung als physiologische wie nationale Frage, für die er nur eine physiologische oder nationale Lö-

---

Conditio Judaica. Judentum, Antisemitismus und deutschsprachige Literatur. interdisziplinäres Symposion der Werner-Reimers-Stiftung Bad Homburg v. d. H., 3 Bde., Bd. 1: Vom 18. Jahrhundert bis zum Ersten Weltkrieg, Tübingen 1988, S. 108–130; Hans Otto Horch, Friedrich Schiller, die Juden und das Judentum, in: *Aschkenas* 16,1 (2007), S. 17–36; Daniel Jütte, Schiller und die Juden. Bestandsaufnahme zu einem problematischen Verhältnis, in: *Tribüne. Zeitschrift zum Verständnis des Judentums* 174 (2005), S. 118–125; zur dennoch positiven „jüdischen Geschichte Schillers" dank der „interpretative[n] Leistung der jüdischen Schiller-Leser" siehe Andreas B. Kilcher, Ha-Gila. Hebräische und jiddische Schiller-Übersetzungen im 19. Jahrhundert, in: *Monatshefte für deutschsprachige Literatur und Kultur* 100,1 (2008), S. 67–87, Zitate S. 69. Schiller fortführend schrieb ein Jahr später Karl Wilhelm Friedrich Grattenauer in seiner anonym erschienenen Schrift *Ueber die physische und moralische Verfassung der heutigen Juden. Stimme eines Kosmopolite* (Germanien [Leipzig] 1791) den Juden „jüdische Abzeichen [zu], die selbst ihre Gesichtszüge verraten" (S. 114); hiermit gehe der auf ihrer „verkehrte[n] Religion" (Vorrede) beruhende Charakter einher, „ein Gemisch von allen Unarten und Gebrechen der Menschheit [...], die sich mehren wie die Heuschrecken" (S. 58): „kein Volk hat solche abscheuliche Grundsätze der Moralität als die Juden" (S. 2), was er an ihrer Geschäftstätigkeit festzumachen suchte (u. a. S. 28–38; die „pohlnischen und gallizischen Juden" hielt er für „eine abscheuliche Menschen Race, bei deren Anblick uns Eckel und Verachtung überfällt" (S. 113).

[27] 1. Thess 2, 15; Übersetzung BK.
[28] [Danzig] 1793, hier zitiert nach der Internet-Ausgabe http://www.mises.de/public_home/topic/12 (16.10.2009), S. 55.
[29] Zu seiner Geschichte und Wirkungsgeschichte ausführlich Jacob Katz, State within a State. The History of an Anti-Semitic Slogan, in: *Proceedings of the Israel Academy of Sciences*

sung sieht, Abschneiden der Köpfe oder (eher praktizierbar) Ausweisung in einen eigenen Staat, aber kein Platz für jüdische Bürger im christlichen Staat.

Infolge dieser politischen Judenfeindschaft wurde Fichte sogleich 1794 von dem jüdischen Aufklärer Saul Ascher als „Eisenmenger der Zweite" gebrandmarkt, der seinerseits den Vorwurf des „Staates im Staate" positiv in seine Funktion als ‚Antriebsfeder' umdeutete:

> Staat im Staate – ist bloß eine mit besondern Rechten oder Lasten konstituierte Gesellschaft. Ihre allgemeine Norm ist die Gesetzgebung des Staats [...] Sie soll eigentlich nie über die Grenzen treten, die ihr angewiesen sind. Nur Mißbräuche und eine schlechte Verwaltung können solche Eingriffe veranlassen. Solche kleinen Gesellschaften machen eigentlich mit die Triebfedern aus, die eine große Staatsmaschine in Bewegung setzen, und man könnte wohl sagen, daß die mehrsten bis jetzt vorgefundenen Staaten durch ein Resultat von in sich enthaltenden kleinen Staaten bestehen.[30]

Als ab 1792 weite Teile Mitteleuropas direkt unter die Herrschaft Napoleons oder indirekt unter französischen Einfluss kamen, so auch Preußen von 1806 bis 1813, entwickelte sich aus der Abgrenzung heraus ein ethnisch fundierter deutscher Nationalismus, der im Gefolge Herders in der gemeinsamen Sprache das „Zeugnis der gemeinschaftlichen Abstammung", die sich bis in graue Vorzeit erstreckte, und somit Zugehörigkeit zu einem „Volksstamm" eine Frage der Vererbung war.[31] Als folgenschwer sollte sich der Umstand erweisen, dass erstmals in jenen Jahren auch in zahlreichen deutschen Staaten Reformen zur rechtlichen Stellung der Juden, aber nach französischem Vorbild eingeführt wurden wie schließlich das preußische „Edikt, betreffend die bürgerlichen Verhältnisse der Juden in dem Preußischen Staate" von 1812. Dieses erklärte die Juden zwar zu „Einländer[n] und Preußische[n] Staatsbürger[n]" und ermöglichte ihnen damit Ansässigkeit und Erwerb des Bürgerrechts ermöglichte, schloss sie aber weiterhin vom Staatsdienst aus und belegte sie mit Einschränkungen beim Heerdienst.[32] Als ge-

---

and Humanities 4,3 (1969), S. 29–58, wieder abgedruckt in: Jacob Katz, *Zur Assimilation und Emanzipation der Juden. Ausgewählte Schriften*, Darmstadt 1982, S. 124–153.

[30] Saul Ascher, *Eisenmenger der Zweite. Nebst einem vorangesetzten Sendschreiben an den Herrn Professor Fichte in Jena*, Berlin 1794, wieder abgedruckt in: Saul Ascher, *4 Flugschriften. Eisenmenger der Zweite. Napoleon, Die Germanomanie. Die Wartburgfeier*, Berlin 1991, S. 5–80, Zitat S. 76f.; im Internet als digitalisierte Ausgabe unter urn:nbn:de:hebis: 30-180010801007 (16.10.2009). Der Heidelberger Orientalist Johann Andreas Eisenmenger (1654–1704) hatte das populärste und umfangreichste antijüdische Werk des 18. Jahrhunderts verfasst, Johann Andreä Eisenmengers *Entdecktes Judenthum oder: Gründlicher und wahrhaffter Bericht, welchergestalt die verstockte Juden die hochheilige Drey-Einigkeit, Gott Vater, Sohn und Heil. Geist erschrecklicher Weise lästern und verunehren ...*, Th. 1, [Frankfurt am Main] 1700, „Vademecum aller Antisemiten" bis ins Dritte Reich, so Klaus L. Berghahn, *Grenzen der Toleranz. Juden und Christen im Zeitalter der Aufklärung*, Köln u. a. 2000, S. 12–22.

[31] Christian Jansen/Henning Borggräfe, Nation, Nationalität, Nationalismus (wie Anm. 18), S. 46f.

[32] Abgedruckt bei Anton Doll/ Hans-Josef Schmidt/ Manfred Wilmanns (Bearb.), *Dokumentation zur Geschichte der jüdischen Bevölkerung in Rheinland-Pfalz und im Saarland von 1800 bis 1945*, 9 Bde., hg. von der Landesarchivverwaltung Rheinland-Pfalz in Verbindung mit dem Landesarchiv Saarbrücken, Bd. 2: Der Weg zur Gleichberechtigung der Juden, Koblenz 1979, S. 45–48, Nr. 1; Ismar Freund, *Die Emanzipation der Juden in Preußen unter besonderer Be-*

wissermaßen erzwungene Maßnahmen unter verhasstem französischen Einfluss interpretierbar, hinterließen die Reformen keinen Eindruck bei den deutschen Nationalisten, die in den Jahren der französischen ‚Fremdherrschaft' und der antinapoleonischen Kriege den Begriff der ‚deutschen Nation' und ihrer Beziehung zu den Juden definierten.

Ernst Moritz Arndt (1769–1860) ging sogar so weit, 1814 Franzosen und Juden in eins zu setzen und so die Juden als inneren mit dem verhassten äußeren Feind gleichzusetzen.[33] Als innerer Feind bildeten die Juden insofern eine Gefahr, als sie die „Reinheit" des „germanische[n] Stamm[s]", der „so sehr als möglich von fremdartigen Bestandtheilen rein" zu erhalten sei, als „durchaus fremde[s] Volk" bedrohen.[34] Denn allein durch die „angeborne[ ] Reinheit" dank fehlender Vermischung mit anderen Völkern seien „die glücklichen Deutschen [...] ein ursprüngliches Volk" geblieben, so Arndt ein Jahr später.[35] „Mischlinge" durfte es nach Arndts Konzept nicht geben, auf keinen Fall durch die ‚Vermischung' von Deutschen und Juden, da es keine Ähnlichkeiten zwischen deutschem und jüdischem Nationalcharakter gebe, letzterer systematisch degeneriert sei, somit qualitativ dem deutschen unterlegen und zudem die Trennung infolge der religiösen Differenz zwischen Juden und Deutschen unüberbrückbar sei. Die Frage, ob Juden Bürger eines christlichen Staates werden könnten, erübrigt sich für Arndt ebenso wie für seinen nationalistischen Mitstreiter, den Historiker Heinrich Luden, der 1814 den Grund für die Verachtung der Juden im fehlenden eigenen Staat sah: Wenn „jemand (wie der Jude) das „Unglück [habe], einem Volk anzugehören, welches sich nicht zum Staate verbunden" habe, also nach Ludens Definition ohne Vaterland sei, müsse „er mit seinem Volke sich, elend und gebückt durch die Welt drücken [...], ohne Ansehen, ohne Ehre, ohne Würde, dem Übermütigen zum Hohne, dem Leichtsinnigen zum Spotte, und dem Verständigen zu Mitleide und Erbarmen."[36]

Die 1815 auf dem Wiener Kongress verabschiedete Bundesakte stellte die Beratung über „die bürgerliche Verbesserung der Bekenner des jüdischen Glaubens in Deutschland" in Aussicht; bis dahin sollten den Juden die „von den einzelnen Staaten bereits eingeräumten Rechte erhalten" bleiben.[37] Diese Rechte entsprachen aber im Allgemeinen nicht der napoleonischen Gesetzgebung, die zumeist als hinfällig galt, da sie in allen Staaten, in denen sie Geltung erlangt hatte, durch die französische, nun als illegitim betrachtete Staatsmacht erlassen worden war. Die Folge waren oft erneute Einschränkungen und Rückkehr zur vornapoleoni-

---

rücksichtigung des Gesetzes vom 11. März 1812. Ein Beitrag zur Rechtsgeschichte der Juden in Preußen, 2 Bde., Berlin 1912, hat seine Geschichte ausführlich dargestellt und eine Vielzahl von Quellen zu seinem Entstehungsprozess abgedruckt, die teilweise rassistisch-antijüdisch gegen eine rechtliche Gleichstellung der Juden in Preußen argumentieren.

[33] Siehe Marco Puschner, *Antisemitismus im Kontext der politischen Romantik. Konstruktionen des „Deutschen" und des „Jüdischen" bei Arnim, Brentano und Saul Ascher*, Tübingen 2008, S. 186–188, dort auch Textbelege.

[34] Ebd., S. 186; ebd. Zitate.

[35] Zitiert nach Paul Kluckhohn (Hg.), *Die Idee des Volkes im Schrifttum der deutschen Bewegung von Möser und Herder bis Grimm*, Berlin 1934, S. 136.

[36] Zitiert nach ebd., S. 178; im Zitat bei Jansen/Borggräfe (wie Anm. 18), S. 48, Anm. 7, ist der Begriff „Volk" ausgelassen.

[37] Abgedruckt bei Doll/Schmidt/Wilmanns (wie Anm. 32), S. 49, Nr. 2.

schen Gesetzgebung, so 1815 in Frankfurt am Main zur alten, sehr restriktiven „Stättigkeit" von 1616.

Die Bundesakte des Wiener Kongresses weckte bei vielen deutschen Nationalisten die Hoffnung, die bislang getroffenen Maßnahmen zur rechtlichen Gleichstellung der Juden könnten wieder rückgängig gemacht werden, so bei dem Historiker und Berliner Professor Friedrich Rühs (1781–1820), der sich 1816 in seiner viel gelesenen und einflussreichen Schrift „Ueber die Ansprüche der Juden an das deutsche Bürgerrecht" gegen ihre rechtliche Gleichstellung im Duktus von Fichte aussprach und dabei auch Dohms Hinweis auf den Einfluss der Umgebung und die Nützlichkeit der Juden für die demographische Entwicklung zurückwies, da nicht die Zahl, sondern der Geist entscheidend sei, „der ein Volk belebt".[38] Als Gegenargument führte er daher an,

> die Juden als Nation betrachtet, haben ihre Landsleute, mit denen sie durch Abstammung, Gesinnung, Pflicht, Glauben, Sprache, Neigung zusammenhängen, auf der ganzen Erde: sie machen mit ihnen eine Einheit aus, und müssen ihnen nothwendig inniger ergeben seyn als dem Volk, unter dem sie leben, das ihnen immer fremd bleiben muß. Welcher Staat kann sich Bürger wünschen, die ihn weder begreifen, noch einen lebendigen Antheil an dem allgemeinen Volksleben nehmen?[39]

Überdies bildeten die Juden bereits einen Staat, so dass sie nicht zugleich Bürger eines christlichen Staats sein könnten, sondern bestenfalls Untertanen.[40] Schließlich sei „die schlimme Seite, die der jüdische Charakter im Allgemeinen zeigt", keinesfalls „lediglich eine Folge der Unterdrückung", sondern ihre inneren Eigenschaften seien „zuletzt habituell" und damit quasi erblich geworden.[41] Ihre Beziehung zu Deutschland könne nur die eines „geduldeten Volks" sein,[42] z. B. mit „Volksschleife" als Zeichen der Unterscheidung, eine Adaption der mittelalterlichen Judenkennzeichnung. Zum Programm dieser Ausgrenzung gehörte auch ihr Ausschluss „von der Vertheidigung des Vaterlandes", für Rühs „ein neuer Grund, um ihre Verminderung und Ausrottung zu wünschen."[43] Die Schuld an dieser Ausgrenzung gab Rühs den Juden: „So lange die Juden Juden bleiben wollen, erklären sie sich für eine besondere und abgesonderte Nation; sie erklären, daß sie sich nicht mit dem Volk, unter welchem sie leben, zu einem Ganzen verschmelzen wollen."[44] Die logische Konsequenz: „Wichtig endlich ist es, den Juden den Uebertritt zum Christenthum zu erleichtern",[45] „um auf diese Art den Untergang des jüdischen Volks mit der Zeit zu bewirken".[46]

Unterstützung erhielt Rühs noch im selben Jahr von einem Kollegen, dem Heidelberger Professor der Philosophie und Physik Jakob Friedrich Fries (1773–

---

[38] Friedrich Rühs, *Ueber die Ansprüche der Juden an das deutsche Bürgerrecht*, 2., verb. u. erw. Abdr. Berlin 1816, S. 4.
[39] Ebd.
[40] Ebd., S. 5.
[41] Ebd., S. 6.
[42] Ebd., S. 33.
[43] Ebd., S. 38.
[44] Ebd.
[45] Ebd., S. 35.
[46] Ebd., S. 39.

1843), der in seiner Rezension „Ueber die Gefaehrdung des Wohlstandes und Charakters der Deutschen durch die Juden"[47] die „Gesellschaft der Juden" als „1. eine eigne Nation, 2. eine politische Verbindung, 3. eine Religionspartey, 4. eine Mäkler- und Trödlerkaste"[48] definierte. Ihre Nationalität beruhe allein auf ihrem „physischen Ursprung von einem einen [!] Volke", seit Jahrtausenden existierend, weil „sie nur unter sich heyrathen und auf diese Art ihre Rasse rein erhalten."[49] Die so ethnisch-biologisch konstituierte „Judenschaft ist ein Ueberbleibsel aus einer ungebildeten Vorzeit, welches man nicht beschränken, sondern ganz ausrotten soll. Die bürgerliche Lage der *Juden* verbessern heißt eben das *Judenthum* ausrotten, die Gesellschaft prellsüchtiger Trödler und Händler zerstören."[50] Judentum war kaum noch eine religiöse Größe, sondern im Wesentlichen eine politische und gesellschaftliche Gruppierung in Form der „Judenkaste", die „mit Stumpf und Stiel ausgerottet" werden musste.[51] Inwiefern es danach noch die „Juden, unsere[ ] Brüder[ ]" gab, denen Fries explizit nicht den Kampf erklärte,[52] ist zu bezweifeln.

Die beiden antisemitischen Pamphlete wirkten auf jüdische Zeitgenossen nachhaltig. Manche Juden entgegneten direkt und versuchten, die Schriften unmittelbar argumentativ zu widerlegen, unter ihnen erneut Saul Ascher, der in seiner „*Germanomanie*" 1815 die „*deutschen* Adepten oder *Gemanomanen*" anprangerte, die „sich plötzlich vor allem auswärtigen Einfluß absorbieren" wollten und daher nicht „mit der Entwickelung der politischen Kraft desselben [Frankreichs] gleichen Schritt gehalten" hatte, der eigentliche Grund dafür, dass Deutschland und seine Nachbarländer in die Abhängigkeit Frankreichs geraten waren, „die sie noch nicht verschmerzen können". Wenn Rühs die Ehre, „das Schwert zu tragen", nur einem deutschen „Volksgenossen" zukommen" lassen wolle und daher für billig erkläre, „daß die Juden keinen T[h]eil daran haben", so vergesse dieser, „daß Deutschlands Heere in dem Kampf gegen Frankreich unterlagen, ehe noch die Juden in ihrer Mitte teil daran nahmen", erinnere sich aber nicht, „wie folgenreich sie in den Jahren 1812 und 1814 kämpften, als die Juden aus Rußland, Polen, Östreich und Preußen mit ihnen in Reihe und Glied standen?"[53]

Anderen wiederum diente die Geschichtsschreibung als Mittel einer ideologischen und politischen (Gegen-)darstellung, denn im 19. Jahrhundert kannten weder jüdische noch nichtjüdische Historiker eine zweckfreie Geschichtsschreibung.[54] So auch Isaak Markus Jost (1793–1860), der als erster Jude eine mehr-

---

[47] J.F. [Jakob Friedrich] Fries, *Ueber die Gefährdung des Wohlstandes und Charakters der Deutschen durch die Juden*. Eine aus den Heidelberger Jahrbüchern der Litteratur besonders abgedruckte Recension der Schrift des Professors Rühs in Berlin: „Ueber die Ansprüche der Juden an das deutsche Bürgerrecht. Zweyter verbesserter Abdruck", Heidelberg 1816.
[48] Ebd., S. 12.
[49] Ebd.
[50] Ebd., S. 10.
[51] Ebd., S. 18.
[52] Ebd., S. 10.
[53] „Die Germanomanie, abgedruckt in Ascher, 4 Flugschriften (wie Anm. 30); S. 191–232, Zitate S. 207f. und 230; Aschers Zitate von Rühs aus dems., Ansprüche (wie Anm. 38), S. 38.
[54] Michael Brenner, *Propheten des Vergangenen. Jüdische Geschichtsschreibung im 19. und 20. Jahrhundert*, München 2006, S. 52.

bändige *Geschichte der Israeliten* von den biblischen Zeiten bis in die Moderne in zehn Bänden zwischen 1820 und 1847 veröffentlicht hatte.[55] Nicht von „Juden", sondern von „Israeliten", gewissermaßen Anhängern der biblisch-mosaischen Konfession, handelte sein Werk, die im Streben nach Staatsbürgerrechten sämtliche nationalen Merkmale aufgegeben hatten; in seiner späteren *Geschichte des Judenthums und seiner Secten* (1857–1859) wurde das vergängliche irdische Volk von der geistigen Gemeinde abgelöst.[56] Auf keinen Fall aber eine „jüdische Geschichte" oder gar eine „Geschichte des jüdischen Volkes", die, begrifflich bereits als national konnotiert wahrgenommen, Wasser auf die Mühlen der Gegner einer bürgerlichen Gleichstellung der Juden und ein Argument gegen die rechtliche Gleichstellung der Juden war.

Wie Jost dachten und argumentierten die meisten Juden in Deutschland im 19. und ersten Drittel des 20. Jahrhunderts; ja, manche gingen wie Sigismund Stern, entschiedener Vertreter der Berliner jüdischen Reformbewegung, 1845 so weit zu fordern, „die jüdische Religion in ihrer Erscheinung als jüdische Kirche darf und muß sich als Glied, als Moment des Staats ansehen".[57] Kurzum: „Der Jude soll sich und seine Religion von den letzten Spuren einer besondern jüdischen Nationalität befreien, und in das nationale Leben des Volkes aufgehen, unter dem er lebt."[58] Nur auf den ersten Blick scheinen Begriffe wie der einer „jüdischen Kirche" für eine völlige Selbstaufgabe zu stehen, denn aus Sterns Forderung spricht auch die Selbstbehauptung eines Juden, der das Judentum nicht als angeblich minderwertige Religion anzuerkennen bereit war, sondern es vielmehr als gleichberechtigte Konfession postulierte und sich dem immer wieder vorgebrachten Aufruf, zur angeblich ethisch höherwertigen Religion des Christentums zu konvertieren, verweigerte.[59]

Sterns Insistieren nach Anerkennung des Judentums als gleichberechtigter wie gleichwertiger Konfession wird verständlich vor dem Hintergrund der Ereignisse im Preußen jener Jahre, als König Friedrich Wilhelm IV. nach seiner Thronbesteigung 1840 ein Jahr später daran ging, allgemein und endgültig die bürgerlichen Verhältnisse der Juden in Preußen zu regulieren, da das Edikt seines Vaters von 1812 nur für das „kleine Preußen" von 1812 verkündet, aber nicht auf die in den „Befreiungskriegen" 1813 bis 1815 neu gewonnenen und wiedererlangten Gebiete im Westen und Osten, darunter die Provinz Posen, ausgedehnt worden war.

Zur Vorbereitung erging am 13. Dezember 1841 eine Kabinettsordre, die bereits die politischen Grundlagen für die künftige Regelung formulieren sollte: Da „die Juden durch ihre Religionsverfassung allein in der nationalen Eigenthümlichkeit sich erhalten haben", seien nur solche Anordnungen umsetzbar, „welche von der Anerkennung jener religiösen und nationalen Einheit und desjenigen

---

[55] Ebd., S. 54.
[56] Ebd., S. 54, 56, 63.
[57] Sigismund Stern, Sechste Vorlesung. Das Judenthum und der Jude im christlichen Staat, in: ders., *Die Aufgabe des Judenthums und des Juden in der Gegenwart. Acht Vorlesungen, gehalten in Berlin, vom 25. Jan. bis 12. März 1845*, Berlin: Berliner Lesecabinet 1845, S. 205–252, hier S. 215 (erneut veröffentlicht unter http://www.deutsch-juedische-publizistik. de/pdf/1845_Stern.pdf; 1.10.2009).
[58] Ebd., S. 217.
[59] Vgl. Jacob Katz, Was hat die erhoffte Integration des deutschen und europäischen Judentums vereitelt?, in: *LBI-Information* Nr. 5/6 (1995), S. 33–47, hier S. 38.

Sonderungstriebes der Juden in den christlichen Ländern, der davon die natürliche Folge ist, ausgehen." Eine „Verbesserung des gesellschaftlichen Zustandes der Juden in der Richtung individueller Verschmelzung derselben in den bürgerlichen Beziehungen mit der christlichen Bevölkerung des Landes" sei daher nicht anzustreben, da sie, „im Widerspruch mit jenem Nationaltypus stehend, für das gegenseithige Verhältnis der Christen und Juden nie fruchtbar und gedeihlich werden" könne. Juden sollten daher „überall orts- und bezirksweise in Judenschaften zusammengefaßt und diesen Korporationen das Recht gewährt werde[n], durch Abgeordnete zu den bürgerlichen Gemeinden ihre korporativen Interessen [...] vertreten zu lassen", wohingegen es „dann unzulässig sein wird, daß Juden von seiten der christlichen Gemeinde als Mitglieder der Kommunalvorstände noch ferner gewählt werden." Zudem sei die Militärpflicht gegen eine Abgabe aufzuheben, Juden aber noch „der freiwillige Eintritt in das Heer zu gestatten."[60]

Keine Vertretung christlicher Bürger durch jüdische Abgeordnete, wie sie beispielsweise im napoleonischen Rheinland erstmals praktiziert worden war, sondern eine korporative Verfassung und damit ein Rückfall in das System der korporativen Landesjudenschaften des Alten Reiches, eine Aussicht, die sogleich den stürmischen Protest seitens der Betroffenen hervorrief, für ihre rechtliche Gleichstellung streitend.[61] In völligem Gegensatz hierzu auch die Forderung Sterns nach einer „jüdische[n] Kirche", die „sich als Glied, als Moment des Staats sehen" darf und muss! Wieso dann aber in den gleichen Jahren erste Ansätze zu einer nationalen Geschichte des jüdischen Volkes?

Just das Jahr 1840 markiert nicht nur einen Wechsel in der preußischen Politik infolge des Herrscherwechsels, sondern auch einen „Wendepunkt im Judentum", wie Moses Heß formulierte. Denn 1840 war in Damaskus der seit dem Mittelalter immer wieder erhobene Vorwurf des Ritualmords erneut gegen Juden vorgebracht worden:[62] Ein Mönch und sein muslimischer Diener waren Gerüchten zufolge vor ihrem Verschwinden zuletzt im jüdischen Viertel der Stadt gesehen worden; folglich seien sie dort von Juden ermordet worden, um ihr Blut rituell zu verwenden. Mitglieder der Damaszener jüdischen Gemeinde wurden unter Folter verhört, manche starben oder konvertierten. Die Juden in Europa, nicht nur wegen der Vorgänge erschüttert, sondern auch wegen der Bereitschaft innerhalb der christlichen Gesellschaft, den Vorwürfen Glauben zu schenken,[63] reagierten zum Einen mit einer Welle jüdischer Solidarität in Form europaweiter Diplomatie, zum Anderen mit einer Vielzahl von Schriften zu jüdischer Religion und Ritus, da mit dem Ruf der Judenheit auch ihre bislang erreichten Schritte hin zu ihrer rechtlichen Gleichstellung gefährdet erschienen.[64] Zu diesen Anwälten des

---

[60] Zitiert nach Dieter Kastner, *Der Rheinische Provinziallandtag und die Emanzipation der Juden im Rheinland 1825–1845. Eine Dokumentation*, 2 Teile, Köln/Bonn 1989 (Landschaftsverband Rheinland. Archivberatungsstelle. Rheinprovinz, Bde. 2/1 und 2/2), hier Bd. 1, S. 333–335, Nr. 109.
[61] Beispiele sind abgedruckt bei Kastner, ebd., Bd. 2, S. 336–345.
[62] Siehe hierzu ausführlich Jonathan Frankel, *The Damascus Affair. „Ritual Murder", Politics, and the Jews in 1840*, Cambridge (Mass.) 1997.
[63] Ebd., S. 141.
[64] Hierzu informativ Dan Diner, *Gedächtniszeiten. Über jüdische und andere Geschichten*, München 2003, S. 113–124.

Judentums gehörte auch Leopold Zunz (1794–1886),[65] „Vater" der Wissenschaft des Judentums, der aus der Erkenntnis heraus, dass „das giftige Vorurteil nur auf dem Boden der Unwissenheit gedeihet", hoffte, über die unmittelbaren Vorgänge hinaus werde künftig eine allgemein „größere Aufmerksamkeit als bisher der jüdischen Wissenschaft" geschenkt werden.[66]

Den konkreten Schritt zur Umsetzung unternahm Zunz mit seinem Antrag an den preußischen Kultusminister vom 25. Juli 1848, an der Berliner Universität „eine ordentliche Professur für jüdische Geschichte und Literatur baldigst" zu errichten"; für die Aussicht eines solchen Antrags auf Bewilligung zu jener Zeit sprach, dass ein Jahr zuvor das „Gesetz über die Verhältnisse der Juden" vom 23. Juli 1847 erlassen worden war, das den „jüdischen Unterthanen [...] im ganzen Umfange Unserer Monarchie neben gleichen Pflichten auch gleiche bürgerliche Rechte mit Unseren christlichen Unterthanen"[67] zugestand und ihnen in diesem Zuge auch die weitgehend uneingeschränkte Universitätslaufbahn eröffnete.[68] Das Ministerium interpretierte indes Zunzens Antrag als Versuch, „die Literatur und Geschichte des jüdischen Volks [...] in den Verband der Universität als ein gleichberechtigtes Glied einreihen" zu wollen und lehnte das Gesuch deklaratorisch ab mit der Begründung, nach der ein Jahr zuvor gewährten Gleichstellung wollten die Juden „ein Volk im Volk auch nicht mehr bilden"; da sie „aufhören, einen Staat zu bilden, geht ihre Geschichte in die allgemeine Kulturgeschichte über."[69] Situativ argumentierend wurde wenige Jahre nach der postulierten „nationalen Einheit der Juden" das Ende des jüdischen Volkes erklärt.

Wenn nun bald Graetz mit seiner „Geschichte der Juden" eine nationale „Geschichte des jüdischen Volkes" schrieb, so brach er mit der Vorstellung, als Mitglieder einer jüdischen Konfession seien Juden gleichermaßen Teil der deutschen Nation – eine Vorstellung, die in seinem Werdegang wiederholt widerlegt worden war: Graetz, aus der erst 1815 an Preußen gefallenen Provinz Posen stammend, hatte zunächst in seiner Heimat als Jude rechtliche Ungleichbehandlung erfahren, wurde während des Studiums in Breslau wegen seiner Herkunft aus den östlichen Provinzen den polnischen „bachurim", traditionellen Talmudstudenten,

---

[65] Leopold Zunz, Damaskus, ein Wort zur Abwehr, in: ders., *Gesammelte Schriften von Dr. Zunz*, hg. vom Curatorium der „Zunzstiftung", Bd. 2, Berlin 1876, S. 160–170; Wiederabdruck aus der Leipziger Allgemeinen Zeitung 1840, Nr. 152.

[66] Zunz im Brief an Baron James von Rothschild in Paris vom 3. Juni 1840, zitiert nach Ludwig Geiger, Zunz im Verkehr mit Behörden und Hochgestellten (Schluß), in: *MGWJ* 60,5 (1916), S. 321–347, hier S. 326.

[67] *Gesetz-Sammlung für die Königlichen Preußischen Staaten 1847*, Berlin 1849, Nr. 30 „Gesetz über die Verhältnisse der Juden. Vom 23. Juli 1847", S. 263–278, hier § 1, S. 263.

[68] „An Universitäten können Juden, soweit die Statuten nicht entgegenstehen, als Privatdozenten, außerordentliche und ordentliche Professoren der medizinischen, mathematischen, naturwissenschaftlichen, geographischen und sprachwissenschaftlichen Lehrfächer zugelassen werden. Von allen übrigen Lehrfächern an Universitäten, sowie von dem akademischen Senate und von den Aemtern eines Dekans, Prorektors und Rektors bleiben sie ausgeschlossen" (ebd., § 2, S. 263). An juristischen Fakultäten durften Juden demnach weiterhin nicht lehren und blieben weiterhin von einem Staatsamt ausgeschlossen, das mit der Ausübung einer richterlichen, polizeilichen oder exekutiven Gewalt verbunden war.

[69] Zitiert nach Geiger, Zunz (wie Anm. 66), S. 337f.

zugerechnet und damit auch bei jüdischen, bereits etablierten Kommilitonen diskreditiert; wie allen Juden war ihm die Promotion an der Philosophischen Fakultät der Universität Breslau verwehrt; schließlich wurde ihm, dem bereits bekannten Professor am Breslauer Jüdisch-Theologischen Seminar und Honorarprofessor der dortigen Universität, von Treitschke sein Deutschtum abgesprochen[70] – alles Gründe, die gegen die Vorstellung einer gleichberechtigten Teilhabe von Juden an der deutschen Nation sprachen.

Zudem war der erst 23-jährige Heinrich Graetz nachhaltig von der Damaskus-Affäre beeindruckt worden, sah er doch hierdurch 1841 ein „gewisses Nationalgefühl geweckt"; die „Errettung" dank der Intervention der Fürsprecher habe „ein Selbstvertrauen und einen Stolz" erzeugt: „So traurig sich die Geschichte anließ, so heilsam wurde sie [...] – היא אלהים אצבע [ein Fingerzeig Gottes ist sie; Ex 8,15]."[71]

Von einem „Wendepunkt im Judentum", allerdings der negativen Art, sprach 1840 auch Moses Heß, da dieser Vorwurf nur zu deutlich zeige, „wie trotz aller Bildung der okzidentalen Juden, zwischen ihnen und den europäischen Völkern noch immer eine ebenso große Scheidewand, als zu den Zeiten des traurigsten religiösen Fanatismus besteht."[72] Zu dieser Erkenntnis mag beigetragen haben, dass Heß auf seine „von [deutschem] Patriotismus glühende Zuschrift" eine Antwort „in einem eiskalten Tone" erhalten hatte, mit dem Zusatz: „Du bist ein Jud'."[73] 1862 resümierte er in seinem „Rom und Jerusalem", die Städtenamen als Metapher für das Ringen des italienischen wie jüdischen Volkes um „die letzte Nationalitätenfrage" verwendend:

> Selbst die Taufe erlöst ihn [den Juden] nicht von dem Alpdruck des deutschen Judenhasses. Die Deutschen hassen weniger die Religion der Juden, als ihre Rasse, weniger ihren eigentümlichen Glauben, als ihre eigentümlichen Nasen. – Weder Reform, noch Taufe, weder Bildung noch Emanzipation erschließt den deutschen Juden vollständig die Pforten des sozialen Lebens.[74]

Die Aussagen von Heß werden verständlich, liest man erwähntes Pamphlet Nordmanns, erschienen in zweiter Auflage in Berlin 1861[75] und dann in vielen weiteren Auflagen, oft ohne Verfasserangaben oder unter dem Pseudonym H. Naudh. Zwar in seinen antijüdischen Argumenten keineswegs neu, aber doch in ihrer systematischen Zuspitzung und Weiterführung, so in der Blutmetapher, wurde hier infolge „mehrtausendjährige[r] Abschließung und Inzucht" die „Herrschaft" eines jüdischen „Racentypus" konstatiert, der mit einer entsprechenden „Denkweise" einhergehe, so dass „jüdisches Blut und jüdischer Sinn [...] untrennbar geworden" seien; somit müsse man „das Judenthum nicht allein als Religion und Kirche, son-

---

[70] Marcus Pyka, *Jüdische Identität bei Heinrich Graetz*, Göttingen 2009, S. 87, 93–95; Brenner, Propheten (wie Anm. 54), S. 82.
[71] Heinrich Graetz, *Tagebuch und Briefe*, hg. und mit Anm. vers. von Reuven Michael, Tübingen 1977, S. 106, 12. März 1841; vgl. Frankel, The Damascus Affair (wie Anm. 62), S. 425.
[72] Heß, Rom und Jerusalem (wie Anm. 9), S. 37.
[73] Heß, ebd., S. 38.
[74] Ebd., S. 25.
[75] Nach Magnus Brechtken (*„Madagaskar für die Juden". Antisemitische Idee und politische Praxis 1885–1945*, München ²1998, S. 311), erschien das Pamphlet erstmals Chemnitz 1859.

dern auch als den Ausdruck einer Racen-Eigenthümlichkeit auffassen", folglich könne „die Taufe allein [...] den Juden nicht zum Germanen waschen."[76]

Die Postulierung einer angeblich andersartigen und minderwertigen „Rasse" diente als Grund, Juden die rechtliche Gleichstellung kategorisch zu verweigern, somit war jeder Versuch von Juden, sich in die deutsche Gesellschaft zu integrieren, selbst um den Preis der Aufgabe ihrer Religion, von vornherein für gescheitert erklärt.

Im Gegenzug machte sich Heß die Zuweisung der angeblich anderen Rasse der Juden zu Eigen und bezeichnete, anspielend auf Arndts „ursprüngliches Volk" der „glücklichen Deutschen"[77], die „jüdische Rasse" als „eine ursprüngliche, die sich trotz klimatischer Einflüsse in ihrer Integrität reproduziert. Der jüdische Typus ist sich im Laufe der Jahrhunderte stets gleich geblieben"; ja, „der jüdische Stamm" wäre „längst im großen Meer der indogermanischen Völker untergegangen", hätte er „seinen Typus nicht stets in seiner Integrität reproduziert[ ]."[78] Hatte Arndts Zeitgenosse Luden den Grund für die Verachtung der Juden im fehlenden Staat ausgemacht,[79] so glaubte nach Heß nun „jeder Gassenbube", die „nur zu oft verlassene und verleugnete *Nation*" der Juden „ungestraft [...] verhöhnen zu dürfen, weil sie heimatlos in der ganzen Welt umherirrt."[80]

Kamen Luden wie Heß zwar zu einer ähnlichen Diagnose, so griff Heß zu einem anderen Heilmittel: Er sprach dem „jüdische[n] Volk" Nationalitätsrechte und damit den Anspruch auf ein Vaterland zu, da es „sich in seiner Religion seine Nationalität konserviert [habe], und beide untrennbar verbunden im unveräußerlichen Lande der Väter."[81] Heß wusste sich hiermit auf „dem heutigen Stande der jüdischen Wissenschaft", als Beleg den „hervorragendste[n] moderne[n] jüdische[n] Historiker" Heinrich Graetz in seiner Einleitung zum jüngst 1860 erschienenen fünften Band seiner „Geschichte der Juden" zitierend, „als Geschichte eines Volksstammes" sei „die jüdische Geschichte weit entfernt, eine bloße Literatur- oder Kirchengeschichte zu sein"; denn „die Literatur und die religiöse Entwicklung [seien], ebenso wie das hochtragische Märtyrologium, das dieser Stamm oder diese Genossenschaft einzuzeichnen hatte, nur einzelne Momente in seinem Geschichtsverlaufe, welche nicht das Wesen desselben ausmachen, sondern vielmehr sein „nationale[r] Charakter."[82]

Die Wertschätzung war gegenseitig, denn Heß inspirierte Graetz zu seinem 1863/64 erschienenen Aufsatz „Die Verjüngung des jüdischen Stammes", in dem Graetz in der „Verjüngungsfähigkeit" einer Nation die erfolgreich abgelegte „erste Probe [...] für ihre Dauerhaftigkeit und für ihre Berechtigung zur ungeschmälerten Existenzentfaltung" erblickt.[83] 1873 eröffnete er den ersten Band mit der Feststellung:

---

[76] Zitiert nach der 3. Aufl. Berlin/Posen 1861, urn:nbn:de:hebis:30-180010615001 (16.10.2009), S. 24.
[77] S. o.
[78] Heß, Rom und Jerusalem (wie Anm. 9), S. 26.
[79] S. o.
[80] Heß, Rom und Jerusalem (wie Anm. 9), S. 37, Anm. 1.
[81] Ebd., S. 6.
[82] Hier zitiert nach Heß, ebd., S. 8f.
[83] Zitiert nach Michael, Graetz and Hess (wie Anm. 8), S. 102f.

> Die Anfänge eines Volkes sollen hier erzählt werden, das aus uralter Zeit stammt und die zähe Ausdauer hat, noch immer zu leben, das, seitdem es vor mehr denn drei Jahrtausenden auf den Schauplatz der Geschichte getreten ist, nicht davon weichen mag. Dieses Volk ist daher zugleich alt und jung; in seinen Zügen sind die Linien grauen Altertums nicht zu verwischen, und doch sind diese Züge so frisch und jugendlich, als wäre es jüngst geboren.[84]

Graetz wagte es nicht nur, die Existenz eines über drei Jahrtausende hinweg existierenden jüdischen Volkes zu postulieren; er wollte damit auch eine *„jüdische Geschichte"* schreiben, ein nur auf den ersten Blick schlicht wirkender Begriff, der aber seinerzeit nichts weniger als den Anspruch bedeutete, eine nationale jüdische Geschichte zu schreiben – und damit quasi ein Pendant zur nationalen deutschen oder französischen Geschichtsschreibung beispielsweise eines Heinrich von Treitschke, preußischer Hofhistoriograph und erklärter Judenfeind, mit seiner „Deutsche[n] Geschichte".[85]

Überdies beschrieb Graetz keine „Leidensgeschichte" denn vielmehr das „Bild einer positiv gezeichneten jüdischen Gemeinschaft"[86] – eine Provokation nicht nur für Judenfeinde vom Schlage eines Treitschke, sondern auch für die Vertreter der Wissenschaft des Judentums, die wie Moritz Lazarus – noch an die erfolgreiche Integration der Juden und ihre rechtliche Gleichstellung glaubend – 1900 insistierten: Mit dem Verlust der staatlichen Selbstständigkeit „giebt [es] schon lange keine jüdische Geschichte mehr", sondern allein „preussische Geschichte, deutsche Geschichte, französische Geschichte; wir sind Glieder, Theile dieser Nationen. [...] Geschichte heisst Aktion, [...] diese Aktion des jüdischen *Stammes*, die historische Aktion hat aufgehört mit seiner Selbstständigkeit [!]."[87]

Von dieser „Aktion des jüdischen Stammes" hatte seinerzeit ein anderer eine Vision: Theodor Herzl (1860–1904), Begründer des politischen Zionismus, machte 1896 mit seiner Schrift „Der Judenstaat" den Anspruch des jüdischen Volkes als Nation auf einen eigenen Staat zum politischen Programm. Maßgeblich unter dem Eindruck des zunehmenden Antisemitismus stehend, der zu einem Höhepunkt jüngst in der Dreyfuß-Affäre gelangt war, über die Herzl als Korrespondent der Wiener „Neue[n] Freie[n] Presse" aus Paris berichtet hatte, strebte er als Antwort auf die in seinen Augen gescheiterte Emanzipation eine politische Lösung an, nachdem er die Hoffnung auf eine erfolgreiche Integration der Juden die jeweiligen Nationen aufgegeben hatte: die Emanzipation als rechtlich-nationale Gleichstellung des gesamten Volkes neben den anderen Nationen der Welt. Allein im Aufbau einer nationalen Heimstätte sah Herzl den „Versuch einer modernen Lösung

---

[84] Heinrich Graetz, *Geschichte der Israeliten von ihren Uranfängen (um 1500) bis zum Tode des Königs Salomo (um 977 vorchristlicher Zeit). Nebst synchronistischen Zeittafeln* ([Breslau 1873] 2. verb. u. erg. Aufl. Leipzig 1908, bearb. von M. Brann) ND mit ein Vorwort von Reuven Michael, Darmstadt 1998 (Geschichte der Juden von den ältesten Zeiten bis auf die Gegenwart, Bd. 1), S. XVIII.
[85] Vgl. Michael Brenner, Propheten (wie Anm. 54), S. 64, 83.
[86] Brenner, ebd., S. 83.
[87] Moritz Lazarus, Was heisst und zu welchem Ende studirt man jüdische Geschichte und Litteratur? (1900), in: Michael Brenner u. a. (Hgg.), *Jüdische Geschichte lesen. Texte der jüdischen Geschichtsschreibung im 19. und 20. Jahrhundert*, München 2003, S. 112–117, hier S. 112; Hervorhebung in der Vorlage.

der [nationalen] Judenfrage:"[88] „Sie ist eine nationale Frage, und um sie zu lösen, müssen wir sie vor Allem zu einer politischen Weltfrage machen, die im Rathe der Culturvölker zu regeln sein wird. Wir sind ein Volk, Ein Volk." Im Zuge der angestrebten politischen Lösung postulierte Herzl die Existenz des einen jüdischen Volkes mit einer „Volkspersönlichkeit", die „nicht untergehen [...] kann [...], weil äussere Feinde sie zusammenhalten"[89] – nicht aber eine gemeinsame ethnisch-biologische Herkunft, da dies die Konzession einer ‚jüdischen Rasse' an die Antisemiten bedeutet hätte. Sein politisches Konzept schenkte der Neubelebung der kulturellen Elemente, die eine Nation ausmachten, allen voran in Arndts Sinn die Sprache, keine Aufmerksamkeit: „Sprache in jeder conföderirten Provinz wie es Mehrheit ergibt. Kein hebräischer Staat – ein Judenstaat, wo's keine Schande, ein Jud zu sein."[90] Anders der seinerzeit einflussreichste Vertreter des Kulturzionismus, Ascher Ginzberg (Günzburg u. a. Namensvarianten, 1856–1927), besser bekannt als Achad Haam, „einer aus dem Volk", der nicht nach einer sofortigen, da seines Erachtens ohnehin nicht realisierbaren politischen Lösung strebte, sondern zunächst als Vorstufe ein kulturelles Zentrum in Palästina schaffen wollte, von dem ausgehend die jüdische Kultur in der Diaspora gerettet werden sollte.[91]

2. Ein neues kulturelles Zentrum und „Nationalheiligtum" –
die Hebräische Universität Jerusalem

Ein anderer indes, der Heidelberger Privatdozent der Mathematik Hermann Schapira (1840 Erswilken bei Tauroggen, Provinz Kaunas/Kovno, bis 1898 Köln),[92] hatte bereits 1882, noch vor Gründung der ersten modernen jüdischen Siedlungen in Palästina im Zuge der ersten Einwanderungswelle („Alija"), einen konkreten Vorschlag gemacht, wie ein kulturelles Zentrum in Palästina geschaffen werden könne: durch die Gründung einer Universität. Die geplante Universität sollte aus drei Fakultäten bestehen, einer „göttlichen" d. h. theologischen Fakultät, einer theoretischen (weitgehend natur- und ingenieurwissenschaftlichen) Fakultät und einer praktischen Fakultät (für angewandte Wissenschaft wie Botanik oder Mineralogie). Waren die beiden letzteren auf die Bedürfnisse der künftigen Siedlungen hin konzipiert, so sollte die theologische mit ihren Rabbinern und Gelehrten als geistige Autorität für die Siedlungen in Palästina und das gesamte jüdische Volk dienen.[93]

---

[88] Theodor Herzl, *Der Judenstaat. Versuch einer modernen Lösung der Judenfrage*. Neudruck der Erstausgabe von 1896. Mit einem Vorwort von Henryk M. Broder und einem Essay von Nike Wagner, Augsburg 1986.
[89] Ebd., S. 51 und S. 54.
[90] Theodor Herzl, *Das neue Ghetto. Altneuland. Aus dem Nachlass*, Tel Aviv 1935 (Gesammelte Zionistische Werke, Bd. 5), S. 454–469: Notizen zur Unterredung mit Baron Hirsch (2. Juni 1895), hier S. 465.
[91] Shlomo Avineri, *Profile des Zionismus: Die geistigen Ursprünge des Staates Israel. 17 Porträts*, Gütersloh 1998, S. 137–149: Kap. 11: Achad Haam: Die geistigen Dimensionen des Judenstaates.
[92] Leib Jaffe, *The Life of Hermann Schapira with an Autobiographical Fragment and Selections From Schapira's Writings*, Jerusalem 1939.
[93] Erstmals in einem Brief (Heidelberg, 6. Ijjar 5642/ 13./25. April 1882) an den Redakteur der ältesten in Russland erscheinenden hebräischen Zeitschrift *Ha-Meliz*, abgedruckt ebd.,

Anfang 1884 wiederholte Schapira seinen Vorschlag in den Statuten des von ihm in Heidelberg gegründeten Vereins „Zion", der sich zunächst allgemein die „Verbreitung der Kenntniss der hebräischen Geschichte, Sprache und Literatur unter den Juden" und die „Verbesserung des Looses der Juden" zum Ziel setzte, im Besonderen aber die „Verwirklichung der Idee der Colonisation Palästina's durch Juden" sowie die

> Schaffung eines einheitlichen Mittelpunctes für alle auf geistige Ausbildung gerichteten Bestrebungen in den zu gründenden palästinensischen Colonieen. Derselbe soll gewonnen werden durch die Herstellung einer Hochschule für die Erwerbung aller religiösen, wissenschaftlichen und practischen Kenntnisse (a. theologische, b. theoretische und c. technisch-agronomische Abtheilung).[94]

Auf dem ersten Zionistenkongress in Basel 1897 legte Schapira, inzwischen außerordentlicher Professor, zwei Resolutionen vor: eine mit konkreten Umsetzungsvorschlägen zur Schaffung eines jüdischen „Nationalfonds", des späteren „Keren Kayemeth LeIsrael", sowie eine weitere Beschlussvorlage zur Gründung einer jüdischen Hochschule in Palästina. Anders als 1882 sollte diese Hochschule nunmehr explizit als ein „Centrum für unsere Cultur [dienen]; und um die Schaffung eines solchen Centrums für alle Culturfragen der Juden überhaupt handelt es sich eben."[95] Mit der Schaffung des neuen kulturellen Zentrums „der Juden", nicht „des jüdischen Volkes", sollte sich die messianische Verheißung des Propheten Jesaja (Jes 2,3) erfüllen: „Denn von Zion geht die Lehre aus und das Wort Gottes von Jerusalem."[96]

Schapiras Ruf fand 1897 kein Gehör; kaum ein Jahr später starb er. 1901 wurde auf dem fünften Zionistenkongress beschlossen, „der Kongreß möge das Actions-Comité beauftragen, die Frage der Gründung einer jüdischen Hochschule

---

Nr. 22 vom 3. Tammus 5642/ 8./20. Juni 1882; wieder abgedruckt in ders., *Zionistische Schriften* (hebr.), hg. von B. Dünaburg [Benzion Dinur], Jerusalem 1924/25, S. 9f., zwei weitere Artikel Schapiras zur jüdischen Hochschule in derselben Zeitschrift (Nr. 27 und 29) sind wieder abgedruckt ebd., S. 10–17; vgl. hierzu siehe Israel Kolatt, The Idea of the Hebrew University in the Jewish National Movement (hebr.), in: Shaul Katz/Michael Heyd (Hgg.), *The History of the Hebrew University of Jerusalem. Origins and Beginnings* (hebr.), Jerusalem 1997, S. 3–74, hier S. 14.

[94] Jehuda Reinharz (Hg.), *Dokumente zur Geschichte des deutschen Zionismus 1882–1933*, Tübingen 1981, S. 10f., Dok. 3; die Formulierung der Statuten waren Ausdruck von Schapiras Zurückhaltung, der die Forderung nach einem eigenen jüdischen Staat in Palästina, um hierdurch nicht Widerstand bei Rabbinern und der Osmanischen Regierung zu provozieren; siehe seinen Briefwechsel vom Frühjahr 1897 mit dem Kölner Max I. Bodenheimer, der zu jener Zeit neben Schapira der andere maßgebliche zionistische Protagonist in Deutschland war; Bodenheimer unterstellte Schapira „Verschleierung" hinsichtlich des „Endziels", der Staatsgründung, s. insbesondere die Schreiben Bodenheimers an Schapira (Köln, 26. April 1897) und Schapiras an Bodenheimer (Heidelberg, 13. Mai 1897), abgedruckt von Henriette Hannah Bodenheimer, *Der Durchbruch des politischen Zionismus in Köln 1890–1900. Eine Dokumentation. Briefe, Flugblätter, Reden*, Köln 1978, S. 120–123.

[95] *Protokoll des I. Zionistenkongresses in Basel vom 29. bis 31. August 1897*, neu hg. von der jüdisch-nationalen akademisch-technischen Verbindung Barissia in Prag im K.P.J.V., Prag 1911, S. 188.

[96] Übersetzung ebd., S. 189.

einem gründlichen Studium zu unterziehen."[97] Das Ergebnis ihres Studiums veröffentlichten die jungen Zionisten Martin Buber (1878–1965), Berthold Feiwel (1875–1937) und Chaim Weizmann (1874–1952, von 1948 bis 1952 erster israelischer Staatspräsident), unter dem Titel „Eine jüdische Hochschule" ein Jahr später.[98] Da Jüdinnen und Juden das Studium in vielen europäischen Ländern zunehmend erschwert oder gar verwehrt werde, aber „das jüdische Volk nach seinen rassentümlichen Anlagen verhältnissmässig eine grössere Zahl scharfsinniger und begabterer Elemente produziert", sei die einzige Alternative zu „Halbgebildeten" die Gründung einer Hochschule,[99] die „Kombination [...] einer Universität (nach deutschem oder schweizerischem Muster) und eines Polytechnikums" mit Ingenieurschule und anderen technischen Abteilungen, bei der aus Kostengründen allein die medizinische Fakultät fehlen sollte.[100] Diese breit gefächerte Hochschule wäre nicht nur „für die allgemeine Wissenschaft ein unschätzbarer Vorteil", sondern darüber hinaus „ein ganz besonderer Segen für die Wissenschaft des Judentums, die heute nirgends vereint betrieben werden kann und manchmal durch die Ungunst der Verhältnisse ganz der nichtjüdischen Gelehrtenwelt überlassen bleibt"[101] – eine Anspielung auf die gescheiterten Versuche, die Wissenschaft vom Judentum als universitäre Disziplin zu etablieren. Mit der neuen Hochschule sollten aber neue Zeiten anbrechen: „Nicht durch Beschränkungen gehemmt, vom Judenhasse befreit, in jüdischer Gemeinschaft" sowie unbeirrt vom „schädigenden Einfluss des fremden Milieus" werde die Jugend lernen, das erworbene Wissen „jeder nach seiner Weise für die jüdische Nation und im Dienste ihrer Zukunft zu verwenden."[102] Zweifelsohne werde „mit der Existenz und dem Gedeihen einer palästinensischen[103] Hochschule sich zugleich bei allen Juden in der Welt das Vertrauen in die Möglichkeit der Etablierung einer Heimstätte um ein Vielfaches steigern und festigen,"[104] somit die Schaffung eines Nationalstaates vorantreiben, dem die Hochschule als

> Hüterin jener Güter der Nation [dienen werde], die für ihre Zukunft am teuersten sind: Die Hochschule wird eine Pflegestätte für die lebendige jüdische Nationalsprache, der Vereinigungspunkt alles jüdischen Schaffens auf literarischem, künstlerischem und wissenschaftlichem Gebiete, mit einem Worte ein *kulturelles Zentrum* sein, das seinen Geist überallhin ausstrahlen wird.[105]

Wie selbstverständlich war hier von dem jüdischen Volk die Rede, das als wiedererstandene Nation auch einer hebräischen, synonym mit ‚jüdischen' Nationalsprache und eines nationalen kulturellen Zentrums bedurfte, einer Hochschule,

---

[97] *Stenographisches Protokoll der Verhandlungen des XI. Zionisten-Kongresses in Wien vom 2. bis 9. September 1913*, hg. vom zionistischen Aktionskomitee, Berlin/Leipzig 1914, S. 301; ebd. Zitat.
[98] *Eine jüdische Hochschule*, Berlin 1902; hier zitiert nach der Faksimileedition mit Übersetzung aus dem Dtsch. ins Hebr. von Shaul Esch, Jerusalem 1968, S. 25.
[99] Ebd., Zitate S. 14.
[100] Ebd., Zitate S. 32.
[101] Ebd., Zitate S. 20.
[102] Ebd., S. 20.
[103] „Palästinensisch" als damals übliche geographische Angabe ohne politische Konnotation.
[104] Ebd., S. 21.
[105] Ebd., S. 22, Hervorhebung im Original.

möglichst in Palästina,[106] eine für eine nationale Bewegung durchaus übliche Argumentation, waren doch bereits zuvor die wichtigsten Universitätsgründungen und -reformen in Europa aus nationalen Erwägungen heraus erfolgt.[107]

Erst auf dem elften Zionistenkongress 1913, der sich die „Kulturarbeit" als „wichtigen Bestandteil der allgemeinen Arbeit für die nationale und politische Konsolidierung des jüdischen Volkes im Lande" auf die Fahne schrieb, war der Resolution, die Chaim Weizmann gemeinsam mit Menachem Mendel Ussischkin (1863–1941, ab 1923 bis zu seinem Tod Vorsitzender des Nationalfonds) eingebracht hatte, mehr Erfolg beschieden: Mit drei Gegenstimmen beschlossen die Mitglieder des Kongresses, „das Actions-Comité zu beauftragen, eine Kommission einzusetzen zum Zwecke der vorbereitenden Arbeiten für die Gründung einer hebräischen Universität in Jerusalem."[108] Dem Beschluss war eine lange und stürmische Diskussion vorangegangen; so hatte Ussischkin mit großem Pathos[109] die neue Universität zum neuen Nationalheiligtum des „neuerwachten" jüdischen Volkes erklärt, Weizmann mit den Worten von 1902 sie erneut als „Hüterin" der teuersten „Güter der Nation" und kulturelles Zentrum bezeichnet,[110] aber auch pragmatisch die „hohe politische Bedeutung einer Universität" herausgestrichen, beispielsweise wenn sie „die gewünschten freundschaftlichen Beziehungen anbahnen [würde] zwischen uns und dem umgebenden Volke", indem sie auch „die arabische und türkische Bevölkerung" aufnahm,[111] wohingegen andere die künftige Universität als machtpolitischen „Kolonisationsfaktor" interpretierten (Joseph Klausner)[112] oder daran erinnerten, „die Gründung der Berliner Universität [1810] war die größte Tat vor dem Befreiungskriege zur Befreiung des preußischen Staates" (Heinrich Loewe).[113]

Bald nachdem infolge des 1. Weltkriegs erst am 24. Juli 1918 der Grundstein für die „moderne Universität des jüdischen Volkes" gelegt war, machte der Mathematiker Adolph (Abraham) Fraenkel (1891–1965), ab 1929 Professor, später Dekan und von 1938–1940 der zweite Rektor in der Geschichte der Hebräischen Universität, konkrete Vorschläge zur „Besetzung der Lehrstühle für die judaistischen Disziplinen" mit Vertretern einer „thoratreuen und einer durch die Tradition

---

[106] Präferenz hatte Palästina, als weitere Länder kamen England oder die Schweiz in Betracht; ebd., S. 31.
[107] John E. Craig, *Scholarship and Nation Building. The Universities of Strasbourg and Alsatian Society, 1870–1939*, Chicago/Ill. u. a. 1984, S. 1.
[108] Stenographisches Protokoll der Verhandlungen des XI. Zionisten-Kongresses, S. 344.
[109] „Vor 2500 Jahren ist unser nationales Heiligtum, der Tempel Gottes auf dem Berge Moriah, zerstört worden, und heute stehen wir da, von dem kühnen Plan beseelt, auf dem Berge Zion einen Tempel der Kultur und der Wissenschaft zu errichten. Dieser Plan ist die Rehabilitation unseres neuerwachten Volkes." Stenographisches Protokoll der Verhandlungen des XI. Zionisten-Kongresses, S. 300.
[110] „Die Hochschule wird eine Pflegestätte für die lebendige jüdische Nationalsprache, der Vereinigungspunkt alles jüdischen Schaffens auf literarischem, künstlerischem und wissenschaftlichem Gebiete, mit einem Worte ‚das kulturelle Zentrum' sein.", Ebd., S. 302, nahezu wortgleich mit Buber, Feiwel, Weizmann, Eine jüdische Hochschule (wie Anm. 98), S. 22.
[111] Ebd., S. 305.
[112] Ebd., S. 328.
[113] Ebd., S. 341.

nicht gebundenen, mehr oder weniger areligiösen" Richtung;[114] bereits hier wurde die Frage der persönlichen religiösen Überzeugung der Lehrenden thematisiert.

Bei der Eröffnung der Hebräischen Universität am 1. April 1925 betonte der Dichter und Schriftsteller Chaim Nachman Bialik (1873–1934) als einer der Eröffnungsredner, das vielfältige kulturelle Schaffen des jüdischen Volkes sei „in der Golah [Verbannung] fast stets von den Anderen annektiert" worden, daher „unsichtbar und wird nie auf das richtige Konto geschrieben". Die Worte Herders aufgreifend beschrieb er die Juden als „Volk, das mit fremdem Werkzeug und Stoff für Fremde schafft, [daher] erscheint es den Fremden, aber oft auch sich selbst, als Parasit an der Kultur ohne Eigenes."[115] Waren die traditionellen Bildungseinrichtungen Cheder (Primarschule), Jeschiwa (Talmudhochschule) und Bet Midrasch (Lehrhaus) bislang dank ihrer Abschottung „Bastionen in den Tagen unseres langen und schweren Kampfes um unseren Bestand und um das Recht unseres Bestandes als ein eigenes, besonderes Volk zwischen den Völkern,"[116] so hält die Universität als das neue „Lehrhaus für Thorah und Wissenschaft auf dem Skopusberg" Fenster und Tore „offen nach allen vier Richtungen, um einzubringen alles Gute und Hohe aus der Ernte des Geistesschaffens der Menschen aller Länder und Zeiten."[117] Trotz „fremdem Werkzeug" keine Abschottung, sondern Offenheit für die Erkenntnisse aus aller Welt,[118] aber im Wissen darum, „ein altes Volk mit einer Thorahtradition von vier Jahrtausenden"[119] zu sein; „drum eilten wir, hier im Lande der Väter, an der Geburtsstätte unseres Geistes, das erste Licht anzuzünden für Thorah und Wissenschaft, für alle Geistesarbeit in Israel, bevor uns in den fremden Landen das letzte Licht ausgeht."[120]

Acht Jahre später, am 2. April 1933, dem achten Gründungstag der Universität, meldeten ihm die jüngsten Nachrichten aus Berlin vom sog. „Judenboykott" „das Ende der Symbiose und der Mitarbeit der Juden an der fremden Kultur."[121] Bialik ging so weit zu fragen, ob man diejenigen jüdischen Gelehrten, die an Universitäten bereits Fuß gefasst hatten, „mit Recht jüdische Wissenschaftler nennen darf. Gehört ihr Wissensgut zu unserer Kultur? Gehören sie doch einer fremden Kultur an; sie haben diese und dadurch die nationale Kraft fremder Völ-

---

[114] Benjamin Z. Kedar, Laying the Foundation Stones of the Hebrew University of Jerusalem, 24th July, 1918 (hebr.), in: Shaul Katz/Michael Heyd (Hgg.), *The History of the Hebrew University of Jerusalem. Origins and Beginnings* (hebr.), Jerusalem 1997, S. 90–119; Adolf Fraenkel, Praktisches zur Universitätsgründung in Jerusalem, in: *Der Jude* 3,8–9 (1918/19), S. 404–414, hier S. 409f.; zu seinem Werdegang siehe ders./Abraham A. Fraenkel, *Lebenskreise. Aus den Erinnerungen eines jüdischen Mathematikers*, Stuttgart 1967, sowie das Vorwort von Y. Bar-Hillel, ebd., S. 7–11.

[115] [Chaim Nachman] Bialik, *Die hebräische Universität. Reden und Ansprachen*, Jerusalem 1935, S. 9.

[116] Ebd., S. 5.

[117] Ebd., S. 11.

[118] [Chaim Nachman] Bialik, The Speech of Mr. Chaim Nachman Bialik (hebr.), in: Shaul Katz/ Michael Heyd (Hgg.), The History of the Hebrew University of Jerusalem (wie Anm. 114), S. 350–359, hier S. 359.

[119] Ebd., S. 10.

[120] Ebd., S. 10f.

[121] Bialik, Die hebräische Universität (wie Anm. 115), S. 13.

ker stärken helfen, und den geistigen Besitz des jüdischen Volkes haben sie nicht vermehrt. Dadurch aber ward das jüdische Volk im Ausland dazu verurteilt, ohne eine jüdische Wissenschaft und ohne Wissenschaft für das jüdische Volk zu bleiben."[122] Der Mitarbeit an „fremder" Kultur stellt Bialik nun die Jerusalemer Universität als „Idealheiligtum", „Ort des heiligen Stiftszeltes der Nation" und „Hirn des Volkes"[123] gegenüber.

Vor dem Hintergrund von Bialiks Worten von der „fremden Kultur" ist es zunächst erstaunlich, dass noch Jahre später kontrovers darüber diskutiert wurde, wo die Lehre und Erforschung jüdischer Geschichte an diesem „Idealheiligtum" verortet sein sollten – in der „allgemeinen" (und folglich ‚fremden') Geschichte oder in der „Abteilung für die Wissenschaften vom Judentum"? In der Vollversammlung des *machon le-mada'e ha-jahadut* („Institut für die Wissenschaften des Judentums") war am 21. Juli 1924 in London, also noch vor Eröffnung der Universität, verkündet worden, die ‚Judaistische Abteilung' werde als Zentrum für die Erforschung des Judentums in allen seinen Ausprägungen dienen: der jüdischen Religion; der hebräischen und den weiteren semitischen Sprachen; Literatur und Geschichte, Recht, Philosophie und allen Lebensbereichen des jüdischen Volkes, insbesondere der Erforschung des Landes Israel.[124] Bei der feierlichen Einweihung 1925 bestand die Universität lediglich aus drei Forschungsinstituten, eines davon das „Judaistische Institut" als einziges geisteswissenschaftliches Institut – ein Zeichen für die Zentralität seiner Stellung in der Universität.[125]

Im Zuge der Ausgestaltung der einzelnen Abteilungen wurden Verortung und Konzeption der jüdischen Geschichtswissenschaft an der Hebräischen Universität erst in einer späten Phase, zwischen den Jahren 1934 und 1936, thematisiert, nachdem die regelmäßige Lehre in dieser Disziplin 1929 mit der Berufung (Fritz) Jitzchak Baers (1888–1980)[126] auf zwei Lehrstühle zugleich begonnen hatte, den für jüdische und den für allgemeine mittelalterliche Geschichte. Den Anstoß für die weitere Diskussion gab 1934 die Empfehlung einer Kommission, die die Organisationsstrukturen der Hebräischen Universität überprüft hatte. Danach sollten die bislang auf unterschiedliche Institute und Kurse verteilten historischen Studien unter einem Dach zusammengefasst werden, der „Historischen Abteilung" (*chug*

---

[122] Ebd., S. 18.
[123] Ebd., S. 25.
[124] Ariel Rein, History and Jewish History: Together or Separate? The Definition of Historical Studies at the Hebrew University, 1925–1935 (hebr.), in: Shaul Katz/Michael Heyd (Hgg.), The History of the Hebrew University of Jerusalem (wie Anm. 114), S. 516–540, hier S. 520. Zur Bezeichnung „Wissenschaften des Judentums" vgl. Schlüter, Margarete, Judaistik an deutschen Universitäten heute, in: Michael Brenner/Stefan Rohrbacher (Hgg.), Wissenschaft vom Judentum (wie Anm. 1), S. 85–96, hier S. 87.
[125] Die beiden anderen waren das Institut für Chemie und Mikrobiologie; Michael Brenner, Jüdische Studien im internationalen Kontext, in: Michael Brenner/Stefan Rohrbacher (Hgg.), Wissenschaft vom Judentum (wie Anm. 1), S. 42–57, hier S. 50f. Die deutsche Übersetzung „Judaistisches Institut" findet sich noch im Sachbericht der Hebräischen Universität von 1938 (*Die Hebräische Universität. Entwicklung und Bestand*, Jerusalem 1938, S. 32); hierauf hat bereits Schlüter, Judaistik, S. 87, hingewiesen; als englische Übersetzung setzt sich „Institute of Jewish Studies" durch.
[126] Zu seiner Geschichtskonzeption ausführlich Brenner, Propheten (wie Anm. 54), S. 229–236.

la-historija); von den sechs Untereinheiten sollte sich nur eine ausschließlich mit der jüdischen, nämlich mittelalterlich-jüdischen Geschichte beschäftigen. Im Gegenzug schlug Baer gemeinsam mit seinen beiden Historiker-Kollegen vor, die sechs Untereinheiten jeweils zur Hälfte der allgemeinen und der jüdischen Geschichte, unterteilt in die Zeitstufen Antike, Mittelalter und Neuzeit, zu widmen. Auf diese Weise solle den Studenten eine neue Weltsicht vermittelt werden, die auf dem gemeinsamen Studium der allgemeinen wie der jüdischen Geschichte aufbaue.

Der Fakultätsrat der geisteswissenschaftlichen Fakultät lehnte den Vorschlag 1935 mehrheitlich ab und ordnete programmatisch die allgemeine Geschichte der Gruppe der allgemeinen Wissenschaften der geisteswissenschaftlichen Fakultät zu, die Geschichte des jüdischen Volkes hingegen dem Institut für Jüdische Studien. Für beide Abteilungen wurden unterschiedliche Ziele formuliert: In der allgemeinen Geschichte sollte der Student befähigt werden, eine objektive Sicht der historisch-politischen Erscheinungen zu erlangen, und ihm hierzu die wissenschaftlichen Methoden historischer Forschung vermittelt werden, wohingegen in der Geschichte des jüdischen Volkes das Lernziel darin bestand, das Verständnis für die politischen, gesellschaftlichen und religiösen Faktoren bei der Formierung des jüdischen Geschichtsbilds zu wecken.[127] 1936 wurde als Professor für die Geschichte Israels in der Neuzeit „seit der Französischen Revolution mit besonderer Berücksichtigung der Geschichte der Juden in Osteuropa" Benzion Dinur (Dünaburg, 1884–1973) berufen.[128] Mit Dinurs Ernennung wurde die Abteilung für die Geschichte des jüdischen Volkes als zentrale Abteilung anerkannt. Nachdem sie zunächst „Geschichte des jüdischen Volkes und Soziologie der Juden" bezeichnet worden war, heißt sie seit 1943 bis heute „Geschichte des jüdischen Volkes".[129] Als „der extremste Vertreter einer Richtung der Geschichtsforschung, die sowohl

---

[127] Rein, History and Jewish History (wie Anm. 124), S. 516, 520–522. Noch heute spiegelt sich in der uneinheitlichen Benennung und Untergliederung der Abteilungen der Geisteswissenschaftlichen Fakultät auf den Internetseiten der Hebräischen Universität die problematische Unterscheidung zwischen den „allgemeinen Geisteswissenschaften" und den „Jüdischen Studien" wider. Im hebräischen Organigramm der akademischen Einheiten der Fakultät für Geisteswissenschaften der Hebräischen Universität erscheint nach wie vor das „Institut für allgemeine Geisteswissenschaften" (ha-makhon le-mada'e ha-ruach ha-klalijjim) neben dem „Institut für Jüdische Studien" (http://www.huji.ac.il/huji/str_ruach.htm 1.10.2009), an anderer Stelle heißt es ha-makhon le-limmude tarbut ha-ma'arav („Institut für westliche Kulturwissenschaften"; http://www.hum.huji.ac.il/units.php?cat=331&incat=0 1.10.2009), im Englischen auch „Institute of Arts and Letters" (http://www.hum.huji.ac.il/english/units.php?cat=649&incat=0 1.10.2009). Die hebräischen und englischen Internetseiten des (Mandel)Instituts für Jüdische Studien weisen nur kleinere terminologische Unterschiede auf; nach einer der englischen Internetseiten umfasst es die Abteilungen (Departments) Bibel, Hebräische Sprache, Hebräische Literatur, Geschichte des jüdischen Volkes, Jüdische und vergleichende Volkskunde (engl. „Folklore"), Jüdisches Denken, Talmud und Jiddisch (http://www.hum.huji.ac.il/english/units.php?cat=907&incat=0 1.10.2009), während es auf einer hebräischen Internetseite (http://www.hum.huji.ac.il/units.php?cat=485&incat=0 1.10.2009) die Abteilung (chug) „Hebräische Sprache" „Hebräische Sprache und Sprachen der Juden" heißt.

[128] Rein, History and Jewish History (wie Anm. 124), S. 522; zu Dinurs Geschichtskonzeption ausführlich Brenner, Propheten (wie Anm. 54), S. 236–239.

[129] Rein, History and Jewish History (wie Anm. 124), S. 522.

die Kontinuität jüdischer Siedlung als auch das kontinuierliche Interesse der Juden im Exil am Land Israel betont",[130] ging Dinur von der organischen, selbst im Exil kompletten und ungebrochenen „Einheit des jüdischen Volkes" aus.[131] Als er 1968, 20 Jahre nach der Staatsgründung Israels und 23 Jahre nach Ende der Schoah, die „sechs Wesenselemente [formulierte], die das Volk Israel seit seinen Anfängen einzigartig werden ließen", an erster Stelle durch die „Wahrung ihrer ethnischen Einzigartigkeit",[132] waren mit großen Teilen dieses Volkes auch die meisten der einstigen jüdischen Ausbildungsstätten für die Wissenschaft des Judentums in Deutschland vernichtet worden. Aus israelischer Sicht ein Faktum, das aber nicht die Schlussfolgerung nach sich gezogen hätte, es für notwendig zu halten, erneut eine jüdische Ausbildungsstätte in Deutschland zu gründen. Denn jüdische Existenz in Deutschland nach 1945 galt als vorübergehend; es war für die meisten Jüdinnen und Juden zunächst unvorstellbar, dass sich wieder dauerhaft jüdisches Leben in Deutschland etablieren könne, das einer Ausbildungsstätte bedürfe. Wissenschaft vom Judentum wurde jetzt dort gelehrt, wo sie vor 1933 keinen Platz gefunden hatte: an manchen Universitäten, vor allem an den wenigen Judaistikinstituten, die seit den 1960er Jahren an Universitäten gegründet worden waren,[133] zunächst mehrheitlich von Dozenten, die an der Hebräischen Universität Jerusalem studiert hatten. Erst als seit den 1950er Jahren Synagogen neu gebaut oder wieder aufgebaut wurden und allmählich eine längerfristige jüdische Existenz in Deutschland wieder möglich erschien,[134] stellte sich schließlich auch die Frage, wo der Nachwuchs für die jüdischen Gemeinden ausgebildet werden solle – und die einst aus Heidelberg hervorgegangene Idee, eine jüdische Hochschule zu gründen, kehrte nach Heidelberg zurück.

*3. Von Jerusalem nach Heidelberg –
das Fach „Geschichte des jüdischen Volkes"*

Nach der weitgehenden Vernichtung des deutschen Judentums hatte die Wissenschaft vom Judentum Eingang in die Universität gefunden, während Institutionen zur Ausbildung für den Nachwuchs der jüdischen Gemeinden in Deutschland nicht mehr existierten. Dieser Mangel wurde erstmals Anfang der 1970er Jahre in einem politischen Kontext thematisiert, nachdem der badische Landesrabbiner Dr. Nathan P. Levinson bei der Einweihung der Synagoge in Karlsruhe 1971 kritisiert hatte, „dass der Judaismus nur an wenigen wissenschaftlichen Hochschulen gelehrt und wenn, auch dort nur im Zusammenhang mit der christlichen Ideologie behandelt wird", so die Worte, die Siegfried Meister, Mitglied des Deutschen Bundestages, vernahm. Postwendend bot er am 6. Oktober 1971

---

[130] Brenner, Propheten (wie Anm. 54), S. 239.
[131] Ebd., S. 238.
[132] Ben-Zion Dinur, Die Einzigartigkeit der jüdischen Geschichte (1968), in: Michael Brenner u.a. (Hgg.), Jüdische Geschichte lesen (wie Anm. 87), S. 127.
[133] Ein Überblick bei Schlüter, Judaistik (wie Anm. 124), S. 87.
[134] Jürgen Zieher, *Im Schatten von Antisemitismus und Wiedergutmachung. Kommunen und jüdische Gemeinden in Dortmund, Düsseldorf und Köln 1945–1960*, Berlin 2005, S. 221–240.

dem damaligen Präsidenten des Oberrats der Israeliten Badens, Werner Nachmann, seine Unterstützung in dieser Frage an, indem er eine diesbezügliche Anfrage an die Bundesregierung richtete.[135]

Einen Monat später wandte sich Meister auch an den baden-württembergischen Kultusminister „Betr. Studium des Faches Judaistik an den deutschen Universitäten".[136] Minister Wilhelm Hahn, als ehemaliger ordentlicher Heidelberger Professor für Homiletik, Liturgik und Katechetik (1950–1952) sowie Rektor der Universität Heidelberg (1958–1960)[137] vertraut mit theologischen Fragen, betonte für das Land Baden-Württemberg,

> daß Judaistik an den Universitäten Freiburg, Heidelberg und Tübingen vertreten ist. Entgegen der früheren Neigung, sich im Zusammenhang mit der christlichen Theologie im Fach Judaistik auf die Behandlung des biblischen Judentums zu beschränken, führen gegenwärtig der christlich-jüdische Dialog und der Zug der Theologie zur Religionswissenschaft zu einer zunehmend stärkeren Berücksichtigung des nachbiblischen Judentums. Das geschieht schon im Rahmen der personellen Ausstattung. Deshalb halte ich es zur Zeit auch nicht für erforderlich, für die Universitäten des Landes Baden-Württemberg weitere Personalstellen für das Fach Judaistik vorzusehen.[138]

Zum Beleg war eine „Übersicht zur Lehre der Wissenschaft vom Judentum an den deutschen Universitäten und Hochschulen, Ausgabe 4 Sommersemester 1971" beigelegt, herausgegeben vom Deutschen Koordinierungsrat der Gesellschaften für christlich-jüdische Zusammenarbeit mit einer großen Liste von Lehrveranstaltungen mit judaistischen Themen, die aber in Baden-Württemberg nicht an Judaistik-Instituten, sondern beispielsweise in Heidelberg an der Theologischen Fakultät angeboten wurden.

Auf diese abschlägige Antwort hin verfasste Werner Nachmann ein „Memorandum über die Einrichtung eines jüdisch-theologischen Instituts", das zunächst an die „drei Rabbinerseminare sowie mehrere akademisch pädagogische Ausbildungsstätten für jüdische Religionslehrer" in Deutschland vor 1933 erinnerte, wohingegen gegenwärtig „in der Bundesrepublik eine jüdisch-theologische Ausbildung nicht mehr möglich" sei, „weil ein entsprechendes Institut nicht besteht" – für Nachmann ein unhaltbarer Zustand, zumal die jüdischen Gemeinden offiziell anerkannt und Körperschaften öffentlichen Rechts seien, sowie ein

---

[135] Zentralarchiv zur Erforschung der Geschichte der Juden in Deutschland, B 1/1, Zugang 04/10, Nr. 3, Siegfried Meister an Werner Nachmann, Präsident des Oberrats der Israeliten Badens, Bonn, 6. Oktober 1971, dort auch die Wiedergabe von Levinsons Aussage. Zum Vorgang vgl. Georg Heuberger, Traditionsreicher Neubeginn — Die Hochschule für Jüdische Studien in Heidelberg, in: Oberrat der Israeliten Badens, Karlsruhe (Hg.), *Juden in Baden 1809–1984. 172 Oberrat der Israeliten Badens*, Karlsruhe 1984, S. 217–226, hier S. 219.

[136] Zentralarchiv zur Erforschung der Geschichte der Juden in Deutschland, B 1/1, Zugang 04/10, Nr. 3, Baden-Württembergisches Kultusministerium. Der Minister, an Siegfried Meister, Stuttgart, 13. Dezember 1971.

[137] Marc Zirlewagen, Wilhelm Hahn, in: *Biographisch-Bibliographisches Kirchenlexikon* (BBKL), Bd. 27, Nordhausen 2007, Sp. 593–598, http://www.bbkl.de/h/hahn_w_t.shtml (9.10.2009).

[138] Zentralarchiv zur Erforschung der Geschichte der Juden in Deutschland, B 1/1, Zugang 04/10, Nr. 3, Kultusministerium Baden-Württemberg, an Siegfried Meister, Stuttgart, 13. Dezember 1971.

Nachteil auch gegenüber anderen Ländern. Nachmann schlug daher die Schaffung eines jüdisch-theologischen Instituts in Verbindung mit der Universität Heidelberg vor; für Heidelberg als Sitz spreche u. a. der „internationale Ruf als Sitz einer theologischen Fakultät" und die Existenz der Pädagogischen Hochschule. Als Pflichtfächer in der Unterstufe sollten

> Einführung in die Bibelwissenschaft, Midrasch und Homiletik, Mischna und Talmud, Jüdische Geschichte, Jüdische Religionsgeschichte, Liturgie (Geschichte des Gottesdienstes, Kantillation, synagogale Musik), Hebräische Sprache und Literatur, Sozialarbeit (mit Praktikum in den Gemeinden), Religionspädagogik (mit Praktikum in den Gemeinden)

gelehrt werden, in der Oberstufe waren als Pflichtfächer „Jüdische Theologie, Probleme der Bibelwissenschaft, Predigt-Seminar, Jüdische Philosophie und Mystik, Talmud, Codices und Responsenliteratur, Jüdische Geschichte, Vergleichende Religionsgeschichte, Pastoralpsychologie, Religionspsychologie, Praktikum in den Gemeinden" vorgesehen.[139] Dieser erste für Heidelberg bekannte, differenzierte Fächerkatalog, darunter ein eigenes Fach „Jüdische Geschichte", ging weit über das Fächerspektrum an den judaistischen Instituten der Universitäten hinaus. 1978 schließlich „begrüßt die Kultusministerkonferenz die Errichtung eines Jüdisch-Theologischen Instituts als zentrale Ausbildungseinrichtung für Rabbiner, Kantoren und Religionslehrer der jüdischen Kultusgemeinden", dabei zur Kenntnis nehmend, „daß dieses Institut in der Trägerschaft des Zentralrats der Juden in Heidelberg eingerichtet werden soll".[140]

Daraufhin beschloss das Direktorium des Zentralrates der Juden in Deutschland im Januar 1979 „die Einrichtung einer Jüdischen Theologischen Hochschule (JTH) mit Sitz in Heidelberg."[141] Zu den „Aufgaben der JTH" gehörte an erster Stelle die „wissenschaftliche[n] Ausbildung von Lehrern für das Fach Jüdische Religion, von jüdischen Kultusbeamten und Gemeindebediensteten und von sonstigen Studenten der Judaistik."[142] War an die Stelle des „Instituts" jetzt eine „Hochschule" zur Betonung des akademischen Charakters getreten, so wurde wenig später die Bezeichnung „Jüdische Theologische Hochschule" gleichfalls aus inhaltlichen Gründe ersetzt, wie dem „Protokoll der konstituierenden Sitzung des Gründungsausschusses für die ‚Hochschule für jüdische Studien' in Heidelberg" vom 30. Mai 1979 zu entnehmen ist. Leon A. Feldman, Professor of Hebraic Studies an der amerikanischen Rutgers University (1921–2008),[143] und nun auch wissenschaftlicher Berater des Gründungsausschusses und wenig später erster Gründungsrektor der Hochschule, plädierte für die neue Bezeichnung ‚„Hochschule für jüdische Studien' und nicht wie zunächst vorgesehen ‚Jüdische Theologische Hochschule'", da „die Hochschule das gesamte Wissen an jüdische und nichtjüdische Studenten vermitteln solle", ein Vorschlag, dem die anderen

---

[139] Zentralarchiv zur Erforschung der Geschichte der Juden in Deutschland, B 1/1, Zugang 04/10, Nr. 3, Kultusministerium Baden-Württemberg, 4. Mai 1972.

[140] Zitiert nach Heuberger, Traditionsreicher Neubeginn (wie Anm. 135), S. 220, 29. September 1978.

[141] Ebd., S. 220f., 28. Januar 1979.

[142] Ebd., S. 222.

[143] https://www.policyarchive.org/bitstream/handle/10207/19602/Leon%20Feldman%201921 %20-%202008.pdf?sequence=2 9.10.2009.

Mitglieder zustimmten.¹⁴⁴ Mit dem neuen Namen, einer Übersetzung der im englischen Sprachraum üblichen „Jewish Studies", aber auch der geläufigen englischen Übersetzung der Jerusalemer „Wissenschaften vom Judentum", waren das Signal und der Auftrag an die Hochschule verbunden, sich dezidiert auch an nichtjüdische Studierende zu wenden, die in der Aufgabenbeschreibung bislang als letzter Stelle der künftig Auszubildenden als die „sonstigen Studenten der Judaistik" genannt worden waren.¹⁴⁵

Nachdem die Hochschule zum Wintersemester 1979/80 den Vorlesungsbetrieb aufgenommen hatte und in diesem ersten „Vorbereitungsjahr [...] vor allem hebräische Sprachkurse Vorrang hatten"¹⁴⁶, trat im folgenden Sommersemester ein neu gebildeter Wissenschaftlicher Beirat der Hochschule zusammen, der den Entwurf der Studien- und Prüfungsordnung diskutierte und verabschiedete. Hierin wurde bereits in die Pflichtfächer Bibelwissenschaft, Talmud und Rabbinica, Hebräische Sprache und Literatur, Jüdische Geschichte und Jüdische Philosophie und Geistesgeschichte sowie die Wahlfächer Liturgie, Kantorale Musik, Jüdische Kunst, Soziologie des Judentums und Jüdisches Erziehungswesen unterschieden.¹⁴⁷

Diese große Zahl der Pflichtfächer erforderte die entsprechende Besetzung mit jeweils einer eigenen Professur,¹⁴⁸ so dass die personelle Ausstattung der Hochschule von Anfang an erheblich die der Judaistikinstitute überstieg, von denen keines bis Mitte der 1990er Jahre über mehr als zwei Professuren verfügte. Mit der ausgezeichneten personellen Ausstattung ging und geht die breite fachliche Ausrichtung der Hochschule einher.

In der Sitzung am 6. Mai 1980 beschlossen die anwesenden 12 Mitglieder des Beirats: „Das Fach ‚Jüdische Geschichte' erhält fortan den Namen ‚Geschichte des Jüdischen Volkes'",¹⁴⁹ ohne dass in diesem Zusammenhang ein Grund für diese Umbenennung genannt ist. Zweifelsohne handelt es sich aber um eine Übernahme der Bezeichnung aus Jerusalem, denn von den acht anwesenden Fachvertretern aus den Jüdischen Studien stammten drei von der Hebräischen Universität Jerusalem (die Professoren Jonah Fraenkel, Chaim Rabin, und Abraham Wasserstein); überdies ist die am Ende verabschiedete Fächeraufteilung mit den Kernfächern „Bibel und Jüdische Bibelauslegung, Talmud und Rabbinische Literatur, Hebräische Literatur bis 1800, Geschichte des Jüdischen Volkes, Jüdische Philosophie und Geistesgeschichte"¹⁵⁰ weitgehend mit der des „Instituts für die Wis-

---

¹⁴⁴ Zentralarchiv zur Erforschung der Geschichte der Juden in Deutschland, B 1/1, Zugang 04/10, Nr. 1.

¹⁴⁵ Aufgabenbeschreibung abgedruckt bei Heuberger, Traditionsreicher Neubeginn (wie Anm. 135), S. 222f.

¹⁴⁶ Zentralarchiv zur Erforschung der Geschichte der Juden in Deutschland, B 1/1, Zugang 04/10, Nr. 11, Sachbericht zum Verwendungsnachweis 1979, Heidelberg, 3. März 1980.

¹⁴⁷ Zentralarchiv zur Erforschung der Geschichte der Juden in Deutschland, B 1/1, Zugang 04/10, Nr. 12, F. Entwurf zur Studien- und Prüfungsordnung, undatiert.

¹⁴⁸ Zentralarchiv zur Erforschung der Geschichte der Juden in Deutschland, B 1/1, Zugang 04/10, Nr. 14, Protokoll der Sitzung am 28. Oktober 1980.

¹⁴⁹ Zentralarchiv zur Erforschung der Geschichte der Juden in Deutschland, B 1/1, Zugang 04/10, Nr. 17, erste Fassung der Protokolle der Sitzungen des Wissenschaftlichen Beirats vom 5.–7. Mai 1980, hier das Protokoll der Sitzung am 6. Mai 1980.

¹⁵⁰ Zentralarchiv zur Erforschung der Geschichte der Juden in Deutschland, B 1/1, Zugang 04/10, Nr. 12, Prüfungs- und Studienordnung der Hochschule für Jüdische Studien zur Er-

senschaften des Judentums" an der Hebräischen Universität Jerusalem identisch. Chaim Rabin war ein enger Kollege des zweiten Gründungsrektors, Shemaryahu Talmon, unter dessen Rektorat von 1981 bis 1984 sich die Hochschule explizit ihre beiden „Mutteruniversitäten", die Hebräische Universität Jerusalem und die Universität Heidelberg, zum wissenschaftlichen Vorbild und Maßstab nahm, ebenso unter Talmons Nachfolger Moshe Elat als erstem Rektor der Hochschule.[151]

1988 übernahm Julius Carlebach (1922–2001), der zuvor an den Universitäten Cambridge, Bristol und Sussex (Brighton) Soziologie und Jüdische Studien gelehrt hatte,[152] mit dem Rektorat zugleich den Lehrstuhl Geschichte des jüdischen Volkes und die inhaltliche Ausgestaltung der Fachdisziplin. Hierzu gehörte ein Seminar zur „Geschichte der jüdischen Frau" im Sommersemester 1989, das den Anstoß zu einem Symposium im März 1991 und der Veröffentlichung der gehaltenen Vorträge[153] gab. Ihm folgte eine Konferenz über das aschkenasische Rabbinat 1993, die neben einer weiteren Publikation[154] auch ein langjähriges Forschungsprojekt nach sich zog. Beide Themen lagen Julius Carlebach am Herzen, und so erstaunt es nicht, dass er zu den wenigen Männern gehört, die über ‚Frauengeschichte' geforscht und publiziert haben, so über die jiddische ‚Weiberbibel' *Zeene uReene*,[155] und so Frauen- und Geschlechterstudien in der deutschen Judaistik erstmals akademisch ‚salonfähig' gemacht hat. Sein Nachfolger wurde 1997 Michael Graetz (geb. 1933; Lehrstuhlinhaber bis 2005), der zuvor 23 Jahre an der Hebräischen Universität Jerusalem die „Geschichte des jüdischen Volkes" gelehrt hatte[156] und durch grundlegende Forschungen u. a. zur Geschichte der Juden in Frankreich und zu vielen Aspekten der neuzeitlichen jüdischen Geschichte hervorgetreten ist.[157]

Wenn in Heidelberg die Jerusalemer Fachbezeichnung übernommen wurde, so ist weder hier wie dort heute damit eine bestimmte ideologische Ausrichtung der Geschichtsschreibung verknüpft. Wie in Jerusalem, so formuliert auch in Heidelberg die Fachbezeichnung vielmehr einen hohen inhaltlichen Anspruch: In

---

langung des akademischen Grades Magister Artium (Jüdische Studien), Heidelberg., 16. Mai 1980.

[151] Freundliche Auskunft von Georg Heuberger, von 1981 bis 1985 „akademischer Sekretär" der Hochschule (gleichfalls eine Übersetzung des hebr. *maskir akademi* der Hebräischen Universität) und nachfolgend Direktor des Jüdischen Museums Frankfurt am Main, Telefonat am 20.10.2009.

[152] Hanna Liss/Ursula Beitz, Vorwort, in: Dies. (Hg.) in Zusammenarbeit mit Ursula Beitz, *Yagdil Tora we-Ya'adir. Gedenkschrift für Julius Carlebach*, Heidelberg 2003, S. V.

[153] Julius Carlebach (Hg.), *Zur Geschichte der jüdischen Frau in Deutschland*, Berlin 1993.

[154] Julius Carlebach (Hg.), *Das aschkenasische Rabbinat. Studien über Glaube und Schicksal*, Berlin 1995.

[155] Julius Carlebach, Ze'enah Ur'enah: The Story of a Book for Jewish Women, in: *L'Eylah* 23 (1987), S. 42–47; sowie The Forgotten Connection. Women and Jews in the Conflict between Enlightenment and Romanticism, in: *Leo Baeck Institute Year Book* 24 (1979), S. 107–138.

[156] http://www.uni-protokolle.de/nachrichten/id/52968/14.10.1999 – (idw) Ruprecht-Karls-Universität Heidelberg.

[157] Michael Graetz, *The Jews in Nineteenth-Century France*, Stanford 1996; ders., Jüdische Aufklärung, in: Michael A. Meyer (Hg.) unter Mitwirkung von Michael Brenner, *Deutsch-jüdische Geschichte in der Neuzeit*, 4 Bde., München 1996/97, hier Bd. 1, München 1996, S. 251–355.

einem methodisch vielfältigen Zugang befasst sich das Fach an der Heidelberger Hochschule mit der Geschichte und Kultur des jüdischen Volkes über einen Zeitraum von mehr als zweieinhalbtausend Jahren; es versucht die großen Linien nachzuzeichnen und zugleich die vielfältigen Erscheinungsformen in den Blick zu fassen, Kontinuität und Wandel in den verschiedenen Epochen und Räumen zu erkennen, von der Epoche des Zweiten Tempels bis zur Zeitgeschichte.

Der Begriff „Volk" steht dabei nach der Schoah mehr denn je für das Überleben und die Weiterexistenz der jüdischen Gemeinschaft. Somit kann sich mit dem Begriff des „jüdischen Volkes" die Vorstellung verbinden, dass das jüdische Volk keine völlige Neukonstruktion ohne Bezug zu einer bereits vorhandenen Identität einer transterritorialen jüdischen Gemeinschaft ist. Diese Gemeinschaft kann mit Anthony Smith definiert werden „as a named human population with myths of common ancestry, shared historical memories, one or more elements of shared culture, a link with a homeland, and a measure of solidarity, at least among the elites."[158]

Das jüdische Volk also eher eine „Willensnation" mit starken Anklängen an jene Definition von Ernest Renan von der „Nation" als

> große[r] Solidargemeinschaft, getragen von dem Gefühl der Opfer, die man gebracht hat, und der Opfer, die man noch zu bringen gewillt ist. Sie setzt eine Vergangenheit voraus, aber trotzdem faßt sie sich in der Gegenwart in einem greifbaren Faktum zusammen: der Übereinkunft, dem deutlich ausgesprochenen Wunsch, das gemeinsame Leben fortzusetzen. Das Dasein einer Nation ist – erlauben Sie mir dieses Bild – ein täglicher Plebiszit, wie das Dasein des einzelnen eine andauernde Behauptung des Lebens ist.[159]

Der Begriff „jüdisches Volk" erfasst demnach in seiner tiefer gehenden Bedeutung ein wesentliches Merkmal jüdischer Lebenswelten: Diese sind nicht nur transterritorial und transnational, über Länder und Nationen hinweg, sondern auch transtemporal, über die Zeiten hinweg, durch jüdische Ideen, Ideale und Werte miteinander verwoben – eine weniger qua Abstammung naturwüchsig gegebene als vielmehr in lebendiger Auseinandersetzung mit der Tradition immer wieder hergestellte und herzustellende Gemeinschaft.

In den Jahrhunderten ohne staatliche Autonomie trugen hierzu wesentlich Formen jüdischer Selbstverwaltung und Institutionen wie das Rabbinat bei. Vor allem aber waren es Texte, die im wahrsten Sinne der lateinischen Bedeutung als *textum*, „Gewebe" oder „Geflecht", Juden über die Epochen und Räume hinweg miteinander verbanden: Tora, Talmud, Gebetbuch, aber auch bestimmte traditionelle Verträge.

Ein solcher Vertrag ist die *ketubba*, das jüdische Heiratsdokument schlechthin.[160] Sie ist nicht nur seit der Antike für jede jüdische Ehe verbindlich vor-

---

[158] Anthony D. Smith, *The Nation in History. Historiographical Debates about Ethnicity and Nationalism*, Cambridge u. a. 2000, S. 65.

[159] Ernest Renan, Was ist eine Nation? Vortrag in der Sorbonne am 11. März 1882. Aus dem Französischen von Henning Ritter, in: Michael Jeismann/Henning Ritter (Hgg.), *Grenzfälle. Über neuen und alten Nationalismus*, Leipzig 1993, S. 290–311, hier S. 309.

[160] Zum gesamten Thema eingehend Birgit E. Klein, *Das jüdische Ehegüter- und Erbrecht der Frühneuzeit: Entwicklung seit der rabbinischen Antike und Auswirkung auf das Verhältnis der Geschlechter und zur christlichen Gesellschaft*, Habilitationsschrift, Freie Universität

geschrieben, sondern folgt seitdem auch einem Formular, das in seinen wesentlichen Grundzügen einheitlich ist, ob eine Ehe in der Antike im Land Israel, im Mittelalter in Ägypten oder Frankreich oder heute in den USA oder Australien geschlossen wird. Wie konstitutiv die *ketubba* für eine jüdische Ehe ist, zeigt sich auch an den zuweilen kunstvoll illustrierten *ketubbot* aus dem Mittelmeerraum und Orient.[161]

In einer jeden *ketubba* sind vor allem festgehalten die seit der Antike festgesetzte Mindestsumme der antiken 200 Sus oder Dinar, welche der Ehemann (bzw. seine Erben) der Frau als Abfindung bei Auflösung der Ehe durch Tod oder durch Scheidung zu zahlen hat, sowie die drei Pflichten des Mannes gegenüber seiner Frau: Unterhalt, Kleidung, ehelicher Umgang, die aus der Tora (Ex 21,10) hergeleitet werden. Je stärker aber der Text der *ketubba* vereinheitlicht wurde, und dies gilt vor allem für die *ketubbot* im aschkenasisch-europäischen Judentum seit dem Mittelalter, um so mehr wurden individuelle Klauseln nötig, die so genannten *tena'im*, „Bedingungen". In einem eigenen Vertrag festgehalten, dokumentieren die *tena'im* den tatsächlichen Vermögenstransfer bei der Eheschließung, die Höhe der Mitgiften, die Frau und (!) Mann in die Ehe einbringen mussten,[162] regeln Modalitäten der oft gemeinsamen Vermögensverwaltung und auch Fragen des Erbes.[163] In vielem unterscheiden sich die *tena'im* nicht von nichtjüdischen Heiratsverträgen und lassen teilweise sogar die unausgesprochene Übernahme nichtjüdischer Rechtsinstitute erkennen.[164] Um diese Interaktion und äußeren Einflüsse zu erfassen, ist auch externes, „äußeres" Quellenmaterial in der obrigkeitlich-nichtjüdischen Überlieferung heranzuziehen, allerdings wohl wissend, dass dieses Material oft ein durch Antijudaismus und Antisemitismus verzerrtes Bild zeichnet. Die wechselseitige Analyse interner und externer Quellen lässt indes Innen- und Außenperspektive miteinander kommunizieren, sofern sie beide Quellengruppen nicht mit der Zuweisung in die Kategorien „eigen" und „fremd" von vornherein gegeneinander ausspielt. Jüdische Geschichte ist immer auch Teil der „allgemeinen" Geschichte, wie eine „allgemeine" Geschichte erst dann ihrer

---

Berlin 2006, 443 S.; dies., *Jüdisches Ehegüter- und Erbrecht in Norm und Praxis,* Köln/Weimar/Wien 2010.

[161] Aus dem deutschen Sprachraum hingegen ist nur eine illustrierte *ketubba* überliefert, zugleich die älteste erhaltene: die von Krems in Österreich 1391/92, abgebildet bei Shalom Sabar, *Masel Tow. Illuminierte Eheverträge aus der Sammlung des Israel Museum,* Berlin 2000, S. 13, Abb. 2.

[162] Birgit E. Klein, ‚Der Mann: ein Fehlkauf' – Entwicklungen im Ehegüterrecht und die Folgen für das Geschlechterverhältnis im spätmittelalterlichen Aschkenas, in: Christiane E. Müller/Andrea Schatz (Hgg.), *Der Differenz auf der Spur. Frauen und Gender in Aschkenas,* Berlin 2004, S. 69–99.

[163] Siehe hierzu ausführlich Birgit E. Klein, Erbinnen in Norm und Praxis: Fiktion und Realität im Erbstreit der Familien Liebmann – von Geldern, in: Andreas Gotzmann/Stephan Wendehorst (Hgg.), *Juden im Recht. Neue Zugänge zur Rechtsgeschichte der Juden im Alten Reich,* Berlin 2007, S. 175–205.

[164] Birgit E. Klein, „Angleichung der Geschlechter" – Entwicklungen im jüdischen Ehegüter- und Erbrecht des Mittelalters, in: Andreas Holzem/Ines Weber (Hgg.), *Ehe – Familie – Verwandtschaft. Vergesellschaftung in Religion und sozialer Lebenswelt,* Paderborn 2008, S. 225–242.

Bezeichnung gerecht wird, wenn sie jüdische Geschichte auf gleichsam selbstverständliche Weise einschließt.[165]

Die Interaktion mit anderen Kulturen bedeutete und bedeutet eine Herausforderung in vielfacher Hinsicht: Sie stellt Juden vor die Aufgabe, ihre eigenen Traditionen zu befragen und neu zu interpretieren und nötigt ihnen zuweilen ein gehöriges Maß an Flexibilität ab, sich an wechselnde Bedingungen anzupassen. *Ketubba* und *tena'im* stehen exemplarisch für Kontinuität wie Wandel und Transformation, für Einheit wie Vielfalt. Beide Texte waren konstitutiv für die Existenz jüdischer Familien, die den kommenden Generationen jüdische Erziehung und jüdische Traditionen vermittelten und vermitteln und daher nicht nur den Kern des „jüdischen Volkes", sondern auch eines der Grundthemen seiner „Geschichte" bildeten und bilden.

---

[165] Birgit E. Klein, Obrigkeitliche und innerjüdische Quellen: Ein untrennbares Miteinander, in: Rolf Kießling/Peter Rauscher/Stefan Rohrbacher/Barbara Staudinger (Hgg.), *Räume und Wege. Jüdische Geschichte im Alten Reich 1300–1800*, Redaktion: Anke Sczesny, Berlin 2007, S. 253–283.

KAREN B. NUBER

Begegnung mit Eretz Israel:
‚Ort der Erinnerung' – ‚Vision' – ‚Realität'

anhand der Wahrnehmungen von Bertha Pappenheim und Rahel Straus

Eretz Israel: ‚Ort der Erinnerung'

Kollektives Gedächtnis schöpft aus Geschichte und Religion eines Volkes und macht ‚Orte der Erinnerung'[1] nicht allein im jüdischen Volk zu konstitutiven Elementen eines nationalen Selbstverständnisses. Diese Erkenntnis findet ihre Bestätigung in der Begegnung von Juden mit Eretz Israel im 19./20. Jahrhundert. Zweitausend Jahre war Eretz Israel für das jüdische Volk vor allem ‚Ort der Erinnerung'. Ein vergleichbares Phänomen der Bindung eines Volkes im Exil an sein Ursprungsland findet sich kaum. Umso erstaunlicher ist es, dass diese platonische Beziehung zu Eretz Israel als ‚Ort der Erinnerung' schließlich den Anstoß zu einer Rückwanderung gab, die ihresgleichen in den Annalen der Geschichte sucht.

Eretz Israel als ‚Ort der Erinnerung' nährt sich und wird kontinuierlich geprägt und erhalten durch Traditionen in Form von Riten, Gebeten und Sprache. Sie artikulieren und transportieren durch die Jahrhunderte die als erinnerungswürdig erachteten Inhalte. Yosef Hayim Yerushalmi wies in seinem Essay „Zachor", ausgehend von dieser religiösen Aufforderung, die 169 Mal im biblischen Text zu finden ist, auf den existenziellen Stellenwert der Erinnerung in der Exilgeschichte der Juden hin. Die klassischen Texte des Judentums, der Schabbat, der jährliche Zyklus der Fast- und Feiertage haben jede Generation mit dieser Aufforderung des Zachor konfrontiert.[2]

Bis zum Ende des 19. Jahrhunderts stand durch eine begrenzte Erreichbarkeit nur wenigen die Möglichkeit offen, Eretz Israel zu bereisen.[3] So war das Land lange ein Ort, der zwar real existierte, zu dessen physischer Existenz jedoch, obwohl zu allen Zeiten Juden dort lebten, kaum direkter Zugang bestand. Dementsprechend scheint selten die tatsächliche geografisch-physische Beschaffenheit

---

[1] Vgl. Pierre Nora, *Zwischen Geschichte und Gedächtnis*, Berlin 1990.
[2] Yosef Hayim Yerushalmi, *Zachor, Erinnere Dich! Jüdische Geschichte und jüdisches Gedächtnis*, Berlin 1988. Für eine knappe Übersicht über Gebete, Feste etc., die sich direkt auf Jerusalem beziehen, siehe Lee I. Levine, Jerusalem in Jewish History, Tradition, and Memory, in: Tamar Mayer/Suleiman A. Mourad (Hgg.), *Jerusalem. Idea and Reality*, London 2008, S. 40ff.
[3] Als Beispiel eines Reisetagebuches nach Eretz Israel zu einem frühen Zeitpunkt (1827) siehe Judith W. Page, Jerusalem and Jewish Memory. Judith Montefiore's ‚Private Journal', in: *Victorian Literature and Culture* 27,1 (1999), S. 125–141.

Palästinas im kollektiven wie im individuellen Gedächtnis den höchsten Rang einzunehmen, sondern vielmehr, wie charakteristisch für einen ‚Ort der Erinnerung', die damit verbundenen, für das Kollektiv identitätsstiftenden Deutungen.

Eretz Israel als antike Heimat der Juden und als Ort der Sammlung der Zerstreuten in messianischen Zeiten konnte weder im Mittelalter noch in der Neuzeit vollständig aus dem kollektiven Gedächtnis verdrängt werden. Der Palästinozentrismus blieb eine substanzielle Komponente des orthodoxen Lebenskosmos und ließ sich nicht aus den Gebetbüchern der Orthodoxie streichen. Der gläubige Jude sehnte sich zu allen Zeiten nach einer erlösenden Rückkehr ins Heilige Land. Obwohl sich die Bindung an Eretz Israel formal im Laufe des 19. Jahrhunderts lockerte und insbesondere seit der Gründung des Deutschen Reiches und der Erlangung der Emanzipation eine starke Bindung an Deutschland als Heimat existierte, besaß Eretz Israel weiterhin die Qualität eines ‚Ortes der Erinnerung' im kollektiven Gedächtnis, wenn auch je nach Subkollektiv in unterschiedlicher Ausprägung.

Wie tief der Gedanke an die Rückkehr nach Eretz Israel im Bewusstsein des jüdischen Kollektivs verankert war, zeigt sich in der Selbstverständlichkeit, mit der Glückels Schwiegereltern im 17. Jahrhundert ihre Habe packten und sich zur Auswanderung nach Eretz Israel rüsteten, als die Kunde vom Erscheinen Schabbatai Zwis Hamburg erreichte.[4] Auch das Zeugnis eines bereits akkulturierten Juden wie Moses Hess in seiner Schrift „Rom und Jerusalem" (1862) bestätigt die ununterbrochene Präsenz des Palästinozentrismus dank der jüdischen Tradition. Er führte Rituale wie die Beifügung von Erde aus Eretz Israel in den Sarg und insbesondere den 9. Aw als prägend an. Gerade dieser Feiertag war ihm durch seinen frommen Großvater eindrücklich in Erinnerung geblieben:

> Er las alsdann mit seinen Enkelchen, die bis nach Mitternacht aufbleiben mußten, die Sagen von der Vertreibung der Juden aus Jerusalem. Der schneeweiße Bart des strengen, alten Mannes wurde bei dieser Lektüre von Tränen benetzt; auch wir Kinder konnten uns dabei natürlich nicht des Weinens und Schluchzens enthalten.

Hess ging sogar so weit, die jüdische Religion als „Patriotismus" zu deuten.[5]

In dem gleichen Sinne standen die Feste im Kreis der Familie im Mittelpunkt der religiösen Prägung sowohl bei Rahel Straus (1880–1963) als auch bei Bertha Pappenheim (1859–1936). In den Erinnerungen von Rahel Straus kommt dies deutlich zum Ausdruck, sie widmete diesen Festen ein separates Kapitel: „Und wie schön waren alle Feste! Heute noch liegt für mich ein unverlöschlicher Glanz darüber, und wenn ich davon erzählen soll, weiß ich nicht, wo beginnen; denn alle, alle waren sie schön, voll Weihe und doch voll Freude."[6] Durch die Stim-

---

[4] *Die Memoiren der Glückel von Hameln*, Weinheim 1994, S. 75f.
[5] Moses Hess, *Rom und Jerusalem. Die letzte Nationalitätenfrage*, Wien 1935, ungekürzte Neuausgabe, S. 29–33, 31. Zu Moses Hess siehe Michael Graetz, Humanismus, Sozialismus und Zionismus. Moses Hess und die Rückkehr zum Judentum, in: Myriam Yardeni (Hg.), *Les Juifs dans l'histoire de France*, Leiden 1980, S. 146–164.
[6] Rahel Straus, *Wir lebten in Deutschland. Erinnerungen einer deutschen Jüdin 1880–1933*, Stuttgart 1961, S. 47. Vgl. auch Marion A. Kaplan, *Jüdisches Bürgertum, Frau, Familie und*

mung, das Vollziehen der Rituale und das Erklären des Kontexts wurde eine innere Verbindung zum Judentum und auch zu Eretz Israel hergestellt. Rahel Straus verweist an zwei Stellen ihrer Autobiografie ebenfalls auf Tischa be-Aw, welcher sie für Eretz Israel sensibilisierte.[7] Ihr „Kinderherz" habe insbesondere an diesem Tag die Frage bewegt, „warum gehen wir nicht hin und bauen ihn [den Tempel] wieder auf?" Das religiöse Elternhaus habe, so Straus, die Grundlage für die Sehnsucht und die Hoffnung zum Aufbau des Tempels und des Heiligen Landes in ihr wachgerufen.[8] Pappenheim maß rückblickend auf ihre Kindheit dem jährlichen Seder eine bedeutende Funktion als ‚Ort der Erinnerung' zu.[9] Die Erinnerung an die Feste im jüdischen Jahreszyklus überzeugte sie ferner von der Bedeutung des Rituals als Erziehungselement, durch welches Wissen vermittelt und ein emotionaler Unterbau für ein jüdisches Selbstverständnis gelegt werden könne.[10] Neben den Festen erfüllten die einfachen, praktischen, sich wiederholenden rituellen Handlungen den Zweck, die Bindung an Eretz Israel wachzuhalten. So erinnerte sich Straus: „Jede jüdische Frau, die ihren Chalah Teig bereitete, ihre Hebe davon nahm und ins Feuer warf, legte jede Woche ihr Geldstück auf die Seite für die Juden in Erez Israel. So habe ich es noch jede Woche meine Mutter tun sehen."[11]

Einem weiteren Element kommt im Zusammenhang mit den Festen Bedeutung zu. In Straus' Erinnerung wurde bereits in ihrer Kindheit mit Eretz Israel

---

Identität im Kaiserreich, Hamburg 1997. Monika Richarz weist nach dem Studium einer Sammlung autobiografischer Zeugnisse ebenfalls darauf hin, dass die im Familienkreis begangenen Feste eine bedeutende Prägung besaßen. Die sinnliche Erfahrung sowie die Wiederholungen stellen dabei wichtige Faktoren dar. Als entscheidend erweise sich die innere Einstellung der Eltern zu den Feiertagen. Fehlte der innere Zugang zu den Ritualen, habe sich das auf die nachfolgenden Generationen verstärkt ausgewirkt. – Monika Richarz, Frauen in Familie und Öffentlichkeit, in: Michael A. Meyer (Hg.), *Deutsch-jüdische Geschichte in der Neuzeit*, Bd. 3, München 2000, S. 80.

[7] Straus, Wir lebten in Deutschland (wie Anm. 6), S. 51.
[8] Ebd., S. 43.
[9] So kontrastierte Pappenheim dies vor allem zum Seder, den sie in Konstantinopel bei Chacham Baschi, Chaim Nahum, dem Oberrabbiner des Ottomanischen Reiches, erlebt hatte. „Der Seder war so unfeierlich und formlos, so unter Null, wie ich es gar nicht sagen kann. [...] Es ist nicht die Glorie des Vergangenen und der Jugenderinnerung, wenn ich den Seder in meinem Elternhaus als eine Feierlichkeit bezeichne, deren Ritual allein dem Fest eine gewisse Wichtigkeit gibt." (Bertha Pappenheim, *Sisyphus-Arbeit. Reisebriefe aus den Jahren 1911 und 1912*, Leipzig 1924, S. 62.)
[10] Vgl. u.a. Bertha Pappenheim, Anregung zu einem freien Zusammenschluss jüdischer Eltern, in: *Blätter des Jüdischen Frauenbundes* 2 (1929), S. 4; dies., Der Sabbath und die jüdische Frau, in: Helga Heubach (Hg.), *Bertha Pappenheim u.a. „Das unsichtbare Isenburg". Über das Heim des Jüdischen Frauenbundes in Neu-Isenburg 1907 bis 1942*, Neu-Isenburg 1994, S. 121–124.
Direkte Zeugnisse über Pappenheims Kindheit sind in ihren Texten selten. Erkennbar ist, dass offenbar die Persönlichkeit des Vaters besonderes Gewicht besaß. Pappenheim begleitete ihn in die Schiffschul und kam deshalb bereits in ihrer Kindheit in Kontakt mit dem osteuropäischen Judentum und seinem traditionalistischen Lebenswandel. Siehe beispielsweise: Pappenheim, Sisyphus-Arbeit (wie Anm. 9), S. 54.
[11] Straus, Wir lebten in Deutschland (wie Anm. 6), S. 187.

als ‚Ort der Erinnerung' emotional eine Grundlage gelegt, die sie später für die ‚Vision' des Zionismus zugänglich machte. An Tischa be-Aw habe ihre Mutter aus der Megilla Eicha vorgelesen: „Die Völker sehen sie und sprechen: die werden nimmer Ruhe finden!"[12] Die junge Rahel Straus reflektierte dies und sagte sich, nur in der „alten Heimat" könnten die Juden Ruhe finden. Was ihr erschwerte, diese Ruhe zu finden, war das Bewusstsein ihres Doppellebens, das sie seit jungen Jahren belastete. Auf der einen Seite standen Schule und „deutsche Volksgemeinschaft", auf der anderen das Elternhaus und die jüdische Gemeinschaft.[13] Dieses Empfinden erfüllte Straus, obwohl sie in beiden Welten ausgezeichnet zurechtkam. Sie schrieb von sich, dass sie eine begeisterte Deutsche und Badenerin gewesen sei. Zudem empfand sie sich in der allgemeinen Schule als sehr gut integriert.[14] Die Problematik bestand nicht in der jeweiligen Welt an sich, sondern es war der Wechsel von einer Welt in die andere, der ihr Mühe bereitete und verwirrend wirkte.[15] Denn diese Welten gestalteten sich disjunkt, unterhielten keine greifbare Beziehung zueinander. Die Suche nach einem Raum, in dem keine Identitäts- und Loyalitätskonflikte lauerten, wo sie „Ruhe finden" könnte, beschäftigte Straus früh. Einen solchen Raum glaubte sie, im „altneuen" Land Eretz Israel zu finden.

Eretz Israel: Vom ‚Ort der Erinnerung' zur ‚Vision'

Mit dem Erscheinen des Zionismus bahnte sich ein dialektischer Wandel an. Das ausschließlich von Elementen der religiösen Tradition genährte Bild Eretz Israels wurde ergänzt durch moderne zukunftsorientierte Vorstellungen einer neu entstehenden jüdischen Gesellschaft in Palästina. Die Anhänger des Zionismus, meist junge Menschen in Ost und West[16], Chowewei Zion, begeisterten sich für die ‚Vision' einer jüdischen Erneuerung in dem Land, das bis zum Ende des 19. Jahrhunderts vor allem ‚Ort der Erinnerung' war. Nun zeichneten sich die Konturen eines ‚Erwartungshorizontes' ab, der Juden motivierte das Exil hinter sich zu lassen, um als Pioniere das neue Eretz Israel aufzubauen. Erst mit dem Auftreten der Verkünder einer säkularen Idee der Rückkehr, mit den Ideologen der Chibat Zion und der zionistischen Bewegung konnte der Zauberkreis des passiven Wartens auf den Messias, der das jüdische Volk nach Eretz Israel zurückführen soll, durchbrochen werden. Erst als Herzl, Achad Haam, Sirkin, Weizmann und andere mit unterschiedlichen Akzenten die säkulare Vision formuliert hatten, wurden Juden in Ost und West motiviert, ihre quietistische Haltung aufzugeben und in Eretz Israel Hand anzulegen, um aus eigener Kraft die Erlösung des jüdischen Volkes von den Leiden der Diaspora herbeizuführen. Ohne die

---

[12] Ebd., S. 51.
[13] Ebd., S. 44, 54.
[14] Ebd., S. 43, 11 f.
[15] Ebd., S. 52.
[16] Vgl. Michael Graetz, Die russisch-jüdischen Studenten an den Universitäten in Deutschland und der Schweiz – eine „Subkultur" um die Jahrhundertwende, in: ders./Aram Mattioli (Hgg.), *Krisenwahrnehmungen im Fin de siècle. Jüdische und katholische Bildungseliten in Deutschland und der Schweiz*, Zürich 1997, S. 139–151.

säkulare Vision wäre die dialektische Wende zum Aufbruch nach einem Land, das nicht allein von Tradition und jahrtausendealter Erinnerung inspiriert wird, unvorstellbar gewesen.

Als der Zionismus die Weltbühne betrat, schien Bertha Pappenheim ihn zunächst als Forum zur Wiederbelebung eines lebendigen Judentums – einem zentralen Anliegen ihres Lebenswerks – rezipiert zu haben.[17] Vergleicht man Pappenheims Wortwahl in ihren Schriften mit der Proklamation an die jüdischen Frauen, die auf dem Zweiten Zionistenkongress verlautbart wurde, wird deutlich, wie sehr Pappenheim sich an diese anlehnte. Die Proklamation wurde unter das Motto der „nationalen Regeneration" gestellt. Mit Hinweis auf das ab diesem Kongress gewährte Stimmrecht auch für die weiblichen Schekelzahler definierten Frauen die von ihnen angestrebte Rolle in der Aufbauarbeit: „Die jüdische Frau soll dafür sorgen, dass die jüdische Jugend in der jüdischen Religion und im jüdischen Geiste erzogen werde. Die jüdische Frau soll mitarbeiten an der Restauration und an der Conservierung unserer nationalen Güter."[18] Die aktive Mitarbeit der Frau sowie ihre Mitverantwortung an einem gesunden, lebensfähigen und zukunftsträchtigen Judentum entsprachen Pappenheims ideologischen Zielsetzungen.[19] Primär ging es Pappenheim um eine allgemeine Regeneration des Judentums, ihr Fokus lag dabei nicht allein auf Eretz Israel.

Dennoch kam dem Land eine besondere Funktion in Pappenheims Denken zu, vor allem in der Anfangszeit der zionistischen Bewegung. Sie war durch ihre eigenen Beobachtungen über die Lage der osteuropäischen Juden informiert. So sah sie es nach ihrer Galizienreise 1903 als verständlich an, dass die Idee des Zionismus gerade dort auf fruchtbaren Boden fiele. Mit beinahe pathetischen Worten beschrieb sie die Situation. Nicht nur „Befreiung", sondern vielmehr „Freiheit" würde die Idee verheißen: „Freiheit in einem eigenen Lande zu wohnen, und als Bürger nicht mehr getreten und geschmäht zu werden, Freiheit zu leben, zu denken, zu genießen wie andere Menschen." Und gerade darin, „in seinem befreienden und belebenden Element" liege „die Größe und die Kraft des Gedankens". Solches sei vor allem relevant für ein „darbendes Volk" wie die galizischen Juden. Die Bestrebungen um den Aufbau von Eretz Israel könnten damit theo-

---

[17] Siehe beispielsweise Bertha Pappenheim, Der Erlöser, in: Lena Kugler/Albrecht Koschorke (Hgg.), *Bertha Pappenheim (Anna O.). Literarische und publizistische Texte*, Wien 2002, S. 214–224; Bertha Pappenheim, Die jüdische Frau, in: Kugler/Koschorke (Hgg.), *Bertha Pappenheim*, S. 95.

[18] *Stenographische Protokolle der Verhandlungen des II. Zionisten-Congresses in Basel*, 28.–31. August 1898, Wien 1898, S. 239 f.

[19] Siehe beispielsweise: „Die Frau ist die Trägerin, Hüterin und Erhalterin des Volkes, und nur insofern sie dieser ihr ureigentümlichen Aufgabe, die die Grundlage für die Verheißung des Fortbestandes des Volkes Israel ist, gerecht wird, tritt sie in ihre volle Bedeutung ein. Das Gebot der Rein- und Heilighaltung der Ehe und der in Rücksicht auf eine zahlreiche gesunde Nachkommenschaft geregelte Geschlechtsverkehr gaben der jüdischen Frau im Sinne des Gesetzes bewußt von jeher die ethische und national-ökonomische Wichtigkeit, die man durch die Sozialpolitik heute der Frau im Allgemeinen wissenschaftlich und praktisch zuerkennt." Bertha Pappenheim, Die Frau im kirchlichen und religiösen Leben, in: Kugler/Koschorke (Hgg.), Bertha Pappenheim (wie Anm. 17), S. 67–75, hier S. 70.

retisch „ein Segen für das jüdische Volk" sein. Sie ging sogar noch einen Schritt weiter, indem sie äußerte: „Wohl wäre es schön, dem jüdischen Volke ein Land zu geben [...] nicht für immer ein Volk zwischen den Völkern bleiben zu müssen, sondern eine Nation neben den Nationen zu werden."[20] Demzufolge kollidierte der Gedanke einer eigenen Nation zunächst nicht mit Pappenheims Einstellung. Dass sie es als durchaus notwendig, ja geradezu als geboten ansah, dass Juden sich als Gruppe konstituierten, manifestierte sich ebenfalls in ihrer Initiative zur Gründung des Jüdischen Frauenbundes.

Die Aufbauarbeit wollte Pappenheim jedoch nicht in den Händen von „Assimilanten" wissen. In den meisten Zionisten sah sie Menschen ohne Tradition in der jüdischen Gesellschaft. Wer sich nicht mit dem jüdischen Volk entwickelt habe, sei auch nicht in der Lage, eine Fortentwicklung zu programmieren: „Wie fasziniert starren sie [die Zionisten] auf das Ziel: ‚ein eigenes Land' und vergessen darüber den Weg: ‚Erziehung des Volkes'. Der Weg führt über Kleinarbeit, und Kleinarbeit wird von den Zionisten verachtet. Sie verstehen sie nicht, weder technisch, noch ihrem Werte nach."[21] In erster Linie müsse zunächst eine adäquate Erziehung des Volkes erfolgen, damit es für die kommenden Aufgaben gereift und vorbereitet sei: „Wohl wäre es schön, dem jüdischen Volke ein Land zu geben. Aber so wie das Volk heute beschaffen ist, kann es noch nicht als Nation leben, es kann noch nicht arbeiten, und es ist noch nicht einmal reif genug, einzusehen, *was es lernen* muß." Die Zionisten würden diese Zusammenhänge nicht erkennen und daher nur „Luftschlösser" bauen, ohne an ein Fundament zu denken.[22] Somit sei das Unternehmen zum Scheitern verurteilt. Pappenheims Kritik zeugt von einem übertriebenen Glauben an die Macht der erzieherischen Arbeit im Volk, der verschiedene Aspekte in Erinnerung ruft: den Erziehungsgedanken der Aufklärung, von der ein Appell zur Bildung und Produktivierung der Juden ausging; die Erziehung zur emanzipierten Frau; die Tätigkeit Pappenheims als Leiterin eines Mädchenwaisenhauses sowie das Konzept des Kulturzionismus von Achad Haam.[23] Pappenheims ‚Visionen' für Eretz Israel bestanden in der

---

[20] Pappenheim, *Zur Lage der Jüdischen Bevölkerung in Galizien. Reise-Eindrücke und Vorschläge zur Besserung der Verhältnisse*, Frankfurt am Main 1904, S. 148 f.

[21] Ebd., S. 148 f.

[22] Ebd. Mehrere Kritikpunkte Pappenheims erscheinen ebenfalls in Achad Haams Schriften. In seinem Artikel „Über die Kultur" kritisierte er zum einen die Vernachlässigung des kulturellen Aspekts unter den Zionisten und zum anderen die Geringschätzung der kulturellen Leistungen, die in der Diaspora erbracht worden seien. „Für den Zionismus aber kann das Fernbleiben des kulturellen Elements verhängnisvoll werden." Achad Haam, Über die Kultur, in: *Ost und West* 10 (Oktober 1902), Sp. 655–660, hier Sp. 657. „[I]ch weiss aber, dass auch unter den Zionisten die Meinung verbreitet ist, dass nur die Bibel allein ein Produkt der jüdischen Kultur, alles Uebrige hingegen ein Resultat der abnormen Zustände des Golus sei. Es ist ein durchaus falscher Begriff. Denn ich bin überzeugt, dass alles, was bis in die letzte Zeit erzeugt worden war, in kultureller Beziehung ein höchst originelles und kostbares Gut ist. Es ist derselbe Geist, der unter verschiedenen Verhältnissen verschiedenes schuf" (ebd., Sp. 657 f.).

[23] Pappenheim erwähnte Achad Haam in keiner der mir bekannten Schriften. Dennoch könnte sie einen Teil seiner Schriften gekannt haben, die hauptsächlich in *Die Welt* und in *Ost und West* auf Deutsch veröffentlicht wurden. Besonders von der Zeitschrift *Ost und West*, für die sie selbst 1913 einen Artikel über „Das Interesse der Juden am V. Internationalen Kongress

Schaffung eines gerechten Ortes, eines sicheren Ortes für die Verfolgten, eines Ortes der Anerkennung der Frau und zuvorderst eines Ortes jüdischen Lebens. Sie projizierte diejenigen Werte, welche sie im Verlauf ihrer Krankheit und anschließend durch ihre Bewältigung der Krise verinnerlicht hatte, auf Eretz Israel. Jedoch bildete Eretz Israel lediglich einen Aspekt innerhalb ihres allgemeinen, weltweit ausgerichteten Engagements für jüdische Belange.

Straus entwickelte in ihrer Autobiografie, obwohl sie sich recht ausführlich über ihren zionistischen Weg äußerte, kein konkretes Programm für Eretz Israel. Erkennbar sind gleichwohl verschiedene Felder, welchen sie Bedeutung für die Gestaltung und den Aufbau des Landes beimaß.

Das erste Mal kam Straus laut ihrer Erinnerung im Alter von ungefähr neun Jahren bewusst in Kontakt mit zionistischem Gedankengut, ein gutes Jahrzehnt vor dem Auftreten Herzls. Diese Begegnung habe in ihrem Elternhaus stattgefunden, wo ihre Mutter russische Studenten als Pensionäre beherbergte. Einer dieser Studenten gehörte zu den Chowewei Zion und erzählte von der BILU-Bewegung,

> von jungen russischen Juden, die den alten jüdischen Traum, nach Zion zurückzukehren, wahr machten. Sie ließen Buch und Studium, Geschäft und Handel, um nach dem Heiligen Land zu gehen, dort den Boden zu bebauen, ihn vorzubereiten für die Rückkehr des Volkes. Wir, noch Kinder, hörten mit glänzenden Augen zu.[24]

Diese Aussage knüpft an Straus' Sehnsüchte an, die bei ihr im Kontext von Tischa be-Aw geweckt worden seien. Die bereits bestehenden Elemente des „alten jüdischen Traums" werden mit der ‚Vision' für einen Neuaufbau des Landes zusammengefügt. Allerdings sind bereits Verschiebungen erkennbar. Zwei Fragestellungen verdienen, in diesem Kontext beachtet zu werden: In welcher Form ist das Land aufzubauen? Welche Bedeutung kommt Religion für die ‚Vision' zu und welche Rolle soll sie im Land spielen?

Die „Rückkehr des Volkes" bildet die Essenz der ‚Vision'. Jedoch wird nicht die Erneuerung des Tempels mit diesem Neuanfang verbunden. Vielmehr soll der Aufbau des Landes mittels Bebauung des Bodens bewerkstelligt werden. Die Zentralität der Bearbeitung des Landes als den richtigen Weg hatte Straus intensiv verinnerlicht. Dieses Motiv zieht sich durch den gesamten Text ihrer Memoiren. Bei fast jeder Person aus der Familie oder dem Freundeskreis, die sich nach Eretz Israel aufmachte oder dies zumindest plante, wird betont, dass sie als Bauer nach Eretz Israel gehen wolle.[25] Auch Straus selbst versuchte sich in

---

zur Bekämpfung des Mädchenhandels" (siehe *Ost und West* 8 [August 1913], Sp. 601–606) schrieb, ist anzunehmen, dass Pappenheim sie gelesen hatte. Zudem müsste auch die Programmatik der Zeitschrift *Ost und West* ihren Idealen weitgehend entsprochen haben (vgl. *Ost und West* 1 [1901], Sp. 1–4).

[24] Straus, *Wir lebten in Deutschland* (wie Anm. 6), S. 43.

[25] Beispielsweise ging ihr Bruder Ernst 1913 nach Eretz Israel und arbeitete zunächst im Palästinaamt. Sein Ziel sei jedoch gewesen „jüdisches Land aufbauen", „Boden unter den Füßen fühlen", „Bauer werden". Straus, Wir lebten in Deutschland (wie Anm. 6), S. 212. Albert, ein Bruder ihres Ehemannes, war Landwirt und die Erwartung bestand, dass er „vorbildlich in Erez Israel arbeiten würde" (ebd., S. 235). Hier und in weiteren Fällen kam es jedoch durch tragische Umstände nicht dazu, die Vorhaben in die Tat umzusetzen.

diese Reihe zu stellen – obwohl sie zunächst mit ihrem Mann keine permanente Übersiedlung anstrebte und beide akademischen Berufen nachgingen – indem sie betonte, dass sie in ihrem Starnberger Haus selbst einen Gemüsegarten bebaue sowie einen Hühnerstall unterhalte.[26]

Wesentlich komplexer gestaltete sich der Bereich Religion. In der Rückschau verwandte Straus in obigem Zitat zur BILU-Bewegung den Begriff „Heiliges Land". Damit kommt zum Ausdruck, dass dem Land eine nicht weltliche Konnotation zugeschrieben wird. Hier schwingt deutlich ein sentimentales Gefühl für Eretz Israel als ‚Ort der Erinnerung' mit, welcher seine Grundlage in der religiösen Erziehung fand. Dennoch räumte Straus der Religion in ihrer ‚Vision' nicht den höchsten Rang ein. An dieser Stelle driften die Sphären ‚Ort der Erinnerung' und ‚Vision' auseinander. Straus hätte einen politischen Zionismus auf religiöser Basis rechtfertigen können, verzichtete jedoch darauf. In ihrem Bericht zum Ersten Zionistenkongress erwähnte sie weder Herzls Bemühungen, den Religiösen entgegenzukommen, noch den Brief des orthodoxen, osteuropäischen Rabbiners Mohilewer, der explizit der Bewegung seinen Segen gab, noch die Ansprache des Basler Rabbiners Cohn.[27] Anscheinend hielt sie die Legitimierung des politischen Zionismus durch die religiöse Führung nicht für notwendig. Diese Haltung kann in den negativen Erfahrungen begründet liegen, die sie in ihrem direkten Umfeld gemacht hatte. Als Beispiel sei der Standpunkt ihres Schwiegervaters, Samuel Straus, erwähnt. Eretz Israel lag zwar durchaus in dessen Wahrnehmungs- sowie Handlungskreis, denn er stand an der Spitze der deutsch-holländischen Chaluka. Rahel Straus registrierte positiv, dass er versucht habe, die Gelder „produktiv zu verwenden".[28] Seine negative Einstellung dem Zionismus gegenüber, den

---

[26] Ebd., S. 217.
[27] Ebd., S. 79f. Arthur Cohn war eigentlich kein Freund des Zionismus, jedoch änderte er in manchen Aspekten seine Meinung nach dem I. Zionistenkongress, wo er eine Abschlussrede hielt. (Arthur Cohn, Rede, in: *Protokoll des 1. Zionistenkongresses in Basel vom 29. bis 31. August 1897*. Neu hg. von der jüdisch-nationalen akademisch-technischen Verbindung „BARISSIA" in Prag im K.P.J.V., Prag 1911, S. 215–216.) Cohn veröffentlichte ebenfalls eine ausführliche positive Stellungnahme in der Zeitschrift „Der Israelit". Arthur Cohn, Was lehrt uns der Zionisten-Congreß? in: *Der Israelit* 71 (6.9.1897), S. 1379–1383. Die Redaktion des „Israelit" distanzierte sich von Cohns Ausführung. Sie betonte, dass sie die Not der Juden in Osteuropa wahrnehme, aber der Zionismus nicht das geeignete Mittel zur Lösung dieses Problems sei. Vor allem das Streben nach politischer Macht wurde kritisiert. Die Vorstellung Cohns, dass die Assimilierten durch den Zionismus wieder zur Religion zurückfinden würden, wurde von der Redaktion als utopisch zurückgewiesen. *Der Israelit* 71 (6.9.1897), S. 1383.
Bezüglich Herzl ist ein Zwiespalt bei Straus erkennbar. Sie sah Herzl zwar ebenso wie Pappenheim als „Assimilant", der eigentlich nur infolge des Antisemitismus in Wien und Paris zur Zeit der Dreyfus-Affäre zur Abfassung seines „Judenstaats" motiviert worden sei. Dennoch verspürte sie große Wertschätzung für den Gründer des Zionistenkongresses, dessen Schrift *Der Judenstaat* ihre Kindheitsträume in „gangbare Wirklichkeit" umgesetzt und durch sein Konzept ihre Sehnsucht „geformt und gestaltet" habe. (Straus, *Wir lebten in Deutschland*, S. 79f.) Zur Besonderheit des Begriffs „Judenstaat" und dessen Wirkung siehe Michael Graetz, Sprache und Politik. Herzls „Judenstaat" und die Macht der Rhetorik, in: *Trumah* 7 (1998), S. 101–112.
[28] Straus, Wir lebten in Deutschland (wie Anm. 6), S. 112, 188.

er aus religiösen Gründen strikt abgelehnt habe, blieb dennoch ein Streitpunkt. Als Argument habe er vorgebracht, dass der göttlichen Fügung nicht vorgegriffen werden solle. Grundsätzlich ging es um die Frage, welches Element im Aufbau von Eretz Israel dominieren solle. Samuel Straus habe die zionistische Bewegung abgelehnt, da er die Meinung vertreten habe, dass der Religion „das Primat gegenüber dem Gedanken der jüdischen Nation" gebühre.[29] Rahel Straus erachtete dagegen das nationale Moment als das tragende, auf das sie nicht verzichten wollte, selbst wenn es sie Sympathien oder Unterstützung kostete.[30] Allerdings heißt dies nicht, dass für sie das religiöse Element völlig vernachlässigbar gewesen wäre. Vielmehr schien es ihr wesentlich, die beiden Aspekte in Einklang zu bringen. So bezeichnete sie sich als von Kindheit an bewusste Jüdin und zwar sowohl im religiösen als auch im nationalen Sinne.[31] Zur Legitimation ihrer Haltung hielt sie den Gegnern in ihrem orthodoxen Umfeld entgegen, ihr ungarischer Onkel, der Högyeszer Raw, habe geäußert, dass ein frommer Jude sogar Zionist sein müsse, „wo doch sein ganzes Sinnen und Trachten, sein Beten und Hoffen auf Zion gerichtet sei".[32] In ihrem gesellschaftlichen Engagement bemühte sie sich ebenso, die nationale und die religiöse Domäne zu vereinen. Aus ihrem Bedürfnis heraus, die praktische Tätigkeit für Eretz Israel zu fördern, gründete sie eine ländliche Haushaltsschule. Zugleich lag ihr am Herzen, bei den Mädchen, die an dieser Schule lernten, gezielt jüdisch-religiöse Themen anzusprechen, ihnen „religiöse Gedanken und religiöses Leben zu vermitteln".[33]

Des Weiteren lehnte Straus ab, dass säkulare Zionisten die Messiasidee für sich vereinnahmten. So gestand sie denjenigen, die der Religion fernstanden, nicht zu, religiöse Argumente in die Uganda-Frage einzubringen. Noch aus einer weiteren Perspektive ist die Uganda-Frage von Interesse. Straus begeisterte sich zunächst für Uganda, weil damit bereits ein Land gefunden wäre, in dem die Not leidenden Massen Osteuropas eine Heimat finden könnten. Zudem würde ein eigenes Land internationale Anerkennung des jüdischen Volkes und seines Selbstbestimmungsrechts bedeuten. Es erschien ihr als Antwort auf die Suche nach „Ruhe" – primär in diesem Kontext – für den Teil des jüdischen Kollektivs, der unter Pogromen litt. Indirekt mit eingeschlossen werden kann ebenfalls das Individuum Straus, denn „Ruhe" stellte ja ein Thema dar, welches sie in ihren

---

[29] Ebd., S. 100. Rahel Straus' Ehemann Eli bestellte die Zeitschrift „Der Israelit" ab, obwohl sie von seinem Schwager Jakob Rosenheim herausgegeben wurde, nachdem diese Zeitschrift eine Veröffentlichung des C.V. „in großer Aufmachung" brachte (ebd., S. 155). Rahel Straus bezieht sich wahrscheinlich auf die Grundsatzresolution des C.V., die auf der Hauptversammlung vom 30. März 1913 verlautbart wurde, siehe Avraham Barkai, *Der Centralverein deutscher Staatsbürger jüdischen Glaubens 1893–1938*, München 2002, S. 52ff.

[30] Straus, Wir lebten in Deutschland (wie Anm. 6), S. 148f.

[31] Ebd., S. 43.

[32] Ebd., S. 100. *Der Israelit* griff ebenfalls auf die ungarische Orthodoxie zurück, hier allerdings zur Unterstützung seiner Position gegen den Zionismus, siehe: Der Aufruf der Koryphäen der ungarischen Orthodoxie gegen den Zionismus, in: *Der Israelit* 63 (8.8.1904), 1343f.; Die offizielle Vertretung der ungarischen Orthodoxie und die Oberrabbiner von Brisk und Preßburg gegen den Zionismus, in: *Der Israelit* 65 (17.8.1904), S. 1383–1386.

[33] Straus, Wir lebten in Deutschland (wie Anm. 6), S. 254f.

Memoiren als Sehnsuchtsmoment ihrer Kindheit beschrieb.[34] Straus wäre damals bereit gewesen, auf Eretz Israel zu verzichten. Es zeigt sich, dass der traditionelle Messiasglaube bei ihren Entscheidungen keine Rolle spielte.

Zudem scheint hier die Unterscheidung notwendig zwischen einer ‚Vision', die auf die Gegenwart bezogen ist und somit politisch-konkretes Handeln in der ‚Realität' verlangt, und einer auf eine unbestimmte Zukunft bezogene ‚Vision', die ebenso weit in die Zukunft reicht wie der Mythos in die Vergangenheit und die somit einen größeren Spielraum für Idealzustände lässt.

Eretz Israel: Von der ‚Vision' zur ‚Realität'

Die Vision einer jüdischen Erneuerung in Eretz Israel war eine unbedingte Voraussetzung für die Befreiung aus der passiven Haltung des Wartens im Exil. Die Begegnung mit dem realen Eretz Israel führte fraglos zur unvermeidlichen Kollision von ‚Vision' und ‚Realität', denn die hoch gespannten Hoffnungen der zionsbegeisterten Menschen prallten auf die harten Fakten der ‚Realität', sodass die ‚Vision' ihren Reiz verlieren konnte. Enttäuschung und Frustration machten sich bei manchen breit. Es stellt sich daher die Frage, ob die ‚Vision' tatsächlich eine notwendige Voraussetzung war, um die Wende von einem Eretz Israel als ‚Ort der Erinnerung' zu einem modernen Eretz Israel zu ermöglichen.

Achad Haam, ein früher Zionsbegeisterter, unternahm 1891 aus Russland kommend eine erste Reise nach Eretz Israel. Seine Eindrücke fasste er unter dem Titel „Die Wahrheit aus Palästina" zusammen.[35] Die damalige Realität in den Siedlungen, die mehrheitlich von Baron Rothschild finanziert und von seinen Beamten verwaltet wurden, war Grund zur Enttäuschung und zu scharfer Kritik des Chowew Zion Achad Haam, der ab jenem Zeitpunkt zum Gegner der Staatsidee wurde. Stattdessen forderte er als deren Voraussetzung zunächst eine moderne hebräische und jüdische Erziehung im Exil.

Derselbe Achad Haam artikulierte in seinem Essay „Priester und Prophet" die unbedingte Wechselbeziehung von Vision und Realität.[36] Die Propheten seien immer die Visionäre einer absoluten, gerechten und moralischen Ordnung ohne Rücksicht auf die Realität. Die Kohanim seien Männer der Realität, die im Unterschied zu den Propheten zu Konzessionen bereit seien. Obwohl sie sich nur mit Abstrichen von der prophetischen Vision inspirieren ließen, wirke diese motivierend bei all ihren Unternehmungen. Ohne die Vision der Propheten wäre den Kohanim das Leitmotiv ihrer praktischen Tätigkeit abhandengekommen. Dank ihrer Kompromissbereitschaft mit den Zwängen der Realität würde aber die Einwirkung der prophetischen Vision auf die Wirklichkeit gesichert. So war

---

[34] „Diesen Juden [den verfolgten osteuropäischen] die Möglichkeit zu geben, in Ruhe und Sicherheit eine Heimat aufzubauen, schien mir wichtigeres als alle romantischen Zionsideen, die messianisch unterbaut waren, ohne daß ein wahrer religiöser Messiasglaube dahinter steckte." Straus, Wir lebten in Deutschland (wie Anm. 6), 156 f.

[35] Achad Haam, Die Wahrheit aus Palästina. Erster Aufsatz. Von meiner ersten Reise im Jahre 5651, in: ders., *Am Scheidewege. Gesammelte Aufsätze*, Bd. 1, Berlin 1923, S. 84–112.

[36] Achad Haam, Priester und Prophet, in: ders., Am Scheidewege (wie Anm. 35), S. 343–354.

denn die zionistische Vision eine unverzichtbare Triebkraft für das Engagement der Juden am Aufbau der modernen, säkularen Gesellschaft in Eretz Israel trotz aller Enttäuschungen in der Realität.

Bertha Pappenheim und Rahel Straus begaben sich zu Beginn des 20. Jahrhunderts auf Reisen nach Eretz Israel.[37] Den Unternehmungen ist gemeinsam, dass sie als Informationsreisen dienen sollten. Das Hauptziel bestand in beiden Fällen darin, sich über die ‚Realität',[38] das Leben und den Stand der Entwicklung in Eretz Israel sachkundig zu machen, um dadurch gezielter unterstützend wirken zu können. Im Hintergrund schwang ebenfalls die Frage nach einer eventuellen Übersiedlung mit.[39] Zwei Ebenen werden im Folgenden unterschieden, die ideologische und die persönliche. Zweifellos sind diese Ebenen nicht voneinander losgelöst zu verstehen, dennoch bieten sie unterschiedliche Betrachtungswinkel.

Jischuw – die ideologische Ebene

Ein wichtiger Bestandteil beider Reisebeschreibungen sind die Schilderungen und Bewertungen der jüdischen Ansiedlungen sowie der von unterschiedlichen Organisationen geführten Schulen in Eretz Israel.

Straus klassifizierte bei ihren Betrachtungen strikt nach altem und neuem Jischuw. Dabei lehnte sie den alten Jischuw, der sich vom zionistischen Aufbau distanzierte, kategorisch ab. Sie argumentierte, die Chalukka bringe „Haß und Missgunst" mit sich. Vor allem wirke sie „korrumpierend" auf die Gesellschaft, da die Empfänger sich daran gewöhnten, von Almosen anstatt von Arbeit zu leben.[40] Zudem bemängelte Straus die in ihren Augen rückständigen Bildungsmethoden des alten Jischuws, dessen Kindern nur der Cheder zugänglich sei. Gegen moderne Schulen würde der Cherem ausgesprochen, ein „Cherem in einer ganz mittelalterlichen, schrecklichen Form, alle Flüche des Himmels auf diejenigen beschwörend, die ihre Kinder in weltliche Schulen schickten." Solch ein Vorgehen sei gleichbedeutend mit Stillstand und stelle eine aktive Verhinderung des Fortschritts dar.[41] Neben der als unproduktiv wahrgenommenen Lebensweise rief vor allem die zurückgesetzte Position der Frau Straus' Kritik am alten

---

[37] Straus unternahm ihre Reise 1907. Die Reisebeschreibung ist Teil ihrer Memoiren. Straus, Wir lebten in Deutschland (wie Anm. 6), S. 170–195. Pappenheim begab sich 1911 nach Eretz Israel. Während ihres Aufenthalts führte sie eine Art Tagebuch in Form von Briefen an ihre Frankfurter Freundinnen. Pappenheim, Sisyphus-Arbeit (wie Anm. 9), S. 3.

[38] ‚Realität' wird hier nicht verstanden als objektiv für alle Besucher des Landes gleich wahrnehmbare Gegebenheiten. Vielmehr steht ‚Realität' im Kontrast zu ‚Ort der Erinnerung' und ‚Vision' und dafür, wie die Gegebenheiten vor Ort durch das Individuum wahrgenommen wurden. Nach der ‚realen' Begegnung mit dem Land ist Eretz Israel nicht mehr ein rein abstrakter Ort, der nur in der Vorstellung existiert.

[39] U. a. Straus, Wir lebten in Deutschland (wie Anm. 6), S. 184f., Pappenheim, Sisyphus-Arbeit (wie Anm. 9), S. 110.

[40] Straus, Wir lebten in Deutschland (wie Anm. 6), S. 187f.

[41] Ebd., S. 189.

Jischuw hervor. In gleicher Weise missbilligte sie die Haltung Rabbi Abraham Isaak Kooks. Seine Methode, nicht nur „zum Lernen zu erziehen, sondern sie [die Jugend] zu Handwerkern zu machen", wertete sie zwar als äußerst lobenswert. Sie schätzte zudem die von ihm vertretene Orthodoxie als relativ „modern und fortschrittlich" ein,[42] und seine national-religiöse Lehre, mit der er die Neubesiedelung Palästinas durch den Hinweis auf die „zentrale Bedeutung des Landes Israel in der religiösen Tradition" legitimierte,[43] deckte sich durchaus mit Straus' eigenem Erleben. Was sie jedoch bei Kook empörte, war seine Haltung zu ihr als Frau. Diese schien ihr für eine moderne, jüdische Gesellschaft im Land inakzeptabel.[44]

Straus' Wahrnehmung des Jischuws offenbarte eine deutliche Prägung durch ihre ‚Vision'. Die darin angelegten Trennlinien, insbesondere wohl bedingt durch die negativen Erfahrungen in ihrem direkten orthodoxen Umfeld, traten noch deutlicher in Eretz Israel hervor. So strebte sie danach die „trostlose, zukunftslose Umgebung" des alten Jischuws hinter sich zu lassen. Es „drängte" sie hin zum neuen Jischuw „und voll Freude sahen wir die roten Dächer durch grüne Bäume schimmern; wir ritten in das erste jüdische Dorf ein."[45] Trotz dieses idyllischen Bildes der Hoffnung bemängelte Straus durchaus die Zustände im neuen Jischuw: Die hygienischen Verhältnisse seien erschreckend, den Siedlern werde zu viel abgenommen, wodurch ihr Verantwortungsgefühl verloren gehe, die Lage der Kolonien sei ungünstig gewählt, aus Mangel an Erfahrung werde viel Kraft und Geld vergeudet, die Frau sei nur mangelhaft integriert.[46] Gleichwohl führten diese Beobachtungen im Falle des neuen Jischuws nicht zu einem negativen Urteil, welches dessen Existenzberechtigung infrage stellte. Straus wollte sich ihre Erwartungshaltung, die sie sich in ihrer ‚Vision' aufgebaut und gegen Anfeindungen in Deutschland standhaft verteidigt hatte, trotz der Gegebenheiten vor Ort nicht nehmen lassen. Die „Liebe zur neuen alten Heimat konnte die Menschen hier ausharren lassen."[47]

---

[42] Ebd., S. 186.

[43] Shlomo Avineri, *Profile des Zionismus. Die geistigen Ursprünge des Staates Israel. 17 Porträts*, Gütersloh 1998, S. 216.

[44] „Er empfing Eli sehr herzlich und erfreut, mich sah er gar nicht an. Er winkte nach hinten, ohne sich nach mir umzusehen: ‚Kennts euch aach setzen.' Es gab mir eine Ahnung von der Stellung der Frau hier im Lande, denn Raw Kuck war bei aller traditionellen Orthodoxie modern und fortschrittlich. Aber so sah der Fortschritt hier nicht aus." Straus, Wir lebten in Deutschland (wie Anm. 6), S. 186. Ähnlich erging es ihr auf einem Empfang im Straus-Haus, welches der Vater von Elias Straus in den 1880er Jahren gebaut hatte. Die Männer bekamen Ehrensitze, „wir Frauen hatten wieder nichts dabei zu suchen" (ebd., S. 186).

[45] Straus, Wir lebten in Deutschland (wie Anm. 6), S. 181.

[46] Ebd., S. 181 ff.
Ein weiterer Kritikpunkt ist: „[...] kaum einer von all den Menschen, die wir trafen, war in seinem ursprünglichen Beruf geblieben. Diese merkwürdige Sache war nur so erklärbar, daß jeder Einwanderer das Gefühl hatte, er sollte hier im neuen Land ein neues Leben beginnen. Es war weder gut für den einzelnen noch für das Land" (ebd., S. 175). Diese Kritik scheint jedoch eher von ihrem Rückblick geprägt, d. h. aus der Sicht ihrer Emigration im Jahre 1933.

[47] Ebd., S. 184.

Im Grunde genommen beschrieb Pappenheim die Verhältnisse im Land ähnlich wie Straus, sowohl bezüglich des alten als auch des neuen Jischuws.[48] Sie kam jedoch zu einer divergierenden Gesamtbeurteilung. Durch die „Frömmigkeit" sei die Bevölkerung des alten Jischuws, dies sei gerade in Jerusalem erkennbar, „in sittlicher Beziehung noch so heil wie vor Jahrzehnten."[49] „Diese Tatsache", so folgerte Pappenheim, „muß doch für die Erziehung der hiesigen Jugend auch maßgebend bleiben, und Schulen, Spitäler und Waisenhäuser sollen sicher im Geiste der absoluten Majorität – gegen die Zionisten – geführt werden."[50] Dieses Urteil fällte sie, obwohl sie an mehreren Stellen deutlich hervorhob, dass die Zustände ihr Missfallen erregten. So beschrieb sie beispielsweise die Tachkemoni-Schule in Jerusalem als „grauenhafte Institution", „der von Deutschland einen Pfennig zuzuführen eine Schande" sei.[51] Insbesondere rügte sie auch die Prostitution, die sie als allgegenwärtig wahrnahm, und dass es nur deswegen keine unehelichen Kinder gäbe, da das Prinzip herrsche, „[o]n s'en débarasse, ou on les étrangle."[52] Dieser Widerspruch zwischen ihren Beobachtungen und ihrem abschließenden Urteil mag darin begründet sein, dass gemäß ihrer ‚Vision' die Zionisten nicht die Oberhand gewinnen dürften, da sie in ihren Augen traditionslos seien. Bei Pappenheim verschärfte sich die Trennlinie zu den Zionisten. Dabei ist hervorzuheben, dass sie in Eretz Israel einen deutlich anderen Maßstab an die Orthodoxie anlegte, als sie es in Deutschland oder auch in Osteuropa getan hatte.[53] Sie empfand die Orthopraxie in Eretz Israel als weniger störend.[54] Fernab des eigenen Kampfplatzes in Deutschland erhielt die „Frömmigkeit" als Aufbaugrundlage das größere Gewicht gegenüber ihrer sonstigen Kritik an der orthodoxen (Mädchen-)Erziehung.

Trotz einer generellen Abneigung gegenüber Zionisten lehnte Pappenheim den neuen Jischuw als solchen jedoch nicht ab. Bei der Besichtigung der Kolonien unterbreitete sie sofort Ideen, wie das Leben und die Arbeit in den Kolo-

---

[48] So sind es beispielsweise in Bezug auf den alten Jischuw die Verschwendung und nicht sachgerechte Verwaltung von Chalukka-Geldern, die Unterrichtsformen und insbesondere die vernachlässigte Mädchenerziehung, bezüglich des neuen Jischuws „Bodenkauf, Unbildung und hebräische Sprache für die Andern, – Freie Berufe, alle Entwicklungsmöglichkeiten der Schulbildung und der Sprachkenntnisse für sie selbst." Pappenheim, Sisyphus-Arbeit (wie Anm. 9), S. 120. Siehe zur Kritik im Detail Elizabeth Loentz, *Let Me Continue to Speak the Truth. Bertha Pappenheim as Author and Activist*, Cincinnati 2007, S. 61–91. Pappenheim nahm allerdings die realpolitischen Gegebenheiten wesentlich genauer wahr als Straus. Pappenheim sah die Errichtung einer Heimstätte aus verschiedenen Gründen nicht vorbehaltlos als machbar an. So äußerte sie zum Beispiel die Einschätzung, dass die türkische Regierung nicht einfach ein Stück Land abtreten würde. – Pappenheim, Sisyphus-Arbeit (wie Anm. 9), S. 43.

[49] Ebd., S. 112.

[50] Ebd., S. 111.

[51] Ebd., S. 127.

[52] Ebd., S. 117.

[53] Siehe beispielsweise die Auseinandersetzung (nicht nur) mit der deutschen Orthodoxie nach ihrem Referat über die Sittlichkeitsfrage, das sie auf der II. Delegiertentagung des Jüdischen Frauenbundes in Frankfurt am Main am 7. Oktober 1907 gehalten hatte.

[54] Pappenheim, Sisyphus-Arbeit (wie Anm. 9), S. 127.

nien verbessert werden könnten.⁵⁵ Als sie die Bezalel-Schule besuchte, ließ sie sich begeistern, obwohl sie sich eigentlich zunächst zu distanzieren versuchte, da es sich um eine zionistische Organisation handelte. Insbesondere für die Spitzen- und Teppichschule schmiedete sie sogleich Pläne, „um die Technik auszubilden, Abwechslung in die höchst langweiligen Muster zu bringen, kurz die Sache zu veredeln und kunsttechnisch auf eine Höhe zu bringen."⁵⁶ Sie war anscheinend so in der Idee gefangen, dass sie sich inspiriert fühlte und ihr in den darauf folgenden Tagen neue Knüpfkombinationen einfielen. Auch wollte sie sich für den Erwerb von Kunstwerken für das Museum einsetzen. Allerdings ging sie nicht so weit, ihre eigene Spitzensammlung Bezalel zu hinterlassen, diese sollte ihrer Heimatstadt Wien zugutekommen. Ideologisch musste sie eine weitere Einschränkung vollziehen, damit sie gewissermaßen die Demarkationslinie nicht überschritt. So betonte sie in ihren Reisebriefen sowie gegenüber ihrer zionistischen Begleiterin in Eretz Israel, dass ihr Engagement nicht damit gleichgesetzt werden solle, dass sie nun Zionistin sei.⁵⁷ Erkennbar wird, dass Pappenheim die Bestrebungen einer Besiedlung in Palästina nicht unterbinden wollte oder als unzulässig ansah, sondern dass es ihr vielmehr um das „Wie" der Praxis ging.

Jerusalem – die persönliche Ebene

Mit keinem Ort in Eretz Israel sind so viele Emotionen und kollektive Erinnerungen verbunden wie mit Jerusalem.⁵⁸ Für Straus und Pappenheim erwies es sich als substanziell schwieriger, an dieser Stätte eine Trennung zwischen ‚Ort der Erinnerung', ‚Vision' und ‚Realität' aufrechtzuerhalten. Die Spannungsfelder zwischen ihren Vorstellungen und dem Erlebten nahmen beide Frauen wahr. Unverkennbar für ihren jeweiligen Charakter fassten sie die Problematik in eigene Worte:

| Man kann sich heute gar keine Vorstellung mehr davon machen, was damals Jerusalem für uns bedeutete. Daß man mit der | Die Dinge liegen hier so kompliziert, und das, was man gewohnt ist, mit den Worten Jerusalem oder Palästina in der Vorstellung |

---

⁵⁵ „[Z].B. schlug ich ihm Hauschroniken für alle Kolonisten vor, jetzt wo noch Jeder sich aller Hergänge in seinem Leben und Kolonistenleben erinnert. Ferner riet ich ihm, die Apotheke und Ambulanz und das Bad unter die Spezialaufsicht der Frauen zu stellen, um sie für die Verwaltung zu interessieren, dann riet ich ihm anzuregen, daß jeder Kolonist gehalten werden sollte, vor seinem Hause eine Laterne zu brennen, das wäre Straßenbeleuchtung für die ganze Kolonie." Pappenheim, Sisyphus-Arbeit (wie Anm. 9), S. 99f. Weiterhin forderte sie eine adäquate Ausbildung für die Kolonistentöchter und den Aufbau von Haushaltungsschulen (ebd., S. 120).
⁵⁶ Ebd., S. 103.
⁵⁷ Ebd., S. 103 f.
⁵⁸ Siehe auch Gershon Shaked, Jerusalem in der hebräischen Literatur. Himmlische und irdische Stadt, in: Michael Brenner/Yfaat Weiss (Hgg.), *Zionistische Utopie – israelische Realität. Religion und Nation in Israel*, München 1999, S. 102–122; Irene Zwiep, To Remember and to Forget – Jerusalem in Jewish Poetical Memory, in: *European Judaism* 31,2 (1998), S. 54–66.

Bahn an einen Ort kommen sollte, an dem, wie anderswo ‚Karlsruhe' oder ‚München' angeschrieben stand, ‚Jerusalem' stehen sollte, schien genauso, als ob ein Wegweiser den Weg ins Paradies anzeigen könnte. Jerusalem, Gan Eden, beides waren Märchenbegriffe für uns aus frühen Jugendtagen, ganz ohne Realität. (Rahel Straus)[59]

lung zu verbinden, ist so verschieden von dem tatsächlich Bestehenden, daß man hier doppelte und dreifache Gedankenarbeit hat. (Bertha Pappenheim)[60]

In Straus' Beschreibung dominieren sichtbar Romantik und eine gewisse Schwärmerei. Im Vordergrund stehen Emotionen, die mit dem ‚Ort der Erinnerung' Jerusalem verbunden werden, getragen von der mythischen Komponente wie auch von Gedankenbildern aus der Kindheit. Nicht von ungefähr verwandte Straus den Begriff „Märchen" in diesem Zusammenhang. Die Vorstellungen, die Straus von Jerusalem besaß, basierten eben weitgehend nicht auf dem geografischen Ort.

Anfang und Ende der Beschreibung Jerusalems sind eingebettet in die frohe Erwartung, endlich die Stadt, die einen so prominenten Raum als ‚Ort der Erinnerung' einnahm, selbst zu betreten, sowie in die Empfindung der Zufriedenheit, Anteil genommen zu haben. Straus beschrieb den ersten Anblick von Jerusalem als überwältigend: „Wunderbar war der erste Eindruck, als wir unten an der machtvollen Mauer vorbei durchs Gehinnom hinauffuhren. ‚Jerusalem, du hochgebaute', das war das erste Gefühl."[61] Desgleichen ist es Straus von Bedeutung zum Abschluss der Reise ihre Verbundenheit mit Jerusalem zu unterstreichen: „Schwer wurde uns die Trennung von Jerusalem."[62] Diese Textstellen für sich genommen könnten den Eindruck vermitteln, dass Straus die Sphären ‚Ort der Erinnerung', ‚Vision' und ‚Realität' ohne Verwerfungen miteinander in Einklang bringen konnte. Die zwischen diesen Bemerkungen liegenden Kommentare über Jerusalem zeigen allerdings ein differenzierteres Bild. Denn von Jerusalem, der ‚Realität', war Straus nicht sonderlich angetan, hauptsächlich da in dieser Stadt der alte Jischuw dominierte, den sie ja in seiner Gesamtheit ablehnte.

Um die Tragweite aufzuzeigen, wie ein ‚Ort der Erinnerung' gleichsam über die ‚Realität' hinweghelfen kann, ist eine genauere Betrachtung der Reaktion auf die Besichtigung der Westmauer hilfreich. Straus trat zum ersten Mal in einer „wundervoll klare[n] Sternennacht" an die Westmauer. In ihrem Kommentar wird deutlich, dass in dem Moment, als sie sich der Westmauer näherte, die ‚Realität' von Raum und Zeit zurücktrat, dass sie das „geschäftige Treiben", „Lärm und Getriebe", welches sie verwirrte, hinter sich lassen konnte[63] und in eine andere Wahrnehmungssphäre eintauchte. Die Sternennacht ist in Straus' Aufzeich-

---

[59] Straus, Wir lebten in Deutschland (wie Anm. 6), S. 186.
[60] Pappenheim, Sisyphus-Arbeit (wie Anm. 9), S. 106.
[61] Straus, Wir lebten in Deutschland (wie Anm. 6), S. 186. Straus stellte folgende Passage voran: „Aber die Tatsache bestand, wir fuhren durch das judäische Gebirge, an Bitir [sic] vorbei, der Heldenstadt hinauf nach Jerusalem." Dass Straus Betar erwähnte, zeigt an, wie ihr Bild von Eretz Israel als ‚Ort der Erinnerung' bereits durch neue Elemente angereichert war. Vgl. Yael Zerubavel, *Recovered Roots. Collective Memory and the Making of Israeli National Tradition*, Chicago 1995.
[62] Straus, Wir lebten in Deutschland (wie Anm. 6), S. 193.
[63] Ebd., S. 187.

nungen immer dann präsent, wenn der „Orient" in ihrer Wahrnehmung Einzug hält,[64] wenn es eigentlich nicht mehr um eine gegenwärtige ‚Realität' geht. Im Vergleich zum restlichen Jerusalem wurde der Aufenthalt an der Westmauer für sie zu einem feierlichen Augenblick. In diesem Moment, der sich „erschütternd, so aufwühlend" gestaltete, erfüllte sich ihr Kindheitstraum und sie konnte völlig in den ‚Ort der Erinnerung' versinken.

> Ich weiß nur, daß ich mich nie so eins mit meinem Volk gefühlt habe wie damals vor dem traurigen Rest eines Heiligtums, das vor fast zweitausend Jahren zerfallen war. Es war Schmerz, es war Mitleid, es war ein Hineingestelltsein in die unendliche Reihe der Generationen vor mir, es war mir Symbol für mein Volk. Nie wieder hat es ähnlich auf mich gewirkt.[65]

Zu betonen ist an dieser Stelle, dass der Tempel von Straus nicht als religiöses Symbol gedeutet wurde. Vom Aufbau des Tempels, einer ihrer Kindheitsvisionen, war nicht mehr die Rede, weder hier noch an anderer Stelle in ihren Erinnerungen. Vielmehr wurde entsprechend Straus' Betonung des nationalen Aufbaus der Tempel zum Symbol der Volksgemeinschaft.

Während jenes Verweilens an der Westmauer, als so deutlich der ‚Ort der Erinnerung' die Oberhand gewann, erschienen selbst die Juden des alten Jischuws für Straus, wie von einem Hauch des Mythos umweht. Sie wurden mit ihren „bunten Kaftanen, mit pelzbesetzten Hüten, mit langen Schläfenlocken"[66] zu einem Element, welches sich in diesem speziellen Augenblick harmonisch in das Bild einfügte, welches sogar die feierliche Stimmung erhöhte und nicht wie sonst in Straus' Wahrnehmung störend wirkte, da jene der Ideologie des produktiven Juden widersprachen und daher verärgerten. Dieser Einklang wurde jedoch eben nicht in ein Bild, welches als ‚Realität' empfunden wurde, eingeordnet, sondern in das Bild des ‚Ortes der Erinnerung'. Denn noch auf derselben Seite verkündete Straus in ihren Erinnerungen, wahrscheinlich ohne sich des Widerspruchs bewusst zu sein, dass sie Jerusalem eigentlich ansonsten nicht als „Heilige Stadt" empfunden habe und zwar „trotz oder gerade wegen der vielen Menschen mit Bart und Schläfenlocken und bunten Kaftanen."[67]

Eine Beeinflussung der Wahrnehmung der ‚Realität' erfolgte auch von einer anderen Seite her, jener der ‚Vision'. Obwohl Straus trotz ihrer Ernüchterung den Aufbau des neuen Jischuws weiterhin bejahte, schien sie emotional dennoch mit der ‚Realität' zu kämpfen. So erwähnte sie, dass die Städte von Weitem durchaus etwas Schönes hätten. Das Märchenhafte würde aber von Nahem betrachtet verschwinden, der Eindruck verwandle sich in „winklig, eng und düster."[68] Ähnliches drückte sich auch in ihrem Empfinden der Landschaft gegenüber aus. Die Einöde, die Felsenlandschaft konnte sie in der Regel nicht als anziehend wahrnehmen. Die grüne Landschaft um den Kinneret bildete eine der wenigen Ausnahmen.[69] Der Enthusiasmus von Boris Schatz aber öffnete Straus' Blick für

---

[64] Siehe beispielsweise ebd., S. 173, 193.
[65] Ebd., S. 187.
[66] Ebd.
[67] Ebd.
[68] Ebd., S. 180.
[69] Ebd., S. 176–180.

die ungewohnte Schönheit des Landes. „Wie liebte er die Landschaft, die kahlen Höhen, die sich so wunderbar klar vom Himmel abhoben, die silbernen Olivenhaine, die sich terrassenförmig aufbauten, die blauen Berge von Moab – am meisten aber liebte er Jerusalem. Und wir genossen durch ihn das alles mit tiefer Liebe mit." Die ‚Vision' dieses Mannes transformierte ihre ‚Realität', indem sie für sich erkannte, dass die „Sehnsucht und der Wille eines einzelnen" soviel bewirken und schaffen könnten.[70]

Für Pappenheim war Jerusalem ein Ort der Herausforderung. Im Gegensatz zu Straus fiel es ihr wesentlich schwerer, die Dissonanzen nebeneinanderstehen zu lassen. Insbesondere in Jerusalem wurde Pappenheim mit Fragen nach ihrer Identität konfrontiert, einerseits durch die historischen Stätten als solche und andererseits durch ihre zionistische Begleiterin.[71] Anders als Straus hatte Pappenheim kein ihr gleichgesinntes Reiseumfeld, sondern musste sich mit einer kontroversen ideologischen Einstellung auseinandersetzen. Die Begleiterin machte Pappenheim darauf aufmerksam, dass Jerusalem ihre „eigentliche Heimat" und ihr „Vaterland" sei. Ein „Empfinden für die Stadt und die Stätten" wollte sich bei Pappenheim jedoch nicht recht einstellen, obwohl sie „die Stadt als ganzes und landschaftlich" mit „ihrer eigentümlichen Schönheit sehr überrascht" habe.[72] Sie versuchte, die Gründe für diese Unstimmigkeit zu ordnen. Sie wollte ihre ablehnenden Gefühle auf das Insistieren ihrer Begleiterin zurückführen, letztlich aber lautete ihr Fazit: „[D]ie Mauern beleben sich nicht für mich, weil ich geschichtlich so wenig weiß. Das ist weniger eine Schande als tief bedauerlich."[73] Diese Aussage bestätigte sich auch in ihrem Verhalten, da sie fortwährend versuchte, mehr über die Begebenheiten zu lernen. So wünschte sie sich jemanden, der „die Lücken" in ihren „Kenntnisse[n] ein bißchen ausfüllen", „eine Art Anschauungsunterricht der Geschichte" geben könne.[74] Ihre Distanziertheit zu Eretz Israel führte Pappenheim auf ihre mangelnde Bildung zurück, die sie auch an anderen Stellen häufig beklagte, dadurch bliebe ihr der Zugang und das richtige Verständnis für vieles versagt. Allerdings erscheint diese Argumentation ebenfalls als Mittel, einen emotionalen Abstand aufrechtzuerhalten, damit sie sich nicht zu intensiv mit ihren widersprüchlichen Gefühlen auseinandersetzen musste.

Selbst an der Westmauer bedauerte sie: „Die Menschen an der Klagemauer hätte ich einzeln sprechen mögen, sie um ihr Schicksal fragen, sie ergründen, wie es möglich ist, daß sie mit solcher Inbrunst etwas beklagen, was ? [sic] Jahre zurückliegt und doch nie mehr zu ändern und wieder gut zu machen ist."[75] Obwohl Pappenheim in Tradition und Religion verwurzelt war, gestand sie sich ein, dass ihr eine Identifikation mit den historischen Ursprüngen nicht möglich sei. Zudem fühlte sie eine Widersprüchlichkeit zwischen den Vorstellungen über Jerusalem und Eretz Israel, die sie aus der Tradition besaß, und den tatsächlichen Gegeben-

---

[70] Ebd., S. 190.
[71] Pappenheim, Sisyphus-Arbeit (wie Anm. 9), S. 100.
[72] Ebd., S. 100f.
[73] Ebd., S. 101.
[74] Ebd., S. 106.
[75] Ebd., S. 101.

heiten.⁷⁶ So bestand ihr ‚Kulturschock' weniger in der Konfrontation mit einer nichteuropäischen Kultur, da sie, wie sie selbst hervorhob, durch ihre Reisen nach Osteuropa bereits ausführlich in Kontakt mit anderen Lebensweisen gekommen sei. Pappenheim ließ sich bei ihrer Ankunft in Jaffa gern gefangen nehmen „von dem Getriebe und den Farben und der Sonne."⁷⁷ Vielmehr bestand ihr ‚Kulturschock' darin, dass sie sich nicht fähig fühlte, eine innere Verbindung zu dem Land ihrer Vorfahren herzustellen. Bedingt war diese Situation zum einen durch ihre innere Distanz, die sie aufrechterhalten wollte, trotz einer gewissen Anziehungskraft, der sie sich nicht entziehen konnte. Zum anderen war Pappenheims Hoffnung auf einen Aufbau des Landes wesentlich geringer ausgeprägt als bei Straus, die durch ihr teleologisches Verständnis eher über die Unzulänglichkeiten der Gegenwart hinwegsehen und ihre Vorstellungen auf die Zukunft projizieren konnte.

Dass Pappenheim jedoch nicht so unbeteiligt war, wie sie erscheinen mochte, zeigen ihre Anmerkungen, nachdem sie an einem Freitagnachmittag ein zweites Mal an der Westmauer verweilt und dort folgende Beobachtung gemacht hatte: „Berufsbettler, [...] Berufsbeter, – ich sah niemanden, wie bei meinem ersten Besuch, der in wahrer Klage um ein verlorenes Gut dagestanden. Dagegen sah ich antisemitische Deutsche mit spöttischem Gesicht, Engländer mit dem Kodak." Sie wünschte sich, „daß man um diese einzige, unbestritten authentische Stelle, an der sich jüdische Geschichte abgespielt hat, ein weites Schutzgitter zöge!" Ein Widerspruch wird hier offenkundig, denn gerade in dieser Szene zeigte sie, dass ihr diese Stätte eben nicht gleichgültig war. Dennoch verwandte sie dieselbe Szene als Argument dafür, nun von Jerusalem „für immer kuriert" zu sein.⁷⁸ Am gleichen Tag fügte sie hinzu: „[U]nd morgen früh werde ich von der heiligen Stadt Abschied nehmen, ohne Tränen und ohne einen Nagel in die Fugen der Klagemauer zu schlagen, um mein Wiederkommen zu befestigen."⁷⁹

Während für Straus der Besuch an der Westmauer ein herausragendes Erlebnis war, traf dies für Pappenheim nur partiell zu. Straus konnte die Westmauer als ein geschichtliches Moment empfinden, das sie mit dem jüdischen Volk in Raum und Zeit verbindet. Es war jedoch ein anderes geschichtliches Empfinden, als dies Pappenheim für sich erwartete. Für Pappenheim belebten sich die Mauern nicht, weil sie angeblich zu wenig über jüdische Geschichte wusste. Sie fühlte sich daher ausgeschlossen. Pappenheim war auf der Suche nach einer ‚tatsächlichen' Geschichte und glaubte, dies müsse die Grundlage sein, damit sich ein Empfinden einstellen könne. Straus besaß tatsächlich ein größeres geschichtliches Wissen. Es wurde jedoch deutlich, dass nicht die Kenntnis der Fakten oder die ‚Realität' ausschlaggebend für Straus' Wahrnehmung war. Vielmehr stand

---

⁷⁶ Ebd., S. 106. Siehe auch das Zitat zu Beginn des Kapitels. Hierzu gehörte zum Beispiel der Jordan: „Plötzlich durchquerte die Bahnlinie ein Wässerchen, an dem Herden lagerten, und das Wässerchen, wenig breiter als vielleicht die Nied oder die Wien in ihrer unseligen unregulierten Zeit, ist der – Jordan! [...] aber der wichtige Jordan ist, wie alles, nur eine relative Größe, in einem Lande groß und wichtig, in dem es überhaupt kein Wasser gibt!" Ebd., S. 114.
⁷⁷ Ebd., S. 93.
⁷⁸ Ebd., S. 110.
⁷⁹ Ebd., S. 112.

ihr Erleben an der Westmauer außerhalb der ‚Realität' und gerade die Sphäre ‚Ort der Erinnerung' wurde an dieser Stätte so wirkmächtig.[80]

Straus ging mit einer gewissen Zufriedenheit zurück nach Deutschland, mit dem Gefühl einer engeren Bindung an Eretz Israel.[81] Da die Überlegung nach Eretz Israel auszuwandern von ihrem Mann abgelehnt wurde, musste sie sich mit dieser Frage selbst nicht ernsthaft auseinandersetzen. Die Beurteilung des Landes, der Konflikt zwischen den Sphären ‚Ort der Erinnerung', ‚Vision' und ‚Realität' wurde für sie erst wieder aktuell, als sie 1933 aus dem nationalsozialistischen Deutschland floh und in Eretz Israel ihre neue Heimat suchte.[82]

Dass Pappenheim trotz ihrer eklatanten Ambivalenz wohl nie ganz mit dem Kapitel Palästina abgeschlossen hatte, zeigt ein privater Brief, den sie Berthel Katz-Weil nach Tel Aviv schrieb: „Wenn ich so zu Ihnen hindenke, wünsche ich mir ein Mäuslein zu sein und einmal so durch die Straßen Ihrer neuen Heimat zu laufen und mehr zu hören und zu sehen als man so erzählt und vorgesetzt bekommt!"[83] Für September 1935 hatte Pappenheim eine weitere Reise nach Palästina geplant, bei der ihr Martin Buber behilflich sein wollte.[84] Diese Pläne konnte sie nicht mehr durchführen, da sich ihre Gesundheit rapide verschlechterte.

Die Sphären ‚Ort der Erinnerung', ‚Vision' und ‚Realität' verkörpern Bereiche der Wahrnehmung und Imagination, die hinsichtlich eines Objekts, einer Person oder eines Raumes durch ein Kollektiv geformt werden. Alle drei Sphären entstehen im jeweiligen menschlichen und kollektiven Erfahrungsraum, bedingen und beeinflussen sich gegenseitig, ohne sich jedoch in der Regel vollständig zu überlappen. Mittels des Spannungsbogens, welcher sich zwischen ‚Ort der Erinnerung' und ‚Vision' aufbaut, kann die Verbindung von einem durch die Tradition gebildeten kollektiven Gedächtnis zu einer modernen Annäherung an einen ‚Ort' dargestellt sowie die dadurch entstehenden Verwerfungen offengelegt werden. Sowohl ‚Ort der Erinnerung' als auch ‚Vision' erfahren eine weitere Herausforderung, die sich fraglos auch als Gefährdung durch die Begegnung mit der ‚Realität' vor Ort erweisen kann. Die Auflösung der so entstehenden mentalen Konflikte kann auf unterschiedliche Weise erfolgen. In der Regel werden Harmonisierungen und Rationalisierungen vorgenommen, seltener erfolgt die Anpassung des eigenen Weltbildes, was in der Regel einen langwierigen Prozess darstellt.

Kollektives Gedächtnis eines Volkes birgt in sich jene erneuernde Kraft, die auch die Dynamik der drei Sphären ausgelöst hat. Eretz Israel der ‚Erinnerung' wandelte sich in die ‚Vision' einer modernen jüdischen Gesellschaft in

---

[80] Sowohl bei Pappenheim als auch bei Straus kam zum Ausdruck, dass bei einer weiteren Begegnung mit der Westmauer der Eindruck wesentlich unspektakulärer ausfiel. Offenbar gewann bei einem wiederholten Besuch zunehmend die ‚Realität' die Oberhand.

[81] Straus, Wir lebten in Deutschland (wie Anm. 6), S. 194.

[82] Dieser Ebene wird in einer zukünftigen Arbeit nachgegangen werden.

[83] Brief an Frau Berthel Katz-Weil, Tel Aviv vom 18.12.1933, zitiert nach Ellen M. Jensen, *Streifzüge durch das Leben von Anna O./Bertha Pappenheim. Ein Fall für die Psychiatrie – Ein Leben für die Philanthropie*, Dreieich 1984, S. 100.

[84] Brief an Martin Buber vom 7. Juni 1935, in: Melinda Given Guttmann, *The Enigma of Anna O. A Biography of Bertha Pappenheim*, Wickford/Rhode Island 2001, S. 295 f.

Palästina, welche dann die Rückkehrbewegung und den Willen zur Begegnung mit der ‚Realität' des Landes im 20. Jahrhundert hervorrief. Die Begegnungen von Straus und Pappenheim stehen paradigmatisch für diesen neu erwachten Willen.

SALOMON KORN

Das Dilemma der jüdischen Kultur in Deutschland*

Wenn ich über jüdische Kultur in Deutschland nachdenke, dann unter zweifacher Einschränkung: Wäre das deutsche Judentum nicht in den nationalsozialistischen Vernichtungslagern ausgelöscht worden, die Bewertung seiner Errungenschaften sähe anders aus, als es heute der Fall ist. Dies als selbst auferlegten Hinweis zur Vorsicht vor nachgängiger Diskreditierung einer von ihrem scheinbar unabwendbaren Ende her beurteilten – um nicht zu sagen: verurteilten – Geschichte. Und wäre ich nicht Abkömmling osteuropäischer, polnisch-russischer Juden: meine Sichtweise hinsichtlich des Problembereiches der jüdischen Kultur in Deutschland wäre vermutlich eine zumindest graduell abweichende.

Was bedeutet „Kultur", was „jüdische Kultur"? Kultur, so viel steht fest, ist ein „Fahnenwort" (Wolfgang Thierse), ein Begriff, der im Wind der Definitionen und Bedeutungen flattert und nahezu alles umfasst, was nicht gerade zum Bereich der Natur und des „Natürlichen" zählt. Das mag auch ein Grund dafür sein, warum er im Grimm'schen Wörterbuch weder 1860 unter dem Buchstaben „C" (Band 2) noch 1873 unter dem Buchstaben „K" (Band 11) zu finden ist. Was Handbücher, Real-Encyclopädien und Conversations-Lexika vom Beginn des 19. Jahrhunderts bis zum Ende des 20. Jahrhunderts unter „Kultur" (und „Cultur") ausweisen, wäre ein Thema für sich. Hier sei beispielhaft auf die „Allgemeine deutsche Real-Encyclopädie für die gebildeten Stände" von 1819 und 1833 verwiesen. Dort bedeutet „Cultur (...) die auf eine Sache gerichtete Thätigkeit, um die in ihr schlummernden Kräfte zu entwickeln und auszubilden; aber auch den Zustand, in welchem diese Kräfte schon bis zu einem bedeutenden Grade entwickelt und ausgebildet sind." Als leidenschaftlicher Kritiker der Kultur wird dann Rousseau zitiert: Er

> betrachtet den Culturzustand der Menschen als die Hauptquelle des physischen und moralischen Elends, welches die Menschen drückt, weil durch Cultur ihre Bedürfnisse so gesteigert werden, dass ihre Neigungen und Wünsche keine Gränzen mehr anerkennen. Nach seiner Ansicht sollen daher die cultivirten Menschen, um sich von jenem Elende zu befreien und ihre Bestimmung zu erreichen, in den ursprünglichen Zustand natürlicher Rohheit zurücktreten.[1]

---

* Beim vorliegenden Essay handelt es sich um die überarbeitete Fassung eines Vortrages, gehalten am 13. Dezember 2001 auf Schloss Elmau, anlässlich des „Ersten Jüdischen Kulturkongresses im deutschen Sprachbereich" 13.–16. Dezember 2001.

[1] *Allgemeine deutsche Real-Encyclopädie für die gebildeten Stände.* (Conversations-Lexicon.) In zehn Bänden. Zweiter Band, Leipzig 1819, S. 882 f. und Leipzig 1833, S. 950.

Keine Kultur ohne Kulturkritik

Wie immer auch Lexika und Wörterbücher „Kultur" definieren, ob als Bearbeitung und Urbarmachung des Bodens, als Pflege des Körpers und Geistes oder als Bedeutungs- und Wertungssystem, das Menschen miteinander teilen: im vorliegenden Zusammenhang ist die ursprüngliche Bindung kultureller Erscheinungen an bestimmte Orte und Landschaften von Interesse. Jenseits einer bestimmten geografischen Grenze beginnen andere typische Lebensformen, andere Kulturlandschaften, andere Kulturen, die nicht voneinander abgeschottet sind, sondern sich auf vielfältige Weise durchdringen und gegenseitig beeinflussen. Somit ist Kultur, global betrachtet, von vornherein auf Vielfalt angelegt. Was für die europäische, insbesondere deutsche Kulturlandschaft und damit auch für deutsche Kultur gilt, gilt nicht deckungsgleich für jüdische Kultur, die im Folgenden noch zu definieren sein wird. Zunächst ist sie nicht kulturlandschaftlich geprägt, sondern ihrem monotheistisch-abstrakten Wesen nach ubiquitär, also kulturlandschaftlich ungebunden. Kein Wunder, wenn jüdische Gelehrte des 18. und 19. Jahrhunderts Gemeinsamkeiten zwischen Deutschtum und Judentum weniger in einer regional ausgebildeten deutschen Alltagskultur als vielmehr in deutscher Philosophie und Klassik finden. Im europäischen Humanismus beheimatet, haben deren Vertreter die Regionalität eines an bestimmte Landschaften und Länder gebundenen Denkens hinter sich gelassen.

Was aber ist „jüdische Kultur"? Wer diesen Begriff in den englisch- und deutschsprachigen jüdischen Lexika sucht, stößt auf eine bemerkenswerte Tatsache: Einzig das 1927 in Berlin erschienene *Jüdische Lexikon* führt dieses Stichwort auf. Dessen Wortlaut zufolge ist jüdische Kultur

> die begriffliche Zusammenfassung der dem jüdischen Volke eigenen Erscheinungsäußerungen seiner geistigen Anlagen und der daraus entspringenden Lebensformen auf sozialem, politischem und intellektuell-künstlerischen Gebiete. In seinem einzigartigen Schicksal hat das jüdische Volk eine Reihe verschiedener Kulturphasen durchlaufen, es ist mit anderen Kulturen zu den verschiedensten Zeiten in Wechselwirkung getreten, hat ihren Einfluß erfahren und hat seinen Einfluß auf sie ausgeübt. (...) War sie in ihren Erscheinungsäußerungen auch nicht gleichförmig, so war sie doch in ihrem Grundzug seit den ältesten Tagen der Volkswerdung einheitlich; sie war stets sittlich, sozialethisch und religiös orientiert.[2]

Was hier abstrakt und akademisch klingt, wird im weiteren Verlauf des Artikels im historischen Kontext anschaulich erläutert. Dabei unterzieht der Verfasser des Stichwortes, Hans Kohn, Leiter des Propagandadepartements des Keren Hajessod in Jerusalem, den Begriff „jüdische Kultur" keiner grundsätzlichen Kritik oder stellt ihn gar infrage. Weil er als Einziger dieses lexikalische Stichwort definiert hat und damit eine Art Deutungshoheit besitzt, muss gefragt werden, ob es jüdische Kultur überhaupt gibt.

Die Antwort darauf hängt wie so oft vom jeweiligen Standpunkt des Betrachters ab. Aus jüdisch-orthodoxer Sicht existiert nur eine jüdische Religion auf der Grundlage göttlicher Offenbarung, aber keine davon abgeleitete oder gar von

---

[2] *Jüdisches Lexikon. Ein enzyklopädisches Handbuch des jüdischen Wissens in vier Bänden*, Band III, Berlin 1927, Sp. 922.

ihr unabhängige jüdische Kultur. Eine solche hätte sich vom Kern jüdischer Religion, von den Quellen des Judentums, entfernt, hin zu einem verweltlichten, schließlich sich auflösenden Judentum. Die im säkular gewendeten Begriff „jüdische Kultur" angelegte Vielfalt wird von der jüdischen Orthodoxie nicht als „Bereicherung", sondern als Bedrohung empfunden. Damit dient jüdische Kultur, sofern sie von der Orthodoxie als solche anerkannt wird, einzig und allein der Erfüllung des Religionsgesetzes, ja sie fällt in der Praxis immer wieder mit ihr zusammen. Und so sind es vor allem Kultusgegenstände aus Haus und Synagoge, der Buchdruck und die Kalligraphie der hebräischen Schrift, die diesen Bereich definieren.

Deckungsgleichheit von jüdischer Religion und jüdischer Kultur kennzeichnen das Wesen des Judentums über mehr als zwei Jahrtausende hinweg: ein geschlossenes System, das, in seinem Kern unversehrt, an seinen Rändern einen wechselnden Reichtum von Ausdrucksformen kannte. In diesem Sinne stand jüdische Kultur stets „im beherrschenden Zeichen der Religion, der Bindung an das in der göttlichen Offenbarung beschlossene Sittengesetz."[3] Die Diaspora als bestimmende Existenzform des Judentums hat lange zur Aufrechterhaltung der Einheit von jüdischer Religion und jüdischer Kultur beigetragen. Erst die Aufklärung mit ihrer Infragestellung und schließlichen Leugnung der rein theologischen Form aller Kultur führte seit dem 18. Jahrhundert zu einer allmählichen Auflösung dieser Einheit. Im Christentum hatte sie sich schon Jahrhunderte zuvor, spätestens seit der Renaissance, abgezeichnet, weshalb aus Sicht der Kulturwissenschaft eine christliche Kultur in all ihrer Vielfalt viel früher auszumachen ist als eine jüdische.

Ein anschauliches Beispiel hierfür ist die christlich-abendländische Kunst, in der das Abbildungsverbot des sogenannten „Alten Testaments" von jeher wenig Geltung besaß. In ihr wurde im Laufe von Jahrhunderten die unmittelbare heilige Verehrung von Bildern, Ikonen, Statuen, Gotteshäusern abgelöst durch distanzierende, ästhetische Wertschätzung und kunsthistorisches Interesse. Die Oberflächenwirkung des nur noch unter ästhetischen Kategorien genossenen Bildes verselbstständigte sich zusehends vom religiösen Inhalt der christlichen Ikone und dominiert seither unsere Wahrnehmung. Es ist – verkürzt betrachtet – die unumkehrbare Entwicklung vom unsichtbaren Gott zum Heiligenbild, und vom Heiligenbild zum ästhetischen, von religiösen Inhalten emanzipierten Bild.

Auf eine solchermaßen von ihren religiösen Wurzeln „emanzipierte" christliche Kultur stieß im 18. Jahrhundert eine noch tief in ihrer Religion verwurzelte jüdische Kultur. Allem Anschein nach hat Moses Mendelssohn diesen Konflikt in seiner Person noch aufheben können – zumindest nach außen hin, denn vor seinen jüdischen Glaubensgenossen musste er den Umgang mit deutscher Literatur, mit deutscher Kultur, geheim halten. „Der Anschluß der dem Getto entwachsenen Generationen an den Stand einer aufgeklärten Kultur", so Jürgen Habermas,

> wurde mit dem Bruch althergebrachter Verpflichtung, mit einem Sprung in fremde Geschichte erkauft. (...) Vielleicht ist die Physiognomie des jüdischen Denkens auch dadurch geprägt worden, daß sich in ihm etwas von der Distanziertheit eines ursprünglich frem-

---
[3] Ebd., Sp. 924.

den Blicks erhalten hat. Wie dem Emigranten, der nach langer Zeit heimkehrt, das einst Vertraute nackter vor Augen steht, so ist auch dem Assimilierten eine besondere Scharfsichtigkeit eigen: ihm fehlt die Intimität mit jenen kulturellen Selbstverständlichkeiten, die, zum Material seiner Aneignung erkaltet, ihre Strukturen umso unverhohlener preisgeben.[4]

Diese aus der gesellschaftlichen Distanz des Fremden gewachsene Scharfsichtigkeit richteten die Juden der Emanzipationszeit nicht nur nach außen. Wollten sie am wirtschaftlichen und sozialen Leben einer ins Industriezeitalter aufbrechenden Gesellschaft teilnehmen, dann war Teilhabe an der christlich geprägten Kultur der Deutschen unumgänglich: Dazu musste sich jüdische Kultur erst „emanzipieren" – und zwar im doppelten Sinne: einmal nach innen, was Loslösung vom Primat der jüdischen Religion bedeutete, und zum anderen nach außen, was sie durch Veräußerlichung substantieller Inhalte mit dem schönen Schein christlicher Kultur entweder kompatibel oder konkurrenzfähig machen sollte.

Kompatibilität, also weitgehende Vereinbarkeit mit christlichem Kulturgut, suchten jene Juden, die ihre Akkulturation in den deutschen Kulturbereich möglichst weit vorantreiben wollten, ohne ihr Judentum gänzlich aufzugeben. Es sind Männer wie David Friedländer (1750–1834), Israel Jacobsohn (1768–1828) oder Abraham Geiger (1810–1874), die sich nicht mehr Juden, sondern Israeliten nannten, die den Synagogenbau dem Kirchenbau anglichen, die Orgel und Chorgesang in den Gottesdienst einführten und die hebräische Gebetssprache in den Synagogen zugunsten der deutschen Sprache teilweise oder ganz abschafften. Die partielle Konkurrenz mit christlicher Kultur suchten jene Juden, die, bei aller Anpassung an christliche Umwelt und Sitten, ihr Judentum selbstbewusst zeigen wollten. Sie bauten eher prächtige neo-islamisch anmutende Synagogen, welche Herkunft, wirtschaftlichen Erfolg und gesellschaftlichen Aufstieg der deutschen Juden symbolisieren sollten. Doch ob Kirchenbauimitation oder morgenländische Prachtentfaltung: beide Haltungen sind Ausdruck von Fremdbestimmung. Was sich in der deutschen Synagogenarchitektur des 19. Jahrhunderts abzeichnet, ist weithin sichtbarer Ausdruck einer Entwicklung, die jüdische Kultur in Deutschland seit etwa 1780 insgesamt kennzeichnet: Anpassung, Fremdbestimmung, Maskerade, Legitimation – dies nicht festgestellt als nachträglich erhobenen „Vorwurf" oder als nachgängige Denunziation, sondern in Kenntnis der gesellschaftlichen Rahmenbedingungen im damaligen Deutschland: sie beließen den Juden kaum andere Entwicklungsmöglichkeiten. Nach Heinz Mosche Graupes schonungsloser Bewertung war die Mehrheit der deutschen Juden „für das Linsengereicht der ersehnten Emanzipation"[5] zur Aufgabe aller jüdischen Werte bereit. Doch diese Bereitschaft allein gewährte keineswegs schon uneingeschränkte Emanzipation oder gar vorbehaltlose Assimilation der Juden in Deutschland.

Heinrich von Treitschke trifft in seiner 1879 während des sogenannten „Berliner Antisemitismusstreit" aus völkischer Perspektive formulierten Polemik das eigentliche „deutsch-jüdische" Emanzipations- und Assimilationsproblem: Eine

---

[4] Jürgen Habermas, Der deutsche Idealismus der jüdischen Philosophen, in: Thilo Koch (Hg.), Porträts deutsch-jüdischer Geistesgeschichte, Köln 1961, S. 105 f.

[5] Heinz Mosche Graupe, Die Entstehung des modernen Judentums. Geistesgeschichte der deutschen Juden 1650–1942, Hamburg 1977, S. 135.

unfertige Nation wie die der Deutschen, so von Treitschke, sei „wehrlos gegen fremdes Wesen".[6] Wegen ihrer nationalen Schwäche verträgt sie keine Fremden, die sie und ihre Lebensweise fortwährend infrage stellen. Die Alternativen können daher nur lauten: rückhaltlos Deutsche zu werden – was in der Praxis permanent verwehrt wird – oder als fremde Nation immer Außenseiter in Deutschland zu bleiben. Von Anfang an hatten Juden in Deutschland als Kollektiv keine Chance, gleichberechtigt an einer Kultur teilzuhaben, die sich zunehmend allem Fremden verschloss und die Einheit der Nation in einer christlich geprägten, völkisch-homogenen Gemeinschaft sah. Dass Gleichberechtigung auch das gleiche Recht einer Minderheit auf Anerkennung ihrer Eigenart bedeutet, entsprach nicht dem Geist der Zeit.

Neben offener Judenfeindschaft gab es – und vermutlich gibt es ihn immer noch – einen philosophisch begründeten, bei Kant, Hegel, Schleiermacher, Schelling, Fichte und anderen angelegten „Kulturantisemitismus": er schlägt sich in der Philosophie des christlich fundierten deutschen Idealismus' und in der Identitätsphilosophie nieder. Der Dreitakt der dialektischen Methode – These, Antithese, Synthese – „führte oder verführte zu der leicht sich anbietenden Analogie mit der christlichen Trinität", so Heinz Mosche Graupe,

> (...) Die Absolutheit der christlichen Religion sollte so philosophisch begründet werden. Die deutschen Juden (... sahen) sich erneut dem Absolutheitsanspruch der herrschenden Religion gegenüber. Und dieser erschien in der schweren Rüstung der herrschenden Philosophie der Zeit, die behauptete, die absolute Philosophie zu sein.[7]

Für Geoffrey Hartman bleibt der Holocaust Nachklang einer Ideologie, die der „mörderischen Verwandlung des deutschen Idealismus' und der deutschen Identitätsphilosophie"[8] entsprungen ist. Sie sind am Ideal einer die gesellschaftliche Harmonie wiederherstellenden Kultur orientiert, die naturgemäß alles Fremde aus dem sogenannten „Volkskörper" abstößt.

In Verkennung dieser Zusammenhänge strebten die Juden in Deutschland – nicht zuletzt auch aus Dankbarkeit für ihre rechtliche Gleichstellung – beinah ausschließlich nach den Kultur- und Geisteswerten der nichtjüdischen Umwelt. Anders sind bestimmte Reformtendenzen kaum zu deuten. Ob Neo-Orthodoxie oder liberales Judentum: beide agierten weniger aus innerer Notwendigkeit heraus, als sie auf Erwartungen der christlichen Mehrheitsgesellschaft „re-agierten". Der Kampf zwischen „Örgler" und „Nörgler", wie Liberale und Orthodoxe in Anspielung auf ihre Haltung zu Orgeln in den Synagogen einst spöttisch genannt wurden, war nur scheinbar und nur zum Teil ein innerjüdischer: es ging auch und vor allem um das äußere Erscheinungsbild, um die gesellschaftliche Außenwirkung eines bürgerlich gesitteten und „gezähmten" Judentums auf die deutsch-christliche Umwelt: Jüdische Tempel und Synagogenkirchen statt „Judenschulen" – zugespitzt ausgedrückt: deutsch-preußische Ordnung anstelle jüdisch-familiärer Lebendigkeit.

---

[6] Zitiert nach Walter Boehlich, *Der Berliner Antisemitismusstreit*, Frankfurt am Main 1965, S. 11.

[7] Heinz Mosche Graupe (wie Anm. 6), S. 265f.

[8] Geoffrey Hartman, Sprache und Kultur nach dem Holocaust, in: ders., *Das beredte Schweigen der Literatur*, Frankfurt am Main 2000, S. 147.

Bei allen unbestreitbaren Verdiensten: auch die neue jüdische Historiographie war nicht frei von solchen Tendenzen. Sie entstand in Deutschland fast über Nacht, als Leopold Zunz 1819 den „Verein für Cultur und Wissenschaft der Juden" gründete. Aber es war ursprünglich nicht ausschließlich wissenschaftlicher Erkenntnisdrang, dem die moderne jüdische Geschichtsschreibung ihre Existenz verdankte. Sie muss vor allem als Reaktion auf die im Zuge der Emanzipation sich verstärkende Assimilation und die damit verknüpfte Auflösung tradierter jüdischer Werte gesehen werden. Der Versuch, jüdische Vergangenheit wissenschaftlich zu rekonstruieren, fällt nicht zufällig in eine Zeit, in der die Kontinuität jüdischen Lebens tiefe Brüche erfährt.

Der Geschichte kommt in dieser für das Judentum bedrohlichen Phase eine völlig neue Rolle zu: die des Glaubensersatzes für ungläubige Juden und die des instrumentalisierten Mittels im Kampf um gesellschaftliche Anerkennung: das Judentum muss und kann seinen Wert vor der Geschichte von nun an „wissenschaftlich" „beweisen" und sich damit historisch legitimieren. Im Zeitalter eines sich immer ausgeprägter formierenden Nationalismus fällt jüdischer Historiographie, zumal in Deutschland, immer auch die unausgesprochene Aufgabe zu, Verwurzelung, Gleichwertigkeit und Bedeutung der Juden innerhalb der deutschen Nation nachzuweisen. In diesem Sinne besitzen die im 19. und beginnenden 20. Jahrhundert erschienenen Werke zur jüdischen Geschichte in Deutschland neben ihren aufklärerischen Absichten fast immer legitimatorischen Charakter.

Der Begriff „jüdische Kultur" hat im Laufe des 19. Jahrhunderts jene Weite der Bedeutungen erlangt, die dem Begriff „Kultur" allgemein innewohnt. Indem jüdische Kultur sich von jüdischer Religion durch allmähliche Säkularisierung und gegen das eng begrenzte Verständnis der jüdischen Orthodoxie „emanzipiert" hatte, umfasst sie von nun an sowohl den Bereich der Religion selbst als auch deren säkular-kulturellen Abkömmlinge. Was unterscheidet nun jüdische Kultur in Deutschland vor 1933 von der oft gepriesenen und nicht minder kritisierten „deutsch-jüdischen" Kultur? Während erstere, die jüdische Kultur, vor allem kulturelle Erscheinungen umfasst, die unmittelbar oder mittelbar aus originär jüdischen Quellen fließen, meint „deutsch-jüdische" Kultur jenen nachfolgenden Schritt, mit dem es zu einer Verbindung zwischen jüdischer und deutscher Kultur kommt: ein im Ergebnis eigenständiges, aus ursprünglich einander fremden Elementen entstandenes Kulturphänomen. Wer aber den Begriff „deutsch-jüdisch" oder „deutsch-jüdische Kultur" in Lexika und Wörterbüchern sucht, der sucht vergeblich. So bleibt „deutsch-jüdische Kultur" ein Phänomen, das nirgendwo erklärt wird und doch durch Geschichte und Kulturgeschichte geistert. War sie vielleicht nie existent und ist möglicherweise erst nachträglich konstruiert worden?

In diesem Zusammenhang ist ein Blick auf das zahlenmäßige Verhältnis zwischen jüdischer und nichtjüdischer Bevölkerung in den letzten 200 Jahren erhellend, wenngleich das reine Zahlenverhältnis nicht unmittelbar etwas über die tatsächliche Bedeutung des jüdischen Bevölkerungsanteils für die „deutsch-jüdische" Kultur aussagt. Dieser Anteil betrug im Durchschnitt nie mehr als ein Prozent der deutschen Gesamtbevölkerung. Bei diesem Verhältnis ist es kühn, ja, vermessen, eine historisch bedeutsame „deutsch-jüdische" Kultur im Sinne einer nennenswerten „deutsch-jüdischen" Symbiose zu erwarten. Was nostalgisch als „deutsch-jüdische" Kultur bezeichnet wird, ist naturgemäß eher deutsche als jüdische Kultur, allenfalls deutsche Kultur mit „jüdischen Einsprengseln" – nicht mehr! Mir ist kein Fall bekannt, in dem ein Deutscher christlicher Herkunft Bedeutendes auf dem Gebiet der sogenannten „deutsch-jüdischen" Kultur oder gar auf dem der jüdischen Kultur geleistet hätte. Aus Sicht des Judentums ist Akkulturation in der Diaspora immer eine Angleichung des Judentums an die Mehrheitsgesellschaft und nie eine beidseitige Annäherung.

Die Juden in Deutschland haben vor der Vernichtung des deutschen Judentums aus ihrer gesellschaftlich verwehrten Gleichstellung heraus kulturelle Leistungen erbracht, die man nur unter den geschilderten Vorbehalten als „deutsch-jüdische" bezeichnen kann. Es sind keine genuin jüdische oder „deutsch-jüdische" Kulturphänomene als Produkte einer friedlichen und fruchtbaren Symbiose, sondern gegen Widerstände der christlichen Mehrheitsgesellschaft abgetrotzte, vorwiegend säkulare Kulturleistungen. Allenfalls die an messianischen Hoffnungen geschulte Zuversicht auf eine bessere Welt, die geschärfte Wahrnehmung und das seismografische Gespür der Minderheit für Ungerechtigkeit mögen jüdischen Ursprungs gewesen sein: das daraus entstandene, jüdisch-originärer Substanz abgetrotzte Kulturprodukt war es nicht. Während der Einfluss jüdischer Frauen und Männer auf nahezu alle Bereiche deutscher Kultur, vor allem auf Literatur, Musik und Wissenschaft, bedeutsam war, blieb der Einfluss des Judentums auf die deutsche Kultur allenfalls marginal.

Diese zu unterscheidenden Phänomene – der Einfluss von Menschen, die Juden oder jüdischer Abstammung waren, und der Einfluss des Judentums auf die deutsche Kultur – sind immer wieder verwechselt und vermengt worden, vor allem dann, wenn es um den bedenklichen Nachweis ging (und geht), welche herausragenden Leistungen deutsche Kultur und deutsche Wissenschaft Juden verdanken. Mit jedem dieser wohlgemeinten „name-dropping"-Nachweise treten Juden in Deutschland weder als Deutsche noch als jüdische Deutsche auf, sondern zum Preis einer fragwürdigen Exklusivität als gesellschaftlich abgegrenzte Minderheit aus der deutschen Mehrheitsgesellschaft heraus. Solche Nachweise werden letztlich den Nachweisenden zum Verhängnis: in bester Absicht betreiben sie damit auch das Geschäft von Judengegnern und rühmen daneben jene „deutsch-jüdischen" Kulturleistungen, die aus der verzehrenden Reibung zweier unterschiedlicher Kulturkreise, einem Funkenregen gleich, entstanden und mit einem sich in überragenden Kulturproduktionen aufreibenden originären Judentum vergingen.

Solche Tragik liegt über Werken wie Adolph Kohuts *Berühmte israelitische Männer und Frauen*, Leipzig 1901, den im Philo Verlag Berlin unter dem Titel *Anti-Anti* erschienenen Blättern zur Abwehr des Antisemitismus, o. J., und nicht zuletzt auch über dem umfangreichsten Werk dieser Art, über Siegmund Kaznelsons *Juden im deutschen Kulturbereich*. In der Ende 1934 verfassten Vorbemerkung schreibt der Autor unter anderem:

> Das Kriterium, das für die Aufnahme und Auswahl der in diesem Werk genannten Persönlichkeiten als maßgebend galt (über 2000 – S. K.), war nicht die bloße konfessionelle Zugehörigkeit, sondern die jetzt in Deutschland geltende und gesetzlich festgelegte

Rassenangehörigkeit. Das Buch schließt also ebenso Juden wie Judenstämmlinge in den Kreis seiner Betrachtungen ein.[9]

Mit seiner Absicht, die „Nützlichkeit" deutscher Juden für die deutsche Kultur zu belegen, ist Siegmund Kaznelson ungewollt der nationalsozialistischen Rassendoktrin aufgesessen. Das bereits veröffentlichungsreife Buch wurde vom Staatspolizeiamt für den Landesbezirk Berlin mit Schreiben vom 4. Februar 1935 verboten. In der schriftlichen Begründung heißt es dazu:

> Der unbefangene Leser muß bei der Lektüre des Werkes den Eindruck gewinnen, daß die gesamte deutsche Kultur bis zur nationalsozialistischen Revolution nur von den Juden getragen worden sei. Der Leser erhält ein ganz falsches Bild über die wahre Betätigung, insbesondere die zersetzende Tätigkeit der Juden in der deutschen Kultur.[10]

Die 1959 veröffentlichte zweite Auflage seines Buches hat Siegmund Kaznelson nicht mehr erlebt. Vielleicht hätten er und andere beherzigen sollen, was Ludwig Börne in seinen „Briefen aus Paris" anlässlich des Erscheinens der Zeitschrift *Der Jude* 1832 schrieb: „Wer für die Juden wirken will, der darf sie nicht isolieren; das tun ja eben deren Feinde zu ihrem Verderben."[11]

Der Beitrag deutscher Juden zur deutschen Kultur zum Preis ihrer Akkulturation und Assimilation ist von der nichtjüdischen Mehrheitsgesellschaft nie mit wirklicher gesellschaftlicher Gleichstellung des jüdischen Kollektivs gewürdigt worden. Vielleicht war die Zeit dafür zu kurz, vielleicht die nichtjüdischen Deutschen in ihrem Ringen um Nationalität und soziale Stabilität noch nicht reif, denn ein deutsches Judentum, das diesen Namen wirklich verdiente, gab es nur etwa 50 Jahre: zwischen Reichsgründung (1871) und Konstituierung der Weimarer Republik (1918). Bereits in diesen Jahrzehnten entstand der Zionismus und eine, wenn auch bescheidene, national-jüdische Bewegung in Deutschland. Deren Gründungen gehen nicht zuletzt auf den Antisemitismus und die den deutschen Juden verweigerte gesellschaftliche Gleichstellung zurück. Zudem waren beide Bewegungen Reaktionen auf eine vollständige Akkulturation und Assimilation deutscher Juden in Erkenntnis der Fallstricke einer „deutsch-jüdischen Symbiose-Kultur": Nur wenn das Judentum spezifische Eigenschaften und Traditionen wahrt, kann es Quelle von „Kulturproduktion" und Kulturaustausch mit anderen Kulturen sein. Umgekehrt besteht ein Zusammenhang zwischen einer sogenannten „Entnationalisierung" oder reinen Konfessionalisierung des Judentums und dessen Aufgehen in der jeweiligen Mehrheitsgesellschaft. Dabei verliert es seine spezifischen Eigenarten. Schließlich gibt es – idealtypisch betrachtet – kaum noch produktive „Reibungsflächen" zwischen jüdischer Minderheit und nichtjüdischer Mehrheitsgesellschaft und damit auch keinen fruchtbaren Austausch zwischen unterschiedlichen Kulturen.

Der jeweilige Preis ist offensichtlich: Bewahren Juden ihre besondere Prägung, dann bleiben sie bewusst eine eigene Gruppe innerhalb der Mehrheitsgesellschaft, was im anglo-amerikanischen Bereich tendenziell der Fall ist. Geben

---

[9] Siegmund Kaznelson, *Juden im deutschen Kulturbereich*, Berlin 1959, S. XIII.
[10] Ebd., S. XVI.
[11] Zitiert nach Marcel Reich-Ranicki, Im goldenen Getto? Rede zur Eröffnung einer jüdischen Buchausstellung in München, in: *Süddeutsche Zeitung* vom 22. März 1970, S. 7.

Juden ihre spezifische Prägung auf, dann verlieren sie ihre Besonderheiten und akkulturieren oder assimilieren sich früher oder später in die Mehrheitsgesellschaft, ohne dauerhaft eigene kulturelle Spuren zu hinterlassen.

Aus diesem Dilemma, wenn es denn eines ist, scheint es keinen Ausweg zu geben. Es führt zu der Frage, ob „Symbiose-Kulturen" wie etwa die „deutschjüdische" nur zeitlich begrenzte Übergangsphänomene sind, ja, vielleicht auch nur solche sein können. Denn um eine „Symbiose-Kultur" dauerhaft zu erhalten, müssten die daran beteiligten Kulturen ihre jeweilige spezifische Eigenart bewahren bei gleichzeitiger Ausbildung einer beiden gemeinsamen „Schnittmengen-Kultur", in der beide Kulturen sich partiell wiederfinden. Voraussetzung dafür wäre ein substantiell annähernd gleiches Gewicht beider Kulturen an diesem Prozess, und daran ist schon zu erkennen: Bei der Ausbildung einer nennenswerten „Symbiose-Kultur" mit der deutsch-christlichen Kultur hatte das Judentum nie eine wirkliche Chance und wird in einer zunehmend säkular sich entwickelnden Kultur der Mehrheitsgesellschaft auch zukünftig nur schwer eine haben können.

Durch das von Deutschen verübte nationalsozialistische Menschheitsverbrechen waren weite Bereiche der deutschen Kultur diskreditiert. Seither kann diese von den deutschen Juden so heiß geliebte Kultur nicht mehr mit deren einstmaligen „Naivität" gesehen werden. Denn die Frage bleibt, ob ihre maßgeblichen Träger in der deutschen Kultur nicht schon immer langfristig eine Kultur ohne Juden gesehen haben, wie sie schließlich nach 1933 grausame Wirklichkeit wurde. Und auf makabre Weise steckt in Ernst Jüngers 1930 geäußertem Résumée „Zur Judenfrage" ungewollt und anders, als Jünger es gemeint hat, ein Stück Wahrheit: „(Der Jude) wird sich vor seiner letzten Alternative sehen, die lautet: in Deutschland entweder Jude zu sein oder nicht zu sein."[12]

Nach der nationalsozialistischen Judenvernichtung deutete nichts auf eine jemalige Wiederbelebung jüdischer Kultur in Deutschland hin. Der zwischen 1946 und 1948 in den Displaced Person-Camps aufblühende Mikrokosmos jüdischer Kulturaktivitäten – jiddischsprachige Zeitungen, jiddisches Theater, Orchester, Kindergärten, Schule, Vereine – war, wie die Lager selbst, eine vorübergehende Erscheinung. Die Ächtung der verbliebenen, zahlenmäßig geringen jüdischen Gemeinschaft in Deutschland durch internationale jüdische Organisationen, eine bei den meisten Überlebenden vorhandene Transit-Mentalität hinsichtlich eines Aufenthaltes im „Land der Mörder" und eine bei ihnen fürs seelische Überleben unumgängliche „Latenzzeit des Schweigens" bildeten keine Grundlage für eine jüdische Kultur in Deutschland. Dies bedeutete nicht die gänzliche Abwesenheit jüdischer Kulturaktivitäten in den ersten Nachkriegsjahrzehnten. Zu beobachten sind: eine revitalisierte Nostalgiekultur gespeist aus jüdisch-osteuropäischen Quellen, eine zionistisch ausgerichtete, israelzentrierte Musik- und Tanzkultur und schließlich eine von der Shoah geprägte Gedenk- und Erinnerungskultur.

Weder die jüdisch-osteuropäische Nostalgiekultur noch die israelische Musik- und Tanzkultur haben als entliehenes oder imitiertes Judentum etwas mit

---

[12] Ernst Jünger, Über Nationalismus und Judenfrage, in: *Die Kommenden. Überbündische Wochenschrift der deutschen Jugend*, hg. von Ernst Jünger und Werner Laß, Flarchheim in Thüringen, 38. Folge, 5. Jg., 19. September 1930, S. 446.

genuiner jüdischer Kultur in Deutschland zu tun. Anders verhält es sich mit der vom Holocaust geprägten Gedenk- und Erinnerungskultur. Sie ist, wenngleich mit negativen Vorzeichen, Ausfluss eines historisch einzigartigen Ereignisses und ein Feld notwendiger Auseinandersetzung mit diesem. Doch auch hier gilt eine grundsätzliche Einschränkung: Es sind vornehmlich Nichtjuden, die sich mit diesem dunklen Kapitel deutsch-jüdischer Geschichte wissenschaftlich befassen. Die Museumsdidaktik ist ein anschauliches Beispiel dafür. Sie zielt vor allem auf die Aufklärung eines nichtjüdischen deutschen Publikums über jüdische Geschichte, Religion und das nationalsozialistische Menschheitsverbrechen an den Juden. Diese Präsentationen spiegeln nach Cilly Kugelmann „weder das zeitgenössische Leben der jüdischen Gemeinden in der Bundesrepublik wider, noch suchen sie eine Auseinandersetzung mit den hiesigen Juden."[13] Es sind jüdische Autoren und Autorinnen, die diese Auseinandersetzung vorwiegend auf literarischem Gebiet für ein nichtjüdisches Publikum führen. Vor diesem werden die seelischen Langzeitwirkungen der nationalsozialistischen Verbrechen mal ernst, mal ironisierend ausgebreitet: eine zwischen Mitteilungsbedürfnis und Exhibitionismus angelegte Bekenntnisliteratur, die auch vom Voyeurismus seines nichtjüdischen Publikums lebt. Selbst bei großzügigster Auslegung tangiert dies jüdische Kultur allenfalls am Rande.

Ähnliches gilt für die Beschäftigung mit der jiddischen Sprache. Sie ist, aus dem Mittelhochdeutschen stammend, unbestritten Teil jüdischer Kultur in Deutschland. Doch schon Moses Mendelssohn hat sie abgelehnt, weil er in ihr ein Hindernis für die Emanzipation der Juden sah. Heute wird sie in Deutschland mit Ausnahme kleinerer Sprachzirkel von Jiddisch-Liebhabern nur noch von älteren, vorwiegend aus dem Osten Europas stammenden Juden im Alltag gesprochen und vermutlich mit ihnen aussterben. Eine Rehabilitierung des Jiddischen hat auf akademischer Ebene stattgefunden: von Nichtjuden für Nichtjuden! Das einst als „Kauderwelsch" verpönte Idiom wird heute an den Universitäten Trier und Düsseldorf im Rahmen der Jiddistik gelehrt. Und Klassiker der Kinder- und Jugendliteratur wie *Der Struwwelpeter* (Pinye Shtroykop), *Max und Moritz* (Shmul und Shmerke), *Der kleine Prinz* (Der kleyner prints), *Die Farm der Tiere* (Der Khayes-Folvark) liegen in jiddischer Übersetzung vor, wenngleich mit amerikanisierter Lautschrift.[14] So begrüßenswert all das auch sein mag: es bleibt distanzierende Beschäftigung mit einer Sprache, die in ihrer rauen Lautmalerei so nah an die Dinge des täglichen Lebens heranreicht wie keine andere. Oder um es auf jiddisch zu sagen: „jiddisch red' men nisch, es red' sech" (Jiddisch spricht man nicht, es spricht sich von selbst). Es ist eben doch ein Unterschied, ob man eine Frau spontan liebt oder sie liebevoll seziert.

Auf eine Kurzformel gebracht, ist gegenwärtige jüdische Kultur in Deutschland die Präsentation dessen, was sich ein nichtjüdisches Publikum unter jüdi-

---

[13] Cilly Kugelmann, Jüdische Museen in Deutschland, in: Otto R. Romberg/Susanne Urban-Fahr (Hgg.), *Juden in Deutschland nach 1945 – Bürger oder „Mit"-Bürger?*, Frankfurt am Main 1999, S. 248.

[14] Alle erschienen im Verlag Michaela Naumann, Nidderau: *Der Struwwelpeter – Pinye Shtroykop*, 1999; *Max und Moritz*, 2000; *Der kleyner prints*, 2000; *Der Khayes-Folvark. A Vunder-Mayse*, 2001.

scher Kultur vorstellt oder vorstellen soll. Das bedeutet nicht Identität mit jenen Erscheinungen, die seit Beginn des 19. Jahrhunderts jüdische Kultur in Deutschland kennzeichnen: Anpassung, Fremdbestimmung, Maskerade, Legitimation. Die jüdische Gemeinschaft in Deutschland steht nicht mehr unter gesellschaftlichem oder staatlichem Zwang, sich der Mehrheitsgesellschaft anpassen zu müssen. Es gibt von staatlicher Seite her keine Forderungen nach Verzicht auf eigenständige Organisations- und Lebensformen zugunsten staatsbildender Uniformität, wie dies einst der Fall war. Und in einer zunehmend multiethnischen Gesellschaft muss sich die jüdische Gemeinschaft in Deutschland heute weder verleugnen noch legitimieren. Warum also das „Vorspielen" von jüdischer Kultur oder „deutsch-jüdischer" Kultur?

Nichtjüdischen Deutschen, die sich mit jüdischer Kultur in Deutschland beschäftigen, so mein Eindruck, schwebt immer noch das Ideal einer „deutsch-jüdischen" Kultur im Sinne einer verklärten „deutsch-jüdischen Symbiose" vor. Damit ist vermutlich der Wunsch verknüpft, verlorengegangene Anteile der eigenen Tradition im großen Topf einer revitalisierten „deutsch-jüdischen" Kultur wiederzufinden. Doch gelten solche Wiederbelebungsversuche einem Phantom. Aus Sicht des Judentums war „deutsch-jüdische" Kultur stets eine Übergangs- und Auflösungserscheinung auf Kosten jüdischer Eigenart und jüdischer Substanz gewesen: „Die Entfremdung des Juden von seinem eigenen Nährboden, seiner Geschichte und Tradition", so Gershom Sholem,

> und noch mehr seine Entfremdung in der sich bildenden bürgerlichen Gesellschaft, wurde ihm verübelt. Daß er nicht recht zu Hause war (...) das bildete in der Geschichte dieser Beziehungen, als Entfremdung noch ein Schimpfwort war, eine Anklage. Und es entspricht diesem vertrackten Zustand, daß die Juden selber in ihrer großen Mehrheit diese Wertung ihrer Umgebung teilten (...).[15]

Die historischen Erfahrungen der Juden mit jüdischer Kultur in Deutschland oder mit „deutsch-jüdischer" Kultur sind von Tragik gekennzeichnet. Nach 1945 hat sich in Deutschland eine wirklich substantielle jüdische Kultur nicht herausgebildet, ja, nicht herausbilden können. Deren einstmalige Träger waren größtenteils ermordet oder emigriert. Die kleine Schar der bis 1990 knapp 30 000 Seelen zählenden jüdischen Gemeinschaft war weder von ihrer heterogenen Zusammensetzung noch von ihrer institutionellen und finanziellen Ausstattung her in der Lage, eine nennenswerte jüdische Kultur aufzubauen. Eine neue, durch die seit 1990 verstärkte Zuwanderung von Juden aus der ehemaligen Sowjetunion geprägte jüdische Kultur ist als gesellschaftlich relevantes Phänomen bisher nicht erkennbar.

Was den Juden in Deutschland nach der zunächst diskreditierten Geschichte des deutschen Judentums als eine Geschichte der Überangepasstheit und Auflösung blieb, war der Versuch einer nach innen orientierten Pflege jüdischer Tradition in Familie, Synagoge und Gemeinde. Die Aufrechterhaltung einer außengeleiteten, „gesellschaftsfähigen" jüdischen Repräsentationskultur entsprach und entspricht eher wohlgemeinten nichtjüdischen Vorstellungen von jüdischer Kultur und sicherlich auch denen manch jüdischer Repräsentanten.

---

[15] Gershom Scholem, Juden und Deutsche, in: ders., *Judaica* 2, Frankfurt am Main 1970, S. 34.

Doch es gibt Einrichtungen in Deutschland, die Kristallisationskerne einer möglichen zukünftigen jüdischen Kultur sein könnten: die jüdischen Kindergärten, Schulen, Volkshochschulen, Bibliotheken und Jugendzentren, vor allem in den Großgemeinden; die Hochschule für Jüdische Studien Heidelberg, das Abraham Geiger Kolleg, das Touro College Berlin, die Lauder Foundation Jüdisches Lehrhaus und in Gründung sich befindlichen Jüdischen Akademien und Jüdischen Kollegien – kurz: die klassischen Lehr- und Lernorte des Judentums. Zugegeben: es sind wenige, aber angesichts der in diesem Land stattgefundenen Vernichtung jüdischen Lebens und jüdischer Tradition ist das nicht verwunderlich. Kritik am Zustand jüdischer Kultur in Deutschland sollte die Langzeitfolgen ihrer einstmaligen Vernichtung nicht unterschätzen.

Aus jüdischer Sicht bleibt die Geschichte der jüdischen Kultur in Deutschland, vor allem aber die der „deutsch-jüdischen" Kultur eine des vergeblichen Aderlasses jüdischer Substanz und eine der dauerhaften Selbstentfremdung ohne nachhaltige gesellschaftliche Kompensation. Warum also sollte aus jüdischer Sicht ein solches Kapitel revitalisiert werden? Und wenn partiell doch, dann sicherlich nicht mit jenen Zielen und Absichten, wie sie aus einer Geschichte der Selbstverleugnung und des Scheiterns abzulesen sind. Es darf keine unter gesellschaftlichem Legitimationsdruck abgepresste oder politischem Kalkül dienende „deutsch-jüdische" Kultur als eine weitere Übergangs- und Auflösungsvariante des Judentums in Deutschland sein. Eine eigenständige, erneuerte jüdische Kultur wird nur wachsen, wenn sie nicht vorrangig danach schielt, aus fragwürdigen Nützlichkeitserwägungen heraus einen ihr wesensfremden Beitrag zur deutschen oder europäischen Kultur zu leisten. Allein durch Verwirklichung dieses Anspruches wird sie eine Bereicherung deutsch-jüdischer und europäisch-jüdischer Kultur sein.

ANNETTE WEBER

Judendarstellungen und jüdische Portraits in den Papstkapellen des Vatikans

Überlegungen zu ihrer Verortung
im jüdisch-christlichen Verhältnis der Renaissance

Portraits von Juden in einer Papstkapelle – das klingt paradox, ja unwahrscheinlich. Angesichts der Tatsache aber, dass die Auseinandersetzung mit Judentum und Altem Testament ebenso ein Charakteristikum der vatikanischen Papstkapellen ist wie das Faktum, dass ihre Fresken von herausragenden Renaissance-Künstlern geschaffen worden sind, gewinnt jedoch eine solche Beobachtung an Plausibilität. An keinem anderen Ort der italienischen Renaissancekunst findet die Auseinandersetzung mit Judentum und Altem Testament so intensiv statt wie in den vatikanischen Papstkapellen. Die von Fra Angelico 1448–1449 für Papst Nikolaus V. ausgemalte Cappella Niccolina zeigt eine ausführliche Disputatio des Stephanus vor dem Sanhedrin in Jerusalem, während die für Papst Sixtus IV. errichtete Cappella Sistina einen ikonografisch einzigartigen Moseszyklus besitzt, der 1481–1482 von einem Malerteam um Perugino, Botticelli, Rosselli, Ghirlandajo und Signorelli geschaffen wurde. In der gleichen Kapelle befindet sich außerdem die von Michelangelo 1509–1513 ausgemalte Decke mit den Genesisszenen, Propheten und Sibyllen und der Darstellung der Ahnen Christi – ein ebenfalls höchst seltenes Bildthema. Die von Michelangelo 1542–1549 im Auftrag Papst Pauls III. ausgemalte Cappella Paolina zeigt die Konversion des Saulus in neuer Form. Außerhalb der Kapellen zeigen die von Raffael und seinem Team zwischen 1517–1519 ausgemalten Loggien des Vatikan nochmals einen ausführlichen biblischen Bilderzyklus, den die Szenen des Alten Testamentes dominieren.

Trotz ihrer umfassenden Würdigung als Meisterwerke der Renaissance sind die ungewöhnlichen Wandfresken nur vereinzelt im kulturhistorischen Kontext der Auseinandersetzung mit Judentum und Altem Testament in der Renaissance betrachtet worden, zumal es hierzu methodisch eines anderen Zuganges bedarf als der rein ästhetischen bzw. formgeschichtlichen Analyse. In diesem Fall soll untersucht werden, auf welcher Ideenbasis die Maler eine so komplexe Ikonografie mit zahlreichen Portraits geschaffen haben, die in ihrer zeitgenössischen Individualtracht teilweise inmitten des biblischen Geschehen erscheinen. Dass dies ohne genaue Anweisungen der päpstlichen Auftraggeber bzw. der theologischen Berater kaum denkbar ist, bestätigt ein erhaltenes Dokument zur Schätzung der Wandfresken der Cappella Sistina vom 17. Januar 1482. Es liefert den Hinweis darauf, dass das Künstlerteam der Cappella Sistina unter theologischer Aufsicht gestanden hat, denn es nennt den franziskanischen Gelehrten Antonio da Pinerolo und den Kanoniker von St. Peter Bartolomeo de Bollis an erster Stelle unter den Gutachtern der Fresken.[1]

Der vorliegende Beitrag bietet einige Überlegungen zur semantischen Bedeutung der Judendarstellungen in der Cappella Niccolina und der Cappella Sistina im Kontext des jüdisch-christlichen Verhältnisses der Renaissance. Ihre Analyse dient außerdem als Anlass, nach dem Umgang jüdischer Gemeinden mit der Renaissance-Kunst zu fragen. Methodisch verstehen sich die Überlegungen als Fallbeispiel für die Anwendung der kulturhistorischen Analyse im Fach jüdische Kunst, da dieses von der Notwendigkeit interdisziplinären Vorgehens bestimmt wird.

Die Fresken der drei Kapellen und der Loggien entstanden in den etwa hundert Jahren von 1440–1540, die Cecil Roth einmal als eine Art Goldenes Zeitalter der italienischen Juden definiert hat, weil der jüdisch-christliche Austausch während des Humanismus der Renaissance einen Höhepunkt erreichte.[2] Diese Sicht ist von nachfolgenden Forschern wie Roberto Bonfil modifiziert worden, denn die Renaissance bedeutete für die Juden keineswegs das Ende der Verfolgungen und christlichen Konversionsversuche.[3] So propagierte Johannes da Capistrano unter Nicolaus V. mit dessen Billigung betont judenfeindliche Positionen. Unter Sixtus IV. wurde 1475 trotz heftiger Proteste der Trienter Ritualmordprozess inszeniert und 1478 die spanische Inquisition eingeführt, die schließlich zu der Vertreibung der spanischen Juden von 1492 führte. Paul III. Farnese ließ 1543 in Rom das Katechumenen-Haus zur Bekehrung von Juden und Muslimen einrichten, und 1556 wurden die römischen Juden schließlich endgültig ghettoisiert.

Gleichzeitig entwickelten jedoch gerade die Renaissance-Päpste auch ein neues, humanistisch geprägtes Interesse an hebräischen Texten und jüdischem Denken und erwarben hebräische Manuskripte gezielt für die Vatikanische Bibliothek, wie etwa Nicolaus V. und Sixtus IV., der zudem auch zahlreiche Werke übersetzen ließ (s. u.). Unter Leo X. erschien die *Biblia rabbinica*, deren Druck der Kardinal Egidio da Viterbo vorangetrieben hatte. Dieser nahm zudem den Rabbiner Elia Levita für mehr als zehn Jahre in seinem Hause auf, um mit ihm gemeinsam hebräische Schriften zu studieren, die er dann auch in Übersetzung herausbrachte.[4] Zeugnisse dieses neuen Interesses am Judentum finden sich noch heute in der Vatikanischen Bibliothek. Ebenso findet sich aber auch ein Echo dieses geistigen Austausches in den Schriften jüdischer Gelehrter, etwa in Messer Leons *Nofet Zufim*,[5] wie auch in der Kunst, z. B. in prachtvoll illuminierten hebräischen Manuskripten, in der Darstellung des Propheten Jesaias mit hebräischer Inschrift von Raffael in Sant' Agostino von 1512 und schließlich sogar im Schabbatbesuch der römischen Juden in S. Pietro in Vincoli ab 1543, um die Mosesstatue des Michelangelo zu bewundern.[6]

---

[1] Leopold Ettlinger, *The Sistine Chapel before Michelangelo*, London 1965, Appendix B, S. 122–123.

[2] Cecil Roth, *The Jews in the Renaissance*, Philadelphia 1959, Einleitung, S. x–xiii.

[3] Vgl. Z. B. Roberto Bonfil, *Jewish Life in Renaissance Italy*, Berkeley 1994.

[4] John O'Malley, *Giles of Viterbo on Church and Reform*, Leiden 1968, S. 82–84.

[5] Hanna Liss, Ars Rhetorica als Peshat? Jüdische Bibelauslegung in der Renaissance am Beispiel von Juda Messer Leon und Asaria de Rossi, in: *Trumah* 9 (1999), S. 103–124.

[6] Vgl. den Tagungsbericht *Kunst als Wirkung des Göttlichen – Der Moses des Michelangelo und die Juden Roms*. in: <http://hsozkult.geschichte.hu-berlin.de/tagungsberichte/id=2725>.

All dies deutet auf ein sehr komplexes und von Ambivalenz geprägtes jüdisch-christliches Kulturgefüge während der Renaissance und lässt nach den Modi des veränderten kulturellen Austausches christlicher- wie jüdischerseits fragen. Sind veränderte Judendarstellungen im religiösen Kontext nur Anzeichen für eine andere christliche Perspektive oder spiegelt sich darin womöglich auch jüdischer Selbstbehauptungswille in neuer Form? Einer solchen Überlegung steht die These entgegen, dass Juden angesichts des Bilderverbotes kaum Interesse an bildender Kunst auch nicht der Renaissance gehabt und erst recht nicht sich selbst ins Bild gebracht hätten, sondern vor allem dann ins Bild gekommen seien, wenn die Botschaften gegen sie gerichtet gewesen wären. Wiederholt diskutiertes Beispiel dafür sind die Zwangsportraits der Familie des Daniele Norsa im Altarbild von 1499 für die Kirche S. Maria della Vittoria in Mantua, die anstelle des niedergerissenen Hauses des Daniele Norsa errichtet worden war.[7]

Auf den ersten Blick entspricht der Ort der Judendarstellungen im Stephanuszyklus in der Lunette an der Eingangs- und linken Seitenwand der Cappella Niccolina genau dieser These (Abb. 1a, b). Gemäß der Apostelgeschichte Kap. 6–8 wird Stephanus nach dem Streitgespräch vor dem Sanhedrin wegen Blasphemie verurteilt, aus der Stadt herausgeführt und gesteinigt. Fra Angelico schildert die Auseinandersetzung aus der Sicht eines Außenstehenden. Über die Schulter des predigenden Stephanus hinweg blickend erfährt er vor allem die Reaktionen der Sanhedrinsmitglieder und damit die Wirkung geistlicher Beredsamkeit. Der Künstler schildert die Juden als Kontrahenten des Heiligen, die erregt und zürnend mit ihm rechten und ihn schließlich hinauszerren und hinrichten, aber gleichzeitig sind die Juden der Sanhedrinszene als ihrer selbst bewusste, würdevolle, wenngleich zornig erregte Diskutanten dargestellt, deren differenzierte Physiognomien zumindest teilweise Portraitcharakter vermuten lassen. Die unterschiedlichen Formen der Haar- und Barttracht sowie der Kopfbedeckung von der Kippa über den Tallit (hebr. Gebetsmantel) und dem breitkrempigen Hut variieren das seit dem 13./14. Jahrhundert in Italien nachweisbare Schema der Judendarstellung wie etwa in Duccios Maestà mit dem um den Kopf geschlungenen Tallit und betonen damit zusätzlich das individualisierte Erscheinungsbild. Kevin Salatino weist außerdem darauf hin, dass der ganz links Stehende des Sanhedrins säkulare Kleidung und keinen Tallit trägt und damit wohl nicht als Rabbiner gemeint ist.[8] Erst recht Portraitcharakter weist der im Profil dargestellte, barhäuptige Gewandträger in zeitgenössischer Tracht in der Steinigungsszene auf, der nach der Legende Saulus gewesen sein soll.

Was bewog Papst Nicolaus V., so ungewöhnlichen Judendarstellungen einen so prominenten Platz in seiner Privatkapelle einzuräumen, in der er täglich Messe feierte und wo er sich selbst auch als Kryptoportrait in Gestalt Sixtus II. im

---

Dazu auch: Annette Weber, Fragen zur Textumsetzung: Michelangelos Sitzstatue des Moses und ihre Ikonografie im Vergleich zu biblischen Quellen, in: *Trumah* 18 (2009), S. 238–250.

[7] Vgl. hierzu zuletzt Dana Katz, *The Jew in the Art of the Italian Renaissance*, Philadelphia 2008, S. 40–68; Stephen J. Campbell, The conflicted Representation of Judaism in Italian Renaissance Images of Christ's Life and Passion Story, in: Marcia Kupfer (Hg.), *The Passion Story*, London 2008, S. 67–90..

[8] Kevin Salatino, *The Frescoes of Fra Angelico for the Chapel of Nicholas V. – Art and ideology in Renaissance Rome*, Philadelphia 1992, S. 230f.

Abb. 1a: Stephanus disputiert mit dem Sanhedrin in Jerusalem

Abb. 1b: Stephanus wird zur Hinrichtung geführt und gesteinigt

Fra Angelico, Freskozyklus mit der Stephanuslegende, Capella Niccolina, Vatikanspalast, Rom 1447/1448

Laurentiuszyklus unterhalb der Stephanusfresken hatte darstellen lassen?[9] Die Forschung ist bisher auf diese Darstellungen nur wenig eingegangen und interpretiert die Kapellenfresken insgesamt als Ausdruck päpstlicher Reformideen nach Beendigung des Schismas. Stephanus und Laurentius seien als Diakone der Urkirche auch als pastorale Vorbilder zu verstehen, deren Ordination durch Petrus bzw. Sixtus II. die Kontinuität und Legitimität der päpstlichen Auctoritas bestätigen würde und damit das Primat des Papstes. Predigt und Martyrium des Stephanus gelten demgemäß als besonders eindrückliche Beispiele vorbildlicher Pflichterfüllung, die der Künstler ins Bild der Gegenwart übersetzt hätte, so etwa auch dadurch, dass er bei der Steinigung statt der Jerusalemer die aurelianische Mauer Roms dargestellt hätte.[10]

Dieser topographische Hinweis kann vielleicht auch noch anders verstanden werden, ebenso wie womöglich auch die überaus einprägsame Darstellung der Stephanuspredigt vor dem Sanhedrin. Zu der Zeit, als die Fresken gerade in Arbeit waren, d. h. für den Zeitraum von 1447–1449, gibt es sowohl jüdische wie christliche Berichte über einen Frater, der in Rom gegen die Juden predigte, wobei es sich aller Wahrscheinlichkeit nach um Johannes da Capistrano handelt, dessen antijüdische Predigten und Aktivitäten bis zum Jubiläumsjahr 1450 in Rom dokumentiert sind. So schlug er Papst Nicolaus V. vor, eine Flotte zu schaffen, um die römischen Juden zu deportieren.[11] Nicolaus V. lehnte dieses Ansinnen zwar ab, beauftragte Capistrano aber doch mit der Ausführung der Bulle vom 23. Juni 1447, die die bereits unter Eugen IV. erlassenen, strengen kanonischen Bestimmungen gegen die Juden nicht nur in Spanien, sondern auch in Italien in Kraft setzen sollte.[12] Das Dekret verbot u. a. neue Synagogen zu bauen, sich in der Karwoche an öffentlichen Orten zu zeigen und Christen an Schabbat und jüdischen Festtagen zu beschäftigen. Juden wie Muslime sollten sich kennzeichnen und keine Mahl- und Wohngemeinschaft mehr mit Christen haben. Außerdem sollten sie keine öffentlichen Ämter für Christen ausüben noch ihnen Medikamente verkaufen oder gegen sie als Zeugen auftreten. Im Jubiläumsjahr soll es Capistrano außerdem in einer eigens angesetzten Disputatio gelungen sein, einen Rabbi Gamliel und vierzig weitere Nichtchristen zu konvertieren.[13]

Von der Predigthetze des Capistrano ist in Rabbinerbriefen zwischen Ancona und Recanati 1447 und 1448 immer wieder die Rede,[14] und auch der jüdische

---

[9] John Pope Hennessy, *The Portrait in the Renaissance*, Princeton 1979, S. 11.

[10] Innocenzo Venchi, The blessed Angelico and the Chapel of Nicholas V: Fra Angelico's theology of art, in: Ders. (Hg.), *Fra Angelico and the Chapel of Nicholas V.*, Rom Citta del Vaticano 1999, S. 16. vgl. ebd. auch Renate L. Colella, The Cappella Nicholina or Chapel of Nicholas V in the Vatican, the history and significance of its frescoes, S. 22–71.

[11] Abraham Berliner, *Geschichte der Juden in Rom von der ältesten Zeit bis zur Gegenwart*, Hildesheim 1987 (Nachdruck der Ausgabe Frankfurt/M. 1893), Teil II, S. 73 vgl. daselbst Anm. 3 (Notiz in Cod. Vat. 7711, fol. 228a) vgl. dazu auch Paul Rieger, *Geschichte der Juden in Rom*, Berlin 1895, Bd. II, S. 13 und S. 42.

[12] Berliner, ebd., vgl. Frau Luca Wadding, *Annales minorum seu Trium Ordinum a S. Francisco institutorum* Bd. XI, S. 280.

[13] Vgl. Wadding (wie Anm. 12), *Annales minorum seu Trium Ordinum a S. Francisco institutorum* Bd. XII, S. 64 sowie Rieger, (wie Anm. 11), S. 14.

[14] Leon Poliakov, *Jewish Bankers and the Holy See from 13th–17th Century*, London 1977, S. 75.

Arzt, Dichter in der Nachfolge Dantes und Gemeinderabbiner Mosche ben Isaak da Rieti (gest.nach 1452) nimmt gegen das Wüten des Fraters in Rom Stellung.[15] Man kann also davon ausgehen, dass die Auseinandersetzungen um die antijüdischen Predigten des Johannes von Capistrano in Rom während der Ausmalung der Cappella Niccolina von einiger Heftigkeit und Gegenstand öffentlicher Debatte gewesen sein müssen. Gleichzeitig scheint Nicolaus V. die Situation auch wieder entschärft haben zu wollen, indem er den Inquisitoren, den „censores fidei", verbot, das Volk gegen die Juden aufzuhetzen, vielmehr sollten sie die Juden gegen alle Unbilden schützen.[16] In seinem Breve vom 4. Juli 1452 ordnete der Papst zudem in Rom den temporären Aufschub der gegen die Juden gerichteten Maßnahmen an.[17] In der gleichen Zeit sammelte Papst Nicolaus V. aber auch hebräische Manuskripte für den Aufbau der neuen vatikanischen Bibliothek, deren Grundstock er mit fast 1000 Neuerwerbungen gelegt hat.

Die Frage ist, ob die neue und ungewöhnlich individualisierte Szene der Stephanusdisputatio in der Cappella Niccolina die ambivalente Haltung Nikolaus V. nicht indirekt spiegelt, denn hier mischt sich die alte Hoffnung auf Bekehrung der Juden durch christliche Predigt mit der neuen, humanistisch geprägten Achtung für die Geistestradition des Alten Bundes. Die Disputatio zwischen Stephanus und den Juden zeigt eine Diskussion zwischen Gleichwertigen, indem sie durch Mimik, Haltung und Gestik die menschliche Einsichtsfähigkeit der Juden betont (Abb. 2 a). Sie rückt damit das Ringen um die religiöse Wahrheit in den Mittelpunkt, auch wenn die unterschiedliche Gestik bereits die rhetorische Überlegenheit des Stephanus andeutet.[18] Beide Parteien werden in ihrer persönlichen Haltung verständlich, und dramatisch folgerichtig zeigen die beiden nachfolgenden Szenen die affektgeladene Steinigung des Stephanus durch die Unterlegenen, bei der nur der ganz ruhig dastehende Gewandträger die Ausnahme bildet. Ob er in Analogie zu Saul das Kryptoportrait eines gerade Konvertierten bzw. kurz vor der Konversion stehenden ist, muss offen bleiben (Abb. 2b). Die Individualisierung dient hier der Steigerung der Bilddramatik und stellt eine andere, neue Form der Bildrhetorik vor im Vergleich zur mittelalterlichen Diffamierungsstrategie in Ländern nördlich der Alpen, wo die jüdischen Stephanusgegner teilweise mit monströs deformierten Physiognomien dargestellt wurden. Ihre Überzeugungskraft bezieht sie aus der Plausibilität des quasi nach der Natur beobachteten Geschehens, was der Vermittlung der päpstlichen Botschaft als vernünftig und logisch nachvollziehbar zugute kommt. Daher kann man die neue Bildrhetorik als Korrelat der neuen Papstpolitik verstehen. Zugleich betont die neue Bildrhetorik in ihrem Streben nach Glaubwürdigkeit aber auch das Persönlichkeitsrecht der Juden als Andersgläubige.

Die Frage ist, ob und wie diese neue humanistisch begründete Achtung des Persönlichkeitsrechtes gegenüber Juden auf das Selbstbild der jüdischen Gemeinden eingewirkt hat. Hebräische illuminierte Handschriften des 15. Jahrhunderts

---

[15] Berliner (wie Anm. 11) S. 73 und Anm. 2.
[16] Ebd., S. 74 und Anm. 1: O. Raynaldus Annales eccles. ab anno 1108 ad 1565, Rom 1646, ad. A. 1447, 22.
[17] Berliner (wie Anm. 11), S. 75 und Anm. 1: Cod. Vat. 2506, p. 151b, 153.
[18] Salatino (wie Anm. 8).

Abb. 2a: Portrait des Sanhedrin-Vorsitzenden, Detail der Stephanusdisputatio
Abb. 2b: Profilportrait des Gewandträgers, Detail der Steinigungsszene
Fra Angelico, Freskozyklus mit der Stephanuslegende, Capella Niccolina, Vatikanspalast, Rom 1447/1448

lassen das Interesse an der Bild- und Sachkultur der Renaissance erkennen, ohne aber ihre Auftraggeber im Portrait zu präsentieren. Ebenso sind, abgesehen von einigen wenigen Medaillenbildnissen aus dem frühen 16. Jahrhundert, bis heute keine Individualportraits von Juden aus der Hochrenaissance bekannt. Die Existenz solcher Portraits in Italien referiert erst Leone Modena (1571–1648), der sich selbst auch portraitieren und sein Bildnis im Holzschnitt auf das Titelblatt seiner *Historia de' riti hebraici* von 1638 setzen ließ.[19] Michael Zell verbindet dieses Portrait mit der gegenüber bildender Kunst sehr viel offeneren sefardischen Kulturpraxis, die sich in der frühen Neuzeit mit der Ankunft der Marranen nach 1492 in Italien und Westeuropa auszubreiten begann.[20]

Wie verhält es sich aber dann mit den Darstellungen der Israeliten in der Cappella Sistina (Abb. 3), unter denen sich auch individualisierte Physiognomien befinden, die schon Ernst Steinmann 1901 als Portraits angesprochen hat, jedoch ohne ihre besondere Typologie zu berücksichtigen?[21] Sind es Zwangs- oder doch nur Zufallsportraits, die im Belieben der ausführenden Künstler standen, ähnlich wie es für deren Selbstbildnisse geltend gemacht wird? Oder ist es auch denkbar, dass eine Generation nach den Fresken der Cappella Niccolina die kulturelle Annäherung soweit fortgeschritten war, dass mit dem Papsthof in Verbindung stehende Juden zustimmten, auch in der Papstkapelle portraitiert zu werden? Wenn auch die Wahrscheinlichkeit nicht sehr groß ist, Dokumente mit dem Namen der Dargestellten zu finden, so kann man doch versuchen, anhand ihrer Typologie und des geistesgeschichtlichen Kontextes möglichen Aufschluss über die Bildprogrammatik und damit auch über den in Frage kommenden Kreis der Dargestellten zu gewinnen.

---

[19] Michael Zell, *Reframing Rembrandt, Jews and the Christian Image*, Berkeley 2002, S. 14–15.
[20] Ebd.
[21] Ernst Steinmann, *Die sixtinische Kapelle*, München 1901, 2 Bde, hier Bd. 1, S. 520, 523 und 529 zu den Portraits in Signorellis Fresko Moses als Gesetzeslehrer.

Abb. 3: Blick in die Cappella Sistina nach Westen,
Vatikanspalast Rom

Die Cappella Sistina war die große Palastkapelle des Papstes, die nach dem Jubiläumsjahr 1475 im Auftrag Sixtus IV. baulich erneuert und von 1481 bis 1482–1483 von einem Malerteam aus Florenz vollständig freskiert wurde, dem u. a. Botticelli, Perugino, Ghirlandajo, Rosselli und später Signorelli angehörten. Zur Einweihung am 15. August 1483 erhielt das römische Volk mit Frauen und Kindern Zutritt zum Laienraum vor der Chorschranke und war aufgefordert, die Kirche gegen einen besonderen Ablass zum Einweihungstag zu besuchen. Infolgedessen fand sich eine große Menschenmenge ein, und auch der Papst erschien selbst zweimal zum Gottesdienst und segnete das Volk.[22]

Die Kapelle wurde und wird noch immer während der Konklave genutzt. Zur Zeit der Renaissance fanden hier feierliche Papstmessen statt, besonders während der Fastenzeit. Außerdem wurden Gesandte und Fürsten sowie die Vertreter der römischen Kommune empfangen, so dass nicht nur die Kardinäle und

---

[22] Steinmann (wie Anm. 21), S. 548f.

der Papst, sondern auch hochgestellte und politisch wichtige Persönlichkeiten die Möglichkeit hatten, die Fresken und mit ihnen die Portraits der Zeitgenossen zu betrachten.[23] Bereits Anfang des 16. Jahrhunderts wurde die Ausstattung durch die Deckenausmalung Michelangelos erheblich verändert, ein weiterer Eingriff erfolgte mit Michelangelos Jüngstem Gericht von 1536–1541 an der Westwand und der Erneuerung der Fresken an der Ostwand, nachdem 1522 Teile herabgestürzt waren. Die ursprüngliche Quattrocento-Ausmalung besteht heute nur noch an den Längswänden, an denen sich je sechs Szenen aus dem Leben von Moses und Christus mit zahlreichen zeitgenössischen Portraits gegenüberstehen, während sich darüber die Reihe der ganzfigurigen fiktiven Papstportraits befindet. Die sechs Szenen an der Nordwand zeigen von West nach Ost im ersten Bild Moses Rückkehr nach Ägypten und die Beschneidung seiner Söhne, gemalt von Perugino. Das zweite Fresko von Botticelli zeigt mehrere Episoden der Mosesvita, aber nicht in chronologischer Reihenfolge: Moses Berufung am Dornbusch und der Aufbruch aus Ägypten, Moses am Brunnen mit den Töchtern des Jethro, den Totschlag des Ägypters und Moses Flucht. Darauf folgt das von Cosimo Rosselli bzw. Biagio di Antonio gemalte Fresko mit dem Durchzug durch das Rote Meer und dem Untergang des Pharao und seiner Armee. Das vierte Fresko von Cosimo Rosselli zeigt mehrere Episoden der Gesetzgebung ebenfalls zeitlich verschränkt: den Empfang der Gesetzestafeln und die Rückkehr des Moses vom Berg Sinai, den Tanz um das goldene Kalb und die Bestrafung der Abtrünnigen. Danach folgt Botticellis Fresko der Revolte gegen Moses und der Bestrafung der Rotte Korach sowie Dathans und Abirams vor dem Konstantinsbogen. Die Wandfresken an der Nordwand schließen mit Signorellis und Bartolomeo della Gattas Fresko mit mehreren Szenen der letzten Taten des Moses, welche die Stabübergabe an Joschua, Moses auf dem Berg Nebo, Moses als Lehrer seines Volkes und die Beweinung seines Leichnams umfassen. Moses Begräbnis wird jedoch in der Bibel ausdrücklich nicht geschildert, sondern nur in Apokryphen überliefert, ebenso wie die Darstellung des Erzengels Michael im Kampf um den Leichnam des Moses, was in der 1522 zerstörten, letzten Szene an der Ostwand dargestellt war und im späteren 16. Jahrhundert erneuert wurde.[24]

---

[23] John Shearman, The history of the Sistine Chapel, in: Fabrizio Mancinelli et al. (Hgg.), *Michelangelo e la Sistina*, Rom 1990, S. 19–28.

[24] Ettlinger (wie Anm. 1), S. 70–75. Der Einwand Gloria Kurys, *The Early Works of Signorelli, 1465–1490*, New York 1978, S. 78–101, sowie Anm. 13 und Anm. 16, dass Leopold Ettlinger die Darstellung von Moses auf dem Berg Nebo wegen des in der Bibel nicht erwähnten Engels unzutreffend gedeutet habe, überzeugt nicht. Vielmehr scheint Kurys Deutung wenig plausibel, dass der Engel Moses auf dem Berg das Grab zeigen würde. Der neben Moses auf dem Berg stehende Engel deutet herab auf eine Landschaftsszenerie mit einer Stadt jenseits des Flusstales, was der biblischen Beschreibung von Moses Blick vom Berg Nebo in Moab über den Jordan nach Jericho und das Land Kanaan ziemlich genau entspricht (5. Buch Moses 34,3). Der Engel, der Moses stellvertretend für Gott das Land Kanaan zeigt, hat seine Parallele in Peruginos Rückkehr Moses nach Ägypten, wo der Engel ebenfalls anstelle Gottes Moses entgegentritt und ihn auffordert, seine Söhne beschneiden zu lassen. Ebenso wenig überzeugt Kurys Einwand, Ettlinger habe den Stellenwert der Typologie für den gesamten Zyklus zu wenig berücksichtigt, angesichts seiner ausführlichen Überlegungen zur Bedeutung der Typologie in Kap. V von *The Sistine Chapel before Michelangelo*.

Auf der Südwand setzt der Zyklus mit Peruginos Taufe Christi ein, der eine Johannes- und eine Christuspredigt beigeordnet sind. Den Töchtern des Jethro gegenüber steht Botticellis Versuchung Christi, die oberhalb einer Opferszene vor einer Tempelfassade stattfindet. Daran schließt sich Ghirlandajos Berufung der Apostel, danach folgt Rossellis Bergpredigt mit der Heilung des Lahmen, Peruginos Schlüsselübergabe mit der versuchten Steinigung Christi im Mittelgrund sowie das letzte Abendmahl von Rosselli, dessen Hintergrundarchitektur den Blick auf drei Passionsszenen freigibt.

Diese monumentalen Wandbilder präsentieren biblische Geschichte einer komplexen neuen Bildrhetorik, denn die Simultandarstellungen erlauben die Zeitverschränkung von Antike und Gegenwart, während die detaillierte Naturschilderung der Figuren, besonders aber der Landschaftsräume, die Plausibilität der Bildargumentation unterstützt. Auf diese Weise propagieren die Fresken die zeitlose Gültigkeit christlicher Bibelexegese, deren Themen programmatisch von den Bildtituli indiziert werden. [25] Trotz der wieder entdeckten Bildtituli gibt das ikonografische Programm der Wandfresken weiter Rätsel auf. Insbesondere ist die Szene der Versuchung Jesus mit dem Blutopfer des Hohepriesters vor einer Renaissance-Tempelfassade bislang nicht befriedigend gedeutet. Die Forschung ist sich darin einig, dass die typologische Gegenüberstellung des Alten und Neuen Testamentes Ausgangspunkt der Programmgestaltung gewesen ist; dem Zeitalter *sub lege* steht das Zeitalter *sub gratia* gegenüber. Welcher Natur darüber hinausgehende historische Anspielungen sind und ob sie eher politisch oder theologisch zu verstehen sind, ist jedoch umstritten. Ernst Steinmann deutet einzelne Szenen wie den Durchzug durch das Rote Meer als Kryptodarstellungen historischer Ereignisse der Regierungszeit Sixtus IV. Leopold Ettlinger hingegen charakterisiert den gesamten Wandzyklus als eine neuartige, unter Rückgriff auf die Patristik und die altchristliche Kunst konzipierte Typologie, die er als historisch-politisches Manifest des *primatus papae* interpretiert, während John Shearman die Typologie eher der Scholastik verpflichtet sieht und als Ausdruck päpstlicher *potestas* deutet, für die Peruginos Schlüsselübergabe zum end-

---

[25] Tituli an der Nordwand:

Observatio Antique Regenerationis a Moise per circoncisionem
Temptatio Moisi Legis scriptae latoris
Congregatio Populi a Moise Legem scriptam accepturi
Promulgatio Legis scripte per Moisem
Conturbatio Moisi Legis scriptae Latoris
Replicatio legis scriptae a Moise

Tituli an der Südwand:

Institutio Novae Regenerationis a Christo in Baptismo
Temptatio Iesu Christi Latoris Evangelicae Legis
Congregatio populi legem evangelicam accepturi
Promulgatio Evangelicae Legis per Christum
Conturbatio Iesu Christi legislatoris
Replicatio Evangelicae Legis a Christo

(nach Arnold Nesselrath, *La Cappella Sistina – Il Quattrocento*, Rom Citta del Vaticano 2003).

gültigen Sinnbild geworden sei.[26] Carol Lewis deutet die komplexe Ikonographie hingegen als bildliche Umsetzung der päpstlichen Fastenliturgie, die vor allem in dieser Kapelle stattfand, während Jorge Maria Mejia sie als exemplarische Bibelexegese im Rahmen der Messliturgie betrachtet, die der Papst als *vicarius Christi* zelebrierte.[27] Angesichts der Simultandarstellung und Zeitverschränkung in den Fresken wäre jedoch zu fragen, ob ihre neue Bildrhetorik nicht auch gerade deswegen entwickelt wurde, um möglichst vielfältige Sinnbezüge zu ermöglichen.

Bei der Diskussion um die Gesamtbedeutung der Fresken sind die Portraits immer mehr aus dem Blick geraten, so dass ihre Erforschung wiederholt als Desideratum vermerkt wird.[28] Die Portraits konzentrieren sich in den Fresken westlich der Chorschranke, dem Raum, der dem Papst und seinem Gefolge vorbehalten war. Dabei sind die Bildnisse im Moseszyklus eher als Kryptoportraits in das Geschehen eingebunden worden, während sie im Christuszyklus mehrheitlich als zeitgenössische Zuschauer dem Geschehen beigeordnet und erheblich zahlreicher vertreten sind als im Moseszyklus.[29] John Pope Hennessy erblickt in diesen Portraits eine Darstellung des *Who's Who* von 1482, gleich ob aus Rom oder Florenz.[30] Ernst Steinmann, der im Kontext seiner historischen Überlegungen zahlreiche Identifikationen anhand von Quellenhinweisen und Vergleichen mit Einzelbildnissen vorgenommen hat, meint, dass die Künstler hier sich selbst, Freunde und Förderer portraitiert hätten. Zugleich aber habe Sixtus IV. in diesen Fresken auch seine Verwandtschaft und Verbündeten darstellen lassen, wie etwa Kardinal Giuliano della Rovere und Girolamo Riario in der Szene der Versuchung Christi sowie König Ferrante von Neapel in der Schlüsselübergabe.[31] Sixtus IV. hatte sich in der Tat mit den ihm verwandten Familien della Rovere, Riario, Sansoni und Basso eine eigene Klientel geschaffen, die ihn wesentlich bei seiner rücksichtslosen Hausmachtpolitik in Italien unterstützten, wofür ihm schon die Zeitgenossen heftigste Vorwürfe machten. Der ungehemmte Nepotismus gilt als Charakteristikum seines Pontifikates, und die Portraitprominenz in den Wandfresken der Cappella Sistina scheint dies zu bestätigen. Auch für die Zeitgenossen müssen diese vielen Portraits von besonderem Interesse gewesen

---

[26] Vgl. Ernst Steinmann (wie Anm. 21); Leopold Ettlinger (wie Anm. 1), S. 95–103 Kapitel V Typology and World History. John Shearman, La costruzione della Cappella Sistina e la prima decorazione al Tempo di Sisto IV, in: *La Cappella Sistina: I primi restauri – la scoperta del colore*, Novara 1986, S. 51–87.

[27] Carol Lewine, *The Sistine Chapel and the Roman Liturgy*, Philadelphia 1993; Jorge Maria Mejià, Biblical Reading of the Frescoes on the Walls of the Sistine Chapel in: Francesco Buranelli/Allan Duston (Hgg.), *The Fifteenth Century Frescoes in the Sistine Chapel, Recent Restorations*, Rome Vatican Museums 2003, S. 9–37. Vgl. dazu auch: Arnold Nesselrath, The painters of Lorenzo the Magnificent in the Chapel of Pope Sixtus IV in Rome, ebd., S. 60–62.

[28] Vgl. Gloria Kury, *The Early Works of Signorelli, 1465–1490*, New York 1978, S. 110.

[29] Creighton Gilbert, Rezension zu: John Pope Hennessy, The Portrait in the Renaissance, in: *The Burlington Magazine* CX, 1968, S. 278–285, gefolgt von Nesselrath (wie Anm. 25), S. 63f, und Eckart Marchand, *Gebärden in der Florentiner Malerei*, Münster 2004, S. 315.

[30] John Pope Hennessy (wie Anm. 9), S. 14–17.

[31] Steinmann (wie Anm. 21), vgl. S. 471–484, zur Identifizierung der Portraits in Botticellis Versuchung Christi.

II. Temptation of Moses - giornate

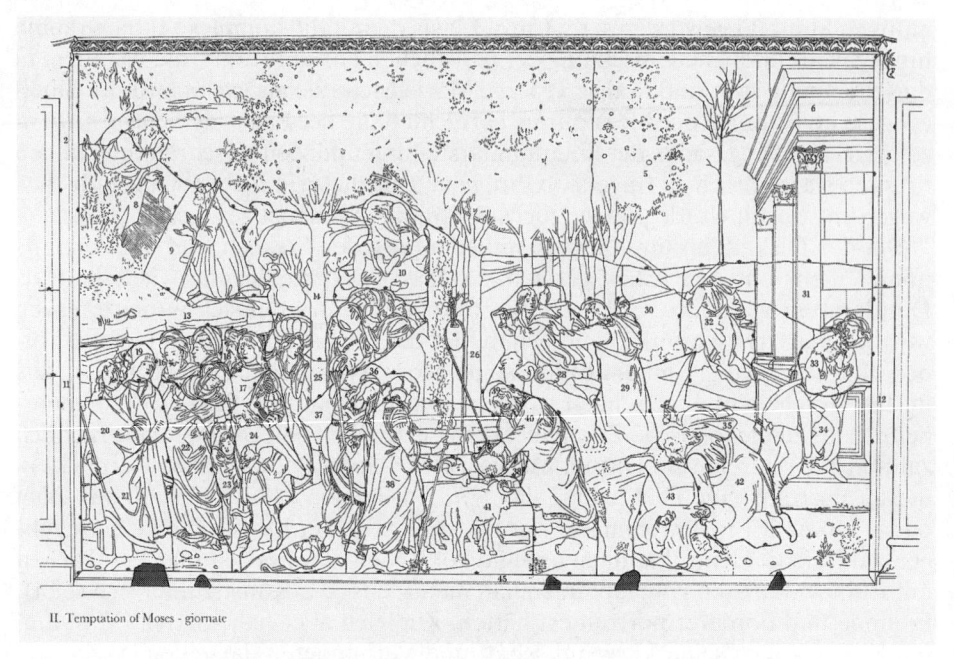

Abb. 4: Aufteilung der giornate im Fresko der Versuchung des Moses, Botticelli, Nordwand der Cappella Sistina, Vatikanspalast, Rom 1481–1482

sein, denn Giorgio Vasari überliefert noch 1568 die Namen einiger Persönlichkeiten, die Piero di Cosimo in der Cappella Sistina portraitiert habe, während Fulvio Orsini 1585 berichtet, dass Papst Paul III. dem Kardinal S. Angelo einmal die Portraits der griechischen Humanisten in der Cappella Sistina gezeigt habe.[32]

Insgesamt geht die Forschung jedoch weniger auf diese Rezeptions- und Bedeutungsgeschichte ein, sondern würdigt die Portraits vor allem als für die Renaissance typische, individuelle künstlerische Leistungen, die dazu dienten, das biblische Geschehen von AT und NT mit der Gegenwart zu verknüpfen und zu verlebendigen, um so die Kontinuität christlicher Geschichte und Religiosität zu veranschaulichen.[33] Unter dieser Prämisse versuchte auch Sylvia Ferino Pagden die iterative Verwendung eines einzelnen Portraitypus durch verschiedene Künstler nachzuweisen, die ihre Schilderungen dadurch ‚wahrhaftiger' erscheinen lassen wollten.[34] Angesichts des zeittypisch bedingten gleichartigen Habitus

---

[32] Steinmann, ebd., S. 258 und S. 436 f zur Identifikation der Portraits von Vincenzio Orsini und Roberto Malatesta unter Berufung auf Vasari (Ed. Milanesi, Bd. IV, S. 132), dass Piero di Cosimo Portraits für Rossellino gemalt habe. S. 529 Zitat des Briefes von Fulvio Orsini vom 16. März 1585 an Gianvincenzo Pinelli nach Pierre de Nolhac, *Petites Notes sur l'art italien*, Paris 1887, S. 10–14.

[33] Arnold Nesselrath (wie Anm. 27), S. 63f.; Sylvia Ferino Pagden, Perugino al servizio dei Della Rovere: Sisto IV e il Cardinale Giuliano, in: Silvia Bottaro et al. (Hgg.), *Sisto IV e Giulio II mecenati e promotori di cultura*, Savona 1985, S. 53–72.

[34] Ferino Pagden, ebd., S. 65 und Anm. 104.

VI. Last Acts and Death of Moses - giornate

Abb. 5: Aufteilung der giornate im Fresko Letzte Taten des Moses,
Signorelli mit Assistenz von Bartolomeo Gatta, Nordwand der Cappella Sistina,
Vatikanspalast, Rom 1482

scheint dies für das Erscheinungsbild eines älteren Mannes mit hoher cappa, das mehrfach in den Fresken der Taufe, der Bergpredigt und der Schlüsselübergabe auftaucht, auf den ersten Blick plausibel, scheitert bei genauem Hinsehen aber daran, dass die Dargestellten teilweise unterschiedliche Augen- und Haarfarbe aufweisen und ebenso unterschiedliche Berufs- und Ehrenzeichen tragen, somit individuell voneinander abweichen.

Dass die Portraits ein wichtiger Bestandteil des Freskenprogramms gewesen sind, hat die 1999 abgeschlossene Restaurierung bestätigt. Sie hat die Anordnung und Größe der al fresco-giornate (ital. für Tagewerk, bezeichnet die direkt auf den feuchten Putz gemalte Bildeinheit) untersucht und deren kleinteilige Aufteilung gerade bei den Portraits festgestellt.[35] Deren sorgfältige Aufteilung nach Motivgrenzen, wobei eine giornata oft nur wenige Köpfe getrennt von der Körperdarstellung umfassen kann, bestätigt die Vermutung, dass viel Umsicht auf Anordnung und Gestaltung der Bildnisse verwendet wurde, deren Vorzeichnung und Umsetzung zusätzlichen Aufwand erforderten. Die kleinteiligen giornate der Portraits müssen damit von Anfang an als wesentlicher Bestandteil der Bildkomposition mitgeplant worden sein und können keine ad hoc entstandenen, künstlerischen Einfälle darstellen (Abb. 4 und 5).

Die Portraits der Zeitgenossen bilden in diesen Fresken zudem eine eigene Gattung, denn sie unterscheiden sich durch ihre individuellen Gesichtszüge und

---

[35] Vgl. dazu die Umzeichnungen der giornate in Francesco Buranelli, Allan Duston (wie Anm. 27), S. 239–249.

Abb. 6: Versuchung des Moses, Fresko des Botticelli, Nordwand der Cappella Sistina, Vatikanspalast, Rom 1481–1482

den fast immer fehlenden Bart von den biblischen Gestalten ebenso sehr wie durch ihre zeittypische Kleidung. So tragen erwachsene, ältere Männer einen weiten Mantel oder auch die cioppa und gelegentlich ein togaähnliches Gewand, dazu oft ein Barett oder eine Kappe als Kopfbedeckung. Die jüngeren tragen teilweise enganliegende Beinkleider und Wams sowie häufiger ein mit Juwelen besetztes Barett oder auch einen Hut. Kleriker sind durch das Ornat kenntlich, vereinzelt tragen Kriegsleute eine Rüstung bzw. Teile davon wie einen Brustpanzer. Nicht immer folgen die Blicke der Portraitierten dem Bildgeschehen, sondern oftmals ist ihr Blick in die Ferne oder auch direkt auf den Betrachter gerichtet, so dass sich der Eindruck des gesondert ins Fresko eingefügten Einzelportraits verstärkt, das aus einem ganz anderen Kontext kopiert und danach per Karton o. ä. übertragen worden war. Diese Portraits zeigen zudem oftmals die für Büstenbildnisse der Frührenaissance typische Profil- oder Dreiviertelansicht.[36]

Die immer noch ausstehende Portraittypologie der sixtinischen Wandfresken kann jedoch auch an dieser Stelle nicht geleistet werden, sondern hier geht es nur um Überlegungen zu einer Kategorie: die Darstellungen der Israeliten innerhalb des Moseszyklus. Insgesamt fällt auf, dass das sehr verschiedenartige Gefolge des Moses Erscheinungsbilder von der Antike bis zur Renaissance vertritt. Die biblischen Gestalten wie Moses und seine Familie erscheinen in antikisierender Aufmachung, wobei Moses selbst als Leitfigur immer die gleiche Tracht mit gelber Tunika und togaähnlichem grünen Mantel trägt (Abb. 6). Daneben gibt es aber auch einige wenige typisierte Bärtige mit Turban oder dem über den Kopf

---

[36] Diesen Hinweis verdanke ich Dr. Martha Weber.

Abb. 7: Portraits zweier Mauren,
Detail aus der Versuchung des Moses

gezogenen Tallit, die das traditionelle Schema (s. o.) der Judendarstellung wieder aufnehmen, wie etwa die beiden bärtigen Alten hinter den Zuhörern des Moses am linken Bildrand der Gesetzgebung. Dazu gehören außerdem zwei weitere Bärtige am rechten Rand der Taufe Christi hinter den christlichen Bildnissen und typologisch auch die Rückenfigur des Diskutanten im grünen Mantel und einer über den Rücken hängenden Gnadenkette links im Vordergrund der Bergpredigt, obgleich sie Ernst Steinmann als untypisch gekleideten Johanniter interpretierte und mit Jacopo de Almedia identifiziert hat.[37] Darüber hinaus erscheinen in Gefolge des Moses zahlreiche zeitgenössische Einzelportraits von Männern mittleren Alters und jungen Erwachsenen in eindeutig christlicher Tracht. Mit Ausnahme des tanzenden Paares in der Szene der Anbetung des Goldenen Kalbes tritt jedoch keine Einzelpersönlichkeit so weit hervor wie die Kardinalsgestalt oder die des Befehlshabers in der Szene der Versuchung Christi.

Dennoch fallen unter den zeitgenössischen Männerportraits des Moseszyklus einige wenige aufgrund ihrer ungewöhnlichen Kopfbedeckung und Hautfarbe auf (Abb. 7). So befinden sich unter den aufbrechenden Israeliten unterhalb des Dornbusches in der Szene der Versuchung des Moses eindeutig die Portraits zweier Mauren mit dunkelblauen Turbanen, die sich auch durch die dunklere Hautfarbe von ihrer Umgebung unterscheiden. Der vordere von ihnen wendet sich mit klarem offenem Blick direkt dem Betrachter zu und nimmt nicht am Bildgeschehen teil, sein Gefährte ist so ins Profil gewendet, dass sein Portrait besonders deutlich wie extra eingesetzt wirkt. Hinter ihnen ist das finstere Profil

---

[37] Steinmann (wie Anm. 21), S. 397f.

Abb. 8: Durchzug durch das Rote Meer, Fresko des Rosselli bzw. des Biagio Antonio, Nordwand der Cappella Sistina, Vatikanspalast, Rom 1481–1482

eines Bärtigen mit Turban gerade noch zu erkennen. Es kontrastiert mit einem Jünglingsportrait und dessen Goldrüstung, nach Steinmann wohl ein Verweis darauf ist, dass die Israeliten gerüstet aus Ägypten auszogen.[38] Steinmann erkennt in dem vorderen der beiden Mauren Aaron als „herrlich semitischen Typus", ohne ihn als Portrait anzusprechen und dessen individuelle, arabische Kleidung mit Burnus und Turban zu berücksichtigen.[39] Da nichts in der zeitgenössischen maurischen Tracht auf Moses Bruder Aaron verweist und die Portraitzüge deutlich hervortreten, spricht dies gegen eine biblische Identifikation, nicht aber dagegen, dass diese nordafrikanischen Bildnisse ganz bewusst in den historischen Bildzusammenhang des Auszuges aus Ägypten platziert wurden. Die ungewöhnliche, blaue Turbanfarbe könnte nach den Untersuchungen von Yedida Kalfon Stillman auf nordafrikanische Christen deuten, die nach den strengen, von 1300–1517 gültigen Mamelukengesetzen von Ägypten blaue Turbane im Unterschied zu den weißen der Muslime und den gelben der Juden tragen mussten.[40] Auch in der Folgeszene des Durchzuges durch das Rote Meer tauchen zwei Mauren mit blauen Turbanen unter den geretteten Israeliten auf (Abb. 8). Direkt neben Moses kniet ein Turbanträger in christlicher Gebetshaltung und hinter ihm befindet sich ein weißbärtiger Kleriker in der Kardinalstracht des Quattrocento, den Ernst Steinmann im Vergleich mit zeitgenössi-

---

[38] Ebd., S. 494.
[39] Ebd.
[40] Yedida Kalfon Stillman, (ed. by Norman A. Stillman), *Arab dress: from dawn of Islam to Modern Times – A short history*, Leiden 2003, S. 111–114.

schen Einzelbildnissen plausibel als das Kryptoportrait des 1472 verstorbenen Kardinals Bessarion identifizierte, da er nachweislich in den Wandfresken dargestellt war.[41] Er hält eine halbverhüllte Hostienpyxis in seiner Linken und verweist damit eindeutig auf die Eucharistie.

Die nordafrikanischen Bildnisse und die Darstellung des Kardinals mit Hostienpyxis unter den biblischen Israeliten lassen einen programmatischen Zeitbezug vermuten, der über eine rein künstlerische Verlebendigung der Szene durch einzelne zeitgenössische Bildnisse hinausgeht, zumal sowohl das Kardinalsportrait wie die Mauren jeweils als giornate gemalt wurden, so dass ihnen ausdrücklich individuelles Bildgewicht zukam. Steinmann hat gerade diese Szene auch wegen des in der Bibel nicht erwähnten Regengusses als Anspielung auf den Sieg der päpstlichen Truppen bei Campo Morto im August 1482 interpretiert, da hier ein Unwetter kriegsentscheidend gewesen ist.[42] Nach dem päpstlichen Sekretär Andreas von Trapezunt waren jedoch die Fresken bereits April/Mai 1482 vollendet, so dass dieses Ereignis zeitlich nicht mehr in Frage kommt.[43] Plausibler scheint dagegen der Hinweis auf die Wiedereroberung Otrantos im Herbst 1481, die bereits von Innozenz VIII. mit der Errettung des Volkes Israel vor den Truppen des Pharao beim Durchzug durch das Rote Meer verglichen wurde.[44] Womöglich dient die Darstellung einer stark befestigten christlichen Seestadt im Hintergrund des Untergangs von Pharao und seinen Truppen als Anspielung auf den historischen Sieg. Dennoch ist das Fresko Biagio di Antonios mit Sicherheit nicht nur der metaphorische Verweis auf ein historisches Ereignis der Regierungszeit Sixtus IV., was auch der Titulus *Congregatio Populi a Moise Legem scriptam accepturi* verdeutlicht, der die Sammlung des Volkes als Vorbereitung auf die nachfolgende Gesetzesübergabe anspricht. Die Versammlung der biblischen Israeliten geschieht im Bild aber bereits im Zeichen der Hostie und damit des Neuen Bundes, dem auch ein Maure seine Verehrung bezeugt, so dass der päpstliche Anspruch auf Vereinigung der monotheistischen Religionen im Rahmen der christlich dominierten Universalgeschichte deutlich wird.

In der Fülle der Bildnisse fallen die wenigen, jedoch signifikanten Abweichungen vom Schema der mittelalterlichen Judendarstellung mit Tallit zunächst kaum auf, aber unter den Zuhörern des lehrenden Moses erscheinen einige Männer in der charakteristischen jüdischen Tracht, deren individuelle Physiognomie sie eindeutig als Portraits ausweist (Abb. 9). Sie müssen genauso sorgfältig wie die anderen Bildnisse mit eingeplant worden sein, da sie wie die maurischen Portraits in der Aufbruchsszene auch jeweils eigene giornate beanspruchen (vgl. Abb. 4). Es handelt sich vor allem um zwei Portraits in der Gruppe des sitzenden unbekleideten Jünglings in der Haltung des Dornausziehers, die rechts und links neben der Rückansicht des stehenden Jünglings zu erkennen sind und zwei

---

[41] Steinmann (wie Anm. 21), S. 445.
[42] Ebd., S. 255 unter Verweis auf den zeitgenössischen Bericht Stefano Infessuras. Ettlinger (wie Anm. 1) S. 63f. verweist dagegen auf die Historia Scholastica, die den Auszug während eines Unwetters beschreibt, so dass sich der dargestellte Gewittersturm nicht zwingend auf ein zeitgeschichtliches Ereignis beziehen muss.
[43] Nesselrath (wie Anm. 27), S. 56.
[44] Kenneth Setton, *The Papacy and the Levant 1204–1571*, Philadelphia 2 Bde. 1971–1978, hier Bd. II, 1978, S. 379. Vgl. dazu auch John Shearman (wie Anm. 23), S. 41.

Abb. 9: Moses letzte Taten und Tod, Fresko des Signorelli mit Assistenz von Bartolomeo Gatta, Nordwand der Cappella Sistina, Vatikanspalast, Rom 1482

weitere Bildnisse ganz hinten in der Reihe der Zuhörer rechts neben dem Mosesthron (Abb. 10 a, b). Ihre individuellen Physiognomien werden durch einen Tallit von jeweils unterschiedlicher Drapierung, Farbe und kostbaren Goldborten zusätzlich hervorgehoben. Ähnliche Tallitdarstellungen sind auch aus gleichzeitigen hebräischen Handschriftenillustrationen bekannt sowie in der Gruppe der Israeliten bei der Bestrafung der Abtrünnigen im Hintergrund der Gesetzgebung rechts zu erkennen. Dabei trägt der Zuhörer rechts vom stehenden Jüngling ein pupurfarbenes Gewand mit Goldschließen und goldgesticktem Kragen sowie einer Goldkette, die auf eine offizielle Funktion verweist. Der rote Überwurf war zudem das Pflichtkennzeichen römischer Juden.[45] Die jüdischen Bildnisse sind den in dieser Szene ebenfalls dargestellten Portraits christlicher Zeitgenossen absolut gleichrangig und fügen sich in deren Kontext nahtlos ein. Sie zeichnen sich allenfalls dadurch aus, dass sie nur unter der Zuhörerschaft des Moses zu finden sind und damit ausdrücklich als Rezipienten von dessen Lehre erscheinen.

In der christlichen Kunst gibt es bisher keinen weiteren Beleg für Portraits zeitgenössischer Juden in alttestamentarischen Szenen, und ihre den christlichen Zeitgenossen äquivalente Darstellung widerspricht der gängigen Vorstellung, dass Individuen jüdischer Herkunft in christlichen Bildern vor allem negativ konnotiert erscheinen und infolgedessen zweifelsfrei Zwangsportraits seien. Wie sind diese jüdischen Portraits in den Wandfresken der Papstkapelle aber dann zu verstehen? Sie scheinen mir ähnlich wie die Judendarstellungen der Cappel-

---

[45] Herrmann Vogelstein/Paul Rieger, *Geschichte der Juden in Rom*, Berlin 1896, Bd. I, S. 335f.

Abb. 10a, b: Jüdische Portraits, Details aus den Letzten Taten des Moses

la Niccolina wiederum in den Kontext der zeitgleichen Auseinandersetzung um AT und Judentum am Papsthof zu gehören, und das lässt fragen, wer diese Auseinandersetzung mit wem und mit welchen Texten, Diskussionen und Aktionen geführt hat. Wenn Schriften aus diesem Umfeld als Anregung in Betracht kommen, muss das Bild-Text Verhältnis näher untersucht werden. Hier sollen dazu einige Vorüberlegungen angestellt werden.

Den ungewöhnlichen jüdischen Portraits der Cappella Sistina entspricht die ebenso ungewöhnliche Ikonografie des Moseszyklus mit der Beschneidung der Söhne des Moses, der Bestrafung der Abtrünnigen und der Rotte Korach sowie dem lehrenden Moses, für die es in der christlichen Kunst kaum Vorlagen gibt.[46] Denkbar scheint, dass es sich dabei um Bilderfindungen handelt, die womöglich von hebräischer Traditionsliteratur inspiriert waren. So verweist Leopold Ettlinger auf die von Lilio Tifernas übersetzte und Sixtus IV. gewidmete *Vita Moisis* des Philo von Alexandrien, ohne jedoch das Bild-Textverhältnis im Detail zu untersuchen.[47] Die detailliert und sachgerecht geschilderte Beschneidungsszene

---

[46] Ettlinger (wie Anm. 1) verweist wiederholt auf frühchristliche Bildvorlagen wie die Mosaiken von S.M. Maggiore und illustrierte Oktateuchexemplare, wobei jedoch nicht sicher nachweisbar ist, ob die Künstler der Cappella Sistina Kenntnis derartiger Überlieferung gehabt haben können.

[47] Ettlinger (wie Anm. 1), S. 116.

Abb. 11: Beschneidung von Moses Sohn, Detail aus dem gleichnamigen Fresko von Perugino, Nordwand der Cappella Sistina, Vatikanspalast, Rom 1482

mit der knienden Zippora als Beschneiderin (hebr. Mohelet) und einer ihr gegenübersitzenden Frau als Gevatterin (hebr. Sandeket) mit dem Sohn Gershom in der vorgeschriebenen Position auf dem Schoß lässt jedoch auch noch nach anderen Quellen fragen als nur der antiken Literatur (Abb. 11). Die Frage wäre, ob nicht um der Glaubwürdigkeit willen auch zeitgenössische Beschneidungsberichte genutzt wurden, denn in Italien – und nur dort – gestanden einzelne Rabbiner in der Renaissance nach dem Beispiel der Zippora auch Frauen das Recht zu, Beschneidungen nach dem biblischen Gebot durchzuführen. Zudem ist belegt, dass in Italien gelegentlich auch christliche Gäste zu dieser Zeremonie geladen wurden, so dass ihr Ablauf daher auch außerhalb jüdischer Gemeinden bekannt sein konnte.[48] Die sachgerechte Darstellung der Beschneidung durch Perugino kann also womöglich den zeitgleichen, spezifisch italienisch-jüdischen Ritus spiegeln.

---

[48] Yaakov Spiegel, Haischa k'mohelet (Hebr.), in: *Sidra* 5 (1989), S. 149–157; Daniel Sperber, *Minhagey Israel*, Bd. 1, Jerusalem 1989, S. 60–66; vgl. dazu auch Elisheva Baumgarten, *Mothers and Children. Jewish Family Life in Medieval Europe*, Princeton 2004, S. 65–77.

Eine solche Annahme beinhaltet allerdings, dass es am Papsthof ein wirkliches Interesse am Alten Testament als historische Quelle gegeben hat, wofür sich gerade zu Sixtus IV. mehrfache Hinweise finden lassen. So berichtet Pico della Mirandola in seiner *Oratio de hominis dignitate* von 1486, dass Sixtus IV. an den siebzig, mit dem Begriff Kabbala betitelten Büchern der Weisheit, die die Moses übermittelte mündliche Überlieferung enthielten, größtes Interesse gehabt und sich mit Eifer darum bemüht habe, sie zum öffentlichen Nutzen des (christlichen) Glaubens übersetzen zu lassen. Bei Sixtus Tod (1484) seien drei dieser Bücher bereits übersetzt gewesen. Diese Bücher, so fährt Pico della Mirandola fort, seien von außerordentlicher Bedeutung, weil sie alle Mysterien der christlichen Religion dergestalt enthielten, dass es in der Sache mit den Hebräern gar keinen Streitpunkt gäbe, sondern dass sie vielmehr daraus vollständig widerlegt werden könnten.[49] Pico della Mirandolas genaue Informationen stammen sehr wahrscheinlich von Samuel ben Nissim Abulfaraj aus Agrigent, der sich nach seiner Konversion 1470 Flavius Mithridates nannte. 1486, d.h. zu dem Zeitpunkt als Pico della Mirandola *de hominis dignitate* abfasste, lebte er in dessen Haus und unterrichtete ihn in Aramäisch, während er gleichzeitig das *Sefer HaBahir* ins Lateinische übersetzte. Zuvor hatte er von 1477–1483 am Hof Sixtus IV. als Übersetzer für Hebräisch, Arabisch und Aramäisch gelebt, war aber auch als Prediger tätig. Vielleicht war er sogar der Übersetzer dieser Bücher, denn am Karfreitag 1481 hatte er vor dem Papst einen Sermon über die Passion gehalten und unter Verweis auf die jüdische Traditionsliteratur zu zeigen versucht, dass die Passion darin bereits vorausgesagt sei, was die Juden in ihrer Verstocktheit nicht erkannt hätten.[50]

Daneben muss auch Amedeo (Joao) Men(d)ez da Silva oder auch Amedeo da Portugal genannt (1420–1482) am päpstlichen Hof unter Sixtus IV. als Beichtvater und Berater eine Rolle gespielt haben. Geboren vermutlich in Ceuta in einer im Überseehandel tätigen jüdischen Familie, war er offenbar als Kind konvertiert und bei den Hieronymiten von Santa Maria Guadalupe erzogen worden. Dort, in einem ausgeprägten Konvertitenmilieu, hatte er wohl eine besonders intensive Marienverehrung kennen gelernt, wie auch die Förderung eines neuen spirituellen Christentums, das sich biblisch und universal orientierte. Durch Fürsprache des Grafen Vila Real erreichte er es, trotz Vorbehalten wegen seiner jüdischen Herkunft 1464 in Assisi dem Franziskanerorden beitreten zu können. Er fühlte sich zur Reform berufen und gründete mit Unterstützung der Sforza in Mailand 1466 den Konvent Santa Maria della Pace, wo er die Kongregation der Amadeiten ins Leben rief, die sich intensiv dem Kult der unbefleckten Empfängnis Mariens widmete. Sein größter Förderer aber war der Franziskanergeneral Francesco della Rovere, der wie er den Kult der unbefleckten Empfängnis pro-

---

[49] August Buck (Hg.), *Pico della Mirandola, De hominis dignitate*, übersetzt von Norbert Baumgarten, Hamburg 1990, S. 63–65 ebenda zum Eifer Sixtus IV.: „Maxima cura studioque curavit ut in publicam fidei nostrae utilitatem Latinis litteris mandarentur."

[50] Egmont Lee, *Sixtus IV. and Men of Letters*, Rom 1978, S. 198 und Anm. 21. Der Titel Mauro Perani (ed.), *Guglielmo Raimondo Moncada alias Flavio Mitridate. Un ebreo converso siciliano*. Atti del Convegno Internazionale Caltabellotta (Agrigento) 23–24 ottobre 2004, Officina di Studi Medievali, Palermo 2008 war noch nicht zugänglich.

pagierte und ihn nach seiner Wahl zum Papst als Sixtus IV. zum persönlichen Beichtvater erhob. Amedeo Men(d)ez da Silva lebte seit 1472 in Rom als Eremit in San Pietro in Montorio, wo er auch zahlreiche Ratsuchende aller Schichten empfing. Darüber hinaus hatte seine Schrift *Apocalypsis Nova* einen außerordentlichen Einfluss auf katholische Reformvorstellungen, denn darin setzte er sich mit dem Verhältnis von Altem und Neuem Testament auseinander und prophezeite das Kommen eines endzeitlichen Papstes, eines *pastor angelicus*, der die Kirche reformieren, die Christen einen und den Islam besiegen würde.[51]

Die Frage ist, ob und inwieweit diese auf Reform und endzeitliches Papsttum ausgerichteten Ideen des Beichtvaters Sixtus IV. auch das Geschichtsverständnis des Freskenzyklus beeinflusst haben können, denn sie wurden wohl nahezu zeitgleich mit der Ausmalung der Cappella Sistina entwickelt. Im Schlussteil der *Apocalypsis Nova* des 1482 verstorbenen Amedeo Men(d)ez da Silva ist von Rom als neuem Jerusalem die Rede, auf das Gott König- und Priestertum übertragen habe, die mit der Ankunft des *pastor angelicus* erneuert werden würden. Dieser neue Hirte in der Nachfolge Davids werde universal anerkannt und sei daher in der Lage, die Christen mit Hilfe seiner Legaten und Kardinäle zu einen, wobei insbesondere ein Kardinal auch temporale Aufgaben übernehmen würde.[52]

Es ist in der Forschung immer wieder festgestellt worden, dass Botticellis Fresko der Versuchung Christi, auf das der Papst während der Messe blickte, nicht nur eine ungewöhnliche Gegenüberstellung von Christus und biblischem Hohepriester zeigt, sondern unter den zahlreichen Portraits auch eine besonders prominente Kardinalsgestalt (Abb. 12). Das eigentliche Bildthema, die Versuchung, spielt sich dabei nur als Nebenszenerie im oberen Bildviertel ab, während die Hauptsache ein alttestamentarisches Blutopfer durch den Hohepriester ist, das er vor einer tempelähnlichen Renaissance-Kirchenfassade vornimmt, welche die von Sixtus IV. errichteten Hospitalkirche S. Spirito nachbildet. Die Einzelheiten des Blutopfers deuten auf die biblische Reinigungszeremonie des Aussätzigen, was in Hinblick auf das wieder begründete Hospital einen Sinn ergibt. Andererseits wird der Ritus nicht wirklich vollzogen, denn Tauben- wie Holzträgerin kommen zu spät zum Opfer und wirken eher als dekorative Atlanten ikonografisch wichtiger Bildelemente.[53] Vielmehr stehen der Hohepriester selbst, die Präsentation der Blutschale und der Brandopferaltar im Mittelpunkt und verweisen daher auf den Akt der Reinigung und das Opfer an sich. Das kann man als typologischen Verweis auf die Eucharistie verstehen, aber mit dem hohepriesterlichen Blutopfer wird nach endzeitlicher Erwartung des Alten Testaments auch

---

[51] Zu Amedeo Mendez Silva vgl. Anna Morisi-Guerra, Apocalypsis Nova – a plan for reform, in: Marjorie Reeves (Hg.) *Prophetic Rome in the High Renaissance Period*, Cambridge 1993, S. 27–50. Morisi-Guerra geht jedoch nicht auf den Konverso-Hintergrund von Mendez da Silva ein. Vgl. dazu aber John Edwards, Conversion in Cordoba and Rome, Francisco Delicado's La Lozana Andalusia, in: Roger Collins/Anthony Goodman (Hgg.), *Medieval Spain, Culture, Conflict and Coexistence, Studies in Honour of Angus MacKay*, London 2002, S. 216. Zum Konvent Santa Maria della Pace und seiner Bibliothek vgl. Monica Pedralli, *Novo, grande coverto e ferrato, Gli inventari di biblioteca e la cultura a Milano nel Quattrocento*, Milano 2002, S. 520–523.

[52] Anna Morisi-Guerra, (wie Anm. 51), S. 36–37.

[53] Ettlinger (wie Anm. 1) S. 79f.

Abb. 12: Versuchung Christi, Fresko des Botticelli, Südwand der Cappella Sistina, Vatikanspalast, Rom 1481–1482

der Tempelkult in messianischer Zeit wieder aufgenommen werden. Daher stellt sich die Frage, inwieweit dieses Fresko womöglich auch gerade aktuelle endzeitliche Vorstellungen andeuten kann, z.B. solche, die ein Konvertit wie Amedeo Men(de)z da Silver in seiner *Apocalypsis nova* vertreten hat.

In einem solchen Kontext ließe sich die S. Spirito ähnliche, tempelartige Fassade als Hinweis auf Rom als neues Jerusalem verstehen, zumal der schemenhaft erkennbare Rundbau links daneben im Hintergrund nach zeitgenössischem Verständnis den alten Tempel in Jerusalem andeuten kann.[54] Das Hospital und seine Kirche hingegen gelten neben der Cappella Sistina, der Vatikanischen Bibliothek und dem Ponte Sisto als Hauptwerke der von Sixtus IV. propagierten *renovatio urbis*. Ebenso kann die augenfällige Kardinalsgestalt und das zeitgenössische Gefolge im Vordergrund, das kaum die Zeremonie wahrzunehmen scheint und vielmehr eigenen Bildraum beansprucht, im Sinne der *Apocalypsis nova* als Träger geistiger und weltlicher Erneuerung angesprochen werden. Der noch sehr junge Kardinal mit rundlichem Jungengesicht wurde von Steinmann als Giuliano della Rovere und zukünftiger Papst Julius II. gedeutet. Da er jedoch keinerlei Ähnlichkeit mit dem von Melozzo da Forli nahezu zeitgleich geschaffenen Portrait Giulianos in der Bibliotheca Vaticana aufweist, das einen älteren

---

[54] Shalom Sabar, Renaissance aspirations and Renaissance urban ideals, the image of Jerusalem in the Venice Haggadah, in: Bianca Kühnel (Hg.), *The Real and Ideal Jerusalem in Jewish Christian and Islamic Art*. Studies in honor of Bezalel Narkiss on the occasion of his seventieth birthday, Jerusalem 1998 (Journal of Jewish Art Bd. 23/24), S. 295–312.

Mann mit ausgeprägt kantigem Kinn zeigt (s. u.), stellt sich die Frage, ob mit der prominenten Kardinalsgestalt analog zu einem Medaillenportrait nicht der 1460 geborene und 1477 zum Kardinal erhobene Raffaele Riario gemeint sein kann, einer der wichtigsten Nepoten Sixtus IV., der ab 1483 im Zeichen der *renovatio urbis* den Palazzo della Cancelleria errichten ließ, während Giuliano della Rovere unter Sixtus IV. nur als Legat und Großpönitentiar tätig war.[55] Ein markantes Profil, das demjenigen Giuliano della Roveres außerordentlich ähnlich sieht, taucht lediglich in einem blauen Habit an dritter Stelle hinter der prominenten Kardinalsfigur auf.

Auch diese Interpretation geht davon aus, dass Sixtus IV. seine Verwandtschaft in diesem Fresko besonders prominent hat darstellen lassen, was dem Vorwurf des Nepotismus Vorschub leistet. Das hier angesprochene gedankliche Umfeld ermöglicht es aber, die Zurschaustellung der Verwandtschaft nicht nur als Klientelpflicht und Erfolgszeichen eines päpstlichen *homo novus* zu sehen sondern auch als Hinweis auf die Reformbestrebungen des Papstes. Wenn man die Pläne Sixtus IV. auf Reform und *renovatio* ernst nimmt, dann gab es aus seiner Sicht durchaus eine Berechtigung, seine Funktionsträger, gleich ob säkular oder klerikal, als Leistungsträger seiner politischen und religiösen Ziele darzustellen, selbst wenn es sich um Familienmitglieder handelte, denn auf sie konnte er sich bei der Durchsetzung seiner Ideen am ehesten verlassen. Ihre Darstellung bezöge dann die theologische Legitimation aus einer neuen, womöglich auch von Konvertiten geprägten Endzeiterwartung, bei der Rom dank der *renovatio urbis* das neue Jerusalem werden würde.

Als weiteres Indiz für das besondere Interesse Sixtus IV. an hebräischer Überlieferung und biblisch fundierten Geschichtsvorstellungen kann der von dem Humanisten Bartolomeo Platina edierte Text des *Bellum Judaicum* des Josephus Flavius gewertet werden, den sich der Papst abwechselnd mit den Schriften des Eusebius von Caesarea vorlesen ließ.[56] Nach Egmont Lees Beobachtungen hatte Papst Sixtus IV. nur ein vergleichsweise geringes literarisches Interesse an diesen antiken Texten, aber ein ausgeprägtes Gespür für deren historisch-politischen Wert. Ebenso habe er auch bildende Kunst nur als Dokument verstanden, was sich mit dem harschen Zeugnis Vasaris decken würde, dass dieser Papst für die ästhetische Seite der Kunst kaum einen Sinn gehabt hätte.[57] Die Ausstattung der Cappella Sistina spiegelt eine solche Einstellung insoweit, als die zahlreichen Portraits, die Papstreihe und auch dargestellte Monumente wie der Konstantinsbogen mit seiner Inschrift im Fresko der Bestrafung der Rotte Korach als Dokumente eines universalen päpstlichen Geschichtsanspruches aufgefasst werden können.

---

[55] Christoph Luitpold Frommel, Il Cardinale Raffaele Riario ed il Palazzo della Cancelleria, in: Silvia Bottaro (wie Anm. 33), S. 73–83 sowie Abb. 3, S. 217 (Portraitmedaille Raffaele Riario).

[56] Lee (wie Anm. 50), S. 113 zu Platinas Rolle als Herausgeber des *bellum Judaicum* und S. 201 zu den Papst Sixtus IV. vorgelesenen Texten.

[57] Lee, ebd., S. 201–203.; zum Kunstinteresse Sixtus IV. nach Vasari vgl. Steinmann (wie Anm. 21), S. 278.

Das wirft die weitere Frage auf, inwieweit ein historisch interessierter Humanist wie Platina bei der gedanklichen Konzeption dieser Ausstattung eine Rolle gespielt hat, denn er verfasste 1475 das *Liber de vita Christi ac omnium pontificum*, das zum Standardwerk der katholischen Papstgeschichte wurde und wahrscheinlich als Grundlage für die Papstreihe in der Cappella Sistina diente.[58] Zugleich war er von 1474 bis zu seinem Tod 1481 Leiter der Vatikanischen Bibliothek und trieb deren Ausbau und Ausstattung voran, wie es das berühmte Fresko Melozzos da Forli dokumentiert, das die Bibliothekserneuerung als historisches Ereignis im Sinne der *renovatio urbis* feiert.[59] Sein Interesse für biblisches Judentum und seine Geschichte hinderte ihn jedoch nicht, die Verurteilung der Juden im Trienter Ritualmordprozess zu befürworten und den päpstlichen Legaten Battista de Giudici als ‚fautore degli ebrei', d.h. als Förderer der Juden zu attackieren, worauf ihm dieser in einer Streitschrift antwortete.[60]

Fasst man all diese Hinweise zusammen, so scheint sich im Umfeld Sixtus IV. ein neues, historisch orientiertes und von Humanisten wie Konvertiten gefördertes Interesse am Alten Testament und Judentum abzuzeichnen. Die erweiterten Kenntnisse dienten jedoch nicht nur einem vertieften Verständnis des Judentums sondern viel mehr der verbesserten Fundamentierung des päpstlichen Geltungsanspruches. In diesem Kontext fanden Juden als respektierte Zeugen für die ungebrochene Kontinuität biblischer Traditionen ihren Platz, auch wenn man ihnen gleichzeitig prinzipiell die Neigung zu schlimmsten Gräueltaten wie Ritualmord unterstellte.

Angesichts eines derartig ambivalenten päpstlichen Geschichtsverständnisses wäre die Position der in den Fresken dargestellten jüdischen Zeitgenossen neu zu überdenken. Im Zeichen der Instrumentalisierung von Altem Testament und Judentum zur Konstruktion einer neuen Papstideologie wären die jüdischen Bildnisse der Cappella Sistina zunächst einmal Zwangsportraits. Andererseits konnte aber der geistige Austausch auch den Freiraum der Selbstbehauptung bieten, wenn dem christlichen Universalanspruch der jüdische Wahlspruch ‚Alles ist bereits in der Tora enthalten' entgegen gestellt wurde. Dann könnten die jüdischen Portraits um den lehrenden Moses sogar mit Einwilligung der Dargestellten entstanden sein, um sich als bewusste Träger seiner umfassenden Lehre zu präsentieren. Dies unterstellt aber, dass die Portraitierten zu denjenigen gehören, die an den neuen Möglichkeiten der geistigen Auseinandersetzung interessiert waren. Diese vollzog sich freilich immer als Gratwanderung zwischen erwünschter Konversion und religiöser Selbstbehauptung gegenüber dem Papst, aber auch gegenüber christlichen Humanisten und Konvertiten. Wie sich dieser Austausch mit Humanisten und vor allem Konvertiten in Rom am Papsthof vollzogen hat, um welche Ideen im einzelnen gerungen wurde und wie sich diese Auseinander-

---

[58] Stefan Bauer, *The Censorship and Fortuna of Platinas Lives*, Brepols 2007
[59] Eunice D.Howe, *Art and Culture at the Sistine Court*, Rom Citta del Vaticano 2005, S. 60–71, bes. S. 69.
[60] Die Streitschrift Platinas ist verloren, aber Exzerpte werden zitiert in Battista de' Giudicis Apologia Iudaeorum 1477, Invectiva contra Platinam, in: Diego Quaglioni (Hg. und Übers.), *Battista de Giudici, Apologia Iudaeorum; Invectiva contra Platina*, Rom 1987, S. 94–127. Vgl. Stefan Bauer, Artikel Platina in: *BBKL* XXII (2003) Sp. 1098–1103.

setzung kulturell auf die jüdischen Gemeinden ausgewirkt hat, bleibt als Desideratum der Forschung. Es wäre noch zu untersuchen, welche Rolle z.B. jüdische Ärzte am Hof Sixtus IV. im Austausch etwa mit konvertierten Übersetzern und den Humanisten der Akademie gespielt haben und welchen Status sie besaßen. Genossen sie unter diesem Papst auch den Schutz als ‚familiares', wie es für Juden unter den nachfolgenden Päpste Alexander VI. und Julius II. belegt ist? Diese beiden Päpste haben ihren jüdischen Leibärzten umfangreiche Privilegien bis hin zur Einrichtung einer Privatsynagoge gewährt.[61] Gleichzeitig waren diese ‚familiares' als Angehörige ihrer jeweiligen jüdischen Gemeinden oftmals auch deren Fürsprecher beim Papst. Sie befanden sich damit in einer ähnlich komplexen Situation wie die späteren Hofjuden, nur dass sie in Rom zusätzlich das Bürgerrecht genossen und im humanistisch geprägten Umfeld des Papsthofes als intellektueller Gegenpart respektiert wurden, wie es Bonet de Lattes Widmung seiner wissenschaftlichen Abhandlung über den astronomischen Ring an Alexander VI. erkennen lässt.[62]

Zum Abschluss sei die Überlegung kurz angerissen, ob das neue humanistische Interesse am Volk der Bibel und seinen Traditionen den jüdischen Gemeinden in Italien trotz des Verfolgungsdruckes nicht doch eine neue Selbstwahrnehmung eröffnete und damit ein neues Verhältnis zur bildenden Kunst. Es fällt jedenfalls auf, dass nicht nur der Illustrationsaufwand in hebräischen Renaissance-Handschriften allgemein zunimmt, sondern dass im Zeitraum von 1440–1500 immer mehr Alltags-, Synagogen- und Minhagszenen in italienischen Prachtmanuskripten erscheinen, wie etwa in den Arba' Turim von 1441 oder den Rothschild Miscellany von 1479. Sie dokumentieren verstärkt die Behauptung jüdischen Lebens im Bild, das als Text begleitende Illustration normativen Charakter beanspruchen konnte. Die szenische Komplexität und Plastizität dieser Illustrationen, die sowohl von jüdischen wie christlichen Künstlern geschaffen wurden, hat man bisher allgemein mit der künstlerischen Erneuerung der Renaissance erklärt und mit der Bereitwilligkeit der jüdischen Oberschicht, säkulare Lebensformen der christlichen Mehrheitsgesellschaft zu adaptieren. Alle genannten Darstellungen setzen sich jedoch mit dem religiösen Ritus auseinander, der selbstbewusst als ziviler Lebensmodus präsentiert wird, wie er Juden aufgrund des römischen Bürgerrechtes auch zustand. Die Frage ist, ob diese Bilder, die sich bewusst am Lebenszuschnitt der italienisch-christlichen Kommunen orientieren, nicht auch das Persönlichkeitsrecht als jüdische Bürger dokumentieren und augenfällig, d.h. im Bild, einfordern sollten. Die Kunst wird damit für die jüdischen Gemeinden zum Medium kultureller Selbstbehauptung.

Diese knappe Skizze zu den jüdischen Portraits der Cappella Sistina dient auch dazu, die Wahrnehmungsfelder und -methoden es Faches ‚Jüdische Kunst' beispielhaft zu veranschaulichen. Als eine noch junge Disziplin geht das Fach von der sichtbaren Welt des Judentums aus und sucht nach denjenigen Zeugnissen, durch die sich jüdische Gemeinschaften ins Bild setzen und damit kulturell darstellen, gleich ob diese Zeugnisse von jüdischen oder andersgläubigen Künstlern geschaffen worden sind. Das Fach baut auf der traditionellen kunstgeschicht-

---

[61] Berliner (wie Anm. 11), S. 79–82.
[62] Ebd., S. 83.

lichen Methodik der stilistischen und ikonographischen Analyse auf, betrachtet aber deren Ergebnisse im Kontext der Erkenntnisse traditioneller jüdischer Text- und Geschichtswissenschaften, um das spezifische kulturelle Umfeld der Bilder zu bestimmen. Dieser Ansatz geht von der Prämisse aus, dass es im Judentum wie in jeder anderen Gemeinschaft auch das Bedürfnis kultureller Visualisierung gegeben hat, dass aber die geistigen Parameter für dieses ‚Ins Bild treten' immer an einem spezifisch jüdischen Selbstverständnis ausgerichtet sind, dessen soziale, historische und religiöse Komponenten es zu bestimmen gilt. Die Erforschung Jüdischer Kunst ist daher notwendig interdisziplinär ausgerichtet und im eigentlichen Sinne eine ‚kulturelle Kontextwissenschaft'.

JIHAN RADJAI

Weiblichkeit und Militär

Die israelische Soldatin im Fokus der Kamera[1]

Jüdische Kunst ermöglicht als Teilfach der Jüdischen Studien die thematische Untersuchung verschiedener Bereiche beginnend von der Antike bis zur Moderne, wie Synagogenarchitektur, Buchmalerei, Grabkunst, Malerei, Kleinkunst und Kunstgewerbe. Aus diesen Schwerpunkten entfalten sich ebenso bedeutende Themen, die entstehen, wenn sich kulturhistorische Fragestellungen ergeben. Nie losgelöst von den anderen Teilfächern, steht Jüdische Kunst stets in Beziehung zum historischen Kontext, biblischen Aussagen, rabbinischen Auslegungen und literarischem Austausch. Somit wird fortwährend eine Gemeinschaftsarbeit zwischen den unterschiedlichen Fächern ermöglicht und befähigt ein umfassendes Bild im Diskurs zu begreifen. Es lassen sich unendlich viele Beispiele finden, um diese Zusammenhänge zu erläutern. Eines davon wäre das Kunstschaffen des Buchillustrators Ephraim Moses Lilien, der aufgrund seiner Bibelillustrationen nicht nur in jüdischen Gemeinschaften bekannt war. Sein Werk ist ohne Berücksichtigung historischer Gegebenheiten, das Wissen um die zionistischen Kunstideologien und des damaligen archäologischen Forschungsstandes zum Vorderen Orient nicht zu erfassen.[2] Es könnte leicht als Kitsch im Jugendstil erscheinen und liefe Gefahr, vollends verkannt zu werden. Bilder, Illustrationen, Baukunst und auch die Gestaltung von synagogalem Inventar sind Ausdruck und Formen innerhalb eines Kontextes. Sie lassen uns nicht nur nach einer deskriptiven Darstellung fragen, sondern bieten einen Spiegel historischer Gegebenheiten, von Tradition und Brauch, von Selbstverständnis und kultureller Identität.

Somit ist jedes Objekt ein historisches Dokument, eine Quelle, die erzählt und uns gleichzeitig nach dem Hintergrund fragen lässt. Ebenso verhält es sich mit den neuesten Kunstmedien wie Fotografie und digitale Bildkunst. Fotografien, die israelische Soldatinnen in den Fokus stellen, sind besonders brisant, wenn Identität und Definition in einem männlich dominierten Bereich, wie dem Militär, anhand von Fotoarbeiten thematisiert werden.

Das Bild der israelischen Soldatin wirft verschiedene Fragen auf, die sich nicht nur auf eine Beschreibung beziehen, sondern auf die Konstruktion, das Verständnis und auf das Renommee dieses Frauenbildes. Die Konstruktion begegnet uns dabei

---

[1] Dieser Aufsatz thematisiert lediglich einen Teilbereich des Forschungsgegenstandes und der methodologischen Überlegungen meines Dissertationsvorhabens über die Konstruktion von Weiblichkeit in der israelischen Fotografie, betreut von Professor Dr. Annette Weber, Hochschule für Jüdische Studien Heidelberg.

[2] Vgl. Annette Weber, Bibel, Babel und die Bilder. Die Bedeutung der Archäologie für jüdische Kunst zu Beginn des 20. Jahrhunderts, in: *Trumah* 18 (2008), S. 108–131.

in mehreren Gebieten wie beispielsweise im Bereich der Fotografie, der Literatur und ebenso im neuzeitlichen, modernen stets fluktuierenden Bereich des Internets. Selbstverständlich ist die Konstruktion des Bildes der israelischen Soldatin mit historischen, politischen und auch gesellschaftlich relevanten Themen eng verknüpft. Wie ist aber mit der Fülle an Material umzugehen, wie können Konstruktion und Darstellung erfasst werden? Im Folgenden wird zunächst das Bild der israelischen Soldatin anhand von ausgewählten Beispielen vorgestellt und zusammengefasst, so dass methodische Überlegungen und Denkanstöße Aufschluss über Umgang und Deutung der Konstruktion des Bildes geben können.

Die israelische Rekrutin – eine männliche Perspektive

Das Männer- und Lifestylemagazin *Maxim* veröffentlichte in seiner Juli Ausgabe 2007 eine außergewöhnliche Fotoreihe unter dem Titel *Women of the Israeli Defense Forces*. Anlass dieser Fotoreihe war der Versuch des israelischen General-Konsulats in New York das Ansehen Israels in den USA aufzubessern. Ein Foto der 2004 zur Miss Israel gekürten Gal Gadot zierte dabei das Einladungsplakat des Konsulates, das zu PR-Zwecken mit dem Männermagazin zusammenarbeitete und anlässlich der Präsentation eine Feier organisierte (Abb. 1).[3] Zu sehen ist Gal Gadot, israelische Schauspielerin und Fotomodell, vor dem Stadtpanorama Tel Avivs im Sonnenuntergang. Namentlich als Miss Israel 2004 lädt sie gemeinsam mit dem Konsulat zur Präsentation der Fotoreihe ein. Die Stadtsilhouette mit Blick auf das Meer vor Tel Avivs Küste ist im Licht des Sonnenuntergangs als Umriss zu erkennen, wobei Gal Gadot im Mittelpunkt des Plakates, in einem Bikini und mit hochhackigen offenen Sommerschuhen bekleidet auf einer Balkonbrüstung liegt. Die Arme über den Kopf ausgestreckt, das Haar offen, liegt sie mit leicht angezogenen Beinen und überdehnter Rückenpartie auf der schmalen Steinbrüstung, wendet den Kopf zum Betrachter und blickt direkt in die Kamera.

Die zu dieser Kampagne dazugehörende Ausgabe zeigt auch andere Models, wie zum Beispiel Nivit Bash, ebenso mit einem Bikini bekleidet und in anreizender Pose abgelichtet (Abb. 2). Die Bildunterschriften tragen den Titel der Kampagne in gekürzter Form und stellen die Models als Rekrutinnen der Israel Defense Forces (IDF) vor. In ihrer Aufmachung und Körperpose erinnert lediglich die Kopfbedeckung an eine militärische Uniform. Es wird in dieser Bildreihe mit den Attributen einer Frau und Matrizen des Militärs kokettiert, ja fast ironisiert, wie das Foto mit Nivit Bash vortrefflich beweist: hinter ihr ist in hebräischen Lettern ein Zutrittverbotsschild zu erkennen, während ‚Rekrutin Nivit' mit rehbraunen Augen und zaghafter, fast unschuldiger Mimik, mit leicht geöffnetem Mund

---

[3] Siehe dazu folgende Online-Artikel: „Beautiful Israel", von Itamar Eichner, Yedioth Ahronoth/ynetnews.com, March 23, 2007, unter: http://www.ynetnews.com/articles/0,7340,L-3380172,00.html, abgerufen am 13.8.2009. „Babes in Oy Land Scuffle. Apple's Israeli Consulate in Bikini Flap", von Andy Soltis, New York Post, June 19, 2007, unter: http://www.nypost.com/seven/06192007/news/regionalnews/babes_in_oy_land_scuffle_regionalnews_andy_soltis.html, abgerufen am 11.8.2009.

Weiblichkeit und Militär 223

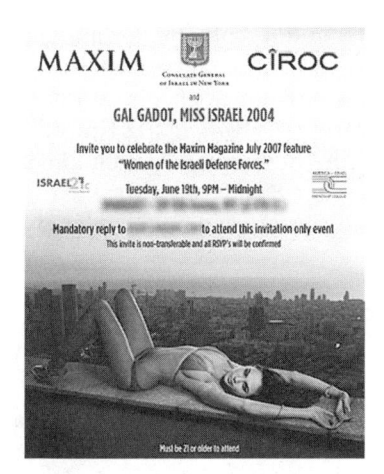

Abb. 1: Einladungsplakat des General-
Konsulats Israels in New York, anlässlich
einer Werbekampagne in Mitarbeit mit
dem Magazin Maxim, USA 2007.
Copyright Dennis Publishing Inc.

Abb. 2: ‚Women of the Israel
Defense Forces: Nivit'. (Erschienen
im Magazin Maxim, 2007. Detail)
Copyright Dennis Publishing Inc.

und an das Kinn angelehnter Hand an jenem Tor lehnt. Sie verkörpert in ihrer Pose und anhand ihrer Mimik alles andere als ein zu überwindendes Hindernis, eine Soldatin, die den Zutritt verweigert.

Auch wenn das Amt für Medien- und Öffentlichkeitsarbeit des Konsulates in New York eine Image-Verbesserung Israels bei Männern im Alter zwischen 18 und 38 Jahren in den USA mittels attraktiven Soldatinnen bewirken wollte,[4] löste es eine Welle der Kritik und des Protestes aus. Mit dieser erotisch gedachten Werbekampagne reizte die Fotoreihe mit Sicherheit die *Maxim* lesende Männerwelt und ihre Fantasie an, den Rest regte sie vielmehr auf. Empörung und Vorwürfe der Pornographie und Diskriminierung von Frauen im israelischen Militär erschienen seitens Knesset-Mitgliedern in der Presse.[5] Wie Zahava Gal-On, Knesset-Abgeordnete und Vorsitzende des parlamentarischen Komitees gegen den Frauenhandel, kritisierte: „It's unfortunate that the Israeli consulate chose to emphasize Israel's relevance with a portrait of a half-naked woman, instead of with one of women of substance and accomplishments",[6] schlossen sich zahlreiche Kommentatoren dieser Meinung an.

Den Vorwurf der Pornographie wehrte Gal Gadot sogar öffentlich in einer Sendung des amerikanischen Nachrichtensenders Fox News Channel ab und betonte, stolz auf diese Werbekampagne zu sein und für die Schönheit des Landes

---

[4] Ebd.
[5] Siehe dazu: „Israeli consulate invitation slammed as ‚pornographic'", von Amnon Meranda, Yedioth Ahronoth/ynetnews.com, June 18, 2007, unter: http://www.ynetnews.com/articles/0,7340,L-3414322,00.html, abgerufen am 13.8.2009. „Adbusters: Maxim's Sex War", von Sean Condon, November 3, 2007, unter: http://palsolidarity.org/2007/11/2774, abgerufen am 12.8.2009.
[6] Ebd., Artikel von Amnon Meranda.

werben zu dürfen. Als Fotomodel sei es ihre und die Aufgabe der anderen Models für etwas zu werben – wie in diesem Falle für das Land Israel.[7]

Die streitbare Fotoreihe scheint weder ein Novum noch ein Sonderfall zu sein. Es lassen sich allein unter dem Schlagwort *IDF Women* 402 Einträge beim Internet-Videokanal Youtube finden, voran ein über neun Minuten langer Clip von 2006 mit musikalischer Begleitung heroischer Bilder, die attraktive Rekrutinnen in Uniform und in Aktion zeigen und mit einer eingeblendeten Danksagung abschließen (Abb. 3).[8]

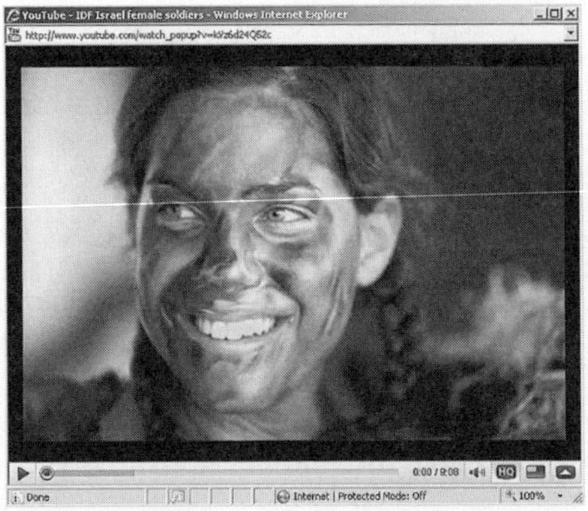

Abb. 3: Ausschnitt eines Youtube-Videos von 2006. (Unter dem Schlagwort ‚IDF women' abrufbar)

Diese Videoclips scheinen in ihrer Aufmachung eine Aneinanderreihung von Bildmaterialien zu sein, die sich thematisch in Aufbau und Gestaltung mit Fotos der Homepage des israelischen Militärs vergleichen lassen.[9] Darin sind israelische Soldatinnen abgebildet, die entweder in einer Übung oder im Einsatz gezeigt werden, wie sie in voller Ausrüstung uniformiert und mit Tarnschminke im Gesicht ebenbürtig mit ihren männlichen Kameraden Seite an Seite kämpfen, wie es beispielsweise auch das Ausschnittsbild des Youtube-Clips in Abbildung 3 zeigt. Unzweifelhaft dienen solche Fotos der Werbung und Öffentlichkeitsarbeit des Militärs und sollen zum Dienst an der Waffe ermutigen. Verleihen diese Fotos der israelischen Soldatin noch heldenhafte Attribute, sind die inszenierten Fotos des Männermagazins *Maxim* aus rein männlicher Perspektive entstanden und sprechen der weiblichen Soldatin jegliche Autorität ab. Das Charakteristikum einer israelischen Soldatin wird auf ein *sexy* Image reduziert und entzieht sich jeder Realität des Dienstes in der israelischen Armee. Die abgelichteten Models kokettieren lasziv mit der Kamera und verkünden ein Männerfantasien entsprungenes Bild der israelischen Soldatin. Bei dieser Konstruktion ist es unvermeidbar nach den sexuellen Fantasien, Schlüsselreizen und Klischees zu forschen, die Frauen in Uniform

---

[7] Siehe dazu: „Israeli Bikini Beauty Gal Gadot: Campaign Not ‚Pornographic'", von Jennifer Fermino, Fox News/FoxNews.com, June 20, 2007, unter: http://www.foxnews.com/story/0,2933,284874,00.html, abgerufen am 21.10.2009. Siehe auch den Mitschnitt des Fox News Channel Interviews in der Nachrichtensendung vom 23. Juni 2007, unter: http://www.youtube.com/watch?v=RjJ8SSFDbm8, abgerufen am 21.10.2009.

[8] http://www.youtube.com/watch?v=kVz6d24Q52c, abgerufen am 10.8.2009.

[9] Vgl. Homepage des israelischen Militärs: http://www.idf.il/IDF/English/multimedia/Gallery/Picofweek/default.htm, abgerufen am 11.9.2009. Darin sind Fotogalerien und die Rubrik „Picture of the week" zu finden.

bei Männern auslösen können.¹⁰ Es bleibt zu fragen, was psychologisch und soziologisch diese Konstruktion bedingt, in Anbetracht dessen, dass Frauen in einer von Männern dominierten Umgebung Positionen und Anstellungen erreichen, die das Selbstwertgefühl der männlichen Kollegen beeinträchtigen könnten. Es wäre auch zu hinterfragen, welches Gegenbild zum männlichen Soldaten vorhanden ist, damit das weibliche Pendant entweder das Männliche unterstreicht, bestätigt oder eventuell negiert. Ist es nicht paradox, dass gerade solche Fotos für eine Imageverbesserung sorgen sollen, wenn sich das israelische Militär stets mit Anschuldigungen der ungleichwertigen Behandlung von Frauen und Männern und deren Ausbildungsmöglichkeiten auseinandersetzen muss? Die Debatte, die Alice Miller mit ihrer Klage im Jahre 1994 auslöste, weil sie als erste Frau eine Ausbildung zur Kampfpilotin forderte, steht exemplarisch für die Forderungen nach Gleichstellung von Männern und Frauen im israelischen Militär.¹¹ Das oberste Gericht erbrachte eine Grundsatzentscheidung und damit die Öffnung zur Pilotinnenausbildung bei der Luftwaffe, so dass 2001 Roni Zuckerman als erste Kampfpilotin ihren Abschluss absolvierte.¹² Waren 1996 laut Statistik der israelischen Armee knapp 78 % aller Positionen für Frauen zugänglich, ist auffällig, dass in den Bereichen Erziehung und Personal der Frauenanteil im Jahre 1998 über 60 % liegt.¹³ Mit Beginn des 21. Jahrhunderts wurden Neuerungen vorgenommen und bestimmte Positionen nun auch für Frauen zugänglich, darunter Artillerie, Infanterie, Panzerdivisionen, und Elite-Einheiten. Anfang 2004 konnten über 450 Soldatinnen in Kampfeinheiten gezählt werden, 2005 sogar zwölf Kampfpilotinnen.¹⁴ Trotz dieser Zahlen ist festzuhalten, dass eine Beteiligung an Kampfeinsätzen weiterhin freiwillig ist und weiterhin weitgehend die meisten auf Abwehr und Kampf bezogenen Positionen von Männern prozentual stärker repräsentiert werden als von Frauen. Gleich ob nun Kosteneffizienz, Effektivität oder Qualifikationspotential für oder eben gegen eine Gleichstellung von Mann und Frau im Militär entscheidend sind, eine Diskrepanz lässt sich nicht leugnen.

Diese Unstimmigkeit wird noch deutlicher, wenn das Bild der israelischen Soldatin auf eine sexualisierte Perspektive herabgesetzt wird. Gal Gadot, Nivit Bash und die weiteren Fotomodels sind in erster Hinsicht Werbefiguren, die Soldatinnen mimen sollen. Steht in dieser Kampagne die Förderung von Interesse und die Gewinnung von Touristen für Israel im Vordergrund, werden äußere Reize und ihre additiven Vorstellungen mittels attraktiver Fotomodels propagandistisch

---

[10] Siehe dazu: Klaus Theweleit, *Männerphantasien*, 2 Bde., Reinbek bei Hamburg 1980.
[11] Vgl. Dafna Nundi Izraeli, Paradoxes of Women's Service in the Israel Defense Forces, in: Daniel Maman/Eyal Ben-Ari/Zeev Rosenhek (Hgg.), *Military, State, and Society in Israel. Theoretical & comparative perspectives*, New Brunswick/London 2001, S. 203–238, hier 231 ff. Siehe dazu auch Uta Klein, *Militär und Geschlecht in Israel*, Frankfurt am Main 2001, S. 183–187.
[12] Vgl. Orna Sasson-Levy, Gender Performance in a Changing Military, in: Esther Fuchs (Hg.), *Israeli Women's Studies*, New Brunswick (NJ) u. a. 2005, S. 265–276, hier 265 f.
[13] Vgl. dazu die tabellarische Zusammenstellung über Anteil von Frauen in den verschiedenen Aufgabenbereichen der israelischen Armee, in: Dafna Nundi Izraeli, Paradoxes of Women's Service in the Israel Defense Forces (wie Anm. 11), S. 203–238, hier 215, Table 6.1.
[14] Vgl. Woman. Israel since 1948, in: *Encyclopaedia Judaica*, hg. von Michael Berenbaum und Fred Skolnik, Vol 21, 2nd ed., Detroit 2007, S. 156–209, hier 193.

eingesetzt. Aufgabe einer Werbekampagne ist es, eine Zielgruppe zu erreichen und – im konsumorientierten Raum gedacht – mit entsprechenden visuellen Reizen zum Kauf eines Produktes anzuregen. Israel wird damit zu einem Produkt, das vermarktet und für das geworben wird. Werbefiguren sorgen für ein öffentliches Interesse, was in diesem Fall nicht unbedingt positiv angenommen wurde, aber den Effekt, auffallen zu wollen, erreichte.

Als Werbemittel dienen hier nicht Landschaftsaufnahmen, Städte- oder Straßenbilder, sondern israelische Models, die als sexy Soldatinnen das Land in seiner Attraktivität symbolisieren sollen. Jedoch könnten die israelische Soldatin und die Vorstellung dieser Figur durch die Werbe- und Image-Kampagne des Konsulats in ihren geistigen und körperlichen Fähigkeiten sowie vor allem in ihrer Position im Militär zum Lustobjekt reduziert und lediglich als solches bewertet werden. Dabei bleiben Klischees und die Visualisierung klischeehafter Vorstellungen offen und sind in fortführenden Untersuchungen zu hinterfragen.

Die israelische Soldatin als Opfer männlicher Macht

Das Bild der israelischen Soldatin erscheint im medialen Bereich auch in der Literatur und Belletristik und knüpft an aktuelle Diskussionen sowie Ereignisse an. So verwundert es kaum, dass nach Vorwürfen und Gerichtsprozessen wegen sexueller Belästigung und Skandalaffären bekannter israelischer Politiker und Militärangehöriger wie im Fall des ehemaligen Verkehrsministers Jizchak Mordechai das Buch *Das Mädchenschiff* von Michal Zamir im Jahr 2005 erschienen ist. Die Übersetzung des Buches im Jahr 2007 trifft die Thematik noch aktueller: Zu Jahresanfang wird die Anklage wegen sexueller Belästigung, Vergewaltigung und Nötigung in mehreren Fällen gegen den ehemaligen Präsidenten Israels Mosche Katzav erhoben. Israelische Soldatinnen und Mitarbeiterinnen im Staatsdienst werden als Opfer männlicher Übergriffe und sexuellen Missbrauchs wahrgenommen.

Die Autorin, Tochter des ehemaligen Mossad-Chefs Zvi Zamir, betont, kein autobiographisches Werk verfasst zu haben, auch wenn sie im Alter von 18 Jahren ihren Wehrdienst leistete und erst 20 Jahre danach fähig war, dieses Buch zu schreiben.[15] Inhalt ist die Erzählung über den zweijährigen Wehrdienst einer namenlosen Soldatin, die auf einem Fortbildungsstützpunkt für Stabs- und Kommandooffiziere stationiert ist und über sexuelle Nötigungen durch ranghöhere Offiziere sowie über ihre fünf darauf folgenden Abtreibungen berichtet. Aus der Ich-Perspektive erzählt, erfährt der Leser weder ihren Namen noch lässt sich die Soldatin in irgendeiner Form personalisieren. Überwiegend als Sekretärin tätig, identifiziert sich die Soldatin mit ihrer Aufgabe, Kaffee zu kochen. „Der Kaffee, das bin ich"[16], ist eine ihrer Aussagen, die verdeutlicht, welchen Stellenwert sie sich selbst während ihrer Dienstzeit zuspricht. Auch wenn keine Vergewaltigung explizit beschrieben wird, geschehen die Geschlechtsakte ohne ihre wirkliche Zustimmung und scheinen gegen ihren Willen von vorgesetzten Offizieren er-

---

[15] Michal Zamir, *Das Mädchenschiff*, Hamburg 2007. Angaben des Verlages im Klappentext.
[16] Ebd., S. 11.

wartet zu werden. Die unpersönliche Protagonistin als Ich-Erzählerin, die sexuellen Nötigungen ohne Einsatz von Gewalt und Gegenwehr, vermitteln eine äußerst unangenehme Atmosphäre von Ekel und Unverständnis. Ekel vor den Übergriffen der sich ihrer Macht bewussten Generäle und Unverständnis für die willenlose, gleichgültige und resignierte Haltung der Soldatin. Die Namenlosigkeit, die distanzierte und nüchterne Erzählung des sexuellen Geschlechtsverkehrs, die geradezu herabwürdigende Selbstwahrnehmung und vor allem die sachliche Wiedergabe der Ausschabungen, verhindern jedwede Sympathie des Lesers. Die namenlose Soldatin wandelt von Affäre zu Affäre, verliert keinen Gedanken an Verhütung und rechtfertigt ihre Schwangerschaften unreflektiert mit ihrer Unverträglichkeit der Antibaby-Pille. Obwohl sie mehrmals ihren guten Notenabschluss im Fach Biologie betont und den Wunsch, Medizin zu studieren, äußert, ist es ihr nicht möglich zu realisieren, welchen gesundheitlichen und psychischen Belastungen sie sich aussetzt. Sie gibt sich den mehr oder weniger deutlich zu verstehenden Anzüglichkeiten ihrer Vorgesetzten hin und widersetzt sich diesen nicht. Die indifferente Haltung der Protagonisten wird unterstützt durch Aussagen wie „Ich mache wirklich kein Aufhebens"[17] und „... nett ist alles, was ich suche."[18] Das Image einer gleichgültigen, unreflektierten und resignierten Person wird durch die Textpassage verstärkt, die sich auf einen Schminkkurs für Soldatinnen bezieht. Darin wird erzählt, wie drei Beraterinnen der Kosmetikmarke Revlon eine Schminkanleitung für Soldatinnen lehren, die als Pflichtveranstaltung zu besuchen ist.[19] Dabei resümiert eine der Beraterinnen das äußere Erscheinungsbild und die Tugenden einer Soldatin kurz vor einem Probe-Make-up für die Soldatinnen wie folgt:

> Das Büro mit einem strahlenden Gesicht betreten, geschmackvolle, nicht übertriebene Weiblichkeit, unter Betonung des Schönen – das bestimmt so vieles. Wenn wir korrekt gekleidet hereinkommen, mit reinem Teint, dezenter Mascara, hellem Lidschatten für die, denen es steht, Eyeliner für die anderen, zartem Lippenstift, leichtem Rouge und vor allem einem Lächeln – dann haben wir gute Chancen, unsere wichtige und einzigartige Aufgabe beim Militär zu erfüllen. Weibliche Lebensweisheit hereinzubringen. Und jetzt los, an die Arbeit, in drei Gruppen vor den Ständen aufstellen.[20]

Der militärische Stellenwert einer israelischen Soldatin wird damit auf ihre Erscheinung und ihr Aussehen reduziert. Steht die namenlose Soldatin des Buches metaphorisch für die Beurteilung der israelischen Soldatinnen im Militär, erzeugt das Buch ein kontrovers zu diskutierendes Bild. Wenn die Erfahrungen und das Verhalten der Soldatin der Beschreibung eines gewöhnlichen Paradigmas gleichen, dann wird ein von Unsicherheit, geringem Selbstwertgefühl und Hilflosigkeit geprägtes Frauenbild entworfen.

Dieser resignierte Umgang mit sexueller Belästigung, Nötigung und Missbrauch der Protagonisten im Buch *Das Mädchenschiff* einerseits und die leichtfertige Hinnahme von fünf Abtreibungen andererseits erstaunen und legen eine psychologischen Klärung nahe.

---

[17] Ebd., S. 141.
[18] Ebd.
[19] Ebd., S. 51 ff.
[20] Ebd., S. 54.

Methodisch wertvoll ist hierbei der Aufsatz von Orna Sasson-Levy und ihre These, dass „women soldiers in masculine roles adopt various discursive and bodily identity practices characteristics of male combat soldiers, which signify both resistance and compliance with the military order".[21] Laut Sasson-Levy ist eine *body identity* israelischer Soldatinnen durch drei verhaltensauffällige Merkmale geprägt:[22] 1. die Mimikry, gekennzeichnet durch Übernahme männlicher Gebärden und Verhaltensmuster, wie Geste, Kleidung und Sprache im Hinblick auf Akzeptanz und Gleichstellung, 2. die Ablehnung von Weiblichkeit, gekennzeichnet durch Distanzierung und Negation des eigenen Geschlechts, um ein positives Selbstbild zu konstruieren, und letztlich 3. die Ignoranz und Trivialisierung von sexueller Belästigung, geprägt durch die Verdrängung von geschlechtlicher Differenz, Verneinung des Klischees der ‚schwachen Frau', um als gleichwertiger Part in der militärischen Gesellschaft betrachtet zu werden.

Alle drei Verhaltensmuster scheinen auf die Protagonisten des Buches zuzutreffen und eröffnen eine ganz andere Betrachtung und Beurteilung. Die resignierte Haltung und die Hinnahme von fünf Abtreibungen entsprechen einer Verneinung und Ignoranz der Realität. Eine Reflexion wird uneingeschränkt gemieden, als könne das Geschehene übergangen und vergessen werden.

Die israelische Soldatin als Objekt der Kamera – eine weibliche Perspektive

Das Umschlagbild zur deutschen Ausgabe *Das Mädchenschiff* zeigt eine israelische Soldatin, die in Uniform und mit Kappe bekleidet, mit geschlossenen Augenlidern an einer Zigarette zieht (Abb. 4). Pose, Kleidung und vor allem, wie sie ihre Haare unter der Kappe trägt, erwecken den Eindruck, sie hätte sich soeben die Kappe aufgesetzt und würde den Raum gleich verlassen, um zu einer Dienstübung anzutreten. Der letzte Zug an der Zigarette verrät ebenso diese Aufbruchstimmung. Die Aufnahme ist jedoch keine zufällige Fotografie, die für ein Buch-Cover Verwendung findet, sondern Teil einer ganzen Fotoserie der Künstlerin Rachel Papo.

Geboren 1970 in Columbus, Ohio, aufgewachsen in Israel, leistete Rachel Papo mit 18 Jahren ihren Militärdienst und setzte sich circa ab 2004 mit ihren Erlebnissen und Erfahrungen in einer Fotoserie auseinander. Betitelt mit ihrer eigenen Identifikationsnummer während ihrer Dienstzeit – Serial No. 3817131 –, porträtiert sie israelische Soldatinnen, indem die alltägliche Konfrontation mit dem Erwachsenwerden, mit dem nahen Zusammenspiel von Alltag und nicht Alltäglichem und vor allem mit Leben und Tod in der engen, begrenzten Welt des Militärs visuell thematisiert werden.[23] Ihre Fotoarbeiten – inzwischen lassen sich über 70 Aufnahmen auf ihrer Internetseite zählen – sind nicht nur in Museen und Galerien, wie zum Beispiel im März dieses Jahres in der ClampArt Gallery in New York oder im Tel Aviv Performing Arts Center vergangenen Jahres, aus-

---

[21] Orna Sasson-Levy, Gender Performance in a Changing Military (wie Anm. 12), S. 265–276, hier 266.
[22] Vgl., ebd., S. 268 ff.
[23] Vgl. dazu die Internet-Seite von Rachel Papo zu ihrer Fotoreihe: http://www.serialno3817131.com. Ebenso sind Auszüge unter http://www.rachelpapo.com einsehbar.

Abb. 4: Umschlagbild zum Roman 'Das Mädchenschiff' von Michal Zamir, 2007. (Aus der Fotoserie von Rachel Papo Serial No. 3817131, 2005)

Abb. 5: ‚Military kiosk counter', Shaare Avraham, Israel, 2004. (Aus der Fotoserie Serial No. 3817131 von Rachel Papo)

gestellt, sondern begegnen uns in Magazinen,[24] im Internet[25] und eben auch als Umschlagabbildung des vorgestellten Buches *Das Mädchenschiff*.

Die Dichotomie von Alltäglichem und das Leben in der beengten Welt des Militärs werden vortrefflich im Foto ‚Military kiosk counter, Shaare Avraham, Israel, 2004' dargestellt (Abb. 5). Mit dem Rücken zum Betrachter, stehen sechs Soldatinnen in Uniform, das Maschinengewehr links geschultert, an einer brusthohen Mauer eines Kiosladens. Der offene Raum hinter der Mauer birgt alles, was ein Kiosk zu bieten hat: Es sind Drogerieartikel, Erfrischungsgetränke, Zigaretten und andere Artikel zu erkennen, die anscheinend von großem Interesse für die Soldatinnen sind. Aufgereiht richten sich überwiegend alle Blicke ins Ladeninnere, während nur eine Soldatin schon das nötige Kleingeld zusammenzählt.

Das Khaki-Grün der Uniformierten, die homogene Bekleidung und die Aufeinanderfolge der geschulterten Gewehre ergeben ein Gegenbild zum Ladeninneren. Betont wird diese Gegenüberstellung durch die Ladenmauer, die wie eine Begrenzung zwischen zwei Welten wirkt: auf der einen Seite die rigide Welt des Militärs und auf der anderen Seite die bunte, konsumorientierte Welt des alltäglichen Lebens. Die Perspektivenwahl der Fotografin ist dabei besonders aufschlussreich: Die Sicht des Betrachters wird mit der Sicht der Soldatinnen ins Ladeninnere gleichgesetzt. Es entsteht eine doppelte Perspektive: Als Betrachter sehen wir nicht nur dasselbe wie die Gruppe der Soldatinnen, sondern diese auch gleichzeitig von hinten. In einem kurzen Kommentar zu der gesamten Fotoserie beschreibt Rachel Papo die Gegenüberstellung von dieser und jener Welt des Militärs, ihre eigene Militärzeit reflektierend, wie folgt:

> The girls who I encountered during these visits were disconnected from the outside world, completely absorbed in their paradoxical reality. They spoke a language now foreign to

---

[24] Siehe dazu European Photography, The international art magazine for contemporary photography and new media, No. 83, Vl. 29 (1), 2008, S. 44–47. Für diesen Hinweis danke ich Benjamin Füglister, New Horizon Productions, Berlin.

[25] Verschiedene Fotoaufnahmen aus der Serie lassen sich auch in mehreren Clips bei youtube.com wieder finden.

me, using phrases like „Armored Cavalry Regiment" and „Defense Artillery". Would it have made any difference to explain to them that in a few years the only thing they might remember is their serial number? Photographing these soldiers, I saw my reflection; I was on the other side of a pane of glass – observing a world that I had once been a part of, yet I could not go back in time or change anything. It felt like a dream.[26]

In ihrer Beobachtung der jungen Soldatinnen werden ferner die fotografierten Frauen personalisiert dargestellt. So gleichen diese Aufnahmen von einzelnen Rekrutinnen Porträtbildern, die durch den Fotountertitel mit Vornamen und Arbeitspositionen der Soldatinnen noch persönlicher und individueller wirken. Diese Porträts sind stets in eine Momentaufnahme eingebettet. Selten posieren die Gezeigten, sondern wie ein unauffälliger Beobachter sehen wir die Soldatinnen in Momenten der Einsamkeit und Stille, beim Warten, zwischen den Dienstübungen, innerhalb einer Zeremonie oder unmittelbar vor oder nach einer Kampfübung. Der Betrachter dieser Fotoarbeiten wird Teil einer intimen Stimmung, wie zum Beispiel Abbildung 6 *Dana, a sniper instructor, outside her room* verdeutlicht. Dana, eine Ausbildnerin für Scharfschützen, steht rauchend in Uniform und mit geschultertem Gewehr vor ihrer namentlich gekennzeichneten Barackentür. Im Hintergrund das grüne Umfeld des Campus im Dunkel des späten Abends, ist Dana gut ausgeleuchtet zu sehen. Die langen gewellten Haare trägt sie offen, wobei Körperhaltung und die zu große Kleidung eher männlich wirken. Die Hemdsärmel reichen ihr fast über die Hände. Ihr Gesichtsausdruck wirkt müde, gedankenvertieft und abwesend. Den Blick vom Betrachter abgewandt, steht sie alleine vor ihrer Baracke, die durch die losen Wegplatten und der angehäuften Erde einer Baustelle gleicht. Das Dunkel des Campus, die zu große Uniform, der verträumte Blick und vor allem die baufällige Baracke lassen Dana verloren und einsam erscheinen. Der Untertitel ist dem Bildinhalt entgegengesetzt: Wir sehen Dana nicht als Scharfschützin in Aktion, sondern vermutlich in jenem Moment nach einem anstrengenden Übungstag ihres Militäralltages.

Das Thema Einsamkeit visualisiert Rachel Papo ebenso in *Paz waiting for the bus* (Abb. 7). Die junge Soldatin sitzt wartend an einer überdachten Bushaltestelle. Die daran vorbeiführende Straße ist menschenleer, kein Fahrzeug ist zu sehen. Die perspektivische Tiefengestaltung des Fotos lässt die Straße mit ihren Straßenlaternen und der weißen Straßenmarkierung bis zum Horizont unendlich erscheinen, wobei Paz – rechts im Foto – der Straße entgegen blickt. Ihr Mund ist leicht geöffnet, die Augen fokussieren konzentriert etwas, was außerhalb des Bildbereiches liegt. Aufbau, Farbgestaltung und der Moment des Wartens an einer leeren Straße sind Ausdruck von Isolation, Unendlichkeit und Unwirklichkeit.

Dieser surrealen Momentaufnahme ist das Foto *Michal on the train going home* (Abb. 8) gegenüber zu stellen. In einer Vierer-Sitzgruppe mit Tisch sitzt Michal in Uniform und mit dem Gewehr auf dem Schoß ruhend in einem Zug, neben ihr und im Hintergrund sind andere Fahrgäste zu sehen. In einem Telefongespräch vertieft, stützt sie sich mit ihrem freien Ellenbogen auf die Sitzlehne und ballt die Hand zu einer lockeren Faust. Den Kopf zum Mobiltelefon geneigt, die Augenlider leicht verschlossen und aufgrund ihres lächelnden Gesichtsaus-

---

[26] Rachel Papo, Statement zur Fotoserie Serialno. 3817131, siehe unter http://www.serialno 3817131.com/statement.html, abgerufen am 13.9.2009.

Weiblichkeit und Militär 231

Abb. 6: ‚Dana, a sniper instructor, outside her room', Kibbutz Kfar Hanassi, Israel, 2005. (Aus der Fotoserie Serial No. 3817131 von Rachel Papo)

Abb. 7: ‚Paz waiting for the bus', Northern Israel, 2006. (Aus der Fotoserie Serial No. 3817131 von Rachel Papo)

drucks, muss es sich um ein angenehmes Gespräch handeln. Durch die exakte Ausleuchtung Michals des im Schatten sitzenden Nachbarn und durch die gewählte Perspektive wird der Eindruck erweckt, man säße ihr in diesem Abteil gegenüber und könne ihrem intimen Gespräch folgen. Sie wirkt durch die gelungene Belichtung und ihre Mimik sehr jung und unbesorgt. Die leicht abgewandte Körperhaltung weg vom Sitznachbarn, wahrscheinlich damit das Gesagte nicht gehört wird, dieses beschwingte Lächeln und vor allem das auffallend junge Alter stehen im Widerspruch zu Uniform und Maschinengewehr, dessen Lauf auf andere Fahrgäste gerichtet ist. Für Israelis sicherlich eine alltägliche Szene, wird hier durch Ausleuchtung und porträtierte Perspektive für ein europäisches Auge ein ungewohnter Anblick einer jungen, bewaffneten Soldatin in einem Zug mit anderen Fahrgästen vorgeführt.

Entsteht durch den Untertitel und durch die freudige Mimik der Gezeigten der Eindruck, dass es Michal auf ihrem Heimweg gut geht, wird durch das nächste vorzustellende Foto *Ifat at home* (Abb. 9) das Gegenteil visualisiert. Wieder in

Abb. 8: ‚Michal on the train going home', Tel Aviv, Israel, 2006. (Aus der Fotoserie Serial No. 3817131 von Rachel Papo)

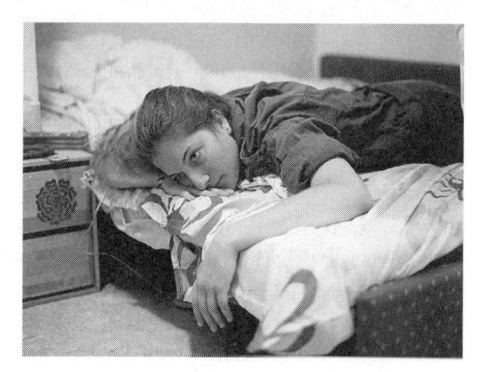

Abb. 9: ‚Ifat at home', Haifa, Israel, 2006. (Aus der Fotoserie Serial No. 3817131 von Rachel Papo)

Uniform gekleidet, liegt die Fotografierte bäuchlings auf ihrem Bett, die eine Hand als Stütze unter ihrem Kopf, liegt die andere regungslos und schlaff auf der Bettkante. Ihr Blick sinniert ins Leere, wobei Ifat weder müde noch abgekämpft erscheint. Die großen hellen Augen mit ihrem verlorenen Blick spiegeln das wider, was Ifat womöglich gesehen und erlebt hat. Es ist anzunehmen, dass die junge Soldatin gerade von ihrem wöchentlichen Dienst zu Hause eingetroffen ist und sich zuerst auf das Bett in ihrem noch kindlich-jugendlich eingerichtetem Zimmer zurückgezogen hat. Stehen in Rachel Papos Arbeiten Themen wie Einsamkeit und die irreale Welt des Militärs im Leben einer heranwachsenden Frau im Mittelpunkt, lässt sich dieses Foto vortrefflich mit einem Kommentar der Künstlerin ergänzen:

> At an age when social, sexual, and educational explorations are at their highest point, the life of an eighteen-year-old Israeli girl is interrupted. She is plucked from her home surroundings and placed in a rigorous institution where her individuality is temporarily forced aside in the name of nationalism. During the next two years, immersed in a regimented and masculine environment, she will be transformed from a girl to a woman, within the framework of an army that is engaged in daily war and conflict. She is now a soldier serving her country, in a military camp amidst hundreds like her, yet beneath the uniform there is someone wishing to be noticed, listened to, and understood. (...) My service had been a period of utter loneliness, mixed with apathy and pensiveness, and at the time I was too young to understand it all. Through the camera's lens, I tried to reconstruct facets of my military life, hopeful to reconcile matters that had been left unresolved.[27]

Rachel Papo markiert mit ihren Porträtarbeiten eine andere Konstruktion des Bildes der israelischen Soldatin. Die vorgestellten Fotos präsentieren eine heldenhafte Figur, weder im propagandistischen Sinne, noch eine klischeehafte Vorstellung oder die Rekrutinnen als Opfer männlicher Gewalt. Sie werden in erster Linie menschlich porträtiert, in ihren Emotionen der Isolation, gedankenvertieft über das Erlebte, in diesem Schwellenzustand zwischen Unbedarftheit einer Achtzehnjährigen und der Verantwortung Land, Staat und Bewohner zu verteidigen und stets mit Kriegsmomenten, Tod und Gefahr konfrontiert zu sein. Wir nehmen jede einzelne Soldatin mit ihrem Namen und in ihrer Militärposition als Individuum wahr und zugleich wird auf die gesamte Erscheinung der weiblichen Soldatinnen in der israelischen Armee verwiesen. Aus weiblicher Perspektive werden Soldatinnen in persönlichen Momenten vorgestellt, die inhaltliche Aspekte der Militärzeit verdeutlichen. Zum Einen werden die gezeigten Frauen in ihren Posten betitelt, die Kleidung und Aufmachung konstatieren ihre Positionen, zum Anderen werden weder Weiblichkeit noch Emotionalität untergraben, sondern vielmehr das Spannungsfeld zwischen beiden Aspekten in Ausdruck, Bildgestaltung und Bildinhalt symbolisiert. Jedes einzelne Foto ließe sich losgelöst von den übrigen in Aufbau und Ausführung analysieren, und doch ergibt die Betrachtung der ganzen Serie ebenso ein einheitliches Muster. Dieses Bildmuster thematisiert den Übergang von heranwachsenden jungen Frauen zu selbstverantwortlichen Mitgliedern der israelischen Gesellschaft. In einer Zeit

---

[27] Rachel Papo, Statement zur Fotoserie Serialno. 3817131, siehe unter http://www.serialno3817131.com/statement.html, abgerufen am 13.9.2009.

der Abgeschiedenheit von Familie und Freunden, in einer von Männern und männlichen Attributen dominierten Welt, werden diese jungen Frauen bestimmten Konfrontationen eigener, persönlicher, gesellschaftlicher und allgemein politischer Dimension ausgesetzt.

Militär und Geschlecht – Aspekte und Fragestellungen

Sind die Visualisierung von klischeehaften Vorstellungen einer aufreizenden Soldatin, das Verhalten der Protagonistin des Buches *Das Mädchenschiff* und die Fotografien von Rachel Papo in *Serial No. 3817131* als Erscheinungsformen zu interpretieren, wie es Sasson-Levy in Kategorien zusammenfasst, werden Fragen über das Verhältnis von Militär und Geschlecht evoziert. In welcher militärischen Umgebung und unter welchen Bedingungen entstehen Verhaltensmuster? Was bedingt eine *body identity* im israelischen Militär und welche gesellschaftlichen Spannungsfelder sind dabei zu berücksichtigen?

Aufschluss über diese methodischen Fragen bieten umfassende Studien, wie von Baruch Kimmerling, Nira Yuval-Davis, Dafna Nundi Izraeli, Edna Levy, Orna Sasson-Levy und ebenso wie von Uta Klein in *Militär und Geschlecht in Israel*.[28] Einvernehmlich wird betont, welch hohen gesellschaftlichen Stellenwert das israelische Militär, nicht nur wegen der Verteidigung und Sicherheit für die Existenz des Staates Israel, sondern vor allem wegen seiner historischen, nationalen und gesellschaftlichen Bedeutung einnimmt. Denn Wehrdienst zu leisten heißt, ein „volles und loyales Mitglied des israelischen Staates und des demokratischen Kollektivs zu sein."[29] Die 1948 in Israel vereinten militärischen Gruppen zu der heute bekannten Verteidigungsstreitkraft *Zahal*,[30] unterstützte die Gründung des Staates Israel. Die damaligen Untergrundorganisationen *Hagana* und *Palmach* existierten bereits in Palästina unter dem britischen Mandat und setzten sich für die Verteidigung der zionistischen Einwanderer und ihrer Siedlungen ein. In den 30er und 40er Jahren formierten sich beide Gruppen zu einer paramilitärischen Vereinigung, in der später ebenfalls bekannte Persönlichkeiten der Politik wie Moshe Dajan, Teddy Kollek, Jizchak Rabin und Shimon Peres Mit-

---

[28] Vgl. Baruch Kimmerling, Patterns of Militarism in Israel, in: *European Journal of Sociology* 34 (1993), S. 196–223. Nira Yuval-Davis, *Gender and Nation*, London u. a. 2008. Dafna Nundi Izraeli, Gendering Military Service in the Israeli Defense Forces, in: *Israel Social Science Research* 12,1 (1997), S. 129–166. Dies., Paradoxes of Women's Service in the Israel Defense Forces (wie Anm. 11), S. 203–238. Edna Levy, Die paradoxe Geschlechterpolitik der israelischen Armee, in: Ruth Seifert/Christine Eifler/Heinrich-Böll-Stiftung (Hgg.), *Gender und Militär. Internationale Erfahrungen mit Frauen und Männern in Streitkräften*, Königstein/Taunus 2003, S. 52–73. Orna Sasson-Levy, Gender Performance in a Changing Military (wie Anm. 12), S. 265–276. Uta Klein, *Militär und Geschlecht in Israel* (wie Anm. 11).

[29] Edna Levy, Die paradoxe Geschlechterpolitik der israelischen Armee (wie Anm. 28), S. 52–73, hier 52.

[30] Das Akronym Zahal besteht aus den Anfangsbuchstaben für die offizielle hebräische Bezeichnung לישראל ההגנה צבה, צה"ל im Deutschen übersetzt mit *Israelische Verteidigungsstreitkräfte* und im Englischen mit *Israel Defense Forces* (IDF).

glieder waren.³¹ Die Vereinigung der Streitkräfte ist Sinnbild für die Gründung des jungen Staates Israel, seiner Unabhängigkeit und seiner Verteidigungsmacht gegenüber den feindlich gesinnten Nachbarländern im arabischen Raum. Somit verwundert es kaum, dass der Stellenwert eines Soldaten innerhalb der Gesellschaft diesen hohen Rang einnimmt. Der Dienst an der Waffe verkörpert damals wie heute das Bild des *neuen Juden* wie es zu zionistischen Zeiten Anfang des 20. Jahrhunderts von Max Nordau formuliert wurde.³² Die Öffnung des Militärdienstes für Frauen, wobei schon zu Zeiten der *Hagana* und *Palmach* Frauen in diesen Organisationen beteiligt waren, ist Ausdruck einer modernen und aufgeklärten Gesellschaft. Durch die Rekrutierung von Männern und Frauen nimmt Israel im Vergleich mit anderen Staaten eine Pionierstellung ein, was auch heute noch in der israelischen Gesellschaft als stolze Errungenschaft empfunden wird.

Der Soldat und die Soldatin verteidigen das Land, setzen ihr Leben für die Existenz des Staates ein und verkörpern in einem militärisch geprägten jungen Staat Israel mit Rückblick auf biblische Ursprünge die Heroen in der israelischen Gesellschaft. Und jede Staatsbewohnerin und jeder Staatsbewohner wird Teil dieses heroischen Stellenwertes: Bis auf streng religiöse Juden und israelische Araber, ausgenommen sind Drusen und Beduinen, ist jeder männliche Israeli ab dem 18. Lebensjahr zu 36 Monaten Militärdienst und bis zum 54. Lebensjahr einmal jährlich bis zu 31 Tagen Reservedienst, Frauen zu 21 Monaten Militärdienst und bis zum 24. Lebensjahr zum Reservedienst verpflichtet.³³ Der Militärdienst bestimmt nach außen ein Bild von Gemeinschaft und Stolz. Er wird zu Recht als *rite de passage* beurteilt, wenn junge Menschen von 18 Jahren die nächsten drei bzw. zwei Jahre ihrer Adoleszenz als Soldat oder Soldatin verbringen und abgeschieden von ihrem gewohnten Umfeld existenzielle Grenzerfahrungen erleben.³⁴ Diesem Gemeinschaftskodex sind weitere Aspekte hinzuzufügen:

Zum einen fördert der Dienst an der Waffe nicht nur die Bildung einer gemeinsamen Identität aller Gesellschaftsschichten, sondern vor allem aller Ethnien des Landes. Der verpflichtende Wehrdienst ist gleich auch Teil der Migrationspolitik und fördert die Integration neuer Immigranten in die Gesellschaft Israels.³⁵ Zum anderen – wie Dafna Nundi Izraeli beobachtet hat – häuft sich für männliche Rekruten während ihrer Dienstzeit ein sogenanntes soziales Kapital an.³⁶ Gemein-

---

[31] Vgl. Land of Israel: Defense Forces, in: *Encyclopaedia Judaica* (wie Anm. 14), S. 464–479, hier 466 ff.

[32] Vgl. Max Nordau, Das Muskeljudentum und Was bedeutet das Turnen für uns Juden?, in: *Max Nordau's zionistische Schriften*, hg. vom zionistischen Aktionskomitee, Köln/Leipzig 1909, S. 379–388.

[33] Vgl. Land of Israel: Defense Forces, in: *Encyclopaedia Judaica* (wie Anm. 14), S. 464–479, hier 468.

[34] Vgl. Eyal Ben-Ari/Edna Levy-Schreiber, Body-building, Character-building, and Nationbuilding: Gender and Military Service in Israel, in: *Studies in Contemporary Jewry* 16 (2000), S. 171–190, hier 177 ff.

[35] Vgl. Land of Israel: Defense Forces, in: *Encyclopaedia Judaica* (wie Anm. 14), S. 464–479, hier 467.

[36] Vgl. Dafna Nundi Izraeli, Gendering Military Service in the Israeli Defense Forces (wie Anm. 28), S. 129–166, hier 131 ff. Die Bezeichnung ‚soziales Kapital' übernimmt Izraeli in Anlehnung an die soziologische Untersuchung über soziale Beziehungen zwischen Personen

same Ausbildungsplätze, Einsätze in Krisensituationen und das Wiedersehen bei Reservediensten fördern den Austausch und stärken Freundschaftsverbände zwischen den Soldaten, die sich auch im zivilen Leben auswirken können. Nicht selten werden Arbeitsplätze und Kontakte vermittelt, die sich auf Zeiten des Militärdienstes berufen. So können Dienstgrad und Position im Militär zu Vorteilen im beruflichen und im zivilen Leben führen.[37] Der israelische Soldat beginnt im jungen Alter von 18 Jahren nicht nur eine Phase des Erwachsenwerdens, sondern betritt die Arena eines gesellschaftlich relevanten sozialen *rankings*. Sein gesellschaftlicher Stellenwert steigt mit erfolgreicher Absolvierung des Militärdienstes. Je höher sein Dienstgrad, je anstrengender und herausfordernder sein Einsatz gewesen ist, umso höher später die Anerkennung, Auszeichnung und sein gesellschaftlicher Status.

In den öffentlichen Medien wird dementsprechend ein Bild des Soldaten entworfen, das sich auf die Präsentation von schwitzenden, schwer kämpfenden Männern in Aktion konzentriert, die mit der Waffe in der Hand das Land verteidigen.[38] Anhand dieser übertriebenen heroischen Stigmata ergeben sich wissenschaftliche Untersuchungen über das Verständnis von Männlichkeit und Militär, wie auch Homosexualität und die Rolle der Frau im Militär. Was allerdings ein Randthema bleibt und sich erst vor kurzem in Form der dokumentarischen Filmreihe *Flipping Out* von Yoav Shamir 2007 eröffnet hat, ist die Betrachtung der Auswirkungen des israelischen Militärdienstes mit all den dazugehörenden Existenz bedrohenden und psychisch belastenden Erlebnissen bei ehemaligen Soldaten und Soldatinnen.[39] Shamir begleitete Israelis, die nach ihrer Militärzeit nach Indien reisen und versuchen in Drogen und Parties ihren traumatischen Erinnerungen zu entfliehen. In dieser Dokumentation gehen alle heroischen Vorstellungen und Klischees verloren, werden nüchtern entmystifiziert und bilden ein Gegenbild zum gesellschaftlich hoch anerkannten Soldaten, den nichts erschüttern kann.

Zur weiterführenden Betrachtung des vorgestellten Materials zum Bild der israelischen Soldatin sind Arbeitsverteilung und Arbeitsfelder nach den neuesten Standpunkten und der prozentualen Erfassung der *Zahal* sowie der gesellschaftliche Stellenwert der Soldatin zu analysieren. Ferner muss zur kontextualen Erfassung herausgearbeitet werden, welche psychologischen Spannungsfelder zwischen Mann und Frau in einem Mikrokosmos wie dem Militär entstehen. Eine detaillierte Untersuchung über Wahrnehmung und Wiedergabe der Soldatin in

---

von Pierre Bourdieu, Ökonomisches Kapital, kulturelles Kapital, soziales Kapital, in: Reinhard Kreckel (Hg.), Soziale Ungleichheiten, Göttingen 1983, S. 183–198.

[37] Vgl. Eyal Ben-Ari und Edna Levy-Schreiber, Body-building, (wie Anm. 29), S. 171–190, hier 185f.

[38] Vgl. Edna Levy, Die paradoxe Geschlechterpolitik der israelischen Armee (wie Anm. 28), S. 52–73, hier 54ff. Levy stellt treffend heraus, dass das mediale Bild des Soldaten in Aktion, also in Bewegung gezeigt wird und dass die Betonung auf Körperbau und Muskelspiel gesetzt wird. Hierin lassen sich erneut Verbindungen und Rückschlüsse zum Konzept von Max Nordaus *Muskeljudentum* und der Konstruktion eines *neuen Juden* ziehen, wo Dichotomien wie alt/neu und schwach/stark entstehen.

[39] Für den Hinweis zu dieser Dokumentationsreihe danke ich Stephanie Appel, Hochschule für Jüdische Studien Heidelberg.

der Fotografie-Geschichte Israels wird Transfer- und Austauschprozesse oder aber Ablehnung von vorhandenen Bildkonstruktionen aufweisen.[40] Erst dann lassen sich Rückschlüsse ziehen, die ein Verständnis und eine vollständige Analyse des Bildes der israelischen Soldatin in der Fotografie, im Bereich der Literatur und der öffentlichen Medien, wie Presse und Internet, ermöglichen.

---

[40] Im Rahmen meiner Dissertation werden unter anderem Einflüsse und Übernahme von bestimmten Bildmustern untersucht, die zur Aufschlüsselung von Fotografien dienlich sind.

FREDEREK MUSALL

Chiddush und *Hitchadshut* als philosophische Imperative des Judentums[1]

„Wege entstehen dadurch, dass man sie geht."
Franz Kafka

I.

„Zeit ist's ...", konstatierte Franz Rosenzweig (1887–1929), – und zwar allerhöchste –, als er 1917 in einem offenen, an seinen ehemaligen Lehrer Hermann Cohen (1842–1918) adressierten Brief die Grundzüge eines neuen jüdischen Erziehungsideals skizzierte.[2] Seinem Empfinden nach befand sich das deutsche Judentum in einer akuten intellektuellen, religiösen und nicht zuletzt existenziellen Fünf-vor-Zwölf-Situation. Doch die Schuld an dem Schlamassel sei nicht allein und ausschließlich den üblichen Verdächtigen – Akkulturation und Assimilation – zuzuschreiben. Vielmehr wurzelten die eigentlichen Ursachen für den drohenden Identitätsverlust des deutschen Judentums tiefer: In seiner Selbstverleugnung und damit Selbstaufgabe. Rosenzweigs eindringlicher Weckruf und seine Forderung nach einer Neustrukturierung des jüdischen Religionsunterrichtes zielte von daher bewusst auf die Grundlage jüdischer Identität – dem jüdischen Bildungswesen. Nur wenn es dem deutschen Judentum gelänge, sich in diesem ebenso zentralen wie neuralgischen Bereich zu reformieren, könne es sich selbstbewusst und eigenständig im Angesicht existenzieller Krisen behaupten. In seinen pädagogischen Reformbemühungen ging es Rosenzweig dabei „um nichts Geringeres als um die Einführung in eine eigene, der übrigen Bildungswelt gegenüber wesentlich selbständige, jüdische Sphäre."[3] Diesen Übergang sollte der Typus eines neuen jüdischen Lehrers einleiten, der als Pädagoge und Gelehrter zugleich fungieren sollte und aufgrund der von ihm wahrgenommenen Doppelfunktion in besonderem Maße dazu befähigt war, den vielschichtigen religiösen wie intellektuellen Bedürfnissen seiner Gemeinde sowie auch den aktuellen Herausforderungen seines Umfeldes zu begegnen und gerecht zu werden. Durch seine Person würde sich dem deutschen Judentum die geforderte

---
[1] Meinen ehemaligen Lehrern im Fach Jüdische Philosophie und Geistesgeschichte an der Hochschule für Jüdische Studien Heidelberg in tiefer Verbundenheit und mit guten Gedanken gewidmet: Maurice-Ruben Hayoun, Daniel Krochmalnik, Yossef Schwartz und Wolfgang von Abel.
[2] Franz Rosenzweig, Zeit ist's ... Gedanken über das jüdische Bildungsproblem des Augenblicks. An Hermann Cohen (1917), in: Franz Rosenzweig, *Kleinere Schriften*, Berlin 1937, S. 56–78.
[3] Ebd., S. 56.

eigenständige Perspektive erschließen – damit dieses schließlich wieder zu sich selbst finden und eine selbstgewisse Beziehung zu seinem Judentum aufzubauen vermochte; ja, damit es sich aktualisieren, erneuern, selbstverwirklichen könne. An der Zeit war's jedenfalls.

II.

Und allerhöchste Zeit ist's wieder. Denn wie sich zeigt, sind Rosenzweigs „Gedanken über das jüdische Bildungsproblem" auch heute wieder/noch von erstaunlicher Aktualität.[4] Das liegt jedoch nicht nur an der spezifischen Situation des jüdischen Religionsunterrichtes in Deutschland, sondern vielmehr an der allgemeinen Lage des Judentums in einer immer komplexer werdenden Welt. Wandel und Veränderung verunsichern, drohen den eigenen Bestand – die eigene Identität – aufgrund ihrer Unbeständigkeit in Frage zu stellen. Im Anklang an Hillel den Älteren, der in Vergegenwärtigung eines solchen Moments ein stets aktuelles Diktum formuliert hat, gilt es danach zu fragen: „Wenn nicht ich für mich bin, wer ist für mich, und bin ich nur für mich, was bin ich, und wenn nicht jetzt, wann dann?"[5] Auch die Rosenzweig'schen Überlegungen sind „Gedanken [...] des Augenblicks" und reflektieren die eigene aktuelle Situation – sind Bestands- oder Momentaufnahmen, wenn man so will. Doch der Augenblick stellt aufgrund seiner Gegenwärtigkeit selten etwas Vollkommenes und Abgeschlossenes dar, sondern ist – im Gegenteil – unentschieden und bleibt offen. Diese Unentschiedenheit und Offenheit legt folglich nahe, dass in jedem Augenblick immer ein inhärentes Moment der Entscheidung liegt, das Initiative verlangt und zur Entscheidung auffordert. Die geforderte Entscheidung zu treffen bedeutet dabei, sich der Verantwortung des Augenblicks bewusst zu sein.

Auch wenn sich die jeweiligen religiösen, sozialen und historischen Kontexte von einst und heute verständlicherweise von einander unterscheiden mögen, so gilt dieses Prinzip Verantwortung nicht allein für das jüdische Erziehungswesen in seiner grundlegenden Funktion, sondern gerade auch für das, was man hierzulande unter ‚Jüdische Philosophie' fasst. Denn ohne eine durch das Erziehungswesen fundierte und gewährleistete jüdische Identität gibt es keine Möglichkeit jüdischen Denkens, wie es sich in ‚Jüdischer Philosophie' äußern kann, wie es umgekehrt ohne ein jüdisches Denken, das über jüdische Existenz reflektiert, keine jüdische Identität geben kann. Folglich bedarf es eben auch der Formulierung einer intellektuellen Perspektive aus dem Judentum heraus, die eigenständig, selbst- wie verantwortungsbewusst den veränderten Aktualitäten Rechnung für das Judentum zu tragen vermag. Warum? Ganz einfach: Weil es an der Zeit ist.

---

[4] Vgl. Daniel Krochmalnik, „Zeit ist's". *Mussaf – Hochschule für Jüdische Studien* 1/2005, S. 7–9, zu finden unter http://imperia-dev.uni-heidelberg.de/imperia/md/content/vorlesungsverzeichnissehfjs/sonstige/mussaf_01–05.pdf
[5] *Pirke Awot* 1, 14.

III.

Eine präzise Definition ‚Jüdischer Philosophie' zu geben fällt schwer und wirft zudem eine Reihe von Fragen auf: Allen voran, ob und inwieweit ein an sich auf Universalität ausgerichtetes philosophisches Denken von partikularistischen Interessen und Positionen bestimmt sein darf? Ja, sogar Ansprüche auf Absolutheit oder Exklusivität erheben kann? Natürlich betreffen diese Fragepunkte nicht nur die ‚Jüdische Philosophie' allein, sondern gelten gleichermaßen für andere monotheistische Denktraditionen wie die ‚Christliche Philosophie' oder die ‚Islamische Philosophie'. Prinzipiell muss man fragen, ob eine religiöse Spezifizierung von Philosophie überhaupt eine zutreffende Begriffswahl ist und ob man es nicht – falls man nicht entsprechend versucht, adäquatere Bezeichnungen zu finden – bei einem allgemeinen Überbegriff wie Religionsphilosophie belassen sollte. Denn was zumindest ‚Jüdische Philosophie' betrifft, so verdeutlicht ein Blick auf die jüdische Geistesgeschichte, dass das Label ‚Jüdische Philosophie' im Grunde etwas suggeriert, das bei vielen darunter verorteten Denkern nicht vorhanden war. Zudem legt die Verbindung von Judentum und Philosophie ein Spannungsverhältnis zwischen Athen und Jerusalem nahe, das nicht immer als ein solches wahrgenommen wurde/wird – insofern Athen überhaupt als Bezugspunkt auf der intellektuellen Landkarte jüdischer Denker verzeichnet war/ist. Von daher schein es sicherlich angebrachter, in Anlehnung an das in Israel gebräuchliche *machshevet jisrael* von einem ‚Jüdischen Denken' zu sprechen. Dieser Begriff eröffnet eine Breite an Positionen und Reflexionsformen, die es nicht zuletzt auch erlaubt die gerade ab dem 13. Jahrhundert ebenso einflussreichen wie prägenden mystischen Denktraditionen des Judentums, wie etwa die Kabbala, in die Betrachtung miteinzubeziehen. Der Begriff des ‚Jüdischen Denkens' hat hierzulande in dem Potsdamer Judaisten Karl Erich Grözinger einen ebenso prominenten wie engagierten Fürsprecher gefunden. Grözinger definiert in seinem auf drei Bände angelegten opus magnum *Jüdisches Denken. Theologie – Philosophie – Mystik* die im Untertitel differenzierten Bereiche Philosophie, Theologie und Mystik als drei unterschiedliche Reflexionsformen in der Auseinandersetzung mit jüdischer Religion. Dabei ist für ihn primär das Kriterium entscheidend, dass ein ‚Jüdisches Denken' auf den religiösen Quellen gründet und sich in seiner intellektuellen Reflexion auf die Grundlehren des Judentums (wie z. B. die Schöpfungslehre) bezieht.[6] Aber was, mag man fragen, ist dann mit Denkern wie Manès Sperber (1905–1984) oder Vilém Flusser (1920–1991), denen es in ihrer Reflexion nicht immer um philosophisch-theologische Grundfragen ging, sondern schlichtweg um die säkularen Möglichkeiten ihres Judesein? Liegt es da folglich nicht nahe, Abstand von einer Definition ‚Jüdischer Philosophie' zu nehmen, wie etwa Andreas B. Kilcher vorgeschlagen hat, und sie stattdessen als Gegenstand der Interpretation zu verstehen? Denn, wie Kilcher weiter ausführt, kann es „nicht darum gehen, ein bestimmtes Denken festzulegen, sondern

---

[6] Karl Erich Grözinger, *Jüdisches Denken. Theologie – Philosophie – Mystik. Band I: Vom Gott Abrahams bis zum Gott des Aristoteles*, Darmstadt 2003; ders., *Jüdisches Denken. Theologie – Philosophie – Mystik. Band II: Von der mittelalterlichen Kabbala zum Hasidismus*, Darmstadt 2006.

vielmehr eine breite Möglichkeit aufzuzeigen, das Judentum philosophisch zu interpretieren."[7]

Doch ganz gleich, ob wir nun von ‚Jüdischer Philosophie' oder ‚Jüdischem Denken' sprechen, in beiden Fällen haben wir es in erster Linie mit Versuchen und Bestrebungen zu tun, die unterschiedlichen Denktradition im Judentum zu kategorisieren und zu klassifizieren.[8] Dabei fällt auf, dass es meistens eben das Objekt und das Subjekt der Interpretation sind, die zum Kriterium einer solchen Einordnung erhoben werden. So hilfreich solche Kategorisierungen auch sein mögen, um die vorgefundenen Phänomene entsprechend einzuordnen und dadurch verständlich zu machen, so stellt sich dennoch die Frage, inwieweit sie wirklich das Selbstverständnis und die Selbstverortung der entsprechenden Autoren und ihrer Texte widerzuspiegeln vermögen. Vielleicht bedarf es ja neben dem *wer* und *worüber* noch eines dritten Aspektes, um das spezifisch jüdische an ‚Jüdischer Philosophie' oder ‚Jüdischem Denken' bestimmen zu können. Es gilt meines Erachtens die Frage danach zu stellen was die Motivation und das Ziel ‚Jüdischer Philosophie' oder ‚Jüdischen Denkens' sind? Mit anderen Worten: Wie und warum philosophieren Juden überhaupt?

Auch hierauf fällt eine eindeutige Antwort schwer, denn Motivation und Ziel der jeweils Philosophierenden können, wie sich zeigt, aufgrund unterschiedlicher spezifischer Standpunkte und Kontexte teilweise erheblich von einander differieren. Als Beispiel hierfür seien nur Jehuda ha-Levi (1075–1141/42), Moses Maimonides (1138–1204), Moses Nachmanides (1194–1270) und Abraham Abulafia (1240–um 1291/92) angeführt, allesamt jüdische Denker des Mittelalters, die jedoch in ihren aktuellen Reflexionen jüdischer Tradition recht unterschiedliche Perspektiven jüdischen Philosophierens eröffnen, die von apologetischen oder polemischen, integrativen oder desintegrativen Momenten geprägt sind. Dadurch wird jedoch auch deutlich, dass jüdisches Philosophieren im Grunde genommen eine „Gratwanderung zwischen traditionsbildender Vergangenheit und Denk-Gegenwart" ist, wie Yossef Schwartz es treffend formuliert hat.[9] Dabei kann nicht nur der biblische Text die Basis und den Ausgangspunkt jüdischen Philosophierens bilden, sondern gerade auch der nach eigenem Selbstverständnis genuine methodische Umgang mit ihm – die jüdische Hermeneutik.[10] Doch auch hier zeigt sich, dass ebenso wie Motivation und Ziel auch die Methode von den jeweiligen religiösen, kulturellen, intellektuellen, politischen und sozialen Standpunkten und Kontexten ihrer Anwender wesentlich mitbestimmt wird. Von daher gilt es vielleicht vielmehr das Prinzip in Betracht zu ziehen, das hinter aller hermeneutischen Beschäftigung im Judentum steht: Der *chiddush* – die

---

[7] Andreas B. Kilcher, Zum Begriff der jüdischen Philosophie, in: Andreas B. Kilcher / Otfried Fraisse (Hgg.), unter Mitarbeit von Yossef Schwartz, *Lexikon Jüdischer Philosophen*, Stuttgart 2003, S. VIII–XVIII, hier: S. XVI.

[8] Frederek Musall, Jüdische Philosophie, in: *Philosophische Rundschau* 53,4 (2006), S. 332–344.

[9] Yossef Schwartz, Einleitung: Die Sprache der Apologetik, in: Yossef Schwartz / Volkhard Krech (Hgg.), *Religious Apologetics – Philosophical Argumentation*, Tübingen 2004, S. 3–8, S. 6.

[10] Siehe hierzu einführend Daniel Krochmalnik, *Im Garten der Schrift: Wie Juden die Bibel lesen*, Augsburg 2006.

sogenannte „Neuerung". Er ist Fähigkeit und Möglichkeit zugleich, mittels des zur Verfügung stehenden Repertoires exegetischer Methoden etwas Neues im vermeintlich Altbekannten zu entdecken, weshalb man ihn getrost als ‚Motor jüdischen Denkens' beschreiben kann.

IV.

Ein Motor setzt etwas in Bewegung, womit jedoch noch nichts über die Richtung ausgesagt ist, in die es gehen soll. Folglich wäre es falsch, den *chiddush* automatisch mit einem Fortschrittsdenken gleichzusetzen. Wie R. Moshe Sofers (der *Chatam Sofer*, 1762–1839) in seinem berühmten Diktum deutlich macht, ist es keineswegs erlaubt, etwas Neues aus der Heiligen Schrift abzuleiten (hebr. *chadash asur min ha-tora*), das heißt also irgendwelche Neuerungen innerhalb der jüdischen Tradition vorzunehmen. Die Position R. Moshe Sofers scheint sich also bewusst jeglichen Reformbestrebungen – also dem *chiddush* – innerhalb des Judentums zu verwehren, weshalb man sie als absondernd, rückwärtig oder gar fundamentalistisch bezeichnen könnte. Doch bei eingehender Betrachtung wird klar, dass R. Moses Sofers Motivation und Ziel eine Neuorientierung des ungarischen Judentums war, so dass er trotz seiner vermeintlich ablehnenden Haltung gegenüber dem *chiddush* im Sinne der jüdischen Reformbewegung seiner Zeit letzten Endes selber als *mechadesh* – als Erneuerer – auftrat.[11] Nur eben in eine andere Richtung.

In einem *shi'ur* über Pessach hat Norman Lamm, der langjährige Rosh Jeshiva des Rabbi Isaac Elchanan Theological Seminary (RIETS) der New Yorker Yeshiva University, auf die Komplexität und Ambivalenz des *chiddush* hingewiesen:[12] Er soll sowohl theoretischer als auch praktischer Natur sein. Er kann sich im Resultat sowohl positiv als auch negativ auswirken. Ferner kann er, da er sich nur durch seine Unterscheidung vom Gegebenen definieren lässt, in verschiedene Richtungen verlaufen, da er Fortschritt oder auch Rückschritt bedeuten kann. Und schließlich kann er aus Notwendigkeit heraus oder um seiner Selbst Willen erfolgen. Doch gerade darin liegt ein nicht zu unterschätzendes Gefahrenmoment: Denn eine Neuerung um einer Neuerung willen durchzuführen bedeutet seinen als veraltet wahrgenommenen jüdischen Standpunkt zu verlassen und damit bewusst aufzugeben.[13] Es droht, wie im Falle des talmudischen Apostaten Elisha ben Avuja, die Selbstentwurzelung aus dem Judentum.[14] Denn indem die Neuerung – das Neue – das Alte ersetzt und dessen Platz einnimmt, gibt man das Eigene auf und wird schließlich zum Anderen (hebr. *acher*).

Somit liegt das eigentliche Problem – und vielleicht auch die Warnung R. Moses Sofers – mit dem *chiddush* darin, dass er zwar ein dynamisches, aber zu-

---

[11] Norman Lamm, The Future of Creativity in Jewish Law and Thought, in: ders., *Seventy Faces: Articles of Jewish Faith,* Hoboken (NJ) 2002, S. 3–16, hier: S. 5.
[12] Norman Lamm, Renewal, *Parshat HaHodesh* (March 27, 1971), S. 1–9, zu finden unter http://brussels.mc.yu.edu/gsdl/collect/lammserm/index/assoc/HASH49b1.dir/doc.pdf.
[13] Ebd., S. 3.
[14] bT Chag 14b.

gleich auch ein neutrales und damit zunächst völlig wahlloses Prinzip ist.[15] Es muss folglich etwas geben, das der Neuerung den ihr mangelnden Fokus zu geben vermag. Hier kommt nun das Prinzip der *hitchadshut* oder „Erneuerung" ins Spiel.[16] Als Reflexivform von *chadash* verleiht sie dem neutralen und ungeleiteten *chiddush* eine klare *Handlungsrichtung*: Es meint keine Erneuerung der äußeren Welt, sondern zielt bewusst auf eine Erneuerung und Verbesserung im Inneren. Das Neue wird also nicht in der Welt der Dinge, sondern in der inneren Welt erschaffen.[17] Durch die Transformation des Selbst erreicht die *hitchadshut* die angestrebte Selbstverwirklichung.

Nach traditionellem jüdischem Verständnis kann die *hitchadshut* damit nicht losgelöst von dem Prinzip der *teshuva* (dt. „Reue", „Umkehr") betrachtet werden. Vielmehr noch: *Hitchadshut* ist gewissermaßen *teshuva* und umgekehrt. Verstehen wir nun den *chiddush* als schöpferische Fähigkeit des Menschen, so handelt es sich bei *hitchadshut* und *teshuva* um die eigentlichen Schöpfungsakte. R. Joseph D. Soloveitchik (1903–1993) etwa definiert die *teshuva* gar als eine Neuschöpfung des Selbst – des ‚Ich': Das neue ‚Ich' trennt sich von seiner psychischen Identität und erschafft sich dadurch neu.[18] Somit wird der Mensch durch die *teshuva* also selber schöpferisch tätig und damit zu einem ebenbürtigen Partner Gottes.[19] Nach Auffassung von R. Abraham Isaak ha-Cohen Kook (1865–1935) darf die *teshuva* jedoch keineswegs als eine einmalige und damit abgeschlossene Handlung, sondern muss vielmehr als eine ganzheitliche Lebensweise verstanden werden.[20] Der Mensch steht also immer wieder vor der Wahl seines Handelns. Dadurch erfährt der *chiddush* schließlich die eingeforderte ethische Aufwertung.

Augenscheinlich ist es ein ziemlich weiter Sprung von *chiddush* als „Neuerung" im Rahmen rabbinischer Exegese hin zum *chiddush* als schöpferischer Fähigkeit und Aufgabe des Menschen. Aber es ist genau dieses ebenso bewusste wie flexible Spiel mit Konnotation und Assoziationen, das jüdisches Denken charakterisiert und ihm die Möglichkeit bietet, das spezifisch Eigene zu äußern.

V.

Damit sich das dynamische Prinzip des *chiddush* also nicht willkürlich äußert, bedarf es des transformatorischen Prinzips der *hitchadshut*. Vielleicht wäre dies auch ein gangbarer Weg für ‚Jüdische Philosophie' sich durch *chiddush* und *hitchadshut* im wahrsten Sinne des Wortes neu zu schöpfen – neu zu definieren. Was damit genau gemeint ist, möchte ich durch eine von Martin Buber (1878–1965) überlieferte Anekdote über den chassidischen Meister R. Sussja von Annipole

---

[15] Norman Lamm, Renewal (wie Anm. 12), S. 2.
[16] Ebd., S. 5.
[17] Ebd.
[18] Joseph D. Soloveitchik, *The Halakhic Man*, Philadelphia, PA, 1983, S. 110. Siehe auch: ders., The Lonely Man of Faith, in: *Tradition* 7 (1965), S. 5–67, hier: S. 6.
[19] Joseph D. Soloveitchik, *The Halakhic Man*, S. 81.
[20] Abraham Isaak ha-Cohen Kook, *Orot ha-Teshuva*, Jerusalem 1966, S. 21, 71, 114.

(gest. um 1800) illustrieren. Dort heißt es: „Vor dem Ende sprach Rabbi Sussja: ‚In der kommenden Welt wird man mich nicht fragen: Warum bist du nicht Mose gewesen? Aber man wird mich fragen: Warum bist du nicht Sussja gewesen?'"[21] Auch die ‚Jüdische Philosophie' muss sich fragen, ob es ihr darum geht, sich an die europäisch-westliche Philosophietradition anzunähern und sich folglich damit zu begnügen, eine oftmals als ‚exotisch' wahrgenommene Nischenexistenz innerhalb dieser einzunehmen und zu führen? Oder aber ob sie den Mut findet, einen eigenständigen, distanzierten, unangepassten und vielleicht manchmal auch unbequemen Weg zu gehen? Es geht mir an dieser Stelle keineswegs um eine intellektuelle Segregation, sondern um eine neue Möglichkeit zu einem gleichberechtigten Dialog. Dazu muss die ‚Jüdische Philosophie' jedoch aufhören, die Rolle des ewig ‚Anderen' innerhalb Diskurses der europäisch-westlichen Geistesgeschichte einzunehmen und zu spielen; vielmehr muss sie anfangen zu lernen, sie selbst zu sein.

‚Jüdische Philosophie' steht damit also gewissermaßen an einem Scheideweg, aber da steht sie eigentlich immer.[22] Und welchen Weg sie künftig einschlagen wird, kann nur aus der jeweils aktuellen Situation heraus entschieden werden. Letztlich ist aber weniger entscheidend, *wohin* ihr Weg auch führen mag, als vielmehr *wie* sie ihn geht. *Chiddush* und *hitchadshut* fungieren dabei gleichermaßen als philosophische Imperative und Möglichkeiten des Judentums, sich verantwortungsbewusst diesem auszuhandelnden Prozess zu stellen; wohl in dem Bewusstsein, dass die zu unternehmenden Schritte nicht um ihrer Selbst willen ausgeführt werden dürfen. Wenn der klassische griechische Imperativ lautet: „Erkenne Dich selbst!", so kann man den jüdischen vielleicht mit: „Werde Selbst!" – „Werde Jude!" wiedergeben. Die Aufgabe ‚Jüdischer Philosophie' liegt also weniger in der philosophischen Begründung des Judentums bzw. jüdischer Tradition, als in der philosophischen Möglichkeit jüdischer Selbstverwirklichung. Auch auf die Gefahr hin, einen Schlüsselsatz des Frankfurter Begründers der Neo-Orthodoxie, R. Shimshon Raphael Hirschs (1808–1888), bewusst außerhalb seines eigentlichen Kontextes zu stellen, geht es im Grunde genommen um nichts anderes als um das Folgende: „… Juden müssen wir werden, im wahren Sinn Juden …"[23] Darin mag sich auch Franz Rosenzweig, um an den Beginn dieses Essays zurückzukehren, wiederfinden, selbst wenn „Jude werden" im Sinne einer jüdischen Selbstverwirklichung für ihn und Hirsch sicherlich etwas ganz unterschiedliches bedeutet. Ob und wie dies nun dem von Rosenzweig eingeforderten „Neuen Denken" nahekommt, sei dahingestellt. Wichtig aber ist es, jüdisch neu zu denken, damit das jüdische Denken sich schließlich zu erneuern vermag. Zeit ist's jedenfalls, diesen Schritt zu wagen.

---

[21] Martin Buber, Die Frage der Fragen, in: Die Erzählungen der Chassidim, in: ders., *Werke, Bd. 3: Schriften zum Chassidismu*s. München/Heidelberg 1963, S. 69–712, hier: S. 372.

[22] In seinem Essay *The Halakhic Man* hat R. Joseph D. Soloveitchik das Motiv des Scheidewegs eindrucksvoll zum Ausdruck gebracht: „Judaism declares that man stands at the crossroads and wonders about the path he shall take. Before him is an awesome alternative – the image of God or the beast of prey, the crown of creation or the bogey of existence, the noblest of creatures or a degenerate creature, the image of man or the profile of Nietzsche's ‚superman' – and it is up to man to decide and to choose." In: Joseph D. Soloveitchik, *The Halakhic Man* (wie Anm. 18), S. 109.

[23] Shimshon R. Hirsch, *Die Neunzehn Briefe,* Frankfurt am Main ²1889, S. 90.

P. S.

Ich möchte niemanden verstören, das hier Gesagte soll kein Abgesang auf interkulturelle Philosophie sein. Ganz im Gegenteil, ich halte diese für ungemein wichtig, da sie das öffentliche Bewusstsein dafür sensibilisiert hat, sich philosophisch mit der Kultur des Anderen und Fremden auseinander zu setzen und auszutauschen. Aber vielleicht ist man für den avisierten und angestrebten interkulturell-philosophischen Dialog, der über allgemeine Erörterungen des Verhältnisses von Glauben und Vernunft hinauszugehen vermag, um sich gemeinsamen Problem zuzuwenden, einfach noch nicht weit genug. Dies beziehe ich nicht allein auf die Situation der ‚Jüdischen Philosophie' oder auch der ‚Islamischen Philosophie', die nicht nur auf ihre Historie verweisen und rückgreifen dürfen, sondern sich zunächst – wenn auch aus unterschiedlichen Gründen – Prozessen eigener Selbstverwirklichung zuwenden müssen; ich meine eben auch die europäisch-westliche Philosophietradition selber, die vielleicht ihre eigene Rolle in einem solchen Diskurs neu definieren muss. Wir müssen von daher die Geduld aufbringen, einen Schritt nach dem anderen zu gehen, anstatt etwas einzufordern, das zum gegenwärtigen Zeitpunkt nicht geleistet werden kann. Ebenso gilt es, den Mut aufzubringen, sich vom Eigenen zu distanzieren und dadurch schließlich die Grenzen gegenseitigen Verständnisses zu akzeptieren. Um vielleicht am Ende zu erkennen, dass nicht das Ableiten allgemeingültiger Wahrheiten entscheidend ist für den philosophischen Dialog, sondern das Miteinander im Gespräch, und sei es durch Schweigen.

DANIEL KROCHMALNIK

Die aufgeklärte Schöpfung

Zur Übersetzung des *Biur* von Moses Mendelssohn[1]

In der Hochschule für Jüdische Studien sind nicht nur die wichtigsten Disziplinen der Jüdischen Studien vertreten, sie ist auch ein Ort der persönlichen und fachlichen Begegnung dieser Disziplinen und bietet eine einzigartige Chance interdisziplinären Forschens und Lehrens. Kaum ein Gegenstand der Jüdischen Studien lässt sich ohne fachliche Grenzüberschreitung erschließen. Egal, was man erforscht, hebräische, biblische und rabbinische Kompetenzen sind auf jeden Fall auch noch erforderlich. Vielleicht erklärt sich daraus die auffällige Erscheinung, dass die großen Spezialisten der deutschen Judaistik, Kurt Schubert, Johann Maier, Günter Stemberger, Peter Schäfer, Karl-Erich Grözinger zugleich immer auch große Generalisten sind, deren Bandbreite, salopp gesagt, von Moses bis Mises reicht. Multitalente sind besonders beim Studium der klassischen Torakommentare gefragt, wo philologischer, exegetischer, hermeneutischer, traditionsgeschichtlicher, philosophischer und theologischer Sachverstand gleichermaßen gefordert sind. Das hat sich bei dem Forschungsprojekt zu einem epochemachenden Torakommentar wieder gezeigt, das seit 2002 an der Hochschule angesiedelt ist und von der Deutschen Forschungsgemeinschaft und der Alfred Freiherr von Oppenheim-Stiftung großzügig gefördert wurde. Die Rede ist von Moses Mendelssohns „Erklärung" (*Biur*) der Tora.

Der von Mendelssohn und seinen Mitarbeitern geschaffene Pentateuch *Sefer Netiwot HaSchalom* muss als *magnum opus* der jüdischen Aufklärung (*Haskala*) gelten, nicht wegen seiner Verbreitung, die beachtlich war,[2] auch nicht wegen seines Einflusses auf die Formation des deutschen Judentums, der nicht unbedeutend war,[3] vielmehr zeichnet sich jede jüdische Bewegung, die diesen Namen verdient, durch eine spezifische *Relecture* der *Tora* aus. Sogar ausgesprochen antireligiöse Zionisten haben ihren Standpunkt etwa durch eine

---
[1] Dieser Aufsatz ist eine erweiterte Fassung unseres Beitrages: Littéralité et commentaire dans le Biour de Mendelssohn, in: *Revue Germanique Internationale*, in: CNRS Editions 9 (2009), S. 95–104. Mendelssohn zitieren wir nach der Ausgabe: Moses Mendelssohn: *Gesammelte Schriften. Jubiläumsausgabe*, begonnen von Ismar Elbogen, Julius Guttmann, Eugen Mittwoch. Fortgesetzt von Alexander Altmann, Eva J. Engel, Michael Brocke und Daniel Krochmalnik, Stuttgart-Bad Cannstatt 1971 ff.: Abk.: *JubA*, Bandzahl, Seitenzahl, Zeilenzahl.
[2] Vgl. Steven M. Lowenstein, The Readership of Mendelssohn's Translation, in: *HUCA* 53 (1982), S. 179–213 und die weitere Erschließung der Pränumerantenliste durch Michael Brocke, *JubA* 20,1, LXXXI–LXXXIII und S. 344–374.
[3] Vgl. dazu die berühmte Bemerkung von Franz Rosenzweig: „Der Ewige". Mendelssohn und der Gottesname, in: *Gedenkbuch für Moses Mendelssohn*, Berlin 1929, S. 97.

Mendelssohns Biur zu Genesis 1 (Auszüge)

Rainer Wenzel

(1) בראשית *Im Anfange.* Wie בתחלה (im Anfang). Onkelos übersetzt בקדמין. Es steht nicht im *Status constructus,* wie auch: קרבן ראשית (*Opfer der Erstlinge*) (Lev 2,12); וירא ראשית לו(*Schon hat er den Anfang sich ersehen*) (Deut 33,21). Der Targum Jeruschalmi lautet: בחוכמא ברא (mit Weisheit erschuf). Das rührt gleichfalls von der Bedeutung ‚Anfang' her, denn die Weisheit ist der Anfang des Weges des Heiligen, gepriesen sei er, vor seinen Werken. Das bedeutet, daß die Weisheit auf geraden Wegen auf den erwünschten Endzweck abzielt. Der Endzweck aber ist das Letzte beim Tun und der Anfang beim Denken. Also kann man sagen, daß der Anfang die Weisheit ist und der Heilige, gepriesen sei er, mit ihr alles das erschuf, was er erschuf.

ברא *erschuf.* Ursprünglich wurde es angewandt auf das Hervorbringen aus dem Nichts ins Dasein. Er machte, was nicht ist, daseiend. Außerdem wurde es übertragen auf das Hinzufügen zum Daseienden und das Vermehren eines Wesens und seiner Kraft.

(...)

השמים *die Himmel.* Das schließt alles ein, was in ihnen ist; dasselbe gilt für הארץ (die Erde). Sie [die Schrift] sagt zu Beginn im allgemeinen, daß der Heilige, gepriesen sei er, am Anfang aller Dinge die Himmel und ihre Heerscharen und die Erde und alles, was sie erfüllt, aus dem absoluten Nichts ins Dasein überführte. Sie beschreibt hierüber nichts im Einzelnen, wie unsere Rabbinen ז"ל sagen: *Er zeigt seinem Volke seiner Werke Kraft* [Ps 111,6] – Die Kraft des Schöpfungswerkes einem Wesen von Fleisch und Blut zu zeigen, ist unmöglich. Deshalb ließ es dir die Schrift im Unbestimmten: *Im Anfange erschuf Gott die Himmel und die Erde.*

(2) והארץ *Die Erde aber.* Dieses *Waw* dient nicht der Verbindung. Der Gebrauch des *Waw* ist nämlich vielfältig, wie ich dich in der Einleitung wissen ließ. Hier dient es der Fortsetzung des Satzes, als sagte sie [die Schrift]: Was die Erde betrifft, von der ich sprach. Deshalb ist es mit dem Akzent *Revia'* betont. In der Tat sprach Mosche nicht im Einzelnen über die kommende Welt, welche die Welt der Engel ist, sondern schloß sie in die Himmel ein, die er im ersten Vers bei ihrer Schöpfung erwähnt. Von der Welt des Werdens und Vergehens, die den Menschen gegeben ist, spricht er jedoch im Einzelnen und beginnt mit der Erde.

תהו *unförmlich.* Etwas, das die Menschen staunen macht, bei Raschi: אשטורדי"שון (*éstordison*) in der Landessprache, das ist עטורדיסא"נט (*étourdissant*), und in der deutschen Sprache *betäubend, ein Ausdruck für ‚sich entsetzen' und ‚erstarren'.* Die Absicht ist, daß der Erde am Anfang ihrer Schöpfung eine dem von ihm, gepriesen sei er, beabsichtigten Endzweck gemäße Ordnung fehlte.

ובהו *und vermischt.* Von dem Ausdruck בו הוא, ‚darin es ist', daß es nämlich die Elemente aller körperlichen Geschöpfe enthält. Die Wurzel von תהו und בהו ist: בהה, תהה. Und das *Waw* steht jeweils anstelle des *He,* wie in: וישתחו ארצה (*bückte sich zur Erde*) (Gen 18,2); ותרעינה באחו (*und weideten auf der Wise*) (ebenda 41,2).

nietzscheanische *Relecture* der hebräischen Bibel begründet.[4] Wer die Haskala als jüdische Bewegung verstehen will, muss sich daher mit ihrem Torakommentar befassen. Dass die Mendelssohn- und die Aufklärungsforschung davon bisher so wenig Notiz genommen haben, ist wohl auf das Fehlen einer Übersetzung zurückzuführen. Zum Original sind zuvor schon grundlegende Studien von Perez Sandler,[5] Edward E. Levenson,[6] Werner Weinberg[7] – von dem wir die Editionsarbeit übernahmen –, von David Sorkin[8] und von Edward Breuer[9] erschienen. Unsere Edition der ersten deutschen Übersetzung des *Biur* Mendelssohns von Rainer Wenzel in den Bänden 9, 3 und 9, 4 der *Jubiläumsausgabe* schafft nun eine neue Ausgangslage für die Forschung. Der noch ausstehende Erläuterungsband (*JubA* 9, 4) wird dazu ein unverzichtbares Hilfsmittel bieten. Wie alle traditionellen Torakommentare, so ist auch der Kommentar der Biuristen als Montage und Collage von Zitaten aus der älteren Traditions- und Auslegungsliteratur angelegt. Der eigene Standpunkt bedient sich der Worte anerkannter Autoritäten, er schneidet ihnen aber auch oft genug das Wort mittendrin ab: „bis hierher" (*Ad Kan*) – und nicht weiter! Das Abgeschlagene gibt der Aussage ihr eigentümliches Relief. So lässt Mendelssohn z. B. bei dem von ihm sonst hochgeschätzten R. Moses ben Nachman („sein Andenken sei zum Segen, der wunderbare Dinge in seiner Erklärung der Torah tat, seine Sprache ist köstlich, und alle seine Worte ein Labsal"[10]) die Kabbala weg. Nicht anders verfährt er übrigens auch bei den Zitaten aus dem *Sohar*, wo man ein solches Verfahren kaum noch für möglich halten würde.[11] Der erste Schritt ist die Identifikation der traditionellen und zeitgenössischen Quellen und die Rekonstruktion des Quellenmosaiks. Darauf kann dann die historische, philosophische und theologische Interpretation bauen. Aber die virtuose Manipulation der traditionellen Quellen allein, dürfte hartnäckige Vorurteile über die Haskala als Kulturrevolution in Frage stellen. Mendelssohn und seine Mitstreiter waren die letzten großen Toraausleger alten Schlages an der Schwelle zum Zeitalter der Bibelkritik und im bewussten Gegensatz zu ihr.[12] Im Folgenden wollen wir die philosophische Aussage des *Biur* zu Genesis I untersuchen und somit die Personalunion des Exegeten und Philosophen, des neuen Moses und des neuen

---

[4] Vgl. dazu Daniel Krochmalnik / Werner Stegmaier (Hgg.), *Jüdischer Nietzscheanismus*. Monographien und Texte zur Nietzsche-Forschung, Bd. 36, Berlin 1997.

[5] Perez Sandler, *Ha-be'ur la-tora shel Moshe Mendelson we-si'ato* (Mendelssohn's Edition of the Pentateuch), Jerusalem 1940, 1990.

[6] Eduard R Levenson, *Moses Mendelssohn's understanding of logico-grammatical and literary construction in an Hebrew commentary*, Diss. Waltham, Brandeis Univ. 1972.

[7] Moses Mendelssohn: Hebräische Schriften. Der Pentateuch, hg. von Werner Weinberg, Stuttgart 1990, *JubA* 15, 1, S. XI–CLIV.

[8] David Sorkin, *Moses Mendelssohn and the Religious Enlightenment*, Berkeley 1996.

[9] Edward Breuer, (Re)creating Traditions of Language and Texts: The Haskalah and Cultural Continuity, in: *Modern Judaism* 16.2 (1996), S. 161–183.

[10] Zitat aus der Einleitung zum *Sefer Netiwot HaSchalom*, Licht auf den Pfad (*Or Lanetiwah*), *JubA* 9, 1, S. 59, S. 25–28.

[11] Vgl. etwa den Zeilenkommentar von Rainer Wenzel zum *Biur* Gen, 1, 31, *JubA* 9, 3, S. 29, 7–14.

[12] Vgl. Verf., *Im Garten der Schrift. Wie die Juden die Bibel lesen*, Augsburg 2006, S. 157–161.

ורוח אלהים וגו' *und der götliche Geist usw.* Ich will dir hier mit geringer sprachlicher Änderung abschreiben, was der Meister dem Khasarenkönig erläutert hat, nämlich in der *Vierten Abhandlung* (Abschnitt 25): „‚den Wassern' ist eine Bezeichnung für das Element und die Urmaterie, welche allen Elementen der materiellen Geschöpfe gemeinsam ist. Sie schließt nämlich die Formen aller Materien dem Vermögen nach ein. Und der Wille Gottes, gepriesen sei er, wirkt auf sie und bringt darin alle Formen in der Aktualität hervor, entsprechend dem, was seine Weisheit beschließt. Sie [die Schrift] nennt diesen Willen den ‚Geist Gottes' (רוח האלהים), wie es auch heißt: *weil ein anderer Geist* (רוח) *in ihm war* (Num 14,24). Die Absicht ist, daß die geschaffene Urmaterie ohne Qualität und dem Endzweck gemäße Form war, sondern alle Formen dem Vermögen nach einschließt. Das bedeutet תהו ובהו (*unförmlich und vermischt*). Und der göttliche Wille webt darüber und gibt jene Formen in der Aktualität da hinein. Die natürliche Materie hat eine überaus große Ähnlichkeit mit dem Wasser. Denn alles, was dichter als Wasser ist, darin sind die Tätigkeiten der Natur nicht in allen seinen Teilen gleich, da sie fest sind und das ihnen bestimmte Maß wahren. Das unterscheidet künstliches Wirken von natürlichem Wirken. Denn der künstlich Wirkende gibt die Form nur in die Oberflächen der Materie, nicht in alle ihre inneren Teile. Deshalb gelten alle Tätigkeiten eines künstlich Wirkenden einem festen irdischen Körper. Nicht so die Natur, denn sie wirkt in allen Teilen des Dinges und bildet sie inwendig und ihr Inneres. Ein natürliches Wesen gibt es nur, nachdem es nach der Beschaffenheit des Wassers fließend und flüssig war. Wenn es nicht so ist, wird es nicht natürliches, sondern künstliches Wesen genannt, oder zufällig zusammengesetztes. (So sagen unsere Rabbinen ז"ל: Ein Wesen von Fleisch und Blut kann seiner Natur nach keine Figur aus Wasser bilden, doch der Heilige, gepriesen sei er, bildete eine Figur aus Wasser.) Solange es noch von der Beschaffenheit des flüssigen Wassers ist, kann die Natur darin wirken und sein Inneres bilden. Danach wird fest, was fest werden muß." Siehe dort. Ramban und R. Abraham ibn Esra nun deuten רוח אלהים als die elementare Luft. Nach Ansicht des R. Abraham ibn Esra lehnt sie [die Schrift] den רוח (Geist, Wind) an den ‚Namen' an, weil er durch den Willen des ‚Namens' gesandt ist, um die Wasser zu trocknen; und nach Ansicht des Ramban, weil er feiner als alle anderen ist. Es gibt jemanden, der auslegt, daß sie [die Schrift] ihn an den ‚Namen' anlehnte, weil er stark war. Denn so ist es der Sprachgebrauch; wenn sie etwas verstärken will, lehnt sie es an אל an, wie: עיר גדולה לאלהים (*eine riesige Stadt*) (Jona 3,3); כהררי אל (*wie ein gewaltiges Gebirge*) (Ps 36,7); ארזי אל (*starke Zedern*) (ebenda 80,11); ותהי לחרדת אלהים (*zu einem gewaltigen Schrecken*) (1 Sam 14,15). Demnach wäre seine Übersetzung in der deutschen Sprache: *ein *starker *Wind *wehend. Raschi ז"ל erläutert jedoch wie folgt: Der Thron der Ehre steht in der Luft und brütet (ומרחף) auf dem Wasser, durch den Wind des Mundes des Heiligen, gepriesen sei er, und durch seine Rede, wie eine Taube, die auf dem Nest brütet; אקובט"יר (*acoveter*) in der Landessprache, das ist in der deutschen Sprache *brüten. Vielleicht könnte es auch die Absicht des Raschi sein, den göttlichen Willen bei der Bildung der Geschöpfe mit der Benennung ‚Thron der Ehre' zu bezeichnen. Nach vernünftigem Ermessen kam die Schrift nicht, um hier die Angelegenheiten der vier Elemente zu ordnen, und wie sie je nach der Natur ihrer Grobheit und Feinheit eines dem anderen übergeordnet sind. Denn das gehört

Sokrates in den Blick rücken.[13] Die Auswahl relevanter Kommentarpassagen in der Übersetzung Rainer Wenzels geben wir links wieder. Der begrenzte Rahmen gestattet leider nicht den gelehrten Apparat des Übersetzers mit abzudrucken, der Leser muss sich bis zum Erscheinen von Bd. 9, 4 der *Jubiläumsausgabe* noch etwas gedulden.

Zur 900. Jahrzeit Raschis („die große Leuchte, sein Andenken sei zum Segen, dem keiner gleichgestellt werden kann"[14]) haben wir – im Rahmen des Bandes zu dem von der Hochschule für Jüdische Studien Heidelberg in Worms veranstalteten internationalen Symposion – den Raschi-Kommentar zu Genesis I ebenfalls einer ganzheitlichen Lektüre unterzogen. Dabei erwies sich, dass der Literalist *kat'exochen* keineswegs nur ein farbloser Stellenhermeneutiker ist, sondern die Aussage der Genesis systematisch unterläuft.[15] Überall da, wo der biblische Text das Gute und Vollkommene des göttlichen Werkes lobt, sät der Kommentator Zweifel, entlarvt Unbotmäßigkeit, sieht Übel voraus. Damit setzt Raschi die Tendenz des rabbinischen Midraschs fort, die Eschatologie in die Protologie einzuschreiben und die Schöpfung *a limine* erlösungsreif zu schildern. Wir haben diesen Widersinn mit einem anachronistischen Vergleich illustriert. Raschi verhielte sich zu Moses, wie Voltaire zu Leibniz oder Candide zu Pangloß. Für Mendelssohn würde die Parallele hingegen ausgezeichnet passen, wenn das Verhältnis auch umgekehrt ist: Dieser jüdische Pangloß findet alles zum Besten in der besten aller möglichen Welten, welche Übel ihm auch immer widerfahren mögen.

In unserer Einleitung zur Übersetzung von Mendelssohns *Biur* zum Buch *Kohelet* in der Jubiläumsausgabe haben wir an einigen Beispielen vorgeführt,[16] wie der Verfasser des *Phädon* sogar den alten Pessimisten Kohelet in einen unbelehrbaren Optimisten umdreht, so dass jede Ähnlichkeit zwischen dessen Kohelet, *philosophe à la mode*, und dem biblischen Original reiner Zufall zu sein scheint. Ein Beispiel: Am Ende des 3. Kapitels kommt Kohelet zu dem hedonistischen Schluss, weil alles Staub ist und die Aussichten in die Ewigkeit schlecht sind, bleibe nichts anderes übrig, als ruhig seinen Garten zu bestellen.[17] Doch ein typisch biblischer Skrupel gibt dem Monolog neuen Schwung: Was ist mit der Träne der Unterdrückten (*Dimat HaAschukim*) und mit der Bestrafung der Unterdrücker? Darf man egoistisch seinen Wohlstand genießen, während die Welt in Ungerechtigkeit versinkt? Das erinnert an die Träne Candides über den von seinem Herrn

---

[13] Vgl. auch meine beiden Aufsätze: Moses Mendelssohn und die Sokrates-Bilder des 18. Jahrhunderts, in: Herbert Kessler (Hg.), *Sokrates-Studien IV* (1999), S. 155–216. Sokratisches Judentum. Moses Mendelssohns philosophische Konzeption des Judentums im zeitgenössischen Kontext, in: W. Stegmaier (Hg.), *Die Philosophische Aktualität der Jüdischen Tradition*, Frankfurt am Main 2000, S. 351–375.

[14] *JubA* 9, 1, S. 59, 16–18.

[15] Regenesis. In der Raschiwerkstatt, in: Daniel Krochmalnik / Hanna Liss / Ronen Reichman (Hgg.), *Raschi und sein Erbe*. Internationale Tagung der Hochschule für Jüdische Studien und der Stadt Worms, Heidelberg 2007, S. 227–239.

[16] *JubA* 20, 1, LI–LX. Ausführlicher in meinem Aufsatz: Tradition und Subversion in der Hermeneutik Moses Mendelssohns, in: *Trumah. Zeitschrift der Hochschule für Jüdische Studien* 9 (2000), S. 63–102.

[17] Koh 3, 20–22; 4, 1–3.

nicht zu den Angelegenheiten der Tora und des Glaubens. Auch das Wort מרחפת verweist auf diese Auslegung, denn seine Bedeutung ist eine feine, leise, leichte Bewegung, in der deutschen Sprache *weben genannt, während die Schrift über die elementare Luft, die mächtig weht, gewöhnlich sagt נשב oder נשף, wie: נשפת ברוחך (*Du blisest mit deinem Hauche*) (Ex 15,10); כי רוח ה' נשבה בו (*denn der Odem des Ewigen hat es angeweht*) (Jes 40,7); ישב רוחו יזלו מים (*er läßt seine Winde wehn, es thauet auf*) (Ps 147,18). Ebenso steht in Bereschit rabba, Parascha 2, geschrieben: מנשבת (weht) steht hier nicht geschrieben, sondern מרחפת, einem Vogel gleich, welcher mit seinen Flügeln flattert (מרחף), und seine Flügel berühren sich und berühren sich nicht. Und im Jeruschalmi, im Kapitel ‚Man legt nicht aus', legt einer aus: Hier heißt es רחוף, und dort heißt es: על גוזליו ירחף (*über seinen Jungen schwebt*) (Deut 32,11). So wie dort einer berührt und nicht berührt, auch hier usw. Deshalb zog es auch der deutsche Übersetzer vor, nach der Erklärung des khasarischen Weisen zu übersetzen.

(...)

(3) ויאמר *Da sprach*. Das Wort אמירה (‚sprechen') steht hier, um auf den Willen zu verweisen; in der Weise von: מה תאמר נפשך ואעשה לך (*Was spricht deine Seele, das ich dir tun soll?*) (1 Sam 20,4) – Was willst du und begehrst du? Ebenso: ותהי אשה לבן אדניך כאשר דבר ה' (*Daß sie deines Herrn Sohnesfrau werde, wie der Ewige gesprochen hat*) (Gen 24,51) – wie er es gewollt hat. Denn so ist es der Wille vor seinem Angesicht. Oder es ist wie ‚Denken', wie: האמרה בלבבה (*die in ihrem Herzen sprach*) (Jes 47,10; Zef 2,15); ואמרו אלפי יהודה בלבם (*Und die Fürsten Jehudas sprechen in ihrem Herzen*) (Sech 12,5). Die Bedeutung ist, zu sagen, daß es nicht mit Mühe und Plage geschah wie das Tun eines endlichen Wirkenden. Das *Waw* von ויאמר (*da sprach*) kehrt die Zukunft in Vergangenheit um, ebenso das *Waw* von ויהי אור (*so ward Licht*); und sie dienen außerdem zur Fortsetzung des Satzes und der Verbindung des Vorangehenden mit dem Nachfolgenden, wie es in der deutschen Sprache übersetzt ist (**Da *sprach;* *so *ward*).

יהי *Es werde*. Das Wort היה (sein) verweist auf eine Gegenwartshandlung, wie: ואתה הוה להם למלך (*und du wirst zu ihrem König*) (Neh 6,6); und die Bedeutung ist: Es sei Licht vorhanden. Nun siehe, das Licht ist eine höchst feine, elastische, leicht bewegliche Materie, welche die Erde bis über die Atmosphäre hinaus umgibt. Wenn darin durch die Sonne, die Sterne oder durch irdisches Feuer eine zitternde Bewegung erzeugt wird, schießt es seine Pfeile und Strahlen auf jeglichen dunklen Körper ringsum, auf geraden Linien; und dadurch erleuchtet und erhellt es auf geraden Linien alle Körper, welche seinem Lichtglanz gegenüber liegen, an einem Ort, den seine Strahlen ohne trennenden Schleier erreichen. Dann wird es Licht in der Aktualität genannt; und wenn jene Bewegung fehlt, bleibt es Licht dem Vermögen nach. Deswegen kann die Schöpfung sich auf das Licht beziehen, obwohl es erst am vierten Tag Lichter an der Ausdehnung des Himmels gab.

(...)

(4) וירא [*Gott*] *sahe*. Der Wille des Ewigen, ein Ding aus der Potentialität ins Dasein zu überführen, wird אמירה (sprechen) genannt; und sein Wille, es zu erhalten, wird ראיה (sehen) genannt. Gleich der Bedeutung von וראיתי אני (*Und ich sah*) des Predigers (2,13); und wie sie sagen: רואה אני את דברי אדמון (*Mir leuchten die Worte Admons ein*); und dem gleich: ויאמר המלך אל צדוק הכהן הרואה אתה שבה העיר בשלום (*Und der König sprach zu Zadok, dem Priester: Siehest du, kehre zurück*

verstümmelten Sklaven und seinen endgültigen Bruch mit dem Pangloßismus.[18] Auch die Verzweiflung Kohelets erreicht an dieser Stelle ihren Höchpunkt: „Da pries ich die Toten, die schon gestorben waren, mehr als die Lebendigen, die noch das Leben haben. Und besser daran als beide ist, wer noch nicht geboren ist, und des Bösen nicht innewird, das unter der Sonne geschieht" (4, 2–3, Luther). Was macht nun unser jüdischer Pangloß aus diesem Klassiker des Pessimismus, mit dem schon die Weisen ihre liebe Not hatten?[19] Er benutzt die „Träne der Unterdrückten" justament als Hauptargument für das Totengericht und die Jenseitsvergeltung. Denn ein gerechter und gütiger Gott kann auf Dauer unmöglich dulden, dass die Guten schlecht und die Schlechten gut wegkommen, der Tag der Abrechnung muss und er wird kommen: „Denn wenn dem nicht so wäre", so Johann Jacob Rabes Übersetzung von Mendelssohns Umschreibung der Stelle (Koh 4, 2), „würde ich die vorlängst gestorbenen Toden vor den Lebendigen loben".[20] Indem er den Satz Kohelets in den Konditionalis bzw. Irrealis setzt, macht Mendelssohn den Skeptiker zu einem Anwalt des Glaubens, den abgeklärten Salomon zu einem Sokrates und Leibniz, sein Buch *Kohelet* zu einem *Phädon* und einer *Theodizee*. Obwohl er in der Vorrede eingeräumt hatte, dass derartige Glaubenszweifel aus dem Munde eines ständig zwischen Daseinsekel und Libertinage schwankenden Skeptikers keineswegs unwahrscheinlich seien,[21] lässt sich Mendelssohn durch seine optimistische Relektüre des ganzen vorigen Kapitels hinreißen, unseren Vers entgegen der überwiegenden jüdischen Auslegungstradition in dieser Weise zu relativieren. Dabei handelt es sich für ihn keineswegs um die fromme Berichtigung eines anstößigen biblischen Verses, sondern um den reinsten Wortsinn. Der Ausdruck „WeSchabeach" (Luther: Da pries ich) kann nach Mendelssohn mit: Ki Lule Ken Hajiti Meschabeach („Denn wenn dem nicht so wäre, würde ich loben") wiedergegeben werden, wenn man der hebräischen Konjunktion (*We-*) einen adversativen, die Bedingung verneinenden Sinn gibt[22] und das Wort „Schabeach" entgegen den meisten älteren, aber mit den meisten neueren Erklärern als Infinitiv (inf. abs. pi.: glücklich preisen) auffasst, was auf deutsch mit dem Konjunktiv II (würde + Inf.) übersetzt wird.[23] Der Geist darf sich so weit über den Buchstaben aufschwingen wie es die Grammatik erlaubt. Darin folgt Mendelssohn dem von R. Abraham ibn Esra („sein Andenken sei zum Segen, der ein Sachverständiger in allen Weisheiten war"[24]) gewiesenen und gepriesenen „fünften Weg" der To-

---

[18] Voltaire, *Candide ou l'optimisme*, Ed. Fréderic Deloffre, Paris 2003, Kap. 19, S. 96.
[19] Sie deuten und entschärfen den Spruch als frommen Ahnenkult: „Loben wir nicht auch täglich die verstorbenen Patriarchen?", bShab 30a. Vgl. auch mit der Diskussion zwischen Hillel und Shammai über den Wert des menschlichen Lebens, bEr 13b.
[20] Koh 3,1. *JubA* 20, 1, S. 223 (sowie S. 190f.; 194) und *JubA* 14, S. 172 (*Biur HaTeamim* z.St.): *„Ki Lule Ken Hajiti Meschbeach Et HaMetim ScheKwar Metu Min HaChajim Ascher Hem Chajim Ad Hena"*.
[21] *JubA* 20, 1, S. 190, 36–191, 3.
[22] „LiTschuwat HaTnai", Or LaNetiwa, *JubA* 14, S. 265 u. 9,1, S. 92.
[23] *JubA* 14, S. 172; 20, 1, S. 216. Zur grammatikalischen Form des Wortes, vgl. Dirk U. Rotzoll, *Abraham Ibn Esras Kommentare zu den Büchern Kohelet, Ester und Rut*, Berlin i.a. 1999, S. 97, Anm. 3 und Aarre Lauha, *Kohelet* (BK-AT, Bd. 19), Neukirchen-Vluyn 1978, S. 80ff.
[24] *JubA* 9,1, S. 59, 23–24.

nach der Stadt in Frieden.) (2 Sam 15,27). Die Bedeutung ist, darauf zu verweisen, daß sie allein durch seinen Willen bestehen und, wenn der Wille sich einen Augenblick von ihnen trennte, wieder zu nichts würden. Darum sagt sie [die Schrift] bei jedem Werk, Tag für Tag: *Da sah Gott, daß es gut sey.* Gemeint ist, daß das Ding, als es sich in die dort erwähnte Form kleidete, die Beschaffenheit hatte, welche dem von ihm, gepriesen sei er, beabsichtigten Endzweck gemäß ist und mit der anfangslosen Weisheit übereinstimmt, die der Anfang des Weges des Heiligen, gepriesen sei er, ist. Und so wollte er die Erhaltung und Dauer dieses Dings in ebendieser Beschaffenheit. Und am sechsten Tag, als alles vollendet ist, sagt sie [die Schrift] [Gen 1,31]: *Gott über sah, alles was er gemacht hatte, und fand es sehr gut* [wie wir dort, so Gott hilft, erklären werden]. Und ebenso, als das Licht vorhanden war, da wollte er seine ewige Erhaltung, er unterschied es von der Finsternis, und sie [die Schrift] fügt hinzu [V. 4]: [*Gott sahe] das Licht.* Hätte sie nämlich unbestimmt gesagt: Gott sah, daß es gut sei, hätte sich das auf die Schöpfung des Himmels und der Erde bezogen. Doch hinsichtlich ihrer hatte er die Erhaltung noch nicht beschlossen. Denn sie bestanden noch nicht in dieser Weise, sondern veränderten sich in den kommenden Schöpfungstagen, am zweiten und dritten; sodann beschloß er hinsichtlich ihrer die Erhaltung, und sie [die Schrift] sagt [V. 10]: *da sah Got daß es gut sey.*

(...)

(5) ויקרא *[Gott] nennte.* הקריאה (das ‚Benennen') ist hier das bestimmte Unterscheiden zwischen ihnen, wenn sie ihre Form annehmen. Er beschloß, daß die Lichtstrahlen auf geraden Linien ausgehen und, wenn sie auf einen dunklen Körper treffen, zurückkehren sollen. Dadurch wurde der Bereich des Lichtes und der Finsternis bestimmt. So sagen sie: Der Tag sei dein Bereich, und die Nacht sei dein Bereich.

ערב *Abend.* Der Anfang der Nacht wird ‚Abend' (ערב) genannt, weil sich dann die Formen und Farben vermischen (שיתערבו); und der Anfang des Tages wird ‚Morgen' (בקר) genannt, da der Mensch dann zwischen ihnen unterscheiden kann (שיבקר). Sie [die Schrift] sagt, daß Abend und Morgen eines Tages ward. Es kann so sein, wie einige Kommentatoren schreiben, welche Ramban ז"ל anführt, daß sie damit auf das hinweist, was am vierten Tag sein wird, nachdem die Lichter in die Ausdehnung des Himmels gesetzt worden sind, daß, als das Licht aufzugehen begann und es Morgen ward für die Bewohner des Ostens, es im selben Augenblick wirklich sogleich Abend ward für die Bewohner des Westens. Und so dauert die Sache an mit den Bewegungen der Sphäre über die ganze Erde hinweg in vierundzwanzig Stunden, von welchen jeder Augenblick Morgen an dem einen Ort und Abend an dem ihm entgegenliegenden Ort ist; nach der Weise von „Der hinwegrollt das Licht vor der Finsternis, und die Finsternis vor dem Licht". In Ansehung der gesamten Erdkugel wird es nun in der Tat immer Morgen und Abend zugleich, Abend für den und Morgen für jenen. – Die Schrift beginnt das Maß des Tages vom Abend an und sagt ‚Abend' und danach ‚Morgen', ein Hinweis auf das Nichts, das dem Sein am Anfang der Schöpfung vorangegangen ist. Und sie sagt ‚ein Tag' und nicht ‚erster Tag', da es keinen ersten ohne einen zweiten gibt, der zweite aber noch nicht gemacht war. Der erste geht dem zweiten nämlich der Anzahl oder dem Rang nach voran, vorhanden sind sie jedoch beide. Das ist die Kategorie, die unter den Logikern Kategorie der Relation genannt

raerklärer.²⁵ Dem gleichen Zweck sollen die langen grammatikalischen Exkurse Mendelssohns und R. Salomon Dubnos im Kommentar zu Genesis I dienen (wenngleich letzterer dabei immer wieder die Zügel schießen lässt). Es bereitet allerdings weit weniger Schwierigkeiten, den priesterschriftlichen Schöpfungsbericht als das Buch *Kohelet* als Theodizee auszulegen, denn Gen I ist auch nach der Ansicht vieler moderner Kommentatoren eine Theodizee.

Die Weltentstehung wird in P nicht nur aus rein paläontologischem Interesse berichtet.²⁶ Das babylonische Exil, die Urkatastrophe des jüdischen Volkes, hat sein Gott- und Weltvertrauen stark erschüttert (vgl. z. B. KL 2, 4; 1, 2), Gott stand unter Rechtfertigungsdruck. Der Schöpfungsbericht sollte im aufsteigenden Perserreich und in der Stunde der Trostbotschaft Deutero-Jesajas (40, 1 ff), die meist als Ort und Jahr des Berichtes angegeben werden, wieder Vertrauen schaffen und die frohe Botschaft verkünden, dass die Welt in Ordnung ist.²⁷ Die planmäßige Bändigung des Chaos sollte die Bonität des Schöpfers verbürgen,²⁸ vor allem aber sollte sie seine grenzenlose Allmacht demonstrieren.²⁹ In den 35 Versen des ersten Schöpfungsberichts (Gen 1, 1–2, 4a³⁰) erscheint „Gott" genau 35 Mal und erweist sich so von Anfang an als absoluter Herr der Weltgeschichte.³¹ Die lehrhafte Litanei des Berichts mit seinen eintönigen Befehlsformeln („Da sprach Gott", 10 ×), Tätigkeitsformeln („Da machte/erschuf Gott, 6 ×), Vollzugsformeln („und es geschahe also", 6 ×), Einteilungsformeln („Da ward Abend und ward Morgen", 6 ×), Billigungsformeln („da sahe Gott dass es gut sey", 6 × + „sehr gut" 1 ×)³² hämmert beharrlich vor allem eines ein: Gott befiehlt und die Geschöpfe folgen ihm aufs Wort. Mitgemeint ist wie schon im Deutero-Jesaja: wessen Wort am Anfang (*Bereschit*) der Geschichte schon in Erfüllung ging, dessen Wort wird auch am Ende (*Acharit*) der Geschichte noch in Erfüllung gehen.³³ Inzwischen ist die

---

²⁵ Vgl. Ibn Esras Einleitung in seinen Torakommentar, deutsch übersetzt und erklärt von Dirk U. Rotzoll, *Abraham ibn Esras Kommentar zur Urgeschichte mit einem Anhang: Raschbams Kommentar zum ersten Kapitel der Urgeschichte*, Berlin 1996, S. 25 f.

²⁶ Gerhard von Rad, *Das erste Buch Moses, Genesis* (1949), Göttingen ¹²1987, S. 27. *Theologie des Alten Testaments*, Bd. I: *Die Theologie der geschichtlichen Überlieferung Israels* (1960), München ¹⁰1992, S. 149–153, 161 f.

²⁷ Horst Seebass, *Genesis I. Urgeschichte 1,1–11,26*, Neukirchen-Vluyn 1996, S. 62 f.

²⁸ Werner Hugo Schmidt, *Die Schöpfungsgeschichte der Priesterschrift. Zur Überlieferungsgeschichte von Genesis 1,1–2,4a*, Neukirchen-Vluyn ³1973, S. 167–169.

²⁹ Diese Erkenntnisse sind inzwischen auch in der Kampfzone Peter Sloterdijks angekommen. Er spricht vom „triumphalen Kampftheologoumenon Genesis": „Was auf den ersten Blick wie ein gelassener Bericht über die ersten Dinge erscheint, ist in Wahrheit das Resultat einer konkurrenztheologischen Redaktionsarbeit, deren Sinn darin liegt, den Gott der politischen Verlierer als den Sieger a priori ins Licht zu rücken", *Zorn und Zeit. Politisch-psychologischer Versuch*, Frankfurt am Main 2006, S. 128.

³⁰ Entgegen der traditionellen Phrasierung zählt auch schon Raschi Gen 2,4a als Subskript zum vorherigen Bericht.

³¹ Davon 33-mal als Subjekt einer schöpferischen Tätigkeit und 2-mal attributiv (*Ruach Elohim, Zelem Elohim*). Etwas anders fällt die Zählung von Benno Jacob, *Das Buch Genesis* (1934), Stuttgart 2000, S. 23 aus, der für Gen 1,1–31 auf runde 30 Nennungen kommen will.

³² Zu den Formelementen von Gen 1 vgl. die Tabelle von W. H. Schmidt, ebd., S. 50.

³³ Der *Jozer* und der *Go'el* werden immer wieder in einem Atemzug genannt, Jes 44,24; 54,5; 51,9ff. u. ö., vgl. auch Jer 32,17 ff.

wird. Der ‚eine' aber verweist nicht auf einen zweiten, und so ist es in der deutschen Sprache übersetzt.

(6) רקיע *eine Ausdehnung.* Gleich dem, was du sagst: וירקעו את פחי הזהב (*Sie plätteten nämlich Goldbleche*) (Ex 39,3). Die am Anfang existierende Materie, welche er aus nichts erschaffen hatte, er sprach, daß sie eine mitten im Wasser wie ein Zelt aufgespannte Ausdehnung werde, damit eine Abscheidung zwischen Wassern und Wassern sei.

בתוך המים *mitten im Wasser.* In der Mitte des Wassers, damit es einen Abstand gebe zwischen den oberen Wassern und der Ausdehnung, wie auch von der Ausdehnung zu den Wassern auf der Erde. Hier lernst du, daß sie am Ausspruch des Königs hängen (Bereschit rabba und in den Worten des Raschi) (so ist die Fassung in der Raschi-Handschrift). Und hiermit endet Ramban, dies sind seine Worte: Das gehört zur Sache des Schöpfungswerkes, und erwarte nicht von mir, daß ich darüber irgendetwas schreiben werde. Denn diese Sache gehört zu den Geheimnissen der Tora, und die Schriftverse bedürfen hierin keiner Erklärung. Denn die Schrift will nicht ausführlich werden in dieser Sache, und die Erläuterung ist denen, die sie kennen, verboten, uns zumal. Soweit seine Worte, – und dann erst recht kurzsichtigen Menschen gleich uns. – Nach dem Wortsinn des Schriftverses ist die Ausdehnung die reine und durchsichtige Luft, welche zwischen den Wolkenwassern und den Wassern auf der Erde trennt. Da nämlich die Erde von ihrem Anfang an von allen ihren Seiten her mit Wasser bedeckt war, war die Luft ganz naß und feucht, voller Wolke, Nebel und dicken Dünsten, von den Wassern aufsteigend. Durch den Willen des Ewigen, gepriesen sei er, wurden dann Wasser von Wassern getrennt, teils stiegen sie nach oben und wurden Wolken, teils liefen sie zusammen und wurden zu einer Versammlung der Wasser, welche Meere genannt werden. Und zwischen Wassern und Wassern entstand reine und durchsichtige Luft zum Atmen aller Wesen, die Odem lebendigen Geistes in ihrer Nase haben, und für das Wachstum der Pflanzen und Bäume, welche in mit dickem Dunst angefüllter, feuchter und nasser Luft kein Dasein haben.

(7) ויעש *Also machte.* Der Ausdruck עשיה (machen) bedeutet stets die einer Sache angemessene Verfertigung.

ויהי כן *und es geschahe also.* Daß es für alle Zeit der Welt also wurde.

(8) ויקרא אלהים לרקיע שמים *Gott nennte die Ausdehnung Himmel.* Das dem Wortsinne der Schriftworte nach Richtige ist, was Ramban schreibt, dies sind seine Worte, nach unserer Weise um ein wenig Erklärung ergänzt: Die im ersten Vers erwähnten Himmel sind die oberen Himmel, sie zählen nicht zu den Sphären, sondern sind oberhalb des Thronwagens (המרכבה), im Sinne von: ודמות על ראשי החיה רקיע כעין הקרח הנורא נטוי על ראשיחם מלמעלה (*Und gleich einer Ausdehnung war es über den Häuptern der Tiere, strahlend wie der hehre Kristall, ausgespannt über ihren Häuptern.*) (Ez 1,22). Ihrethalben wird der Heilige, gepriesen sei er, רוכב שמים (*Die Himmel regirt er*) [Deut 33,26] genannt. Die Schrift erzählt nichts über ihre Schöpfung, wie wir geschrieben haben, daß sie die Engel und die Thronwagentiere sowie jegliches separate Ding, das keinen Körper besitzt, nicht erwähnt und über ihre Bildung nichts im einzelnen mitteilt, sondern im allgemeinen erwähnt, daß die Himmel geschaffen wurden, das heißt, daß ihre Anfangslosigkeit nichtig ist und sie durch den Willen des Ewigen ins Dasein getreten sind. (Dazu sagen unsere Rabbinen ז"ל: Im Anfang geschah auch ein Schöpfungswort. Das heißt,

vielleicht überraschende Auslegung des Schöpfungsberichts als Theodizee längst religionswissenschaftliches Allgemeingut, sämtliche Schöpfungsmythen sollen in schlechten Zeiten die guten Anfänge beschwören.[34] Nirgends aber ist der apologetische Ton so penetrant wie im crescendierenden *Ki-Tow*-Refrain des Schöpfungsberichtes von P. Dabei waren die Prädikate „gut", „sehr gut" ursprünglich gar nicht im moralischen oder ästhetischen, sondern im rein technischen Sinn gemeint, sie besagten lediglich, dass der Schöpfer mit seiner Arbeit zufrieden war, also nicht mehr wie: „gut gelungen!" und „alles in bester Ordnung!"[35] Wenn man will, kann man aus der Stufung der Adjektive „gut" und „sehr gut" noch heraushören, dass die an sich schon guten Werke erst im organischen Zusammenhang des Gesamtwerks die beste Note verdienen.[36] Auch wer von der Mosaizität des Schöpfungsberichts ausging und von einem konkreten historischen Anlass gar nichts ahnte, konnte jedenfalls den apologetischen Ton schwerlich überhören. Fragt sich nur, wo sich die Negativposten in dieser Güterbilanz verstecken, die ja nicht per Dekret annulliert werden können. Gewiss wenn man dem biblischen Narrativ folgt, dann hat Gott alles gut und sehr gut gemacht, und der Mensch oder die Frau oder die Schlange oder wer auch immer außer Gott haben alles verdorben.[37] Aber wenn man wie in Genesis I die Allmacht Gottes so herausstreicht, dann fragt sich wieder, wer sie dazu ermächtigt hat? In der Bibel selbst wird jedenfalls vielfältiger Widerspruch gegen die Glaubenspropaganda am Anfang laut. Um hier nur den schon genannten Kohelet anzuführen, dessen Lamento über die Gebrechen des Daseins offensichtlich als Antigenesis gedacht ist. Hieß es am Schluss von Genesis I, dass „alles ... sehr gut war" (*Kol ... Tow Me'od* 1, 31), so heißt es hier gleich am Anfang provokativ: „Alles ist wertlos!" (*HaKol Hawel* 1, 2). Die Rabbinen und Raschi haben im zweiten Vers des Buches sieben Mal den Ausdruck „nichtig" gezählt – die Heptaden sind im Buch *Kohelet* wahrhaftig Legion – und haben diesen pessimistischen Refrain jenem optimistischen Refrain Punkt für Punkt entgegengesetzt (KohR 1, 2, 1).[38] Sogar unser optimistischer *Kohelet*-Kommentator musste nichts zurechtrücken; mit

---

[34] Vgl. Karl Löning / Erich Zenger, *Als Anfang schuf Gott. Biblische Schöpfungstheologien*, Düsseldorf 1997, S. 40 ff. Der Titel des Kapitels lautet: „Beschwörung des guten Anfangs – Schöpfungstheologie als Theodizee": „Ureigener ‚Sitz im Leben' der Schöpfungstheologie ist die Theodizee. Ihre erste ‚große' Epoche hat sie in Israel ohnedies in der Krise des Exils erreicht, als sowohl Deutero-Jesaja (Jes 40–55) als auch die Priesterschrift ihre schöpfungstheolgischen Entwürfe komponierten", ebd., S. 44.

[35] W. H. Schmidt, ebd., S. 59–63; Claus Westermann, *Genesis, 1*. Teilband Genesis 1–11, Neukirchen-Vluyn 1974, S. 156–228. Alberto J. Soggin, *Das Buch Genesis. Kommentar*, Darmstadt 1997, S. 19.

[36] Gegen diese Deutung hat William F. Albright, The Refrain ‚And God saw ki tob' in Genesis, in: *Mélanges Bibliques*, FS Andre Robert, Paris 1955, S. 22–26, allerdings sprachliche Gründe geltend gemacht.

[37] Vgl. mein Beitrag: Die biblische Urgeschichte des Bösen. Jüdische Variationen und Reflexionen zu Genesis 1–11, in: Johannes Laube (Hg.), *Das Böse in den Weltreligionen*, Darmstadt 2003, S. 13–62.

[38] Vgl. mein Aufsatz: Ist auch Kohelet unter den Philosophen?, in: Daniel Krochmalnik / Magdalena Schultz (Hgg.), *Ma-Tow Chelkenu. Wie gut ist unser Anteil*. Gedenkschrift für Jehuda Radday, Heidelberg 2004, S. 87–104.

daß im ersten Vers, wenn es dort auch nicht ausdrücklich heißt: ‚Gott sprach', es dennoch der Sache eines Schöpfungswortes des Ewigen zugehört, und seine Bedeutung ist, daß sie [die Schrift] den Willen des Ewigen und sein Wirken bei der Schöpfung der separaten Geistwesen erwähnt, als er sie nach dem absoluten Nichts ins Sein treten ließ.) Am zweiten Tag sagt sie, daß eine Ausdehnung mitten im Wasser werde, das heißt, daß aus den erwähnten Wassern etwas dazwischen trennendes Ausgedehntes entstehe. Und er nannte diese Kugeln gleichfalls ‚Himmel', mit dem Namen der ersten oberen Himmel. Deshalb nennt sie [die Schrift] sie in der Parascha ‚Ausdehnung des Himmels': *Got setzte sie in die Ausdehnung des Himels* [V. 17], um zu klären, daß die mit dem Namen ‚die Himmel' erwähnten nichts anderes als die Ausdehnungen sind, welche sie hier ‚Himmel' nennt. Ramban bringt Beweise für diese seine Worte aus den Worten unserer Weisen ז"ל. Siehe dort, denn ich will nicht weitläufig werden.

(...)

(10) וירא אלהים כי טוב *da sah Got daß es gut sey*. Das ist ihre Erhaltung durch den Willen des Ewigen, und die Bedeutung ist, daß, als er sie in diese Form kleidete, er Gefallen an ihnen fand. Denn so sind sie dem von ihm, gepriesen sei er, beabsichtigten Endzweck angemessen, und so beschaffen beschloß er sie zu erhalten und andauern zu lassen. Das ist es, was unsere Rabbinen ז"ל sagen: Warum heißt es am zweiten Tag nicht, ‚daß es gut sei'? Weil das Werk der Wasser am zweiten Tag nicht fertig war. Sie waren also noch nicht von der dem Endzweck der Schöpfung angemessenen Beschaffenheit. Deshalb beschloß er erst am dritten Tag, sie erhalten bleiben zu lassen, als das Werk der Wasser fertig geworden war, dem Bedürfnis aller Tiere und Pflanzen der Erde angemessen. Er begann und beendete noch ein anderes Werk, und an dem Tag heißt es zweimal, daß es gut sei, einmal für das Werk der Wasser und einmal für diesen Tag.

(...)

(12) וירא אלהים כי טוב *da sahe Got, daß es gut war*. So stimmt es zum Endzweck, vermöge der ihrer Bestimmung gemäßen Erhaltung der Arten, jegliche Art für sich, wie sie [die Schrift] sagt: *nach seiner Art*. Das ist das Verbot der ‚Mischungen', denn wer sie sät, streitet wider die Kraft des Schöpfungswerkes.

(...)

מארת *Lichter*. Nun, am vierten Tag, beschloß er, daß an der Ausdehnung leuchtende Körper werden, welche den Schein des Lichtes durch die zitternde Bewegung, welche sie darin erzeugen, dazu anregen, in die Aktualität überzugehen. Dadurch bringen sie seine Strahlen hervor, um über der Erde zu leuchten.

(...)

(15) והיו למאורת ברקיע השמים ל..אי' על' הארץ *Und seyen auch Lichter in der Ausdehnung des Himmels, zu leuchten auf der Erde*. Er fügte hinzu, daß ihr Licht und ihr Glanz die Erde erreichen solle. Denn es ist möglich, daß ihnen Licht im Himmel sichtbar wird und alle die erwähnten Werke vollbringt, ohne daß sie auf der Erde leuchten. Daher sprach er, daß sie Lichter seien in der Ausdehnung des Himmels, welche auf die Erde blickt, und darauf leuchten.

(16) ויעש אלהים וגו' ויתן אתם אלהים *Also machte Got die zwey große Lichter usf. Got setzte sie usf*. Das lehrt, daß diese Lichter nicht aus dem Körper der Ausdehnung entstanden, sondern daran befestigte Körper sind. Sie [die Schrift] erwähnt ihre Regierung. Denn die Angelegenheit der Regierung ist etwas anderes als das

wie viel Schlechtem die Anwälte des Besten rechneten, werden wir gleich noch hören.[39] Hier nicht ausführlicher zu Reden vom „*Gottestadler*" Hiob, der mit seinem „Fall" die ganze gute Weltordnung Lügen strafen will und dessen Dauerprotest, Gott schließlich nötigt, ein ganz anderes Weltbild zu vertreten (9–41), eine chaotische Wildnis, die allen anthropozentrischen Ordnungsvorstellungen buchstäblich spottet. Den zehn Schöpfungsworten in Gen 1 stehen in Hi 39 zehn ungebändigte Geschöpfe gegenüber und an die Spitze der Hierachie wird in Hi 40–41 nicht Adam, sondern die Ungeheuer Leviathan und Behemot berufen.[40]

Da die Tatsachen unmissverständlich lehren: „Siehe, es ist nicht alles sehr gut" oder schlimmer noch (vgl. etwa Hi 9,24), konnte Gen I nur gerettet werden, wenn die widersprechenden Tatsachen etwa nach dem Motto „Ende gut, alles gut" als notwendige und zeitweilige Übel zur Erreichung des bestmöglichen Zwecks deklariert wurden. So vor allem im „Jahrhundert der Theodizee" bei dem Schöpfer des Begriffs in seinen gleichnamigen *Essais*.[41] In der Zusammenfassung dieses Werkes, *Causa Dei*, schreibt er nach der deutschen Paraphrase Mendelssohns: „Gott hat das Beste als den letzten Endzweck (optimum ut finem) zum Gegenstand seines Willens; dass Gute hingegen, das zum Theil Böse, das minder Gute also, wohin auch das Strafübel zu rechnen ist, gehöret nicht weniger zu den

---

[39] Mendelssohn unterscheidet den Popeschen Refrain „Que tout ce qui est, est bien!" von der Leibnizschen Formel *Tout est pour le mieux, dans le meilleur des mondes possibles*, was ja nur „Geringste Übel" bedeutet. Mit Lessing macht er übrigens gegen die von Voltaire persiflierte französische Übersetzung von Pope's *Whatever is, is right* geltend, dass „recht" nicht dasselbe wie „gut" sei und nicht jegliches Übel ausschließe. Vgl. A. Pope, *Vom Menschen*, Brief I, 294; III, 2, 232, IV, 145, 394, E. Breidert (Üb.) / W. Breidert (Hg.), Hamburg 1993, S. 36 u. 71, sowie Anm. zu I, 294, S. 110. Mendelssohn / Lessing, Pope ein Metaphysiker! *JubA* 2, 60–61. Vermutlich ist aber Popes Intention im Anschluss an William Kings *De origine mali* und Lord Bolingbrokes *Fragments* mit der französischen Übersetzung gut getroffen. Selbst in der Bibel kommt es vor, dass „Tow" durch „Jaschar" ersetzt wird (Jer 18,4). Wie viel Schwarzmalerei im Optimismus des 18. Jh. steckt, hat Arthur O. Lovejoy im 7. Kapitel seines klassischen Werkes dargetan, *Die große Kette der Wesen. Geschichte eines Gedankens*, Dieter Turck (Üb.), Frankfurt am Main, S. 251–273. Dieses Kapitel ist immer noch eine der klügsten und witzigsten Zusammenfassungen der Theodizeedebatte im 18. Jahrhundert. Eine aufregende, aber wenig zuverlässige Darstellung hat jüngst Susan Neiman geliefert, *Das Böse denken. Eine andere Geschichte der Philosophie*, Chr. Goldmann (Üb.), Frankfurt am Main 2006, S. 47–72.

[40] Vgl, dazu O. Keel, *Jahwes Entgegnung an Ijob*, Göttingen 1978, S. 61–125 und E. Zenger, *Als Anfang schuf Gott*, ebd., S. 45–48. Sein Plädoyer für die Dialektik von Chaos und Struktur erinnert an das Buch von Michel Serres, *Genèse*, Paris 1982, S. 175–182.

[41] Zur Rezeption der biblischen Billigungsformel im 18. Jahrhundert vgl. jetzt vor allem die sehr gründliche Dissertation von Marion Hellwig, *Alles ist gut. Untersuchungen zur Geschichte einer Theodizee-Formel im 18. Jahrhundert in Deutschland, England und Frankreich*, Würzburg 2008, S. 54–59. *Theodizee und Tatsachen* ist der Titel eines grundlegenden Werkes von Wilhelm Schmidt-Biggemann über „Das philosophische Profil der deutschen Aufklärung". In diesem Gegensatzpaar sieht er die Grundspannung aufklärerischen Denkens, Frankfurt am Main 1988, S. 7–57. Bis zu einem gewissen Grad deckt sich der Begriffsgegensatz mit dem Richtungsgegensatz Rationalismus und Empirismus. Der Gegensatz ist aber im Rationalismus selbst enthalten in Gestalt der Distinktion der „Vernunftwahrheit" (vérité de raison) und „Tatsachenwahrheit" (vérité de fait). Theodizee, Einleitende Abhandlung, § 2 und Schmidt-Biggemann, ebd., S. 25.

Leuchten, das sie erwähnt. Denn sie haben die Regierung inne über Entstehen und Vergehen auf der Erde, und die Regierung über Meere und Flüsse, wie bekannt ist.

שני המארת הגדולים *die zwey große Lichter*. Die beiden werden ‚groß' genannt im Verhältnis zu den Sternen. Wenn jemand fragen wollte: Sagen die Astronomen nicht, daß der Jupiter sowie alle Gestirne außer dem Merkur und der Venus größer als der Mond sind?, ist die Antwort: ‚große' ist nicht in Beziehung auf ihr Körpermaß zu deuten, sondern in Beziehung auf ihr Licht; und das Mondlicht ist ein Vielfaches, weil er der Erde nahe ist. (מאור (Licht) ist maskulin, obgleich der Plural davon מאורות ist.) Ebendieselbe Antwort werden wir dem geben, der fragt: Wie können wir den Mond ‚Licht' nennen, wo er selbst doch kein Licht hat? Denn er empfängt sein Licht von der Sonne und ist selbst bekanntlich ein dunkler Körper. Wir werden ihm nämlich sagen, daß nichts anderes gemeint ist als ein Ding, das über der Erde leuchtet und die Körper erhellt, wenn die Sonne verborgen ist. Und der Mond leuchtet nachts doch an einem Ort, den der Sonnenschein nicht erreicht.

(20) שרץ *reges [beseeltes Tir]*. Ein umfassender Name für viele Arten. Es gibt שרץ unter den Insekten, wie etwa Ameisen und Würmer, es gibt שרץ unter den höheren Tieren, wie etwa Wiesel, Maus und Blindschleiche und ihresgleichen sowie alle Fische, und es gibt שרץ unter dem Geflügel (עוף), nämlich alles Geflügel, das vier Füße hat, weil es sich auf seine Füße stützt und sich wie שרצים bewegt. Was nicht so beschaffen ist, wird עוף כנף genannt, weil seine Bewegung hauptsächlich darin besteht zu fliegen.

(...)

(21) ויברא וגו' *[Got] erschuf [die große Meerungeheuer] usw.* Der Größe dieser Geschöpfe wegen, von denen manche eine Länge von vielen Fuß haben. Die Griechen erzählen in ihren Büchern, daß sie davon fünfhundert Fuß lange Exemplare kannten, und auch unsere Rabbinen ז"ל gingen hierin übers Maß hinaus. Deswegen bezieht sie [die Schrift] bei ihnen die Schöpfung auf Gott, denn er ist es, der sie vom Anfang an aus dem Nichts hervorbrachte. So schreibt Ramban ז"ל. Doch siehe, die Wahrheit ist, daß das Verbum ויברא (erschuf) sich auch auf ‚beseeltes Tier' und ‚Geflügel' bezieht, denn sie alle sind Geschöpfe des Ewigen, und er ließ sie aus dem Nichts hervorgehen und brachte sie ins Dasein. Und wenn die Schrift auch sagt: *welches die Wasser aufgeregt haben*, dann können die Wasser die materielle oder wirkende Ursache sein. So oder so kann man sagen, daß der Ewige die Fische aus Nichts schuf, da er die Quelle aller Ursachen ist und sie bewirkt. Wenn er keinen Gefallen hat an ihrer Erhaltung, können sie nicht einmal einen Augenblick existieren und werden wieder zunichte.

התנינם *Meerungeheuer*. Große Fische im Meer. Es gibt davon auch welche, die in der Schrift auf dem Trockenen erwähnt werden, das ist eine Schlangenart.

(...)

(26) ויאמר אלהים *Got sprach*. Dem Machen des Menschen ist ein besonderes Schöpfungswort bestimmt, der Größe seines Ranges halber. Denn seine Natur gleicht nicht der Natur des Wildes und des Viehs, die er mit dem vorangehenden Wort schuf, um auf den Vorzug des Ruhms und des Schmuckes zu verweisen, womit er ihn vor allen Lebewesen gekrönt hat, um ihn den Engeln wenig nachzusetzen, ihm eine denkende Seele einzugeben, ihren Schöpfer erkennend und der

Gegenständen seines Willens, aber nur als Mittel, das Schuldübel aber, oder die Sünde, auch nicht eigentlich als Mittel, sondern als Bedingung, conditio sine qua non, ohne welches Etwas, das gebührlich und erforderlich war, hätte ausbleiben müssen."[42] Leibniz und sein „Waffenträger" Mendelssohn zweifeln nicht an der Schriftgemäßheit dieser Relativierung aller Übel (Theodizee I, § 1), wie aus der Stufung der Adjektive „gut" und „sehr gut" zu erweisen wäre. Denn was für sich genommen gut ist, kann eben darum im Gesamtzusammenhang schlecht sein und umgekehrt kann sich im Gesamtzusammenhang sehr gut machen, was für sich genommen schlecht ist. So weit ich sehe, geht aber Leibniz in seiner Theodizee nirgends ausdrücklich auf den Wortlaut des Schöpfungsberichtes ein, dafür aber Mendelssohn, der seit seiner allerersten Veröffentlichung *Kohelet Mussar* (Moralprediger) vom Theodizee-Problem umgetrieben wird[43]. Leibniz hatte in der *Causa Dei* behauptet, dass die wirkliche Welt unter allen möglichen Welten die beste sei, weil Christus, der Gottmensch, darin vorkomme (§ 49). Diesen Schriftbeleg hat sein jüdischer Paraphrast ignoriert, stattdessen bringt er Genesis 1,31 als naheliegenderen Schriftbeweis für den *mundus optimus*: „die Lehre, dass alle Theile der Schöpfung vollkommen, das Ganze aber das Allervollkommenste sei, finden wir in der Schrift mit ausdrücklichen Worten angedeutet:

וירא אלהים את-כל-אשר עשה והנה טוב מאד

(...) טוב מאד heißt (...) das Beste. Nun wird von den übrigen Tagewerken, welche bloß einzelne Theile der Schöpfung angehen, nur gesagt:

וירא אלהים כי טוב

Das Göttliche betrachtet sie als gut. Am sechsten Tage aber nach vollendeter Schöpfung des Weltalls heißet es: ‚Gott sahe alles, was er hervorgebracht hatte, und siehe, es war das Beste'. Jene Theile waren an und für sich betrachtet nicht immer das Beste, aber doch allzeit gut. Das Weltall hingegen fand die göttliche Betrachtung als das Vollkommenste, das möglich war"[44]. Auf den ersten Blick

---

[42] Causa Dei, § 39, Sache Gottes, *JubA* 3, 2, S. 230. Mendelssohns Übersetzung weicht vom Original stark ab, vor allem lässt er die Ärgernisse Christi als Schriftbeleg weg. Eine genaue Übersetzung der „Vertheidigung der Sache Gottes" bei G.W. Leibniz, *Die Theodicee*, Robert Habs, 2 Bde., Leipzig (Reclam) o.J., 2. Bd., S. 258. Auch in der Theodizee führt Leibniz als Schriftbeweise für seine Thesen bevorzugt das NT an, so etwa auch zur These des *mundus optimus*, vgl. Einleitende Abhandlung § 44. Zum Verhältnis der Vorlage zur Paraphrase und zur Leibnizkritik Mendelssohns, vgl. Leo Strauss, Einleitungen, *JubA* 3, 2, S. XCVI–CX.

[43] Zu diesem Werk vgl. die Einleitung von Andrea Schatz, *JubA* 20, 1, S. XV–XXXVII (2004) und David Sorkin, Moses Mendelssohn and the Religious Enlightenment, ebd., S. 15–18, der die Beziehungen zur Leibniz-Wolffischen Philosophie herausarbeitet. Nach dem Schöpfungspanorama und dem Lob der hebräischen Sprache kommt er sofort auf die Theozdizee (2. und 3. Pforte, *JubA* 20,2, S. 9–17) und belegt sie mit Gen 1,31 nach BerR 9, 8.

[44] *JubA* 3, 2, S. 234. Im *Targum Aschkenasi* übersetzt Mendelssohn allerdings טוב מאד mit „sehr gut", *JubA* 15, 2, S. 15. Diese Stelle benutzt Leibniz a.a.O. um die andere Lösung des Theodizeeproblems zu widerlegen, wonach gut sei, was Gott *selon son bon plaisir* so nennt, wie übel es immer sein mag. Was gut ist bestimmt nicht Gott, sondern liegt in der Sache selbst oder in der ewigen Idee, die er davon hat: „Denn wenn dem nicht so wäre, so hätte Gott, der weiß, dass er ihr (der Werke) Urheber ist, sie nachher nicht zu betrachten und für gut zu befinden brauchen, wie es die Heilige Schrift bezeugt, die sich dieses Anthropomorphismus

Vergänglichkeit nicht unterworfen, und ihn zum Beherrscher des ganzen Schöpfungswerks zu ernennen, vermöge seines Verstandes. Sie [die Schrift] sagt bei seiner Bildung: *nun wollen wir einen Mensch machen*, als habe der Heilige, gepriesen sei er, sich mit seiner Familie, nämlich den Engeln des Ewigen und seinen Heerscharen, wie folgt beraten: Nachdem ich alle diese für den Bedarf des Menschen geschaffen habe, zu seinem Gebrauch und Genuß, komme nun der Herr zu seiner Thronhalle, nun wollen wir einen Menschen machen, im Ebenbilde der Höchsten. Und צלם (Ebenbild) bedeutet soviel wie ‚Form' (צורה), daß er sich durch seine abgesonderte Form von der Form der übrigen Lebewesen unterscheide, durch Weisheit, Verstand, Erkenntnis und praktische Fertigkeit, und dadurch Ähnlichkeit mit den Engeln der Höhe erwerbe. Dadurch soll er mit Stärke regieren und herrschen über die Fische, das Geflügel, das Vieh und über alles Gewürm. Das ‚Vieh' (בהמה) schließt das Wild ein. Und auch über die Erde selbst soll er herrschen, zu roden, zu zerbrechen und zu graben, Erz und Eisen zu hauen. Der Ausdruck רדיה (regieren) bedeutet die Herrschaft des Herrn über seinen Knecht, denn er ist es, der über alles herrscht. Sie sagt וירדו (*daß sie regiren*), im Plural, da der Mensch männlich und weiblich ist. Vielleicht weist sie damit auf den Endzweck hin, daß der Mensch seiner Natur nach gesellig sei. Er soll sich mit seinesgleichen verbinden und mit ihnen in einem Gemeinwesen leben. Einer soll seinem Bruder helfen, um zum Erfolg zu gelangen. Der einzelne herrscht über alle Lebewesen und über den ganzen Erdkörper allein mit Hilfe des Gemeinwesens.

(27) ויברא *Da erschuf*. Auch damit schreibt sie [die Schrift] die ‚Schöpfung' (בריאה) besonders zu, des menschlichen Ranges halber und um bekannt zu machen, daß er mit seiner Erkenntnis und seinem Verstand aus Nichts hervorgebracht ist. Nachdem sie gesagt hat: *in seinem Ebenbilde*, sagt sie abermals: *in dem Ebenbilde Gottes erschuf er ihn*, um auf die Stärke dieses Vorzugs aufmerksam zu machen, welchen der Mensch hat, daß er nämlich vermöge seiner Form und seiner separaten Seele den Höchsten gleicht. – Das ihm verfertigte Ebenbild ist ein Abbild seines Schöpfers, Gott ist im Himmel, und er allein wandelt vor ihm, wie der Dichter sagt. Und im Sohar: *in unserem Ebenbilde, in Ähnlichkeit mit uns* [V. 26] – damit sie sich einer durch den anderen vervollkommnen, so daß er einzig sei in der Welt, Herrscher über alles. Worte des Raschi: *in seinem Ebenbilde* (בצלמו) – mit einer für ihn gemachten Form (דפוס). Denn alles ist durch das Wort geschaffen, er aber ist mit den Händen geschaffen, denn es heißt: *Du hast deine Meisterhand an mich gelegt.* (Ps 139,5) Er wurde mit einem Stempel gemacht, wie eine Münze, die durch einen Prägstock gemacht wird, den man קוניין nennt. Soweit seine Worte. In der Raschi-Handschrift steht geschrieben: קויי (*coin*) in der Landessprache. Und das ist das Richtige, in der deutschen Sprache *Stempel, mit welchem man die Münzen prägt.

זכר ונקבה ברא אותם *Manßen und Weibßen erschuf er sie*. Daß die ‚Schöpfung' (בריאה) von Anfang an männlich und weiblich zugleich war und ihr Odem in ihnen enthalten. Die ‚Bildung' (יצירה) jedoch geschah dem Mann allein und der Bau der Rippe der Frau, wie es im folgenden Abschnitt erzählt ist. Deshalb erwähnt sie hier ‚Schöpfung', und in dem unten folgenden Abschnitt erwähnt sie ‚Bildung'.

(28) ומלאו את הארץ *füllet die Erde*. Ein Segen, daß sie nach ihrer Menge die Welt füllen werden. Meines Erachtens segnet er sie, daß sie die ganze Erde füllen und

scheint es so, als ob die Steigerung vom Positiv („gut") zum Superlativ („sehr gut", „am besten") nur einem quantitativen Gütezuwachs entspräche, doch gemeint ist der qualitative Sprung von einer Maximierung zu einer alle Verluste ausgleichenden Optimierung der Güterbilanz. Eine „sehr gute" Welt, wäre nicht eine Welt in der alles gut wäre, sondern eine Welt in der das Schlechte in der Schlussbilanz aufgehoben wird, so dass in der besten und allervollkommensten Welt paradoxerweise mehr Übel vorkommen können als in einer guten und vollkommenen. Zu einem solchen *mundus optimus* gehört nach Leibniz der Sündenfall[45] und nach Mendelssohn der niederträchtigste Mord.[46] Der Schöpfer ist keinesfalls an diesen Sünden schuld, denn er hat nur das Gute an diesen Übeln geliefert: den Trieb, die Freiheit, die Kraft und – den Tod, nicht aber ihren Missbrauch, der aus der Uneinsichtigkeit, der Unsittlichkeit, der Unfähigkeit, kurz den unvermeidlichen Mängeln der endlichen Geschöpfe herrühre. Tragen aber die Sünde und Verbrechen zur Besserung der Welt bei, dann darf der Allmächtige sie nicht nur nicht aktiv verhindern, er muss sie eigens zulassen. „Wenn nämlich", so gibt Mendelssohn Leibniz wörtlich wieder, „Gott die beste Reihe der Dinge (in welcher auch die Sünde einen Anteil hat) nicht gewählt, nicht hervorgebracht hätte, so würde er Etwas zugelassen haben, das noch schlimmer ist als die Sünde selbst. Er würde nämlich seiner eigenen Vollkommenheit (...) zuwider gehandelt haben; denn die göttliche Vollkommenheit kann von der Wahl des Allerbesten nicht abgehen, und das Mindergute ist böse in Vergleichung mit dem Bessern".[47] Diese Theodizee beweist für die Bibel eindeutig zuviel. Wenn Gott den Sündenfall, den niederträchtigen Urmord und das ganze Verhängnis vorsintflutlicher Übel nach seiner höheren Mathematik vorausberechnet und zugelassen haben soll, dann fragt sich nicht etwa, warum die Täter bestraft wurden, denn das passte noch in die Reihe, sehr wohl fragt sich aber, warum der Schöpfer sich über seine misslungene Schöpfung so aufregt (Gen 6,6 u. 8,21) und die beste Reihe mit Gewalt auseinanderreißen will, ginge darüber die allerbeste Welt in der Sintflut unter? Der *Biur* zum Schöpfungsbericht beantwortet diese Frage im Sinne der leibnizianischen *Relecture* der Bibel und der jüdischen Tradition.

Im *Biur* zu Genesis 1,31, eine kleine Theodizee, erklärt Mendelssohn die biblische Stufung der Prädikate „gut" und „sehr gut" folgendermaßen: Der Positiv („gut") ergibt sich aus der Betrachtung der einzelnen Schöpfungswerke, die wegen ihrer Beschränktheit immer eine Mischung aus Sein und Nichts, aus Werden und Vergehen, aus Gut und Böse sind. Die negativen Begriffe dieser Gegensätze sind aber als Momente einer Dialektik nicht absolut schlecht, sondern aufs Ganze gesehen relativ gut und als solche werden sie vom Schöpfer auch gutgeheißen.[48]

---

nur zu bedienen scheint, um uns erkennen zu lassen, dass man ihre Vortrefflichkeit erkennt, indem man sie betrachtet", Metaphysische Abhandlung, 2, Hans Heinz Holz (Hg., Üb.), G. W. Leibniz, *Kleine Schriften zur Metaphysik*, Philosophische Schriften, B. 1, Frankfurt am Main 1996, S. 59. Zu Leibniz und die Bibel vgl. jetzt den Aufsatz von Daniel J. Cook, Leibniz, The Hebrew Bible, Hebraism and Rationalism, in: ders. / Hartmut Rudolph / Christoph Schulte (Hgg.), *Leibniz und das Judentum*, Studia Leibnitiana SH, Bd. 34, S. 135–153.

[45] Causa Dei §§ 79.
[46] Sache Gottes §§ 74.
[47] Causa Dei § 67, Sache Gottes § 68, *JubA* 3, 2, S. 242.
[48] *JubA* 9, 3, S. 27, 15–18.

die Völker nach ihrer Menge sich nach ihren verschiedenen Geschlechtern an die Enden des Erdkreises absondern werden und nicht an *einem* Ort seien nach dem Plan des Geschlechts der Zerstreuung. (Worte des Ramban ז"ל)

וכבשה *und bezwinget sie*. Er gab dem Menschen Kraft und Herrschaft, um nach seinem Willen am Vieh, an dem, was sich regt, und an allem, was im Staub kriecht, zu handeln und zu bauen, zu pflanzen, zu roden und zu hauen, und dergleichen zur Verbesserung des politischen Gemeinwesens.

ורדו בדגת הים *herscht über die Fische des Meeres*. Er sprach, daß sie Herrscher sein sollen auch über die Fische des Meeres, welche vor ihnen verdeckt sind, über das Geflügel des Himmels, welches nicht bei ihnen auf der Erde ist, und auch über alles reißende Tier. Er nannte sie in der Reihenfolge ihrer Erschaffung, Fische und Geflügel zuerst und danach das lebendige Tier (החי'). So spricht die Schrift: תמשילהו במעשה ידיך כל שתה תחת רגליו צנה ואלפים כלם וגם בהמות שדי צפור שמים ודגי הים וגו' (*Ernennst ihn zum Beherrscher deiner Werke, / Und legst zu seinen Füssen alles: / Das Lamm, den Stier, und auch Gewild: / Was in der Luft, was sich im Wasser regt. usf.*) (Ps 8,7.8.9) (Ramban)

(29) ויאמר אלהים הנה נתתי וגו' *Got sprach, da übergebe ich usf.* Er übergab Adam und seiner Frau alles Kraut, das Samen führt, zum Essen. Die Absicht ist, daß sie den Samen der Kräuter essen dürfen, wie die Körner des Weizens, der Gerste, der Hülsenfrüchte und anderer. Ebenso übergab er ihnen jeden Baum, daß sie davon die eßbare Frucht essen mögen. Der Baum selbst aber ist den Menschen nicht zur Speise bestimmt, ebensowenig das Kraut, bis der Mensch verflucht und ihm gesagt ward: ואכלת את עשב השדה (*und du solst das Kraut des Feldes essen*). [Gen 3,18] (Ramban) Er gestattete es Adam und seiner Frau nicht, ein Geschöpf zu töten und Fleisch zu essen. Als aber die Söhne des Noach kamen, erlaubte er ihnen Fleisch, wie es heißt: כל רמש אשר הוא חי וגו' כירק עשב נתתי לכם את כל (*Was sich bewegt, und lebendig ist usf. wie grüne Kräuter hab ich euch alles gegeben*) (Gen 9,3), wie grüne Kräuter, die ich Adam, dem ersten Menschen, erlaubt habe.

(30) ולכל חית הארץ וגו' *Allen Tihren des Landes aber usf.* Er übergab ihnen alles grüne Kräuterwerk, nicht die Frucht des Baumes und den Samen.

(31) וירא אלהים וגו' *Got über sah usw.* Der Erkennende denke darüber nach, daß sie [die Schrift] an den vorangehenden Tagen nur sagt: *Und Gott sahe, daß es gut sey*, während sie hier, am sechsten Tag, sagt: *alles was er gemacht hatte, und fand es sehr gut*. Die Bedeutung ist, daß es in den Besonderheiten des Vorhandenen nichts vollkommen und absolut Gutes gibt, sondern Gutes und Übles miteinander vermischt und ineinander enthalten und viele Übel in den Besonderheiten der Geschöpfe vorhanden sind. Die einen davon ergeben sich daraus, daß sie geschaffen sind, ist es doch unmöglich, daß irgendein Geschaffenes absolut vollkommen sei, und notwendig, daß es aus Wirklichem und Mangel zusammengesetzt sei; und der Mangel ist die Quelle des Übels. Andere ergeben sich aus der Verkettung der Ursachen und Wirkungen, wie ein Zufall der Zeit und seine Unbilden. Wieder andere ergeben sich aus der Wahlfreiheit, nämlich die Übel der sittlichen Eigenschaften und Handlungen. Sie alle sind in einer Rücksicht übel und in einer Rücksicht gut, übel in Ansehung des besonderen Teils und gut in Ansehung des allgemeinen Ganzen. Denn ein extremes, absolutes Übel hat überhaupt kein Vorhandensein und ist etwas unmögliches und in sich widersprüchliches. Denn alles Vorhandene ist gut, insofern es vorhanden ist. Und wären jene

Mendelssohn bringt u. a. das Beispiel des Todes: für das einzelne Lebewesen ist er das größtmögliche Übel, im dialektischen Lebensprozess ist er aber eine unverzichtbare Voraussetzung für die Lebenserhaltung und als solche gut.[49] Der Superlativ („sehr gut") ergibt sich aus dieser ganzheitlichen Betrachtung: „Nun aber, am sechsten Tag, als das ganze Werk in seiner Gesamtheit vollendet war, sah Gott alles, was er gemacht hatte, und fand in der Gänze der Welt überhaupt kein Übel. Denn in Ansehung des Ganzen ist alles gut (…)." Gewiss, auch im priesterlichen Schöpfungsbericht werden die Chaosmächte, Finsternis und Urflut, integriert, sie werden aber bezeichnenderweise nicht eigens gutgeheißen.[50] „Gut" und „sehr gut" werden hier ganz ohne Zweifel die endgültige Überwindung des Chaos im Kosmos genannt und im Schabbat gefeiert. Weil Genesis I keine schriftliche Bestätigung der leibnizischen Theodizee liefert, wendet sich Mendelssohn an seinen alten biblischen Bekannten, Kohelet; er zitiert das Gegenstück zu Genesis, das aus 7 Versen mit sieben doppelten Gegensatzpaaren, sprich 28 Begriffen komponierte Schicksalslied (*LaKol Sman*, Koh 3, 1–8):[51] „Alles hat seine bestimmte Zeit, und ihre Zeit hat jegliche Angelegenheit unter dem Himmel. Eine Zeit hat Gebären, und eine Zeit hat Sterben (…)". Demnach wäre nicht nur der Tod, sondern auch Mord und Zerstörung, Weinen und Klagen, Steinigen und Krieg wenigstens zeitweise in Ordnung. Kohelet 3, 11 zitiert wohl in polemischer Absicht die Billigungsformel Genesis 1, 31:

את-הכל עשה יפה בעתו

„Alles hat er schön gemacht zu seiner Zeit". Allerdings sind „schön" und „gut" nicht austauschbar. Der Anblick der Schönheit und Ordnung des Weltganzen bietet keine Antwort auf Kohelets Hauptfrage: Was ist der Sinn des menschlichen Daseins? Wozu sind alle Sorgen des Menschen gut? (1, 3). Im Gegenteil, das grausame Schicksalsrad macht jede Aussicht auf ein beständiges Gut zunichte und bestätigt Kohelets Zweifel und Verzweiflung am Schöpfungswerk Gottes (*HaMa'asse Ascher-Assa HaElohim*).[52] Es gibt daher kein anderes gut (*Ejn Tow … Ki*) als die uns beschiedenen bescheidenen Güter zu genießen. Aus diesem Text „über das Misslingen aller philosophischen Versuche in der Theodizee" liest Mendelssohn in seinem Kohelet-Kommentar wiederum gegen den Strich eine Theodizee à la Leibniz hinein: „Der Verstand ist, dass in der zu einer Sache bestimmten Zeit dieselbe gut und schön seye. Alles, was Gott thut, ist schön zu seiner Zeit, auch Tod und Krankheit, Armuth und Schmerzen, Hunger und Krieg. Alle diese Dinge sind böß in unsern Augen, weil unser Verstand so kurzsichtig ist, dass wir den Verstand der Dinge nach ihrer Zeit und ihrem Ort nicht erreichen noch schäzen können. Wenn es aber möglich wäre, dass der Mensch alle Werke Gottes vom Kleinsten bis zum Größten nach allen Verbindungen der Zeit und des Ortes

---

[49] *JubA* 9, 3, S. 26,36–27,6; vgl. ausführlicher die geradezu makaberen Erörterungen in der Sache Gottes § 73, *JubA* 3, 2, S. 245 f.

[50] Das *Ki-Tow* wird in Gen 1, 4 nur auf das Licht bezogen und in Gen 1, 6–8 bei der Einhegung der Wasserwelt ganz weggelassen.

[51] Der erste Vers der Genesis besteht aus sieben Wörtern und 28 Buchstaben, vgl. zur Deutung, *Da'at Sekinim MiBa'ale HaTossafot* z. St.

[52] Der Sinn des Schicksalsliedes wird gewöhnlich gegen seinen Kontext als erbaulicher Trost missverstanden.

Übel nicht in einer bestimmten Hinsicht gut, könnten sie unmöglich vorhanden sein in der Welt, welche von dem guten und wohlwollenden Wesen geschaffen ist, welches das Gute mit unbedingter Liebe liebt und das Übel mit unbedingtem Abscheu verabscheut. Erkenne daraus, daß das besondere Übel gut und dem mit dem Schöpfungsganzen beabsichtigten Endzweck angemessen und seine Erhaltung nötig ist. Etwa so, wie es heißt: לכל זמן ועת לכל חפץ (*Alles hat seine bestimmte Zeit, und ihre Zeit hat jegliche Angelegenheit.*) (Pred 3, 1). Ich will dir ein Beispiel geben: Der Tod ist ein Übel, insofern er die Form des Lebewesens vernichtet, in Ansehung des Ganzen ist er jedoch auch gut, weil Entstehen und Vergehen ineinander enthalten, aneinander haftend und miteinander verbunden sind, so daß jedes Vergehen die Ursache des Entstehens und jedes Entstehen die Ursache des Vergehens ist. Durch sie beide verändert sich jegliches Geschaffene von Form zu Form, gemäß dem dem Ewigen, gepriesen sei er, gefälligen Endzweck. Ebenso sind die Übel der Wahl und der Handlungen Übel, insofern einer sie wählt. Das Begehren und die Wahlfreiheit jedoch sind ein großes Gut und ein Vorzug für die Welt insgesamt, und ohne sie kann es die Erhaltung nicht geben. Die Wahl wäre nicht frei ohne die Möglichkeit zu etwas und zu seinem Gegenteil. Also sind die Übel der Wahlen in gewisser Hinsicht auch gut. Außerdem verkehrt sie der Ewige und wendet sie zum Guten mit seiner Vorsehung und seinem Erbarmen. Denn dies ist der Endzweck der Schöpfung, das Übel zu bessern und zum Guten zu verkehren. Daher erwähnt sie [die Schrift] bei allen vorangegangenen Tagen nur die Besonderheiten der Schöpfung, und darunter ist das vollkommen Gute nicht vorhanden, vielmehr sind Übles und Gutes vermischt. Sofern jedoch am Übel auch etwas für die Existenz des Guten Nötiges ist, sah der Ewige, gepriesen sei er, daß es dem Endzweck angemessen ist, und wollte er seine Existenz, aber nicht, insofern es übel ist, sondern in Rücksicht darauf, daß etwas daran für das Gute vonnöten ist. Er wollte den Tod, nicht, insofern er das Vergehen der Form, sondern insofern er die Ursache des Entstehens ist. Ebenso wollte er den bösen Trieb, nicht, insofern er die Menschen zum Übel verleitet, sondern insofern er für die Existenz der Welt vonnöten ist. Und das ist: *Und Gott sahe, daß es gut sey.* Nun aber, am sechsten Tag, als das ganze Werk in seiner Gesamtheit vollendet war, sah Gott alles, was er gemacht hatte, und fand in der Gänze der Welt überhaupt kein Übel. Denn in Ansehung des Ganzen ist alles gut und dem von ihm, gepriesen sei er, beabsichtigten Endzweck sehr angemessen. Wenn es möglich gewesen wäre, diesen Endzweck auf eine mit dem Willen des Schöpfers besser übereinstimmende Weise zu erreichen, hätte er diese Weise zweifellos gewählt. Und weil er diese Allgemeinheit und vorhandene Ordnung gewählt hat, stimmt sie zweifellos sehr überein mit dem Willen des Schöpfers, gepriesen sei er, und wird durch sie der von ihm beabsichtigte Endzweck auf die beste und vor ihm wohlgefälligste Weise erreicht. Und das ist: *und fand es sehr gut.* Die Besonderheiten der Schöpfung werden ‚gut' genannt, aber das Ganze insgesamt ‚sehr gut'. Verstehe das und wisse und erkenne auch, was unsere Rabbinen ז"ל in Bereschit rabba sagen: והנה טוב מאוד (*und fand es sehr gut*) – והנה טוב זה מות (und fand gut – das ist der Tod); sie erwähnten ebenso: das ist der böse Trieb; und: das ist das Maß der Vergeltung. Und im Sohar, *Bereschit:* Got über sah, alles was er gemacht hatte, und fand es sehr gut – Hier wird berichtigt, daß am zweiten Tag nicht gesagt wurde, ‚daß es gut sei', da an ihm der Tod geschaffen wurde. Und hier wird

einsehen könnte, so würde er mit völliger Gewißheit erkennen, dass vom Himmel nichts böses herab komme, sondern dass Gott alles fein zu seiner Zeit mache."[53] So wird ein Text, der nicht ausdrücklich eine Theodizee ist, vermittels eines Textes der ausdrücklich eine Theoadizee ist in eine Theodizee umgedeutet. Ergiebiger scheinen für diesen Zweck die rabbinischen Quellen zu fließen.[54]

Die 13 Midraschim zu Gen 1,31 im 9. Kapitel von Genesis Rabba, die Mendelssohn im Blick hat, lassen sich zu einem Gedankengang verbinden. Der erste Midrasch erinnert daran, dass die ganze Materie des *Ma'asse Bereschit* eigentlich esoterischer Natur ist,[55] sagt doch der Vers ausdrücklich „Und Gott sah (...), es war sehr gut" – und eben nicht der Mensch (9,1). Das hindert die folgenden Midraschim freilich nicht daran, völlig ungeniert *sub specie Dei* zu spekulieren. Der zweite Midrasch schließt aus dem Superlativ („sehr gut"), dass Gott die Wahl zwischen mehreren Welten hatte, die beste ausgewählt und die anderen zerstört habe,[56] so dass die Schöpfung auf Zerstörung, das höchste Gut auf das größte Übel aufbaut. Die Rabbinen eruieren sodann in den folgenden sieben bzw. neun Midraschim aus den verschiedenen Abweichungen der Endbewertung von der üblichen *Ki-Tow*-Formel – „alles, was er gemacht hat" (*Et Kol Ascher Assa*), „und" (*We*), „siehe da!" (*Hine*), „sehr" (*Me'od*) – den inneren Grund für die Wahl dieser Welt. Zu den aufgezählten Dingen gehören solche unzweifelhaften Güter, wie das Jenseits (*HaOlam HaBa*), das im sprachlich überflüssigen inkludierenden „und" (*WeHine*) stecken soll.[57] Die meisten der genannten Dinge gelten jedoch gemeinhin als Übel und werden nur insofern als höhere Güter

---

[53] *JubA* 20, 1, S. 217 f. Die dialektische Auffassung der Schöpfung hat im Anschluss an Kohelet 7,14: „*Gam Et-Se Le'umat-Se Assa HaElohim*" (Gott erschuf jede Sache, das eine im Gegensatz zum anderen hat Gott gemacht) vor allem durch das *Sefer Jezira* 5, 2 und 6, 2 Eingang in die jüdische Mystik gefunden, vgl. jetzt die deutsche Edition v. Kl. Herrmann, *Sefer Jezira. Das Buch der Schöpfung*, Frankfurt am Main 2008, § 48 A, S. 62, 27, § 60, S. 84, 15 ff.: „Gott erschuf jede Sache, das eine im Gegensatz zum anderen, das Gute im Gegensatz zum Bösen, Böses aus Bösem und Gutes aus Gutes. Das Gute um wahrzunehmen das Böse, das Böse um wahrzunehmen das Gute." Mendelssohn paraphrasiert die Stelle in seinem Kommentar wie der *Sefer Jezira*: „Auch Gutes und Böses hat Gott gegeneinander gemacht" (*Gam Et HaTow Le'umat HaRa Asssa HaElohim*), *JubA* 14, 183, 28 f. und kommentiert entgegen dem klaren Dualismus im *Sefer Jezira* heraklitisch: „einander entgegengesetzt und miteinander verbunden" und setzt den agnostischen Vers („sodass der Mensch von dem was nach ihm [dem guten Tag] kommt, gar nichts herausfinden kann" u. V. 15) im Sinne der Theodizee fort: „'dergestalt, dass der Mensch nichts (gegen Gott) zu erdenken finde, von dem was nach ihm kommt', wenn er ihre Verbindung und Zusammenhang wüsste und erreichen könnte."

[54] Die Rabbinen stellen auch den intertextuellen Bezug zwischen Gen 1,31 und Koh 3,11 her, GenR 9, 2 her.

[55] Vgl. mChag 2, 1, dagegen jChag 2, 1, 77c.

[56] R. Abahu schließt daraus, dass es andere, nicht so gute Welten gegeben haben müsse, die von Gott wieder verworfen und zerstört worden seien. Zu einer anderen exegetischen Ableitung desselben Midraschs, siehe GenR 3, 7. In der mittelalterlichen jüdischen Philosophie wurde darauf der Gedanke einer prämundanen Wahl zwischen mehreren möglichen Welten gestützt. Bei Maimonides selbst ist das aber, soweit ich sehe, noch nicht der Fall, *More Newuchim* II, 30. Shalom Rosenberg, *Good an Evil in Jewish Thought*, Tel Aviv 1989, S. 49 gibt für die gegenteilige Behauptung keine Quelle an.

[57] GenR 9, 3, Rabi Schimon ben Lakisch.

gesagt: והנה טוב (und fand es [sehr] gut). Das stimmt mit dem überein, was die Weisen sagen: והנה טוב מאוד זה מות (und fand es sehr gut – das ist der Tod). Und über die Sache der Ganzheit der Schöpfung und das damit Beabsichtigte fand ich dort einen kostbaren Ausspruch: *alles was er gemacht hatte* – um alle Geschlechter einzuschließen, die danach kommen werden, und ebenso alles, was in einem jeden Geschlecht in der Welt neu entstehen wird, bevor sie zur Welt kommen. *was er gemacht hatte* – Das sind alle Schöpfungswerke, denn dort wurden der Grund und die Wurzel alles dessen geschaffen, was danach in die Welt kommen und darin neu entstehen wird. Daher sah es der Heilige, gepriesen sei er, als es noch nicht war, und legte alles ins Schöpfungswerk. Deswegen schloß sie [die Schrift] in den Ausspruch: *alles was er gemacht hatte* nicht nur die Dinge ein, die damals ins Dasein traten, sondern alles, was danach neu entstehen und erzeugt werden würde, bis zum Ende aller Geschlechter. Denn der Heilige, gepriesen sei er, legte aller Wurzel, Prinzip und Grund ins Schöpfungswerk. Und über dieses Ganze des Vorhandenen allein, das alle Welten und alle Zeiten einschließt, wird gesagt, daß es sehr gut ist. Verstehe das. (…)

angerechnet, als sie zur Aufrechterhaltung der moralischen Weltordnung unabdingbar sind, so der Tod (*Mita*),[58] der Schlaf (*Schena*),[59] der böse Trieb (*Jezer HaRa*),[60] die Strafleiden (*Midat Jissurin*),[61] die Hölle (*Gehinom*),[62] der Todesengel (*Malach HaMawet*),[63] die Maß-für-Maß-Vergeltung (*Middat HaPuranut*).[64] Denn eine Welt, die im moralischen Sinne nicht gut wäre, würde aus rabbinischer Sicht gewiss nicht die Note „Sehr gut" verdienen. Es werden aber auch Dinge erwähnt, deren moralischer Wert, zumindest zweideutig ist, so der Mensch,[65] den die Bibel wohlweislich nicht gutspricht, ja, sogar das Reich des Bösen, Rom (*Malchut HaRomijim*), das die Herrschaft des Rechts (*Dikajon*) durchsetze.[66] Man könnte aus alledem schließen, dass sich die leibnizianische *Relecture* der Tora breiter rabbinischer Zustimmung erfreue. Gewiss, auch unter den Rabbinen gab es unverbesserliche Optimisten, wie der legendäre Nathan Gamsu, dessen Name angeblich daher komme, dass er jede Widrigkeit mit dem Popespruch: „Auch dies ist zum Guten" (*Gam So LeTowa*) quittierte[67] und sein berühmter Schüler, R. Akiwa, der für solche Fälle den Pangloßspruch: „Alles was der Barmherzige tut, tut er zum Guten" (*Kol DeAwed Rachmana LeTaw Awed*) parat hielt.[68] Auch unsere Midraschauswahl geht bei der Gutheißung der Übel sehr weit. So wenn in dem von Mendelssohn häufig zitierten Paradox von Rabbi Meir, aufgrund der angeblichen Lesart *WeHine Tow Mot*, („gut ist der Tod") statt *WeHine Tow Me'od* („und siehe da, es war sehr gut") trotz Gen 2,24 und 3,19[69] auch der Tod gutgeredet wird. Oder wenn der böse Trieb nach Kohelet 4,4 zum Teil von jener Kraft gemacht wird, die stets das Böse will, doch stets das Gute schafft und nach dem rabbinischen Lehrsatz, wonach Gott mit dem ganzen Herzen lieben (Deut 6,5) heiße, ihn mit beiden Trieben, dem guten und dem bösen, lieben, in den Gottesdienst genommen wird.[70] Aber eine Grenzlinie wird wenigstens hier nicht überschritten! Die freiwilligen Übel (Strafübel) oder unfreiwilligen Übel (Triebgüter) werden nur als Agenten des Guten gutgesprochen, die freiwilligen Agenten des Bösen, die Sündenfälle werden nicht als *Felix culpa*,[71] als „List der Vernunft"

---

[58] GenR 9, 5 stützt sich auf die Paronomasie von *Me'od* und *Mot*; *JubA* 15, 2, S. 15 unten u. 9, 3, S. 28, 1–5.
[59] GenR 9, 6 stützt sich auf die Konjunktion *We-*.
[60] GenR 9, 7 stützt sich auf die Konjunktion *We-*; *JubA* 15, 2, S. 15 unten u. 9, 3, S. 28, 5.
[61] GenR 9, 8 stützt sich auf die Konjunktion *We-*.
[62] GenR 9, 9 stützt sich auf die Konjunktion *We-*.
[63] GenR 9, 10 stützt sich auf die Konjunktion *We-*.
[64] GenR 9, 11 stützt auf die Paronomasie von *Me'od* und *Mida*; *JubA* 15, 2, S. 15 unten u. 9, 3, S. 28, 6.
[65] GenR 9, 12 stützt sich auf das Anagramm von *Me(A)oD* und *ADaM*.
[66] GenR 9, 13 stützt sich auf das Anagramm *Me(A)oD* und *(A)eDoM*.
[67] bTan 21a
[68] bBer 60b
[69] Vgl. bSchab 55a (*EjnMita BeLo Chet*).
[70] mBer 9, 5
[71] Zur einer späten kabbalistischen Version dieses christlichen Motivs, vgl. R.J. Zwi Werblowsky, O Felix culpa: a Cabbalistic Version, in: Alexander Altmann; S. Stein / R. Loewe (Hgg.), *Studies in Jewish religious and intellectual history*: presented to Alexander Altmann on the occasion of his seventieth birthday.

und dgl. mehr geheiligt.[72] Darum bringt Mendelssohn eine weitere Quelle ins Spiel, den *Sohar*, die er zwar nicht als rabbinischen Midrasch, aber als ein mit den rabbinischen Midraschim, namentlich mit der eben erwähnten Ehrenrettung des Todes übereinstimmende, repräsentative Quelle einführt.[73] Dessen Autorität soll auch folgende Auslegung des Ausdrucks „alles, was er gemacht hat" (*Et Kol Ascher Assa*) decken. Das inklusive *Et-Kol*, „alles, was er gemacht hat" schließe nach der *Ribbui*-Regel alle zukünftigen Generationen und ihre Kreationen ein, während der Perfekt *Ascher Assa*, „alles, was er gemacht hatte" besagt, dass dies alles von Anfang an da und *ob ovo* vorgesehen war. Daraus kann Mendelssohn im Sinne Leibnizens schließen: „Und über dieses Ganze des Vorhandenen allein, das alle Welten und alle Zeiten einschließt, wird gesagt, dass es sehr gut ist."[74] Es ist also nicht so, dass nur der Anfang „sehr gut" war und schon bald danach alles sehr schlecht wurde, das Prädikat „sehr gut" gilt vielmehr *all inclusive* – einschließlich aller Sündenfälle.[75] Es ist also zu erwarten, dass der Anfang der Bibel für Mendelssohn nicht nur der Beginn einer an unerwarteten Wendungen reichen Geschichte ist, sondern die Vorwegnahme des Ganzen – und somit eine philosophische *archê*, ein *principium*.

Mendelssohns *Biur* zu Gen I gleicht weniger einem philosophischen Traktat als einem undurchdringlichen Dickicht aus Hyperkommentaren. Seine programmatischen Einlassungen in der Einleitung *Or LaNetiwa* verraten nichts über die philosophische Leitidee des Kommentars. Gemessen an der Größe des Projektes erscheinen diese Absichtserklärungen geradezu kindisch. Vielleicht mit Blick auf einen ebenso missgünstigen wie ungeduldigen Zensor verkürzt Mendelssohn

---

[72] Vgl. Byron L. Sherwin, Theodicy. Ziduk-HaDin, in: A. A. Cohen / P. Mendes-Flohr (Hgg.), *Contemporary Jewish Religious Thought*, New York/London, S. 959ff. Natürlich gibt es Ausnahmen wie bHul 60b wo der Schöpfer selbst eine Sünde begeht, die der Mensch für ihn sühnt, vgl. R.J. Zwi Werblowsky, Gestalt, Symbol und Chiffre. David in der Kabbalah, in: Walter Dietrich / Hubert Herkommer (Hgg.), *König David – biblische Schlüsselfigur und europäische Leitgestalt*, Freiburg i.Br. 2003, S. 241–47.

[73] Sohar I, 47a, *JubA* 9, 3, S. 28, 6–11.

[74] *JubA* 9, 3, S. 28, 25–29.

[75] Die Vorstellung, dass alle Geschicke des Menschen von Anfang bis Ende in einem Adam und Henoch offenbarten Buch bereits verzeichnet waren, begegnet häufig in der apokryphen, rabbinischen und kabbalistischen Literatur. So im Gebet Adams am Anfang des Buches Rasiel, Warschau 1812, Repr. Jerusalem 1977. 5a. Auch der Sohar I, 55b weiß von diesem Buch und spielt auf die diesbezüglichen rabbinischen Quellen an (GenR 24, 2; bAwSa 5a; bSan 38b, MTeh 139, 6; TanB I Berschit §§ 26–30 u.a.m.). Dort wird diese Vorstellung an Gen 5,1 („Dieses ist das Geschlechtsregister/Buch der Nachkommen von Adam") und Ps 139,16 („Im Keime sahn mich deine Augen schon. Aufgezeichnet sind in deinem Buche, Die Tage, die mir werden sollten, Als keiner derselben noch war") geknüpft. Im Unterschied zur apokryphen Literatur (1 Hen 81,1; 82,1–2; 2 Hen 33,6–7) ist Adam in der rabbinischen Literatur nach der Lektüre über das traurige Schicksal der Gerechten betrübt. Nach der Erzählung des Buches Rasiel *„fiel er erschüttert auf sein Angesicht"* – man weiß allerdings nicht, ob wegen der Form oder wegen des Inhalts der Offenbarung. Mendelssohns *Targum Aschkenasi* und der *Biur* zu Gen 5,1 folgen jedoch Raschi, der „*Sefer*" als Zählung (*Sfirat Toldot Adam*) und nicht Ramban, der es als Buch versteht, *JubA* 15, 2, S. 49.

sein Großunternehmen auf ein harmloses Lesebuch für Kleinkinder.[76] Sein Biograph, Isaak Euchel, hat ihn deswegen sogar eine *Makre Dardeke*, einen „Kleinkinderlehrer" genannt,[77] was für die jüdischen Bildungsreformer freilich auch hieß, dass Mendelssohns Pentateuch den „Chumesch mit Raschi" im traditionellen Elementarunterricht ersetzen sollte![78] Weder Anhänger noch Gegner haben den Bildungswert von Mendelssohns deutscher Pentateuchübersetzung je bestritten.[79] Aber der *Biur*, der diese Übersetzung vor den *Mikra'ot Gedolot* rechtfertigen sollte,[80] ist im Gegensatz zum volkstümlichen *Raschi* nichts für Kleinkinder. Dass es sich auch um philosophisch anspruchsvolle Lektüre handelt, bedeutet uns Mendelssohn gleich in seinen Auslegungen zum ersten Wort, *BeReschit* – ein nicht unüblicher Ort für Grundsatzerklärungen.[81]

Mendelssohn bringt genau genommen drei, scheinbar unzusammenhängende Erklärungen des ersten Wortes der Bibel: Zunächst bedeute das Hauptwort *Reschit* ganz einfach „Anfang" (*Techila*), etwa Anfang einer Aufzählung oder Erzählung. Mendelssohn übersetzt daher die notorisch vieldeutige Präposition *Be* temporal im Sinne von *Be'et* mit „Im" und *BeReschit*, mit „Im Anfange". Er weist somit *a limine* die Neigung vieler mittelalterlicher Erklärer zurück, dem ersten Wort der Schrift spekulative Geheimnisse der Schöpfung (*Ma'asse Bereschit*) oder des Schöpfers (*Ma'asse Merkawa*) abzupressen[82] – ganz im Sinne jenes bekannten rabbinischen Alphabet-*Midraschs*, der den Buchstaben *Bet* seiner Form wegen als geschlossenes Intervall betrachtete,[83] das den Blick in die Vorwelt, wie in die Ober- und Unterwelt verstellt, die Welt beginnt in Ƃ ohne Vorgeschichte aus dem Nichts. Während diese Auffassung des ersten Wortes im

---

[76] *JubA* 9, 1, S. 57, 33–58, 15.

[77] I. Euchel, Ist nach dem jüdischen Gesetz das Übernachten der Toten wirklich verboten, in: ders., *Vom Nutzen der Aufklärung. Schriften zur Haskala*, Andreas Kennecke (Hg., Üb.), Düsseldorf 2001, 121. *Makre Dardeke* ist die aramäische Wiedergabe des Hebräischen *Melamed Tinokot* und vermutlich ein griechisches Lehnwort von *Mikrodidaktikos*.

[78] Vgl. mein Aufsatz: Der „Lerner" und der Lehrer. Geschichte eines ungleichen Paares, in: Bernd Schröder / Daniel Krochmalnik / Harry Harun Behr (Hgg.), *Was ist ein guter Religionslehrer? Antworten von Juden, Christen und Muslimen*, Berlin 2009, S. 77.

[79] So charakterisiert Mendelssohn sein Projekt im Brief an August Hennings: „Dieses ist (für meine Nation) der erste Schritt zur Cultur". Und so sahen es auch einige zeitgenössische rabbinische Autoritäten und verurteilten den *Targum Aschkenasi*, weil sie, wie der Oberrabbiner Jecheskel Landau von Prag, „fürchteten, dass dieser nichthebräische Text die jüdischen Kinder davon abbringen wird, die Tora zu studieren"; zit. bei Sh. Feiner, *Haskala – Jüdische Aufklärung. Geschichte einer kulturellen Revolution*, aus dem Hebr. von Anne Birkenhauer, Hildesheim i. a. 2007, S. 170, Anm. 66. Vgl. auch die Novelle von R. Jecheskel Landau zu bBer 28b, Zla"ch, Jerusalem 1981, Bd. 1, 87b, wo er die Pentateuchübersetzung Mendelssohns als Brücke zu den Büchern der Völker (*Sifrei HaGojim*) missbilligt.

[80] *JubA* 9, 1, S. 59, 11 ff.

[81] *JubA* 15, 2, S. 3 u. *JubA* 9. 3, S. 3, 1–13. Vgl. zu den älteren Deutungen meinen Aufsatz: Variationen zum Anfang in der Jüdischen Tradition, in: *Zeitschrift für Ideengeschichte* I/2 (2007), S. 45–61.

[82] Ad Gen 1,1 *HaShamajim*, *JubA* 15,2, S. 3 u. *JubA* 9, 3, S. 3, 14 ff.; ad Gen 1,2, *WeHaArez*, *JubA* 15, 2 S. 7 u. *JubA* 9, 3, S. 4, 23 ff.; ad Gen 1,7 *Betoch HaMajim* und *WaJikra E' LaRakija Shamajim*, *JubA* 15, 2, S. 8 u. *JubA* 9, 3, S. 14, 8 ff.

[83] GenR 1, 10 u. mChag II, 2.

Talmud aber als spekulative Scheuklappe fungiert,[84] markiert sie bei Mendelssohn nur das innerweltliche Erkenntnisinteresse seiner Philosophie.

Das Wort *BeReschit* steht also für den absoluten Nullpunkt der Kreatur. Anders als Raschi will Mendelssohn dieses im masoretischen Text mit einem Trenner akzentuierten Wortes aber nicht als Umstandsbeschreibung („Anfangs") in den Strom eines laufenden Geschehens hineinziehen, indem er den Ausdruck mit Genitiv: „Im Anfang der Genesis" konstruiert (*status constructus*),[85] sondern als absoluten Anfang für sich stehen lassen: „Im Anfange" (*status absolutus*), d.h. *ab origine radicale*.[86] Mendelssohn hat sich immer wieder zum Dogma der Schöpfung aus dem Nichts als „Fundament der Tora" und der „wahren Forschung" bekannt und die aristotelische Lehre von der Präexistenz der Materie bei seinen mittelalterlichen Vordenkern abgelehnt.[87] In diesem Punkt tadelt er in seiner ersten philosophischen Schrift auch Meister Leibniz, weil er die Möglichkeit der Schöpfung in der Zeit nicht hinreichend erwiesen habe,[88] also keinen zureichenden Grund dafür angeben kann, warum die Welt am Sonntag, den 6. Oktober 3761 v. Chr., um 23 Uhr 11 Minuten und 20 Sekunden erschaffen worden ist – und nicht 5 Minuten früher. Für Mendelssohn wie für die Genealogie der Priesterschrift ist aber unerlässlich, dass die Schöpfung eine „Geschichtswahrheit" ist, ein Faktum mit einem festen Datum in der Zeit.[89] Die Positivität des Anfangs schließt aber die Rationalität der Schöpfung nicht aus.

---

[84] bTam 31b–32a. Zur Alexanderanekdote, vgl. auch mein Aufsatz: Kynisches in der rabbinischen Literatur, in: Manfred Voigts (Hg.), *Von Enoch bis Kafka*. Festschrift für Karl E. Grözinger zum 60. Geburtstag, Wiesbaden Januar 2002, S. 235–270.

[85] Vergleichbar Gen 2,4b: *BeJom Assot*; 5, 1: *BeJom Bero E'*. Zu dieser grammatikalischen und exegetischen Frage in der neueren Forschung vgl. die erschöpfende Diss. Von Michela Bauks, *Die Welt am Anfang. Zum Verhältnis von Vorwelt und Weltentstehung in Gen 1 und in der altorientalischen Literatur*, 2. Tle., Heidelberg, 1995 (Typoskript).

[86] Ad Gen 1,1 *HaShamajim*, *JubA* 15, 2, S. 3 u. *JubA* 9, 3, S. 4, S. 12ff.

[87] So in seinem Kommentar zu den „Termini der Logik des Maimonides" (*Biur Millot HaHigajon*), Kap. 9, *JubA* 20, 1, S. 104–111 (Dtsch. von Rainer Wenzel). Im hebräischen Text spricht er in diesem Zusammenhang von den *Jessode HaTora* und den *Jessode HaChakira HaAmitit*, *JubA* 14, S. 80.

[88] Philosophische Gespräche, 3. Gespräch (1. Aufl. 1755), *JubA* 1, S. 24, 35–38. Noch deutlicher sagt Mendelssohns Sprachrohr in der 2. Aufl. dieses philosophischen Gesprächs von 1771, dass ihn Leibnizens Antwort unbefriedigt lässt, ebd., S. 365, 19. Vgl. dazu die meisterhafte Darstellung des Problems bei Alexander Altmann, Moses *Mendelssohns Frühschriften zur Metaphysik*, Tübingen 1969, S. 40–50. Leibniz war übrigens fest davon überzeugt, dass die *creatio ex nihilo* zu den Wahrheiten der natürlichen Theologie zähle und betrachtete sein binäres Zahlensystem als *Imago creationis*. So wie sich jede Zahl aus 1 und 0 zusammensetzen lässt, so auch, nach Sap 11, 20, alle Wesen aus dem Einen und dem Nichts (*unus ex nihilo omnia fecit* oder *bene fecit*), vgl. dazu die gründliche Untersuchung und Textedition von Hans J. Zacher, Die Hauptschriften zur Dyadik von G.W. Leibniz. Ein Beitrag zur Geschichte des binären Zahlensystems, Frankfurt am Main 1973, S. 34–55 und S. 218–236.

[89] Zu diesem Begriff bei Lessing, und Mendelssohn und seiner mittelalterlichen jüdischen Vorgeschichte, vgl. den wertvollen Aufsatz von Rainer Wenzel, „Und Geschichte muß doch wohl allein auf Treu' und Glauben angenommen werden?". Über die mehrfache Herkunft des Begriffs Geschichtswahrheiten in Mendelssohns „Jerusalem", in: *Mendelssohn Studien* 12 (2001), S. 9–34.

Der absolute Nullpunkt auf der Zeitachse ist natürlich nur der Auftakt, der Anfang eines Werkes und insofern der Anfang eines Endes, das sein weiser Schöpfer schon von Anbeginn abgesehen haben muss. Mendelssohn zitiert eine aramäische Paraphrase von Gen I, 1 an, die nach dem Spruch der Weisheit: „Der Herr erschuf mich als Erstling (*Reschit*) seines Weges" (Spr 8,22), *Bereshit Bara* durch „Mit Weisheit erschuf Gott" (*BeChochma Bara*) ersetzt.[90] Mit Weisheit meint: mit Voraussicht des Zieles, mit Umsicht bei der Wahl der Mittel, mit Übersicht der kürzesten Wege, mit Rücksicht auf die Umstände, kurz: weise ist eine Schöpfung bei der das Ende im Anfang liegt,[91] was Mendelssohn mit den Worten eines kabbalistischen Schabbatliedes ausdrückt, das die Krönung der Schöpfung grüßt: „des Schöpfungswerkes Abschluss, im Plane das Erste" (*Sof Ma'asse BeMachschawa Tchila*).[92] Dabei hat „Ende" hier nicht wie häufig im Midrasch und bei Raschi und in unserer Zeit bei von Rad[93] eine eschatologische Bedeutung (*Acharit*), sondern wie bei Philon, in Genesis Rabba I, 1 und in unserer Zeit bei Ricœur einen teleologischen Sinn (*Tachlit*). Der Schöpfer setzt in der Schöpfung den Plan des als Weisheit personifizierten Anfangs (*HaChochma HaKeduma*) ins Werk, der jedem einzelnen Wesen einen besonderen und allen Wesen einen gemeinsamen Zweck zuweist.[94] Was erschaffen wurde, hatte auch einen guten Grund, erschaffen zu werden und wird deshalb vom Schöpfer für „gut", schließlich für „sehr gut" befunden. Gewiss, Mendelssohn übersetzt *BeReschit* in seinen *Targum Aschkenasi* nicht im Sinne dieses sapientialen Midraschs. In diesem Fall hätte er gegen den Buchstaben *Be* instrumental im Sinne von *Al Jede* auf Deutsch durch „Mit" und *Reschit* assoziativ durch „Weisheit" wiedergeben müssen. Doch zitiert er die alte Übersetzung an dieser exponierten Stelle sicher nicht umsonst. Er meldet damit den philosophischen Anspruch des kommentierten wie des kommentierenden Textes an, denn was mit Gottesweisheit gemacht wurde, kann durch die Weltweisheit wiedererkannt werden. Der Philosoph liest den Ursprungsmythos als Weltsystem und legt die perfekte Schöpfungsordnung, in der kein Wesen, keine Beziehung, kein Akzident ohne Grund ist, aus dem perfekten Schöpfungsbericht aus, indem kein Wort, kein Buchstabe, kein Akzent ohne Absicht steht.[95] Eine derartige Teleologie ist dann ohne weiteres eine Theodizee.

Der *Biur* Mendelssohns zum ersten Wort der Bibel ist selbst das beste Beispiel für seine philosophische Exegese. Auf der einen Seite behaupten die beiden ersten Erklärungen unbeschadet ihrer linguistischen Funktion die Wörtlichkeit der Schöpfung aus dem Nichts und in der Zeit. Auf der anderen Seite behauptet die dritte Erklärung, dass das Wirkliche auch vernünftig ist. Nur beide Arten von Erklärungen werden in dieser Reihenfolge dem leibnizianischen Ansatz gerecht, indem die Tatsachen nicht weniger zählen als die Theodizee. Anders als Spinoza,

---

[90] *JubA*, 15, 2, S. 3 und *JubA* 9, 1, S. 3, 5.
[91] Vgl. z. B. Hi 28,20–27.
[92] Schlomo Alkabez, Lecha Dodi, 2. Strophe, *JubA*, 15, 2, S. 3 und *JubA* 9, 1, S. 3, 10–1.
[93] Gerhard von Rad, *Das theologische Problem des alttestamentlichen Schöpfungsglaubens*, Gesammelte Studien zum A. T., München 1958, S. 142.
[94] Ad Gen 1,4.12 *WaJar*, *JubA* 15, 2, S. 5 u. 9, sowie *JubA* 9, 3, S. 10, 13–17 u. S. 15, 27–30.
[95] Zu Mendelssohns von Abraham ibn Ezra stammende Textmetapher, vgl. seine Einleitung zum Koheletkommentar, *JubA* 14, S. 151, 7–8. Hier vergleicht er die Polysemie des Textes mit der Polyfunktionalität der Nase.

der die Tatsachen aus notwendigen Gründen ableitet und alles gut findet, wie es ist,[96] leitet Leibniz die zureichenden Gründe aus den Tatsachen ab und alles hätte auch anders, wenn auch nicht besser sein können als es ist, das *regnum potentiae* ist bei ihm viel umfassender als das *regnum sapientiae*. Die Schöpfung, die *vérité de fait* schlechthin, die die gegebene Welt und ihre kontingente Weltordnung begründet, muss als *vérité de raison* noch erwiesen werden.[97] Theologisch gesprochen, verweist die Schöpfung in erster Reihe auf den freien göttlichen Willen und erst in zweiter Reihe auf die göttliche Weisheit, wie ja auch nach P der Schöpfer erst befiehlt und dann erst „gut" und „sehr gut" findet. Erkenntnistheoretisch gesprochen, kann der endliche Verstand die Welt nicht *a priori* aus sich herausspinnen, sondern bleibt auf Vermutungen angewiesen. Diese beiden Züge des leibnizianischen Ansatzes charakterisieren auch Mendelssohns philosophischen Kommentar von Genesis I.

Das zweite Wort der Bibel, das Verb *Bara* bezeichnet denn auch den absoluten Willensakt Gottes.[98] Wenn wir Mendelssohns Allegorese aller Tätigkeitswörter in Gen I: „bewegen", „sagen", „sein", „sehen", „rufen", „trennen", „machen" – Revue passieren lassen (sein philosophischer Kommentar besteht hauptsächlich in dieser Allegorese), dann stellen wir fest, dass er ihnen stets einen voluntaristischen Sinn beilegt. Das sticht besonders in seiner Erklärung der ominösen Stelle „der Geist Gottes webend auf den Wassern" im zweiten Vers der Bibel ins Auge, die sonst meist intellektualistisch ausgelegt worden ist. Mendelssohn erklärt die Wörter im Anschluss an Jehuda HaLevi folgendermaßen: „Geist Gottes" stehe für den „göttlichen Willen" (*HaChefez HaEl*), das „Wasser" für eine Art Ursuppe (*HaChomer HaRischon*) und das schwierige Verb *Merachefet*, das Raschi altfranzösisch mit *acoveter* „brüten" übersetzt hatte und Mendelssohn mit dem schon seinerzeit veralteten Verb „weben", für „darüber schweben", wie ein Vogel über seinem Nest. Insgesamt ergibt sich nach Mendelssohn für die Stelle folgender „genetischer" Sinn: der Schöpfer lässt gemäß seinen weisen Dekreten, die in der Urmaterie verborgenen Formen gleichsam ausschlüpfen.[99] In gleicher Weise

---

[96] *„Per realitatem et perfectionem idem intelligo", Ethica Ordine Geometrico demonstrata*, II, Def. 6, Opera, Ed. C. Gebhardt, Heidelberg 1925, S. 85. Vgl. Auch Spinozas Polemik gegen moralische und ästhetische Wertbegriffe in der Metaphysik, Ethica I, Appendix, ebd. S. 81 ff.

[97] Sache Gottes § 9, *JubA* 3, 2, S. 222.

[98] Ad Gen 1,1.22,27, *WaJiwra, JubA* 15, 2, S. 3, 11 u. 13; und *JubA* 9, 3, S. 3, 14; 21, 13 ff.; S. 24, 13 ff. Das Perfekt *Bara* wird in der Bibel in der Tat ausschließlich für die spezifische Tätigkeit des Schöpfers reserviert (Deut 4,32; Jes 40,26.28). Es bezieht sich stets auf unerhört Neues, etwa Wunder (Ex 34,10; Num 16,30), und wird auch häufig mit dem Adjektiv „neu" (*Chadasch*) verknüpft: so weissagt z. B. der Prophet: „ich erschaffe neue Himmel und eine neue Erde" (*Bore Schamajim Chadaschim WaArez Chadascha*, Jes 65,17, ferner Jer 31,22; Ps 104,30). Mittels dieses Verbs werden ebenso totale Umwälzungen aller Verhältnisse als regelrechte Neuschöpfungen ausgesagt (Jes 4,5; 41,20 u. ö.). Kurz und gut *Bereschit Bara* ist ein *terminus technicus*, der später ganz genau mit der Formel „creatio ex nihilo" (gr.: *ek tou me ontos*; hebr. *Jesch MeAjin*, arab.: *la min shaj*) wiedergegeben wurde – auch wenn dieser Ausdruck erst sehr spät in der biblischen Literatur und zwar als Märtyrertrost auftaucht: wie Gott Himmel und Erde aus Nichtseiendem bzw. nicht aus Seiendem erschuf (*ex ouk onton* oder: *ouk ex onton*, II Makk 7,28), so vermag er die Totgeschlagenen wiederzubeleben.

[99] Ad Gen 1,2, *WeRuach Elohim, JubA* 15, 2, S. 3–4 und *JubA* 9, 3, S. 5, 5–7, 3.

drücke das häufige Verb „sprechen" den Willen aus, die in der Materie steckenden Möglichkeiten mühelos zu aktualisieren;[100] das Verb „sein" verweise auf die Erzeugung der Geschöpfe;[101] das Verb „sehen", das immerhin die Wurzel des Theoriebegriffs ist, die Erhaltung der Seienden im Sein;[102] das Verb „rufen" die dem göttlichen Beschluss folgende Unterscheidung der Dinge;[103] das Verb „machen" die zweckrationale Handlung.[104] Alles in allem allegorisiert Mendelssohn die Anthropomorphismen des Schöpfungsberichts, indem er ihre sinnliche Bedeutung ausschaltet und die Akte der Schöpfung (*Brija*), der Bildung (*Rechifa*), der Wollung (*Amira*), der Zeugung (*Hawaja*), der Erhaltung (*Re'ija*), der Unterscheidung (*Hawdala*) und der Verwirklichung (*Assija*) voluntaristisch und nicht, wie seine mittelalterlichen Vorläufer, intellektualistisch auslegt.

Mendelssohn und Leibniz waren freilich ausgesprochene Gegner des theologischen „Despotismus", welcher „Gott zum Tyrannen" macht.[105] Der göttliche Wille beschließt vielmehr jederzeit konstitutionell nach dem Rat der göttlichen Weisheit, wie es ja auch in den *Sprüchen* der Weisheit heißt, dass sie bei der Schöpfung „jederzeit vor ihm (dem Schöpfer) war" (*Lefanaw Bechol-Et*, Spr 8,30). Für den endlichen Verstand sind die weisen Beschlüsse Gottes aber meistens unergründlich, weshalb er auf Hypothesen angewiesen bleibt. Eine Bemerkung Mendelssohns im *Biur* zu Genesis 1,2 hat Anlass zur Vermutung gegeben, dass er naturwissenschaftliche Spekulationen in der Exegese ablehne.[106] Dort tadelt er die mittelalterlichen jüdischen Schrifterklärer Ibn Esra, Maimonides, Nachmanides, die in diesem Vers die Theorie der vier Elemente wiederzufinden können glaubten, wobei sie den Geist Gottes mit der Luft identifizierten; „dies", sagt Mendelssohn, „gehört nicht zu den Angelegenheiten der Tora und des Glaubens"[107]. Das erinnert an die Trennung von Theologie und Physik bei den Kopernikanern und Spinoza, die ihren theologischen Zensoren trocken zu erwidern pflegten, dass die Bibel kein Lehrbuch der Physik sei.[108] Mendelssohn macht die

---

[100] Ad Gen 1,3.4 *WaJomer*, *JubA* 15, 2, S. 4 und *JubA* 9, 3, S. 7, 23ff.

[101] Ad Gen 1,3.7 *Jehi*, *JubA* 15, 2, S. 5 u. 7 und *JubA* 9, 3, S. 8, 3–4 u. 12, 35–13, 2.

[102] Ad Gen 1,4.10 *WaJar*, *JubA* 15, 2, S. 5 u. 8; *JubA* 9, 3, S. 10, 1–3 u. S. 15, 27–32.

[103] Ad Gen 1,5; *WaJikra*, 15, 2, S. 6 und *JubA* 9, 3, S. 11, 38–12, 2.

[104] Ad Gen 1,7, *WaJa'as*, 15, 2, S. 7 und *JubA* 9, 3, S. 13, 31–32.

[105] Causa Dei § 2 u. Sache Gottes ebd., *JubA* 3, 2, S. 221. Dieser Punkt ist ein charakteristisches Erkennungsmerkmal des Leibnizianismus, *Essais de Theodicée* §§ 180, 184, 351; *Monadologie* §§ 46, 48. Christian Wolff, *Vernünftige Gedanken von Gott, der Welt und der Seele des Menschen, auch allen Dingen überhaupt* (1720), §§ 973, 980ff., 988, 994, 1026ff. Siehe dazu Max Wundt, *Die deutsche Schulphilosophie im Zeitalter der Aufklärung*, Tübingen 1945, S. 170 u. Carl Hinrichs, *Preußentum und Pietismus. Der Pietismus in Brandenburg-Preußen als religiös-soziale Reformbewegung*, Göttingen 1971, S. 390ff.

[106] David Sorkin, Moses *Mendelssohn and the Religious Enlightenment*, London 1996, S. 64.

[107] Ad Gen 1,2 , *WeRuach Elohim*, 15, 2. S. 4 u. *JubA* 9, 3, S. 6, 24–25. In diesem Zusammenhang erwähnt er anonym auch Spinozas Erklärung von „Ruach Elohim" als „starker Wind" im Theologisch-Politischen Traktat I, Opera, ebd., Bd. III, S. 24, 17–20. Damit macht er vorsichtig auf die Gefahren der physischen Allegorese aufmerksam.

[108] Vgl. meinen Aufsatz: Das Mirakel von Giwon. Wissenschaft und Wunder im jüdischen Denken von Maimonides bis Spinoza, in: Michael Hampe / Sibylla Lotter (Hgg.), „*Die Erfahrungen, die wir machen, sprechen gegen die Erfahrungen, die wir haben*". Über Formen der Erfahrung in den Wissenschaften, Berlin 2000, S. 95–125.

Bemerkung aber in einem Kontext, wo er selbst eine kaum weniger spekulative These zum Besten gibt, auch wenn er gegen die Aristoteliker, die handwerkliche von der göttlichen Schöpfungstätigkeit dahingehend unterscheidet, dass die letztere die Dinge nicht nur an der Oberfläche sondern in ihrem flüssigen Urzustand in der Tiefe durchforme. Auch sonst ist sein Kommentar, wie die Kommentare seiner Mitstreiter, gespickt mit physiko-theologischen Erklärungen, in denen er – wie der gelehrte Zeilenkommentar von Rainer Wenzel nachweist – die neusten wissenschaftlichen Erkenntnisse verarbeitet. Um nur einige Beispiele zu nennen: Den Widerspruch zwischen dem ersten Licht vom ersten Schöpfungstag und dem Sonnenlicht am 4. Schöpfungstag, erklärt er durch die Unterscheidung zwischen einem diaphanen Äther und der mechanischen Ursache der Lichtwellen.[109] Die wiederkehrende Formulierung „so ward Abend und ward Morgen" erklärt er nach einer Hypothese (*Lihjot*) die schon Nachmanides aufgestellt hat, wonach die Bibel hier auf Erdumdrehung hinweise.[110] Die *Rakia*, d.i. „die Ausdehnung mitten im Wasser, damit eine Abscheidung sey, zwischen Wasser und Wassern" sei die Luft, die sich aus der Verdampfung des Wassers bilde.[111] Was Mendelssohn stört, ist also weniger die physikalische Erklärungen, als die physische Allegorese, die die Kreatur auf die Natur reduziert.[112]

Man kann sich zu guter Letzt noch fragen, ob es einen konkreten Anlass für Mendelssohn gab, im ausgehenden Jahrhundert der *Théodicée* noch einmal die *Sache Gottes* zu führen. Um es mit Gavroche zu sagen, „c'est la faute à Voltaire". Dieser hatte in seinem *Candide* (1759, dtsch. 1776) Gott und seinen deutschen Verteidiger Leibniz angeklagt und lächerlich gemacht. Man könnte den Candide als Theoadicée bezeichnen. Mendelssohn reagierte sofort auf dieses literarische Erdbeben,[113] das selbst ein Nachbeben des wirklichen Erdbebens von Lissabon war (1755), und ganz Europa erschütterte. In der Neuauflage der *Philosophischen Gespräche* vom Jahr 1771 macht er gegen Voltaires gesammeltes Beweismaterial geltend, dass Übel, so skandalös sie auch scheinen mögen, niemals die Lehre von der besten aller möglichen Welten widerlegen könnten, weil diese notwendig aus dem Begriff der Allweisheit folge und vorübergehende Unvollkommenheiten keineswegs ausschließe. Unerträgliche Fakten würden beizeiten ihr Vorzeichen wechseln und in der Schlussbilanz als Aktivposten erscheinen. „Ganz gelassen", schreibt Mendelssohn, „kann Pangloß sich in seinen Mantel hüllen, und sagen: die Welt ist doch die beste!"[114] In seiner *Sache Gottes* bekräftigt Mendelssohn Leibniz: „Da der Güte Gottes, welche sich in der Schöpfung offenbart, oder seiner Vorsehung, die höchste Weisheit zur unveränderlichen Richtschnur dient, so folgt hieraus, daß die göttliche Vorsehung sich eigentlich in der gesammten Reihe des Weltalls zeigen müsse, daß man also mit der höchsten Gewißheit sagen könne, Gott habe aus allen möglichen Reihen der Dinge die allerbeste ge-

---

[109] Gen 1,3 u. 14 *Jehi* und *Meorot* 15, 2, S. 5 u. 9 und *JubA* 9, 3, S. 8, 6–17 u. 18, 6–11.

[110] Gen 1,5, *Erew*, *JubA* 15, 2, S. 6 und *JubA* 9, 3, S. 12, 12–25.

[111] Gen 1,6, *Betoch HaMajim*, 15, 2, S. 17 und *JubA* 9, 3, S. 13, 16–30.

[112] Cause de Dieu § 11, *JubA* 3, 2, S. 223.

[113] Vgl. zum europaweiten Widerhall dieses Streits immer noch das gelungene Kapitel von Paul Hazard, *La pensée européene au XVIIIe siècle de Montesquieu à Lessing*, Paris 1963, S. 304–319 und neuerdings Susan Neiman, Das Böse denken (wie Anm. 39), S. 353–367.

[114] Philosophische Gespräche, 2. Aufl. 3. Gespräch, *JubA* 1, S. 360.

wählt, und daß diese allerbeste Reihe das Weltall ausmache, welches wirklich existirt."¹¹⁵ Bald schon sollte diese unerschütterliche philosophische Zuversicht auch philosophisch erschüttert werden. Mit Kants *Über das Misslingen aller philosophischen Versuche in der Theodizee* (1791) endet das „Jahrhundert der Theodizee". Aber solange die Diskrepanz der realexistierenden Welt und des idealnormierenden Geistes fortbesteht, wird zumal unter der Voraussetzung des Schöpfungsglaubens das Theodizeeproblem – und somit auch das Anliegen des Kommentars von Mendelssohn aktuell bleiben.

---

[115] Sache Gottes § 41, *JubA* 3, 2, S. 231. Die Schöpfung als Offenbarung Gottes ist ein Zusatz des jüdischen Philosophen.

ANAT FEINBERG

Das Alte (Testament) neu lesen

Anmerkungen zur modernen hebräischen Literatur

Als unantastbar betrachtete der hebräische Schriftsteller Gershon Shoffman (1880–1972) die biblischen Figuren, denn jeglicher Versuch, ihre Erlebnisse und Wirkung nachzudichten, sei zum Scheitern verurteilt. In seinen Anmerkungen zur „Bibel als Thematik für Dichtung" (1952) setzte sich der Dichter Yaakov Fichman (1881–1958) mit Shoffmans Behauptung auseinander. Zwar greifen hebräische Autoren nach Fichmans Ansicht zu oft und manchmal leichtfertig zum Alten Testament, doch liege dabei der Fehler nicht in der Abweichung vom Urtext, sondern gerade in der Ähnlichkeit mit ihm. Ein Wiedererzählen sei nicht nötig, meinte Fichman und lehnte die pseudo-biblische Literatur manch eines hebräischen Autors des 19. Jahrhunderts ab. Anders verhalte es sich dagegen mit den Werken Avraham Mapus (1808–1867), und nicht zuletzt mit dessen Roman *Ahawat Zion* (1853; Zionsliebe; Dt. *Thamar*, 1885). Denn Mapu habe es verstanden, so Fichman, die Bibel nicht nachzuerzählen, sondern fiktive Figuren vor einer biblischen Kulisse zu erschaffen, und damit „das Licht einer Vision"[1] aus der uralten Welt zu erhalten. Denn, so Fichmann, „ohne Zauber hat es keinen Sinn".[2]

Es ist dieser „Zauber", oder anders betrachtet, die schöpferische Fantasie, die immer wieder auf überraschende Weise ein neues Licht auf den kanonischen Urtext des Judentums wirft. Für die in der Diaspora lebenden Juden verkörperte die Bibel die Sehnsucht und Hoffnung auf ein würdiges, selbstbestimmtes Leben in Erez Israel, im Lande Israel. Das ferne Land im Orient, das sie nur aus der biblischen Lektüre kannten, erschien den Lesern im Shtetl in einem romantischen, idealisierten Licht. Mit dem Aufkommen der „Chowewej Zion"-Bewegung im späten 19. Jahrhundert begann der Prozess, der im Geist des zionistischen Projekts die Bibel zu säkularisieren und den heiligen Text als Nationalliteratur zu betrachten strebte. Die Vorboten dieser neuen Richtung sind bereits in Werken erkennbar, die noch weit entfernt von Erez Israel entstanden. So beispielsweise in den von mythischen und romantischen Vorstellungen geprägten Erzählungen *Ba-Midbar* (In der Wüste; 1923) von David Frischmann (1859–1922). Darin wird entgegen der tradierten Exegese ein Spannungsverhältnis zwischen dem Gesetz und der individuellen ebenso wie kollektiven Selbstverwirklichung beschrieben und zudem das korrupte religiöse Establishment kritisch beleuchtet. Ebenfalls in Osteuropa entstand Chajjim Nachman Bialiks (1873–1934) zionistisch geprägtes Gedicht *Metej Midbar ha-achronim* (1897; Dt. *Die letzten Toten der Wüste*, 1920),

---
[1] Yaakov Fichman, Ha-Mikra ke-Nosse le-Schira, in: *Sela'im bi-Jeruschalajim*, Tel Aviv 1951, S. 9–15.
[2] Ebd.

in dem er seine Glaubensbrüder („ihr Wüstenpilger") aufrüttelt und beschwört, das Wanderleben endlich zu beenden, „heraus aus Nacht und Tod [...] ins Land der Ahnen"[3] zu gehen. In dem fünf Jahre später verfassten Gedicht *Metej Midbar* (1902; Dt. *Die Toten der Wüste*, 1911), kennzeichnet der Nationaldichter das Volk nicht – wie in der Bibel – als ein Geschlecht unbelehrbarer Sünder, sondern als einen Stamm heroischer Aufständischer: „Wir sind die Helden! / Der Knechtschaft letztes Geschlecht, das erste Geschlecht der Befreiung!"[4]

Unkonventionell war auch die Sicht Shaul Tschernichowskys (1875–1943), der in mehreren Gedichten das tragische Moment in der Person des ersten Königs in Israel, Saul, hervorhob. Bereits 1893 schildert seine Ballade *En Dor* (En Dor) den nächtlichen Besuch Sauls bei der Totenbeschwörerin von Endor und endet mit der „schrecklichen Verzweiflung" des blassen Königs, der jedoch angesichts des bevorstehenden Todes im Krieg gegen die Philister keine Angst verspürt. Tschernichowsky macht aus seiner Zuneigung zu seinem Namensvetter keinen Hehl. Auch andere hebräische Schriftsteller identifizieren sich mit der biblischen Figur, deren (Vor-)Namen sie tragen. Die Dichterin Jocheved Bat-Miriam (1901–1980) fand in der Figur Miriams, der Schwester Mose, sogar eine Art Urmutter. Ihr Name wurde Teil des eigenen Familiennamens. In der biblischen Miriam sah die Dichterin die vorbildliche poetische Mutter. So auch Rachel Bluwstein (1890–1931), bis heute die beliebteste hebräische Lyrikerin; sie identifizierte sich mit der Geliebten Jakobs. „Ja, ihr Blut strömt in meinem Blut, / Ja, ihre Stimme raunt in mir. / Rachel, die Labans Hirtin war, / Rachel, Urmutter mir."[5] – so schreibt die aus Russland stammende Lyrikerin, die kinderlos blieb und mit 41 Jahren einsam und elend an Tuberkulose starb. Fühlte sich Rachel Bluwstein der leidenden Urmutter nahe, so geht die Dichterin Dahlia Ravikovitch (1936–2005) einen Schritt weiter. In dem Gedicht *Kemo Rachel* (1977; Wie Rachel) ist die Intertextualität doppelbödig: Zum einen führt sie zur biblischen Urmutter zurück, zum anderen spielt sie auf das tragische Schicksal der Dichterin Rachel an: „Sterben wie Rachel / wenn die Seele flatternd wie ein Vogel / entfliehen will. / Jenseits des Zeltes standen erschrocken Jakob und Josef, / sprachen bebend von ihr. / Alle ihre Tage wälzten sich in ihr. / Wie ein Kind, das geboren werden will. [...]".

Noch vor der Gründung des Staates Israel wurde die Bibel zum Buch der „neuen Hebräer" in ihrer alt-neuen Heimat – „Das heilige Buch des säkularen Zionismus", in den Worten des Bibelforschers Uriel Simon.[6] Für die „neuen Juden", die *Sabras*, galt die Bibel weder als Grundlage des religiösen Glaubens, noch als philosophisches Traktat. Das Alte Testament wurde durch eine national-säkulare Brille gelesen – die neue Religion hieß ja Zionismus – und galt als das Buch von Erez Israel. Der Schriftsteller Aharon Megged (*1920), einer der

---

[3] Vgl. Chaim Nachman Bialik, *Gedichte*. Aus dem Hebräischen von Louis Weinberg, Berlin 1920, S. 86–87.

[4] Vgl. Chaim Nachman Bialik, *Gedichte*. Aus dem Hebräischen übertragen von Ernst Müller, Köln/Leipzig 1911, S. 123–132.

[5] Rachel Bluwstein, „Rachel" (1926), auf Deutsch in: *Rachel. Lieder*. Ausgewählt und übersetzt von Ruth Ollendorff, Berlin 1936.

[6] Siehe: Uriel Simon, *Bakesh Schalom we-radfehu – She'elot ha-Scha'a bi-Rei ha-Mikra*, Tel Aviv 2002.

bekanntesten Vertreter der sogenannten „1948er Generation", schrieb in seinem Artikel „Bibel jetzt" (1986):

> Die Bibel lernt und liest man hier im Lande nicht als ein religiöses Buch, sondern als ein geniales literarisches Werk, als einen sprachlichen Schatz, als historische Quelle, als geographischen und archäologischen Wegweiser, als eine Quelle der Weisheit, die das Herz mit Idealen sozialer Gerechtigkeit füllt und die Bindung des Volkes zum Land seiner Vorväter, zu seiner kulturellen Wiege, stärkt.[7]

Die Historikerin Anita Shapira hat den Einfluss der Bibel auf die Herausbildung der israelischen Identität im eigenen, souveränen Staat untersucht[8] und spricht in diesem Kontext von der „Aktualisierung und der Konkretisierung" des Heiligen Buches. Diese Phänomene zeigen sich, so Shapira, nicht nur in der Wahl biblischer Vor- und Familiennamen, sondern ebenfalls in den umfangreichen archäologischen Ausgrabungen im Lande, die nicht zuletzt die historische Kontinuität unterstreichen sollten, und sogar in einer Vielzahl von Bibel-Wettbewerben.

Kein Geringerer als der erste Premierminister David Ben Gurion trug entscheidend zur Um- und Aufwertung der Bibel bei. Für einige ging Ben Gurions „Tanachomanie"[9] freilich zu weit. So meinte der mit dem Israel-Preis ausgezeichnete Schriftsteller Chaim Hasas (1898–1973): „Nicht von der Bibel leben wir, auch ist die Bibel nicht das ganze Judentum, denn das Judentum beginnt mit der Zerstörung des Tempels, nicht mit der Bibel. Es ist die *Tora she-Be'al Pe* [die mündliche Lehre – A. F.], die uns zu einem Volk machte, nicht die Bibel."[10] Der Literaturwissenschaftler Dov Sadan sprach sogar von einem „Terror der Bibel"[11].

Die „Aktualisierung und Konkretisierung" hatte naturgemäß auch politische Konnotationen und Auswirkungen. Die Erweiterung des israelischen Territoriums wurde von einigen als die legitime Rückkehr zu den biblischen Regionen gesehen. Der Schriftsteller und Scholem-Schüler Ehud Ben Ezer (*1936) spricht von zwei Strömungen im modernen Judentum, die die Bibel wortwörtlich genommen haben. Noch vor Staatsgründung lasen die sogenannten „Kanaanäer" die Bibel „ohne die Einschränkungen der *Halacha* und ohne die zionistische Brille."[12] Die Kanaanäer,[13] an deren Spitze der Dichter Jonathan Ratosch (1908–1981) stand,[14] sahen in der Bibel die „Quelle einer althebräischen, vorjüdischen Herrschaft und Kultur, die es zu erneuern galt, und zwar im Rahmen eines hebräischen, säkularen Staats, der alle Einwohner des Nahen Ostens umfassen sollte."[15] Während die

---

[7] Aharon Megged, Tanach achschaw, in: *Haaretz*, 25. Juli 1986.
[8] Anita Shapira, *Ha-Tanach weha-Sehut ha-jissraelit,* Jerusalem 2005, S. 1–33.
[9] Vgl. ebd., S. 22
[10] David Ben Gurion/Chaim Hasas, *Über den Staat und die Literatur,* Du Siach, 16. Mai 1962, zitiert nach Shapira (wie Anm. 8), S. 22.
[11] Dov Sadan am 10. September 1956, zitiert nach Shapira, (ebd.), S. 22.
[12] Ehud Ben Ezer, Anachnu, be-Israel, hinenu ha-Jehudim weha-Jahadut, in: *Maariv,* 5. Juni 1987.
[13] Zur Geschichte der Kanaanäer-Bewegung, siehe u. a.: Yaakov Shavit, *The New Hebrew Nation,* London 1987; Dan Laor, American Literature and Israeli Culture: The Case of the Canaanites, in: *Israel Studies* 5 (2000), S. 287–300.
[14] Zu Jonathan Ratosh, siehe: Ziva Shamir, *Lehatchil mi-Alef: Schirat Ratosch – Mekorijut u-Mekoroteha,* Tel Aviv 1993.
[15] Ben Ezer, Anachnu (wie Anm. 12).

Kanaanäische Bewegung bereits im vorstaatlichen *Jischuw* in den 1940er Jahren hervortrat und nur wenige Anhänger fand, entstand die andere, unzweifelhaft größere Bewegung der „radikalen israelischen Nationalisten"[16] infolge des Sechs-Tage-Kriegs (1967), und wächst immer noch. Die Anhänger dieser Strömung, religiöse sowie säkulare Nationalisten, lesen die Bibel als „das Buch der Eroberung von Erez Israel durch das Volk Israel, und finden darin eine Legitimation für alles, solange es im Namen eines heiligen, quasi-nationalen Egoismus geschieht."[17] Die Kanaanäer und die Nationalisten haben laut Ben Ezer eines gemeinsam: „Beide haben kein reales Bild von Erez Israel, wie es beispielsweise Yosef Chaim Brenner und die folgende hebräische Literatur hatten; sie sehen nur das ideologische, biblische, heidnische, herrische oder messianische Modell eines irrealen Landes Israel, das in einer fernen Zeit liegt."[18]

Fernab der langen exegetische Tradition dichten israelische Schriftsteller/innen im Geist der zionistischen oder gar post-zionistischen Lesart über biblische Gestalten und Episoden.[19] Wer die Geschichte der modernen hebräischen Literatur kennt, steht vor einem geradezu paradoxen, fast schon ironisch zu betrachtenden Phänomen: Während das Fach Bibel im schulischen Lehrplan zunehmend seine Stellung einbüßt und die säkulare Mehrheit im Land immer weniger Interesse an der Bibel zeigt, fühlen sich hebräische Autoren zu der alten Quelle hingezogen, auch wenn ihr Zugang zum „heiligen Text" oft ketzerisch, ja, subversiv ist: So Nissim Aloni (1926–1998) in seinem Bühnenstück *Achzar mikol Hamelech* (1953; Grausamer als alle anderen ist der König), Hanoch Levin (1943–1999) in seinem Drama *Jissurej Ijow* (1981; Hiobs Leiden), oder David Grossman (*1954) in seinem Buch über die Geschichte Samsons *Dewasch Arajot* (2005; Dt. *Löwenhonig*, 2007). Grossman sieht in Samson den „Fremden" – einen tragischen, einsamen Helden wider Willen, dessen privates Leben samt Gefühlen und Leidenschaften von vornherein enteignet wurden. Immer wieder kehrt auch Meir Shalev (*1948) zur Bibel zurück, liest sie ‚anders', ob in *Tanach Achschaw* (1985; Dt. *Der Sündenfall – ein Glücksfall*, 1997) oder jüngst in *Bereshit. Pe'amim rischonot ba-Mikra* (2008) oder gar in seiner barocken Familiensaga *Essaw* (1991; Dt. *Esau*, 1994).

---

[16] Ebd.
[17] Ebd.
[18] Ebd.
[19] Unter der Vielzahl der Studien zur Bibel in der hebräischen Literatur, siehe z. B.: Ruth Kartun-Blum, *Profane Scriptures: Reflections on the Dialogue with the Bible in Modern Hebrew Poetry*, Cincinnati 1999. Siehe auch Kartun-Blums deutschsprachigen Aufsatz: Isaaks Schrecken: Der Mythos der Opferung in der hebräischen Dichtung, in: Anat Feinberg (Hg.), *Moderne Hebräische Literatur*, München 2005, S. 53–72. Ebenfalls: David C. Jacobson, *Does David Still Play Before You? Israeli Poetry and the Bible*, Detroit 1977; Gabriella Moscati Steindler, From collective memory to self-definition: Biblical images in Israeli women's poetry, in: *Henoch* 22 (2000), S. 88–99; Nurit Govrin, Ha-Sikka la-Tanach ba-Sifrut ha-iwrit ha-chadascha, in: *Kiwunim chadaschim*, 4, April 2001, S. 96–109; Reuven Kritz, Leschon ha-Mikra u-Motiwim ba-Sifrut ha-iwrit ha-chadascha, in: *Mosnajim*, 39, Juli 1974, S. 103–106; Hillel Weiss, He'arot li-Tefissat Akedat Jizchak ba-Sipporet ha-iwrit ba-Mea ha-Essrim, in: *Dejukan ha-Lochem*, Ramat Gan 1975, S. 222–230.

In der Tat scheinen hebräische Schriftsteller/innen einen faszinierenden Dialog mit dem biblischen Text zu führen. Sie stellen Fragen, versuchen die Leerstellen im Ur-Text mit poetischer Phantasie zu füllen, verklären, umschreiben, hinterfragen ihn, schreiben sogar eine Gegengeschichte. Zur Schöpfung meint Jonathan Ratosch: „Im Anfang war die Frau." Deren Ehemänner (*Be'alim* auf Hebräisch – ein doppeldeutiges Wort, das ebenfalls auf die kanaanäischen Götzen anspielt) seien aus dem Meer emporgestiegen. Nicht die Welt sei als erstes geschaffen worden, sondern der Mensch und die Sexualität, so Ratosch in seinem Gedicht *Or* (1959; Licht). Sprach der Herr im 1. Buch Moses (2,18) „Es ist nicht gut, dass der Mensch allein sei", so meint Nathan Zach (*1930): „Es ist nicht gut, dass der Mensch allein sei / doch allein ist er sowieso. / Er wartet und ist allein / er verspätet sich und er ist allein [...]" (*Lewado*, 1960; Er allein). Die Einsamkeit ist ein existentieller Zustand, meint Zach, doch wer ist derjenige, der sich verspätet? Ist es der Mensch, der ständig allein ist? Das wäre *eine* Lesevariante. Eine andere wäre: Gott verspätet sich, zaudert, lässt auf sich warten – wie in Becketts *Warten auf Godot*! –, und der Mensch fühlt sich alleingelassen. Mehr noch: am Ende des Gedichtes steht: „Auch wenn er sich verspätet, / wird er kommen." Die Anspielung auf den Messias öffnet den Text für eine weitere Interpretationsmöglichkeit. Neben den intertextuellen Anspielungen sticht die Ironie, gar die Parodisierung des biblischen Textes hervor, die so typisch für die Lyrik des führenden zeitgenössischen hebräischen Dichters ist.

Doch nicht nur für Zach. Steht im 1. Buch Moses (2,3), dass Gott am siebten Tag „ruhte von allen seinen Werken", so stellt Chajim Chefer (*1925) in seiner Variante *Bereschit* (1981; Am Anfang) den Schöpfungsvorgang auf den Kopf: „Und er ruhte von allen seinen Werken und schuf den Menschen nicht – / Und Gott sah, dass es gut war" [Hervorhebung A. F.]. Ascher Reich (*1937) schildert Kain als einen tragischen Helden, „kinderlos und mondsüchtig" (*Jemej Kajin*, 1986; Kains Tage), und Jechiel Mar (1921–1969) wirft Gott die Schuld an dem ersten Mord vor: „Wo warst Du, Allmächtiger / Du, der alles sieht, Du, der Herr / der beiden mitten im Feld?" (*We-Kajin omer*, 1957; Und Kain sagt). Auch der aus Bessarabien stammende Kalman A. Bertini (1903–1995) hält dem Herrn Mitschuld vor. Sein Kain klagt: „Wer brachte mir das Töten bei? / Und wer zeigte mir den Weg zum Tod? / Er, / Der Unsichtbare", der stets zwischen ihm und seinem Bruder Abel steht (*We-Kajin od to'en*, 1961; Noch behauptet Kain). Dan Pagis (1930–1986) dient der erste Mord als Metapher für die Shoa, und dennoch zeichnet er – ein Holocaust-Überlebender – kein Schwarzweiß-Bild. Sein Gedicht *Achim* (1975; Brüder) endet mit dem Bild Abels, der den schlafenden Kain behütet.

Oft werden biblische Episoden aktualisiert, die Helden der Vergangenheit neu kontextualisiert. 1946 schreibt Nathan Alterman (1910–1970) *Al ha-Jeled Avram* (Über den Jungen Avram), ein Gedicht über ein Kind, das als einziges den Massenmord überlebte. „Mutter, Mutter, / ich werde nicht in meinem Bett schlafen wie jeder Junge, / denn Dich habe ich im Bett gesehen, / Mutter, Mutter, / Du schläfst und das Opfermesser in Deinem Herzen." Die Shoa und die Kriege Israels bilden häufig den Hintergrund für eine subversive poetische Lesart der alten Quellen. So beispielsweise in Jehuda Amichais (1924–2000) *Ha-Tarmil ha-acharon schel Jizchak* (1985; Isaaks letzter Rucksack), in dem der Vater, in seinem Schmerz untröstlich, um seinen in der Negev-Wüste gefallenen Sohn trauert, oder in Raya

Harniks Gedicht *Ani lo akriw* (1983; Ich werde nicht opfern), das sie nach dem Tod ihres Sohnes auf dem Schlachtfeld schrieb: Die Mutter – das lyrische Ich – weigert sich, ihren Erstgeborenen zu opfern, hadert jede Nacht mit Gott.[20]

Doch nicht nur männliche Helden, auch Frauengestalten inspirieren die Dichter. Gelegentlich wird beispielsweise Abrahams Ehefrau Sara kritisch gesehen. „Warum stellte sie sich nicht /in den Weg", um ihren Mann zu hindern, „dieses Kind, / auf das wir hundert Jahre gewartet haben", zu opfern? So schreibt Jehudit Kafri in *Bereschijot* (1988; In den Anfängen [sic!]). Benjamin Galai (1921–1995) dagegen zieht eine Parallele zwischen dem Tod Saras (1. Mose 23) und der Bindung ihres Sohnes (1. Mose 22): „Und der Sarg, in dem sie lag, war in all den Jahren / eine Erinnerung an Hölzer, gefällt auf einem anderen Berg, / auf einem anderen Berg, im Land Morija" (*Chajjej Sara*, 1968; Dt. *Des Lebens Saras*,[21] 2005). Debora, Jael, Delila, Michal, Abishag, Esther, Ruth – dies sind nur einige der Frauen, über die gedichtet wurde, nicht zu vergessen die Mutter Siseras. Mit Schadenfreude besingt die Richterin Debora die Mutter Siseras, die Mutter des geschlagenen Feindes (Richter 4). Haim Gouri (*1923) liest die knappe Episode aus Deboras Siegeslied anders. Seine Sympathie gilt der alten, ergrauten Mutter des Feldhauptmanns. Er übernimmt den biblischen Vers „Und das Land hatte Ruhe vierzig Jahre" und fügt diesem zu: „Doch sie starb, eine kurze Zeit nach dem Tod ihres Sohnes." (*Imo*, 1960; Seine Mutter).

In der Einführung zur Anthologie *Lanezach anagnech* (2005; Ewig werde ich Dich besingen. Die Bibel in der neuen hebräischen Dichtung)[22] macht Malka Shaked deutlich, dass bei der Lektüre hebräischer belletristischer Texte – in ihrem Fall, hebräischer Gedichte – fundierte Bibelkenntnisse zwingend notwendig sind. Ausgehend von Ziva Ben Porats Aufsatz zur Intertextualität (1985)[23] spricht Malka Shaked von zwei Voraussetzungen bzw. Mechanismen, die maßgeblich für die Interpretation der auf biblischen Motiven basierenden Texte sind: die allgemeine Intertextualität und die konkrete Anspielung.[24] Das Auge und das Ohr eines Lesers, dessen Muttersprache Hebräisch ist und der im Rahmen des Besuchs einer israelischen Schule zwölf Jahre lang Unterricht im Fach Bibel erhielt, ist naturgemäß für solche Anspielungen sensibler, als dies bei einem ungeschulten Leser

---

[20] Siehe in diesem Zusammenhang Gabrielle Oberhänsli-Widmer, Die Bindung Isaaks neu inszeniert, oder wie sich Frauen in der hebräischen Literatur einer biblischen ‚Männergeschichte' bemächtigen, in: *Kirche und Israel* 15,1 (2000), S. 31–40.

[21] In der Buber-Rosenzweig Übersetzung von Genesis 23 steht: „Des Lebens Ssaras wurden hundert Jahre und zwanzig Jahre und sieben Jahre, so die Jahre des Lebens Ssaras." CD-ROM, Deutsche Bibelgesellschaft, Stuttgart 1998.

[22] Andere Anthologien sind z. B. G. Elkoshi (Hg.), *Antologija mikra'it: Ha-Tanach bi-Re'i ha-Sifrut ha-iwrit ha-chadascha*, Tel Aviv 1954; J.B. Michali (Hg.), *Antologija tanachit – Miwchar ha-Jezira ha-iwrit be-Schir, be-Sippur uve-Aggada*, Ramat Gan 1954 und 1963; I. Zmora (Hg.), *Naschim ba-Tanach we-Hischtakfutan ba-Aggada, be-Schir, be-Sippur, be-Massa uwe-Mechkar*, Tel Aviv 1964; David Curzon (Hg.), *Modern Poems on the Bible*, Philadelphia 1994.

[23] Ziva Ben Porat, „Bejn Textualijut", in: *Hasifrut*, 34, Sommer 1985, S. 170–178; siehe auch Ziva Ben Porat, „Ha-Kore, ha-Text weha-Remisa ha-sifrutit", in: *Hasifrut*, 26, April 1978, S. 1–25.

[24] Malka Shaked, *Lanezach anagnech. Ha-Mikra ba-Schira ha-iwrit ha-chadascha*, 2 Bde. Tel Aviv 2005, hier: Bd. 2: *Ijun*, S. 18–21.

der Fall sein dürfte. Umso wichtiger ist es, die hebräische Sprache im Rahmen des Faches Jüdische Studien gründlich und intensiv zu erlernen.

Die vorliegenden Überlegungen sollen deshalb als ein Plädoyer für das intensive Studium der hebräischen Sprache verstanden und mit der Übersetzung einiger hebräischer Gedichte beschlossen werden, die von den Teilnehmern an meinem Seminar „Biblische Motive in der hebräischen Literatur" an der Hochschule für Jüdische Studien gefertigt wurden. Nur durch die Auseinandersetzung mit den kleinsten Bausteinen des Textes in der Originalsprache ist das sorgfältige Aufspüren der biblischen Anspielungen und somit eine tragfähige Interpretation möglich.

אמיר גלבע

יצחק

לפנות בקר טילה שמש בתוך היער
יחד עמי ועם אבא
וימיני בשמאלו.

כברק לֶהָבָה מאכלת בין העצים.
ואני ירא כל-כך את פחד עיני מול דם על העלים.

אבא אבא מהר והצילה את יצחק
ולא יחסר איש בסעֻדת הצהרים.

זה אני הנשחט, בני,
וכבר דמי על העלים.
ואבא נסתם קולו.
ופניו חִוְרים.

ורציתי לצעק, מפרפר לא להאמין
וקורע העינים.
ונתעוררתי.

ואזלת-דם היתה יד ימין

Amir Gilboa (1917–1984)[25]
Isaak (1953)

Frühmorgens wanderte Sonne mitten im Wald
zusammen mit mir und mit Vater
und meine Rechte in seiner Linken.

Blitzhell flammte ein Schlachtmesser zwischen den Bäumen.
Und ich fürchte so sehr die Angst meiner Augen vor dem
Blut auf den Blättern.

Vater, Vater schnell, rette Isaak
und niemand fehlt am Mittagstisch.

Ich bin es, der geschlachtet wird, mein Sohn
und bereits ist mein Blut auf den Blättern.
Vater, seine Stimme erlosch.
Sein Gesicht – bleich.

Und ich wollte schreien, mich winden, nicht glauben
riss die Augen auf,
und erwachte.

Blutleer war meine rechte Hand

---

[25] Wir bedanken uns herzlich bei Gabi Gilboa für ihre Zustimmung, die Übersetzung des Gedichts im vorliegenden Band zu veröffentlichen.

יצחק לאור
המטומטם הזה יצחק (גרסה מאוחרת)

„Mein Sohn, was birgst du so bang dein Gesicht?" –
„Siehst, Vater, du den Erlkönig nicht?"

"בני, למה פניך בפחד תחביא?"
"לא תראה את שר-היער, אבי?" –
(גתה, "שר היער")

שנים שעקבתי אחרי כל מעשיו של אבי (הֻמְלַץ לנו לגלות ערנות
השפות שדברו לא היו ברורות) הוא עָבַד כמו חמור ואני ישבתי
על ערמת העצים (רק עניין אחד העלמתי תמיד: אבי היה חסר כל
התמצאות בהַוִי הצבאי) ולפעמים כתבתי שירים נגד העקדה
(ונגד האבות). אני זוכר את לילות השיעול. הוא מרח לי
שמן חם על החזה ועל הגב ורפד בצמר גפן ועטף בבד ובשמיכה
ויצא אתי החוצה לחצר. אני זוכר עד היום את ברכיו, את ידיו
הרכות, את צמרת התות בחשך ואת שיר הערש ששר לי בקולו הרך
בלי מלים (בגלל השפות שדברו וכו'). אני, מצדי, פחדתי למות
(ושלא יקחו אותי לצבא)
והוא אמר לי בקול מלא אהבה:
אל תפחד, הנני, בני יצחק

(והילד השתעל וקדח ואמר: מי אתה?
והאיש ענה במבטא קצת זר:
לא אתן להם, בני, לקחת אותך
אני האיל
אני המלאך
אני אבא שלך)

Jitzchak Laor (*1948)[26]
Dieser Dummkopf Jitzchak (Eine späte Fassung) (1992)

Jahrelang verfolgte ich die Taten meines Vaters (uns wurde empfohlen, aufmerksam zu sein, die Sprachen, die gesprochen wurden, waren nicht klar). Er arbeitete wie ein Esel und ich saß auf dem Haufen Hölzer (nur eine Sache habe ich stets verheimlicht: Mein Vater hatte keine Ahnung von militärischen Angelegenheiten) und manchmal schrieb ich Gedichte gegen die Opferung
(und gegen die Väter). Ich erinnere mich an die Nächte des Hustens. Er rieb mir warmes Öl auf die Brust und den Rücken, tupfte mit Watte, hüllte mich in Leinen und eine Decke ein
und ging mit mir hinaus in den Hof. Ich erinnere mich bis heute an seine Knie, seine weichen Hände
und die Blätterkronen der Maulbeere im Finstern und an das Schlaflied, das er mir mit weicher Stimme sang,
ohne Worte (wegen der Sprachen, die gesprochen wurden, usw.). Ich meinerseits hatte Angst zu sterben
(und dass sie mich nicht in die Armee aufnehmen)
Und er sagte mir mit einer liebevollen Stimme:
Hab keine Angst, hier bin ich, mein Sohn Jitzchak

(Und das Kind hustete, fieberte und sagte: Wer bist du?
   Und der Mann antwortete mit einem leicht fremden Akzent:
       Ich lasse es nicht zu, dass sie dich abholen, mein Sohn.
           Ich bin der Widder
               Ich bin der Engel
                   Ich bin dein Vater)

---

[26] Wir bedanken uns herzlich bei Jitzchak Laor für seine Zustimmung, die Übersetzung des Gedichts im vorliegenden Band zu veröffentlichen.

חיים גורי
ריח השדה

עֵשָׂו, עשׂו, פתוח וחם מהרגיל.
אתה יורד בדרך הבזלת אל השדות הרחבים.
וריח השדה והזעה והעשן.
ולא כל כך חכם ולא כל כך קדוש
ומאחֵר קצת להבין.

ויש בך עצבות מסֻיֶּמֶת וכח רַב, עשו.
אולי זה בא מן העפר ומן האבנים ומן המתכות.
אך כאשר צריכים לך וצועקים אליך,
אתה שָׁם.

אני חושב עליך ואתה אינך יודע עכשו.
אחר כך אתה חוזר כמו אתמול.

ושוב היום פתוח וחם מהרגיל.
אחד כמוך לא ינוח לעולם. יש עבודות שחורות
ומישהו חיב לרוץ ולהשיב את הגזלה. תמיד.
להיות פחות אהוב, חזק ומרומה
ולא ראוי לרחמים.

Haim Gouri (*1923)[27]
Der Geruch des Feldes

Esau, Esau, offen und wärmer als üblich.
Du steigst herab auf dem Basaltweg zu den weiten Feldern,
und der Geruch des Feldes, des Schweißes und des Rauches.
Nicht so sehr klug und nicht so sehr heilig,
ein Spätzünder.

Eine gewisse Traurigkeit in dir und große Kraft, Esau.
Vielleicht kommt das aus der Erde, aus dem Stein, aus dem Erz.
Doch wenn man dich braucht und schreit zu dir,
dann bist du da.

Ich denke an dich, und du weißt jetzt nichts.
Später kehrst du zurück, wie gestern.

Wieder ist der Tag offen und wärmer als üblich.
Einer wie du wird niemals ruhen. Es gibt Schwarzarbeit
Und einer muss laufen und das Geraubte zurückholen. Immer.
Weniger geliebt sein, stark und betrogen
und nicht würdig des Mitleids.

---

[27] Wir bedanken uns herzlich bei Haim Gouri für seine Zustimmung, die Übersetzung des Gedichts im vorliegenden Band zu veröffentlichen.

יהודה עמיחי
[דוד המלך אוהב את בת-שבע]

דוד המלך אוהב את בת-שבע,
הוא מחבק אותה חזק ומלטף אותה בידיו,
באותן ידים שכרתו את ראש גָּלְיָת הפלשתי,
אותן ידים. אותו האיש שקרע את בגדיו
במות בנו ופזר אפר על ראשו, אותו האיש.
ובעלות השמש במזרח התרומם מעליה,

כמו האריה על סמל ירושלים
ואמר לה: אַתְּ האשה.
והיא אמרה לו: אתה האיש!
וזמן-מה אחר-כך אמר לו הנביא
אֶת אותן המלים: אתה האיש!

Yehuda Amichai (1924–2000)[28]
[König David liebt Batseba] (1998)

König David liebt Batseba,
er umarmt sie fest und streichelt sie mit seinen Händen,
mit den gleichen Händen, die dem Philister Goliat den Kopf abschlugen,
die gleichen Hände. Der gleiche Mann, der seine Kleider zerriss
beim Tod seines Sohnes, und der Asche auf sein Haupt streute, derselbe Mann.
Und als die Sonne im Osten aufging, erhob er sich von ihr,

wie der Löwe im Wappen Jerusalems
und sagte ihr: Du bist die Frau.
Und sie sagte ihm: Du bist der Mann!
Eine Weile später sagte ihm der Prophet
die gleichen Worte: Du bist der Mann!

---

[28] Wir bedanken uns herzlich bei Hanna Amichai für ihre Zustimmung, die Übersetzung des Gedichts im vorliegenden Band zu veröffentlichen.

יהודה עמיחי
[וכל הנשים אמרו, אותי אהב יותר מכלן]

וכל הנשים אמרו, אותי אהב יותר מכלן,
ורק אבישג השונמית, הנערה שבאה אליו בזקנתו
לחמם אותו, אמרה: אני חממתי אותו, ולטפתי
את כל צלקות הקרב וצלקות האהבה,
משחתי אותו בשמן, לא למלוכה, אלא למרפא,
ולא שמעתי אותו מנגן ושר, אבל נגבתי את פיו
נטול השנים, אחר שהאכלתי אותו דיסה מתוקה.
לא ראיתי את ידיו בקרב אבל נשקתי
את ידיו הלבנות והזקנות.

אני כבשת הרש, חמה ומלאת חמלה,
אני באתי אליו מן המרעה
כמו שהוא בא אל המלוכה מן המרעה
אני כבשת הרש שקמה מן המשל
ואני שלך עד מות יפריד בינינו.

Yehuda Amichai (1924–2000)[29]
[Und alle Frauen sagten: Mich liebte er am meisten] (1998)

Und alle Frauen sagten: Mich liebte er am meisten,
und nur Abisag von Sunem, die zu ihm kam, als er alt war,
um ihn zu wärmen, sagte: Ich wärmte ihn und ich streichelte
alle Narben des Kampfes und der Liebe,
ich salbte ihn mit Öl, nicht für das Königtum, sondern zur Heilung,
und ich hörte ihn nicht spielen und singen, aber ich wischte
seinen zahnlosen Mund ab, nachdem ich ihn mit süßem Brei gefüttert hatte.
Ich sah seine Hände nicht im Kampf, doch ich küsste
seine weißen, alten Hände.

Ich bin das Schaf des armen Mannes, warm und voller Mitleid,
ich kam zu ihm von der Weide
so, wie er zum Königtum gekommen war, von der Weide,
ich bin das Schaf des armen Mannes, das aus der Fabel aufgestanden ist,
und ich bin dein, bis dass der Tod uns scheidet.

---

[29] Wir bedanken uns herzlich bei Hanna Amichai für ihre Zustimmung, die Übersetzung des Gedichts im vorliegenden Band zu veröffentlichen.

CASPAR BATTEGAY

Die Palmen von Beth El und die Ros' im Ratskeller zu Bremen

Zu einem Trinklied Heinrich Heines und zum Begriff der deutsch-jüdischen Literatur

Ob Jude oder Christ,
Herein, wer durstig ist!
Wandspruch im Restaurant „Alpenrose", Zürich

0.

In einer berühmten Stelle der „Vorrede" zur *Phänomenologie des Geistes* erläutert Hegel seine dialektische Methode des Denkens und meint: „Das Wahre ist so der bacchantische Taumel, an dem kein Glied nicht trunken ist [...]"[1]. Mit der „nüchtern betrachtet – ziemlich alkoholisierten Metapher"[2] erklärt Hegel die Bewegung des wahren Denkens hin zum „absoluten Wissen" *und* stellt sie dar. Nicht nur soll einfach jede Einzelbewegung trunken sein, vielmehr wird in der doppelten Verneinung die Nüchternheit in der Trunkenheit erhalten – eben *aufgehoben*. Damit wird ein höherer Zustand suggeriert, der seit der Antike mit dem Oxymoron *sobria ebreitas*, der nüchternen Trunkenheit, bezeichnet wird. In seiner religiösen Bedeutung soll er bei Philo von Alexandrien das Zusammenspiel von Vernunft und Gottesbegeisterung fassen, auf der ästhetischen Ebene gilt er in der literarischen Tradition als die Bedingung für die Entstehung der Poesie.[3] So spricht noch Goethe im *West-östlichen Diwan* die „göttlichste Betrunkenheit"[4] an und postuliert: „Der Trinkende, wie es auch immer sey, / Blickt Gott frischer ins Angesicht."[5]

Heinrich Heines Gedicht „Im Hafen" aus dem zweiten Zyklus der „Nordsee", die einerseits 1827 in den *Reisebilder. Zweiter Theil* publiziert werden, andererseits leicht modifiziert im *Buch der Lieder* Aufnahme finden, scheint auf den

---

[1] Georg Wilhelm Friedrich Hegel, *Phänomenologie des Geistes*, neu hgg. von Hans-Friedrich Wessels und Heinrich Clairmont, mit einer Einführung von Wolfgang Bonsiepen, Hamburg 1988, S. 35.
[2] Wolfram Groddeck, *Reden über Rhetorik. Zu einer Stilistik des Lesens*, Basel / Frankfurt am Main 1995, S. 225.
[3] Hans Lewy, *Sobria Ebreitas. Untersuchungen zur Geschichte der antiken Mystik*, Gießen 1927, insb. S. 46.
[4] Johann Wolfgang Goethe, *West-östlicher Diwan. Studienausgabe*, hg. von Michael Knaupp, Stuttgart 1999, S. 204. Vgl. auch den Kommentar von Michael Knaupp, ebd., S. 837.
[5] Ebd., S. 197.

ersten Blick diesen Gedanken zu parodieren. Es endet damit, dass der Dichter nach einem ausführlichen Gelage aus der Tiefe des Weinkellers „ans Tagslicht" kommt und die rote Sonne erblickt, die er sogleich als „rothe Weltgeist-Nase", um die sich „die ganze, betrunkene Welt" dreht, identifiziert.[6]

Als Heine im Herbst 1826 in Lüneburg das Gedicht niederschreibt, hat er seine Hegel-Studien und seinen Höflichkeitsbesuch bei Goethe in Weimar bereits hinter sich. Ebenfalls hinter ihm liegen seine Mitgliedschaft im 1824 gescheiterten „Verein für Cultur und Wissenschaft der Juden"[7] sowie die Taufe, die er 1825 in Heiligenstadt mit dem illusionären Ziel vollzieht, eine Karriere an der Universität zu beginnen. Hinter ihm liegt aber auch die Ernüchterung, als er erkennen muss, jetzt „bey Christ u Jude verhasst" zu sein.[8] Die Gedichte der „Nordsee" bilden einerseits einen dichterischen Neuanfang, andererseits nehmen sie Bezug auf die philosophische Auseinandersetzung mit Hegel und auf die gescheiterten Versuche, sich als Jude im deutschen akademischen Milieu der Restaurationszeit zu etablieren. Ihre freien, reimlosen Rhythmen sind von Ludwig Tieck und Ludwig Robert inspiriert, ihren Ton schulden sie der Hymnendichtung Goethes (vgl. DHA, I/2, 1002–1004). In ihrer heterogenen Mischung aus epischer Erzählhaltung, hymnischem Lobgesang, bekenntnishafter Lyrik und parodistischem Liedton sind sie jedoch bis heute einzigartig in der deutschen Literatur. Nicht nur „Beschwörungslieder der Edda" (DHA I/1, 364) und „das Lied vom Odysseus" (DHA I/1, 369) klingen in den beiden „Nordsee"-Zyklen wider, die maritime Landschaft dient dem Autor auch als Bühne für tragikomische Szenen, in denen Autobiographie und Mythologie, Pathos und Klamauk zusammengerührt werden. Über den nächtlichen, „fluthbefeuchteten" Strand etwa schreitet „ein Fremdling, mit einem Herzen, / Das wilder noch als Wind und Wellen;" (DHA I/1, 364) und gibt sich einige Verse weiter einem schönen Fischermädchen als Gott Zeus zu erkennen – jedoch nur um einen Tee mit Rum zu erbeten gegen den „göttlichsten Schnupfen" und den „unsterblichsten Husten" (DHA I/1, 368).

Mit ähnlicher Kontrastkomik arbeitet das Gedicht „Im Hafen". Es beginnt im hohen Ton der homerischen Epen, schwenkt aber unmittelbar darauf ins niedrige Fahrwasser eines Studentenscherzes um. Auffallend ist im Gedicht der Kontrast traditionell jüdischer mit christlichen Motiven, sowie mit der Philosophie Hegels. Das „einzige Trinklied im poetischen Werk Heines" (DHA I/2, 1055) und gleichzeitig gemäß Klaus Briegleb „die konzentrierteste Parodie, die Heine je schrieb"[9]

---

[6] Heinrich Heine, *Historisch-Kritische Gesamtausgabe der Werke*, hg. von Manfred Windfuhr im Auftrag der Landeshauptstadt Düsseldorf, Hamburg 1975–1982, Bd. 1: *Buch der Lieder*, hg. von Pierre Grappin, Hamburg 1975, I/1, S. 424. (Im Folgenden wird diese Ausgabe zitiert als DHA, Band und Seitenangaben in Klammern.)

[7] Vgl. Edit Lutz, Heinrich Heine im „Verein für Cultur und Wissenschaft des Judentums", in: *PaRDeS. Zeitschrift der Vereinigung für Jüdische Studien e. V.*, 12 (2006), S. 27–40.

[8] An Moses Moser am 9. Januar 1826. Die Briefe Heines werden hier jeweils mit Datum zitiert nach der unüberbietbaren Online-Ausgabe des „Heinrich-Heine-Portals" des Heine-Instituts Düsseldorf auf http://germazope.uni-trier.de/Projects/HHP/. Textgrundlage sind die Bde. 20 bis 27 der Weimarer Säkularausgabe (1970 bis 1984), die erneut mit den Handschriften verglichen und erweitert wurden.

[9] Heinrich Heine, *Sämtliche Schriften*, hg. von Klaus Briegleb, Bd. 1: *Schriften 1817–1840*, München / Wien 1976, S. 654.

ist ein Medium des Mischens. Wie im alkoholischen Taumel sich manche Grenze löst, die sonst starr und unüberwindbar gewesen wäre, und wie der gemeinsame Rausch unter Umständen eine integrierende Funktion haben kann, so hebt er in Heines Text historische und geographische Ebenen auf, die als unvereinbar gelten. Im „Römerglas" kommen „Alte und neue Völkergeschichte, / Türken und Griechen, Hegel und Gans" (DHA I/1, 422[10]) zusammen und von den Gestaden des Rheins träumt sich der Trinkende an die des Jordans. Im Rausch, von dem das Gedicht erzählt, ist dargestellt, wie Heines Schreiben methodisch vorgeht, nämlich als bacchantische Bewegung einer prekären Integration entgegengesetzter Pole. Wenn es so etwas wie deutsch-jüdische Literatur überhaupt gibt – auf die Problematik des Begriffs soll dieser Aufsatz in aller Kürze eingehen – dann scheint „Im Hafen" mit seiner Synthese widerstreitender Traditionen ein Paradigma davon zu geben. Im Zusammenhang dieser Festschrift möchte dieser Aufsatz darum nicht nur eine weitere Lektüre zu einem Heine-Gedicht (Teil 1), sondern einen kleinen methodischen Beitrag zur Frage nach dem Begriff der deutsch-jüdischen Literatur liefern (Teil 2).

1.

Heine schreibt „Im Hafen" als elftes Stück von „Die Nordsee. Zweite Abtheilung" zwischen dem 13. und 24. Oktober 1826 nieder,[11] nachdem er sich zum zweiten Mal für einen Kuraufenthalt auf Norderney aufgehalten und auf der Rückreise am 20. September 1826 einen Zwischenhalt in Bremen eingelegt hatte. In einem Brief berichtet er aus Lüneburg: „Ich stecke jetzt im 11^(ten) Seebild. [...] Ich befinde mich schlecht u voll Poesie."[12] Das Gedicht hat sieben Strophen, die in der Länge zwischen vier Zeilen (die erste Strophe) und vierzehn Zeilen (die dritte Strophe) schwanken.

> Glücklich der Mann, der den Hafen erreicht hat,
> Und hinter sich ließ das Meer und die Stürme,
> Und jetzo warm und ruhig sitzt
> Im guten Rathskeller zu Bremen.

Der Anfang ist metrisch in Daktylen gehalten, die erste Strophe ergibt beinahe zwei klassische Hexameter. Das metrische Schema wird jedoch nicht durchgehalten. Die anfänglichen Hexameter evozieren die *Odyssee*, auf die, wie in der gesamten „Nordsee" auch hier inhaltlich angespielt wird. Allerdings stellt dieser Hafen nicht Ithaka dar, sondern die Kneipe des Spießbürgers. In dessen behaglichem Ton heißt es zu Beginn der zweiten Strophe: „Wie doch die Welt so traulich und lieblich / Im Römerglas sich widerspiegelt, / Und wie der wogende Mikrokosmus / Sonnig hinabfließt in's durstige Herz!" Das Kernmotiv des Gedichts ist – wie Briegleb ausführlich zeigt – der Topos des Wunderbechers, in dem die Welt *in nuce* erblickt wird und der alle Geheimnisse des Universums offenbart,

---

[10] Hier und im Folgenden wird das Gedicht zitiert nach dem Text der DHA, folgend dem *Buch der Lieder* von H. Heine, Hamburg 1827.
[11] Vgl. ebd.
[12] An Friedrich Merkel, 13. Oktober 1826 (wie Anm. 8).

während man selbst „warm und ruhig" im guten Stübchen sitzt. Dieser Becher ist ein symbolisch aufgeladenes Motiv beim persischen Dichter Hafis und wurde im Zug der romantischen Orientfaszination um 1800 häufig aufgenommen. Heine mag es aus verschiedenen Quellen gekannt haben.[13] Die totalisierende Funktion des Zauberglases dient Heine aber bloß dazu, die Geschichtsphilosophie Hegels zu parodieren, die damals brandaktuell war[14] und die Heine als intellektuelle Variante einer politisch verhängnisvollen deutschen Heimatsehnsucht erschien. Die Versöhnung der historischen Gegensätze obliegt in seinem Gedicht nicht der voranschreitenden Vernunft, sondern der wundersamen Wirkung des Alkohols, auf den das Glas metonymisch verweist: „Alles erblick' ich im Glas, / Alte und neue Völkergeschichte, / Türken und Griechen, Hegel und Gans [...] Berlin und Schilda und Tunis und Hamburg, / Vor allem aber das Bild der Geliebten, / Das Engelköpfchen auf Rheinweingoldgrund." Wie es oft geschieht, wenn man zu tief ins Glas schaut, gerät das lyrische Ich aus Betrachtungen zur Weltpolitik – der von England und Frankreich unterstützte griechische Aufstand gegen das osmanische Reich ist Mitte der 1820er Jahre in vollem Gang – in wissenschaftspolitische Überlegungen – der Hegel-Schüler Eduard Gans und persönliche Bekannte Heines musste sich 1825 taufen lassen, um eine Stelle als Jura-Professor an der Universität Berlin zu bekommen – um schließlich bei einer privaten Liebesgeschichte zu enden. Mit einer Apostrophe an die anonyme Geliebte beginnt die dritte Strophe:

> Oh, wie schön! wie schön bist du, Geliebte!
> Du bist wie eine Rose!
> Nicht wie die Rose von Schiras,
> Die hafisbesungene Nachtigallbraut;
> Nicht wie die Rose von Saron,
> Die heyligrothe, prophetengefeyerte;
> Du bist wie die Ros' im Rathskeller zu Bremen!
> Das ist die Rose der Rosen,
> Je älter sie wird, je lieblicher blüht sie,
> Und ihr himmlischer Duft, er hat mich beseeligt,
> Er hat mich begeistert, er hat mich berauscht,
> Und hielt mich nicht fest, am Schopfe fest,
> Der Rathskellermeister von Bremen,
> Ich wäre gepurzelt!

Die Strophe spielt erstens auf die zu Heines Zeit populäre Lyrik des persischen Dichters Hafis an, die den literarisch gebildeten Zeitgenossen vor allem durch die Aneignung Goethes gegenwärtig war.[15] Zweitens zitiert sie das *Hohelied*, in

---

[13] Vgl. die Darstellung von Briegleb, *Sämtliche Schriften*, Bd. 1, S. 760f. (wie Anm. 9).

[14] Über die „Philosophie der Weltgeschichte" las Hegel fünfmal, in zweijährigem Turnus vom Wintersemester 1822/23 an bis zum Wintersemester 1830/31. Nach Hegels Tod wurden die Vorlesungen 1837 zum ersten Mal von Eduard Gans herausgegeben. Vgl. „Anmerkungen der Redaktion zu Band 12", in: Georg Wilhelm Friedrich Hegel, *Werke 12: Vorlesungen über die Philosophie der Geschichte*, Frankfurt am Main 1986, S. 561–568. Zum schwierigen und sich über die Zeit ändernden Verhältnis zwischen Heine und Gans vgl. Norbert Waszek (Hg.), *Eduard Gans (1797–1839): Hegelianer, Jude, Europäer. Texte und Dokumente*, Frankfurt am Main 1991.

[15] Zu Hafis vgl. Briegleb, *Sämtliche Schriften*, Bd. 1, S. 760–764 (wie Anm. 9). Zu Heines Wertschätzung von Goethes *West-östlichem Diwan* vgl. DHA VIII/1, 160f.: „Es enthält die

dem es in Kapitel 1,2 heißt: „Ich bin eine Blume zu Saron und eine Rose im Tal."[16] Die Doppel-Epitheta „heyligrothe" und „prophetengefeyerte" unterstreichen den biblischen Bezug. Mit Blick auf den Anfang des *Hohelieds* fällt jedoch auf, dass Heine eine Umkehrung vornimmt. Auch im biblischen Text sind Wein und Weinkeller vieldeutige, erotische und theologisch aufgeladene Motive: „Er führt mich in den Weinkeller und die Liebe ist sein Panier über mir." (HL 2,4) Doch es gilt: „[...] wir gedenken an deine Liebe mehr denn an Wein." (HL 1,4) Bei Heine gedenkt das lyrische Ich anders als im heiligen Prätext sehr viel mehr des Weins als der Liebe.[17] Die Geliebte wird emphatisch mit dem Wein verglichen – nur um sie schließlich vor lauter Vergleichen zu vergessen und ein Hohelied auf den Wein selbst anzustimmen.

In der vierten Strophe kommt das Gedicht auf die Männerfreundschaft zu sprechen, die proportional zum zunehmendem Weingenuss anwächst. Das lyrische Ich trinkt mit dem „Rathskellermeister" Brüderschaft und der Wein scheint eine Konversion einzuleiten, die das Taufwasser nicht in Gang zu setzen vermochte:[18]

> Der brave Mann! wir saßen beysammen
> Und tranken wie Brüder,
> Wir sprachen von hohen, heimlichen Dingen,
> Wir seufzten und sanken uns in die Arme,
> Und er hat mich bekehrt zum Glauben der Liebe,
> Ich trank auf das Wohl meiner bittersten Feinde,
> Und allen schlechten Poeten vergab ich,
> Wie einst mir selber vergeben soll werden;
> Ich weinte vor Andacht, und endlich
> Erschlossen sich mir die Pforten des Heils,
> Wo die zwölf Apostel, die heil'gen Stückfässer,
> Schweigend pred'gen, und doch so verständlich
> Für alle Völker.

Denk- und Gefühlsweise des Orients, in blühenden Liedern und kernigen Sprüchen; und das duftet und glüht darin, wie ein Harem voll verliebter Odalisken mit schwarzen geschminkten Gazellenaugen und sehnsüchtig weißen Armen. [...] den berauschendsten Lebensgenuss hat Goethe hier in Verse gebracht, und diese sind so leicht, so glücklich, so hingehaucht, so ätherisch, daß man sich wundert wie dergleichen in deutscher Sprache möglich war."

[16] In diesem Aufsatz wird hebräische Bibel bewusst nicht nach einer jüdischen Übersetzung, sondern in der Luther-Übersetzung zitiert – nur deshalb, weil auch Heine den Bibel-Text in dieser stilbildenden Übersetzung gelesen hatte.

[17] Der Bremer Ratskeller gilt als der älteste Weinkeller Deutschlands. Im sogenannten „Rosekeller" lagert schon zu Heines Zeiten und bis heute Rüdesheimer Bergwein von 1653. Auch ist dort an der Decke das Bild einer Rose zu sehen. Briegleb führt aus: „In weiteren Spruchschriften an den Wänden wird das Rosen-Emblem umspielt: Rose des Weins; Nektar der Rose; alter Wein ist Gabe Amors; beherzende, begeisternde, tröstende und belebende Wirkung der Rose." *Sämtliche Schriften*, Bd. 3, S. 762. Eine Anspielung auf Wilhelm Hauffs „Phantasien im Bremer Ratskeller" ist ausgeschlossen, denn diese sind zwei Monate nach Erscheinen der *Nordsee* erschienen.

[18] Vgl. Gunter Martens, Heines Taufe und ihre Spuren in den Gedichtzyklen Nordsee I und II, in: Wolfgang Beutin / Thomas Bütow / Johannes Dvořák / Ludwig Fischer (Hgg.), *„Die Emanzipation des Volkes war die große Aufgabe unseres Lebens". Beiträge zur Heinrich-Heine-Forschung anläßlich seines zweihundertsten Geburtstages 1997*, Hamburg 2000, S. 119–132, insb. S. 132.

Die Parodie des Vater-Unser-Gebets beinhaltet auch eine zwiespältige Selbstironie. Denn Heine hat bekanntlich nie einem seiner hart kritisierten Berufskollegen vergeben. Die frohe Botschaft der christlichen Liebe scheint Heine immer zweifelhaft gewesen zu sein. Er vertritt eine fundamentale Religionskritik, die der Minderheitsperspektive des säkularen Juden geschuldet ist. Schon als Neunzehnjähriger sah er in einem Brief voraus „daß Christliche Liebe die Liebeslieder eines Juden nicht ungehudelt lassen wird."[19] Der junge Heine unterstellt der *agape*, vor der romantischen Liebe eines jüdischen Dichters zu versagen. Er insinuiert der deutschen Öffentlichkeit nicht zu Unrecht, ihm nicht die gleichen Äußerungen zuzugestehen, wie den christlichen Romantikern. Umso verständlicher ist Heine das Evangelium der Weinfässer, vor dem tatsächlich „alle Völker" gleich scheinen. Die „Andacht" vor einem solchen alkoholischen Messianismus führt das lyrische Ich nach einem kurzen Intermezzo, in dem die Fässer als „schöner und leuchtender, / Denn alle die stolzen Leviten des Tempels" (DHA I/1, 424) erklärt werden, zu einem delirierenden Psalm in der sechsten Strophe.

> Hallelujah! Wie lieblich umwehn mich
> Die Palmen von Beth El!
> Wie duften die Myrrhen von Hebron!
> Wie rauscht der Jordan und taumelt vor Freude! –
> Auch meine unsterbliche Seele taumelt,
> Und ich taum'le mit ihr und taumelnd
> Bringt mich die Treppe hinauf, ans Tagslicht,
> Der brave Rathskellermeister von Bremen.

Die Strophe ist das Kernstück des Gedichts, sie verweist auf dessen Struktur. Beth El ist der Ort von Jakobs Traum in Genesis 28. Um die Anspielung zu stützen, wird auch Hebron genannt, wo Jakob gemäß Genesis neben den anderen Stammvätern und -müttern begraben liegt. In der Bibel heißt es:

> Und ihm [Jakob] träumte; und siehe, eine Leiter stand auf der Erde, die rührte mit der Spitze an den Himmel, und siehe, die Engel Gottes stiegen daran auf und nieder; und der Herr stand obendarauf und sprach: Ich bin der Herr, Abrahams, deines Vaters, Gott und Isaaks Gott; das Land darauf du liegst, will ich dir und deinem Samen geben. (Gen 28,12–13)

Das lyrische Ich beschreibt eine zu den Engeln umgekehrte Bewegung, wenn es zuerst in den Keller hinunter und dann wieder aus ihm hinaufsteigt. In anderer Hinsicht befindet es sich auch gegenüber Jakob in einer spiegelverkehrten Situation. Die übliche Auslegung der wichtigen Episode weist nämlich darauf hin, dass Jakob gerade im Begriff ist „die Heimat mit der Fremde zu vertauschen."[20] Der Stammvater ist auf dem Weg von seinem Geburtsort nach Mesopotamien, um vor Esau zu flüchten. Die aufsteigenden Engel können so als die der Heimat, die absteigenden als die des fremden Landes gedeutet werden. Der Traum soll einen Trost für den exilierten Jakob bedeuten: Gott, der am Ende der Leiter steht, wird ihn nicht verlassen. Heines Trinker aber befindet sich „Im Hafen", ist

---

[19] An Christian Sethe, 20. November 1816 (wie Anm. 8).
[20] Benno Jacob, *Das erste Buch der Tora. Genesis*, Berlin 1934, S. 580.

also bereits zurückgekehrt und hat „das Meer und die Stürme" hinter sich gelassen. Die Engel, die er sieht, bewegen sich nicht, sondern sind statisch.

> Du braver Rathskellermeister von Bremen!
> Siehst du, auf den Dächern der Häuser sitzen
> Die Engel und sind betrunken und singen;

Bei Heine handelt es sich um die Schutzengel nach Feierabend, die gemeinsam zechen und „singen". Die Engel der Fremde und die der Heimat sind nicht mehr zu unterscheiden, wobei die Unterschiedslosigkeit für die Situation des Judentums in der Moderne grundlegende Symbolik beanspruchen darf. Exil und Heimat, *galut* und *ge'ula*, sind unentwirrbar ineinander verschoben. Im synästhetischen Rauscherlebnis (die Palmen „umwehn" das lyrische Ich, die Myrrhe „duftet", der Jordan „rauscht") findet eine Erfahrung des Anderen im Eigenen *und* des Eigenen im Anderen statt. Denn Palme, Myrrhe und Jordan sind gleichzeitig Markierungen des Exotischen und Fremden *sowie* des Jüdischen und Eigenen.[21]

Für die rabbinischen Bibel-Interpreten aber sind die Engel nicht Schutzengel, sondern Repräsentanten der historischen Völker. Der Traum Jakobs wird „insgesamt als prophetische Vision über das Auf und Ab der Imperien und den glücklichen Ausgang der Weltgeschichte für Israel"[22] gedeutet. Davon abgeleitet hat man verschiedentlich spekulative Geschichtsphilosophien entworfen, wonach im Wellengang der Geschichte alle Völker auf- und wieder abtauchen, und nur das Volk Israel, da es „mit dem absoluten Geist verbunden bleibt",[23] immer wieder nach oben kommt.

Heine mag diese theologisch-politische Interpretationstradition gekannt haben, denn es ist kaum Zufall, dass die Jakobsleiter und Hegels Terminus „Weltgeist" in ein Bild gefasst werden. Der am oberen Ende der Treppe stehende Gott Abrahams kann durchaus mit dem sich realisierenden Prinzip der Vernunft in der Weltgeschichte verglichen werden. In den letzten Zeilen des Gedichts heißt es:

> Die glühende Sonne dort oben
> Ist nur eine rothe betrunkene Nase,
> Und um die rothe Weltgeist-Nase
> Dreht sich die ganze, betrunkene Welt.

Der Einfall, dass die Sonne einer stark durchbluteten Nase eines Trinkers gleicht, dekonstruiert wiederum das romantische Pathos der bis zum Morgenrot durchzechten Nacht und macht die alkoholistische Realität hinter dem den Suff verherrlichenden Trinklied sichtbar. In der Anapher wird diese Subversion einerseits verdeutlicht, andererseits wird der Einfall noch um eine philosophische, idealismuskritische Dimension erweitert. Der abstrakte „Weltgeist" wird

---

[21] Vgl. zur wichtigen Palmensymbolik bei Heine im Zusammenhang mit seiner jüdischen Identität: Hans-Jürgen Schrader, Fichtenbaums Palmentraum. Ein Heine-Gedicht als Chiffre deutsch-jüdischer Identitätssuche, in: Hans-Jürgen Schrader / Elliott M. Simon / Charlotte Wardi (Hgg.), *The Jewish Self-Portrait in European and American Literature*, Tübingen 1996, S. 5–44.
[22] Daniel Krochmalnik, *Das Buch Genesis im Judentum*, Stuttgart 2001, S. 125.
[23] Ebd., S. 126.

anthropomorphistisch mit einer Nase ausgestattet. Damit erscheint Hegels großartige Vision des die Geschichte durchschreitenden, sie ins Ziel tragenden und sie schlussendlich integral in sich begreifenden und wissenden Geistes als Alkoholphantasie. Der sich selbst gewisse Philosoph, der im absoluten Wissen alle Gegensätze aufgehoben weiß, hat dieses Wissen vielleicht bloß auf dem Grund eines Weinglases gewonnen, so suggeriert das Gedicht. Trotz dieser etwas groben – aber nüchternen – Kritik ist Heines Vergleich der Sonne mit dem Weltgeist präzis, denn er stammt aus dem Analogienarsenal des Meisterdenkers selber. Dieser schreibt in einem Brief vom 5. Juli 1816: „Ich halte mich daran daß der Weltgeist der Zeit das Kommandowort zu avancieren gegeben. Solchem Kommando wird pariert; dies Wesen schreitet [...] unwiderstehlich und mit so unmerklicher Bewegung, als die Sonne schreitet, vorwärts durch dick und dünne."[24]

Als Fazit der vorliegenden Lektüre kann festgehalten werden, dass Heines Psalm auf den Alkoholgenuss Hegels Denkfigur des zu sich selbst kommenden und sich selbst begreifenden Geistes einerseits parodiert und andererseits selbst darstellt. Wichtige idealistische, romantische, christliche und jüdische Motive und Figuren sind im Gedicht visionär verbunden. Für diese Verbindung ist das Verb „taumeln" zentral, das in der sechsten Strophe viermal genannt wird. Sowohl der Jordan, die Seele, das lyrische Ich und der „Rathskellermeister" taumeln. Hegels „bacchantischer Taumel" – der ja ebenfalls eine Metapher für die Verbindung der Gegensätze im absoluten Geist ist – wird wörtlich aufgenommen. Dabei scheinen die von Heine anzitierten Motive auch im übertragenen Sinn zu taumeln. Sie sind gleichsam in Schräglage im Text präsent: Das *Hohelied*, das Vaterunser, Jakobs Traum und Hegels Geschichtsphilosophie tauchen in entstellter, verdrehter Form darin auf. Heines eigener „bacchantischer Taumel" stellt deshalb wohl nicht das Wahre, sondern nur den Zustand dar, in dem dieses unter den Bedingungen der Moderne noch erinnert werden kann.

3.

Der Begriff ‚deutsch-jüdische Literatur' gehört zu den umstrittensten Bestimmungen der Literaturgeschichtsschreibung. Das Kompositum ist tatsächlich merkwürdig: Während das Adjektiv ‚deutsch' zuerst einfach die Sprache bezeichnet, in der die Literatur geschrieben ist, verweist das Adjektiv ‚jüdisch' auf einen diffusen Komplex aus religiösen, kulturellen und ideologischen Faktoren, die oft nicht genau unterschieden werden können. Das ‚Jüdische' an einem Text der deutschen Literatur, mit der er meistens innig verbunden ist, ist nicht so leicht zu beschreiben und jeder Versuch, es zu tun, birgt die Gefahr, den Text auf eine angenommene ‚Herkunft' des Autors zurückzubinden und seine intertextuelle Offenheit und poetische Autonomie gewaltsam zu beschränken. Es besteht die Gefahr, dass mit positivem Vorzeichen versehen an die Stigmatisierung des „Jüdischen" in der Literatur angeknüpft wird. Andererseits gibt es in der deutschen Literatur offensichtlich Stoffe und Motive, die zuinnerst mit jüdischer Erfahrung

---

[24] *Briefe von und an Hegel*, Zweiter Band: 1813–1822, hg. von Johannes Hofmeister, Hamburg 1953, S. 85f.

und jüdischen Traditionen verbunden sind oder verbunden wurden. Nur die Erforschung einer jüdischen Dimension an sich hat nicht zwangsläufig eine totalisierende Tendenz. Trotz dieser Tatsache ist es aber kaum möglich, von einer jüdischen Literatur zu sprechen, die nur zufällig auf deutsch geschrieben ist. Kafka hätte es nicht ohne Kleist oder Celan nicht ohne Hölderlin gegeben, und noch ein so offensichtlich jüdischer Tradition verpflichteter Text wie Richard Beer-Hoffmanns Theaterstück *Jaákobs Traum* (1918) ist nicht ohne den Kontext der Wiener Moderne zu verstehen.[25]

Um solche Probleme zu umgehen, spricht Dieter Lamping ausgehend vom „Selbstverständnis"[26] des jeweiligen Autors von einem „jüdischen Diskurs in der deutschen Literatur", der sich „durch die Suche nach einer jüdischen Identität"[27] innerhalb der Literatur konstituiere. Von zentraler Bedeutung seien konkret vor allem „die Krise der Assimilation, das Exil und der Holocaust."[28] Abgesehen vom mythisierenden Gestus, mit dem diese Menschheitsthemen als Marker des Jüdischen geortet werden,[29] ist auch die Kategorie des „Selbstverständnisses" zweifelhaft. Damit fällt man hinter die theoretisch grundlegende Unterscheidung von Autor und Text zurück. Ein Text weiß bekanntlich oft mehr, als sein Autor bekannte.

Überzeugender hat Andreas Kilcher festgehalten, dass der Begriff der deutschjüdischen Literatur nur dann sinnvoll verwendet werden kann, wenn die Frage, was das ‚Deutsch-Jüdische' sei, bei jedem einzelnen Text gestellt würde. Gerade *dass* die Frage vom Text selbst implizit oder explizit gestellt würde, wäre dann das Spezifikum deutsch-jüdischer Literatur. Gemäß Kilcher soll die Literaturwissenschaft nicht Motive, Themen und Topoi als spezifisch jüdisch klassifizieren, sondern analysieren, inwiefern „in jeden einzelnen Text, der irreduzibel vieldeutige interkulturelle Raum der deutsch-jüdischen Literatur konstruiert und interpretiert wird."[30] Doch auch diese Forderung hat ihren epistemologischen blinden Fleck. Denn wie Vilém Flusser lange vor Kilcher in einem meisterhaften Essay zur Erörterung der Definitionsschwierigkeiten des Begriffs der „Jüdischen Literatur" festgehalten hat: „Es bleibt also nichts anderes übrig, als sich an konkrete Texte zu halten, wobei allerdings zu bedenken ist, dass die Wahl dieser Texte die Untersuchung bereits vorwegnimmt."[31] Natürlich hat man immer bereits Texte ausgesucht und erwartet, in ihnen etwas zu finden.

---

[25] Vgl. Daniel Hoffmann, Die Masken des Lebens – Die Wiener Moderne im Lichte jüdischer Hermeneutik, in: *Handbuch zur deutsch-jüdischen Literatur des 20. Jahrhunderts*, hg. von Daniel Hoffmann, Paderborn u. a. 2002, S. 235–270.

[26] Dieter Lamping, *Von Kafka bis Celan. Jüdischer Diskurs in der deutschen Literatur des 20. Jahrhunderts*, Göttingen 1998, S. 30.

[27] Ebd., S. 35.

[28] Ebd.

[29] Wenn diese Themen den „jüdischen Diskurs" konstituieren sollten, würde dieser auch von Autoren wie Friedrich Dürrenmatt oder Samuel Beckett mitbestimmt.

[30] Andreas B. Kilcher: Was ist „deutsch-jüdische Literatur"? Eine historische Diskursanalyse, in: *Weimarer Beiträge. Zeitschrift für Literaturwissenschaft, Ästhetik und Kulturwissenschaft* 45 (1999), Heft 4, S. 485–517, hier S. 512.

[31] Vilém Flusser: Juden und Sprache, in: ders., *Jude sein. Essays, Briefe, Fiktionen*, hgg. von Stefan Bollmann und Edith Flusser, Berlin / Wien 2000, S. 134.

Das hermeneutische Paradox ist nicht aufzulösen. Die Lektüre von Heines Trinklied kann jedoch einiges zu den oben aufgeworfenen Fragen beitragen. Wenn man Kilcher folgt, geht es kaum darum, dass in der deutschen Literatur auf irgend eine Weise „jüdische Substanz"[32] oder irgendwie ‚jüdische Themen' entfaltet werden. Denn es ist immer die Instanz des Lesers, die das ‚Jüdische' in einem Text findet und bestimmt. Doch auch die kartographischen Vorstellungen einer „deutsch-jüdischen Topographie", in der das ‚Deutsch-Jüdische' jeweils einen ‚Zwischenraum' oder den ‚Raum des Weder-Noch' besetzt, haben mit der Realität der Texte nicht viel zu tun.[33] Allenfalls könnte der Weinkeller im Gedicht „Im Hafen" einen solchen Zwischenraum repräsentieren, einen Heterotopos im Sinne Michel Foucaults, indem er nämlich als kleinste Welt-Einheit die Totalität der Welt darstellt.[34] Der Weinkeller ist ein realer Ort, und doch liegt er eigentümlicherweise außerhalb jedes Ortes; als absolut unheiliger, schmutziger Ort par exellence parodiert er den heiligen Ort; als Ort der rauschhaften Überschreitung funktioniert er als Ort der Kompensation, er ist ein „anderer Ort", gleichermaßen mythisch und real.[35]

Doch im Grund ist es kein Ort, sondern das Schreiben an sich, in dem sich Hybridität herausbildet – und damit ist nicht der erzählte Inhalt, sondern die dem Text implizite Poetologie, seine Struktur gemeint. Heines Gedicht vermittelt oder pendelt nicht ‚zwischen' zwei kulturellen Bewusstseinen, sondern ist das Medium, *in* dem die beiden kulturellen Pole – verkürzend als „Hegel" und „Bibel", Idealismus und jüdische Tradition, benennbar – sich aufeinander beziehen und sich so erst als kulturelle Bewusstseine konstituieren. Um die jüdische Dimension dieses deutschen Textes auszuloten, sind also nicht bloß „die biblischen und jüdischen Einflüsse"[36] nachzuweisen. Überhaupt ist die Rede vom ‚Einfluss' für dieses Gedicht von einem poetologischen Standpunkt aus verfehlt. Denn es gibt hier keinen Stoff des Schreibens, der einem Einfluss ausgesetzt sein könnte, sondern das Schreiben wird erst in der Bezugnahme auf den anderen – biblischen und hegelschen – Text generiert. Der Inhalt des Gedichts ist die Art und Weise, wie es sich schreibt: Seine Rauschlogik. Diese verbindet die Rose von Saron mit der Rose im Ratskeller von Bremen und den Palmen von Beth El. Das Gedicht erzählt nichts, sondern feiert im Schreiben seine eigene Medialität, seine eigene Entstehung: „Hallelujah!" Diese Rauschlogik ist auch die Logik der deutsch-jüdischen Kultur, eine Logik der Mischung und der Umkehrung, der Verdrehung und der Übertragung. Dass Heine diese Logik des

---

[32] Vgl. für diese Terminologie z.B. Hans-Otto Horch / Itta Shedletzky, Die deutsch-jüdische Literatur und ihre Geschichte, in: *Neues Lexikon des Judentums*, hg. von Julius H. Schoeps, München 1992, S. 291–294, hier S. 291.

[33] Zu einer Dekonstruktion solcher Vorstellungen vgl. Andrea Schatz, Geteilte Topographie. Genealogie und jüdische deutsche Literatur, in: Eva Lezzi / Dorothea M. Salzer (Hgg.), *Dialog der Disziplinen. Jüdische Studien und Literaturwissenschaft*, Berlin 2009, S. 483–514.

[34] Bei Foucault ist das Beispiel der Garten: „Le jardin, c'est la plus petite parcelle du monde et puis c'est la totalité du monde." Michel Foucault, Des espaces autres (1967), zitiert nach <http//foucault.info/documents/heteroTopia/foucault.heteroTopia.fr.html>

[35] Ebd.

[36] Vgl. Margarita Pazi, Die biblischen und jüdischen Einflüsse in Heines „Nordsee-Gedichten", in: *Heine Jahrbuch* 12 (1973), S. 3–19.

Deutsch-Jüdischen ausstellt, sie im Text pointiert öffentlich macht, war deutschen Juden nach Heine oft Anlass, seine Texte als skandalös zu empfinden und heftig abzulehnen.[37]

Um Kilchers Forderung an die Literaturwissenschaft nachzukommen, kann gesagt werden, dass Heines Text das ‚Deutsch-Jüdische‘ damit „konstruiert und interpretiert", indem er zeigt, wie es gleichsam als und im Rausch sich selbst hervorbringt. In einem „bacchantischen Taumel" öffnet Heines Schreiben einen intertextuellen Verweisraum. Genau dieser Prozess der Öffnung und der Bezugnahme, der Prozess der Übertragung und der Umkehrung im Schreiben erweist sich als das ‚Deutsch-Jüdische‘ dieses Gedichts. Liest man in Hegels Phänomenologie weiter, so erfährt man, dass dieser Taumel „ebenso die durchsichtige und einfache Ruhe"[38] ist. Die integrale Bewegung von Hegels Denken lässt sich aus der Perspektive des Ganzen, des Ziels des Denkens, immer auch als Ruhe auffassen, die die einzelnen Bewegungen „erinnert" und „aufbewahrt".[39] Heines Text ist insofern beispielhaft, als er ein Modell jenes durchsichtigen Ganzen ist, das vorführt, wie die in ihm taumelnd bestehenden Teile erinnert werden, und zwar gleich der Figur der nüchternen Trunkenheit mit einer in sich bewegten Ruhe. Ein Bild für dieses Paradox stellt der betrunkene Engel dar, der auf dem Hausdach sitzt. Wo das lyrische Ich in die Sonne blinzelt und die Begebenheiten der Weltgeschichte vor sich sieht, da sieht er in eine düstere Kneipe, in der unablässig Glas um Glas vor ihm hingestellt wird. Er möchte wohl hinuntersteigen und die Betrunkenen stützen und die zerbrochenen Gläser zusammenfügen. Aber ein Sturm weht von der Nordsee her über die Dächer, der sich in seinen Flügeln verfangen hat und so stark ist, dass der Engel sie nicht mehr schließen kann.

---

[37] Stellvertretend kann hier die Erfahrung Franz Rosenzweigs stehen, der 1919 in einem seiner Briefe an die Geliebte Margrit Rosenstock-Huessy, schreibt, dass er „um die Abwesenheit der ‚Kinder‘ auszunutzen" ihrer Mutter aus Heines „Disputation" vorgelesen hatte: „Leise geht es. Aber laut ist es nur gemein. [...] Ich kam mir noch am Morgen beschmutzt vor und hatte das Gefühl, mich bei deiner Mutter entschuldigen zu müssen, – was ich auch tat." Franz Rosenzweig, *Die „Gritli"-Briefe. Briefe an Margrit Rosenstock-Huessy*, hgg. von Inken Rühle und Reinhold Mayer, Tübingen 2002, S. 240.
[38] Hegel, Phänomenologie (wie Anm. 1), S. 35.
[39] Ebd.

DANIELA MANTOVAN

Writing and Speech in Sholem Aleichem's Monologues

Sholem Aleichem,[1] the greatest humorist in the history of Yiddish literature, has been the subject of many biographical studies, essays, articles and reviews which, in the course of time, amount to probably the longest bibliography in Yiddish literature. In the extensive corpus of writings concerned with his literary production the mention of the American humorist Mark Twain recurs with regularity. Often, histories of Yiddish Literature point to the closeness of the two personas Sholem Aleichem and Mark Twain. In one of the most well known, by Sol Litpzin, we read:

> In the stories of Mottel Peyse, the Cantor's son who was early orphaned, he, (Sholem Aleichem) created a boys' classic, the Yiddish equivalent of Mark Twain's *Tom Sawyer* and *Huckleberry Finn*.[2]

Whereas many aspects in the literary production of both authors seem to indicate a similarity, or at least a certain closeness between the two great humorists – starting with their very specific sense of humor and the creation of memorable characters such as Huck Finn and Motl[3] – thorough research work on this evident literary relationship and on the humour of both authors has not yet been written.[4]

One of the most interesting and mysterious aspects of humoristic writings is what we can define, with a degree of approximation, as its oral quality. The works of Sholem Aleichem, like those by Mark Twain, seem to be "spoken language" or a verbal staged performance in which the garrulous verbosity of the protagonists

---

[1] Sholem Aleichem, the pseudonym of the Yiddish writer Shalom Rabinovitz (1859–1916), is the most well known pseudonym but it is not, however, the only one; in the course of his literary career he made use of some seventy pseudonyms. Sholem Aleichem, the name under which the author became famous in Europe and in the United States, is also the most popular and intriguing character of Rabinovitz's entire work.
[2] Sol Liptzin, *A History of Yiddish Literature*, New York 1985, p. 70.
[3] In the past decades, the transliteration of Yiddish names did not always follow the YIVO transliteration system, the now internationally accepted one; it is therefore possible to find variants of the same name, as in the case of Mottel / Motl, Peise /Peyse.
[4] In the extensive critical literature on Sholem Aleichem's work, some essays deal, in part at least, with this theme. See, for instance, Ruth R. Wisse, Sholem Aleichem and the Art of Communication, in: *The B. G. Rudolph Lectures in Judaic Studies*, Siracuse 1979; Dan Miron, *Shalom Aleykhem: pirkey masa*, Ramat Gan 1970, and by the same author, Bouncing Back: Destruction and Recovery in Sholem Aleykhem's *Motl Peyse dem Khazns*, in: *YIVO Annual of Jewish Social Science* 18 (1978), p. 119–184.

creates events and ambiance through its own acoustic substance. Meyer Viner comments on this aspect:

> Sholem Aleichem's works are directed, in fact not only to the factual imagination but to the verbal 'imagination', if such imprecise terminology may be used. (...) Speech as such, can only be appreciated aurally, just as dramatic works must be staged, so Sholem Aleichem's stories must be declaimed, acted out. Sholem Aleichem himself made a habit of reading his stories publicly, and it is no coincidence that of all the Yiddish writers (and certainly most of the non-Yiddish writers), his works are most often publicly recited and read. Sholem Aleichem's works, even the smallest of his master-stories are therefore a sort of wordplay, depicting an illusory, playacting world. This is a new genre in world literature. On the surface it appears to be prose, but in essence, it resembles high comedy.[5]

In his essay on Sholem Aleichem's humour, published for the first time in 1941, Viner points to the spoken quality of the written text as an aspect strictly connected to the vocal utterance and to the stage performance. In this essay, I shall examine some of Sholem Aleichem's monologues, which, more clearly than any other of his writings, illustrate this specific peculiarity of the Yiddish author's work.

The monologue, in its literary form and as a written text, confronts the reader with an ambiguity generally absent in other literary genres. The contradiction immanent in the monologue form is produced by the coexistence of two apparently antinomic levels of discourse: speech and writing, whereby the former seems to exclude the latter and vice versa. This difficult co-existence of the two levels of discourse in the literary monologue has been, and still is, the object of study and discussion.

In the first decades of the 20th century, Russian formalists offered with their study of the *skaz*'s literary technique one of the most stimulating discussions on the relationship between speech and writing.[6] *Skaz*, a term from Russian, designating the speech act or the verbal narrative, has been defined by Russian formalists in relation to its "live" character. The linguist and literature theoretician Victor Vinogradov, considered *skaz* as a narrative creating the illusion of a "live improvisation"; he described *skaz* as, "a self willed literary, artistic orientation toward an oral monologue of the narrative type. It is an artistic imitation of monological speech which contains a narrative plot and is constructed, as it were, as if it were being directly spoken."

The American linguist Hugh Mc Lean gave a further, summarized definition of *skaz*: "a stylistically individualized inner narrative placed in the mouth of a fictional character and designed to produce the illusion of oral speech."[7]

---

[5] Meyer Viner, On Sholem Aleichem's Humor, in: *Prooftext* 6 (1986), no. 1, p. 49. The English translation of the Yiddish original is by Ruth R. Wisse. The original Yiddish version of the essay: *Vegn Sholem Aleykhems humor*, was published for the first time in 1941 and again in 1946 in Meyer Viner, *Tsu der geshikhte fun der yidisher literatur in 19tn yorhundert* Vol. 2.

[6] A fundamental essay on *skaz* by Viktor Vinogradov, "Problema skaza v stilistike", was published in *Poètika,* Leningrad 1926 and later translated into English "The Problem of *Skaz* in Stylistics", in: *Slavistic Printings and Reprintings*, 46, The Hague 1966. Belonging to the same school of thought is Boris Eikenbaum's essay, published in: *Poètika* in 1924 and translated into English, "The Illusion of Skaz", in: *Slavistic Printings and Reprintings*, 48, The Hague 1966.

[7] Hugh Mc Lean, On the Style of a Leskovian Skaz, in: *Harvard Slavic Studies*, Cambridge Mass. 1954, II, p. 299.

These formulations and definitions seem to suggest an analogy between monologue, as a written text, and s*kaz*, even though Vinogradov, commenting on the relationship between monologue and *skaz*, does not take into consideration the written, literary monologue. Boris Eikenbaum set *skaz* in the context of oral tradition, relying on "organic forces of living narration." His analysis, departing from a close study of the stylistic techniques used by Gogol, brings to light the fundamental role of mimicry and of what he calls the "gestuality of the verbal narrative", "articulation and sound gestures" – another element common to the *skaz* narrative and to the writing of Sholem Aleichem in his literary monologues. Victor Ehrlich has been the first scholar to connect *skaz* to the study of the Yiddish literary monologue. Regarding stylistic elements common to both narrative forms, he writes:

> The *stylistic* ingredients of such a technique are obvious enough. Not unlike a "realistic" dialogue, a *skaz*-type monologue allows ample scope for sub literary verbal materials – the relative formal incoherence and "sloppiness" typical of ordinary discourse, "slangy" substandard expressions, dialectal peculiarities, inane misuses of language characteristic of the uneducated or semi-educated speakers. At the same time, as the last item may imply, *skaz* tends to function as *mode of characterization*. The class-determined deviations from the linguistic norm betray the speaker's or narrator's social and educational status, even while his idiosyncratic verbal mannerism often reveal his personality traits.[8]

"Orality", or spoken narrative, the essence both of *skaz* and of the literary monologue, seems to be an elusive yet a richly variegated theme that critical discourse addresses in connection with "live" communication. The complex relationship between writing and speech is best exemplified in Sholem Aleichem's monologues. The first one discussed in this paper, *Dos tepl*, (the Pot) and the second *An eytse* (Advice), are among the best known, the most cited and the most translated pieces of Sholem Aleichem's work.[9] *Dos tepl* and *An eytse*, like the majority of his monologues, postulate not only an external reader but also one or more internal listeners. In *Dos tepl* the listener is the rabbi, in *An eytse* the persona Sholem Aleichem of the author Shalom Rabinovitz. The division between external reader of the monologue and internal listener, i.e. between the written and the spoken form of the monologue, indicates a sharp split between the 'internal' writing space and the external reception of the monologue. Furthermore, it signals an implicit declaration of belonging to the long tradition of oral story-telling and an effective, realistic frame for the story.

---

[8] Victor Erlich, A Note on the Monologue as a Literary Form: Sholem Aleichem's *Monologn* – A Test Case, in: *For Max Weinreich on his Seventieth Birthday: Studies in Jewish Language, Literature, and Society*, The Hague 1964, p. 46. By the same author, two studies on the literary monologue form: Some Uses of Monologue in Prose Fiction: Narrative Manner and Word View, in: *Stil- und Formprobleme in der Literatur: Vorträge des VII. Kongresses der Internationalen Vereinigung für moderne Sprachen und Literaturen in Heidelberg*, Heidelberg 1959, p. 371–378 and "Notes on the Uses of Monologue in Artistic Prose" in *International Journal of Slavic Linguistics and Poetics* 1–2 (1959), p. 223–231.

[9] The monologue *Dos tepl*, written in 1901, was published for the first time in Warsaw in 1905 in: *Bikher far ale*, no. 7. The monologue *An eytse* written in 1904, was published in the same year, *Bikher far ale* no. 11. Both monologues were later included in Sholem Aleichem's complete works.

The protagonist of *Dos tepl*, Yente, introduces herself to the rabbi, to whom she has gone to ask for advice on an apparently no-longer-kosher pot, i.e. a pot that no longer conforms to Jewish dietary laws. Her initial remarks as to the reason for her visit expand and swell into a monologue involving the whole of her life. Her husband, prematurely deceased, her son, a mortally ill student, her desperate efforts to keep him alive and her poverty, all enter her speech and merge with practical observations, memories, descriptions of all sorts, exclamations and popular sayings. The rabbi, stupefied and exhausted by the endlessly protracted flow of words coming out of Yente's mouth, faints, bringing the monologue to an abrupt, farcical end.

The reality on which the *shtetl*'s story is based is also typified in the name of the protagonist, Yente, a name frequently used both to designate a folk's woman and as a qualifying, derogative adjective for loquacious, gossipy. Yente is thus by extension a *Yidene* among others, an Everyman in feminine form. The objective tragic elements of Yente's story are transformed into subjective comic ones, in other words, the content is modified through the individuality, even idiosyncrasy, expressed by language.

From the very beginning of the monologue we can determine two levels through which communication takes place: the first one relates to the material of which communication is made, that is, semantic and syntactical aspects of language, as well as rhetorical forms; the second, relative to the conveyance of communication from Yente to the rabbi and vice versa, is expressed by the logical connection of sentences and by their reception. The second level determines the communicative structure; furthermore the interaction of the two levels of discourse signals the transformation from the tragic into the comic and grotesque.

If we examine Yente's monologue, we notice how the attempt at communication by the protagonist is continually disrupted by new digressions. At the same time we sense, as if behind the scenes, the presence of the interlocutor, the rabbi, and his frequent attempts at intervention. Almost regularly, no fewer than 13 times, the monologue is hindered, seems lost in its own entangled net of continuous concentrical digressions. In these interruptions, which bring the derailed flow of words back to a finalized communication, we discover the rabbi's hidden intervention. The rabbi's function goes beyond that of a pure listener; in fact he acts not only as an active interlocutor but also as a foil to the comedian. Carrying on the same theatrical metaphor, we notice that the brief, recurrent interruption:

— יאָ, אקעגען וואָס איז דאָס געקומען צו רעד?

[– yes, so what brung all this on?][10]

looks like a missed cue, a failure of memory immediately filled by the prompter. Thus in the development of that which we can call a performance, the increasing shift from digression to digression regulates the interlocutory interruptions of the rabbi. Toward the end of the monologue, the question suspended from the very beginning of the text is finally uttered. But Yente's monologue continues despite

---

[10] All English translations of the original Yiddish text are by Ted Gorelik in: *Sholem Aleichem, Nineteen to the Dozen*, ed. by Ken Frieden, New York 1998.

two interruptions by the rabbi, – this time more a commentator than a prompter – until he faints in the farcical conclusion of the act.

The theatrical character I suggested in the structural composition of the monologue has its equivalent in the rhetorical forms of Yente's language. Her speech, like that of a comic entertainer, who on stage gives us the impression he is using common, everyday language, produces for the reader exactly the same illusion. Yet evidently both the comedian's and Yente's language are "processed", that is, artfully built in order to give us that impression of "reality". Each element of this language has in fact a precise reference to elements of the spoken language. However, what makes it artificial and artful at the same time is the extreme accumulation of elements that are generally irregularly distributed in everyday language.

The following extract contains an example of this accumulation process:

— יאָ, אָקעגגען וואָס איז דאָס געקומען צו רעד ? אָקעגען דעם, וואָס איהר זאָגט : שלעכטע שכנים... שלעכט צו שלעכט איז נישט גלייך ! לאָז מיר דאָס דער רבונו־של־עולם נישט פאָר־רעכענען פאָר קיין לשון־הרע ; איך דאַרף אויף איהר, וואָס איז שייך, קיין שלעכטס נישט רעדען. וואָס האָב איך צו איהר ? זי איז אַ אידינע, וואָס האָט ליעב געבען איין אָרעמאָן אַ שטיקעל ברויט. נאָר דער גוטער יאָהר זאָל זי וויסען : אַז עס קומט איהר אָן די מאָנקאָליע — זאָל גאָט שומר ומציל זיין ! ס'איז אַ בזיון צו דערצעהלען : קיין אנדערען וואָלט איך דאָס געוויס נישט געזאָגט, נאָר בײַ אייך, ווייס איך, וועט דאָס זיין אַ סוד... שששש... זי פּאַטשט איהם אונטער... דעם מאַן, הייסט דאָס... אַז קיינער זעהט נישט... "אי, זאָג איך צו איהר, גנעסי, גנעסי ! ווי האָט איהר קיין מורא נישט פאָר גאָט ? פאַר גאָט ווי האָט איהר קיין מורא נישט ?"... זאָגט זי : "ס'איז נישט אייער באָבּעס דאגה"... זאָג איך : "אַ שענע ריינע כּפרה"... זאָגט זי : "לאָז דער זיין די כּפרה, ווער עס קוקט אַרײַן אין יענעמ׳ס טעפעל"... זאָג איך : "לאָז דעם אַרוים די אויגען, ווער עס האָט קיין בעסערס נישט גע־זעהען"... זאָגט זי : "לאָז דעם פאָרלענגען, ווער עס הערט זיך צו"... וואָס זאָגט איהר אויף אזאַ פיסקאַטע ?..."[11]

– Yes, so what brung all this on? Well, now, it's like you says: Bad neighbors...Though bad for bad's ne'er good, and I trust the Almighty may find no blame in me for speaking ill of anyone. For what I got agin the woman, anyhow, to be finding fault with her? 'Cos she's a good soul, she is, which she never turn a beggarman away without he get his charitable crust of her first. And all the best to her for it, I says; only when the melancholies come on her and she get all of a fret? Well, heaven help one and all then! Why, it's crying shameful to be talking of it even, nor I shouldn'tr never dream of telling it to another soul nuther if I didn't only know confidences was safe in your keeping, sir...Shsh!...Beat him, she do... the husband, that is... Do it unbeknown whilst nobody's about... "Oh, Gnessy, Gnessy!" I say to her: "Ain't you got no fear afore God even? For how can't you fear God, I am sure I shall never know!"...Says she, "Ain't any your granny business!"... Says I, "Well, damnation and perdition's what I say!"...Says she, "Well, damnation to them as sticks their

---

[11] Sholem Aleichem, *Monologn*, Folks-fond Oysgabe, New York 1921, p. 14. Transliteration follows the YIVO standard.

noses in where they oughtn't!"... Says I, "Well, dickens strike blind them as ain't seed no better!"...Says she, "Well, dickens strike dead them as listens in!"...So how you like that for mouth, eh?

Yente's verbal fabric is made up of stereotyped expressions, colloquialisms, blessings, invocations, proverbs, contumelies. At the same time, her language is bolstered by figures of speech (rhetorical questions, emphasis, hyperbole, irony, paradox, metonymy, corrective resumption of speech), with a number of figures of repetition (anaphora, epistrophe, epanalepsis, pleonasm, tautology, periphrasis), and by a series of metaplasmic figures of speech related to the spoken quality of Yente's language, i.e., omission and transposition of letters.

This passage, though undoubtedly representative of the entire monologue, does not exhaust the wide range of rhetorical registers employed in the text. Metaphor, for example, is a dominant rhetoric device in Yente's figurative language. Dovid, her son, is in turn *'a shtik gold'*, *'a briliant'*, *'an oyg im kop'*, Gnesis's children are *'sheydim'*, living with them is *'gehenem'*.

Extended use of rhetorical figures, never-ending digressions, idiosyncratic use of the vernacular, compulsiveness, incoherence, all these aspects of Yente's monologue highlight an individualization of the speaker who, as revealed by her language, is an uneducated, folksy person. At the same time, the lower status of the speaker and the accumulation beyond measure of 'subliterary verbal materials' and of slang seem to indicate the crossing of a threshold from an oral monologue of a folksy type to comedy. In fact, it is the excessiveness of Yente's monologue, her 'verbal orgy', which causes the humorous ending. The distance between oral speech and its artistic literary recreation is at this point self-evident. The language 'spoken' by Sholem Aleichem's characters, considered by Dan Miron to be an 'idealized form of spoken language',[12] is, as Viener recognized, high comedy.

Sholem Aleichem's monologues, like the short stories by Nikolaj Gogol – a writer often cited in connection with the Yiddish writer – are based on reality. Each of his characters seems to be an organic, functional component of a *shtetl* community, one well known, even familiar, to the reader. At the same time, each character concentrates in one being all the traits common to a certain kind of person, thus becoming the typified image of that person. Yente is therefore the epitome of the talkative *"yidene"*, just as the young man in *An eytse* (Advice) is the epitome of indecision and Akaky Akakievich in Gogol's *Overcoat* that of petty bureaucracy. Typicalization, one of the basic traits of comedy and satire, is, like caricature, characterized by an accumulation of mostly negative traits leading to deformation and grotesque.

The theatrical structure of the monologue *Dos tepl* and its heavily idiomatic language contribute to create the impression of 'live' reality. The same theatrical mechanism works also in the monologue *An eytse*, producing basically the same kind of humorous response. In this monologue, a young man asks for advice from the writer Sholem Aleichem, the literary persona of the author, in a delicate marital matter. Weighing again and again the pros and cons of his situation, the young man cannot decide whether he should divorce his wife or not. In this monologue, the protagonist's indecision, his inconclusive oscillation between one

---

[12] Dan Miron, *Shalom Aleykhem: pirkey masa*, Ramat-Gan 1970.

alternative and its opposite, creates the same continuous, obsessive flow of words we observed in *Dos tepl*.

As in the previous case, the reaction is unexpected and farcical: the listener puts an end to his visitor's monologue by attempting to strangle him. The verbal strategy of this monologue parallels the feats of *Dos tepl*. In *An eytse*, however, the presence of a special listener-interlocutor, the persona Sholem Aleichem of the author Shalom Rabinovitz, renders the listener – speaker dynamic far more interesting and complex.

Introducing the story, Sholem Aleichem tells us of a persistent visitor who, in his absence, tried several times to find him at home. Immediately afterwards, sitting at his writing desk, Sholem Aleichem hears the door bell ring followed by the steps of somebody removing his galoshes, coughing and blowing his nose.

[– yes, all unmistakable signs of a writer in the offing]
he thinks, the visitor, a young man, comes in:

— איך בין געקומען צו אייך מכּח זעהר א נויטיגער זאך.

[I came to you on a urgent errand, sir.][13]

איהר שרייבט אזוי פיעל, אז איך מיין, אז איהר
באדארפט וויסען אלסדינג

[I mean, seeing as you write such an awful lot, sir, I should reckon you must know everything, sir.]

The conviction that the young man is an "author" is reinforced. Sholem Aleichem launches into sardonic observations on the literary horrors that such an author could supply. Asking him for advice, the young man clears up the unintentional misunderstanding. Sholem Aleichem's reaction is of immediate relief:

— מאך איך צו איהם און פיהל, ווי א שטיין איז מיר
אראפ פונ'ם הארצען.

[Do go on, I soothed, feeling now genuinely relieved of an intolerable burden][14]

In this story Sholem Aleichem is not only the listener-interlocutor of the monologue but also his narrator; moreover, he is a professional writer. From this perspective, his tirade against the literary monstrosities perpetrated by young provincial intellectuals, as well as his scorn and physical aversion to their appearance, acquire particular significance. It is possible that behind Sholem Aleichem's irony is concealed Shalom Rabinovitz's self irony, in one of his hidden games of frequent, subterranean allusions to himself.

Nonetheless it is rather peculiar that Sholem Aleichem, consulted for the express reason that he is a writer, displays his satirical observations which, explicitly a satire on bad literature, are implicitly directed against literature and against the author.

There is no doubt that in the same years in which Shalom Rabinovitz with his *Yidishe Folksbibliotek* set the foundation and the standard for modern Yiddish literature, the popularity of the so called *Shund-literatur* (trash-literature) had acquired massive proportions. Against that kind of primitive and sentimental

---

[13] Sholem Aleichem, *Monologn*, p. 73–74
[14] Ibid., p. 75.

writings, and against Shomer, the most famous and successful author of this kind, the author took up arms in his vitriolic *Shomer mishpet*.[15] Nonetheless, in this case his caustic wit has no precise objective; it looks like an attack in the absence of an enemy. What is attacked here is not so much literature or even bad literature as, paradoxically, writing in its function of producing literature. To read a manuscript is for Sholem Aleichem a nuisance, unless the manuscript turns out to be a document, as in the case of Menachem Mendel's letters.[16] His scorn for the hypothetical author does not in fact imply contempt for writing, as long as writing does not exceed the limits of mere reproduction.

Sholem Aleichem constantly refers in his stories to his direct, therefore real, experience. His function as a writer/chronicler is consequently intended as the pure transmission of real events. Sholem Aleichem's stylistic make up displays the same realistic zeal. His language, like that of his characters, is a spoken, colloquial language. But even sharing with them a familiar colloquial tone, his language is never ludicrous. In *An eytse*, Sholem Aleichem is involved with his young visitor in a farcical mechanism. He is necessarily transformed into an element of the comedy but, it should be noticed, precisely his presence, which causes the farce to explode, lays bare the abnormality of the character in that it is set against Sholem Aleichem's supposed normality.

The clear distinction between the speaker and the Sholem Aleichem character serves to create a comic outlet to the monologue; Sholem Aleichem's presence in the monologue is that of a professional writer, but what kind of attitude do the characters have toward writing? We noticed already, in *An eytse*, the confidence expressed in the visitor's belief that Sholem Aleichem as a writer knows and understands everything. In the same initial part of the monologue the young visitor describes his little town:

דאָס דאָזיגע שטעדטעל, אַזוי מיין איך, קענט

איהר דוקא זעהר גוט, נאָר איך וויל דאָס אייך נישט פּורש בשמו זיין, מחמת אַ קשיא אויף אייך, איהר קאָנט דאָס נאָר באַשרייבען, פּאָסט דאָס מיר ניט איבּער אַ סך טעמים...

> [I have a notion, too, that you must know the place pretty well, only I am not naming names because it wouldn't take only that much for you to be writing about it, and that wouldn't suit me for all sorts of reasons.][17]

What at first looked like confidence now turns into its opposite. Writing is the cause both of confidence and of mistrust. If being a writer gives a guarantee of wisdom, writing itself is a thing to keep at a distance at the risk of being publicly exposed.

---

[15] Shalom Rabinovitz published his *Shomer Mishpet* in 1888. Shomer (pseudonym of Nahum Meyer Shaikevich, 1849–1905) was a popular writer, successful both in Russia and in USA where he settled in 1889.

[16] *Menachem Mendel* is the title of an epistolary novel introduced by Sholem Aleichem as the discovery of an old manuscript. The theme of the narrative's truthfulness plays a relevant role in the whole of Rabinovitz's work.

[17] Sholem Aleichem, *Monologn* (see note 11), p. 74.

The writer's profession and his final product, the published story, are considered with a certain caution, even with a justified suspicion.

Sholem Aleichem, the literary persona of the author, on the other hand, has an unequivocal, rather pragmatic attitude towards his own writings. He gathers his material from his environment and deals, in short, with people's true stories for the benefit of his literary business. He is an integral part of the world he tells us about, and his being an insider allows him an unprecedented and unpunished "traffic of words".[18] From this interior viewpoint, he spits sarcasm at literature and at literati; his profession, in fact, is not that of inventing stories, but only that of re-telling what he has heard. Sholem Aleichem does not consider himself a writer of stories but rather the chronicler of other people's stories. The minimization of his function gives him direct access to reality precisely because it excludes literature's fictionality.

Even though the literary persona of Sholem Aleichem is a fictional character and a perfectly fitting mask for the author Shalom Rabinovitz, the literary process, in the first instance the act of writing, is defined by the author and by the literary persona in two basically different ways:

- For the persona/character Sholem Aleichem, writing is a function and not even the most important one of oral discourse; the end product, the book, is merchandise and an object of trade.
- For the author Shalom Rabinovitz, writing is an obsessive, never-ending mimetic process[19] and the recreation of a Yiddish way of life determined, defined and characterized by oral discourse.

The split between writing and oral discourse could not be composed but by a persona interposed between the author and the reader, one taking over the speaking and the act. But 'orality' and stage performance were the very lens through which Rabinovitz saw and translated reality, – he was undoubtedly the best public reader and stage performer of his works – inevitably, his alter ego Sholem Aleichem, his voice, his cunning lies, his wit, irony and sarcasm, became the author himself.

Sholem Aleichem/Rabinovitz's will, "one of the great ethical wills in history", published in *The New York Times* the day after the funeral, begins by stating his belonging to the "plain people" and to the "spoken word" implicit in the Yiddish expression *folkshrayber*:

> Wherever I die I should be laid to rest not among the aristocrats, the elite, the rich, but rather among the *plain people*, the toilers, the *common folk*, so that the tombstone that will be placed on my grave will grace the simple graves about me, and the simple graves will adorn my tombstone, even as the plain people have, during my life, beatified their *folk writer*.

---

[18] This expression was first used by Marthe Robert in her volume *L'ancien et le nouveau*, Paris 1963, referring to the confusion of the property of discourse in Don Quixote. In particular, it designates a continuous shift of the discourse, which is not necessarily a univocal relationship between speaker and listener.

[19] Biographies and memoirs on the life of Shalom Rabinovitz unanimously point to his continuous and exhausting writing activity, which he carried out until his death in 1916.

Another provision was:

> At my burial, and throughout the first year, and thereafter at the annual recurrence of the day of my passing, my remaining son and my sons-in-law should say Kaddish for me. But if they are not so inclined, or this be against their religious convictions, they may be absolved therefrom only if they all foregather with my daughters and grandchildren, and with good friends generally, and read my will, and also select one of my stories, of the very merry ones, and *recite* it in whatever language is more intelligible to them; and *let my name be recalled by them with laughter* rather than not be remembered at all.[20]

---

[20] Marie Waife-Goldberg, *My father Sholom Aleichem*. Sholom Aleichem Family Publications, New York 1999, p. 316 (Italics mine). The volume was previously published by Simon and Shuster. Sholem Aleichem died in New York on May 13 (on his tombstone 12 a), 1916. His funeral, "possibly the largest the city had seen", was followed by over 100,000 people.

G. WILHELM NEBE

Eine neue Inschrift aus Zincirli auf der Stele des Kutamuwa und die hebräische Sprachwissenschaft[1]

Einleitung

Die hebräische Sprachwissenschaft befasst sich mit der Geschichte der hebräischen Sprache, beginnend mit der rekonstruierbaren Form ihres Anbeginns im 2. Jahrtausend v. d. Z., sodann vor allem mit der Zeit der schriftlichen Bezeugung ab ca. 1000 v. d. Z., genauer mit der charakteristischen Ausprägung des sog. klassischen Althebräischen der Bibel (BH) und der epigraphischen Zeugnisse (EH), sodann mit der Entwicklung über das sog. Mittelhebräische (Late Biblical Hebrew) hin zum rabbinischen Hebräisch (RH). Sie befasst sich mit der Renaissance und dem Weiterleben der hebräischen Sprache im Frühmittelalter und Mittelalter bis hin zur Erneuerung als lebender Sprache im 19. und 20. Jahrhundert und dem heutigen Neuhebräischen (NH). Der hebräische Bibeltext erlaubt trotz seiner Festlegung erst in nachchristlicher Zeit Einblicke in die Entwicklung des Alt- und Mittelhebräischen. Epigraphisches wie biblisches Hebräisch zeigen regionalspezifische Unterschiede: Nordhebräisch „Israelitisch" (bis 722 v. d. Z.) und Südhebräisch „Judäisch" (die Grundlage des klassischen Hebräisch). Diachronische, diatopische wie synchronische Betrachtungen der hebräischen Sprache sind nur möglich, wenn man die Einbettung des Hebräischen innerhalb der semitischen oder genauer der nordwest-semitischen oder zentralsemitischen Sprachfamilie berücksichtigt. Spätestens ab der exilischen und nachexilischen Zeit Israels ist eine bilinguale Interferenz mit dem Aramäischen als gesprochener Sprache evident.[2] Eine Interferenz mit dem Aramäischen ist aber auch schon für den Beginn des Althebräischen in Rechnung zu stellen.

---

[1] Das Folgende geht im Wesentlichen auf ein Referat über diese neue Inschrift zurück, das ich am 7.4.2009 im Kolloquium des Instituts für Semitistik, Leitung Prof. Dr. W. Arnold, gehalten habe. Für Verbesserungsvorschläge und Anregungen danke ich den Teilnehmern insbesondere den Herren Prof. W. Arnold und K. Beyer und Frau Dr. V. Hug und den Herren Drs. R. Kuty und D. Schwiderski.

[2] Th. Nöldecke, Besprechung von E. Kautzsch, Die Aramaismen im Alten Testament. 1. Lexikalischer Teil, *Z(eitschrift) D(er) M(orgenländischen) G(esellschaft)* 57, 1903, S. 412–420. – M. Wagner, *Die lexikalischen und grammatikalischen Aramaismen im alttestamentlichen Hebräisch*, Berlin 1966 (dazu K. Beyers Besprechung *ZDMG* 120, 1970, S. 192–198). – A. Hurvitz, The Chronology and Significance of „Aramaisms in Biblical Hebrew, *Israel Exploration Journal* 18, 1968, S. 234–240. – I. Young, *Diversity in preexilic Hebrew*, Tübingen 1993. – Kurz gefasst E. Y. Kutscher, *A History of the Hebrew Language* (ed. R. Kutscher), Leiden/Jerusalem 1982, §§ 100–106.

Die biblische Tradition der Vätergeschichte postuliert ein Verwandtschaftsverhältnis zwischen Hebräern und Aramäern. Abrahams Name lautet zuerst nur Abram, ʼAb(ī)-rām „mein Vater ist erhaben (< Pf. oder Ptz.)", wofür meist auf das Amurritische verwiesen wird,[3] wie z. B. der PN ʼA-bi-e-qar „mein Vater ist kostbar"[4] oder Ḫa-mu-ra-ma „der Vatersbruder ist erhaben".[5] Dabei ist unklar, ob die Verwandtschafts-Bezeichnung eine Gottheit meint. Genauso könnte man auch auf ähnliche andere kanaanäische PN verweisen wie den tyrischen ʼA-bi-mil-ki nach den Amarnatexten[6] oder den ugaritischen PN ʼABRM[7] oder den phönizischen ʼḪRM uam.[8] Auch im Aramäischen sind PN zusammengesetzt aus ʼAb „Vater" geläufig, aber zusammengesetzt mit der √rwm selten.[9]

Abram stammt der biblischen Tradition nach aus Ur in Chaldäa (Mesopotamien). Er wandert zuerst nach Ḥarran, ca. 45km südlich von Urfa-Edessa, das heutige Orhay in der Türkei, wo Aramäer leben,[10] dann weiter in den Süden, in Orte, wo Kanaanäer leben (Gen 12,5). Gen 14,13 ist Abram „der Hebräer Abram" genannt. Nachdem Gott mit ihm einen Bund geschlossen hat, ihn „zum Vater einer Menge von Völkern" zu machen (והיית לאב המון גוים), erhält er den neuen Namen Abraham < ʼAb- ruhām „Vater einer großen Menge" (17,4.5).[11] Abrahams Sohn heiratet Ribqa. Ihr Name ist nicht eindeutig, vielleicht aramäisch.[12] Sie ist die Schwester des

---

[3] Die Amoriter oder Amurriter sind Nomaden des 22.–15. Jh.s v. d. Z., sie stammen aus der Gegend nördlich von Palmyra und sind nach Mesopotamien eingewandert. Ihre Sprache ist nur über die erhaltenen PN zu rekonstruieren, zuletzt M. P. Streck, *Das amurritische Onomastikon der altbabylonischen Zeit*, Bd. 1, Münster 2000.

[4] Streck § 2.23.

[5] Streck § 3.25.

[6] R. S. Hess, *Amarna Personal Names*, Winona Lake 1993, 18.

[7] F. Grondahl, *Die Personennamen der Texte aus Ugarit*, Rome 1967, S. 86. – G. del Olmo Lete & J. Sanmartín, *A Dictionary of the Ugaritic Language in the Alphabetic Tradition*, Leiden 2004, s. v., S. 13.

[8] F. L. Benz, *Personal Names in the Phoenician and Punic Inscriptions*, Rome 1972, S. 108. – Ch. R. Krahmalkov, *Phoenician-Punic Dictionary*, Leuven 2000, S. 44.

[9] Z. B. M. Maraqten, *Die semitischen Personennamen in den alt- und reichsaramäischen Inschriften aus Vorderasien*, Hildesheim 1988, S. 65 (ʼAb-haltige PN). √rwm-haltige PN z. B. in Hatra 35,2 97 164,7: K. Beyer, *Die aramäischen Inschriften aus Assur, Hatra und dem übrigen Mesopotamien*, Göttingen 1998; und altsyrisch Am8(D51), 7: H. J. W. Drijvers/J. F. Healey, *The Old Syriac Inscriptions of Edessa & Osrhoene* Texts, Translations & Commentary, Leiden 1999, S. 180 ff.

[10] Das spätere Altsyrisch von Edessa zählt zum Ostaram. und liegt als „Altsyrisch" bzw. „Syro-Aramäisch" dem Lehrangebot des Institut für Semitistik der Universität Heidelberg zugrunde.

[11] Arab. ruhām „große Zahl", J. G. Hava, *Arabic-English Dictionary*, Beirut 1970, S. 275 s. v., dort auch ʼarham „fruchtbareres Land". – Auf diese Deutung verweist auch Ch. Rabin, *Die Entwicklung der hebräischen Sprache*, Wiesbaden 1988, 8. Die biblische Namensätiologie und die hebräische Aussprachetradition schließen eine Herleitung des Namens aus aramäisch ʼAb-rāʼ/him (Ptz.) aus.

[12] Zumeist ist auf gemeinsemitisch baqar „Rind" verwiesen, oder auf arabisch ri/abqa „(Hals)-Schlinge" (H. Wehr, *Arabisches Wörterbuch für die Schriftsprache der Gegenwart*, Wiesbaden 1968, s. v.); > syro-aramäisch rḇaqtā „Dreschen des Getreides durch Ochsen" (J. Payne-Smith, *A compendious Syriac Dictionary*, Oxford 1903. Nachdrucke s. v.), so auch bei Gesenius, Berlin [18]2009, s. v. Möglicherweise hängt dieser PN aber an aramäisch √rbqʽ „sich lagern", dem hebräisch √rbṣ entspricht. So E. Lipinski, *The Aramaeans, their ancient history, culture, religion*, Leuven 2000, S. 74 der an einen ursprünglichen Ort dieses Namens denkt, von dem der PN Ribqas herstamme. Von dieser aramäischen √rbqʽ könnte auch das bh. No-

"Aramäers" Laban (הארמי) (Gen 28,5; 31,20.24)[13] aus Padan Aram (פדנה ארם) in Syrien/Mesopotamien. In der nächsten Generation heiratet Yaqob die beiden Töchter Labans. Laban und Yaqob schließen Gen 31,44–48 einen Bund an einem Steinmal (מצבה), das Laban auf aramäisch yəḡar śāhaḏūtā (tiberisch; יגר שהדותא) und Yaqob auf hebräisch galʿēḏ (גלעד) nennt. Im Rückblick Deut 26,5 werden Yaqob und sein Sohn Yosef „ein sich verlaufener Aramäer (ארמי אבד)" genannt.

Die Familie des Stammvaters Israels zeigt also von ihren Anfängen her zusätzlich zu ihrer hebräischen auch eine aramäische Wurzel.

Anfang des 20. Jahrhunderts wurde das Hebräische eine kanaanäisch-aramäische Mischsprache genannt. Nach H. Bauer/P. Leander (*BLH*)[14] „trifft die (jüdische) Überlieferung" „im wesentlichen das Richtige". Das heißt, dass gemäß dieser These die einwandernden Israeliten einen aramäischen Dialekt sprachen und einen „Sprachwechsel" zum einheimischen Kanaanäischen hin vornahmen, und zwar zum Amoritischen (Amurritischen) von Syrien/Palästina. Die Vermischung besteht nach ihnen also aus einem Aramäischen und aus einem (ostsemitischen) Kanaanäischen. Dieses Aramäisch war nach Bauer-Leander „wohl ein Dialekt des damaligen Arabisch".[15]

H. Bauer/P. Leanders und anderer Thesen gelten heute im Einzelnen als überholt, weil wir nach Bekanntwerden vieler neuer Texte nicht nur die kanaanäischen Sprachen, sondern auch das Aramäische differenzierter betrachten können. Das Nordhebräische (bis 722 und Nachwirken im BH) zählt heute zusammen mit den Kanaanismen der akkadischen Amarnabriefe aus Jerusalem (14. Jh.) und dem Gileaditischen von Deir 'Alla (9. Jh.) und dem Ammonitischen (9./6. Jh.) zum Zentralkanaanäischen und das Südhebräische zum Süd-Kanaanäischen zusammen mit dem Moabitischen (9./5. Jh.), dem Edomitischen (8./6. Jh.) und dem Sinaitischen (2. Jtsd).[16] Wenn wir heute von einer Interferenz des Hebräischen der Frühzeit mit dem Aramäischen sprechen, tun wird das innerhalb der Interferenz des Kanaanäischen mit dem Aramäischen überhaupt.

Wie sich kanaanäische und aramäische Sprachen überlagern und vermischen können, ist am besten zu sehen am Beispiel der Sprachen von Zincirli im 1. Jahrtausend v. d. Z. in der heutigen Südosttürkei (nordöstlich von Islahiye). Im größeren Umkreis dieses Raumes sind mehrsprachige Inschriften in der Form Ein Text

---

men marbeq herzuleiten sein, dann wäre es aramäisches Pendant zu bh. marbeṣ „Lagerstatt (der Tiere)", vgl. arabisch marbiḍ. Entgegen einem ursprünglichen Ortsnamen von Ribqa ist m. E. eine Bedeutung „Lagerstatt (einer Gottheit)" nicht ausgeschlossen, vgl. den hebräischen PN שכניה „Adonay hat sich niedergelassen" von der hebräischen √שכן.

[13] Der Name Laban < „weiss"; ein Eponym aramäische Gruppen?
[14] *Historische Grammatik der hebräischen Sprache*, Halle 1922. Nachdrucke S. 19, 23.
[15] Ebd. S. 23
[16] Während das Nordkanaanäische insbesondere durch das Ugaritische (1300–1190 v. d. Z.), das Ostkanaanäische durch das Amurritische (2200–1500) und das Westkanaanäische durch Kanaanismen in ägyptischen Texten des 2.Jtsds und in der akkadischen Amarna-Korrespondenz aus Phönizien und vor allem durch das Phönizisch- Punische selbst (14. Jh. vor bis 5. Jh. n. d. Z.) repräsentiert ist. – Siehe K. Beyer, Das biblische Hebräisch im Wandel, in: R. Reichman (Hg.), *„Der Odem des Menschen ist eine Leuchte des Herrn"*, A. Agus zum Gedenken, Heidelberg 2006, S. 159–180.

in zwei- oder mehr-sprachigen Fassungen nicht ungewöhnlich.[17] Uns geht es im Folgenden aber um Inschriften, die gegenseitigen Spracheinfluss zeigen. Das ist bei den Zincirli Inschriften der Fall. Anhand der schriftlichen Zeugnisse dort ist zu sehen, wie sich eine semitische, vielleicht die aramäische Sprache, mit einem nichtsemitischen anatolischen Dialekt[18] verbindet (Inschrift von Ördekburnu in aramäischer Schrift, 9./8. Jh. v. d. Z.?), wie gleichzeitig (? 830/20 v. d. Z.) ein kanaanäischer Dialekt, das Phönizische, Verwendung findet und wie in der Folgezeit (770/60 v. d. Z.) das Kanaanäische von einem archaischen Aramäischen überlagert wird bis schließlich (733/27 v. d. Z.) nur noch das Aramäische vorherrscht.[19] Der Neufund in Zincirli von 2008 verdeutlicht den Übergang zum letzten Stadium. A. Lemaire präzisiert den Weg der Abfolge der Kanzleisprachen in Samʾal entsprechend der politischen Situation: solange Samʾal Vasall von Que/Quwē ist, ist das Phönizische Zweit-Sprache neben dem Luwischen. Als Samʾal in der Folgezeit ein unabhängiger Staat ist, herrscht das typisch Samʾalische vor, ein lokaler archaischer aramäischer Dialekt. Als Samʾal sodann zu den Vasallen des assyrischen Reiches zählt, herrscht neben dem Assyrischen das Aramäische als Verkehrs- und Verwaltungssprache.[20]

---

[17] Zu den phönizischen Zeugnissen in Anatolien E. Lipinski, *Itineraria Phoenicia*, Leuven 2004, S. 109–143; eine Zusammenstellung zur Geschichte des Hebräischen und Aramäischen im Lichte von mehrsprachigen epigraphischen Zeugnissen A. Lemaire, Hebrew and Aramaic in First Millennium B.C.E., in: St. E. Fassberg (Hg.), *Biblical in its Northwest Semitic Setting*, Winona Lake 2006, S. 177–196; hinzukommt nun die Edition des phönizischen Textes der Trilingue von Incirli aus der Gegend des alten Marash in der Südosttürkei (luwische Hieroglyphe – neuassyrische Keilschrift und eine phönizische Inschrift) von St. A. Kaufman, The Phoenician inscription of the Incirli trilingual: a tentative reconstruction and translation, *Maarav* 14, 2007, S. 7–26.

[18] Zu den anatolischen Völkern und Sprachen jüngst: M. Popko, *Völker und Sprachen Altanatoliens*, aus dem Polnischen übersetzt von Cyril Brosch, Wiesbaden 2008.

[19] Zu den Inschriften von Zincirli: H. Donner/W. Röllig, *Kanaanäische und aramäische Inschriften*, Bd. I–III, Wiesbaden ²1966/1969 (⁵2002 = Bd. I; abg. *KAI*): *KAI* Nr. 24, 25, 214–221; P.-E. Dion, *La Langue de Yaʾudi*, 1974; J. C. L. Gibson, *Textbook of Syrian Semitic Inscriptions* II, Oxford 1975; III, Oxford 1982 (abg. *TSSI* I–III); J. P. Healey, *The Archaic Aramaic Inscriptions from Zincirli*, Diss. Harvard 1984; am ausführlichsten J. Tropper, *Die Inschriften von Zincirli*, Münster 1993 (abg. J. Tropper); D. Schwiderski, *Die alt- und reichsaramäischen Inschriften*, Bd. 1: Konkordanz, Berlin 2008; Bd. 2: Texte und Bibliographie, Berlin 2004. – M. Folmers soeben erschienene, schöne, knappe Zusammenfassung des Alt- und Reichsaramäischen geht auf die Inschriften von Zincirli nicht ein: Alt- und Reichsaramäisch, in: H. Gzella (Hg.), *Sprachen aus der Welt des Alten Testaments*, Darmstadt 2009, S. 104–131.

[20] 2006, S. 178 f. – Die phönizische Inschrift von Samʾal *KAI* 24,10.13–15 nennt zwei Volksgruppen im Widerstreit für die Zeit Kilamuwas (ca. 825 v. d. Z.): Zum einen die MŠKBM „die Sesshaften" < gemeinsemitisch √škb „sich legen", auch phönizisch und altaramäisch, und zum andern die BʿRRM < gemeinsemitisch √bʿr „wegschaffen, verwüsten", vgl. syroaramäisch „durchwandern"; Paʿ „verwüsten", mit augmentativer Wiederholung des letzten Radikals syro-aramäisch „sich ganz brutal verhalten", J. Tropper S. 45 mit Hinweis auf S. Brock, d. h. „die Wilden, Brutalen". Man könnte aber auch an die Bedeutung wie bh. Piʿ „abweiden", aramäisch „durchwandern" denken und in ihnen „die Nomaden, die umherschweifende Hirten" bezeichnet sehen, so Lipinski, 2000, S. 236. Beide Wörter zeigen dem Phönizischen entsprechend auslautendes -m, wohl Pl.m. -īm.

I. Die alten Zincirli-Inschriften

In den 80er Jahren des 19. Jahrhunderts wurden im Raum von Zincirli in der Südosttürkei großartige Stelen und Reliefs entdeckt, die insbesondere die deutschen Archäologen zu fünf großangelegten Expeditionen in den Jahren 1888–1902 veranlassten.[21] An Schriftfunden von dort sind bis heute auf uns gekommen: 15 Inschriften (mit der aus Ördekburnu 16), davon zehn auf Stein eingemeißelt, eine geritzte Szepterhülse (?), ein Siegel und drei beschriftete Silberbarren.

Gemeinhin außer Acht gelassen (auch bei J. Tropper) ist eine 1888 in Ördekburnu, 12 km südlich von Zincirli, gefundene Stele mit Darstellung und Inschrift in aramäischer Schrift, vielleicht aus dem 9./8. Jahrhundert oder schon aus dem 10. Jahrhundert v.d.Z. Zuletzt hat E. Lipinski darüber berichtet.[22] Über der Darstellung sind 3 hieroglyphisch luwische Zeichen gesetzt. Semitisch ist vielleicht mt ybny ... tnb ḥlbbh „das Land soll er bauen ... die Herrschaft soll er geben" (Z. 2); ysʿd „er soll stützen" (Z. 3); nbk yn ... lrkbʾl ʾlh „eine Quelle von Wein ... für den Gott Rakkab-il" (Z. 4.5); brkbʾl š' yn lym zb „mit Rakkabel ein (männliches) Schaf, der Wein floss täglich" (Z. 7.8); 'šm kyn mt h' nb šmš 'lh „Schuldopfer (?), wenn der Sonnengott hat hervorbringen lassen den Wein dieses Landes" (Z. 10). – Warum weise ich auf diese Inschrift hin? Die Darstellung enthält religiöse termini anatolischen Ursprungs zrmly (Z. 3) und 'rmly (Z. 6) von šarruma und Arma, dem luwischen Mondgott. 'rmly steht in hieroglyphisch luwischen Inschriften als Apposition zu kbb = „the lunar Kubaba". Die Inschrift zeigt wahrscheinlich eine Mischung hethitischer und semitischer Kultur. Wenn die Sprache wirklich semitisch ist,[23] handelt es sich bei der Sprache vielleicht eher um ein Aramäisch als ein Phönizisch, aber sicher ist das nicht.[24] Genaueres lässt sich bis jetzt nicht sagen.

Betrachtet man die Sprachen dieser Inschriften, so gibt es abgesehen von der Ördekburnu-Inschrift: Inschriften in phönizischer Sprache (nach J. Tropper nur 1: K1 = *KAI* 24; Zeit: 830/20 v.d.Z.),[25] sodann in sog. sam'alischer oder ya'udischer Sprache (zwei oder drei Inschriften: J. Tropper K2.H, beide wohl 770/60 v.d.Z. K2.P, wohl 733/731 v.d.Z. = *KAI* 25, 214, 215)[26] und schließlich in aramäischer Sprache (10: J. Tropper B1–10, vielleicht alle zwischen 733 und 727 v.d.Z. 9, = *KAI* 6 Stück: 216–221, die restlichen 4 sind Siegel und Silberbarren). Letztere

---

[21] Die Kampagnen sind jüngst sehr schön beschrieben bei R.-B. Wartke, *Sam'al. Ein aramäischer Stadtstaat des 10. bis 8. Jh.s vor Chr. und die Geschichte seiner Erforschung*, Mainz 2005.

[22] 2000, S. 234, A. 9.

[23] M. Popko (2008, S. 81): die Inschrift auf dieser Stele stamme vielleicht aus dem 10. Jh. v.d.Z. und sei im neohethitischen Stil gehalten und in einer älteren Variante der semitischen Schrift geschrieben; die Sprache sei nicht-semitisch, aber weiterhin ungeklärt, theoretisch komme ein luwischer Dialekt in Frage.

[24] sʿd, mt und š' eher aramäisch, aber yn und ym eher phönizisch geschrieben?

[25] J. Tropper lässt die verloren gegangene Inschrift *KAI* 23 außer Acht. Auch sie zeigt, wenn die Lesung von *KAI* 23 richtig ist, phönizische Sprache: z. B. b'rṣ hmlk 'šr „im Lande des Königs von Assyrien" (Z. 4). *KAI* 25 rechnet J. Tropper (K2) zusammen mit andern vor ihm anders als H. Donner und W. Röllig zum Sam'alischen/Ya'udischen. Die phönizischen Inschriften zeigen keine Vokalbuchstaben-Schreibung.

[26] Auf die Frage, ob bei diesen Inschriften nur die Orthographie als kanaanäisch und die Sprache als aramäisch zu bezeichnen ist oder ob eine echte Sprachmischung vorliegt, wird weiter unten eingegangen werden.

entsprechen im Großen und Ganzen dem auch sonst bekannten Altaramäischen in Altsyrien.

II. Die neue Zincirli-Inschrift

Bis zum Jahre 2006 fanden offenbar keine Ausgrabungen in Zincirli mehr statt. Seit 2006 leiteten David Schloen und Amir Fink eine archäologische Expedition des Chicagoer Orientalischen Instituts in Zincirli (Neubauer Expedition, nach dem Mäzen benannt). Im Sommer 2008 entdeckte man außerhalb der Zitadelle der Stadt, die 2007 ausgegraben wurde, im Annex zum sog. Hause des Kutamuwa eine Statue mit Relief-Darstellung und Inschrift. Dieser Annex war den Ausgrabungen nach in früherer Schicht eine Küche mit zwei Öfen. Weil die Stele eine Grabinschrift enthält, identifizieren die Ausgräber den Raum als Totenkapelle. Die Annahme stützt sich darüberhinaus auch auf Funde von Nahrungsresten, Tierknochen und Fragmente von Töpferware. Die Stele soll einen Privatschrein darstellen.

Die Stele befindet sich heute im Gaziantep Museum. Alle Informationen, auch das Photo der Inschrift, sind bisher nur dem Internet zu entnehmen, sie gehen auf D. Pardee zurück, der die abschließende Edition vorbereitet.[27] Im Folgenden kann natürlich keine vollständige Klärung aller anstehenden Probleme gegeben werden, die die Inschrift aufwirft.

(a) Das Relief und seine Darstellung

Die Deutung der Reliefdarstellung bezieht die anderen Zincirli-Funde mit ein.[28]

Das Relief zeigt keine Göttersymbole wie andere es tun.[29] Die in Seitenansicht dargestellte Person ist offensichtlich kein Gott,[30] sondern ein verstorbener Mensch, der an einem Speise- oder Opfertisch sitzt.[31] Der Tisch hat keine sich überkreuzenden Füße.[32] Er ist mit Nahrungsgütern gefüllt, mit zwei Kannen (?) und mit etwas, das dem unteren Stück eines Tannenbaums ähnelt und wohl übereinandergelegte Schalen oder Brotfladen (?) darstellt.[33] Die Person sitzt nicht auf einem Thron, sondern auf einem einfachen Stuhl.[34] Der Körper ist mit einem Gewand bedeckt. Am Hals sieht man den Saum des Mantels. Der Kopf ist im

---

[27] http://www.archaeology.org/online/features/zincirli/; das beste Photo: http://www.dailyhebrew.com/2008/11/17/new-zincirli-inscription-update/.
[28] Siehe die Photos bei R.-B. Wartke.
[29] Wie bei den Reliefdarstellungen der Könige R.-B. Wartke S. 67, 72, 86f.
[30] Vgl. die Reliefdarstellung des Wettergottes (ohne Inschrift) R.-B. Wartke S. 71 Abb. 64 links, und die Gottesfigur-Statue mit Inschrift R.-B. Wartke S. 68 und KAI 214 = J. Tropper H1, die Inschrift beginnt so: „ich Panamuwa habe diese Statue für Hadad errichtet in meiner Grabstätte."
[31] Vgl. andere solche Darstellungen R.-B. Wartke S. 10 (?), 72, 82, 88.
[32] Wie R.-B. Wartke S. 72, 82.
[33] Vgl. R.-B. Wartke S. 72, 82, 88.
[34] Vgl. bei R.-B. Wartke S. 72 Abb. 68 und 69. Zum Thron gehört ein Schemel für die Füße.

Detail dargestellt: Eine Mütze mit Knubbel.[35] Ohren, Augen, Nase und Mund sind erkennbar, auffällig ist der geflochtene Bart.[36] Der Sitzende streckt seine beiden Hände nach vorn.[37] Die Finger und Fingerspitzen sind bis hin zu den Fingernägeln (?) deutlich herausgearbeitet.[38] Die eine Hand hält eine dekorierte Trink-Schale[39]. Was die andere hält, ist nicht ganz eindeutig: einen Gegenstand, der oben rund ist, und fast wie ein abgeknickter ovaler Tennisschläger aussieht. Die Ausgräber denken wegen der Verzierung an einen Tannenzapfen aus dem Kiefernwald des nahegelegenen Amanus Gebirges, der ein Zeichen für langes Leben oder für die Wiedergeburt sein könnte.[40] Sie deuten die dargestellte Szene als ein Bankett in Hoffnung auf ein Leben nach dem Tode. Text und Reliefdarstellung sollen das erste Zeugnis für den Glauben an eine Trennung von Seele und Körper sein. Die Ausgräber denken allerdings ohne Begründung an eine Feuerbestattung.[41]

(b) Die Inschrift

Die Inschrift ist wie auch sonst üblich erst nach Fertigstellung des Bildes dem Bilde angepasst eingemeißelt worden. Die Schriftzeilen sind vorliniert, wahrscheinlich hängen die Buchstaben an der oberen Linie, obwohl das für Z. 1 nicht ganz deutlich zu sehen ist. Der Zeilen-Beginn ist nicht bündig, sondern entsprechend dem Oval der Reliefdarstellung halbrund. Die Wörter sind durch kurze Trennungsstriche – es können auch Trennungspunkte gemeint sein – voneinander abgesetzt. Am Ende der Zeile steht wie auch in andern epigraphischen Zeugnissen üblich, kein Wort-Trenner. Z. 6- und Z. 7-Ende gibt es jeweils zwei Striche als Zeilenfüller. Keine Wort-Trenner stehen Z. 1 Ende zwischen nṣb und folgendem b und am Anfang Z. 7 bei den ersten sieben Buchstaben. In Z. 8 ist wlw nicht vom zugehörigen Impf. yqḥ getrennt. Z. 9-Ende stehen ein kurzer und ein längerer Strich als Füllsel zum Bild hin. Z. 12 unterbricht die bildliche Darstellung unter dem kleinen Finger den Text nach dem ersten y von yšwy, und es ist nach dem ersten y ein Strich gesetzt. Die Inschrift schreibt die Wörter über die Zeile in Z. 1–4 und in Z. 10 auf 11.

---

[35] Könige tragen diese Kopfbedeckung (R.-B. Wartke S. 36, 71 f., 87), aber wohl auch Hofbeamte und einfachere Leute (R.-B. Wartke 71), bei Göttern ist der Knubbel viel größer (R.-B. Wartke 71).

[36] Wie sowohl bei Göttern (R.-B. Wartke S. 68, 71) wie bei Königen (R.-B. Wartke S. 36, 71 f., 86 f.), Beamten (R.-B. Wartke S. 71) und auch bei einfacheren Leuten (R.-B. Wartke S. 71) üblich, aber offenbar nicht bei allen Darstellungen von Männern (R.-B. Wartke S. 72, 82).

[37] Nur eine Hand ist erhoben R.-B. Wartke S. 10. Vgl. andre Speisetischszenen R.-B. Wartke S. 72, 82.

[38] Wie auch sonst R.-B. Wartke S. 10, 67, 71, 72, 87, 88.

[39] Vgl. R.-B. Wartke S. 72, 82?, 86, 88.

[40] Andere Darstellungen zeigen in der Hand eine Lotosbüte (R.-B. Wartke S. 71), stilisiert (?) (R.-B. Wartke S. 72, 86 f.), ein Palmenwedel oder eine Straußenfeder (S. 72, 87 f.). Ich frage mich, ob man eventuell nicht bei Berücksichtigung des Textes der Inschrift (Z. 13 šq) in der Hand einen Schenkel/ein Bein vermuten darf. Wieso aber das Muster?

[41] In Zincirli sind Sarkophage mit Gebeinresten gefunden worden. Zu den Bestattungsriten und -vorstellungen siehe weiter unten.

Die Schrift könnte die phönizische oder die altaramäische sein, beide sind in der älteren Zeit kaum voneinander zu unterscheiden.[42] Im Altphönizischen werden Vokale nicht mit Vokalbuchstaben geschrieben, was aber im Altaramäischen möglich ist (dazu siehe unten). Gegenüber den andern Inschriften aus Zincirli (insbesondere Kilamuwa/Panamuwa/ Barrakib) fallen kleinere Unterschiede auf bei den Buchstaben: א, ב, ד/ר, ז, כ, ת. Die Buchstaben d/r/b und p/n scheinen oft nicht genau unterschieden werden zu können.

(1) Die Transliteration[43]

1 ʼnk. ktmw. ʽbd. pnmw. [zy]. qnt. ly. nṣbb
2 ḥyy. wšmt. wth. bsyd/r. ʽlmy. wḥggt. s
3 yd/r. zn. šwr. lhdd. qr/dp/nr/dl. wybl. lng
4 d/r. ṣwr/dn. wybl. lšmš. wybl. lhdd. kr/dmn
5 wybl. lkb/d/rb/d/rw. wybl. lnbšy. zy. bnṣb. zn
6 wʽt. mn. mn. bny. ʼw..
7 mnbnyʼš. wyhy. lh..
8 nsyd/r. znn. wlwyqḥ. mn
9 ḥyl. kr/dm. znn. šʼ
10 ywmn. lywmn. wyh(?)
11 r/dg. bnbšy
12 wy šwy
13 ly. šq

(2) Die Übersetzung

(1) „Ich bin Kutamuwa, der Diener des Panamuwa, [der] ich habe anfertigen lassen für mich (diese) Stele während (2) meines Lebens, und (der) ich habe aufstellen lassen sie im Kultdistrikt/Kultakt meines ewigen (Hauses/Ortes) und (der) ich habe feiern lassen diesen Kult (3) – Distrikt / diesen Kultakt (mit) einem Stier für Hadad (von) QRPRL / QRNDL und (mit) einem Widder für den Für (4) sten (über) die Feinde und (mit) einem Widder für Schamasch und (mit) einem Widder für den Hadad der Weinberge (5) und (mit) einem Widder für (die Göttin) Kubabuwa und (mit) einem Widder für meine Toten-Seele, die in dieser Stele ist. (6) Und nun: (wenn) jemandem von meinen Söhnen oder (7) von den Söhnen eines anderen (8) zuteil wird dieser Kultakt, dann wahrlich soll er nehmen von (9) der Kraft /dem Ertrag des Weinbergs (und) diesen Widder (10) Tag für Tag und (ihn) töten um meiner Toten-Seele willen (12) und darbringen (13) für mich einen Trank."

---

[42] Vgl. die phönizischen Schrifttabellen bei J.C.L. Gibson (*TSSI* III) 1982 [180 f.] und die aramäischen bei J. Naveh, *The development of the Aramaic Script*, Jerusalem 1970, sowie bei J. Tropper, S. 339.

[43] D. Pardee hat das Photo und eine Transliteration im Internet zugänglich gemacht. Z. 8 liest D. Pardee *nsyrg*. Das g gibt es aber nicht! Auch die Trennungspunkte sind in D. Pardees Internetversion nicht immer richtig gesetzt. – Alternativ-Lesungen habe ich hochgestellt.

(3) Der Kommentar zur Übersetzung

(1) 'nk „Ich"
'anākū oder vielleicht doch eher 'anākī? Entgegen der sonstigen Gepflogenheit der Schreibung 'nk einmal mit ausgeschriebenem Auslautvokal 'nky dh. 'anākī (*KAI* 215,19).

ktmw „bin Kutamuwa,"
Das t ist nicht gut lesbar, aber auch sonst ist die Form des Taw kein richtiges Kreuzchen. Der PN ist nicht semitisch, wohl indogermanisch, genauer kleinasiatisch-anatolisch wie auch die Namen Panamuwa (I.), der Sohn des QRL (E. Lipinski 2000, S. 243), Panamuwa (II.), der Sohn des BRṢR (E. Lipinski 2000, S. 243), und Kilamuwa, der Sohn des Chayya (klmw br Ḥy bzw. ḤY', E. Lipinski 2000, S. 236). Wie diese Namen so enthält auch der Name KTMW das Element -muwa, nach M. Popko (2008, S. 29) das luwische Element muwa- „Stärke", das es auch bei anatolischen PN in Emar gibt: Irḫa-muwa, Maša-muwa, Muwa-nu, Piḫa-muwa, šara-muwa, alles luwische PN, vgl. R. Pruzsinsky, *Die Personennamen der Texte aus Emar*, 2003. Der PN KTMW ist bisher so nicht belegt, aber L. Zgusta, *Kleinasiatische Personennamen*, Prag 1964: κοττομενης; L. Robert, *Noms indigènes dans l'Asie-Mineure gréco-romaine*, Paris 1963, S. 283, 558: κοτ-, κοτης, κοττης, κοττας, κοττος u. a. damit verwandt?

ʿbd. pnmw „der Diener des Panamuwa,"
Was meint ʿbd? Es kann in den Texten von Zincirli „Vasall" und „Beamter" bedeuten, hier ist wohl ein königlicher Beamter gemeint, der so hochgestellt ist, dass ihm eine solche Inschrift zukommt. *KAI* 217,1 ff. spricht Barrakib, der Sohn des PNMW, der König von Samʾal, er sagt in Z. 3–4 (in der Übersetzung J. Troppers): „[ich bin loyal gegenüber] meinem [H]errn und gegenüber den Beamten des Hauses [meines Herrn, des Königs von Assur]" (ṣ[dq 'nh ʿm m] r'y wʿm ʿbdy byt [mr'y mlk 'šr]). – Welcher Panamuwa ist gemeint? E. Lipinski (2000, S. 247) und J. Tropper (S. 19) geben die Regierungszeiten der samʾalischen Könige wie folgt an: 900–880: Gabbār (J. Tropper ab ca. 920, Dynastiewechsel); 880–870: Bānihu; 870–850: Ḥayyā(n) (J. Tropper 870/60); 850–840: Šaʾīl; 840–810: Kilamuwa (J. Tropper ca. 840/835 bis 815/10); 810–790: Qarli; 790–750: Panamuwa I (J. Tropper bis ca. 745); 750–745 (?) Bar-Ṣūr; dann Interregnum nach der Ermordung von Bar-Ṣūr; 740–733: Panamuwa II (J. Tropper 743 bis 733/32); 733–713/11 Bar-Rakkāb/Rākib (J. Tropper 733/32-ca. 720) – D. h. Kutamuwa kann der Diener des Panamuwa I (790–750 oder bis ca. 745) oder II (740–733 oder 743–733/32) sein. Von der Sprache her (dazu weiter unten) ist Panamuwa II wahrscheinlicher.

[zy] „[der]"
Das Relativpronomen zy m. ist in (phönizisch oder samʾalisch) *KAI* 25,1 z geschrieben und in (samʾalisch) *KAI* 214,1 u.ö., und in (aramäisch) 219,2 zy.

qnt „ich habe anfertigen lassen"
Gemeinsemitisch „erworben" oder kanaanäisch „geschaffen"? Vergleiche (phönizisch oder samʾalisch) *KAI* 25,1: smr z qn klmw „dies Zepter/diesen Nagel/diese Peitsche hat geschaffen Kilamuwa"; J. Tropper liest qn als 2. Stamm. „in Besitz setzen, übereignen"; in (samʾalisch) *KAI* 215,8 (J. Tropper P8) lesen einige (*KAI* und J. Tropper nicht) den PN Qnw'el „Geschaffen hat El". – Im Internet wird als Übersetzung angeboten: „der die Produktion dieser Stele übersehen hat", das ist zu frei.-qnt ist Pf.1.Sg. Sowohl phönizisch (z. B. kt „ich war" *KAI* 24,6.10.11) wie samʾalisch (zB. hqmt „ich habe aufgerichtet" *KAI* 214,1) und aramäisch (z. B. wrṣt „und ich lief" *KAI* 216,8) ist das Pf.1.Sg.-Afformativ immer -t geschrieben, samʾalisch vielleicht einmal -ty (= -tī; J. Tropper liest P20 = *KAI* 215,20: šmty „ich habe aufgestellt", *KAI* aber ohne -y); die Lautung ist phönizisch wohl -tī, samʾalisch und aramäisch aber nicht sicher. Von v IIIī gibt es für ein Pf.1.Sg. in Zincirli phönizisch keinen Beleg, aber samʾalisch bnyt „ich habe gebaut" (*KAI* 214,14) und hwyt „ich war" (*KAI* 215,5). Qnt ist in der obigen Inschrift ohne y geschrieben, d. h. eine Diphthong-Lesung qanaytī ist aufgrund der Schreibung unwahrscheinlich, eher ist qanītī zu lesen.

ly "für mich"
ly "für mich" auch sonst sam'alisch so geschrieben KAI 214,14 u. ö.

nṣb "(diese) Stele"
nṣb "Stele" entweder wie arabisch nuṣb oder wie aramäisch niṣb.- Sam'alisch sonst immer "diese Stele": nṣb zn lHdd in KAI 214,1, aber Z. 14 nṣb Hdd zn, ebenso nṣb zn in KAI 215,1.20. nṣb ist auf jeden Fall determiniert gedacht, aber nicht determiniert bezeichnet, weil es sam'alisch noch keinen Artikel gibt, dazu siehe unten.

bḥyy "während (2) meines Lebens,"
b-ḥyy, die Lautung ist wohl ba-ḥayyay oder -ḥayyayy.

wšmt "und (der) ich habe aufstellen lassen"
w-šmt, der Laut ś der √śym ist mit Schin geschrieben wie Z. 4 der Sonnengott *Śamš; zum Pf.1.Sg. siehe zu qnt Z. 1. √śym mit Obj. nṣb auch KAI 215,1: nṣb zn šm BRRKB "diese Stele hat aufgestellt BRRKB" und fast gleichlautend wie oben KAI 215,20: wšmt nṣb zn "und aufgestellt habe ich diese Stele"; anstelle von √śym ist auch √qwm belegt in KAI 214, 1: 'nk PNMW br QRL mlk Y'dy zy hqmt nṣb zn lHDD b'lmy "ich bin Panamuwa, der Sohn des QRL, der König von Yaudi, der ich errichtet habe diese Stele für Hadad an meiner Grabstätte ('lmy sic!)".

wth "sie"
Sam'alisch ist die Akkusativ-Partikel wāt-, sicher in KAI 214,28 wyqm wth "und er soll ihn (m.) stellen" und vielleicht noch in KAI 214,[13] belegt. Vergleiche die phönizische Akkusativ-Partikel 'yt ('īyāt) und 't ('ōt) (J. Friedrich/W. Röllig, *Phönizisch-Punische Grammatik*, 3. Aufl. neu bearbeitet von M. G. Amadasi Guzzo, Roma 1999, § 255, 256), altaramäisch lautet sie 'yt ('īyāt), und reichsaramäisch yt (yāt) und -wt noch in Zusammensetzungen. – Weil ich die Akk.-Partikel für aramäisch halte, rechne ich auch mit einem aramäischen Suff. Sg.3.m. -eh und nicht mit phönizisch -hū.

bsyd/ʳ. ʿlmy "im Kultdistrikt/Kultakt meines ewigen (Hauses, Ortes),"
D. Pardees Vorschlag im Internet ist "chamber of my eternity". In den sam'alischen Inschriften kommt 'lm einmal in KAI 214,1 vor in der Bedeutung von "Grab" wie in späteren aramäischen und auch hebräischen Texten byt 'lm. – Kultbauten für Götter sind bisher in Zincirli nicht entdeckt, aber in KAI 214,19 ist die Rede von "eine(m) Tempel für die Götter dieser Stadt" (b[y]t [l'lh]y qr z'), dass "ich die Götter darin wohnen lasse" (whwšbt bh 'lhy). Diese Wohnung ist im Folgenden ein Ruheplatz der Götter genannt ("ich ließ ruhen", ḥn't). Die Hadad-Stele und die Nekropole für den verstorbenen König Panamuwa gehören zusammen: KAI 214,14f.: "ich richtete auf diese Hadad-Stele und die Nekropole des Panamuwa ... zusammen mit der Stele der Grabkammer" ([h]qmt nṣb hdd zn wmqm pnmw...ʿm nṣb ḥd[r]), wenn J. Tropper richtig ergänzt hat. – Übersetzt man 'lmy mit "meine Ewigkeit" im Sinne von "mein ewiger Ort, mein ewiges Haus" muss man im Auge behalten, dass archäologisch gesehen der Ort, wo die Stele aufgestellt ist, nicht der Ort ist, wo der Tote begraben ist. Die Ewigkeit des Toten hat eher mit seiner Seele zu tun. Dazu weiter unten. Wie ist bisher nicht belegtes b-syr/d zu deuten? Das Wort kommt Ende Z. 2 / Anfang Z. 3 sogleich noch einmal vor: ich habe gefeiert diesen syr/d mit bestimmten Opfergaben, und Z. 8 begegnet das Wort mit n-Praeformativ/-Präfix: es geschieht ihm nsyr/d znn. Nur auf dem Hintergrund dieser drei Text-Stellen ist eine Deutung möglich. D. Pardee "chamber" erscheint auf den ersten Blick als passend, da man für bsyr/d 'lmy am ehesten auf eine Örtlichkeit schließt. Auf Anhieb kann man sogar auf sabäisch ms³wd "Halle, Audienz-Zimmer, Empfangshalle" (A. F. L. Beeston u. a., *Sabaic Dictionary*, Louvain 1982, S. 139); und mswd/mśwd "Feueraltar, Hausschrein" (J. C. Biella, *Dictionary of Old South Arabic Sabaean Dialect*, Missoula 1982, S. 329f.) verweisen. – Nun genauer: Bleibt man im semitischen Sprachbereich, kommt nur eine Herleitung von den Verbalwurzeln sy/wr oder sy/wd infrage. SY/WR: akkadisch sâru "kreisen, tanzen" (W. von Soden, *Akkadisches Handwör-*

terbuch I–III, Wiesbaden 1965–1981, abg. *AHw*, 1031f); phönizisch-punisch swr „entfernen" (Kausativ); sabäisch syr „Rundung, Distrikt mit eingefassten Mauern" (J.C. Biella, S. 333); arabisch sāra „aufbrechen, reisen"; hebräisch swr „weichen". Ich habe deshalb auf Anhieb in Z. 2 „ewige Reise" übersetzt, passt dazu aber Z. 8 ? Eine Herleitung entsprechend (bstr) swyr' „(im Verborgenen) des Versteckes" (ba-setr sawīr, Ptz.pass.) Ahiqar Z. 183 (B. Porten/A. Yardeni, *Textbook of Aramaic Documents from Ancient Egypt* 3, Winona Lake 1993; anders J.M. Lindenberger, *The Aramaic Proverbs of Ahiqar*, Baltimore 1983, S. 60, 229, A 86) ist ebenfalls wenig wahrscheinlich. Lese ich syr, denke ich an sayr „Vorgehen, Kultakt" oder „Kultbereich, bestimmter Distrikt" „meines ewigen (Hauses, Ortes)". Der N-Stamm in Z. 8 „bewegt werden, sich aufmachen im Kultbereich, -akt" > nomen „Kultteilnehmer, Kultteilnahme". Sam'alisch ist Einmal ein N-Stamm bezeugt: nḥšb „er wurde gerechnet, geschätzt" *KAI* 215,10. – Die andere Möglichkeit ist SY/WD: zu sabäisch msᵓwd und mswd/mśwd siehe oben; arabisch sāda „herrschen", aber daneben auch sāda „schwarz sein", 3. Stamm „im geheimen sprechen; jemanden in der Dunkelheit treffen" (J.G. Hava, 343a); hebräisch swd „Kreis, Geheimnis" und wie yswd „Basis" (qumran-hebräisch wechseln swd und yswd); bh. gibt es von √ysd Ni. „gegründet werden" und zu Ps 2,2 Ni. „sich zusammentun, sich verschwören"; im Sirach gibt es auch den t-Stamm von √swd „sich bereden, Umgang pflegen, verkehren"; syro-aramäisch n. swād „intime Konversation", Paʿʿel sawwed „sprechen". Lese ich syd, denke ich im Zusammenhang mit ʿlmy an sayd und an „mein ewiger Kultkreis, meine Ewigkeits-Zeremonie" und Z. 8 Ni. „Umgang haben mit; am Kult, Ritus teilnehmen", Ptz. > nomen nasyad „Kultteilnehmer, Kultteilnahme". Die Bedeutungen von SYR und SYD liegen offenbar nicht weit voneinander, am überzeugendsten ist vielleicht die Herleitung von SYD. – Bh. gibt es zu swd im Kontext mit napš im Simeon-Levi-Spruch Gen 49,5f. eine schöne Parallele: „Werkzeuge des Frevels sind ihre Waffen. (6) Ihrem Rat bleibe fern meine Seele (bsdm 'l tb' npšy), mit ihrer Versammlung eine sich nicht meine Leber (bqhlm 'l tḥd kbdy)".

whggt „und (der) ich habe feiern lassen"

hggt kann Pf.1.Sg. der √hgg der Verbalklasse II=III oder der 2. Stamm der Verbalklasse √hwg (haggeg?) sein. hgg ist bisher altaramäisch und auch sam'alisch nicht belegt, hwg ist syro-aramäisch, auch im 2. Stamm „umkreisen, feiern"; ich vermute entweder bisher altaramäisch und sam'alisch so nicht belegtes Pf.1.Sg. der Verbalklasse II=III (mit Erhalt der beiden Konsonanten II und III) im Qal oder im 2. Stamm der Verbalklasse IIū. Die Bedeutung scheint zu sein: mit 2 Akkusativen: „etwas feiern mit etwas". J. Hoftijzer/K. Jongeling, *Dictionary of the North-West Semitic Inscriptions*, Leiden 1995 (abgekürzt *DNWSI*), S. 348, s.v. ḥgy verzeichnen reichsaramäisch ein Vorkommen der √ auf der Bahadirli-Stele mit der Bedeutung „eine Grenze überschreiten" (*KAI* 278,5, aus Kilikien), was hier nicht zu passen scheint.

s(3)-yd/ʳ. zn. šwr „diesen Kult (3) – Distrikt/diesen Kultakt (mit) einem Stier"

Der Laut ṭ von ṭawr ist mit Schin geschrieben wie bei sam'alisch f. ṭawrā *KAI* 215,6.9. Phönizisch gibt es das Wort nicht, aber altaramäisch in Tell Fekherye mit Samech geschrieben (*KAI* 309,20) und in Sfire mit Schin (f. *KAI* 222A, 23). – Zur Schreibung von tạʾ „männliches Schaf" Z. 9 mit Schin siehe unten.

lhdd. qr/ᵈp/ⁿr/ᵈl „für Hadad (von) QRPRL/QRNDL"

Der Wettergott Hadad ist in *KAI* 214,2f.11 und 215,22 der höchste Gott in der Reihenfolge: Hadad, El, Reschef (in Z. 3.11 erst nach Schemesch und in 215,22 nicht extra mit Namen genannt), Rakibel, Schemesch. Nach 214,8 „gab er in meine Hände das Szepter der Herrschaft" (wntn hdd bydy ḥṭr ḥl[bbh ?]); man opfert der Hadad-Statue (214,15f.: wyzbḥ hdd zn). J. Tropper (S. 21): „Hadad fungiert als Garant für das Wohlergehen Panamuwas I im Jenseits. Die kultische Tischgemeinschaft mit Hadad gilt als höchste und erstrebenswerteste Form des jenseitigen Lebens" (*KAI* 214,17–18a; 21b–22a). R.-B. Wartke, S. 86f.: *KAI* 216 (von links nach rechts) enthält den sam'alischen Göttern zugeordnete Symbole: Kappe mit Hörnerpaar, Joch,

Stern im Kreis, Flügelsonne, Halbmond, und *KAI* 217 (von rechts nach links): Kappe mit Hörnerpaar, Januskopf, Joch, Flügelsonne und nochmals Joch. Einige der Symbole sind auch auf der Asarhaddon-Stele von Zincirli erkennbar (R.-B. Wartke, S. 67). Das Symbol der Kappe mit Hörnern geht wohl auf Hadad. – Im obigen Text folgt auf HDD ein Beiwort QRPRL. Anstelle von R ist jeweils D und anstelle von P vielleicht auch N zu lesen möglich. Ich habe zwei Vorschläge QRPRL oder QRNDL. Vielleicht handelt es sich um einen explizierenden Genitiv, einen Ortsnamen „von XX". Der QR-Bestandteil könnte das Element qr „Stadt" enthalten (*KAI* 214,19). Steckt im zweiten Bestandteil hurritisch pur(u)li „Haus" (G. del Olmo Lete & J. Sanmartín, s.v. ugaritisch prln „Wahrsager"), hethitisch ist aber parna „Haus". Das könnte heißen „für den Hadad der Stadt des Hauses", im Gegensatz für den Wettergott des Landes? Die Inschrift enthält in Z. 4 HDD KRMN, offenbar auch dort mit einem explizierenden Genitiv (siehe dort). – Eine bessere Lesung scheint mir QRNDL zu sein, ein mit qrn „Horn" zusammengesetzter Orts- oder Gebirgsname oder besser noch qrn als ein Epitheton für Hadad: qrn + dl von der √dll akkadisch dalālu(m) „huldigen" (*AHw* 153a), dullu(m) „Arbeit, Dienst, Kult" (*AHw* 175a); arabisch dalla „führen, leiten"; oder akkadisch dalālu „gering sein (*AHw* 153a)", ugaritisch „bedrücken (2. Stamm)", diese √dll auch kanaanäisch und aramäisch, dann wäre eine Bedeutung „das Horn des Führers (?); das Horn des Dienstes"; ich favorisiere „das kleine Horn" (qarn f. + dallā, mit nicht geschriebenem langen Auslautvokal -ā für f)", wegen seiner Mütze mit den kleinen Hörnern. Sicher ist die Erklärung jedoch nicht. Zu Hadad siehe H. Gese, Die Religionen Altsyriens, in: ders. (Hg.), *Die Religionen Altsyriens, Altarabiens und der Mandäer*, Stuttgart 1970, S. 1–231, hier 216 ff.; E. Lipinski, 2000, S. 626–636; N. Wyatt, The Religion of Ugarit: An overview, in: W.G.E. Watson (Hg.), *Handbook of Ugaritic Studies*, Leiden 1999, S. 529–585, hier: 545 f.

wybl „und (mit) einem Widder"

Steht Hadad ein Stier zu, so den folgenden Göttern nur ein Widder. ybl setzt den Akkusativ šwr fort; ybl „Widder" ist arabisch yubla; phönizisch-punisch ybl, hebräisch ywbl und sam'alisch *KAI* 215,21 (2×) in der Deutung J. Troppers (*DNWSI* andere Deutungen): „ein zuverlässiger Widder" (ybl 'mn), und der Satz fährt fort: „und den Widder soll er hinausschicken vor das Grab meines Vaters Panamuwa" (wybl ywq' qdm qbr 'by pnmw).

lng (4) d$^{/r}$. ṣwr$^{/d}$n „für den Für (4) sten (über) die Feinde"

Man kann lngr ṣwrn oder lngd ṣwdn lesen. Am besten erscheint mir das gemeinsemitische (phönizisch, hebräisch ngyd, reichs-aramäisch) Wort ngd „Führer", vergleiche die aramäische √ngd „ziehen,führen" und arabisch √naǧada „helfen", das vielleicht auch altaramäisch *KAI* 224,10 zu lesen ist, sam'alisch ist es bisher nicht. In der Aufzählung derer, denen eine Opferspende zukommt fügt sich ngd am besten wohl ein als Epitheton für einen Gott. – Probleme bereitet das folgende Wort ṣwr/dn. Als erstes denkt man an einen Zusammenhang mit Τυρος, Ṣurru (*ṭ) (J. Friedrich/W. Röllig/M.G. Amadasi Guzzo, S. 11, A 4), das phönizisch (Ch.R. Krahmalkov, S. 421), ugaritisch (G. del Olmo Lete/J. Sanmartín, S. 790) ṣr und hebräisch ṣwr geschrieben ist. Weil die obige Inschrift inlautende lange Vokale nicht schreibt, kann ich w nicht als Vokal lesen (Ṣūrīn oder besser Ṣurrīn „die Leute von Tyrus"). – J. Tropper und *KAI* 214,30 kennen die sam'alische Wendung 'nšy ṣry „feindliche Männer"; dann ist der Laut *ź (□) der √*źrr, der kanaanäisch als ṣ, altaramäisch als q und ʿ, und arabisch als ḍ erscheint, hier wie bei altaramäisch singulärem ḫṣr „Gras" (ḫ!) *KAI* 222A,28 (2×) mit ṣ geschrieben, sonst sam'alisch aber *ź (ṣ̌) > q, z.B. 'rq „Erde" (*KAI* 214, 215) wie auch im Aramäischen von Zincirli (*KAI* 216, 217), oder sam'alisch √yq' „herausgehen" (Kausativ *KAI* 215,21) und √rqy „Wohlgefallen haben" (*KAI* 214,13.18.22). Man muss also für sam'alisch ṣr „Feind, feindlich" eventuell mit einem Kanaanismus rechnen. Bh. kennt neben der √ṣrr auch die Nebenform ṣwr, ich deute ṣwrn als ṣāwarīn: „für den Fürsten (über) die Feinde". Damit könnte der Kriegsgott Reschef gemeint sein. Zu Reschef bei den Aramäern E. Lipinski, 2000, 617–620. – Die Nunations-Endung Pl.m. -n in einer sam'alischen Inschrift wirft ein weiteres Problem auf. Dazu siehe unten.

wybl. lšmš „und (mit) einem Widder für Schamasch"
Als dritter Gott, dem eine Opferspende zukommt, ist der Sonnengott Schemesch (*Šamš) genannt, dem die Flügelsonne als Symbol in *KAI* 216, 217 zugeordnet ist. Zum Sonnengott bei den Aramäern J. Tubach, *Im Schatten des Sonnengottes*. Der Sonnenkult in Edessa, Harrān und Ḥatra am Vorabend der christlichen Mission, Wiesbaden 1986 und E. Lipinski, 2000, S. 623–626.

wybl. lhdd. kr/ᵈmn „und (mit) einem Widder für den Hadad der Weinberge"
Der Viert-Genannte ist wieder Hadad, diesmal aber mit einem andern Epitheton als in Z. 3. Die Lesung krmn ist wohl der von kdmn vorzuziehen. Ich denke, wieder handelt es sich um eine Nunations-Endung Pl.m.-n des nomen krm „Weinberg", d. h. „für den Hadad der Weinberge", das nomen sonst sam'alisch in *KAI* 214,7: „sie bestellten (Impf.) das Land und den Weinberg" (yʿbdw ʾrq wkrm). Ist der Hadad in Z. 3 der der Stadt und in Z. 4 der des Landes?

wybl. lkb/ᵈ/ʳb/ᵈ/ʳw „(5) und (mit) einem Widder für (die Göttin) Kubabuwa"
Man könnte geneigt sein, kbrw zu lesen, vergleiche *KAI* 214,11, wo wkbrw als Fortsetzung der Götter-Aufzählung steht, und vielleicht „Größe" (nomen auf -ū) meint. Hier scheint es eher um eine an fünfter Stelle genannte Gottheit zu gehen. D. Pardee schlägt im Internet kbbw vor. Nach E. Lipinski (*Studies in Aramaic inscriptions and Onomastics* II, Leuven 1994, S. 218) gibt es eine Felsinschrift des Königs Sipis von Tabal, gefunden in Karaburun nordöstlich von Kirsehir, wo zwei Gottheiten Erwähnung finden, der Mondgott von Ḥarrān und Kubaba, die Patron-Göttin von Karkemisch; belegt auch unter den Namen von Ugarit (G. del Olmo Lete, S. 424); zu Kubaba E. Lipinski, 2000, S. 234 + Anm. – Beim letzten Konsonanten w des Namens handelt es sich wohl um eine -uwa-Endung wie bei der Namensform von Tyana: Tuwanuwa (M. Popkov, S. 71). Ich denke, der Name der Göttin ist in der Form Kubabuwa zu lesen.

wybl. lnbšy. zy. bnṣb. zn „und (mit) einem Widder für meine Toten-Seele, die in dieser Stele ist."
Als letzter reiht sich Kutamuwa selbst in die Reihe derer ein, denen eine Opfergabe gegeben wird. Die Form nbš anstelle von npš gibt es in Zincirli durchgehend, schon im Phönizischen: *KAI* 24,13(2×), im Sam'alischen: *KAI* 214,17(3×).21.22; *KAI* 215,18 und auch im Aramäischen: *KAI* 217,7. Diese Form des Wortes hängt vielleicht an p > b im Neuassyrischen. – Die Bedeutung ist „Seele", hier im Sinne von „Totengeist". Dieser Totengeist befindet sich in der Stele (zy bnṣb zn). npš ist in späterer Zeit die Grabstele selbst, in dem die Seele wohnend vorgestellt ist. Siehe die Inschrift auf der Stele von Daskyleion (Marmarameer) (420 vor) (*KAI* 318 und *TSSI* II Nr. 37) dort heißt es: Diese (Bilder) zeigen XX., „er hat sie gemacht als seine Nefesch/als sein Begräbnisdokument" (ʾlh ṣlmh zy ʾlnp br ʾšy hw ʿbd lnpšh). Auffällig ist, dass das f. nomen nbš durch das Relativpronomen zy aufgenommen ist. Denn sam'alisch gibt es eine feminine Form des Relativpron. ʾzh (*KAI* 215,2). D. h. nbš zy entspricht eher dem Aramäischen.

Exkurs: Allgemein zum Totenkult bei den Aramäern E. Lipinski (2000, S. 636–640), ausführlich zu Sam'al: H. Niehr (Zum Totenkult der Könige von Sam'al im 9. und 8. Jh. v.d.Z., *Studi Epigrafici e Linguistici sul vicino oriente antico* 11, 1994, S. 57–73 (abg. *SEL*) und H. Niehr, Ein weiterer Aspekt zum Totenkult der Könige von Sam'al, *SEL* 18, 2001, S. 83–91, insbes. S. 85f.): „Das hethitische königliche Begräbnisritual sieht so aus, dass ein Bild (esri-; – sam'alisch heißt es mšky *KAI* 215,18 –) des verstorbenen Königs erstellt wird. Es nimmt an den Feierlichkeiten des Rituals vom 2. bis 14. Tag teil. Der verstorbene König wird bereits am 2. Tag der Feierlichkeiten beigesetzt. Nach Abschluss dieses Rituals von 14 Tagen findet das königliche Bild wohl seinen Platz nicht in der Grabstätte, sondern in einem andern Haus." Ob die hethitische Zeremonie auch noch für das 1. Jahrtausend und damit auch für unsere Inschrift gilt, ist nicht ganz sicher, scheint aber sehr wahrscheinlich. Bedenkt man die sam'alischen Texte *KAI* 214 und 215, so heißt es in *KAI* 214,21.22: „Die Seele des (verstorbenen) Panamuwa soll mit Hadad essen, die Seele des Panamuwa soll mit Hadad trinken" (t[ʾ]kl nbš pn[mw] ʿm hdd wtšty nbš pnmw ʿm h[d]d), und es heißt in *KAI* 215,16–18 über Panamuwa, nachdem er gestorben ist: man beweinte ihn, „und der König von Assur nahm..[und liess essen und trin]ken seine Seele und richtete ein Bildnis für ihn am Wege auf" (wlqḥ mrʾh mlk [ʾ]šwr [...whʾkl whšq]y nbšh whqm lh mšky bʾrḥ). Und es heißt in Fortsetzung Z. 20: „und ich (scil. Barrakib, der Sohn des Panamuwa) habe diese Stele für meinen Vater Panamuwa ... aufgestellt" (wšmt nṣb zn [lʾb]y lpnmw...); Barrakib opfert dann, und es ist von einem „gebratenen (?) Lamm" (ʾmr bmšwt) die Rede, und es heißt weiter in Z. 21 „und auf einen zuverlässigen Widder soll der König seine Hände stützen" (wʿl ybl ʾmn ysmk mlk [ydyh]), „und den Widder soll er hinausschicken vor das Grab meines Vaters Panamuwa" (wybl ywqʾ qdm qbr ʾby pnmw), und schließlich ist von „diesem Andenken" (zkr znh) die Rede.

Nach H. Niehr (S. 94) steht der königliche Totenkult von Samʾal deutlich in der Erbfolge des hethitischen königlichen Totenkultes in der Verwendung eines Bildes bzw. einer Statue des Verstorbenen und auch in dem gemeinsamen Kult von Wettergott und verstorbenem König.

Wie fügt sich die obige Inschrift in das bisher bekannte Bild ein? Erst einmal ist zu sagen, dass auch sie zur Gattung der Grabinschriften von Zincirli gehört. Der auf der Stele beim Totenmahl sitzend vorgestellte Tote, kein König, sondern ein königlicher Beamter namens Kutamuwa, spricht in Z. 1–5 in der 1. Person „ich" und gibt in Z. 6 bis Ende genaue Opfer-Anweisungen für die Teilnehmer an den Feierlichkeiten zu seinem Tode, erstens denen aus seiner Familie (mn mn bny Z. 6) und zweitens denen außerhalb seiner Familie (ʾw mnbnyʾš Z. 7). Zu opfern haben diese Wein (ḥyl krm Z. 9) und einen Widder (šʿ Z. 9), letzterer ist zu töten (yhrg Z. 10f.) wegen der Seele des Verstorbenen bzw. wegen der Grabstele (b-nbšy Z. 11) und ersterer ist („mir", d.h. der Totenseele/der Stele) darzubringen (yšwy ly šq Z. 12f.). Die Feierlichkeiten zum Tode des Verstorbenen dauern wohl mehrere Tage (ywmn lywmn Z. 10). Die aufgetragenen Kulthandlungen gehen wohl nicht auf Feiern zum Jahrestag des Toten, sondern eher auf die Toten-Feier selbst. Von Grablegung des Toten ist nicht die Rede, sie scheint vorausgesetzt. Im Blick sind die Stele und die Feier. Explizit ist gesagt, dass der Verstorbene seine Stele (nṣb) hat aufstellen und eine Feier vollziehen lassen (ḥggt Z. 2), ob beides in einem zusammenhängenden Akt ist nicht ganz klar. An Opfern gibt es ein (großes) Stieropfer (šwr Z. 3) für (den höchsten der Götter, den Wetter-Gott) Hadad (mit Beinamen QRPRL „der der Stadthäuser?, oder QRNDL „der mit dem kleinen Horn"?) und kleinere, je einen Widder (ybl Z. 3.4.4.5) für 3 andere Götter, vielleicht für den Kriegsgott Reschef (?), als „Fürst über die Feinde" (NGD ṢWRN Z. 3f.) bezeichnet ist, sodann für den Sonnengott Šamaš (ŠMŠ Z. 4) und für den Gott Hadad mit dem Beinamen „der Weinberge" (KRMN Z. 4), sowie für die Wettergöttin Kubabuwa (KBBW Z. 5), und schließlich für seine eigene Totenseele in dieser Stele (nby zy bnšb zn Z. 5). Demnach findet entsprechend dem hethitischen Ritus ein Opfer-Essen wohl vor dieser aufgestellten Relief-Stele des Kutamuwa statt. Diese bestimmten Götter und diese Totenseele werden gemeinsam kultisch mit Fleisch und Getränken bewirtet. Die obige Stele mit Inschrift befindet sich nicht an einem Wege wie *KAI* 215,18, sondern der verstorbene Kutamuwa hat sie in einem besonderen Kultraum aufstellen lassen („im Kultdistrikt meines ewigen [Hauses/Ortes]"), wie ich syr/d ʿlmy (Z. 2.3) oben verstanden habe. Möglicherweise ist bei dieser Wendung aber auch an den „Kultakt für mein ewiges (Haus)" gedacht, dann ist der Aufstellungsort nicht mit Namen genannt. Er ist aber durch die archäologischen Funde rund um die Stele als Kultraum evident (Reste von Nahrung, Tierknochen und von Töpferware). Es ist offenbar nicht der Begräbnisort des Leichnams des Toten. Die Feierlichkeiten scheinen nicht auf den Körper, sondern auf die Seele zu gehen. „Die Seele" (nbš) befindet sich in der Stele mit dem Bild des ein Kultmahl feiernden Toten, wie es ausdrücklich heißt. Der Totenkult dient vor allem dem Wettergott Hadad und nach der obigen Inschrift dem königlichen Beamten Kutamuwa. Götter- und Totenkult für den hohen Beamten des Regenten Panamuwa sind miteinander vereint wie beim hethitischen königlichen Totenkult. Was diese obige Inschrift über die Begräbnisfeierlichkeiten sagt, passt zu den bisher bekannten Nachrichten über den samʾalischen Totenkult von Zincirli, ja erweitert sie. – Übrigens zeigen Sarkophagfunde von Zincirli (R.-B. Wartke, S. 81: Sarkophag Länge 1,29 und Höhe 0,59 m), dass Tote bestattet und nicht verbrannt wurden.

w't   „(6) Und nun:"
Mit w't beginnt ein neuer Satz, ein neuer Gedanke, und das in einer neuen Zeile. Die Inschrift zeigt hier eine gute Zeilendisposition. – w't = wa-*'antā > -*'attā ist phönizisch und hebräisch, bisher im Altaramäischen (aber im Reichsaramäischen 'an und 'anā „Zeit" und 't in Zusammensetzungen) und auch im Sam'alischen nicht bezeugt.

mn. mn. bny   „(wenn) jemandem von meinen Söhnen"
mn mn bny = man men banay(y) „wer von meinen Söhnen" ebenso sam'alisch KAI 214,15. [20].24 dort zwischen mn mn kein Worttrenner gesetzt.

'w   „oder"
Gemeinsemitisches 'w in Sam'alischen KAI 214, 215 geläufig.

mnbny'š   „(7) von den Söhnen eines anderen"
'w mnbny 'š ist zusammengeschrieben, meint neben mn mn bny „wer von meinen Söhnen", wohl „oder von den Söhnen jemandes (anderen)" (bny dann Pl.m.stat.cs.); möglich wäre auch „oder jemand (anderes) als meine Söhne" (bny dann „meine Söhne"). 'š auch sonst sam'alisch KAI 214,11.34, auseinanderzuhalten vom Relativpronomen 'š im Phönizischen KAI 24,14.15.16.

wyhy. lh   „(8) zuteil wird"
w-yhy ist ein bisher im Sam'alischen nicht belegtes Impf. der bisher so nicht belegten √hyy, sam'alisch und altaramäisch (z.B. KAI 222.223) ist die √hwy KAI 215,2.5; phönizisch lautet „sein" kn; √hyy ist bisher nur aus dem Althebräischen und Moabitischen (KAI 181,12: „sie war" hyt) bekannt. Der älteste Beleg ist das Moabitische (835 v.d.Z.), dann folgt unsere obige Inschrift und dann folgen erst die ältesten althebräischen Belege. Die Schreibung yhy zeigt, dass auslautendes -ē nicht geschrieben ist: yahyē, dazu und auch zum syntaktischen Gefüge siehe unten.

nsyd/r. znn   „dieser Kultakt,"
Zu nsyd/r siehe oben zu syd/r.

wlwyqh   „dann wahrlich soll er nehmen"
wlwyqh ist zusammengeschrieben und meint wa-lu-yaqqah; zur syntaktischen Struktur des Satzes siehe unten. Gemeinsemitisch lw „wahrlich" auch sonst sam'alisch KAI 214,13(mit p zusammengeschrieben).31; 215,11 (2×).

mn (9) hyl. kr/dm   „von (9) der Kraft/ dem Ertrag des Weinbergs"
mn hyl krm, hyl ist bisher in Zincirli nicht belegt, aber krm KAI 214,7. Die Frage ist, ob das folgende Demonstrativ znn „dieser" zu krm zu ziehen ist, denn in Z. 3.5 ist zn und in Z. 8 znn nachgestellt. Sollte lhdd krmn in Z. 4 aber wirklich ein „diesen Weinberg" in Z. 9 begründen können? Ich ziehe deshalb znn zum folgenden š'.

znn. š'   „(und) diesen Widder"
Gemeint ist wohl: „(und) dieses (männliche) Schaf, d.h. der ybl l-nbšy aus Z. 5. š' ist wohl gemeinsemitisch (akkadisch šûm, šu'u, arabisch šā', ugaritisch š)), im Phönizischen von Zincirli ist š „Schaf" KAI 24,8.11 und im Sam'alischen š'h „weibliches Schaf" belegt, aber in Ördekburnu (siehe oben) vielleicht brkb'l š' „mit Rakkabel ein (männliches) Schaf" (Z. 7). Auch im Altaramäischen gibt es Sg.f.stat.abs. š't KAI 222,A 21, daneben aber altaramäisch und reichsaramäisch t'h „weibliches Schaf", was darauf weist, dass der erste Konsonant ursprünglich vielleicht ein t ist, ähnlich der Schreibung von t mit Schin bei tawr „Stier" (Z. 3). – Eine Sonderstellung nimmt bh. šh ein, denn *t müsste hebräisch mit Schin und nicht mit Sin geschrieben sein. Die meisten, so auch Gesenius 18. Aufl. s.v. sehen für das hebräische Wort dennoch eine Grundform mit Sin. – Sollte beim nomen m. entsprechend ugaritisch und phönizisch das Aleph Vokalbuchstabe für -ē sein (mögliche Beispiele bei J. Tropper, S. 172), oder ist der Lautwert dieses

Alef erhalten tā'? Es könnte auch, wie im Sam'alischen belegt, sekundäres Silben schließendes Alef sein wie bei den einsilbigen Wörtern „und" w' (*KAI* 214,13; 215,5.6.12) und „dann" p' (*KAI* 214,17.33; 215,11.22; dazu J. Tropper, S. 171 f.).

ywmn. lywmn   „(10) Tag für Tag,"
Gemeint ist wohl, alle die 14 Tage, an denen die Begräbnis-Opfer-Zeremonie für die angegebenen Götter und für Kutamuwa stattfindet (siehe Exkurs und H. Niehr). – Ist im Phönizischen von Zincirli ym (*KAI* 24,12) geschrieben, so im Sam'alischen (*KAI* 214, 215) immer ywm, hier offenbar mit Nunations-Endung Pl.m.-n: yawamīn und nicht mit Affix -ān, dazu siehe unten.

wyh(?) (11) r/ᵈg   „und (ihn) (11) töten"
w-yhrg = wa-yahrog, im Sam'alischen ist das √ hrg häufig belegt *KAI* 214,26.33.34; 215,3.5.7.

bnbšy   „um meiner Toten-Seele willen"
„Für" ist in der Inschrift immer mit der Präposition l ausgedrückt, die Präposition b bei b-nbšy meint hier vielleicht am ehesten „um willen, wegen". Dh. „um meiner Seele willen", denkt man „die in dieser Stele ist" (Z. 5) hinzu, könnte nbš allein auch hier schon wie im späteren aramäisch (und auch qumran- und rabbinisch-hebräisch) „wegen meiner Toten-Stele, meines Grabmals" meinen.

wy-šwy (13) ly   „(12) und darbringen (13) für mich"
Die Schreibung von wyšwy ist wegen des Bildes unterbrochen. Die √šwy ist bisher ab reichsaramäisch Zeit belegt, Paʿ „legen" (nabatäisch auch im Qal? *DNWSI* s.v.), das v ist bisher in Zincirli nicht belegt. Die Lautung ist yaššawē̄/ī/ oder yašwē̄/ī, d.h. hier ist auslautendes -ē̄/ī durch y bezeichnet.

šq   „einen Trank."
Zu lesen möglich wäre gemeinsemitisch šq „Schenkel, Bein", das bisher in Zincirli nicht belegt ist, aber vielleicht altaramäisch und auf jeden Fall reichsaramäisch. Sollte Kutamuwa auf dem Bild in der einen Hand eine stilisierte Beinkeule halten? -šq für šaqq „Sacktuch" („er soll anlegen mir ein Leichentuch"?) ist wohl weniger gut. – Dem sam'alischen Totenkult entsprechend erscheint mir jedoch am besten eine Herleitung von der gemeinsemitischen √šqy „tränken". In Zincirli ist bisher nur die √šty „trinken" belegt, sam'alisch *KAI* 214,9.17.22. Als nomen legt sich vom Aramäischen her šeqy (qitl Nominalform z.B. syro-aramäisch šeqyā) oder vielleicht noch eher Ptz.pass. šaqē nahe. Dann wäre auslautendes -ē nicht geschrieben wie bei yhy = yahyē (Z. 7), und bei 'l = 'ellē „diese" in sam'alisch *KAI* 214,29. – Z. 10–13 (Töten [des Widders] für meine Seele und Trankdarreichung für mich) stehen somit synthetisch parallel zu Z. 8–9 (Wein und Widder nehmen).

(4) Der Versuch einer Transkription (Lautung)[44]

(1) 'anākī Kutamuwa ʿabd Panamuwa [dī] qanītī lī ni/ᵘṣb ba- **(2)** ḥayyay(y) wa-śāʾ ᵃmt/ī wāteḥ ba-sayd/sayr ʿālamī wa ḥaggtī (ʰⁿᵃᵍᵍᵃᵗⁱ) sa-**(3)**yd/sayt denā tawr la-Hadad-QR/ᴰP/ᴺR/ᴰL wa-yubl la-nāgi **(4)** d *źawarīn wa-yubl la-Šamš wa-yubl la-Hadad-karamīn **(5)** wa-yubl la-Kubabuwa wa-yubl la- nabšī dī ba-ni/ᵘṣb dennān **(6)** wa-ʿattā man men banay(y) 'aw **(7)** men banay/ʸ⁽ʸ⁾ 'īš wa-yahyē leh **(8)** nasyad/nasyar dennān wa-lū-yaqqaḥ men **(9)** ḥayl karm dennān tē̄/tā' **(10)** yawamīn la- yawamīn wa-yah **(11)** rog ba- nabšī **(12)** wa- yaššawē̄/ī/yašwē̄/ī **(13)** lī šaqē̄.

---

[44] Alternativ-Lesungen wenn möglich hochgestellt.

(5) Zur Sprache der Inschrift

Oben haben wir die Frage aufgeworfen, in welcher Schrift die Inschrift geschrieben ist, altphönizisch oder altaramäisch. Die Entscheidung hängt an der Schreibung spezifischer Laute, die die kanaanäische und die aramäische Sprache unterscheidet, und an der Schreibung von Diphthongen und Vokalen. Das Phönizische hat die Diphthonge monophthongisiert und schreibt anders als das Aramäische keine Vokale.

Zur **Konsonanten-Schreibung**:

Der Laut ḏ ist mit Zayin geschrieben beim Relativ.-Pron. zy (Z. 5); bei „dieser" zn (Z. 3.5) und znn (Z. 8.9); der Laut ś mit Schin bei „ich habe aufgestellt" šmt (Z. 2); „Sonnengott" šmš (Z. 4); der Laut ṯ mit Schin bei „Stier" šwr (Z. 3); „männliches Schaf" š' (Z. 9); der Laut *ź (ṣ́) mit Sade bei „die Feinde" ṣwrn (Z. 4).

Die Schreibung der Laute ḏ mit Zayin, ś und ṯ mit Schin und *ź (ṣ́) mit Sade könnte für eine kanaanäische Schreibung sprechen.

Eine **Diphthong-Schreibung** liegt vor

für auslautendes -ay bei „mein Leben" ḥyy (Z. 2, wenn nicht = ḥayyayy); „meine Söhne" bny (Z. 6.7?, wenn nicht =banayy) und „die Söhne des" (Z. 7?); für inlautendes -ay- bei „Runde, Zeremonie" syr/d (Z. 2f.); „Kraft" ḥayl (Z. 9); für inlautendes -aw- bei „Stier" šwr (Z. 4); und für auslautendes -aw bei „oder" 'w (Z. 6). Diphthonge müssen offenbar geschrieben sein, eine Monophthongisierung ist nicht sichtbar, wie sie für das Phönizische gilt.[45]

Kurze **Vokale** im In- und Auslaut sind nicht geschrieben. Inlautende lange Vokale sind ebenfalls nicht geschrieben und auslautende nur in einigen Fällen:

Auslautendes -ī ist geschrieben bei „mir" ly (Z. 1.13); „mein Grab" 'lmy (Z. 2); „meine Seele" nbšy (Z. 5.11); zy (Z. 5); aber es ist nicht geschrieben bei „ich" 'nk (Z. 1); „ich habe geschaffen" qnt (Z. 1); „ich habe aufgestellt" šmt (Z. 2); „ich habe gefeiert" ḥggt (Z. 2); auslautendes -ū ist geschrieben bei „wahrlich" lw (Z. 8); auslautendes -ā ist nicht geschrieben bei „dieser" zn (Z. 3.5); „klein" dl f. (Z. 3?); „jetzt" 't (Z. 6). Auslautendes -ē ist nicht geschrieben bei „er wird sein" yhy (Z. 7); „Getränk" šq (Z. 13), aber bei „er soll legen" yšwy (Z. 12) mit y und mit Alef bei „männliches Schaf" t' (= tē, wenn nicht tā', Z. 9).

Die Diphthong- und Vokal-Schreibung scheint eher auf aramäischem Boden gewachsen zu sein. Insgesamt gesehen schillern die spezifischen Laut- und Vokal-Schreibungen zwischen kanaanäisch und aramäisch.

Die Sprache der Inschrift ist sam'alisch, aber es bleibt unklar welchem genaueren Sprach-Bereich sie zugehörig ist, dem kanaanäisch-phönizischen, dem sog. typisch-sam'alischen oder dem aramäischen. Im Folgenden gebe ich eine Zusammenfassung der alten und der neuen sprachlichen Erscheinungen, bestimmt nach ihrem Sprachbereich, dem fortlaufenden Text nach betrachtet, das Neue in Fett-Druck, gefolgt von weiteren sprachlichen Besonderheiten:

---

[45] So gibt es im Phönizischen für „Tag" nur die Schreibung ym, nicht wie aramäisch ywm. Der Pl. ywmn in Z. 10 ist von ywm aus gebildet (wie qaṭalīn). – „Macht, Vermögen" ist phönizisch ḥl geschrieben (Ch. R. Krahmalkov, s. v.), aber aramäisch und hier Z. 9 ḥyl.

ʾnk „ich" schon belegt Phönizisch *KAI* 24 und samʾalisch *KAI* 214, 215 (< **kanaanäisch**); **PN KTMW neu (< anatolischen)**; v ʿbd *KAI* 214,7; n „Diener, Beamter" bisher nur in *KAI* 216,3; 217,4 (< **gemeinsemitisch**); PN PNMW schon in *KAI* 214–218, 221 (< **anatolischen**); Relativpron zy (= ḏ): bisher z in *KAI* 25,1 und zy in *KAI* 214,1 u. ö. und *KAI* 219,2 (< **aramäisch**); v qny „erwerben, erschaffen" *KAI* 25,1 und im PN *KAI* 215,8 (wenn dort nicht anderes Element vorliegt) (< **kanaanäisch?; Pf.1.Sg.-t < kanaanäisch oder aramäisch**); n nṣb „Stele" bisher *KAI* 214, 215 (< **gemeinsemitisch**); n ḥy „Leben" *KAI* 25,7 (< **gemeinsemitisch**); v šym (= ś) „stellen" *KAI* 214, 215 (< **gemeinsemitisch; Pf.1.Sg.-t < kanaanäisch oder aramäisch**); Akk.ptkl.wt bisher in *KAI* 214 (< **aramäisch**); +Suff. 3m.Sg.-h (< **aramäisch**); n syr/d „Kultstätte, -zeremonie" (< **kanaanäisch**) und v syr/d N-St. (einmal *KAI* 215,10: nḥṣb) „**Kultteilnehmer sein" oder mit n-Praefix „Kultteilnehmer, -teilnahme" neu** (< **kanaanäisch**); n ʿlm „Grab, Grabstätte" *KAI* 215,11 (< **gemeinsemitisch**); v ḥgg „feiern" **neu** (< **gemeinsemitisch; Pf.1.Sg.-t < kanaanäisch oder aramäisch**); zn (= ḏ) „dieser" (Z. 3.5 nachgestellt) *KAI* 214, 215 und znh *KAI* 216,20; aber **neu znn (= ḏ) (Z. 8 nachgestellt und Z. 9 vorangestellt)** (< **aramäisch**); n šwr (= t̠) „Stier" **neu**, bisher nur f šwrh in *KAI* 215,9 (< **gemeinsemitisch**); **Gottesnamen HDD mit dem Epitheton QRPRL oder QRNDL neu** (< **aramäisch?**); n ybl „Widder" in *KAI* 215,21 (2×) (< **kanaanäisch?**); n ngd „Führer" **neu** (< **gemeinsemitisch**); n ṣwr (= *ź (ṣ̂)) „Feind" **neu** (< **kanaanäisch**); Sonnengott ŠMŠ (= Ś) *KAI* 214, 215 (< **gemeinsemitisch**); **Gottesnamen HDD mit dem Epitheton KRMN neu,** krm „Weinberg" in *KAI* 214,7 **neu Pl. krmn; Göttername f KBBW neu** (< **gemeinsemitisch**); n nbš mit b schon *KAI* 24,13 (2×); 214,17(3×).21.22; 215,18 und 217,7 (< **gemeinsemitisch**); „meine Seele, die" nbšy zy (< **aramäisch**, da f. im Samʾalischen mit Relativ-Pron. ʾzh aufgenommen wird); wʿt „**und jetzt" neu** (< **kanaanäisch**); mn mn bny „wer von meinen Söhnen" schon *KAI* 214,15.[20.24] (man „wer" < **aramäisch**); ʾw „oder" *KAI* 214, 215 (< **gemeinsemitisch**); n ʾš „Mensch"*KAI* 214, aber **zusammen geschrieben mit mnbnyʾš „von den Söhnen eines anderen"/jemand anders als meine Söhne" neu** (ʾš „Mensch" < **gemeinsemitisch**); Impf. wyhy „und er wird sein" von √hyy (nicht von aramäisch √hwy !) **neu (der älteste Beleg für √hyy nach dem Moabitischen!)** (< **kanaanäisch**); Praepos. l + Suff.3.m.Sg. lh (< **aramäisch**); lw „gewiss" schon in *KAI* 214,13.31; 215,11 (2×) (< **gemeinsemitisch**); v lqḥ Impf yqḥ schon *KAI* 214,10.12 (< **gemeinsemitisch**); n ḥyl „Kraft, Erzeugnis" **neu** (< **gemeinsemitisch**); n š (= f) m. „Widder" **neu**, im Phönizischen als š *KAI* 24,8.11 und samʾalisch f šʾh *KAI* 215,6.9 (< **gemeinsemitisch**); n ywm „Tag" schon *KAI* 214, 215 (< **gemeinsemitisch**), **aber bisher nicht Pl. ywmn**; Impf.v hrg „töten" schon *KAI* 214, 215 (< **gemeinsemitisch**); v šwy „legen, stellen" (Qal oder 2. St.) **neu** (< **aramäisch**); n šq „Getränk" **neu** (< **gemeinsemitisch**).

Einen **Artikel** gibt es in dieser Inschrift nicht. Das entspricht dem bisher bekannten typisch Samʾalischen, nicht aber dem Phönizischen und Aramäischen. **Determiniert** gedacht ist auf jeden Fall nṣb „(diese) Stele" (Z. 1). Ganz Bestimmtes, schon Genanntes, erhält das Demonstrativpronomen zn oder znn (Z. 3.5.8.9): „diese Runde/Grabzeremonie" (Z. 3); „diese Stele" (Z. 5), „diese Kultteilnahme" (Z. 8); „dieses männliche Schaf" (Z. 9); kollektiv verstanden ist wohl ṣwrn „(alle) Feinde" (Z. 4), krmn „(alle) Weinberge" (Z. 4) „alle Tage < Tage für Tage" (Z. 10); bei folgenden Nomina ist wohl nur an „Ein(en)" gedacht: „Einen Stier" (Z. 3), „Einen Widder"(Z. 3.4.4.5.5), „Ein Getränk" (Z. 13).

In den typisch samʾalischen Inschriften weisen die Nomina im Pl.m. sichtbare, geschriebene **Kasus-Endungen** auf für den Nominativ und den Genitiv, für den Akk. aber nicht,[46] für Kasus-Endungen im Pl.f und für Kasus-Endungen im Sg.m. und f. gibt es keine schriftlichen Hinweise. Der Pl.m. lautet im Nominativ auf -w (= -ū) wie bei ʾlhw „die Götter" (*KAI* 214,2), oder mlkw „die Könige" (*KAI* 215,17); und im Genitiv auf -y (= -ī) wie bei [m]n lhy „von den Göttern" (*KAI* 214,4); bʾbny „mit Steinen" (*KAI* 214, 31). Der Besonderheit des typisch Samʾalischen ent-

---

[46] Das hängt sicherlich damit zusammen, dass man auslautendes -ā anders als -ū und -ī nicht gern schreibt. Offenbar hat man den Akkusativ-Kasus-Vokal nicht in Konkurrenz zur gebräuchlichen Akkusativ-Partikel wāt- verstanden.

sprechend müsste obige Inschrift anstelle von ṣwrn ein ṣwry (Z. 4), anstelle von krmn ein kmry (Z. 4) und anstelle von ywmn ein l-ywmy (Z. 10) aufweisen. Das ist aber nicht der Fall. Deshalb ist das -y von bny in mnbny'š in Z. 7 sicherlich auch nicht als geschriebener Gen.-Kasus-Vokal zu deuten. Die obige Inschrift zeigt also in diesem Fall keine typisch sam'alischen Züge.

Folgende Plurale haben eine **Suffix-Endung** „mein": ḥyy „mein Leben" (Z. 1.2); bny „meine Söhne" (Z. 6.7?); Singulare mit Suffix sind: ʿlmy „mein Grab"; nbšy „meine Seele" (Z. 5.11). Das Suffix der 3.Sg.m. lautet wohl wie im Aramäischen -eh (wth Z. 2; lh Z. 7).

Die phönizischen Inschriften von Zincirli enthalten die **Pl.m. Endung stat.abs.** -m (= -īm), z.B. mlkm 'drm „mächtige Könige" (*KAI* 24,5f. u.ö.), in den aramäischen Inschriften gibt es ab der Kutamuwa-Inschrift (wohl nicht Panamuwas I (790–745), sondern eher Panamuwas II (743–733), d.h. spätestens ab 733 v.d.Z., die Pl.m.stat.abs.-Endung mit Nunation -n (= -īn): mlkn rbrbn „große Könige" (*KAI* 216,10.13f.); qrbn „die sich näherten" (*KAI* 219,4), šlšn „dreißig" (*KAI* 219,3); der **Pl.m.stat.cs.** lautet auf -y (= -ay) wie mlky šm'l „die Könige von Sam'al" (*KAI* 216,16f.); ʾlhy byt ʾby „die Götter meines Vaterhauses" (*KAI* 217,3); ʿbdy byt „die Diener des Hauses" (*KAI* 217,4) u.ö., der **stat.det.** mit angehängtem Artikel lautet auf -y' (= -ayyā): bei mlky' „die Könige" (*KAI* 216,14f.). In der obigen Inschrift ist kein Pl.m.stat.det. belegt, nur ein Pl.m.stat.cs. bny 'š „die Söhne von jemandem" (Z. 7?), und die Pl.m. Nunations-Endung auf -n (= -īn) bei ṣwrn (Z. 4), krmn (Z. 4) und bei ywmn (Z. 10, 2×). Wenn die Deutung dieser drei Wortformen richtig ist,[47] steht die obige Inschrift in diesem Punkte ganz nahe an den aramäischen Inschriften von Sam'al.

An **Satz- oder syntaktischen** Auffälligkeiten sind zu nennen: In Z. 1f. sind drei **Perfekta** mit „und" verbunden (Vergangenheitstempus): „ich habe anfertigen lassen (qnt) ... und aufstellen lassen (wšmt) ... und feiern lassen (whggt)", und in Z. 8–13 drei **Imperfekta** (Iussiv): „dann soll er wahrlich nehmen (wlwyqḥ) ... und töten (wyhrg) ... und darbringen (wyšwy)". Narratives Kurz-Impf. mit Waw (Konsekutiv-Tempus), den Geschehensfortschritt bezeichnend, wie im BH, Moabitischen (*KAI* 181,10–14)[48], wohl nicht im Phönizischen[49], aber im Altaramäischen von Hamat (*KAI* 202), Deir ʿAllah (*KAI* 312) und Tell Dan (*KAI* 310) gibt es nicht.[50]

Z. 6–10 bilden einen schönen **Konditional-Satz** (ohne konditionale Konjunktion):[51] Die Protasis besteht aus 2 nominalen Wendungen im Kasus Pendens bzw. in einem zweigliedrigen Nominalsatz („[gibt es] wen von meinen Söhnen oder [wen] von den Söhnen eines anderen/[oder:] oder einen andern als meine Söhne"), aufgenommen durch „und geschieht es ihm" (wyhy lh). D.h. die Protasis lautet: „Und nun: wenn jemand von meinen Söhnen oder (7) von den Söhnen eines anderen/(oder:) oder ein anderer als meine Söhne (8) teilhat an diesem Kultakt". Es folgt die Apodosis mit Waw apodoseos und mit lw „gewiss", zusammengeschrieben mit dem Impf

---

[47] Eine andere Möglichkeit wäre, an allen drei Stellen ein -ān Affix zu lesen (ṣwrn, krmn, ywmn 2×), was m.E. aber nicht gut möglich ist.

[48] Kurz- oder Lang-Impf. sind nicht sichtbar unterschieden, wohl aber z.B. bei „und er baute" wybn (Z. 10), da auslautendes ē̄ sonst mit -h geschrieben ist wie z.B. bei „befugt" ršh (= rāšē̄ Z. 20).

[49] Im Phönizischen von Zincirli gibt es aber altes narratives Lang-Impf. ytlkn „sie gingen (ständig)" in *KAI* 24,10.

[50] Die Belege im Altaramäischen jüngst wieder aufgezählt bei A.F. Rainey, Redefining Hebrew – a Transjordanian language, *Maarav* 14, 2007, S. 67–81, insbes. S. 76ff. – Kurz- und Lang-Impf. sind auch im Altaramäischen an diesen Stellen nicht sichtbar unterschieden, vielleicht bei „und er weinte bitterlich und er ging hinein (√ʿll)" wbkh ybkh wyʿl in Deir ʿAllah 1.Kombination Z. 3f., wenn man anstelle von „er ging hinein" wyʿl als „und er stieg hinauf" versteht, was aber unwahrscheinlich ist, weil sonst bei zwei hintereinander vorkommenden Verben der Klasse IIIī erzählendes Impf. einmal als Lang- und sodann als Kurz-Impf. gebraucht wäre.

[51] Zu den Konditionalsätzen in den Inschriften von Zincirli J. Tropper, S. 256.

des Nachsatzes wlwyqḥ: „dann wahrlich soll er nehmen von **(9)** der Kraft des Weinbergs (und) diesen Widder Tag für Tag". Waw apodoseos gibt es sam'alisch auch bei „dann möge dein Auge traurig blicken (?)" (wtlʿy ʿynk, *KAI* 214,32) und bei „dann werde auch ich sein" (w'gm hwyt, Pf.!, 215,5). Nach K. Beyer ist Waw apodoseos besonders in den kanaanäischen Sprachen üblich, seltener in den aramäischen.[52]

Die Inschrift als Beispiel
für die Interferenz der hebräischen und aramäischen Sprache

Die obige Inschrift zeigt ganz deutlich, wie kanaanäische und aramäische Sprachschichten ineinander übergreifen. Man kann streiten, ob etwas kanaanäisch oder aramäisch ist. Soll man von Aramaismen im Kanaanäischen von Zincirli oder von Kanaanismen im Aramäischen von Zincirli sprechen? Dem historischen Ablauf entspricht vielleicht eher die Überlagerung eines älteren Kanaanäischen (Phönizischen) durch ein archaisch anmutendes Aramäisch, dem schließlich ein Aramäisch folgt, das dem zeitgleichen Aramäisch andernorts konform ist und das Kanaanäische völlig verdrängt hat. Die Inschriften von Zincirli und in Besonderheit diese neue Inschrift sind ein einleuchtendes Beispiel für die Interferenz der kanaanäischen und aramäischen Sprachen. Die neue Inschrift repräsentiert das Übergangsstadium zum Aramäischen von Zincirli in seiner letzten Phase.

Eine ähnliche Interferenz mit dem Aramäischen ist, wie gesagt, auch für das Hebräische zu beobachten, ohne dass wir hier im Einzelnen genauer darauf eingehen können.[53] Sie zu bestimmen, gehört mit zu den Aufgaben der Hebräischen Sprachwissenschaft. Haben *BLH* nun recht, dass die aramäisch sprechenden Israeliten einen kanaanäischen Dialekt übernommen haben, oder haben die ursprünglich kanaanäisch sprechenden Israeliten eine zunehmende Beeinflussung ihrer Sprache durch das Aramäische erfahren? Neuerdings ist es üblich, die Unterschiede zwischen dem phönizischen Kanaanäisch und dem sog. Transjordanischen zu betonen. So ist für A.F. Rainey das Hebräische wie das Moabitische kein kanaanäischer Dialekt, sondern eine transjordanische Sprache, die dem Aramäischen sehr nahesteht.[54] A.F. Rainey verweist auf die gegenüber dem Hebräischen, Moabitischen und Aramäischem geringere Lautanzahl im Phönizischen von 22 Lauten entsprechend den 22 Buchstaben (in den transjordani-

---

[52] K. Beyer, *Semitische Syntax im Neuen Testament*, Bd. I: Satzlehre, Teil 1, Göttingen ²1968 S. 66–72 und ders., *Die aramäischen Texte vom Toten Meer*, Göttingen 1984, S. 565; II, Göttingen 2004, S. 387 jeweils s.v. Waw Nr. 9.

[53] Eine Zusammenfassung des Hebräischen vom vorexilischen bis zum tiberischen hat soeben H. Gzella vorgelegt, in: H. Gzella (Hg.), *Sprachen aus der Welt des Alten Testaments*, Darmstadt 2009, S. 65–88: Althebräisch. Allerdings wird auf die Interferenz zum Aramäischen nicht weiter eingegangen.

[54] So heißt es bei A.F. Rainey, Whence came the Israelites and their language?, in: *Israel Exploration Journal* 57 (2007), S. 41–64, hier 52: „During the past several years, my study of North-west Semitic languages, especially more recent discoveries in the late twentieth century, has led me to the conclusion that ancient Hebrew has more affinities with Aramaic and Moabite than with Phoenician (the real Canaanite of the Iron Age)."

schen und aramäischen mindestens 24/25 (22 + ś, ḫ, ġ),⁵⁵ darüber hinaus auf die folgenden Isoglossen: auf die Verbal-Wurzeln hyy und hwy „sein" (phönizisch ist √kwn), die er vom Personal-Pronomen „sie" hī und „er" hū herleiten möchte,⁵⁶ und auf das Impf. als Vergangenheitstempus, insbesondere als Konsekutivtempus, auch der Gottesname habe keine Verbindung zum phönizischen Kanaanäisch.⁵⁷ A. F. Rainey geht vor allem von der neueren Forschungsgeschichte ab den 60er Jahren des vorigen Jahrhunderts aus zu neuen archäologischen und historischen Zeugnissen. Nach ihm sind die Israeliten im 12. Jahrhundert v. d. Z. mit ihrer Sprache von Transjordanien kommend eingewandert. A. F. Rainey hat seine These etwas weiter differenziert, wenn er sagt, „hebrew has strong affinities with the languages of Trans-Jordan a n d c e n t r a l S y r i a ."⁵⁸ Er nennt als weitere Isoglossen die √ʿśy „machen" in der hebräischen Prosa (gegenüber phönizisch und altaramäisch Deir ʾAllah √pʿl⁵⁹), den Ausdruck für „Gold" zhb (gegenüber phönizisch ḥrṣ), das Relativpron. ʾšr (gegenüber phönizisch ʾš) und „der Governeur" in der Wendung ʾšr ʿl hbyt (gegenüber phönizisch skn). Hauptargument für A. F. Raineys Zuordnung des Hebräischen zum Transjordanischen und Zentral-Syrischen ist aber das narrative Impf. + Waw in der fortlaufenden Erzählung.

---

⁵⁵ Heute ist es opinio communis, dass es im Phönizischen nur genau 22 Laute entsprechend den 22 Buchstaben gab, so soeben auch Gzella ([Hg.], Sprachen [wie Anm. 53], S. 48–64: Phönizisch, insb. S. 50) Stimmt das aber? Auch die Phönizier haben die Konsonantenschrift nur übernommen, nicht erfunden. Vielleicht ist der schriftlichen Überlieferung des Phönizischen, die mit 22 Buchstaben auszukommen scheint, und den wenigen keilschriftlichen Wiedergaben sowie den ungenauen griechischen und lateinischen Transkriptionen bisher nur nichts Genaueres zu entnehmen. Unterliegt die opinio communis möglicherweise einem Zirkelschluss? J. Friedrich/W. Röllig/M. G. A. Guzzo (S. 11, Anm. 4) verweisen auf ṭ, das hinter Herodots (ca. 450 v. d. Z.) Tyros stecken wird. Eine phönizische Inschrift von Akko (spätestens 380 v. d. Z.) schreibt den Pl. von griechisch πυξις phönizisch als פכשם, offenbar gibt das Schin hier ein s wieder (siehe M. Dothan, A Phoenician Inscription from Akko, in Israel Exploration Journal 35 (1985), S. 81–94, 83), weitere Belege bei J. Friedrich/W. Röllig/M. G. A. Guzzo, S. 18ff. Und sind folgende Wörter mit ursprünglichem ḫ phönizisch wirklich eindeutig mit ḥ anzusetzen wie z. B. ḥbr „Kollege", ḥdr „dunkle Kammer", ḥṭr „Stab" und ḥlp „vorübergehen", um nur diese zu nennen? – Nach meiner Sicht ist wie auch in den andern nordwest-semitischen Sprachen noch von weiteren phonemischen Konsonanten auszugehen: ḏ, ṭ, *ṯ̣, *ź (ṣ́)? –, d. h. in Wahrheit stehen ganz am Anfang möglicherweise 28 oder 29.

⁵⁶ Gibt es dafür Vergleichbares in einer andern semitischen Sprache?

⁵⁷ Die Herleitung des Gottes Israels aus einem Wettergott Nordwest-Arabiens erscheint mir immer noch die plausibelste, vergleiche arabisch hawā „wehen (vom Wind)", bh. hwh Qal „fallen" (Hiob 37,6), Piʿʿ "stürzen" (Qoh 11,3) und die Gottesvorstellung in Ri 5,4f. und Dtn 33,2. Dagegen gibt Ex 3,14 eine theologisch ausgerichtete Begründung „ich rufe ins Sein, der ich ins Sein rufe" (Kausativ von √hyy).

⁵⁸ Maarav 14, 2007, S. 68 (meine Sperrung).

⁵⁹ Ebd., S. 73 „The occurrences of forms from PʿL in biblical Hebrew reflect the cultural and political contacts with the Phoenicians, especially during the monarchy or later. Obviously, the root is not native to Hebrew, which consistently uses the root ʿŚY through the Bible and especially in narrative prose."

A. F. Raineys Betrachtung der Isoglossen beschränkt sich auf einen kleinen Ausschnitt. Die transjordanischen Sprachen, moabitisch, ammonitisch, edomitisch und Deir 'Allah[60] zeigen wie das Hebräische viele Isoglossen, aber auch viele Alloglossen mit dem Aramäischen. Die zu beobachtende Nähe des Hebräischen zum Transjordanischen und zum Aramäischen entbindet nicht von der Frage nach der Interferenz des Hebräischen und des Transjordanischen mit dem Aramäischen. Bei den transjordanischen Sprachen gilt das ganz besonders für die Sprache von Deir 'Allah, aber das ist ein anderes Kapitel.

---

[60] Zu den Sprachen Transjordaniens K. Beyer, Die Sprachen Transjordaniens, in: H. Gzella (Hg.), Sprachen (wie Anm. 53), S. 89–103. – Zur Geschichte, Topographie und zur Kulturgeschichte des ganzen kanaanäischen Raumes, einschließlich des syrischen und phönizischen, E. Lipinski, 2006.

KEVIN TROMPELT

Das Textgliederungssystem der biblischen Akzente[*]

Wer heutzutage ein geeignetes Lehrbuch für den hebräischen Sprachunterricht erstellen will, sollte sich einer Sache besonders annehmen: der sachgemäßen Darstellung der biblischen Akzentuation in ihrer grammatischen Funktion. Diese Forderung mag zunächst seltsam erscheinen – insbesondere die Anhänger der klassischen Hebraistik werden sie schwerlich nachvollziehen können. Sollte ein Lehrbuch nicht in erster Linie eine Beschreibung der Laut-, Formen- und Satzlehre der biblisch-hebräischen Sprache bieten, die auf soliden sprachwissenschaftlichen Erkenntnissen beruht? Geht es nicht vornehmlich um eine für die Studierenden angemessen aufbereitete Darstellung zentraler grammatischer Phänomene des Althebräischen – wie z. B. sein Verbal- bzw. Nominalsystem oder die Wortfolge im hebräischen Satz. Wie gering scheint im Lichte dieser zweifellos berechtigten Forderungen der Stellenwert der biblischen Akzente, die als undurchsichtiges Zeichensystem verrufen das Studium des Bibeltextes mehr zu hindern scheinen, als es zu fördern.

Doch bereits die klassischen Rabbinen waren diesbezüglich ganz anderer Ansicht: Nach traditioneller rabbinischer Auffassung wird im Buch Nehemia auf die Akzentuierung des hebräischen Bibeltextes Bezug genommen. Kapitel 8 Vers 8 liest:

וַֽיִּקְרְא֥וּ בַסֵּ֛פֶר בְּתוֹרַ֥ת הָאֱלֹהִ֖ים מְפֹרָ֑שׁ וְשׂ֣וֹם שֶׂ֔כֶל וַיָּבִ֖ינוּ בַּמִּקְרָֽא׃

Dementsprechend heißt es im Traktat *Nedarim* 37b des *Babylonischen Talmuds* wie folgt:

‚Und sie lasen aus dem Buche, aus dem Gesetz Gottes vor'	'ויקראו בספר בתורת האלהים'
– damit ist die Lesung aus dem Tanach gemeint	– זה המקרא
‚erläutert'	'מפורש'
– dies bezieht sich auf die aramäische Übersetzung	– זה תרגום
‚Und sie gaben den Sinn an'	'ושום שכל'
– das wiederum ist die Einteilung in Verse	– אלו הפסוקים
‚Und sie erklärten das Gelesene'	'ויבינו במקרא'
– *das meint schließlich die Akzentuation der Verse*	– זה פיסוק טעמים[1]

---

[*] Vorliegender Aufsatz stellt die Ausarbeitung eines Vortrages dar, den der Verfasser im Rahmen der Internationalen Ökumenischen Hebräisch-Dozenten-Konferenz vom 28. April bis 1. Mai 2007 in Tübingen hielt.

[1] Vgl. auch *Babylonischer Talmud*, Traktat *Megilla* 3a. Im Gegensatz zur babylonischen Tradition, die ויבינו במקרא auf die Akzentuation hin auslegt, ist diese nach den palästinischen Versionen in den Worten ושום שכל angedeutet: siehe *Palästinischer Talmud*, Traktat *Megilla* 4,1 sowie *Midrasch Genesis Rabba* 36,8.

Die Akzente erklären demnach den biblischen Text, sie machen ihn erst verständlich und vermitteln ihn somit dem Leser. Im Hintergrund der rabbinischen Auslegung steht dabei die syntaktische Funktion der Akzente, den biblischen Vers in weitere kleinere Textabschnitte zu untergliedern.[2] Auf diese Weise nehmen sie Einfluss auf die Lesung des Konsonantentextes und legen sie fest.[3]

Trotz ihrer offenkundigen Textrelevanz behandeln die einschlägigen Grammatiken und Lehrbücher des Biblisch-Hebräischen das Akzentsystem bestenfalls als Randphänomen. Zwar muss sich jede Grammatik mit den Akzenten als integralem Bestandteil des masoretischen Textes auseinandersetzen. Doch geschieht dies zumeist in einer sehr oberflächlichen Art und Weise, die dem Akzentsystem kaum gerecht wird. Neben der phonetischen Funktion der Akzente, die dem Neulerner des Biblisch-Hebräischen beim Lesen ein unschätzbares Hilfsmittel ist, beschränkt sich die Darstellung ihrer syntaktischen Bedeutung häufig auf die Nennung der vermeintlich wichtigsten so genannten „starken" Trennakzente. Doch auf das eigentliche Zusammenspiel eben dieser Trennakzente – ihr Verhältnis untereinander – das Gliederungssystem also der biblischen Akzente wird an keiner Stelle eingegangen.[4]

Dieser offenbare Missstand sei zum Anlass genommen, in vorliegender Studie eine Einführung in das akzentuelle Textgliederungssystem der tiberischen Tradition darzubieten. Ich werde mich dabei auf den wissenschaftlichen Ertrag einer über 300 Jahre andauernden Akzentforschung beschränken, der m.E. für das Verständnis des akzentuellen Teilungssystems elementar ist. Die nachstehenden Ausführungen erheben demnach nicht den Anspruch neuer wissenschaftlicher Erkenntnisse. Durch Reduktion des kompliziert wirkenden Akzentsystems auf das Wesentliche, auf seine ihm zugrunde liegenden Gesetzmäßigkeiten, soll die akzentuelle Versstrukturierung allerdings in ihrer Gesamtheit auf neue Weise präsentiert und damit nicht zuletzt für den Hebräischunterricht gewonnen werden.

---

[2] Die umstrittene Frage, ob *Akzentuation* in der zitierten Talmudstelle mündliche Einschnitte im kantillierenden Vortrag meint (siehe u.a. Aron Ackermann, *Das hermeneutische Element der biblischen Accentuation. Ein Beitrag zur Geschichte der hebräischen Sprache*, Berlin 1893, S. 23 und so die mehrheitliche Auffassung der Akzentforscher) oder aber bereits tatsächliche Akzentzeichen im Text intendiert (eine Möglichkeit, die von Aron Dotan, The Relative Chronology of Hebrew Vocalization and Accentuation, in: *Proceedings of the American Academy for Jewish Research* 48 (1981), S. 97f. aufgeworfen wurde), ist an dieser Stelle sekundär. In jedem Falle ist die innere durch die Akzentuation angezeigte Versgliederung angesprochen (vgl. Heidi Zimmermann, *Tora und Shira. Untersuchungen zur Musikauffassung des rabbinischen Judentums*, Bern 2000, S. 93).

[3] In der dieser Studie zugrunde liegenden tiberischen Tradition regeln die Akzente die Lesung des Konsonantentextes bekanntlich nicht nur als Gliederungselemente sondern auch als Betonungszeichen.

[4] Lediglich Gotthilf Bergsträsser, *Hebräische Grammatik. 1.Teil: Einleitung, Schrift und Lautlehre*. Leipzig 1918 (Nachdr. Hildesheim 1995), S. 74ff. sowie Paul Joüon und Takamitso Muraoka, *A Grammar of Biblical Hebrew*, 2 vls., Rome 2000, §15i–j beschreiben jeweils in knapper Form das für die akzentuelle Teilung maßgebende Strukturgesetz. Doch sind beide Darstellungen unvollständig und leiden insbesondere am Fehlen der das Akzentsystem konstituierenden Klassifikation der Trennakzente.

Grundlage der Darstellung ist die Akzentuation der prosaischen Bücher. Den so genannten ספרי אמ״ת – das Buch Hiob, die Provcrbien sowie der Psalter – ist eine besondere Akzentuation eigen, die jedoch denselben Teilungsregeln unterliegt, die im Folgenden vorgestellt werden sollen.

1. Die Klassifikation der Disjunktive

Wer sich dem akzentuellen Teilungssystem nähern will, wird anfangs von der hohen Anzahl der Akzente überrascht. 27 Zeichen kommen in den prosaischen Büchern in äußerst unterschiedlicher Frequenz zum Einsatz. Doch sind glücklicherweise nicht alle für die Versstrukturierung relevant. Bekanntlich unterteilen sich die Akzente in zwei große Gruppen: in Trenner, auch Disjunktive genannt und in Verbinder bzw. Konjunktive. Für eine Betrachtung des Gliederungssystems der biblischen Akzente sind indes nur die Disjunktive von Bedeutung. Sie sind „das Fundament des Akzentgebäudes".[5] An ihnen kommt die syntaktische Bedeutung der Akzente hinreichend und vornehmlich zum Ausdruck. Frühere Akzentgelehrte nannten sie daher auch *Domini*, denn sie zeigen Einschnitte und Pausen an und *beherrschen* somit den Gedankengang im Satz. Die Konjunktive bezeichneten sie demgegenüber als *Servi*, die nur *im Dienste* der Disjunktive stehen.[6]

Des Weiteren wurde bereits im 17. Jahrhundert erkannt, dass sich die verbleibenden 18 Disjunktive wiederum in vier Akzentklassen aufteilen, die zusammen eine streng reglementierte hierarchische Ordnungsstruktur bilden. Dementsprechend wurden die einzelnen Akzentklassen zunächst mit lateinischen Herrschertiteln in abfallender Rangordnung belegt.[7] Diese Terminologie wurde später von jüdischen Forschern ins Hebräische übertragen[8] und ging hiernach auch in die europäischen Sprachen ein. So findet sich folgende Begrifflichkeit in der wissenschaftlichen Literatur zur Akzentsetzung:[9]

Latein	**Hebräisch**	**Deutsch**	**Funktional**
Imperatores	קיסרים	Kaiser	1. Klasse
Reges	מלכים	Könige	2. Klasse
Duces	משנים	Fürsten	3. Klasse
Comites	שְׁלישִׁים	Grafen	4. Klasse

Erst im vergangenen Jahrhundert hat der israelische Masoraforscher Israel Yeivin eine funktionale Terminologie vorgeschlagen, die sich allerdings nicht durchsetzen konnte.[10] Da es sich um ein Phänomen der hebräischen Sprache handelt, werden im Folgenden die hebräischen Termini verwendet.

---

[5] Mordechai Breuer, טעמי המקרא בכ״א ספרים ובספרי אמ״ת, Jerusalem 1989, S. 9 (hebr.).
[6] Siehe Israel Meyer Japhet, מורה הקורא. *Die Accente der heiligen Schrift*, Frankfurt a.M. 1896, S. 6 Anm. 7.
[7] Siehe Samuel Bohlius, *Scrutinum sensus Scripturae Sacrae ex accentibus*, Rostock 1636; ders., *Vera divisio Decalogi ex infallibili principio accentuum*, Rostock 1637.
[8] Siehe u. a. Yehuda Leib Ben Zeev, תלמוד לשון עברי, Breslau 1796, § 388 (hebr.).
[9] Vgl. für die deutsche Sprache Japhet, Accente (wie Anm. 6), S. 6.
[10] Israel Yeivin, *The Biblical Masorah*, Jerusalem 2003, S. 140 (hebr.).

Die nachstehende tabellarische Darstellung zeigt nun die konkrete Aufteilung der Disjunktive in die einzelnen Akzentklassen an:

קיסרים	
2	1
סִילּוּק: אָ֑	אֶתְנָח: אָ֑
וַיֵּרְדַ֖ם	נִרְדָּ֑ם

מלכים				
5	4	3	2	1
שַׁלְשֶׁלֶת: א֓ ׀	סֶגּוֹל: א֒	זָקֵף גָּדוֹל: א֕	טִפְחָא: א֖	זָקֵף (קָטָן): א֔
וַיִּתְמַהְמָהּ ׀	אֱלֹהָיו	וַיֹּאמֶר	נִינְוֵה	הַסְּפִינָה

משנים				
5	4	3	2	1
זַרְקָא: א֮ [11]	יְתִיב: א֚	תְּבִיר: א֛	רְבִיעַ: א֗	פַּשְׁטָא: א֙
וַיִּזְעָקוּ	קוּם	יוֹנָה	הַמַּלָּחִים	וַיִּשָּׂאוּ, שָׁאוּנִי

שלישים					
6	5	4	3	2	1
פָּזֵר גָּדוֹל: א֟	פָּזֵר (קָטָן): א֡ [12]	מֻנָּח לְגַרְמֵהּ: א֣ ׀	תְּלִישָׁא גְדוֹלָה: א֠	גֵּרְשַׁיִם: א֞	גֶּרֶשׁ: א֜
הָמָן	בָּהּ	וַיַּעַל ׀	קוּם	קִיקָיוֹן	יָפוֹ

Abgesehen von den Bezeichnungen der einzelnen Disjunktive gibt die Tabelle deren grafische Erscheinungsform und Position wieder – veranschaulicht sowohl an einem Buchstaben des hebräischen Alphabetes als auch an einem konkreten Schriftwort. Letzteres ist in der Regel aus dem Jonabuch entnommen. Nur wenn ein Disjunktiv im Jonabuch nicht belegt ist, wird auf andere biblische Bücher zurückgegriffen. So erscheint z. B. in der ersten Akzentklasse, den *Kesarim*, neben dem Namen *Etnach* (*Etnachta*)[13] ein mit diesem Akzent versehenes *Alef*, aus dem hervorgeht, dass der *Etnach* sublinear ist und in seiner Form einem Dach ähnelt. Das darunter stehende akzentuierte נרדם zeigt schließlich den *Etnach* als Betonungszeichen im biblischen Text. Diese Darstellungsform wiederholt sich beim nebenstehenden *Silluq* sowie bei den Akzenten der folgenden Klassen.[14]

---

[11] In den wissenschaftlichen Editionen der Biblia Hebraica Kittel und Biblia Hebraica Stuttgartensia wird *Zarqa* in seiner handschriftlichen Form abgebildet: א.

[12] In den wissenschaftlichen Editionen der Biblia Hebraica Kittel und Biblia Hebraica Stuttgartensia wird *Pazer* in seiner handschriftlichen Form abgebildet: א.

[13] Nach anderer Aussprachetradition häufig auch *Atnach* (*Atnachta*) genannt.

[14] Eine Klassifikation der Disjunktive wurde von verschiedenen Akzentforschern abgelehnt. Ihr prominentester Opponent ist ohne Zweifel der englische Gelehrte William Wickes, טעמי אמ״ת: *A Treatise on the Accentuation of the Three So-called Poetical Books of the Old Testament, Psalms, Proverbs, and Job*, Oxford 1881 (Nachdr. New York 1970), S. 11; ders., טעמי כ״א ספרים: *A Treatise on the Accentuation of the Twenty-one So-called Prose Books of the Old Testament*, Oxford 1887 (Nachdr. New York 1970), S. 15. Anstelle einer hierarchischen Klassenstruktur setzt er eine individuelle Hierarchie voraus und bestimmt demnach die direkten Abhängigkeiten der einzelnen Disjunktive untereinander, ohne diese zu klassifizieren (טעמי אמ״ת, S. 54 ff.; טעמי כ״א ספרים, S. 61 ff.). Doch konnte sich seine Ansicht nicht durchsetzen. Im Gegenteil: Die

2. Das Strukturgesetz der kontinuierlichen Dichotomie

Nun sind die beiden Akzente der *Kesarim*-Klasse nicht nur in ihrer grafischen Gestalt bestens bekannt, sondern auch hinsichtlich ihrer gliedernden Funktion. Erscheinen sie doch beide als Akzentpaar beinahe in jedem biblischen Vers. Während der eine, der *Silluq*, stets das Versende bezeichnet, teilt in der Regel der andere, der *Etnach*, den Vers in zwei Abschnitte.

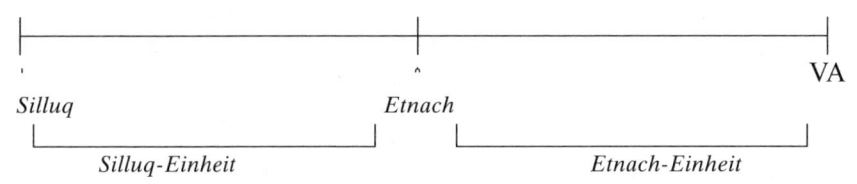

|———————————————|———————————————————|
Silluq   Etnach   VA
|_____| |_____|
 Silluq-Einheit   Etnach-Einheit

Schematisch als Linie wiedergegeben gliedert der *Etnach* den biblischen Vers also dichotomisch und lässt infolgedessen zwei Vershälften entstehen: die erste vom Versanfang (VA) bis zum *Etnach* – im Folgenden auch als *Etnach*-Einheit bezeichnet – und die zweite vom *Etnach* bis zum *Silluq* am Versende – im Folgenden auch *Silluq*-Einheit genannt. Die dichotomische Teilung des biblischen Verses durch den *Etnach* ist zweifellos ein erstes auffallendes Charakteristikum der akzentuellen Gliederung, bezieht sie sich doch auf den gesamten biblischen Text – ungeachtet von der Länge der Verse. Der Veranschaulichung soll das Schriftwort Jona 2,11 dienen:

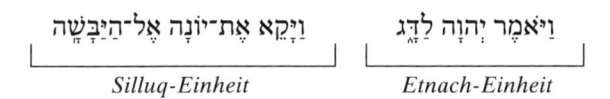

| וַיָּקֵא אֶת־יוֹנָה אֶל־הַיַּבָּשָׁה | וַיֹּאמֶר יְהוָה לַדָּג |
|_____| |_____|
       Silluq-Einheit   Etnach-Einheit

Und der Herr befahl dem Fisch. Der spie Jona auf das trockene Land aus.

Der *Etnach* unter לדג unterteilt den Vers dichotomisch in eine *Etnach*-Einheit ויאמר ה' לדג sowie in eine *Silluq*-Einheit ויקא את יונה אל היבשה. Die Akzentuation entspricht somit der syntaktischen Struktur des Verses, der aus zwei durch Narrative eingeleiteten Verbalsätzen besteht.

2.1. Die akzentuelle Textgliederung in den rechten Akzenteinheiten

Die dichotomische Teilung des biblischen Verses ist jedoch keineswegs eine Eigenart des *Etnach*, sondern charakterisiert das akzentuelle Gliederungssystem im Ganzen. So werden die beiden durch den *Etnach* entstandenen Verseinheiten wiederum zweigeteilt. Die Folgeteilung wird dabei von Disjunktiven der zweiten Akzentklasse, den *Melachim*, angezeigt. Zur Verdeutlichung sei wiederum ein vereinfachtes Schema verwendet:

Klassifikation der Trennakzente wird weiterhin zu Recht als Schlüssel zum Verständnis der akzentuellen Versgliederung wahrgenommen (siehe u.a. Simcha Kogut, *Correlations between Biblical Accentuation and Traditional Jewish Exegesis. Linguistic and Contextual Studies*, Jerusalem 1996, S. 19–27 (hebr.); zur Widerlegung der Wickes'schen These siehe die überzeugenden Ausführungen von Breuer, טעמי המקרא (wie Anm. 5), S. [10]).

|—————————————————|—————————————————|
| קיסר | מלך |

Die Einheit des *Kesars* (sei es ein *Etnach* oder ein *Silluq*), d.h. eine Vershälfte, die schematisch als Linie ausgedrückt ist, wird durch einen *Melech* dichotomisch geteilt. In der vorliegenden Tabelle (S. 336) sind Namen und Formen der verschiedenen *Melachim* bezeichnet, wobei der Versuch unternommen wurde, sie entsprechend ihrer Häufigkeit und syntaktischen Relevanz von rechts nach links anzuordnen.[15] Eine herausragende Stellung innerhalb der *Melachim*-Akzente nehmen demnach ohne Zweifel *Zaqef* (*Qatan*)[16] und *Tipcha*[17] ein. Dagegen erscheinen *Zaqef Gadol* sowie *Segol*[18] deutlich seltener. Der letzte der Klasse, die Schalschelet, ist ausgesprochen rar[19] – sie ist an nur sieben Stellen im alttestamentlichen Text belegt.[20]

Am konkreten Schriftwort Jona 2,1 stellt sich die dichotomische Teilung einer *Etnach*-Einheit exemplarisch folgendermaßen dar:

לִבְלֹעַ אֶת־יוֹנָה	וַיְמַן יְהוָה דָּג גָּדוֹל
———	———
Linke Etnach-Einheit	Rechte Etnach-Einheit
	Zaqef-Einheit

Und der Herr bestellte einen Fisch, Jona zu verschlingen.

Der Disjunktiv *Zaqef* aus der Akzentklasse der *Melachim*, der auf dem Adjektiv גדול erscheint, zweiteilt die *Etnach*-Einheit (die erste Vershälfte) in einen rechten und einen linken Abschnitt – wobei sich die Richtungsangaben auf die Position des *Zaqef* beziehen: *Rechte Etnach-Einheit* meint demnach *die rechts vom Zaqef stehende Einheit*, während *linke Etnach-Einheit* folglich *die links vom Zaqef stehende Einheit* intendiert. Da der *Zaqef* der vorherrschende Disjunktiv in der rechten *Etnach*-Einheit ist, kann diese schließlich vereinfacht *Zaqef*-Einheit genannt werden. In ihrer Gliederung verleihen die Akzente somit der aus Haupt- und finalem Nebensatz kombinierten Satzstruktur deutlichen Ausdruck.

Ein weiterer Disjunktiv der *Melachim*-Klasse, ein *Tipcha*, teilt demgegenüber die *Silluq*-Einheit in Jona 3,10:

---

[15] In Konsequenz des gewählten pragmatischen Ordnungsprinzips kann die Reihenfolge der Disjunktive in den einzelnen Akzentklassen von den Angaben in klassischen Akzentgrammatiken erheblich abweichen. So werden z.B. die *Melachim*-Akzente gemeinhin folgendermaßen angeordnet: *Segol – Schalschelet – Zaqef Qatan – Zaqef Gadol – Tipcha*, so z.B. Breuer, טעמי המקרא (wie Anm. 5), S. 13. Auf diesem Hintergrund erklärt sich auch die Trennung der beiden *Zeqefim* in der obigen Tabelle (S. 336), die naturgemäß zusammengehören.
[16] Nach anderer Aussprachetradition häufig auch *Zaqef Qaton* genannt.
[17] Nach anderer Aussprachetradition häufig auch *Tifcha* genannt.
[18] *Segol* ist ein postpositiver Akzent und erscheint somit stets über dem letzten Buchstaben des Wortes. Er dient demnach nicht als Betonungszeichen.
[19] Der Disjunktiv *Schalschelet* ist formal zweiteilig: Er setzt sich zusammen aus dem eigentlichen Akzentzeichen über der betonten Silbe und einem senkrechten, dem *Paseq* ähnlichen Strich, der auf das akzentuierte Wort folgt.
[20] Die in der Tabelle (S. 336) gewählte Form ויתהמה ist aus Gen 19,26 entnommen.

Das Textgliederungssystem der biblischen Akzente 339

וְלֹא עָשָׂה	וַיִּנָּחֶם הָאֱלֹהִים עַל־הָרָעָה אֲשֶׁר־דִּבֶּר לַעֲשׂוֹת־לָהֶם
Linke Silluq-Einheit	Rechte Silluq-Einheit Tipcha-Einheit

Und Gott reute das Unheil, das er Ihnen angedroht hatte, und er tat es nicht.

Die *Silluq*-Einheit (die zweite Vershälfte) wird durch den *Tipcha* unter der Form להם dichotomisch in einen rechten und einen linken Abschnitt gegliedert. Erneut tritt dabei die syntaktische Dimension der Akzentuation anschaulich hervor: Die rechte *Silluq*-Einheit, die infolge des sie bestimmenden Akzentes *Tipcha*-Einheit genannt werden soll, umfasst eine Hypotaxe mit attributivem Nebensatz. Demgegenüber erscheint in der linken *Silluq*-Einheit ein syntaktisch selbstständiger Satz.

Das dichotomische Teilungsprinzip ist auch für den weiteren Verlauf der akzentuellen Textgliederung maßgebend: So lassen sich die Verseinheiten der *Melachim*-Akzente wiederum durch Disjunktive der ihnen subordinierten *Mischnim*-Klasse binarisch in Untereinheiten segmentieren.

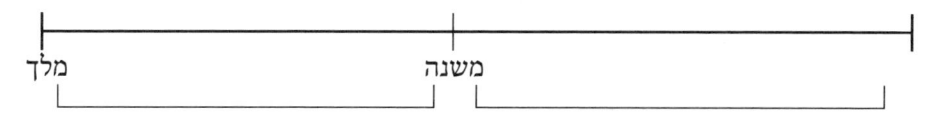

מלך	משנה

Nochmals sei auf die Tabelle (S. 336) verwiesen mit Namen, Form und Position der *Mischnim*-Akzente. Die beiden auffälligsten Disjunktive der dritten Akzentklasse sind ohne Zweifel *Paschta*[21] und *Revia*. Von den übrigen *Mischnim* kommt *Tevir* noch relativ häufig vor. Demgegenüber sind *Jetiv*[22] sowie *Zarqa*[23] seltener.

---

[21] *Paschta* ist ein postpositiver Akzent und steht demzufolge stets über dem letzten Buchstaben des Wortes (näherhin über dem linken Rand des letzten Buchstabens). Dennoch tritt er auch als Betonungszeichen in Erscheinung: So wird er im Falle einer Penultima-Betonung verdoppelt und zusätzlich über die betonte Silbe des akzentuierten Wortes gesetzt (so bei שְׁאָגֻ֙נִי֙ in Jona 1,12). Anhand seiner Wortendstellung kann er unterschieden werden vom formidentischen Konjunktiv *Azla* (in Verbindung mit *Geresch*, einem Disjunktiv aus der Akzentklasse der *Schalischim* (siehe im Folgenden), häufig auch *Qadma* genannt): Im Gegensatz zum *Paschta* erscheint letzterer ausschließlich über der betonten Silbe (siehe z. B. וַיֵּ֥רֶד in Jona 1,3).

[22] *Jetiv* ist ein präpositiver Akzent und steht stets vor dem ersten Buchstaben des Wortes. Da er ausschließlich bei Worten verwandt wird, die auf der ersten Silbe den Ton tragen, fungiert er auch als Betonungszeichen. Aufgrund seiner exponierten Wortanfangsstellung ist er vom formidentischen Konjunktiv *Mahpach* unterscheidbar: Entweder steht *Mahpach* direkt unter dem Anfangsbuchstaben des Wortes (vgl. ר֤וּחַ in Jona 4,8), während *Jetiv* etwas vorgezogen erscheint (vgl. עֹ֖וד in Jona 3,4) oder *Mahpach* ist der Mehrzahl der Akzentzeichen entsprechend dem Punktationszeichen nachgestellt (vgl. כִּ֤י in Jona 4,2), während *Jetiv* diesem vorangeht (vgl. כִּ֤י in Jona 1,12). Falls keine Betonung der ersten Wortsilbe vorliegt, handelt es sich von vornherein um einen *Mahpach*, der stets die Tonsilbe anzeigt (so z. B. וַיָּ֤קָם in Jona 1,3).

[23] *Zarqa* ist ein postpositiver Akzent und steht demzufolge stets über dem letzten Buchstaben des Wortes. Als Betonungszeichen tritt er nur in wenigen Ausnahmefällen in Erscheinung: Er wird dann verdoppelt und zusätzlich über die Tonsilbe des akzentuierten Wortes gesetzt (so z. B. אָנֹ֘כִי֘ in 2. Sam 3,8).

Um das Teilungsverhalten der *Mischnim*-Disjunktive zu veranschaulichen, soll zunächst eine *Zaqef*-Einheit aus Jona 1,3 betrachtet werden, die durch einen *Paschta* halbiert wird:

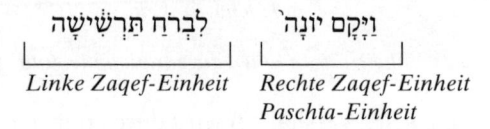

לִבְרֹחַ תַּרְשִׁישָׁה	וַיָּקָם יוֹנָה֙
Linke *Zaqef*-Einheit	Rechte *Zaqef*-Einheit
	Paschta-Einheit

Und Jona machte sich auf, um nach Tarsis zu fliehen.

Der Disjunktiv *Paschta* der *Mischnim*-Klasse teilt die vorliegende *Zaqef*-Einheit entsprechend ihrer zweiteiligen hypotaktischen Satzstruktur auf – und zwar in eine rechte *Zaqef*-Einheit oder vereinfacht *Paschta*-Einheit (da vom *Paschta* dominiert), die den Hauptsatz kennzeichnet: ויקם יונה sowie in eine linke *Zaqef*-Einheit, die wiederum den finalen Nebensatz markiert: לברוח תרשישה.

Auch in Jona 1,13 liegt eine aus Haupt- und finalem Nebensatz bestehende Satzkonstruktion vor. Allerdings wird diese nun von einem *Tipcha* bestimmt und durch einen *Revia*, einem weiteren Akzent der *Mischnim*-Klasse, binarisch untergliedert:

לְהָשִׁיב אֶל־הַיַּבָּשָׁה	וַיַּחְתְּרוּ הָאֲנָשִׁים
Linke *Tipcha*-Einheit	Rechte *Tipcha*-Einheit
	Revia-Einheit

Und die Männer ruderten, um es [das Schiff] wieder ans trockene Land zu bringen.

Die rechte *Tipcha*-Einheit wird durch den *Revia* auf האנשים begrenzt und ist demzufolge *Revia*-Einheit. Sie umfasst den Hauptsatz. Die linke *Tipcha*-Einheit bezeichnet demgegenüber den Finalsatz.[24]

Aber auch mit den *Mischnim*-Akzenten ist die akzentuelle Textgliederung nicht am Ende ihrer Möglichkeiten. Denn sollte es die syntaktische Struktur eines Schriftwortes erfordern, lassen sich die bestehenden Verseinheiten schließlich durch Disjunktive der vierten und letzten Akzentklasse, den so genannten *Schalischim*, segmentieren – wobei das leitende Teilungsprinzip wiederum die Dichotomie ist.

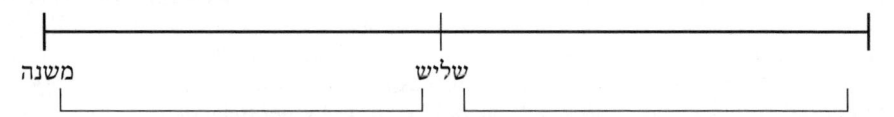

משנה	שליש

Auch die Disjunktive der *Schalischim*-Klasse sind in der Akzenttabelle oben (S. 336) dargestellt. Da sie nicht in jedem Vers Verwendung finden, sind ihre Namen und jeweilige grafische Gestalt nicht ohne weiteres vorauszusetzen. Zu

---

[24] Das Schriftwort verdeutlicht anschaulich, dass der disjunktive *Revia* – aus der dritten Akzentklasse stammend – dem *Tipcha* untergeordnet ist. Er darf demnach nicht auf eine Linie mit dem *Zaqef* gestellt werden, der zusammen mit dem *Tipcha* der zweiten Akzentklasse angehört (so fälschlich u. a. Jutta Körner, *Hebräische Studiengrammatik*, Leipzig 1990, S. 40).

den häufigeren zählen *Geresch* und *Gerschajim*. Auch die folgenden Disjunktive *Telischa Gedola*[25], *Munach Legarme*[26] sowie *Pazer* (auch *Pazer Qatan*) sind im Jonabuch vereinzelt zu finden. Lediglich der *Pazer Gadol* musste aufgrund seiner Seltenheit aus dem Esterbuch entnommen werden. Im alttestamentlichen Text ist er an nur sechzehn Stellen belegt.

Das Teilungsverhalten der *Schalischim*-Akzente lässt sich anschaulich an einer *Revia*-Einheit in Jona 1,3 demonstrieren:

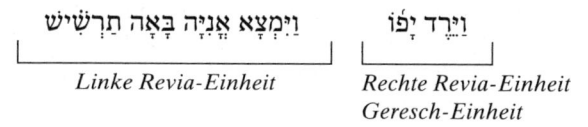

וַיִּמְצָא אֳנִיָּה בָּאָה תַרְשִׁישׁ   וַיֵּרֶד יָפוֹ
⎣_____⎦   ⎣_____⎦
Linke Revia-Einheit   Rechte Revia-Einheit
                               Geresch-Einheit

Und er ging nach Jafo hinab und fand ein Schiff, das nach Tarsis fuhr.

Der disjunktive Akzent *Geresch* auf יפוֹ halbiert die *Revia*-Einheit in Jona 1,3 entsprechend ihrer zweiteiligen Satzstruktur. Folgerichtig kann die rechte *Revia*-Einheit auch *Geresch*-Einheit genannt werden. Diese ist naturgemäß sehr kurz. Nicht selten besteht eine Disjunktiv-Einheit der vierten Akzentklasse lediglich aus einem Wort – wie in Jona 1,2:

לֵךְ אֶל־נִינְוֵה   ק֡וּם
⎣_____⎦   ⎣____⎦
Linke Tevir-Einheit   Rechte Tevir-Einheit
                        Telischa Gedola – Einheit

Mach dich auf und geh nach Ninive.

Innerhalb der vorliegenden *Tevir*-Einheit isoliert der disjunktive Akzent *Telischa Gedola* auf קוּם den syntaktisch selbstständig stehenden Imperativ. Die auf

---

[25] *Telischa Gedola* ist ein präpositiver Akzent und somit stets über dem ersten Buchstaben des Wortes gesetzt. Bei maqqefierten Ausdrücken erscheint er über dem Anfangsbuchstaben des zweiten Wortes (so z. B. יְהוָֽה־אֱלֹהִ֡ים in Jona 4,6).

[26] Wie die *Schalschelet* so ist auch der Disjunktiv *Munach Legarme* formal zweiteilig: Er besteht aus einem *Munach* unter der Tonsilbe des akzentuierten Wortes, dem ein senkrechter, dem *Paseq*-Zeichen ähnlicher Strich folgt. Nun bildet allerdings nicht jede senkrechte Linie nach *Munach* einen *Munach Legarme*. Nicht selten handelt es sich stattdessen um einen *Munach* mit folgendem *Paseq*, der keinerlei Einfluss auf die akzentuelle Textgliederung hat (mit Lea Widawski, *The Paseq in the Hebrew Bible. Occurrences in Medieval Manuscripts. Characteristics and Relation to the Accentuation System*, Diss., Ramat Gan 1990, S. 2f. (hebr.) gilt es zwischen der senkrechten Linie als Bildungsbestandteil der *Schalschelet* und des *Munach Legarme* einerseits und dem *Paseq*-Zeichen andererseits zu unterscheiden). Ein *Munach Legarme* muss daher näherhin auf der Grundlage der übergeordneten Akzenteinheit bestimmt werden: Abgesehen von siebzehn Stellen im alttestamentlichen Text erscheint *Munach Legarme* stets in einer *Revia*-Einheit – so z. B. וַיַּ֣עַל ׀ מֵעַ֣ל לְיוֹנָ֔ה in Jona 4,6; eine Auflistung der wenigen Ausnahmen findet sich u. a. bei Yeivin, Masorah (wie Anm. 10), S. 179. In allen anderen Fällen liegt demnach ein *Munach* mit nachfolgendem *Paseq* vor (so z. B. עָשׂ֣וּ ׀ כָּלָ֔ה in Gen 18,21; auch auf dem Hintergrund des hierarchischen Klassensystems der Disjunktive ist ein *Munach Legarme* von vornherein ausgeschlossen. Letzterer kann als *Schalisch* nicht unmittelbar vor einem *Kesar* erscheinen!).

diese Weise entstandene rechte *Tevir*-Einheit, die gleichzeitig *Telischa Gedola* – Einheit ist, umfasst demnach nur ein Wort.

Zusammenfassend kann im Lichte der bisherigen Ausführungen konstatiert werden: Das dichotomische Textgliederungsprinzip der biblischen Akzentuation, das im Blick auf den *Etnach* allgemein wahrgenommen wurde, ist keinesfalls auf letzteren beschränkt. Es kennzeichnet vielmehr das akzentuelle Gliederungssystem des biblischen Textes in seiner Gesamtheit: Nicht nur, dass der biblische Vers durch den *Etnach* in zwei Teile zerlegt wird, sondern auch die durch die Zweiteilung entstandenen Versabschnitte werden wieder und wieder binarisch segmentiert. Es handelt sich folglich um eine kontinuierlich sich wiederholende dichotomische Teilung, die mittels des hierarchischen Klassensystems der Disjunktive umgesetzt wird: Ein Disjunktiv aus einer subordinierten Klasse teilt die Verseinheit eines Disjunktivs aus der nächst höheren Klasse. Als eigentliches Charakteristikum der akzentuellen Textgliederung lässt sich demnach näherhin das Strukturgesetz der kontinuierlichen Dichotomie erheben.[27] Die Einteilung der Disjunktive in Akzentklassen und das dichotomische Teilungsprinzip bilden zusammen das Fundament des akzentuellen Textgliederungssystems.

Der Veranschaulichung des Strukturgesetzes der kontinuierlichen Dichotomie an einem konkreten Schriftwort aus dem Jonabuch soll zunächst wiederum eine schematische Darstellung vorausgehen:

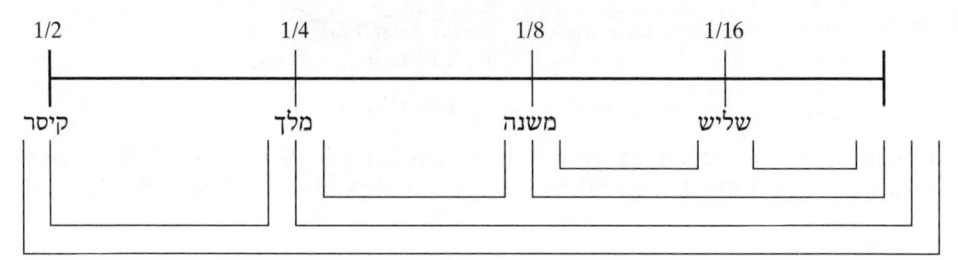

1/2	1/4	1/8	1/16
קיסר	מלך	משנה	שליש

Die Skizze gibt eine *Kesarim*-Einheit wieder, die durch Disjunktive aus den subordinierten drei Akzentklassen dichotomisch sukzessive unterteilt wird. Die *Kesarim*-Einheit wird durch einen Disjunktiv der *Melachim*-Klasse in zwei Teile zerlegt, die *Melachim*-Einheit durch einen Disjunktiv der *Mischnim*-Klasse und die *Mischnim*-Einheit schließlich durch einen Disjunktiv der *Schalischim*-Klasse. Die Bruchzahlen über den einzelnen Disjunktiven zeigen demgegenüber deren jeweilige Teilungskraft an, die im Verhältnis zum gesamten Vers bestimmt wird. Wird naturgemäß davon ausgegangen, dass ein Vers eine ganze abgeschlossene Einheit darstellt, so wird diese Einheit durch den *Etnach* der *Kesarim*-Klasse halbiert. Die Teilungsstärke des *Etnach* beträgt demnach ein halb. Der *Melachim*-Akzent, der die *Kesarim*-Einheit wiederum zweiteilt, besitzt folglich im Verhältnis zum gesamten Vers eine Teilungskraft von einem Viertel, der *Mischnim*-Akzent eine Teilungsstärke von einem Achtel und der *Schalischim*-Akzent schließlich von einem Sechzehntel. Die Bestimmung der Teilungskraft eines jeden

---

[27] Siehe Wickes, טעמי אמ״ת (wie Anm. 14), S. 38f., der das Strukturgesetz der *continuous dichotomy* in die moderne Masoraforschung einführte und somit die Grundlagen zum Verständnis des akzentuellen Textgliederungssystems legte.

Disjunktivs trägt zum Verständnis eines weiteren Charakteristikums der biblischen Akzentuation bei, das aus der kontinuierlichen Dichotomie resultiert und im weiteren Verlauf der Darstellung aufgezeigt werden soll.

Die Akzentuation der *Etnach*-Einheit in Jona 1,5 stellt sich demnach folgendermaßen dar:

קיסר	מלך	משנה	שליש
לְהָקֵ֖ל מֵעֲלֵיהֶֽם	אֶל־הַיָּ֔ם	אֲשֶׁ֣ר בָּֽאֳנִיָּ֗ה	וַיָּטִ֨לוּ אֶת־הַכֵּלִ֜ים

Und sie warfen die Geräte, die im Schiff waren, ins Meer, um sich von Ihnen zu erleichtern.

Der vorliegende Abschnitt wird durch den Disjunktiv *Zaqef* der *Melachim*-Klasse auf הים (ויטילו את הכלים אשר באניה אל הים) syntaktisch-logisch in Hauptsatz und Nebensatz (להקל מעליהם) unterteilt. Die so entstandene *Zaqef*-Einheit wiederum, die den Hauptsatz bezeichnet, wird durch den Disjunktiv *Paschta* der subordinierten *Mischnim*-Klasse auf באניה weiter zerlegt. Auch in diesem Falle ist die akzentuelle Gliederung syntaktisch bedingt: Die Akzentuation verdeutlicht, dass der Ausdruck אל הים nicht Teil des nominalen Attributsatzes אשר באניה ist, sondern in der Funktion einer adverbialen Näherbestimmung auf den Versanfang zurückgeht: ויטילו את הכלים אל הים. Schließlich wird die *Paschta*-Einheit ויטילו את הכלים אשר באניה wiederum entsprechend ihrer syntaktischen Struktur in Haupt- und attributiven Nebensatz aufgespalten – diesmal durch einen ihr subordinierten Akzent der *Schalischim*-Klasse, einen *Geresch* auf הכלים. Am Schriftwort Jona 1,5 wird offenbar, wie die masoretische Akzentuation mittels des Strukturgesetzes der kontinuierlichen Dichotomie den biblischen Text sukzessive in immer kleiner werdende syntaktische Einheiten zerlegt und so sein Verständnis nachweislich fördert.

2.2. Die akzentuelle Textgliederung in den linken Akzenteinheiten

Allerdings ist die Darstellung der akzentuellen Textgliederung noch immer unvollständig. Hat sie sich doch bisher der Sache nach auf die rechten Akzenteinheiten beschränkt:

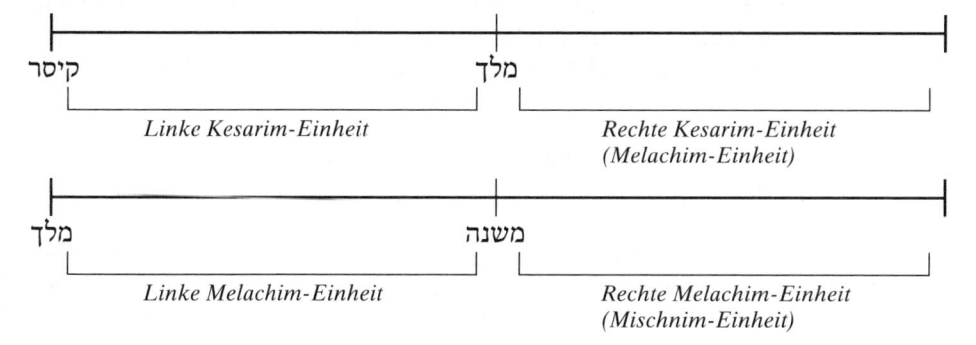

קיסר	מלך
Linke Kesarim-Einheit	Rechte Kesarim-Einheit (Melachim-Einheit)

מלך	משנה
Linke Melachim-Einheit	Rechte Melachim-Einheit (Mischnim-Einheit)

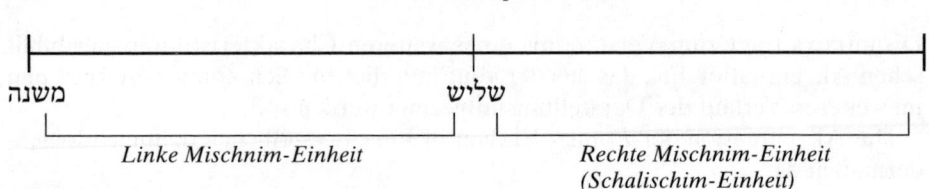

```
     ├─────────────────────────┼─────────────────────────────┤
     משנה                     שליש
     └───────────────────┘    └──────────────────────────┘
       Linke Mischnim-Einheit      Rechte Mischnim-Einheit
                                   (Schalischim-Einheit)
```

Welcher Disjunktiv auch immer die Akzenteinheit bestimmte – handelte es sich um einen *Kesar*, einen *Melech* oder einen *Mischne* – bisher war stets von der rechten Einheit die Rede, die vereinfacht mit dem sie bestimmenden subordinierten Disjunktiv bezeichnet werden kann: d. h. die rechte *Kesarim*-Einheit ist gleichzeitig eine *Melachim*-Einheit, die rechte *Melachim* gleichzeitig eine *Mischnim*-Einheit sowie die rechte *Mischnim*-Einheit gleichzeitig eine *Schalischim*-Einheit. Es bedarf folglich noch der Klärung, in welcher Art und Weise die akzentuelle Textgliederung in den verbliebenen linken Akzenteinheiten fortschreitet.

Ausgangspunkt ist hierbei wiederum das Zusammenspiel der beiden erhobenen Grundpfeiler – die Hierarchie der Disjunktivakzente sowie das kontinuierlich sich wiederholende dichotomische Gliederungsprinzip: Da eine Akzenteinheit immer nur durch einen Disjunktiv der unmittelbar subordinierten Klasse geteilt werden kann, muss die linke Akzenteinheit von einem Disjunktiv derselben Klasse gespalten werden, wie die gesamte Akzenteinheit zuvor. Für eine *Kesarim*-Einheit ergibt sich demnach schematisch folgendes Bild:

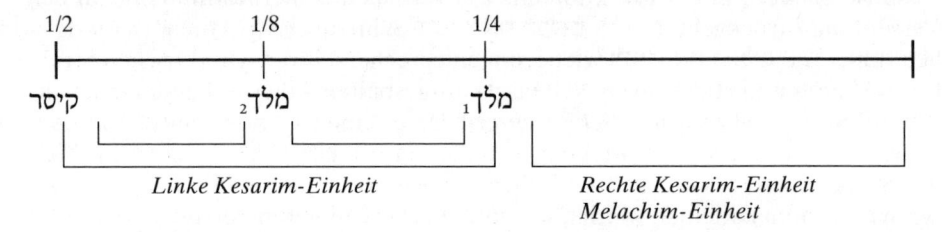

```
    1/2              1/8              1/4
     ├────────────────┼────────────────┼──────────────────────┤
    קיסר           מלך₂            מלך₁
              └────────┘    └────────┘
            Linke Kesarim-Einheit          Rechte Kesarim-Einheit
                                           Melachim-Einheit
```

Die *Kesarim*-Einheit wird geteilt durch den ersten *Melech* in einen linken und einen rechten Abschnitt. Während die rechte *Kesarim*-Einheit vom ersten *Melech* bestimmt wird und daher gleichzeitig auch *Melachim*-Einheit ist, ist für die verbliebene linke *Kesarim*-Einheit nach wie vor der sie konstituierende *Kesar* allein maßgebend. Folglich kann sie wiederum nur durch einen weiteren Disjunktiv der *Melachim*-Klasse unter Berücksichtigung des Strukturgesetzes der kontinuierlichen Dichotomie zerlegt werden. Der zweite *Melech* ist demnach vom ersten deutlich unterschieden: Während ersterer die *Kesarim*-Einheit in ihrer Gesamtheit untergliedert, teilt letzterer lediglich die verbliebene linke *Kesarim*-Einheit. Dies drückt sich auch in der unterschiedlichen Teilungsstärke der beiden *Melachim*-Akzente aus. Halbiert der erste *Melech* die gesamte *Kesarim*-Einheit und trägt daher eine Teilungsstärke von einem Viertel, so hat der zweite *Melech* der Folgestrukturierung lediglich eine Teilungskraft von einem Achtel.

Dabei kann es sich gleichermaßen um unterschiedliche oder identische Disjunktive der *Melachim*-Klasse handeln. Demgemäß ist die *Silluq*-Einheit in Jona 1,7 akzentuell folgendermaßen gegliedert:

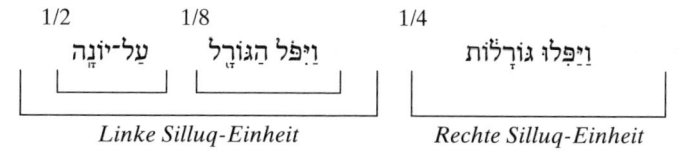

1/2	1/8	1/4
עַל־יוֹנָֽה	וַיִּפֹּ֥ל הַגּוֹרָ֖ל	וַיַּפִּ֙לוּ֙ גּֽוֹרָל֔וֹת
Linke Silluq-Einheit		Rechte Silluq-Einheit

Und sie warfen Lose. Und das Los fiel auf Jona.

Entsprechend ihres zweigliedrigen parataktischen Aufbaus wird die *Silluq*-Einheit in Jona 1,7 durch einen Disjunktiv der *Melachim*-Klasse, einen *Zaqef*, auf גורלות in einen linken und einen rechten Abschnitt unterteilt. Fortgesetzt wird die dichotomische Gliederung in der linken *Silluq*-Einheit durch einen weiteren *Melachim*-Akzent, einen *Tipcha*, unter der Form הגורל. Die Folgeteilung resultiert aus der konsequenten Anwendung des dichotomischen Strukturgesetzes: Eine Texteinheit wird demnach akzentuell zerlegt, solange sie aus mehr als zwei Worten besteht. Der mehrgliedrige Satz ויפל הגורל על יונה muss infolgedessen ein weiteres Mal zweigeteilt werden, wobei die Stellung des *Tipcha* letztlich durch den Satzbau vorgegeben ist: Weil das Nomen הגורל in der Funktion des Subjektes syntaktisch mit dem vorhergehenden Prädikat ויפל verbunden ist, wird es auch akzentuell an dieses angeschlossen und von dem nachfolgenden indirekten Objekt על יונה getrennt.[28] In Bezug auf die syntaktische Teilungskraft der beiden Disjunktive ist offensichtlich, dass der *Zaqef* stärker ist als der *Tipcha*: Während ersterer zwischen zwei Sätzen trennt, ordnet letzterer die Komponenten eines Satzes einander zu.

Zwei identische Disjunktive der *Melachim*-Klasse, näherhin zwei aufeinander folgende *Zeqefim*, liegen demgegenüber in der zweiten Vershälfte in Jona 4,5 vor:

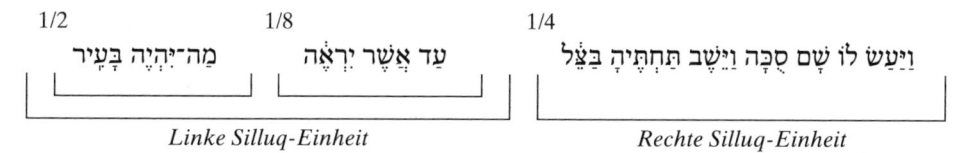

1/2	1/8	1/4
מַה־יִּהְיֶ֖ה בָּעִֽיר	עַ֚ד אֲשֶׁ֣ר יִרְאֶ֔ה	וַיַּ֩עַשׂ֩ ל֨וֹ שָׁ֜ם סֻכָּ֗ה וַיֵּ֤שֶׁב תַּחְתֶּ֙יהָ֙ בַּצֵּ֔ל
Linke Silluq-Einheit		Rechte Silluq-Einheit

Und Jona machte sich ein Laubdach und saß darunter im Schatten, bis er sähe, was in der Stadt geschehen würde.

Der erste *Zaqef* auf בצל zweiteilt die vorliegende *Silluq*-Einheit, wobei er den temporalen Nebensatz עד אשר יראה מה יהיה בעיר von der vorhergehenden parataktischen Satzkonstruktion abspaltet. Der zweite *Zaqef* auf יראה hingegen setzt die dichotomische Teilung in der linken *Silluq*-Einheit fort und stellt den Objektsatz innerhalb des temporalen Nebensatzes syntaktisch-logisch für sich. Die beiden aufeinander folgenden *Zeqefim* stimmen folglich im Blick auf ihre syntaktische Teilungsstärke nicht miteinander überein – was durch die Bruchzahlen oberhalb der Trennungen ausgedrückt ist.

Zuweilen schlägt sich die unterschiedliche Teilungskraft identischer Disjunktive auch in der Morphologie nieder. So kann der trennende Akzent von einer Pausalform begleitet werden, wie in Rut 3,9:

---

[28] Die akzentuelle Gliederung einfacher Sätze und ihre syntaktische Motivation wird in einer sich anschließenden gesonderten Studie vom Verfasser thematisiert werden.

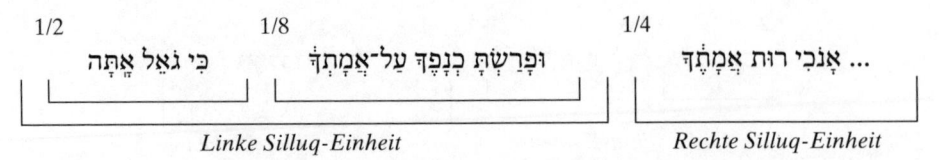

1/2	1/8	1/4
כִּי גֹאֵ֖ל אָֽתָּה	וּפָרַשְׂתָּ֣ כְנָפֶ֔ךָ עַל־אֲמָֽתְךָ֙	... אָנֹכִי֙ ר֣וּת אֲמָתֶ֔ךָ
Linke Silluq-Einheit		Rechte Silluq-Einheit

Ich bin Rut, deine Magd. Breite deinen Kleidzipfel über deine Magd, denn du bist Löser.

Der erste, stärkere *Zaqef* mit einer Teilungskraft von einem Viertel geht einher mit der Pausalform אֲמָתֶֽךָ. Demgegenüber steht der zweite, schwächere *Zaqef* mit einer Teilungskraft von einem Achtel bei der normalen Kontextform אֲמָתְךָ.[29]

Auch Terminologien dürfen in diesem Zusammenhang nicht täuschen: Die Unterscheidung zwischen einem *Zaqef Gadol* und einem *Zaqef Qatan* hat keinerlei syntaktische Relevanz.[30] Wie aus der Akzenttabelle (S. 336) ersichtlich ist, handelt es sich bei beiden um Disjunktive der *Melachim*-Klasse. Sollten sie aufeinander folgen, kann daher der *Zaqef Qatan* durchaus eine größere Teilungsstärke innehaben als der *Zaqef Gadol*, wie dies z. B. aus folgendem Schriftwort in Jona 4,8 klar hervorgeht:

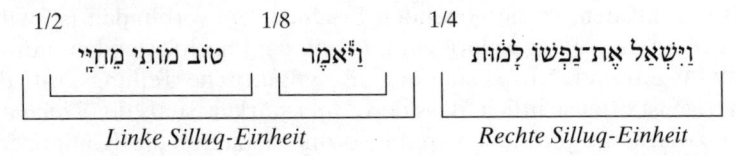

1/2	1/8	1/4
ט֥וֹב מוֹתִ֖י מֵחַיָּֽי	וַיֹּ֕אמֶר	וַיִּשְׁאַ֥ל אֶת־נַפְשׁוֹ֙ לָמ֔וּת
Linke Silluq-Einheit		Rechte Silluq-Einheit

Und er wünschte sich zu sterben und sprach: Es ist besser, dass ich sterbe als dass ich lebe.

Während der *Kleine Zaqef* auf למות die Vershälfte syntaktisch-logisch so zweiteilt, dass die linke *Silluq*-Einheit Redeeinleitung ויאמר sowie Redeinhalt טוב מותי מחיי umfasst, werden eben jene Komponenten durch den nachfolgenden *Großen Zaqef* auf ויאמר intern ein weiteres Mal dichotomisch getrennt.

Natürlich gilt das bisher in Bezug auf die *Melachim*-Akzente Ausgeführte auch für die übrigen subordinierten Akzentklassen. Die folgende *Zaqef*-Einheit in Jona 1,10 mit zwei *Mischnim*-Akzenten veranschaulicht dies exemplarisch:

---

[29] So bereits Joüon/Muraoka, Biblical Hebrew (wie Anm. 4), § 15k. Vgl. auch die unterschiedliche Punktation von לך in Dtn 6,3: Während die *Etnach*-Einheit die Kontextform לְךָ mit dem zweiten, schwächeren *Zaqef* enthält, bewirkt derselbe, die nachfolgende *Silluq*-Einheit teilende Disjunktiv die Pausalform לָֽךְ – siehe in diesem Zusammenhang auch die Ausführungen von Japhet, Accente (wie Anm. 6), S. 11, der לְךָ in Dtn 6,3 mit לָֽךְ in Dtn 6,18 vergleicht. Abfallende Teilungsstärke aufeinander folgender *Zeqefim* führt schließlich auch zur Kontextform נִלְחַם, die in 2. Kön 13,12 mit einem schwachen dritten *Zaqef* akzentuiert ist, während im parallel formulierten Schriftwort 2. Kön 14,28 der *Zaqef* als Teiler der *Etnach*-Einheit die Pausalform נִלְחָם nach sich zieht; siehe hierzu die Erklärung von Israel Ben-David, *Contextual and Pausal Forms in Biblical Hebrew. Syntax and Accentuation*, Jerusalem 1995, S. 6 (hebr.).

[30] Beide Disjunktive sind lediglich im Blick auf ihre musikalische Umsetzung voneinander unterschieden – vgl. Wickes, טעמי כ"א ספרים (wie Anm. 14), S. 18. Für die Setzung eines *Zaqef Gadol* ist näherhin die Länge der Akzenteinheit (die *Zaqef Gadol*-Einheit umfasst stets nur ein Wort) sowie die Formbildung des akzentuierten Wortes maßgebend. Zu den genauen Bedingungen für die Anwendung eines *Zaqef Gadol* siehe Breuer, טעמי המקרא (wie Anm. 5), S. 120ff. sowie Yeivin, Masorah (wie Anm. 10), S. 153.

1/4	1/16	1/8
הוּא בֹרֵחַ	כִּי־מִלִּפְנֵי יְהוָה	כִּי־יָדְעוּ הָאֲנָשִׁים
מֶלֶךְ	משנה₂	משנה₁

   Linke Zaqef-Einheit   Rechte Zaqef-Einheit

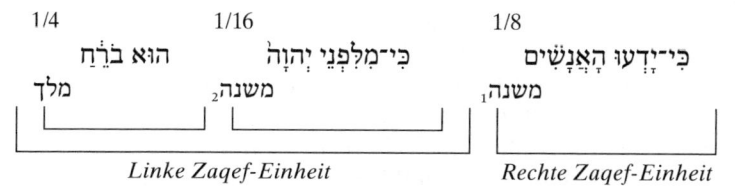

Denn die Männer wussten, dass er vor dem Herrn floh.

Der vorliegende kausale Nebensatz ist Teil der *Silluq*-Einheit in Jona 1,10, die durch den *Zaqef* auf בורח zerlegt wird. Letzterer hat daher eine Teilungsstärke von einem Viertel. Die so entstandene *Zaqef*-Einheit wird ihrerseits durch den *Revia* auf האנשים unterteilt, der zur subordinierten *Mischnim*-Klasse zählt. Der Objektsatz כי מלפני ה' הוא בורח wird demnach innerhalb des kausalen Satzgefüges strukturell gekennzeichnet. Aufgrund seiner Mehrgliedrigkeit (er umfasst mehr als zwei Worte) muss er akzentuell weiter zerlegt werden. Da es sich um die linke *Zaqef*-Einheit handelt, kann die Folgeteilung wiederum lediglich durch einen Disjunktiv der *Mischnim*-Klasse angezeigt werden – in diesem Falle dem *Paschta* auf ה'. Das Subjekt הוא ist somit getrennt von der vorhergehenden Adverbialbestimmung מלפני ה', mit der es syntaktisch nur mittelbar verbunden ist, und an die nachfolgende Partizipialform בורח angeschlossen. Die unterschiedliche Teilungsstärke der aufeinander folgenden *Mischnim* ist evident: Während der *Revia* ein Satzgefüge strukturiert, bezeichnet der *Paschta* eine Zäsur innerhalb eines Satzes.

3. Die Relativität der Akzente

Im Lichte der wenigen angeführten Schriftworte, die sich durch viele weitere auf jeder Seite der Hebräischen Bibel ergänzen lassen, wird deutlich, dass das Strukturgesetz der kontinuierlichen Dichotomie für das gesamte akzentuelle Textgliederungssystem uneingeschränkt gültig ist. Gleiche Trennstärke aufeinander folgender Disjunktive einer Akzentklasse – seien es *Melachim*, *Mischnim* oder *Schalischim* – und eine Dreiteilung der ihnen übergeordneten Akzenteinheit ist daher von vornherein ausgeschlossen.[31] Gestützt auf die bereits mehrfach

---

[31] Gegen das Strukturgesetz der kontinuierlichen Dichotomie argumentierte insbesondere James D. Price, *The Syntax of Masoretic Accents in the Hebrew Bible*, Lewiston et al. 1990, S. 40ff., der sich im englischsprachigen Raum einiger Beliebtheit erfreut (zuletzt legte Thomas Renz, *Colometry and Accentuation in Hebrew Prophetic Poetry*, Waltrop 2003 seinen Untersuchungen die Ergebnisse von Price zugrunde). Die Abnahme der Teilungsstärke aufeinander folgender gleichrangiger Trennakzente ist jedoch nicht nur innerhalb des tiberischen Akzentsystems in Syntax (s.o. Jona 1,7.10; 4,5.8) und Morphologie (s.o. Rut 3,9) bestens bezeugt, sondern wird auch bestätigt durch einen Blick auf das ältere babylonische Akzentsystem: Gemäß der umfassenden Studie der israelischen Akzentforscherin Ronit Shoshany, *Babylonian Accentuation System: Rules of Division and Accentuation, Stages of Development, and Relationship to the Tiberian System*, Diss., Tel Aviv 2003 (hebr.) tritt der dichotomische Charakter der akzentuellen Textgliederung im babylonischen System besonders deutlich hervor (ebd., S. 13). Jede Akzenteinheit wird durch einen Disjunktiv der nächst

genannten Grundpfeiler der biblischen Akzentuation, Hierarchie und Dichotomie, lässt sich demnach folgende Regel erheben: Wenn zwei Disjunktive einer Klasse – identisch oder verschieden – in einer Akzenteinheit erscheinen, so ist der erste Disjunktiv vom Versanfang her gesehen stets stärker als der zweite.[32] Die biblische Akzentuation stellt folglich ein relatives Interpunktionssystem und kein absolutes dar.[33] Abhängig vom syntaktischen Aufbau eines Verses können Disjunktive einer Klasse unterschiedliche Teilungsstärke haben. Die Relativität der trennenden Akzente tritt in der *Etnach*-Einheit von Jona 1,5 anschaulich hervor:

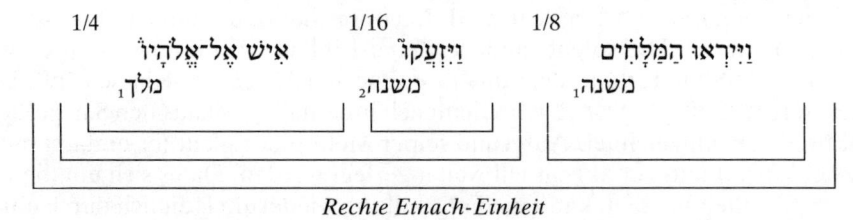

1/4	1/16	1/8
אִ֣ישׁ אֶל־אֱלֹהָיו֒	וַֽיִּזְעֲקוּ֙	וַיִּֽירְא֣וּ הַמַּלָּחִ֗ים
מלך₁	משנה₂	משנה₁

Rechte Etnach-Einheit

Und die Schiffsleute fürchteten sich und schrien, ein jeder zu seinem Gott.

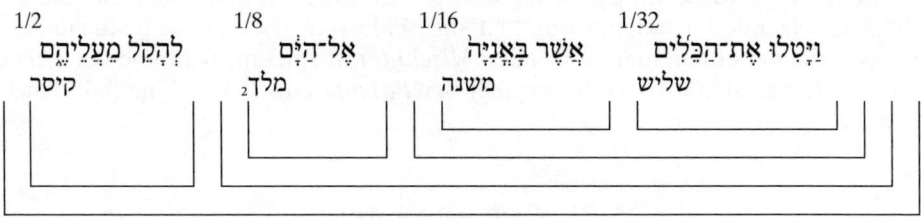

1/2	1/8	1/16	1/32
לְהָקֵ֣ל מֵֽעֲלֵיהֶ֑ם	אֶל־הַיָּ֔ם	אֲשֶׁ֤ר בָּֽאֳנִיָּה֙	וַיָּטִ֨לוּ אֶת־הַכֵּלִ֜ים
קיסר	מלך₂	משנה	שליש

Linke Etnach-Einheit

Und sie warfen die Geräte, die im Schiff waren, ins Meer, um sich von Ihnen zu erleichtern.

In der vorliegenden Vershälfte erscheinen zunächst zwei Akzente der *Melachim*-Klasse: ein *Segol* auf אלהיו sowie ein *Zaqef* auf הים. Gemäß der aufgestellten Regel

---

unteren Klasse konsequent zweigeteilt. In der Regel werden Trennakzente einer Klasse in einer Akzenteinheit nicht wiederholt. Anstelle gleichrangiger Disjunktive, die innerhalb der tiberischen Masora in einer Akzenteinheit aufeinander folgen, stehen im babylonischen System dementsprechend subordinierte Disjunktive.

[32] Diese Gesetzmäßigkeit für aufeinander folgende Disjunktive einer Akzentklasse formulierte zunächst Samuel David Luzzatto, *Commentary to the Pentateuch*, Padua 1871 (Neuaufl. Jerusalem 1993) (hebr.) in seiner Auslegung des Ausdruckes אחרי דרך מבוא השמש in Dtn 11,30. Zur Veranschaulichung der Regel an einzelnen Schriftworten siehe u. a. Japhet, Accente (wie Anm. 6), S. 10f. sowie Yeivin, Masorah (wie Anm. 10), S. 141.

[33] Die Relativität des Akzentsystems wurde bereits von Salomo Hanau, ספר שערי הזמרה הארוך, Bialistok 1762 (Neuaufl. New York 2003), S. 40 (§ 5,2) (hebr.) umschrieben und später von Wickes, טעמי כ״א ספרים (wie Anm. 14), S. 58 als Grundsatz formuliert. Absolute Trennstärke kann lediglich für vier Disjunktive erhoben werden: die beiden *Kesarim Etnach* und *Silluq*, die jeweils stets eine Vershälfte „regieren" sowie die zur Klasse der *Melachim* gehörenden *Segol* und *Schalschelet*, die immer erster *Melech* in der *Etnach*-Einheit sind und deren Teilungsstärke somit konstant ein Viertel beträgt; zum *Segol* vgl. Breuer, טעמי המקרא (wie Anm. 5), S. 40.

ist der erste *Melech* stärker als der zweite. Der Disjunktiv *Segol* auf אלהיו halbiert demnach die *Etnach*-Einheit in Jona 1,5 sachlich-logisch in einen rechten und einen linken Abschnitt: Während zunächst ihre Angst und Bitte um übernatürliche Hilfe im Mittelpunkt des Schriftwortes steht, wird im Folgenden das eigene, aktive Bemühen der Seeleute thematisiert, auf natürliche Weise ein Schiffsunglück zu verhindern. Gegenüber der linken *Etnach*-Einheit, deren Akzentuation bereits erläutert wurde (S. 343), bietet der rechte vom *Melech Segol* dominierte Abschnitt wiederum zwei aufeinander folgende Disjunktive: die beiden *Mischnim*-Akzente *Revia* und *Zarqa*. Abermals gilt, dass der erste *Mischne* eine größere Teilungsstärke besitzt als sein Nachfolger. Der zweigliedrigen parataktischen Satzkonstruktion wird somit auch durch die Akzente Ausdruck verliehen.

Abgesehen von der unterschiedlichen Teilungsstärke aufeinander folgender Disjunktive tritt die Relativität der trennenden Akzente allerdings noch anderweitig in Erscheinung. So verdeutlicht die Teilungsstärke der einzelnen Disjunktive, die durch die Bruchzahlen an den jeweiligen Gliederungseinschnitten angezeigt wird, dass die Zugehörigkeit eines Disjunktivs zu einer Akzentklasse nicht von vornherein Rückschlüsse auf dessen Teilungskraft zulässt. Dementsprechend besitzt der *Mischne Revia* auf המלחים dieselbe Teilungsstärke von einem Achtel wie der *Zaqef* auf הים aus der *Melachim*-Klasse.

4. Textanalyse auf der Grundlage der Akzentsetzung

Nachdem das akzentuelle Textgliederungssystem damit in seinen Grundzügen beschrieben ist, soll abschließend die praktische Anwendung der aufgezeigten Gesetzmäßigkeiten im Vordergrund stehen. Näherhin sollen am Beispiel von Jona 2,10 die verschiedenen Arbeitsschritte zusammenfassend benannt und exemplarisch vorgeführt werden, die für die gliederungstechnische Analyse der Akzentsetzung im biblischen Vers letztlich nötig sind.

וַאֲנִ֗י בְּק֤וֹל תּוֹדָה֙ אֶזְבְּחָה־לָּ֔ךְ אֲשֶׁ֥ר נָדַ֖רְתִּי אֲשַׁלֵּ֑מָה יְשׁוּעָ֖תָה לַיהוָֽה

Ich aber will Dir Opfer bringen mit der Stimme des Lobes. Was ich gelobt habe, will ich erfüllen. Rettung ist beim Herrn.

Wie zu Beginn vorliegender Studie ausgeführt, sind für die akzentuelle Textgliederung lediglich Disjunktive relevant. Die Darstellung der Akzentuation ist daher zunächst auf die Trennakzente zu beschränken:

רביע	פשטא	זקף	טפחא	אתנח	טפחא	סילוק
וַאֲנִ֗י	בְּקוֹל תּוֹדָה֙	אֶזְבְּחָה־לָּ֔ךְ	אֲשֶׁר נָדַ֖רְתִּי	אֲשַׁלֵּ֑מָה	יְשׁוּעָ֖תָה	לַיהוָֽה

In Bezug auf Jona 2,10 hat dies den Wegfall der Konjunktive jeweils unter בקול und אשר zur Folge. Alle übrigen Worte sind mit einem Disjunktiv versehen, der bei der Analyse der Versgliederung berücksichtigt werden muss: So trägt ואני einen *Revia*, תודה einen *Paschta*, die Pausalform לך einen *Zaqef*, נדרתי einen *Tipcha*, אשלמה einen *Etnach*, ישועתה wiederum einen *Tipcha* und schließlich לה' am Versende naturgemäß einen *Silluq*.

Fernerhin sind die Disjunktive ihren Akzentklassen zuzuordnen:

משנה	משנה	מלך	מלך	קיסר	מלך	מלך	קיסר
וַאֲנִ֗י	בְּק֤וֹל תּוֹדָה֙	אֶזְבְּחָה־לָּ֔ךְ	אֲשֶׁ֥ר נָדַ֖רְתִּי	אֲשַׁלֵּ֑מָה	יְשׁוּעָ֖תָה	לַיהוָֽה

Dabei sollte in der Reihenfolge der einzelnen Klassen vorgegangen und mit der Kennzeichnung der *Kesarim*-Akzente begonnen werden: *Etnach* bei אשלמה und *Silluq* am Ende des Verses bei 'לה. Hieran schließt sich die Zuordnung des *Zaqef* auf לך sowie des *Tipcha* jeweils unter נדרתי und ישועתה zu den *Melachim*-Akzenten an. Zur *Mischnim*-Klasse gehören schließlich der *Revia* auf ואני sowie der *Paschta* auf תודה. Disjunktive der *Schalischim*-Klasse sind im vorliegenden Beispielvers nicht vorhanden.

Falls es wie in Jona 2,10 nötig sein sollte, sind in einem dritten Arbeitsschritt Disjunktive einer Akzentklasse, die gemeinsam in einer Akzenteinheit erscheinen, zu nummerieren:

משנה₁	משנה₂	מלך₁	מלך₂	קיסר	מלך	מלך	קיסר
וַאֲנִ֗י	בְּק֤וֹל תּוֹדָה֙	אֶזְבְּחָה־לָּ֔ךְ	אֲשֶׁ֥ר נָדַ֖רְתִּי	אֲשַׁלֵּ֑מָה	יְשׁוּעָ֖תָה	לַיהוָֽה

Unter Berücksichtigung der Regel für aufeinander folgende Disjunktive ist die Nummerierung vom Versanfang her vorzunehmen. Der jeweils erste Disjunktiv ist demnach stets der stärkste Trenner in der übergeordneten Akzenteinheit. Für Jona 2,10 bedeutet dies, dass in der *Etnach*-Einheit der *Zaqef* auf לך als erster *Melech* fungiert und dementsprechend der *Tipcha* unter נדרתי als zweiter *Melech*. Dasselbe gilt für die *Zaqef*-Einheit אזבחה לך ואני בקול תודה: Der *Revia* auf ואני ist *Mischne 1* und demzufolge der *Paschta* auf תודה *Mischne 2*.

Auf der Grundlage dieser Voruntersuchungen kann schließlich mit der Applikation des dichotomischen Teilungsprinzips begonnen werden. Von den *Kesarim*-Akzenten ausgehend gilt es, zunächst die Versteilung durch den *Etnach* anzuzeigen:

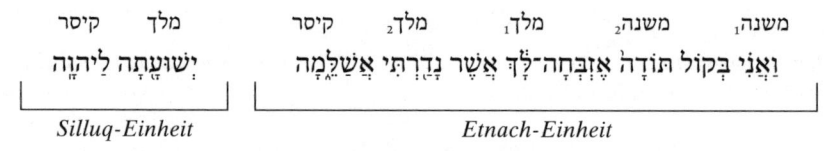

משנה₁	משנה₂	מלך₁	מלך₂	קיסר	מלך	קיסר
וַאֲנִ֗י בְּק֤וֹל תּוֹדָה֙ אֶזְבְּחָה־לָּ֔ךְ אֲשֶׁ֥ר נָדַ֖רְתִּי אֲשַׁלֵּ֑מָה					יְשׁוּעָ֖תָה לַיהוָֽה	
Etnach-Einheit					*Silluq-Einheit*	

Wie gesehen steht der *Kesar* unter אשלמה. Durch ihre Gliederung verleihen die Akzente dem im Vers reflektierten Subjektwechsel Ausdruck: während die *Etnach*-Einheit in der ersten Person formuliert ist (ואני, אזבחה, נדרתי, אשלמה), wechselt das Subjekt in der *Silluq*-Einheit in die dritte Person (ישועתה).

Innerhalb der *Etnach*-Einheit erscheinen wiederum zwei *Melachim*-Akzente: Der erste *Melech*, der *Zaqef* auf לך, zweiteilt zunächst die *Etnach*-Einheit:

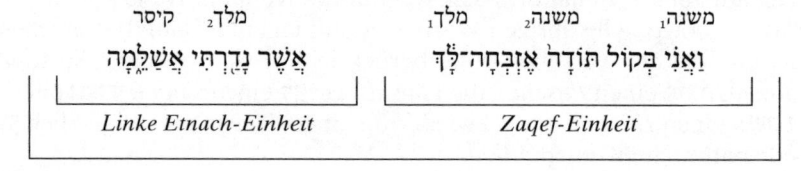

משנה₁	משנה₂	מלך₁	מלך₂	קיסר
וַאֲנִ֗י בְּק֤וֹל תּוֹדָה֙ אֶזְבְּחָה־לָּ֔ךְ			אֲשֶׁ֥ר נָדַ֖רְתִּי אֲשַׁלֵּ֑מָה	
Zaqef-Einheit			*Linke Etnach-Einheit*	

Dabei trennt er die beiden selbstständigen Sätze in der ersten Vershälfte syntaktisch-logisch voneinander ab: Während die *Zaqef*-Einheit ואני בקול תודה אזבחה לך liest, gibt die linke *Etnach*-Einheit אשר נדרתי אשלמה wieder. Beide Akzenteinheiten werden nun ihrerseits weiter dichotomisch gegliedert:

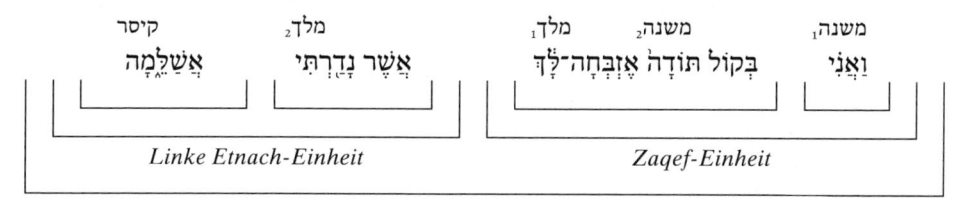

קיסר	מלך₂		מלך₁	משנה₂	משנה₁
אֲשַׁלֵּֽמָה	אֲשֶׁ֣ר נָדַ֑רְתִּי		בְּק֤וֹל תּוֹדָה֙ אֶזְבְּחָה־לָּ֔ךְ		וַאֲנִ֗י

Linke *Etnach*-Einheit	*Zaqef*-Einheit

In der *Zaqef*-Einheit trennt der erste *Mischne*, der *Revia* auf ואני, das Subjekt vom nachfolgenden Satz und weist es so scheinbar als im *casus pendens* stehend aus: *Ich aber – mit der Stimme des Lobes will ich Dir opfern.* In der linken *Etnach*-Einheit wiederum ist es der zweite *Melech*, der *Tipcha* unter נדרתי, der den Objektsatz אשר נדרתי für sich stellt: *Was ich gelobt habe, will ich erfüllen.*

Schließlich untergliedert der zweite *Mischne*, der *Paschta* auf תודה, die verbliebene (linke) *Zaqef*-Einheit ein weiteres Mal und kennzeichnet dabei בקול תודה als zusammengehörige *Constructus*-Verbindung: *mit der Stimme des Lobes.*

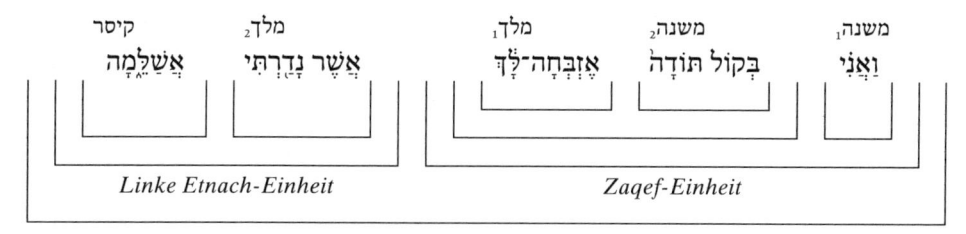

קיסר	מלך₂		מלך₁	משנה₂	משנה₁
אֲשַׁלֵּֽמָה	אֲשֶׁ֣ר נָדַ֑רְתִּי		אֶזְבְּחָה־לָּ֔ךְ	בְּק֤וֹל תּוֹדָה֙	וַאֲנִ֗י

Linke *Etnach*-Einheit	*Zaqef*-Einheit

Im Gegensatz zur *Etnach*-Einheit ist die *Silluq*-Einheit deutlich kürzer. Sie weist lediglich einen Disjunktiv der *Melachim*-Klasse, einen *Tipcha* unter ישועתה auf:

קיסר	מלך
לַיהוָֽה	יְשׁוּעָ֖תָה

Silluq-Einheit

Auf den ersten Blick scheint es, dass der *Tipcha* die Komponenten des zweigliedrigen Nominalsatzes voneinander scheidet und Subjekt und Prädikat für sich stellt. Tatsächlich besitzt der Disjunktiv an dieser Stelle jedoch keinerlei trennende Kraft. Der *Tipcha* wird stattdessen aus euphonischen Gründen vom *Silluq* gefordert.[34] Im Hintergrund steht die akzentuelle Besonderheit, dass *Kesarim*-Akzenten, deren Einheit mehrgliedrig ist, stets ein *Tipcha* vorausgeht. Besteht die *Kesar*-Einheit nur aus zwei Teilen, wie im vorliegenden Fall, muss der *Tipcha*

---

[34] Breuer, טעמי המקרא (wie Anm. 5), S. 108 sieht ihn dementsprechend im kantillierenden Vortrag begründet. Er sei nötig, um die Melodie des *Kesars* vorzubereiten; vgl. auch Japhet, Accente (wie Anm. 6), S. 22 f.

zwangsläufig auf dem ersten Glied erscheinen, wo naturgemäß ein Konjunktiv zu erwarten wäre.[35]

5. Die exegetische Bedeutung der Akzente

In Bezug auf seine akzentuelle Gliederung ist das Schriftwort Jona 2,10 damit erschlossen. Durch die kontinuierliche Applikation des dichotomischen Teilungsprinzips konnten die in der Akzentuation reflektierten syntaktischen Verszusammenhänge ans Licht gebracht werden. Dabei gab sich die Akzentuierung als zuverlässiger syntaktischer Wegweiser durch das Versdickicht zu erkennen. Als solche ist sie von unschätzbarem Wert für die Texterschließung.[36] Allerdings darf in diesem Zusammenhang nicht außer Acht gelassen werden, dass die Akzente in ihrer Funktion als Gliederungsmittel eine bestimmte Textrezeption wiedergeben, die von unterschiedlichen exegetischen Erwägungen geleitet wird.[37] Es gilt daher jedwede Akzentsetzung in Bezug auf ihren exegetischen Gehalt zu hinterfragen und zu prüfen, inwieweit sie dem Kontext gerecht wird. So kann z.B. in Jona 3,9 mit den Akzenten dem König Ninives eine Aufforderung der Umkehr

---

[35] Dass *Tipcha* in zweigliedrigen Strukturen einem Konjunktiv gleichkommt, geht deutlich aus parallel aufgebauten Schriftworten hervor, wie z.B. in Jes 1,9: כִּסְדֹם הָיִינוּ לַעֲמֹרָה דָּמִינוּ (*Wir wären wie Sodom, wir glichen Gomorra*). Die *Silluq*-Einheit besteht aus zweiteiligen Gliedern, die im synonymen Parallelismus zueinander stehen: כסדם // לעמורה sowie היינו // דמינו. Syntaktisch sind sowohl כסדם als auch לעמורה Näherbestimmungen des Verbs (ersteres adverbiell, letzteres objektivisch). Während כסדם allerdings mit dem Konjunktiv *Munach* akzentuiert ist, trägt לעמורה den Disjunktiv *Tipcha*. Für weitere einschlägige Beispiele siehe Breuer, טעמי המקרא (wie Anm. 5), S. 109. Die Besonderheit des *Tipcha* in zweigliedrigen *Kesarim*-Einheiten wird durch einen Vergleich mit dem älteren babylonischen Akzentsystem bestätigt: Das erste Glied zweiteiliger Strukturen, das in der tiberischen Masora mit *Tipcha* akzentuiert ist, trägt in der babylonischen Tradition, die nur Disjunktive kennt, niemals einen Akzent – siehe die gegenübergestellten, tiberisch und babylonisch akzentuierten Schriftworte bei Shoshany, Babylonian Accentuation System (wie Anm. 31), S. 180ff. Verallgemeinernd gilt, dass Disjunktive in zweigliedrigen Akzenteinheiten ihre syntaktische Bedeutung verlieren; vgl. Breuer, טעמי המקרא (wie Anm. 5), S. 28. Auf dem Hintergrund des dichotomischen Teilungsprinzips werden sie als Trennmarker erst ab dreiteiligen Strukturen wirksam und dann auch notwendig. Dementsprechend sind die beiden Vorkommen des *Tipcha* in Jona 4,1 unterschiedlich zu bewerten: וַיֵּרַע אֶל־יוֹנָה רָעָה גְדוֹלָה וַיִּחַר לוֹ׃ (*Und es missfiel Jona sehr und er wurde zornig*). Während in der mehrgliedrigen *Etnach*-Einheit der *Tipcha* unter יונה als Trennakzent die beiden Objekte voneinander scheidet, übt derselbe Disjunktiv unter ויחר in der zweiteiligen *Silluq* Einheit keine teilende Funktion aus.
Auch in den akzentuierten Versdarstellungen vorliegender Studie wurden folglich Disjunktive, die in zweigliedrigen Akzenteinheiten erscheinen, nicht angezeigt. So wurde z.B. der *Tipcha* unter לְהָקֵל in Jona 1,5 (S. 343, 348) aufgrund seines Vorkommens in einer zweiteiligen Struktur nicht berücksichtigt.

[36] Der italienische Orientalist und Bibelwissenschaftler Samuel David Luzzatto zählte das Studium der Akzentsetzung im biblischen Text dementsprechend zu den Grundpfeilern der exegetischen Arbeit. Siehe seine Ausführungen in der Einleitung zum Jesajakommentar: *Commentary to the Book of Jesaiah*, Padua 1855 (Neuaufl. Tel Aviv 1970), S. [10f.] (hebr.).

[37] Zur exegetischen Dimension der Akzente siehe u.a. die Studien von Ackermann, Hermeneutik (wie Anm. 2) und Kogut, Accentuation (wie Anm. 14).

an die um ihre Sündhaftigkeit wissenden Niniviten in den Mund gelegt werden. Das vernichtende Gottesurteil über die Stadt ließe sich so noch abwenden:

מִי־יוֹדֵעַ יָשׁוּב   וְנִחַם הָאֱלֹהִים

Zaqef-Einheit   Re. Etnach-Einh.

Wer weiß, (dass er sündhaft ist), soll umkehren. Dann wird Gott es sich gereuen lassen.

Oder die elliptische Lesung, die sowohl in der Akzentuation als auch im aramäischen Prophetentargum vorausgesetzt ist, wird abgelehnt und stattdessen mit den modernen Übersetzungen folgende Versgliederung favorisiert:

מִי־יוֹדֵעַ   יָשׁוּב וְנִחַם הָאֱלֹהִים

Demnach spricht der König Ninives nicht von einer Umkehr der Sünder, sondern hofft auf einen Sinneswandel Gottes infolge der Bußhandlungen der Niniviten: *Wer weiß, vielleicht wird Gott sich abwenden und es sich gereuen lassen.*[38]

Eine Diskussion des einen wie des anderen Textverständnisses außen vorlassend, ist im Spiegel von Jona 3,9 nur eines an dieser Stelle wichtig, nämlich dass die biblischen Akzente als integraler Bestandteil des masoretischen Textes wahr- und ernst genommen werden. Dies bedeutet zunächst, das eigene Textverständnis im Lichte der Akzentuation zu betrachten und zu prüfen, inwieweit beide miteinander vereinbar sind. Weiterhin meint dies aber auch, gegebenenfalls die den biblischen Akzenten zugrunde liegende abweichende Textauffassung zu eruieren. In diesem Zusammenhang ist insbesondere die rabbinische Hermeneutik zu berücksichtigen, wie sie einerseits in den *Talmudim* und *Midraschim* und andererseits in den mittelalterlichen Bibelkommentaren zum Ausdruck kommt.[39] Im Ergebnis einer ernsthaften Auseinandersetzung mit der biblischen Akzentuation und der Suche nach ihren möglichen Motiven steht schließlich ein vertieftes Verständnis des hebräischen Bibeltextes als zentraler Grundlage der Disziplin *Jüdische Studien*.

---

[38] Vgl. u. a. die englische King James Version (*Holy Bible. Containing the Old and New Testament. Authorized King James Version*, Nashville/Camden/New York 1975) sowie die deutsche Übersetzung von Buber/Rosenzweig (*Die Schrift*. 4 Bde. Gerlingen 1997, Lizenzausgabe Darmstadt/WBG).

[39] Tatsächlich scheint die Akzentsetzung in Jona 3,9 theologisch motiviert: Gottes Reue infolge der Bußhandlungen der Niniviten stellt sich in ihrem Lichte nicht als Option sondern als Gewissheit dar. Die Akzentuation verleiht demnach der rabbinischen Überzeugung Ausdruck, dass auf wahrhafte Umkehr (Buße) die Annahme des Umkehrenden durch Gott erfolgt (vgl. *Palästinischer Talmud*, Traktat *Makkot* 2,6; siehe hierzu näherhin meine Ausführungen im Rahmen eines im Entstehen befindlichen Aufsatzes zu theologischen Akzentuationen).

DANIEL KROCHMALNIK

Eine kurze Geschichte der jüdischen Religionslehrerausbildung in Deutschland

Die *Jüdische Religionspädagogik und Didaktik* ist das jüngste Fach unter den akademischen Fächern an der Hochschule für Jüdische Studien Heidelberg. Die Ausbildung jüdischer Religionslehrer war von Anfang an ein Hauptziel der Hochschule. Mit der Errichtung des Lehrstuhls und der Einrichtung des Studienganges Jüdische Religionslehre mit Staatsexamensabschluss ist man diesem Ziel einen großen Schritt näher gekommen. Der festliche Anlass ist weder der richtige Zeitpunkt noch der geeignete Ort, um die verbleibenden Hindernisse auf dem Weg dorthin aufzuzählen, er ist aber eine hervorragende Gelegenheit, die historische Bedeutung und Chance des Studienganges ins Licht zu setzen. Aus dem Rückblick auf die Geschichte der jüdischen Religionslehrerausbildung in Deutschland lassen sich lehr- und hilfreiche Erkenntnisse für den Ausblick in die Zukunft gewinnen.

1. „Seeliges Haus"

Die Frage der Religionslehrerausbildung stellte sich natürlich erst, seit der moderne jüdische Religionslehrer, den traditionellen *Makre Dardeke*, *Melamed* oder *Schazmaz* ersetzte, also erst seit dem Zeitalter der Aufklärung und der Haskala.[1] Aufklärer und Maskilim machten die bürgerliche Verbesserung der Juden von ihrer menschlichen Umerziehung abhängig und die Toleranz von aufgeklärten Despoten wie Josef II. war als Vorschuss und Anreiz gedacht. Den Maskilim, mehrheitlich Schulmännern, war klar, dass die gewünschte Verbesserung der jüdischen Erziehung die entsprechende Verbesserung der jüdischen Erzieher voraussetzt. Bereits 1784 unterbreitete Isaak Euchel, einer der führenden Maskilim aus dem Mendelssohn-Kreis, dem dänischen König, Friedrich VI., einen Plan zur Errichtung eines öffentlichen jüdischen Lehrerseminars in Kiel. Er schlug vor, an diesem „allgemeinen jüdischen Erziehungsinstitut (…) einige Erwachsene zu künftigen Schullehrern und Hofmeistern" auszubilden. Davon versprach er sich im pädagogischen Überschwang seines Zeitalters umgehende Verbesserungen aller Missstände und schreibt mit geradezu messianischem Sendungsbewusstsein:

---

[1] Zu diesen Lehrerbezeichnungen und zu diesem ganzen Beitrag, vgl. meinen ausführlichen Aufsatz: Der „Lerner" und der Lehrer. Geschichte eines ungleichen Paares, in: Bernd Schröder/Daniel Krochmalnik/Harry Harun Behr (Hgg.), *Was ist ein guter Religionslehrer? Antworten von Juden, Christen und Muslimen*, Berlin 2009, S. 57–90.

> Durch ein solches Institut haben wir in einer Zeit von zehn Jahren in unserem Land aufgeklärte Juden, die nicht nur für sich glücklich, sondern auch der ganzen Nation als Lehrer, Rabbiner und Richter dienen können. O! wie glänzend ist diese Aussicht in die Zukunft, wie glücklich werden die Früchte einer solchen Wohltat treiben, auf beiden Hemisphären wird Phöbus nichts der Unsterblichkeit würdiger sehen, als ein solches seeliges Haus.[2]

Was Euchel in zehn Jahren erreichen wollte, haben die deutschen Juden in den 150 Jahren ihrer Existenz nicht erreicht. Die Religionslehrerausbildung an privaten jüdischen Volksschullehrerseminaren, die im 19. Jahrhundert nach und nach gegründet wurden – 1810 in Kassel (bis 1920), 1826 in Münster (bis 1925), 1848 in Hannover (bis 1922), 1859 Berlin (bis 1925), 1864 Würzburg (bis 1938), 1867 Düsseldorf/Köln (bis 1939) – konnte meist nur den lokalen Lehrbedarf decken; sie blieb aber trotz verbesserter Professionalisierung weit hinter den Erwartungen der Gemeinden zurück und erlangte nie die staatliche Anerkennung.[3] Mordechai Eliav kommt daher in seinem Standardwerk *Die jüdische Erziehung in Deutschland* zu dem Urteil: „Ohne Zweifel stellte die Erfolglosigkeit bei der Suche nach einer wirklichen Lösung für das Problem der Lehrerausbildung ein schwerwiegendes Element dar im unaufhaltsamen Niedergang des jüdischen Erziehungswesen."[4] Viel schlechter sah es bei der Ausbildung der Religionslehrer für die weiterführenden Schulen aus. Die Kandidaten konnten ihre wissenschaftliche Befähigung nur an den außeruniversitären Rabbinerseminaren in Berlin und Breslau erwerben, wo die Lehrerausbildung eine untergeordnete Rolle spielte. Meistens versahen dann auch die Ortsrabbiner den Religionsunterricht an den höheren Schulen, gelegentlich aber auch völlig fachfremde Lehrkräfte, wie Siegmund Maybaum, Praktischer Theologe an der *Lehranstalt für die Wissenschaft des Judenthums* in Berlin, in seiner Jüdischen Religionsdidaktik bitter beklagte.[5] Kein Wunder, dass unter solchen Umständen das Ansehen des Lehrers und des Faches stark gelitten hat.[6] In Preußen wurde erst 1930 die jüdische Religionslehre als Haupt- und Nebenfach zur wissenschaftlichen Prüfung für das Lehramt an höheren Schulen zugelassen. Bernd Schröder schließt seinen ausgezeichneten Überblick mit dem traurigen Fazit: „Die fachspezifische Qualifikation für das Lehramt an höheren Schulen für jüdischen Religionsunterricht bzw. jüdische

---

[2] Isaak Euchel, *Vom Nutzen der Aufklärung. Schriften zur Haskala mit den hebräischen Originaltexten*, hg. von Andreas Kennecke, Düsseldorf 2001, S. 53ff.; Shmuel Feiner, *Haskala – Jüdische Aufklärung. Geschichte einer kulturellen Revolution*, übers. von Anne Birkenhauer, Hildesheim u.a. 2007, S. 179f u. 297–301.

[3] Bernd Schröder, *Jüdische Erziehung im modernen Israel. Eine Studie zur Grundlegung vergleichender Religionspädagogik*, Leipzig 2000, S. 129 u. Andreas Brämer, *Leistung und Gegenleistung. Zur Geschichte jüdischer Religions- und Elementarlehrer in Preußen 1823/24 bis 1872*, Göttingen 2006, S. 431.

[4] Mordechai Eliav, *Jüdische Erziehung in Deutschland im Zeitalter der Aufklärung und der Emanzipation*, Hebr. 1960, übers. von Maike Strobel, Münster u.a. 2001, S. 392.

[5] Siegmund Maybaum, *Methodik des jüdischen Religionsunterrichtes*, Breslau 1896, S. 101f..

[6] Marion Kaplan, Konsolidierung eines bürgerlichen Lebens im kaiserlichen Deutschland 1871–1918, in: Marion Kaplan, *Geschichte des Jüdischen Alltags in Deutschland. Vom 17. Jahrhundert bis 1945*, übers. von F. Griese, München 2003, S. 267.

Fächer erfreute sich nur sehr kurze Zeit staatlicher Anerkennung (...) unter den Nationalsozialisten wurde dies alsbald rückgängig gemacht."[7]

Im Hinblick auf die gegenwärtige Situation wäre es lohnend zu analysieren, weshalb es dem deutschen Judentum trotz seiner unvergleichlichen intellektuellen, institutionellen und personellen Ressourcen und trotz der zahlreichen Pläne, Versuche und Teilerfolge nie gelungen ist, eine befriedigende Lösung für die Religionslehrerausbildung zu finden. Ein Grund liegt freilich auf der Hand. Anders als es sich die Maskilim vorstellten, betraf die Modernisierung nicht das Judentum oder die Judenheit insgesamt, sondern die in vielen deutschen Staaten, diskriminierenden Rechtsverhältnissen und religiösen Richtungen zerstreuten und gespaltenen Juden. Weder vor noch nach der Reichseinheit waren die deutschen Juden zu einer gemeinsamen Lösung des Problems willens und fähig. Erst das Dritte Reich zwang sie – widerwillig – auch in diesem Punkt zusammenzuarbeiten, das Problem aber war schon vorher als solches erkannt und benannt worden.

2. Zeit ists ...

Solange die Verstädterung, Verbürgerlichung und Verschmelzung mit der Umgebung anhielt, war der jüdische Religionsunterricht für die arrivierten deutschen Juden, ausgenommen die Orthodoxen, kein großes Thema. Das änderte sich erst, als sich die Anzeichen für das Scheitern der Assimilation mehrten und auch im jüdischen Bürgertum das Interesse am Judentum wieder zunahm. Die Aufmerksamkeit richtete sich zuerst auf den ungeliebten jüdischen Religionsunterricht („zum jüdischen Leben zu wenig, zum jüdischen Sterben zuviel"[8]), der nach dem Abschmelzen der Milieufrömmigkeit oft die letzte Passage zur jüdischen Enklave geblieben war. Die Forderung nach Verbesserungen und Veränderungen des Unterrichts warf zwangsläufig die Lehrerfrage auf. Mitten im 1. Weltkrieg rief Franz Rosenzweig mit der traditionellen Formel „Et La'assot" den jüdischen Bildungsnotstand aus und erhob in seinem Opus 1, *Zeit ists ... (Psalm 119,126). Gedanken über das jüdische Bildungsproblem des Augenblicks* (1917), die Lehrerfrage zur „jüdischen Lebensfrage des Augenblicks".[9] Seine Schrift bietet eine sehr konkrete RU-Utopie mit Vorschlägen zum Stundenplan, zur Stoffverteilung, zu den Lehrmitteln, zur Lehrerausbildung und -fortbildung, zur Finanzierung der Ausbildungsstätte und des Lehrerunterhalts; sie ist aber weit mehr als die Denkschrift eines Schulpraktikers im Zwangsurlaub. Im Gewand eines trockenen Reformprogramms verbirgt sich ein revivalistisches Manifest, das die deutschen Juden zur Umkehr in die jüdische und

---

[7] Schröder, Jüdische Erziehung im modernen Israel (wie Anm. 3), S. 133.

[8] Der Spruch stammt von Josef Prager, der 1902/03 gemeinsam mit Rosenzweig den Religionsunterricht auf dem Kassler Wilhelmsgymnasium besucht hatte: Josef Prager, Begegnungen auf dem Wege, in: Hermann Meyer (Hg.), *Franz Rosenzweig. Ein Buch des Gedenkens*, Berlin 1930, S. 39f.

[9] Franz Rosenzweig, *Kleinere Schriften*, Berlin 1937 (Abk. *KSchr*), S. 68ff. u. 78. Dazu die Diss. von Regina Burkhardt-Riedmiller, *Franz Rosenzweigs Sprachdenken und seine Erneuerung humanistischer und jüdischer Lerntraditionen*, Frankfurt a.M. 1995.

hebräische Bildungs- und Lebenssphäre aufruft. Was hat, abgesehen von den okkasionellen Anknüpfungspunkten,[10] den Flugbeobachter an der deutschen Südostfront zu diesem Alarmruf veranlasst? Die Euphorie des „Augusterlebnisses" und „Burgfriedens" (1914), die auch Rosenzweig geteilt hatte, war für die Juden im zermürbenden Stellungskrieg bald verflogen. Die „Judenzählung" im deutschen Heer (November 1916) und der „Grenzsperre" für Ostjuden (April 1918) waren untrügliche Anzeichen des anschwellenden Antisemitismus. Umgekehrt konnten sich gerade die bewussten und gläubigen jüdischen Soldaten in der Etappe der Ostfront ein eigenes Bild vom antisemitisch verzeichneten „Ostjuden" machen und wie Martin Bubers Zeitschrift *Der Jude* (seit 1916) den verschämten Westjuden vorhalten.[11] Die Erlebnisse der deutschen jüdischen Soldaten in *Jiddischland* beschränkten sich nicht auf pittoreske *Schtetl*-Szenen, sie betraten wie bei einer Zeitreise die kompakte und intakte jüdische Welt ihrer Vorfahren, die sie mit ihrer Zukunft und den unerfüllt gebliebenen Versprechen der Emanzipation vergleichen konnten. Rosenzweig suchte gerade in der Entstehungszeit von *Zeit ists* Kontakt zur sephardischen Gemeinde von Skopje, die er in Briefen nach Hause hinreißend schildert.[12] In Warschau interessierte er sich für alle traditionellen jüdischen Lerneinrichtungen und berichtet z.B. in den Briefen an die Mutter begeistert vom „Cheider",[13] der im Gegensatz zur westeuropäischen Schule keine desorientierten „Fragmentmenschen" entlasse, sondern wirklich das Volk bilde.[14] Im deutsch besetzten Litauen waren damals die größten Talmudakademien der Welt, hier wurde mit höchstem intellektuellem Anspruch buchstäblich Tag und Nacht gelernt. Orthodoxe Schulmänner im deutschen Heer wie R. Joseph Carlebach sahen in Kowno/Slabodka die ganze traditionelle jüdische Bildungswelt vom Cheder bis zur Jeschiwa noch in ihrer Herrlichkeit – und Armseligkeit.[15] Sogar der Nestor des Deutschjudentums,

---

[10] Unmittelbare Anlässe waren die einschlägigen Protokolle der Generalversammlung des Rabbinerverbandes in Deutschland von 1916, vgl. Brief an die Eltern v. 18.10.1916, *Briefe*, Edith Rosenzweig (Hg.), Berlin 1935 (Abk. *Briefe*), Nr. 103, S. 126f., und der Artikel von Heinrich Loewe, Jüdische Erziehung, in Hermann Cohens erstem Heft der *Neuen Jüdischen Monatshefte* (Jan. 1916), vgl. Brief an die Eltern v. 24.10.1916, *Briefe*, Nr. 106, S. 129–130. In den folgenden Briefen kommt er auf Einzelheiten seines Plans zurück, *Briefe*, Nr. 108, S. 131ff. (Finanzierung der Lehrer).

[11] Paul Mendes-Flohr, Fin de Siècle Orientalism, the *Ostjuden*, and the Aesthetics of Jewish Self-Affirmation, in: ders., *Divided Passions. Jewish Intellectuals and the Experience of Modernity*, Detroit 1991, S. 96ff., sowie Michael Brenner, *Jüdische Kultur in der Weimarer Republik*, übers. von H. Fliessbach, München 2000, S. 158–164; Ulrich Sieg, *Jüdische Intellektuelle im Ersten Weltkrieg. Kriegserfahrungen, weltanschauliche Debatten und kulturelle Neuentwürfe*, Berlin 2001, S. 195–217.

[12] Vgl. z.B. die Brieffolge über die Pessachfeiertage in Skopje, Nr. 148, 149, 150, 151, v. 3.4., 6.4., 10.4., 11.4., 13.4.1917, *Briefe* (wie Anm. 10), S. 181–196, unmittelbar nach der Fertigstellung von „*Zeit ists…*", vgl. Br. 141–145 v. 15.3., 18.3., 20.3.1917, ebd., S. 174–177.

[13] Rosenzweig, Br. vom 25.5.1918, ebd., S. 320ff.

[14] Rosenzweig, Br. vom 4.6.1918, ebd., S. 326.

[15] Diese Begegnung blieb übrigens keine Einbahnstraße, einige „Litwaks" haben nach dem Krieg im Gegenzug das traditionelle *Lernen* nach Deutschland zurückgebracht: R. Joseph Rabinow aus der Jeschiwa von Slabodka hat nach dem Krieg zusammen mit R. Joseph Carlebach Jeschiwot in Lübeck und Hamburg aufgebaut, vgl. R. Naphtali Carlebach, *Joseph Car-*

Hermann Cohen, ergriff angesichts der „Ostjuden"-Hetze im Entscheidungsjahr 1916 Partei für den „polnischen Juden", den „Glaubensbruder, der die Krone der Tora auf seinem Haupt trägt".[16] Er träumt von einer neuen Synthese von Ost- und Westjudentum, von „Jeschiba" und „Fakultät der jüdischen Wissenschaft", von „Bethaus und Lehrhaus".[17] Ebensolches forderte auch Rosenzweig in seiner an Cohen gerichteten Bildungsschrift für den Religionsunterricht, die Schule sollte wieder mit der „Schul" synchronisiert werden. „Das Rückgrat des Unterrichts (...) wird dann jene Ordnung sein, in der sich die Selbständigkeit der jüdischen Welt heute am sinnfälligsten ausdrückt: der jüdische Kalender, das eigene ‚Kirchenjahr'."[18] Dasselbe hatte bereits Samson Raphael Hirsch gegen die Gemeinde- und Gottesdienstferne der Katechismen des Emanzipationszeitalters in die glückliche Formel gegossen: „Des Juden Katechismus ist sein Kalender."[19] Denn, so Rosenzweigs philosophische Begründung in seinem gleichfalls an der Front entstandenen philosophischen Hauptwerk, *Der Stern der Erlösung* (1921), Leben und Lehre des Judentums artikulieren sich in der Gestensprache des gemeinschaftlichen Rituals.[20]

Es wäre gleichwohl ein Missverständnis, Rosenzweigs Schrift als Plädoyer für eine Rückkehr ins chassidische *Schtetl*, ins altorthodoxe Ghetto oder in die neoorthodoxe Nische aufzufassen. Genau das Gegenteil ist richtig: Die Juden sollen nicht im Cheder sitzen bleiben, sondern das Judentum soll endlich aufs Gymnasium kommen – gleichberechtigt und gleich geachtet neben dem Christentum, den Studia Humaniora und der Mathematik. Die „Einführung in eine eigene, der übrigen Bildungswelt gegenüber wesentlich selbstständige ‚jüdische Sphäre'"[21] soll parallel zur Einführung in die allgemeine Bildungswelt laufen, der deutsche Jude, oder besser noch, der Deutschjude soll mit doppelter Kulturzugehörigkeit und Bildung aufwachsen.[22] Jüdische Schulen in Deutschland

---

lebach and his Generation. Biography of the late Chief Rabbi of Altona and Hamburg, New York 1959, S. 91 ff., 189 ff. R. Salman Baruch Rabinkow aus der *Jeschiwa* von Telz war in Heidelberg Mittelpunkt eines informellen Lernzirkels: Jacob Joseph Schacter, Reminiscenses of Shlomo Barukh Rabinkow, in: Leo Jung (Hg.), *Sages and Saints*, Hoboken 1987, S. 93–132. R. Samson Raphael Weiss aus der Jeschiwa von Mir wurde im Dritten Reich Seminarrabbiner der *Israelitischen Lehrerbildungsanstalt* in Würzburg, vgl. Hans Steidle, *Jakob Stoll und die Israelitische Lehrerbildungsanstalt – eine Spurensuche*, Würzburg o. J., 57 f.

[16] Hermann Cohen, *Jüdische Schriften*, Bruno Strauß (Hg.), Franz Rosenzweig (Einl.), Bd. II, Berlin 1924, S. 163.

[17] Cohen, Schriften (wie Anm. 16), S. 169–171. Vgl. auch seine Stellungnahme zur Grenzsperre, ebd. S. 378–380.

[18] Rosenzweig, *KSchr* (wie Anm. 9), S. 59.

[19] Samson Raphael Hirsch, *Gesammelte Schriften*, Bd. 1, Frankfurt a. M. 1902, S. 1. Zu den Katechismen des Emanzipationszeitalters vgl. Jacob Petuchowski, Manuals and Catechisms of the Jewish Religion in the Early Period of Emancipation (1964), in: ders., *Studies in Modern Theology and Prayer*, Philadelphia/Jerusalem 1998, S. 239–256.

[20] Franz Rosenzweig, *Der Stern der Erlösung*, Gesammelte Schriften, Bd. 2, Den Haag 1976, S. 340–364.

[21] Rosenzweig, *KSchr* (wie Anm. 9), S. 57.

[22] Vgl. dazu mein Beitrag: Deutschjudentum. Bildungskonzepte von Moses Mendelssohn bis Franz Rosenzweig, in: Hans Erler/Hans-Ludwig Ehrlich (Hgg.), *Jüdisches Leben und jüdi-*

lehnte Franz Rosenzweig ausdrücklich ab.[23] Eine Emanzipation des Faches Jüdische Religion setzte zwingend einen akademisch ausgebildeten Lehrerstand voraus, d. h. längerfristig auch eine jüdisch-theologische Fakultät an einer deutschen Universität.[24] Dabei ging es Rosenzweig aber nicht nur wie seinerzeit Leopold Zunz um eine emanzipationspolitische Forderung,[25] die sich mit einem Lehrstuhl für jüdische Geschichte und Literatur und einem Staatsexamen für Lehramtskandidaten in Jüdischer Religionslehre zufrieden gegeben hätte. Ihm schwebte nichts weniger als ein neuer jüdischer Gelehrtenstand vor, der dem jüdischen Wissen nach innen und außen wieder Ansehen verschafft; der arme *Melamed* sollte, in traditionellen Kategorien gesprochen, wieder zum *Lamdan* werden und die Gemeinden mit lebendigem wissenschaftlichem Geist inspirieren. Herzstück seines Reformplans war daher die Schaffung einer vom gesamten deutschen Judentum getragenen Akademie für Lehrerfortbildung, genannt „Akademie für Wissenschaft des Judentums".[26]

Angesichts solcher Ambitionen war ihm die jüdische Lehrerbildungsanstalt in seiner Heimatstadt Kassel nicht einmal eine Erwähnung wert. Rosenzweigs Schrift *Zeit ists*, die Cohen im Verlag seiner *Neuen Jüdischen Monatshefte* drucken lies, hat Aufmerksamkeit erregt, weil sie aber quer zu allen Richtungen des Judentums lag, hat sie keine unmittelbare Wirkung gehabt.[27] Den Assimilanten stand zu viel Hebräisch, *Siddur* und *Machsor*, *Talmud* und *Midrasch* auf dem Programm,[28] den Dissimilanten blieb der Lehrplan zu sehr der unjüdischen Bildungswelt verhaftet. Eine *Akademie für die Wissenschaft des Judentums* wurde zwar gegründet, sie hatte aber mit dem Rosenzweigschen Modell nur noch den Namen gemeinsam („Eine bloße Akademie für Wissenschaft des Judentums ist mir so schnuppe wie eine Wissenschaft des Botokudentums.").[29] Nach dem Krieg suchte sich Rosenzweig ein anderes Wirkungsfeld für seine pädagogischen Ideen und engagierte sich in der jüdischen Erwachsenenbildung. Was blieb, war die stolze Geste, mit der der hoch gebildete *Ba'al Tschuwa* aus dem deutschjüdischen Großbürgertum den jüdischen Religionsunterricht aus seinem Elend erheben wollte. Nach ihm stand und steht die jüdische Bildungsreform unter dem Gesetz der *Tschuwa* als Rückkehr in die jüdische, hebräische „Bildungswelt" inmitten einer „unjüdischen" Umwelt. Rosenzweig erkrankte 1922 infolge des Krieges an ALS und starb 1929 völlig paralysiert. Sein letztes Augenliddiktat war an Martin Buber gerichtet und bezog sich auf die Verdeutschung von Jesaja

---

sche Kultur in Deutschland. Geschichte, Zerstörung und schwieriger Neubeginn, Frankfurt a. M./New York 2000, S. 77–99.

[23] Rosenzweig, Br. v. 22.10.1916, *Briefe* (wie Anm. 10), Nr. 106, S. 129.
[24] Rosenzweig, *KSchr* (wie Anm. 9), S. 72.
[25] Rosenzweig, Br. v. 29.10.1916, *Briefe* (wie Anm. 10), Nr. 108, S. 132 ff.
[26] Rosenzweig, *KSchr* (wie Anm. 9), S. 73–76.
[27] Zwi E. Kurzweil, Franz Rosenzweigs Pädagogisches Vermächtnis. Die Konservative Strömung, in: *Bulletin des Leo Baeck Instituts* 72 (1985), S. 49–61; Regina Burkhardt-Riedmiller, Franz Rosenzweigs Sprachdenken (wie Anm. 9), S. 129–132.
[28] Vgl. den wichtigen Brief an Helene Sommer v. 16.1.1918, *Briefe* (wie Anm. 10), Nr. 209, S. 276–281.
[29] Regina Burkhardt-Riedmiller, Franz Rosenzweigs Sprachdenken (wie Anm. 9), S. 153–157. Franz Rosenzweig, Br. v. 30.5.1918, *Briefe* (wie Anm. 10), Nr. 237, S. 322.

53.[30] Wenige Jahre später wurden sämtliche deutsche Juden von ihrer „unjüdischen" Umwelt zur Rückkehr in die „jüdische Sphäre" gezwungen, und Rosenzweig erschien ihnen nun als Vorläufer im Leiden und Lernen, als „Gottesknecht" und „Morenu" (R. Leo Baeck hatte ihm 1923 diesen Titel verliehen).[31]

3. Pädagogische Provinz im Dritten Reich

Das Dritte Reich nahm im Schulwesen in wenigen Jahren sämtliche Toleranz- und Emanzipationsgesetze seit Josef II. zurück.[32] Die Juden waren nach 150 Jahren wieder am Ausgangspunkt angelangt, nur dass sie unterwegs ihr ererbtes Judentum und nun auch ihr erworbenes Deutschtum verloren hatten. Jüdische Schüler mussten jetzt Judentum bei jüdischen Lehrern nachholen, die ihnen *in Judaicis* oft nur eine Lektion voraus waren.[33] Gingen 1933 die *Richtlinien* des Erziehungsausschusses der *Reichsvertretung der Deutschen Juden* noch von Rosenzweigs „Zweiseelentheorie" des dualen deutsch-jüdischen Bildungsideals aus, so hatte sich der Schwerpunkt in der Neufassung der *Richtlinien* 1937 endgültig vom deutschen auf den jüdischen Pol verschoben, und im gleichen Maß wurde, wie der Historiker der Jüdischen Schule und Erziehung im Dritten Reich, Joseph Walk, bemerkt, aus Bildung Ausbildung zur Emigration.[34] Diese Entwicklung war aber nicht gleich absehbar, und manche sahen 1933 die von Rosenzweig angesagte Zeit für eine jüdische Bildungsrevolution gekommen, allen voran dessen Freund Martin Buber.[35] Er wollte aus der politischen Krise kulturelles Kapital schlagen. Seine pädagogische Losung hieß: „Biblischer Humanismus" (1933) oder „Hebräischer Humanismus" (1941).[36] Dabei handelt es sich nicht darum, im humanistischen Lehrplan Alt-

---

[30] Rosenzweig, Brief v. 9.12.1929, *Briefe*, Nr. 543, ebd., S. 633.

[31] Leo Baeck, Br. an F. Rosenzweig v. 6.5.1923, *Werke*, Albert H. Friedlander u.a. (Hgg.), Gütersloh 2006 (Abk. *WW*), Bd. 6: Briefe, Reden, Aufsätze, S. 579f.

[32] Clemens Vollnhals, Jüdische Selbsthilfe bis 1938, in: Wolfgang Benz (Hg.), *Die Juden in Deutschland 1933–1945. Leben unter nationalsozialistischer Herrschaft*, München 1988, S. 330–363. Trude Maurer, Vom Alltag zum Ausnahmezustand. Juden in der Weimarer Republik und im Nationalsozialismus 1918–1945, in: Marion Kaplan (Hg.), *Geschichte des Jüdischen Alltags in Deutschland. Vom 17. Jahrhundert bis 1945*, dtsch. von F. Griese u.a., München 2003, S. 385ff.

[33] Yfaat Weiss, *Schicksalsgemeinschaft im Wandel. Jüdische Erziehung im nationalsozialistischen Deutschland 1933–1938*, Hamburg 1991, S. 80f.

[34] Joseph Walk, Jüdische Erziehung als geistiger Widerstand, in: Arnold Paucker (Hg.), *Die Juden im Nationalsozialistischen Deutschland*, Tübingen 1986, S. 244.

[35] Die unter dem Titel „In der Krisis" versammelten jüdischen Texte aus den ersten Jahren des Dritten „Reiches" sind eigentlich Predigten über Prüfung, Gericht, Umkehr und Erneuerung. Martin Buber, *Der Jude und sein Judentum. Gesammelte Aufsätze und Reden VI* (Abk. *JuJ*), Köln 1963, S. 557ff., bes. Gericht und Erneuerung zum jüdischen Neujahr 1933 in der Jüdischen Rundschau, 38, 75/76, S. 586–588. Zu dieser Bildungsbewegung in extremis, vgl. Volker Dahm, Kulturelles und geistiges Leben, in: Wolfgang Benz (Hg.), Die Juden in Deutschland 1933–1945 (wie Anm. 32), S. 96ff. u. 178ff.

[36] Martin Buber, Biblischer Humanismus (1933), Schriften zur Bibel, *Werke*, München/Heidelberg 1964, 2. Bd., S. 1087–1092 (Abk.: *Werke II*); Hebräischer Humanismus (1941), in: *JuJ* (wie Anm. 35), S. 732–744.

griechisch durch Althebräisch zu ersetzen. Die Sprache war zwar auch für Buber entscheidend, nicht aber als antiquierter rhetorischer und ästhetischer Kanon,[37] sondern als gegenwärtiger moralischer und religiöser Anspruch, wovon er sich die „Renaissance" des alten Bundesvolkes erhoffte. Galten Rosenzweigs Wiederbelebungsversuche dem rabbinischen Judentum, so Bubers dem prophetischen. In seiner pädagogischen Losung steckte außerdem eine leicht zu entziffernde politische Botschaft. Schon die Vokabel „Humanismus" war angesichts des staatlichen Rassismus eine politische Provokation. Die *humanitas* sollte aber nicht länger nach den Römern Caesar und Cicero ausbuchstabiert werden, unsere Vorbilder sollten wieder die leidgeprüften und gerechtfertigten Hebräer Abraham und Hiob werden, weil sie die Forderung der Gerechtigkeit selbst Gott gegenüber erhoben. „Biblischer Humanismus" als politische Agenda, war die prophetische Antwort auf nationalsozialistischen, aber auch auf zionistischen „Nationalegoismus".[38]

Welche Rolle Buber in dieser Bildungsrevolution sich selber zugedacht hat, geht aus einem, indirekt an die *Reichsvertretung* gerichteten Schreiben vom 24. März 1933 hervor: „Persönlich teile ich Ihnen (...) mit, dass ich, wenn der Kern der deutschen Judenheit (...) mir heute sein Vertrauen schenkt, bereit wäre, die verantwortliche Leitung des Bildungswesens in Deutschland zu übernehmen."[39] Konkret schlug er zwei Pläne vor: die Schaffung eines zentralen *Bildungsamtes* für alle Fragen der jüdischen Erziehung und des Unterrichts vom Kindergarten bis zur Hochschule sowie die Gründung einer zentralen Lehrerbildungsanstalt, der *Schule für Judentumskunde* in Mannheim, wo Lehramtskandidaten auf das „wesensjüdische" Schulwerk vorbereitet werden könnten.[40] Obwohl R. Leo Baeck Buber namens der *Reichsvertretung* zum Gründer und Leiter des jüdischen Lehrerseminars ernannt und entsprechende Mittel bewilligt hat,[41] gab es unter den Funktionären der *Reichsvertretung* offenbar Bedenken gegen den starken Führungsanspruch des reformpädagogischen Schwärmers aus Heppenheim.[42] Schließlich scheiterte das letzte Lehrerseminarprojekt an Standort- und Stipendienfragen.[43] Buber hat dann die dringende Um- und Nachschulung entlassener

---

[37] Buber, Hebräischer Humanismus, *JuJ* (wie Anm. 35), S. 732.

[38] Ebd., S. 742–744. Die politische Konsequenz aus seiner Losung hat Buber allerdings erst im hebräischen Text von 1941 gezogen und dort gegen den politischen Zionismus gewendet. Vgl. auch dazu den Aufsatz von Michael Volkmann, Martin Bubers hebräischer Humanismus, in: M. Friedenthal-Haase/R. Koerrenz, *Martin Buber: Bildung, Menschenbild, Hebräischer Humanismus*, Paderborn 2005, S. 181–193.

[39] Martin Buber, *Briefwechsel aus sieben Jahrzehnten*, Grete Schaeder (Hg.), Heidelberg, 1973 (Abk. *Briefe*), Bd. II, S. 472.

[40] Buber an Otto Hirsch, Br. vom 5.12.1933, *Briefe* (wie Anm. 39), S. 507–10, auch abgedruckt in *JuJ* (wie Anm. 35), S. 608–613.

[41] Buber, Br. v. 14.12.1933, *Briefe* (wie Anm. 39), Bd. II, S. 510f.

[42] Vgl. die Schreiben Bubers an Gerson vom 15.6. u. 23.6.1933, *Briefe* (wie Anm. 39), Bd. II, S. 489f. u. 494, sowie an Leo Baeck vom 22.6.1933, ebd., Bd. II, S. 491f. Vgl. dazu R. Koerrenz, Die Gefährtenschaft von Martin Buber und Leo Baeck, in: Friedenthal-Haase/ Koerrenz, *Martin Buber: Bildung, Menschenbild, Hebräischer Humanismus* (wie Anm. 38), S. 83ff.

[43] Buber an Otto Hirsch v. 1.3.1934, *Briefe* (wie Anm. 39), 527ff. Dieser Brief ist auch heute noch eine treffende Beschreibung der Probleme der Lehrerausbildung an der Hochschule für Jüdische Studien Heidelberg.

jüdischer Lehrer im Rahmen der ihm übertragenen *Mittelstelle für jüdische Erwachsenenbildung* mitbetreut. Bis zu seiner Emigration (1938) hat seine *Mittelstelle* überall in Deutschland rund 200 „Lernzeiten" oder „Lernwochen", u. a. zur Lehrerumbildung, durchgeführt.[44] Dabei wurden oft Rosenzweigs *Zeit ists* und Bubers *Rede über das Erzieherische* (1926) als Textgrundlage verwendet. Buber galt mit seinem ebenso motivierten wie qualifizierten Dozentenstab als *Judaeorum Praeceptor*.[45] Bubers *„pädagogische Provinz"* aber fand im jüdischen Landschulheim Herrlingen seine eigentliche Verwirklichung.[46] Unter der Leitung seines Schülers Hugo Rosenthal von der zionistischen Lehrerfortbildung wurde mit Duldung der NS-Behörden eine Art jüdisches Schulreservat errichtet. Hier wurde die Uhr im Sinne Rosenzweigs nach der jüdischen Zeit gestellt und die Jugend im Sinne Bubers „humanistisch" erzogen.[47] Bubers wichtigster Mitarbeiter, Ernst Simon, hat die Erwachsenenbildungsarbeit dieser Jahre als „Aufbau im Untergang" bezeichnet und als Aufrüstung des geistigen Widerstands beschrieben.[48] Diese Beschreibung passt auf das gigantische Erziehungs-, Schul- und Bildungswerk der *Reichsvertretung der Deutschen Juden* insgesamt.[49] Deren geistlicher und geistiger Führer, Rabbiner Leo Baeck, hat nach dem Krieg oft hervorgehoben, was die deutschen Juden zu diesen außergewöhnlichen Leistungen unter widrigsten Umständen befähigt hatte – ihre Einigkeit nach 1933.[50]

4. Im Wartesaal des Todes

Ernst Simon schließt sein Buch *Aufbau im Untergang* mit einem Ausblick auf Theresienstadt. Die große Autorität auf diesem Gebiet, Hans Günther Adler,

---

[44] Zur Lehrerfortbildung insgesamt, vgl. Walk, *Jüdische Schule und Erziehung im Dritten Reich* (wie Anm. 34), Frankfurt a.M. 1991, S. 192–194.

[45] Rita van de Sandt, *Martin Bubers Bildnerische Tätigkeit zwischen den beiden Weltkriegen. Ein Beitrag zur Geschichte der Erwachsenenbildung*, Stuttgart 1977, S. 190–204. Rivka Horwitz, Buber als Lehrer und Erzieher der deutschen Juden zur Zeit des Nationalsozialismus, in: W. Licharz/H. Schmidt (Hgg.), *Martin Buber (1878–1965)*, Bd. 1. Dialogik und Dialektik, Frankfurt a.M. ²1991, S. 109.

[46] Den Ausdruck „Pädagogische Provinz" gebrauchte Buber in diesem Zusammenhang selbst, Biblischer Humanismus, *Werke II* (wie Anm. 36), S. 1090. Dort erwähnt er auch, dass die Losung „Hebräischer Humanismus" ursprünglich (1913) als Bezeichnung für den Lehrplan eines jüdischen Landerziehungsheims diente.

[47] Lucie Schachne, *Erziehung zum geistigen Widerstand. Das jüdische Landschulheim Herrlingen 1933–1939*, Frankfurt a.M. 1986, S. 53f., dort das Zeugnis v. H. Lamm, S. 200f. und Walk, Jüdische Schule und Erziehung im Dritten Reich (wie Anm. 34), S. 162ff.

[48] Ernst Simon, *Aufbau im Untergang. Jüdische Erwachsenenbildung im nationalsozialistischen Deutschland als geistiger Widerstand*, Tübingen 1959. Michael Bühler, *Erziehung zur Tradition – Erziehung zum Widerstand. Ernst Simon und die jüdische Erwachsenenbildung in Deutschland*, Berlin 1986, S. 167.

[49] Hans Gaertner, Probleme der jüdischen Schule während der Hitlerjahre, in: Robert Weltsch (Hg.), *Deutsches Judentum Aufstieg und Krise, Gestalten, Ideen und Werke*, Stuttgart 1963, 351f. Walk, Jüdische Erziehung als geistiger Widerstand (wie Anm. 34), S. 239–247.

[50] Leo Baeck, Bewährung des Deutschen Judentums, *WW* (wie Anm. 31), Bd. 6, S. 364 u. Das Überleben des Geistes, ebd., S. 485f.

hatte in seinem Standardwerk über Theresienstadt behauptet, dass der jüdische Ertrag der überschäumenden Kulturarbeit im Lager gleich Null gewesen war,[51] und damit auch Rabbiner Leo Baeck, den er als überragende geistliche und geistige Autorität des Ghettos anerkennt,[52] widersprochen.[53] Das von Adler mitgeteilte Vortragsprogramm des *Orientierungsdienstes* der Alten vom Juli 43 scheint ihm Recht zu geben. Dort ist nur ein einziger rabbinischer Vortrag über den Midrasch unter zwanzig Vorträgen assyriologischen, philosophischen, musikologischen, literaturgeschichtlichen, naturwissenschaftlichen, autobiographischen Inhalts verzeichnet – und Rabbiner Baeck selbst figuriert auf dieser Liste mit einem Vortrag über Spinoza.[54] Doch Simon entlarvt die Vorurteile Adlers und widerlegt ihn gerade in diesem Punkt mit dessen eigenem Material.[55] Sowohl die neueren Studien über die „virtuelle Universität" von Theresienstadt wie persönliche Erinnerungen legen in der Tat andere Schlüsse nahe. Unter den über 2280 ermittelten Vorträgen, die von über 500 Lektoren (darunter 34 Professoren, 220 Doktoren und 8 Rabbinern) zwischen September 1942 und September 1944 in Theresienstadt gehalten wurden, war die „Judaistische Fakultät" eindeutig führend.[56] Im *Tatsachenbericht* des Leiters des *Orientierungsdienstes* und „Lagermäzens" Phillip Manes, der in diesem Zeitraum mehr als 500 Vorträge organisiert hat, heißt es: „auch das Ghetto legte uns Pflichten auf, und die erste schien mir, wir Alten sollten das Judentum und seine Geschichte kennen lernen."[57] Es ist richtig, dass die rabbinischen und jüdischen Themen im Vortragsprogramm nur einen Schwerpunkt unter anderen bildeten, aber anders hatten sich auch Buber, Rosenzweig und Rosenthal den jüdischen Humanismus nicht vorgestellt, es sollte eben keine Rückkehr ins Bildungsghetto sein, jeder sollte mit seinem Bildungsgut „einkehren",[58] und dazu gehörte für die deutschsprachigen Juden nun einmal Goethe, Schiller und – Spinoza.

Neben der *Freizeitgestaltung* für die bildungshungrigen Alten gab es in Theresienstadt auch eine organisierte Fürsorgeerziehung und ein klandestines Unterrichtssystem für tausende von internierten Kindern und Jugendlichen.[59]

---

[51] Hans Günther, Adler, *Theresienstadt 1941–1945. Das Antlitz einer Zwangsgemeinschaft*, Tübingen ²1960, S. 609ff. u. 680ff.

[52] Ebd., S. 253f. Philipp Manes, *Als ob's ein Leben wär. Tatsachenbericht 1942–1944*, B. Barkow/K. Leist (Hgg.), Berlin ²2005, S. 352. Albert H. Friedlander, Überleben in Theresienstadt und Leben mit der Shoa, in: Herrenalber Forum (Hg.), *Leo Baeck – Zwischen Geheimnis und Gebot. Auf dem Weg zu einem progressiven Judentum der Moderne*, Osnabrück 1997, S. 59.

[53] Baeck, Vision und Geduld, *WW* (wie Anm. 31), Bd. 6, S. 364.

[54] Adler, Theresienstadt 1941–1945 (wie Anm. 51), S. 602.

[55] Simon, Aufbau im Untergang (wie Anm. 48) S. 93ff.

[56] Jelena Makarová, Die Akademie des Überlebens, in: *Theresienstädter Studien und Dokumente 1998*, Prag 1998, S. 219–224.

[57] Manes, Als ob's ein Leben wär (wie Anm. 52), S. 139.

[58] Rosenzweig, Neues Lernen. Entwurf der Rede zur Eröffnung des Freien Jüdischen Lehrhauses (1920), in: *KSchr* (wie Anm. 9), S. 99.

[59] Adler, Theresienstadt 1941–1945 (wie Anm. 51), S. 547–573. Ota Klein, Junge Menschen in Theresienstadt, in: *Theresienstadt*, übers. von W. Hacker, Wien 1968, S. 82–95. Anita Franková, Theresienstädter Erziehung. Berichte zum ersten Jahrestag der Theresienstädter Heime in L 417, in: *Theresienstädter Studien und Dokumente 1998*, Prag 1998, S. 82–95.

In den Räumen der ehemaligen Schule L 417 und der Offiziersubikationen L 410 und L 414 dieser von Josef II. *more geometrico* angelegten Garnisonsstadt waren dutzende Jugendheime untergebracht. Sie waren als autonome pädagogische Provinzen organisiert. Die legendäre *Republik Schkid* im Heim Nr. 1 von L 417 etwa besaß ein Parlament, eine Fahne, eine Hymne und eine Zeitschrift,[60] die der legendäre Petr Ginz redigierte.[61] Obwohl alle ideologischen und pädagogischen Richtungen vertreten waren – die Republik *Schkid* etwa wurde von dem Pädagogen Valtr Eisinger nach einem berühmten sowjetrussischen, in Nazideutschland verpönten Modell geführt – dominierte im Ghetto, diesem Beweis *ad oculos* der gescheiterten Judenemanzipation, die zionistische Richtung. Sowohl die Judenältesten Jakub Edelstein und Paul Eppstein – zuvor ein führender Mitarbeiter der Reichsvereinigung und der Mittelstelle Bubers –, wie die Leiter der Kinder- und Jugendfürsorge, Gonda Redlich und Fredy Hirsch, kamen, wie die meisten Heimleiter (*Madrichim*), aus zionistischen Organisationen und Jugendbewegungen und wollten die Kinder und Jugendlichen auf ein Leben in *Erez Jisrael* vorbereiten. Begleitet wurde die Erziehungsarbeit von kontroversen pädagogischen Reflexionen, etwa im Bericht anlässlich des einjährigen Bestehens von L 417.[62] Die Bilanz von 160 Jahren josefinischer Toleranzpolitik fällt in dieser josefinischen Festung *anno diaboli* 1943 abgeklärt aus. Der führende tschechische Zionist, Franz Kahn (1895–1944), schreibt in seinem Beitrag:

> Die beste jüdische Erziehungsstätte war der Cheder (Das aber ist ein Lob nicht nur im Rahmen des jüdischen Sektors. Der Cheder war eine der besten Erziehungsstätten der Welt überhaupt). Er war unhygienisch. Zugegeben sei alle andere banausische Weisheit von der Unzulänglichkeit seiner Methoden, seiner Melamdim, und aller anderen Dinge, die von den bekannten Spatzen dachabwärts gepfiffen werden. Er hatte aber eines: Gesinnung. Volle Übereinstimmung von Haus und Schule herrschte. Getragen von einer Idee, die alles umfasste: den Himmel oben, die Erde unten, stand der Cheder in seinem Schmutz und Lärm unangreifbar, unangezweifelt und lehrte das Höchste, das es gab. Darüber waren sich alle einig. Die Eltern, die Lehrer, die Kinder, die Gasse, die Gemeinde, Arm und Reich, Vornehm und Gemein. Der oberste Schulinspektor war Gott selbst, und seine Engel mengten sich in den Schulunterricht. Dieser Schule lag jeder Skeptizismus fern. Deswegen konnte sie sich auch all den Schmutz und die schlechteste Methode leisten. Und deshalb hatte sie trotz allem Erfolg. Im Westen traten an Stelle des Cheders die josefinischen jüdischen Schulen – mit deutscher Unterrichtssprache. Germanisierende Schulen auch in Orten mit anderssprachigen Majoritäten (…). Fremde Ideale zogen zugleich mit modernen Methoden ein. Mit Hygiene und Didaktik hielt der Bezirksschulinspektor seinen Einzug, aber Gott zog aus. Das geschah nicht an einem Tage, aber eines Tages war er weg, endgültig weg.[63]

---

[60] Auszüge der Zeitschrift *Vedem* (*Wir führen*), in: Marie Ruth Krizkova/Kurt Jiri Kotouc/Zdenek Ornest, *Ist meine Heimat der Ghettowall? Gedichte, Prosa und Zeichnungen der Kinder von Theresienstadt*, Prag 2005.
[61] Petr Ginz, *Prager Tagebuch 1941–1942*, Chava Pressburger (Hg.), dtsch. von E. Profousová, Berlin 2004, S. 128.
[62] Adler, Theresienstadt 1941–1945 (wie Anm. 51), S. 565–568. A. Franková, Theresienstädter Erziehung (wie Anm. 59), S. 149ff.
[63] Zit. bei A. Franková, Theresienstädter Erziehung, ebd., S. 156f.

Eine jüdische Gesinnung kann nach Franz Kahn allerdings weder durch eine „Rückkehr in den Cheder" noch im „Leben als ob" (E. Redlich) der „theresianischen Ghettogesellschaft" erzielt werden (hier war Kahn pessimistischer als sein Mitstreiter Edelstein). Adlers Urteil über die Erziehungsarbeit und die jungen Erzieher fällt ebenfalls vernichtend aus,[64] obwohl auch er gestehen muss, dass den Kindern in ihrer „eigene(n) Welt des Heims, subjektiv an Glück nicht mangelte."[65] Eben das bestätigen die Erinnerungen der überlebenden Kinder reichlich. So beschreibt etwa Ruth Klüger, wie sich im Mädchenheim L 414 die Zwangsgemeinschaft in „ein Stück Jugendbewegung verwandelte",[66] in der sie zu einem sozialen Wesen und unter dem Einfluss R. Leo Baecks zu einer bewussten Jüdin heranwachsen konnte.[67] Nach den Erfahrungen der Diskriminierung in Wien und der Extermierung in Birkenau, erscheinen ihr die 20 Monate in Theresienstadt wie ein Paradies mitten in der Hölle. Also ein *renouveau juif* im Wartesaal des Todes.

5. Neben den Hochöfen der Vernichtung

Objektiv hatte H. G. Adler natürlich Recht: Theresienstadt war ein Potemkinsches Dorf, die verschönerte Fassade einer kafkaesken Strafkolonie, ein überfülltes Siechenlager und Sterbehaus – und er stellt die unabweisbare Frage, ob nicht auch die jüdischen Erzieher am Täuschungsmanöver „Musterghetto" beteiligt gewesen seien. Allerdings ahnten nicht einmal die Judenältesten die volle Wahrheit[68] und diejenigen, die über das Schicksal der Osttransporte Bescheid wussten, wie der letzte Leiter der Jugendfürsorge in Theresienstadt, R. Leo Baeck, behielten ihr Wissen für sich. Doch selbst im „Herzen der Hölle", im „Theresienstädter Familienlager" in Birkenau (BIIb), ließen die Erzieher die Flügel nicht sinken und haben neben den Hochöfen der Vernichtung unter der Leitung des unbeugsamen Fredy Hirschs die *La-Vita-è-bella*-Illusion für die Kinder aufrecht erhalten. Im Block 31 richteten sie im Herbst 1943 eine „Schule" ein, wo die Kinder und Jugendlichen jüdische und altgriechische Geschichte lernten, die *Ode an die Freude* einstudierten und Schneewittchen aufführten – zum Erstaunen und Vergnügen der SS. Ihr Schicksal war freilich von vornherein besiegelt, der ganze tschechische Transport, einschließlich der Erzieher und fast aller Kinder, ging nach sechs Monaten Lageraufenthalt ins Gas.[69] Wir wissen aus der Flaschenpost des Augenzeugen Salmen Gradowski mit welcher unbeugsamen Haltung gerade

---

[64] Adler, Theresienstadt 1941–1945 (wie Anm. 51), S. 548 f.
[65] Ebd., S. 557.
[66] Ruth Klüger, *Weiter leben. Eine Jugend* (Göttingen 1992), TB, Nördlingen 1994, S. 89.
[67] Ebd., S. 100–105.
[68] Ruth Bondy, Jakob Edelstein. Der erste Judenälteste von Theresienstadt, in: M. Kárny u. a. (Hgg.), *Theresienstadt in der Endlösung der Judenfrage*, Prag 1992, S. 86.
[69] Hermann Langbein, *Menschen in Auschwitz*, Wien 1987, S. 280–283. Wolf H. Wagner, *Wo die Schmetterlinge starben. Kinder in Auschwitz*, Berlin 1995, S. 96 ff. Ruth Elias, *Die Hoffnung erhielt mich am Leben. Mein Weg von Theresienstadt und Auschwitz nach Israel* (1988), TB, München [8]2001, S. 142. Saul Friedländer, *Die Jahre der Vernichtung. Das Dritte Reich und die Juden 1939–1945*, München 2006, S. 608–610.

die Theresienstädter, die sich über das Ende nicht mehr täuschen konnten, die Gaskammer betraten.[70] Gewiss, Kultur und Bildung waren nur eine schwache Antwort auf die triumphierende Barbarei, wenn sie auch manchmal Leben retteten, z. B. das des Häftlings H. G. Adler.[71] Den allermeisten hier genannten und nicht genannten Erziehern und Zöglingen gereichte sie nur zur Unsterblichkeit. Leo Baeck hat in seinem teilweise in Theresienstadt entstandenen Alterswerk *Dieses Volk* ein Porträt des altjüdischen Lehrers gezeichnet, für das er selber Modell gestanden haben könnte. Neben dialektischer Schärfe, praktischer Klugheit und Kompromissbereitschaft, hebt er als letzten Charakterzug hervor: „eine nie schwankende [...] Bereitschaft, ja eine[n] Enthusiasmus für das Martyrium. Aber nur Menschen, deren Seele das alles umfangen konnte, vermochten durch eine außerordentliche Zeit hindurchzuführen."[72]

6. Heidelberger Talmud

Das vielleicht erstaunlichste Kapitel dieser Vorgeschichte, das auch in Deutschland geschrieben wurde, ist der Aufbau nach dem Untergang. Der Rest der Geretteten („Sche'erit HaPleta"), der sich in DP-Camps in den Besatzungszonen sammelte, errichtete bald nach der Befreiung mit Hilfe der UNRRA und des American Joint ein umfassendes Erziehungs- und Schulwesen für alle Schulstufen und Altersgruppen.[73] Neben zionistischen Schulen vom Typ der osteuropäischen *Tarbut*-Schulen fand sich in den meisten größeren Lagern auch der vollständige traditionelle Schulzug vom Cheder bis zur Jeschiwa. In Deutschland gab es damals 20 Jeschiwot mit rund 1500 Bachurim.[74] Bereits im Jahr 1945 bereiteten Raw Samuel Aba Snieg und R. Jacob Rose, Überlebende aus dem Ghetto und Konzentrationslager Kowno, die Ausgabe eines Talmudtraktats vor – nach

---

[70] Salmen Gradowski, Im Herzen der Hölle, dtsch. von Katerina Capovka, in: *Theresienstädter Studien und Dokumente* (1999), Prag 1999, S. 128–130.

[71] Jürgen Serke, *Böhmische Dörfer. Wanderungen durch verlassene literarische Landschaften*, Wien u. a. 1987, S. 336.

[72] Leo Baeck, *WW* (wie Anm. 31), Bd. 2, S. 219. Theresienstadt ist nicht das einzige Beispiel, ein anderes wäre z. B. R. Joseph Carlebachs geheime Schulorganisation im Konzentrationslager Jungfernhof bei Riga. Unter unbeschreiblichen Lebensverhältnissen standen für die Kinder neben den jüdischen Disziplinen, Arithmetik, Fremdsprachen, Geographie und Geschichte auf dem Programm. Mit den Lehrern lernte Carlebach das Buch Hiob. Vgl. Miriam Gillis-Carlebach (Hg.), *„Den Himmel zu pflanzen und die Erde zu gründen"* (Jesaja 51,16), Hamburg 1995, 72 f. Gillis-Carlebach, „Licht in der Finsternis". Jüdische Lebensgestaltung im Konzentrationslager Jungfernhof, in: Gerhard Paul/Miriam Gillis-Carlebach (Hgg.), *Menora und Hakenkreuz. Zur Geschichte der Juden in und aus Schleswig-Holstein, Lübeck und Altona (1918–1998)*, Neumünster 1998, S. 557 f.

[73] Michael Brenner, *Nach dem Holocaust. Juden in Deutschland 1945–1950*, München 1995, S. 38 f. Julius Carlebach/Andreas Brämer, Rabbiner in Deutschland: Die ersten Nachkriegsjahre, in: Julius Carlebach (Hg.), *Das aschkenasische Rabbinat. Studien über Glaube und Schicksal*, Berlin 1995, S. 225–234.

[74] In Auschau, Bamberg, Belsen, Bensheim, Dieburg, Eichstätt, Eschwege, Feldafing, Föhrenwald, Heidenheim, Krumbach, Landsberg, Leipheim, Rochelle, Pockin, Ulm, Windsheim, Windischbergdorf, Wetzlar, Zeilsheim.

Klischees, die der antisemitische Verlag F. Bruckmann hergestellt hatte, auf den Druckerpressen des katholischen Herder-Verlages im Kloster der Missionsbenediktiner in Sankt Ottilien! Ende 1948 erschien der erste Band der Wilnaer Talmud-Ausgabe im Heidelberger Universitätsverlag Carl Winter. Als der letzte Band im November 1950 ausgeliefert wurde, hatten die meisten Überlebenden Deutschland mit Ziel Israel, USA oder Kanada wieder verlassen.[75] Dennoch bleibt der Druck des Talmuds auf deutschem Boden unmittelbar nach Kriegsende das denkbar stärkste Symbol jüdischer Selbstbehauptung – wofür es viele schmeichelhafte und weniger schmeichelhafte theologische Stichworte gibt: „Mysterium Israel", „superbia judaica", „Nezach Jisrael" („Ewigkeit Israels"), „Jüdische Hartnäckigkeit".

Das Wiederaufleben jüdischen Lernens in Deutschland war aber von kurzer Dauer und fand danach nur punktuell und sporadisch eine Fortsetzungen, so z.B. in der Jüdischen Gemeinde in Fürth unter der Leitung des letzten überlebenden Mitglieds des Warschauer Rabbinats, R. David Kahane Spiro, der viele Rufe aus dem Ausland ausschlug.[76] In den beiden Nachkriegsjahrzehnten trat die jüdische Gemeinschaft in Deutschland in eine Art Latenzphase ein. Zwar wurde jüdischer Religionsunterricht inner- und außerschulisch erteilt, meist aber reichte Hebräisch als Muttersprache oder eine gute Kantorenstimme als Qualifikation zum Lehrer aus. Daran hat sich in den kleineren Gemeinden bis heute nicht viel geändert.[77] Erst Mitte der 60er Jahre begannen die größeren Gemeinden jüdische Grundschulen zu errichten.[78] Jüdische Eltern, die ihren Kindern eine höhere jüdische Schulbildung ermöglichen wollten, schickten sie auf ausländische jüdische Internate, bevorzugt ins nahe Straßburg. Trotz eines nunmehr günstigen politischen Umfeldes dauerte es ein halbes Jahrhundert, bis – an verschiedenen Orten – der vollständige Zug aller Schulstufen von der Grundschule bis zur Hochschule und zur staatlich anerkannten jüdischen Religionslehrerausbildung errichtet war. 1979 gründete der *Zentralrat der Juden in Deutschland* die *Hochschule für Jüdische Studien* in Heidelberg. Das ursprüngliche Ziel der Hochschule war Rabbiner und Religionslehrer auszubilden. Zunächst wurden Magistern bzw. Magisterkandidaten ohne pädagogische, fachdidaktische und schulpraktische Ausbildung eine außerordentliche Lehr- und Prüfungserlaubnis für jüdische Religionslehre an Gymnasien erteilt. Im Wintersemester 2001/02 startete der Studiengang Jüdische Religionslehre mit dem Abschluss 2. Staatsexamen, wenn man die Vorgeschichte der jüdischen Reli-

---

[75] Juliane Wetzel, Jüdische Kultur im Bayern der Nachkriegszeit, in: Manfred Treml u.a. (Hgg.), *Geschichte und Kultur der Juden in Bayern. Aufsätze*, München 1988, S. 524 ff. Peter Honigmann, Münchner Talmudausgaben der Nachkriegszeit, in: *Der Landesverband der Israelitischen. Kultusgemeinden in Bayern* 10 (1995) 66, S. 19–23.

[76] Monika Berthold-Hilpert, Jüdisches Leben in Franken nach 1945 am Beispiel der Gemeinde Fürth, in: Gunnar Och/Hartmut Bobzin (Hgg.), *Jüdisches Leben in Franken*, Würzburg 2002, S. 201 ff.

[77] Jessica Schmidt-Weil, *Die Suche nach dem Identitätsformenden Potential des Religionsunterrichts in Jüdischen Gemeinden in Deutschland* (Diss., Goethe-Universität), Frankfurt a.M. 2007.

[78] Birgit Klein, Jüdischer Religionsunterricht in Deutschland, in: Norbert Mette/Folkert Rickers (Hgg.), *Lexikon der Religionspädagogik*. 2 Bde. Neukirchen-Vluyn 2001, S. 912 ff.

gionslehrerausbildung in Deutschland berücksichtigt, ein wahrhaft historischer Schritt. Das ist die Stelle in der Geschichte, an der wir stehen. Wir fühlen uns in der Forschung, in der Lehre, in der Ausbildung, in der Bildungsplanung der langen Vorgeschichte des jüdischen Lernens verbunden, aber auch der kurzen, tragischen und heroischen Vorgeschichte der jüdischen Religionslehrerausbildung in Deutschland: Der Aufklärung Mendelssohns, der Umkehr Rosenzweigs, dem Widerstand Bubers, der Einigkeit Baecks, der Unbeugsamkeit Fredy Hirschs und der Hartnäckigkeit Aba Sniegs.[79]

---

[79] Mehr Information zur Lehrerausbildung und Bildungsplanung sind auf der Homepage der Hochschule und unter der Adresse: www.dkrochmalnik.wordpress.com zu finden.

AUTORENVERZEICHNIS

CASPAR BATTEGAY, lic. phil., 2005–2009 wissenschaftlicher Mitarbeiter im Fach Hebräische und Jüdische Literatur an der Hochschule für Jüdische Studien Heidelberg, wo er seine Dissertation abgeschlossen hat. Neueste Veröffentlichungen: „‚Ride 'em Jewboy'. Transforming Jewish Identity in the contemporary American Imagination", in: *Transversal. Zeitschrift des Centrums für Jüdische Studien* 1/2009; zus. mit Barbara Breysach der Sammelband *Jüdische Literatur als europäische Literatur. Europäizität und jüdische Identität 1860– 1930*, München 2008.

ALEXANDER DUBRAU, M.A., seit 2005 wissenschaftlicher Mitarbeiter an der Hochschule für Jüdische Studien Heidelberg als Assistent von Prof. Dr. Ronen Reichman im Fach Talmud, Codices und rabbinische Literatur. Veröffentlichungen: Die Überlieferungsform lo nehlequ ... al ma nehlequ? al ... in den Kontroversen der Tannaiten in Tosefta und Mishna, in: *Trumah* 16 (2006); Die Rabbinen und das Vergessen. Zur Deutung eines Paradigmas in der Aggada, in: *Trumah* 17 (2007).

Dr. ANAT FEINBERG, Professorin im Fach Hebräische und jüdische Literatur an der Hochschule für Jüdische Studien Heidelberg. Veröffentlichungen: *Nachklänge: Jüdische Musiker in Deutschland nach 1945*, Berlin 2005; (Hg.), *Moderne hebräische Literatur. Ein Handbuch*, München 2005; (Hg.), *Rück-Blick auf Deutschland. Ansichten hebräischer Autoren*, München 2009.

Dr. JOHANNES HEIL, Inhaber des Ignatz-Bubis-Lehrstuhls für Geschichte, Religion und Kultur des europäischen Judentums an der Hochschule für Jüdische Studien, Erster Prorektor. Veröffentlichungen: *Gottesfeinde – Menschenfeinde. Die Vorstellung von jüdischer Weltverschwörung (13.–16. Jh.)*, Essen 2006 [engl. Übersetzung in Vorbereitung]: *Kompilation oder Konstruktion? Die Juden in den Pauluskommentaren des 9. Jahrhunderts* Hannover 1998; zus. mit Rainer Kampling (Hgg.), *Maria. Tochter Sion? Mariologie, Marienfrömmigkeit und Judenfeindschaft*, Paderborn 2001.

Dr. BIRGIT KLEIN, seit 2006 Professorin im Fach Geschichte des jüdischen Volkes an der Hochschule für Jüdische Studien Heidelberg. Veröffentlichungen u.a.: *Wohltat und Hochverrat: Kurfürst Ernst von Köln, Juda bar Chajjim und die Juden im Alten Reich*, Hildesheim/New York 2003 sowie zahlreiche Aufsätze zur jüdischen Religions-, Sozial- und Geschlechtergeschichte sowie zur Geschichte der Juden in Bonn und Kurköln.

Dr. SALOMON KORN, Vorsitzender des Kuratoriums der Hochschule für Jüdische Studien Heidelberg, Vizepräsident des Zentralrates der Juden in Deutschland, von Beruf Architekt. Veröffentlichungen: *Geteilte Erinnerung. Beiträge zur „deutsch-jüdischen" Gegenwart*, Berlin 1999; 2. erw. u. akt. Aufl. 2001; *Die fragile Grundlage. Auf der Suche nach der deutsch-jüdischen „Normalität",* Berlin 2003; 2., erw. u. akt. Aufl. 2004; *Sozialtherapie als Alibi? Materialien zur Strafvollzugsreform*, 1973, zus. mit Werner Heinz.

Dr. Dr. h.c. DANIEL KROCHMALNIK, Professor im Fach Jüdische Religionspädagogik an der Hochschule für Jüdische Studien. Privatdozent für Jüdische Philosophie an der Universität Heidelberg. Neueste religionspädagogische Buchveröffentlichungen: Mit Bernd Schröder/Harry Harun Behr (Hgg.), *Was ist ein guter Religionslehrer? Antworten von Juden, Christen und Muslimen*, Berlin 2009. Mit Michael Böhnke/Monika Scheidler, *Einander begegnen. Christentum – Judentum – Islam*, Freiburg i.Br. 2010. Mit Reinhold Boschki/Eva-Maria Faber/Gerhard Krieger/Claus-Peter März, *Gott nennen und erkennen. Theologische und philosophische Einsichten*, Freiburg i.Br. 2010.

INGEBORG LEDERER, M. A., seit 2008 wissenschaftliche Mitarbeiterin an der Hochschule für Jüdische Studien Heidelberg als Assistentin von Prof. Dr. Hanna Liss im Fach Bibel und Jüdische Bibelauslegung. Veröffentlichung: *Der Kommentar zum Buch Rut im Manuskript Hamburg hebr. 32*, in Vorbereitung zum Druck.

Dr. HANNA LISS, lehrt seit 2003 als Professorin für das Fach Bibel und Jüdische Bibelauslegung an der Hochschule für Jüdische Studien Heidelberg. Zuletzt erschienene Monographien: (Hg.), *Raschi und sein Erbe*. Internationale Tagung der Hochschule für Jüdische Studien mit der Stadt Worms (zus. mit D. Krochmalnik u.a.), Heidelberg 2007; *Tanach. Lehrbuch der jüdischen Bibel*, Heidelberg 2005, ²2007; *Die unerhörte Prophetie. Kommunikative Strukturen prophetischer Rede im Buch Yesha'yahu*, Leipzig 2003.

Dr. DANIELA MANTOVAN, seit 1999 Dozentin für Jiddistik an der Hochschule für Jüdischen Studien Heidelberg. Veröffentlichungen u.a. 2007, „Language and Style in *Nokh alemen*: Bergelson's Debt to Flaubert" und „Transgressing the Boundaries of Genre: The Children's Stories of the Soviet Yiddish Writer Der Nister", in: *David Bergelson From Modernism to Socialist Realism. Proceedings of the sixth Mendel Friedman Conference on Yiddish*, ed. by Joseph Sherman and Gennady Estraykh; Mitherausgeberin des Bandes *Ricordando Isaac Bashevis Singer*, Rom 2006.

Dr. GIANFRANCO MILETTO, erhielt 2003 die Habilitation im Fach „Judaistik/Jüdische Studien" an der Martin-Luther-Universität zu Halle-Wittenberg mit einer monographischen Arbeit über Abraham ben David Portaleone: *Glauben und Wissen im Zeitalter der Reformation: Der salomonische Tempel bei Abraham ben David Portaleone (1542–1612)*, Berlin 2004.

Dr. FREDEREK MUSALL, seit 2009 Juniorprofessor für das Fach Jüdische Philosophie und Geistesgeschichte an der Hochschule für Jüdische Studien Heidelberg. Veröffentlichungen: Von Lichtern und Schatten? Das ambivalente Erbe von Rav Avraham Jitzchak ha-Kohen Kuk (1865–1935), in: Patricia Cipoletta (Hg.), Europa e Messia. Una fertile e pericolosa eredità del XX Secolo. Babelonline: *Rivista di Filosofia online di Università degli Studi di Roma* Tre, no. 4 (2007); *Herausgeforderte Identität. Kontextwandel am Beispiel von Moses Maimonides und Hasdai Crescas*, Heidelberg 2008; *Moses Maimonides (1138–1204): Der Wegweiser für die Verwirrten.* (Judäo-Arabisch, Hebräisch, Deutsch; ed. u. übers. v. W. von Abel/I. Levkovitch/F. Musall, Einleitung von F. Musall u. Y. Schwartz), Freiburg i. Br. 2009.

Dr. GERHARD-WILHELM NEBE, seit 1994 Lehrbeauftragter im Fach Semitistik an der Universität Heidelberg und seit 1999 Dozent für Hebräische Sprachwissenschaft an der Hochschule für Jüdische Studien Heidelberg. Veröffentlichungen u. a.: Zu den Bausteinen der deiktischen Pronomina im babylonisch-talmudischen Aramäischen, in: R. Reichman (Hg.), *„Der Odem des Menschen ist eine Leuchte des Herrn". Aharon Agus zum Gedenken*, Heidelberg 2006; Neologismen im rabbinischen Hebräisch am Beispiel der Bildung des Infinitivus constructus qal der Verben I א, נ, י, ה, ל, in: *Festschrift A. Mustafa*, Halle 2008.

KAREN B. NUBER, M. A., wissenschaftliche Mitarbeiterin am Ignatz-Bubis-Lehrstuhl und Doktorandin an der Hochschule für Jüdische Studien Heidelberg.

JIHAN RADJAI, M. A., wissenschaftliche Mitarbeiterin im Fach Jüdische Kunst an der Hochschule für Jüdische Studien Heidelberg. Veröffentlichungen: „Vergesse ich dich, Jerusalem ..." – Die jüdisch-persischen Bildteppiche Kashans als zionistisches Kulturgut, in: *Trumah* 17 (2007); Einträge: Krestin, Lazar; Levy, Rudolf; Lilien, Ephraim Moses; Magnus, Eduard; Oppenheimer, Joseph; Orlik, Emil; Osborn, Max; Richter, Hans; Salomon, Charlotte; Segal, Arthur; Wolf, Gustav; Wollheim, Gert H.; Zadikow, Arnold, in: *Encyclopaedia Judaica*, 2nd Ed., Bd. 12, hg. von Fred Skolnik/Michael Berenbaum, Detroit u. a. 2007.

Dr. RONEN REICHMAN, Professor im Fach Talmud, Codices und rabbinische Literatur an der Hochschule für Jüdische Studien Heidelberg. Buchveröffentlichungen: *Mishna und Sifra: ein literarkritischer Vergleich paralleler Überlieferungen*, Tübingen 1998; *Abduktives Denken und talmudische Argumentation: eine rechtstheoretische Annäherung an eine zentrale Interpretationsfigur im babylonischen Talmud*, Tübingen 2006.

KEVIN TROMPELT, M. A. Lektor für hebräische Sprache an der Hochschule für Jüdische Studien Heidelberg. Veröffentlichung: Die masoretische Akzentuation als Spiegel abweichender Texttraditionen, in: *From Qumran to Aleppo. A Discussion with Emanuel Tov about the Textual History of Jewish Scriptures in Honor of his 65th Birthday*, Armin Lange (Hgg.) et al., Göttingen 2009.

Dr. ANNETTE WEBER, Professorin im Fach Jüdische Kunst an der Hochschule für Jüdische Studien Heidelberg. Neueste Veröffentlichungen: ודבר נוי הוא זה und dies ist eine Zierde – Raschis Kommentar zur Tempelvision Ezechiels und seine exegetische Nachfolge, in: D. Krochmalnik/H. Liss/R. Reichman, *Raschi und sein Erbe*, Heidelberg 2007; Apostel für König Louis IX. – Neue Überlegungen zu den Apostelstatuen der Sainte Chapelle, in: Christine Hediger (Hg.), *La Sainte Chapelle de Paris – Royaume de France ou Jérusalem céleste?*, Turnhout 2007; New Attitudes towards the Jews in the Era of Reformation and Counter-Reformation: The Patronage of Bishop Echter von Mespelbrunn, in:

M. Merback (Hg.), *Beyond the Yellow Badge, Anti-Judaism and Antisemitism in Medieval and Early Modern Visual Culture*, Leiden 2008.

RAINER WENZEL, M.A., freier Übersetzer, Studium der Religionswissenschaft und Judaistik an der Freien Universität Berlin, u.a. Übersetzungen hebräischer Schriften Moses Mendelssohns für die ‚Jubiläumsausgabe' seiner *Gesammelten Schriften*.